经济法文库（第二辑）

Economic Law Library

上海市高校一流学科（法学）建设计划（经济法学科）阶段性成果

经济法前沿问题(2014)

The Economic Law Herald 2014

◎ 顾功耘 罗培新 主编

北京大学出版社
PEKING UNIVERSITY PRESS

图书在版编目(CIP)数据

经济法前沿问题. 2014/顾功耘,罗培新主编. —北京:北京大学出版社,2015.7
(经济法文库·第2辑)
ISBN 978-7-301-26078-4

Ⅰ. ①经… Ⅱ. ①顾… ②罗… Ⅲ. ①经济法—研究—中国—2014 Ⅳ. ①D922.290.4

中国版本图书馆CIP数据核字(2015)第161709号

书　　名 经济法前沿问题(2014)
著作责任者 顾功耘　罗培新　主编
责任编辑 刘秀芹　朱梅全　朱　彦
标准书号 ISBN 978-7-301-26078-4
出版发行 北京大学出版社
地　　址 北京市海淀区成府路205号　100871
网　　址 http://www.pup.cn
电子信箱 sdyy_2005@126.com
新浪微博 @北京大学出版社
电　　话 邮购部62752015　发行部62750672　编辑部021-62071998
印 刷 者 三河市博文印刷有限公司
经 销 者 新华书店
730毫米×980毫米　16开本　26.5印张　490千字
2015年7月第1版　2015年7月第1次印刷
定　　价 68.00元

“经济法文库”总序

我国改革开放三十余年来的经济法制状况,可以用“突飞猛进”这几个字形容。仅从经济立法看,在完善宏观调控方面,我国制定了预算法、中国人民银行法、所得税法、价格法等法律,这些法律巩固了国家在财政、金融等方面的改革成果,为进一步转变政府管理经济的职能,保证国民经济健康运行提供了一定的法律依据。在确立市场规则、维护市场秩序方面,我国制定了反不正当竞争法、消费者权益保护法、城市房地产管理法等法律,这些法律体现了市场经济公平、公正、公开、效率的原则,有利于促进全国统一、开放的市场体系的形成。

然而,应该看到,建立与社会主义市场经济相适应的法制体系还是一个全新的课题。我们还有许多东西不熟悉、不清楚,观念也跟不上。尤其是面对未来逐步建立起的完善的市场经济,我们的法制工作有不少方面明显滞后,执法、司法都还存在着许多亟待解决的问题。

三十余年的经济法研究呈现出百家争鸣、百花齐放的良好局面,各种学术观点和派别不断涌现。但是,总体来说,经济法基本理论的研究还相当薄弱,部门法的研究更是分散而不成系统。实践需要我们回答和解释众多的疑难困惑,需要我们投入精力进行艰苦的研究和知识理论的创新。

在政府不断介入经济生活的情况下,我们必须思考一些非常严肃的问题:政府介入的法理依据究竟是什么?介入的深度与广度有没有边界?政府要不要以及是否有能力“主导市场”?我们应如何运用法律制度驾驭市场经济?

在国有企业深化改革过程中,我们不能不认真研究这样一些问题:国有的资本究竟应由谁具体掌握和操作?投资者是否应与监管者实行分离?国有企业应覆盖哪些领域和行业,应通过怎样的途径实现合并和集中?如何使国有企业既能发挥应有的作用,又不影响市场的竞争机制?

加入 WTO 以后,我国经济、政治、社会生活的方方面面都会发生重大影响。我们必须研究:市场经济法制建设将面临什么样的挑战和机遇?在经济全球化的背景下,我们的经济法制将如何在国际竞争中发挥作用?国外的投资者和贸易伙伴进入我国,我们会提供一个什么样的法律环境?我们又如何采取对策维护国家的经济安全和利益?

面对环境日益恶化和资源紧缺的生存条件,循环经济法制建设任务繁重。如何通过立法确定公众的权利义务,引导和促进公众介入和参与循环经济建设?怎样增强主动性和控制能力,以实现经济发展与环境资源保护双赢,实现利益总量增加?如何发挥法律的鼓励、引导、教育等功能,通过受益者补偿机制,平衡个体与社会之间的利益?

在市场规制与监管方面,如何掌握法律规制监管的空间范围、适当时机和适合的力度?在法律上,我们究竟有什么样的有效规制和监管的方式、方法和手段?对各类不同的要素市场,实行法律规制和监管有什么异同?

……

我们的经济法理论研究应当与经济生活紧密结合,不回避现实经济改革与发展中提出的迫切需要解决的问题,在观念、理论和制度等方面大胆创新。这是每一个从事经济法科学研究者和实际工作者应尽的义务和光荣职责。我们编辑出版“经济法文库”,就是要为经济法研究者和工作者提供交流平台。

“经济法文库”的首批著作汇集的是上海市经济法重点学科和上海市教委经济法重点学科的项目成果,随后我们将拓展选择编辑出版国内外众多经济法学者的优秀研究成果。我们坚信,这些优秀成果一定会引起社会各方面的广泛关注,一定会对我国的经济法制建设起到推动和促进作用。

期望“经济法文库”在繁花似锦的法学苑中成为一株奇葩。

华东政法大学　顾功耘

CONTENTS 目 录

第一编 经济法总论

CONTENTS 目 录

第二编 宏观调控法律制度

CONTENTS 目 录

第三编 市场秩序规制法律制度

CONTENTS 目 录

CONTENTS 目 录

CONTENTS 目 录

CONTENTS 目 录

CONTENTS 目 录

第一编 经济法总论

超越“自由市场”与“监管国家”
—— 经济法视野中政府的角色定位

罗慧明*

一、自由放任还是政府干预：西方经济思想的历史解读

（一）自由主义与干预主义之辩

政府的角色定位的争论在不同的社会背景下沿着自由主义或者干预主义的思潮不断往前推进。从最初的古典自由主义开始，理性经济人的假设使得古典自由主义将市场机制奉为经济运行的圭臬。因此，政府在经济运行中只能扮演“守夜人”的角色。无论是萨伊定理还是“阿罗—德布鲁”的一般均衡理论，都演绎了这一观点。长期自由放任的经济实践最终导致了 1929 年的经济危机和大萧条，凯恩斯主义应运而生，政府干预成为凯恩斯主义的精神信仰。凯恩斯主要以“有效需求不足”为核心，分析资本主义社会市场机制的不足，认为单靠市场的力量难以解决“有效需求”不足的问题。政府通过运用扩张性的财政政策，可

* 罗惠明，华东政法大学 2013 级经济法学博士研究生。

以刺激总需求,从而拉动经济的发展。凯恩斯的国家干预的思想体系从宏观经济分析的维度论证了市场缺陷的存在。虽然凯恩斯总体上认为自由市场制度是一个有效的机制,能保证个人自由并激发个人释放其创造性,但他承认市场本身存在缺点,只有扩大政府机能才能改正市场缺点,以保持市场经济的正常运转。[①] 20 世纪 70 年代并发性的经济危机使得凯恩斯主义陷入了难以自圆其说的境地,新自由主义思潮随之崛起。

新自由主义可以说是向自由主义的一种回归,它开始质疑政府干预政策的有效性。新自由主义同意古典自由主义的基本观点,即市场仍然是资源配置的基本方式,尽管市场存在失灵的现象,但矫正市场失灵的方式应该通过产权明晰等制度来完善,而不是求助于政府干预。哈耶克对此的态度最为直接,他反对任何形式的国家干预,认为:“只是由于生产资料掌握在许多个独立行动的人的手里,才没有人有控制我们的全权,我们才能够以个人的身份来决定我们要做的事情,如果所有的生产资料都落到一个人的手里,不管它在名义上是属于整个‘社会’的,还是属于独裁者的,谁行使这个管理权,谁就有全权控制我们。”[②]凯恩斯主义的困境也为公共选择学派的兴起创造了客观的经济环境。公共选择理论使用个人主义的分析方法,利用经济人假设,将政治作为一种交易过程来分析政府的作用。政府也是经济人,不会从抽象的公共利益出发制定政策,只追求自身利益最大化。公共选择理论的个人主义分析方法、经济人假设和交易的政治观,动摇了国家干预经济的正当性。公共选择理论认为,政府和官员对自身利益最大化的追求与其作为公共利益的代表存在持久的冲突并导致了政府失灵,由此得出的结论为:市场失灵并不是政府干预的充分条件,由于存在政府失灵,政府应尽量减少干预,政府的权力应受到约束。诺贝尔经济学奖得主布坎南认为,“市场失败”并不是政府干预经济的根据,因为政府干预与市场经济一样具有局限性和缺陷,存在着“政府失败”,以“失败的政府”去医治“失败”的市场是匪夷所思的。新制度主义经济学的代表人物科斯认为,通过法律对产权进行合理界定与安排并选择合适的经济组织,可以实现外部效应的内部化,而不必依赖于政府的干预。

在对美国次贷危机原因的探讨中,新自由主义被认为是罪魁祸首,金融领域中不受监管的金融创新和金融衍生品的高杠杆率被认为是导致此次危机的重要原因。为此,美国政府出台了被称为史上最严厉的金融改革法案《多德—弗兰

---

① 参见郑秉文:《强大的国家与发达的市场》,载《政府为什么干预经济》,中国物资出版社 1998 年版,第 4 页。

② 〔英〕哈耶克:《通往奴役之路》,王明毅等译,中国社会科学出版社 1997 年版,第 101—102 页。

克法案》,标志着美国的金融监管彻底与新自由主义分道扬镳,新凯恩斯主义应运而生。

(二)从主流经济学派的更迭中探究政府角色的演进

现实生活中,不是所有的物都存在相对应的市场,许多资源配置并不能通过市场得以实现。福利经济学家所描述的帕累托最优在现实经济生活中难以达到。市场成功的首要条件是市场的充分性。市场的充分性意味着当某人关心其他人的某一件相关的物时,就存在一个市场,他可以通过市场以一定的价格获得该物。① 在主流的经济学文献中,政府与市场两者的关系是一种完全平行的、对立对等的、非此即彼的关系。换句话说,政府可以纠正市场失灵,这成了政府介入市场的重要理论依据(市场失灵说)。市场失灵说为政府介入市场提供了方向。古典经济学只是强调"有限政府""守夜人"的角色,并没有排斥政府的作用,希望将其限定在既定的框架之内。正如约翰·穆勒在《政治经济学原理及其在社会哲学上的若干应用》一书中指出,政府职能行使所依据的共同理由除了增进普遍的便利外,不可能再找到其他任何理由;也不可能用任何普遍适用的准则来限制政府的干预,能限制政府干预的只有这样一条简单而笼统的准则,即除非政府干预能带来很大便利,否则决不允许政府干预。② 在经济生活中,古典经济学倡导的是强市场—弱政府的模式。政府的职能仅限于提供公共产品、保护产权等领域。自由资本主义发展到垄断阶段后,完全的市场调节已经无能为力。凯恩斯主义保证了西方资本主义国家经济近半个世纪的稳定发展,在此过程中,政府角色的定位迅速从"有限政府"演变成"强力有效政府",呈现出弱市场—强政府的格局,"市场失灵理论"由此得到发展。

金融危机的出现催生了新自由主义,新自由主义的核心思想在于极力推崇市场的作用,并提出了"政府失灵理论"。公共选择理论的经济人假设拓展运用到了政治领域,认为人无论在经济领域还是在政治领域都是自利的、理性的。政府经济人的本性体现在寻租上,如斯蒂格里茨所说:"寻租这个词一般用于描述个人或厂商投入精力以获得租金,或者从政府那里获得其他特殊好处的行为。"③哪里有政府的管制和干预,哪里就有租可寻。因此,将矫正市场失灵的重

---

① 参见〔英〕约翰·伊特韦尔等编:《新帕尔格雷夫经济学大辞典》(第二卷),陆岱孙主编译,经济科学出版社 1992 年版,第 351 页。

② 参见〔英〕约翰·穆勒:《政治经济学原理及其在社会哲学上的若干应用》(下卷),胡企林、朱泱译,商务印书馆 1991 年版,第 371—372 页。

③ 〔美〕斯蒂格里茨:《经济学》,姚开建等译,中国人民大学出版社 1997 年版,第 507—508 页。

任交予追求利益最大化的官员所组成的政府,其效果是值得怀疑的。市场失灵理论认为,政府具有干预市场失灵资格并有能力纠正市场失灵的理论假设的前提是:国家(政府作为其代理人)是公众利益的代表,是正义的化身,它不会像市场中的经济人那样一味追求自身利益。国家以追求公共利益和长远利益为己任,因而它能克服个人理性选择所导致的集体非理性选择现象,能克服外部负效应、垄断并提供公共产品。公共选择理论有关政府经济人的假设彻底动摇了上述理论假设前提。经济实践上的失败催生了对新自由主义的反思并对自身的理论进行了调整。与此同时,新凯恩斯主义开始运用于经济实践,它更看重市场的作用,在强调政府干预的同时注重干预手段的温和性。

(三)"双重失灵"框架下政府角色定位的重新审视

无论是古典自由主义、凯恩斯主义、新自由主义还是新凯恩斯主义,都未能在经济金融的发展中得出唯一的正确答案。以市场失灵理论为基础,凯恩斯主义依赖于"看得见的手"对经济生活进行干预并造就了政府角色的"管制型"模式。新自由主义在传承古典自由主义的基础上,对政府自由放任的角色进行了修正,将其权限缩小,即所谓"小政府、大社会",突出了政府角色的"有限性"。在继承了原凯恩斯主义的基本信条的基础上,新凯恩斯主义拒绝政府全面干预的趋势,提倡政府以"必要的、稳定的、有效果的干预方式"来协调市场活动主体的行为,主张在政府与市民社会之间形成合作互动关系。新凯恩斯主义将政府干预的有效性置于市场经济、政治国家、市民社会三大子系统中进行验证,政府的有限性和政府的有效性并重。

在学派演进的过程中,我们看到的是一种动态的融合趋势。这种动态的演进过程体现出市场机制和政府机制双方的不完美。传统的主流经济学易于陷入类似"二元论"的泥沼。即自由主义夸大市场机制的完美性而无视市场失灵的破坏性,政府干预主义又过分相信政府的能力而忽视因政府失灵带来的低效率。[①] 古典主义和凯恩斯主义把政府和市场分别作为优于另一方的资源配置机制,当其中一方出现失灵的时候,想当然地认为另一方可以弥补该缺陷和失灵,衍生出的合理逻辑为:市场失灵由政府予以弥补,政府失灵的情况下由市场来解决问题。单纯地片面强调一方的作用难免会出现政府失灵和市场失灵。作为现代经济的资源配置的两种基本方式,它们之间并不是对立的制度安排,在经济运行中不宜作非此即彼的理解,而市场无疑是配置资源最基本的手段。在现实的

① 参见陈雨露、马勇:《大金融论纲》,中国人民大学出版社 2013 年版,第 538—540 页。

经济生活中,一切的资源配置都是两种方式的相互结合。正如美国学者查尔斯·沃尔夫指出的,市场与政府间的选择并不是一个在完美与不完美之间的选择,而是在不完美的程度和类型之间、在缺陷的程度和类型之间的选择。在许多情况下,它们可能仅仅是一个在不合意和无法容忍之间的选择。①

新自由主义由于次贷危机的影响进行的自我调整和新凯恩斯主义最终意识到市场机制的重要性使得政府与市场关系的争论不再争锋相对,二元论的格局被打破。日本学者青木昌彦针对“东亚奇迹”提出了超越二元论的“市场增进论”。该理论研究了政府在东亚经济中的作用,其核心观点是:针对经济活动中政府失灵可能并不比市场协调失灵少的情形,除了依靠市场协调以外,应积极推动民间组织(包括金融中介、商业协会、企业组织等)来进行协调。由于市场不完备、有限理性、信息不对称等多种因素的影响,协调失灵的情况大量存在,政府和市场都对此作出反应,政府并不是万能的中立的替代物。该理论在重视政府在改革过程中的作用的同时,认为政府的角色定位应在促进或补充民间部门协调的功能上。政府角色的定位更多在于民间部门的发展,并与其形成相互协调的制度。“市场增进论”假设的理论前提是:民间部门相比政府拥有重要的比较优势,尤其是它们能提供适当的激励,也容易处理当地获得的信息。我们也认为民间部门的制度并不能解决所有的重大市场缺陷,尤其在发展水平较低的经济中更是如此。民间部门在发展中国家经济发展中的能力尤其有限。因此,“市场增进论”所强调的是这样一种机制,通过这种机制,政府政策的目标被定位于改善民间部门解决协调问题及克服其他市场缺陷的能力。② 东亚新兴工业化国家或地区现代化的成功,是政府功能很好地顺应市场发展的客观规律的结果。它们的经济发展模式证明“市场增进论”是有效的。西方后起的发达国家和新兴工业化国家大都实行的是“市场增进论”的主张和实践模式,并取得了成功。

在长期的经济发展中,政府的角色定位在不同的时期,在不同的国家,呈现出不同的状态。传统的二元论观点正在被政府和市场作用动态演进和相互融合的观点取代。政府和市场不再被认为是两种相互替代的手段,而是各自发挥优势予以相互配合的两种手段。

---

① 参见〔美〕查尔斯·沃尔夫:《市场,还是政府——不完善的可选事物间的抉择》,陆俊、谢旭译,重庆出版社 2007 年版,第 238 页。

② 参见〔日〕青木昌彦、〔美〕凯文·穆尔多克、〔日〕奥野(藤原)正宽:《东亚经济发展中政府作用的新诊释:市场增进论(上篇)》,赵辰宁、张椿译,载《经济社会体制比较》1996 年第 5 期。

二、市场失灵还是政府失灵：中国政府与市场关系的历史梳理

(一) 历次的体制改革及政府角色的嬗变

中国现行的市场经济脱胎于计划经济,并且这种制度上的变迁属于强制性的制度变迁,并未经过市场主体之间长期的博弈而形成相应的交易规则。对于中国经济生活中出现的市场失灵的种种情形,到底是真正由市场本身造成的还是由政府的过多干预造成的,即是由于自发失灵还是政府失灵,学者们进行了诸多的讨论。在中国几十年的经济转轨历程中,根据政府与市场关系的变化,可以分为四个阶段:

第一阶段:1978 年 12 月—1984 年 10 月。1978 年中共十一届三中全会召开是中国经济体制改革的起点,全会确立了"以计划经济为主,市场调节为辅"的基本原则,将政府的角色定位于为促进市场的发育,加快政府自身的改革。以家庭联产承包制为开端,取得了所有制形式上的突破。同时,对外开放的诸多措施开始倒逼国内体制改革,为下一阶段的改革奠定了基础。政府在此阶段仍然处于主导地位,政府的主导功能不是弥补市场缺陷,而是替代市场。原有的计划体制并未改变,仍占主导地位。这一思路体现在 1981 年至 1984 年间历次党的决定中。1981 年中共十一届六中全会通过的《关于建国以来党的若干历史问题的决议》中提出:"必须在公有制基础上实行计划经济,同时发挥市场调节的辅助作用。要大力发展社会主义的商品生产和商品交换。"①1982 年中共十二大进一步指出:"正确贯彻计划经济为主、市场调节为辅的原则,是经济体制改革中的一个根本性问题。"②

第二阶段:1984 年 10 月—1991 年。1984 年中共十二届三中全会通过的《中共中央关于经济体制改革的决定》突破了把计划经济和商品经济对立起来的传统观念,明确指出"社会主义计划经济必须自觉依据和运用价值规律,是在公有制基础上的有计划的商品经济"③。这一阶段强调计划和市场的统一,突破计划经济与商品经济对立的观念,简政放权,开启国有企业改革,促进所有制多元化发展。1988 年中共十三届三中全会的决定成为经济体制改革中新的里程碑。价格机制改革被提上了议事日程,以改变价格双轨制带来的价值规律扭曲

① 转引自《三中全会以来重要文献选编》(下),人民出版社 1982 年版,第 841 页。
② 《十二大以来重要文献选编》(上),人民出版社 1986 年版,第 22—23 页。
③ 《十二大以来重要文献选编》(中),人民出版社 1986 年版,第 568 页。

的局面。政府计划与市场调节的磨合成为这一阶段的特色。

第三阶段:1992—2008 年。这一阶段以邓小平的南方讲话和中共十四大的召开为标志。中共十四大指出:"我国经济体制改革确定什么样的目标模式,是关系整个社会主义现代化建设全局的一个重大问题。这个问题的核心,是正确认识和处理计划与市场的关系。"①这次大会提出中国经济体制改革的目标是建立社会主义市场经济体制,强调"就是要使市场在社会主义国家宏观调控下对资源配置起基础性作用,使经济活动遵循价值规律的要求,适应供求关系的变化"②;要加快政府职能的转变,转变的根本途径是政企分开,政府的职能主要是"统筹规划,掌握政策,信息引导,组织协调,提供服务和检查监督"③。1997 年中共十五大提出进一步发挥市场在资源配置中的基础性作用,对政府宏观调控的目的和手段进行了规定。2002 年中共十六大提出在更大程度上发挥市场在资源配置中的基础性作用,对政府的角色作了新的界定,即"经济调节、市场监管、社会管理和公共服务"④。这一阶段一直强调市场的基础性配置作用,重点主要放在建立市场机制,尤其是市场价格机制的形成上。随着社会主义市场经济体制框架的初步建立,增强市场改革的改革趋势十分明显,对政府的角色定位也愈加清晰。2002 年中共十六大提出,将完善社会主义市场经济体制的重点转向现代市场体系的完善和政府职能的转变,尤其是适应社会主义市场经济的需要转变政府职能。2003 年召开的中共十六届三中全会进一步作出完善社会主义市场经济体制的决定,提出要进一步巩固和发展公有制经济,鼓励、支持和引导非公有制经济发展。国务院及有关部门积极推动其他形式非公有制的发展,并出台相关政策法规,比如鼓励民企发展的"新旧 36 条",市场经济主体更加多元化,市场经济体系更加完善。

第四阶段:2008 年至今。美国的金融危机也给中国造成了严重影响,比如出口受阻、外国投资减少等。为此,政府加强了干预,包括 4 万亿的投资计划、连续多次的降息、对十大产业的振兴等。这些干预措施随着时间的推移,副作用日益显现。政府的干预使得市场机制受到了损害,以至于应该由市场出清的市场主体仍然留在市场中,如造成钢铁行业的产能过剩、房地产行业的泡沫、中小企业的融资困难、经济上行压力增大等。在这一阶段,政府的作用产生了另外一种偏向,即对政府调控的偏好,并出现了忽视市场配置资源的倾向。全球金融危机发生以来,政府在建设项目、土地征用、资金配置、公共产品供给及价格决定等方

① 《改革开放三十年重要文献选编》(上),中央文献出版社 2008 年版,第 659 页。

② 同上书,第 659—660 页。

③ 《改革开放三十年重要文献选编》(上),中央文献出版社 2008 年版,第 661 页。

④ 《改革开放三十年重要文献选编》(下),中央文献出版社 2008 年版,第 1723 页。

面的重大决策权日益增强;国有企业在一些重要行业中的行政性垄断不仅没有破除,在一定程度上还得到了强化;地方政府为保增长而运用行政权力对企业微观经济活动直接干预;非常频繁。因此,即使中央政府出台了诸多引导民间投资的政策,但民间资本投入的增长速度、规模及介入国家鼓励行业或领域的状况并不尽如人意。这表明,政府的过多干预已经对市场配置资源功能的发挥产生了不良影响。

目前中国经济体制改革进入了后改革时期,进入了由落后的市场经济体制转变为现代市场经济体制的阶段。经济体制改革应实现由外部改革向内部改革、由打基础向攻坚战、由浅水区向深水区转型。[①]在这一背景下,中共十八大对政府和市场关系进行了新定位,指出"深化改革是加快转变经济发展方式的关键。经济体制改革的核心问题是处理好政府和市场的关系,必须更加尊重市场规律,更好发挥政府作用。"十八大提出"更加尊重市场规律",既是对十七大"深化对社会主义市场经济规律的认识"的继承和发展,也是对近年来各种逆市场化现象或"过度依赖政府症"的一种纠偏,更是对未来中国经济体制改革方向的正面回答。

(二)中国政府角色的转变:从有限政府向有效政府转变

从历次的经济体制改革看,中国政府与市场的关系经历了一个重视市场机制作用—加强市场体系建设—尊重市场规律,政企分开—规范政府职责—更好发挥政府作用的演进过程。所谓"政府与市场要各自坚守自身的作用领域"是不科学的。政府和市场都有更能发挥自身作用的领域,但这些领域的划分都只能是相对的,没有非常清晰的边界。即使边界是清晰的,也不表明一方就一定不能在另一方更有效率的领域内发挥作用。事实上,除少数必须由国家或政府垄断的领域外,政府和市场都有可能建立起一种"分工"与"协作"关系。市场经济作为配置资源的基本手段,本身不具备任何意识形态的色彩,根据其形成的路径可分为"自发型"和"建构型"两种。中国的市场经济属于典型的"建构型",从三十多年来的经济体制改革看,政府扮演了重要的角色,无论是计划经济体制的建立还是后来的市场经济的改革,都是由政府推动的。中国的市场经济是由于国家的介入而使社会及经济生活作出反应,从而逐步实现的,这种市场经济从一开始就不是从内部自发生成,其特点是国家干预为主、市场调节为辅。这种政府主导的模式在一定时期发挥了巨大的作用。通过导入自上而下的经济体制改

① 参见白永秀:《由"前改革时代"到"后改革时代"》,载《西北大学学报》(哲学社会科学版)2010年第2期。

革,中国在法律权威尚未建立的渐进式改革过程中,创造了经济的高速增长和中国经济崛起之谜,但由此也埋下了巨大隐患。从严格意义上讲,"到目前为止,只能说我国还处于'模拟市场经济体制'阶段,因为市场经济体制所具备的最基本要素——由市场配置资源,直到目前在我国还并不完全具备"①。基于上述原因,有学者认为中国经济中出现的种种问题不是由市场失灵造成的,而是主要由政府失灵造成的。

根据本文第一部分第三点("双重失灵"框架下政府角色定位的重新审视)中的分析,笔者认为,尽管中国体制改革的路径不同,但存在的问题却具有共通性。在经济领域的各个方面都存在市场失灵和政府失灵两个层面的问题,在设计解决路径定位政府角色时,要突破二元论观点,让政府和市场在其具有比较优势的边界内发挥出各自的效力。现代经济是市场经济,也是一种混合经济。在这种混合经济中配置资源的两种力量——市场和政府都具有不完美性,因而在经济发展中如何将两者的不完美性降到最低,扬两者之长,避两者之短,关系着国家经济的兴衰。②在自由主义与干预主义思潮的交替演进中,在中国历次经济体制改革中政府与市场关系的不断变化中,政府的角色定位经历了一个由全面干预到逐步放开成为有限干预,最后到有效干预的过程,有效政府成为人们最终的理性选择。

三、经济法视野中的有效政府的实现路径

作为20世纪最重要的法律现象,经济法的产生与发展,不仅矫正了市场极端主义带来的种种弊端,更是正确定位和解读了现代市场经济中政府与市场之间动态的互动关系。目前经济法研究中的流派纷呈,但研究的主流观点正逐步趋于一致,即经济法的一个基本问题是解决政府和市场的关系。事实上,政府要不要干预市场、在多大程度上干预市场、用什么手段干预市场,一直是经济学家、法学家和政治学家孜孜以求的永恒主题。"围绕着这个主题,不同国家在不同的历史时期又有不同的理论与实践,由此又给不同的国家带来了不同的经济格局。"③通过本文第一部分和第二部分的分析,运用公共选择、市场失灵、政府失灵等经济学说解决了"政府是否应当干预市场"的价值判断问题,并在此基础上解决了政府的角色定位问题。接下来是如何将有效政府的理论命题转换为实践

① 何清涟:《经济学与人类关怀》,广东教育出版社1998年版,第154页。
② 参见张志元、马雷:《经济金融发展视野的政府与市场关系再定位》,载《改革》2014年第1期。
③ 李昌麒:《寻求经济法真谛之路》,法律出版社2003年版,第103页。

层面的事实问题。科学的解释固然重要,但必须将其升华到一定层面才具有现实的价值。在经济法语境下,有效政府的研究路径需从法学的研究思维出发,要与经济学有不同的视角和思维理念,注意设定法律制度去防范和规制政府对经济运行的不当介入。

在经济法的视野下,有效政府的实现路径首先体现在介入领域的限定上,介入的范围包括存在竞争且市场失灵经济领域,也包括不存在市场的领域,政府失灵导致的诸多问题不属于政府介入的范围;其次体现在政府介入的比较优势上;最后体现在政府对市场介入的方式上。下面就上述几个方面分而述之。

(一) 政府介入的范围

市场经济中存在着日益融合的“双重失灵”现象,通过对政府的合理定位,在经济法层面能不能全部解决,或解决其中的一部分问题,还是全部不解决而解决其他层面的问题? 在经济法的框架下,政府失灵问题不能通过经济法层面对政府的合理定位予以解决。通过界定权力范围来克服政府失灵的任务只能由宪法和行政法来解决。[①] 政府失灵有两种含义,一为政府干预市场的失败,二为政府发挥功能的状态背离社会的一般预期。无论哪一种状态,都不可能通过经济法进行矫治。解决政府失灵的外部动力来源于社会。经济法干预经济的效果取决于经济法制度安排的妥适性,如果经济法干预经济不能达到理想的预期效果,那就表明经济法中的制度安排是不合理的,应当进行适当的调整。[②] 接下来的问题是市场失灵是不是能通过对政府角色的合理定位来解决。要回答这个问题,首先我们需要厘清市场失灵与市场不完善两者之间的差别。对于市场失灵,保罗·萨缪尔森、威廉·诺德豪斯在其《微观经济学》一书中曾明确指出,市场失灵主要表现在以下三个方面:一是不完全竞争,二是外部性,三是不完全信息。但是,根据他们的其他论述以及其他经济学家的观点,市场失灵还表现在其他几个方面,如公共物品无人供应或供应不足,无法进行有效的宏观调控等。市场不完善主要表现为市场结构不完善,如消费品和生产资料等市场不规范,资金技术信息、房地产和劳动力等要素市场的发育程度低下、秩序混乱等。由此可见,市场失灵与市场不完善是两种完全不同的现象,前者是市场内在缺陷,而后者是市场的外部缺陷;也正因如此,前者仅靠市场是无法解决的,而后者的解决恰恰离不开市场。政府需要介入的是存在市场失灵的领域,市场不完善可以由市场本

---

① 参见陈婉玲:《经济法权力干预思维的反思》,载《法学》2013 年第 3 期。

② 参见许明月:《市场、政府与经济法——对经济法几个流行观点的质疑与反思》,载《中国法学》2004 年第 6 期。

身的发展予以解决。

有学者认为,对于经济学上的市场失灵作为市场运行过程中客观存在的现象,法律并不具有防范功能,更不具备治理功效。将经济法视为"治市场经济之病之法"的说法,是将经济手段功能与法律功能混为一谈,完全背离了法律的应然属性。[①] 对此观点,笔者认为有失偏颇。现代市场经济发展至今,经济手段的运用已然离不开法律的确认,经济手段功能的发挥已经离不开法律,前者的功能发挥依赖于后者。正如有学者所提出的,我国经济运行需要经济法治战略。这种战略是指一国根据现实的环境与条件,为配合实现未来的经济发展目标而选择的有关法治的谋划与安排。这种战略也是一国执政者以法治的思维和方式治理经济活动、促进经济发展的长期计划与制度安排。[②]

"建立在弥补'市场失灵'和'政府失灵'基础之上的国家干预理论,强调政府权力对国民经济运行于市场经济持续的干预功能,陷入了一种偏离并轻视市场经济(权利)的国家主义情节之中,制约了经济法理论的进一步发展。这种权力依赖的研究范式,背离了经济法产生的物质基础——社会化大生产及其基本组织形式——现代市场经济,忽视了经济法与市场经济的内洽性。"[③]政府介入市场经济的根本原因在于市场的需要。市场需要政府介入的根源在于人的无限需要与资源有限性之间的冲突。根据意识或理性活动的特点,人的需要可分为本能需要与理性需要。美国著名心理专家马斯洛和梅斯纳对人的需要进行了划分。马斯洛将人的需要分成生理需要、安全需要、归属需要、自尊需要、自我实现需要。他认为,人类需要的满足是有次序的。只有在较低层次的需要得到满足后,高一层次的需要才会出现。本质上说,人的需要是无限的。[④] 因为资源是稀缺的,人们不可能同时满足所有需要,因而只能进行"选择",通过理性选择在最大程度上满足需要。即使如此,人的需要仍处于远未得到满足的状态。因为个人极为有限的资源"规定"了"幸福"的最大边界,因而人们由于个人利益驱使进行合作,进行交换,这种交换是包容了经济性交换的"社会交换"。[⑤]交换过程中的竞争行为通常具有"更多利己"的特性,竞争最终走向垄断的内生倾向。为了确保交换的顺利进行,政府通过彼此所认可的规则、制度,一方面对经济权利进行平衡,另一方面对利益进行合理再分配。

---

① 参见秦国荣:《维权与控权:经济法的本质及功能定位——对"需要干预说"的理论评析》,载《中国法学》2006 年第 2 期。

② 参见顾功耘:《论重启改革背景下的经济法治战略》,载《法学》2013 年第 3 期。

③ 蒋悟真:《中国经济法范式研究》,载《法学家》2007 年第 5 期。

④ 参见〔美〕A. H. 马斯洛:《动机与人格》,许金声、程朝翔译,华夏出版社 1987 年版,第 40—54 页。

⑤ 参见〔日〕富永健一主编:《经济社会学》,孙日明、杨栋梁译,南开大学出版社 1984 年版,第 29 页。

由于市场的需要,政府介入市场。那么,市场失灵是不是政府介入市场的唯一条件呢?笔者认为,即便是在不存在市场失灵的情况下,政府的介入也有其自身的价值,并不是仅仅作为市场机制的补充而存在。政府介入市场的另一重要原因在于政府权力与市场运转之间的共生性。C. E. 林德布鲁姆认为:“市场体制不能靠自身来形成,而是政府通过对自由和财产的立法,从而帮助市场经济体制的建立”,“政府是市场体制的参加者”,“没有政府的参与和调节,市场体制就会崩溃。”[①]就连极力提倡自由市场主义的哈耶克也承认:“一个功效显著的市场,乃是以国家采取某些行动为前提的;有些政府行动对于增进市场经济的作用而言,极有助益;而且市场经济还能容受更多的政府行为,只要它们是那类符合有效市场的行为。”[②]美国芝加哥大学法学院的凯斯·R. 孙斯坦更明确指出:“市场依赖于政府,有时政府能够通过为社会理想的行为建立好的激励机制来改善现有市场。……主张在某些领域更多地依赖于市场机制,同时在其他领域强调公有因素起更大的作用,这两者之间并不矛盾。”[③]“市场增进论”(青木昌彦,凯文·穆尔多克,奥野正宽,1996)认为,政府应当积极地参与市场发展,但它的主要参与方式应当是支持民间部门包括企业组织、金融中介等的发展并与它们协同工作。后进国家为加快经济增长方式转变,应着重于市场经济制度建设和创新,充分发挥市场优化配置资源的基础性作用,并配合适时、适度、有效的政府介入,使政府与市场优势互补,协同推进经济增长方式转变。

通过上述分析,笔者认为,市场失灵是政府介入的充分不必要条件,政府介入的范围包括存在竞争且市场失灵的领域和不存在市场的经济领域。政府的角色定位不仅仅是克服市场失灵,还包括在不存在市场的经济领域培育市场。

(二) 建立政府介入的比较优势

建立政府介入的比较优势一方面体现在政府介入的民主化和市场化的保障上,另一方面体现在选择合理的信息工具规制信息不对称上。

政府比较优势的建立需要政府介入的民主化和市场化予以保障。政府介入的民主化是指在政府决策的过程中引入公众参与。之所以引入公众参与,是因为政府和公众具有不同的信息优势,可以为理性化的决策提供不同依据。从行为主体的能力看,政府和市场要在各自领域中发挥各自的优势,前提条件是一方能够作出更好的决策,而作出更好决策的基础是对信息的全面掌握。知识是决

---

① 〔美〕C. E. 林德布鲁姆:《市场体制的秘密》,耿修林译,江苏人民出版社 2002 年版,第 89、17 页。

② 〔英〕哈耶克:《自由秩序原理》,邓正来译,生活·读书·新知三联书店 1997 年版,第 116 页。

③ 〔美〕凯斯·R. 孙斯坦:《自由市场与社会正义》,金朝武等译,中国政法大学出版社 2002 年版,“序”第 9—10 页。

策理性化的前提,由于没有人能够掌握资源有效配置所需的全部信息或知识,因而选择政府机制还是市场机制取决于获取知识的能力与范围的差别。政府认为可以自己作出更好决策的知识论基础体现在以下几个方面:一是政府具有强大的资源汲取和整合能力,强调可以集中知识,从而掌握完整的知识;二是政府可以通过专家或技术人员将这类知识演绎成一种指令性的实务操作;三是政府可以整合个人的偏好,实现个人利益与社会利益的一致,从而优化资源配置和分配。在市场获取知识的能力存在缺陷的领域,政府可以利用其优势对市场主体进行引导、强制或激励其朝着正确的方向发展。市场认为自己可以作出体现个人意志的决策,这种决策体现了个人的价值观、世界观、偏好和行为动机,在相互竞争的平台上实现资源的合理配置和分配。这种资源配置和分配的结果具有客观性。政府集中信息的成本很高,很多情形下难以收集到完整的信息。美国政府无论是次贷危机前的监管还是危机后的救市举措,都存在诸多问题。比如危机前,美国政府对美联储的降息政策满怀信心,而这一政策显然也是一个以政府的整体判断替代众多个体的分散思考的自负之举。

在决策制定上,政府需要注重不同知识的恰当运用,决策选择和取舍实质上是一个事实知识和价值知识进行交涉与选择的过程。价值知识的运用保障了决策的正当性要求,而事实知识的运用是决策科学性的体现。故而,一个科学、合理的决策过程应引入公共参与。在技术化领域,通过专家的介入实现决策的科学性;在价值选择领域,通过普通公众的参与以求正当性的实现。[①] 公众参与决策能够有效克服政府知识获取能力的不足,促进政府决策的科学化。政府介入的市场化要求运用市场力量改造政府,用市场的竞争机制促进政府机构的知识增长和积累。著名的公共行政学者盖伊·彼得斯曾将未来的政府治理模式归纳为四种基本类型:市场式政府(强调政府管理市场化)、参与式政府(主张对政府管理有更多的参与)、弹性化政府(认为政府需要更多的灵活性)以及解制型政府(提出减少政府内部规则),其中的市场式政府除了其提出的若干正当化理由之外,还具有科学的知识论依据。[②] 在公共部门与私人部门之间,借助竞争进行知识的碰撞和交换,通过竞争的创新和发现机制,检验、淘汰旧知识,创造新知识。竞争机制也激励或迫使公共部门知识创造的能动性,尽可能为政府干预市场提供科学、理性的知识支撑。同时,以第三部门为代表的民间部门参与对市场的干预和管理,也具有知识创造上的优越性。第三部门由于接近市场,拥有更为

---

① 参见王锡锌、章永乐:《专家、大众与知识的运用——行政规则制定过程的一个分析框架》,载《中国社会科学》2003年第3期。

② 参见〔美〕B.盖伊·彼得斯:《政府未来的治理模式》,吴爱明、夏宏图译,中国人民大学出版社2001年版,第25—55页。

高效灵活的市场经验。这些均构成了第三部门的知识优势,旨在帮助弥补市场缺陷的政府介入更为高效和科学。

运用恰当的工具对市场失灵进行纠正是决定政府介入市场效果的重要因素。作为一种新型的规制工具,信息工具是指为交易主体或规制机构提供决策信息以及改善决策信息质量的规制工具。相比传统的强制性的规制工具,信息工具的优势主要体现在以下四个方面:一是对私权的规制力度弱。强制披露并未对交易能否成立以及重要的交易条件进行规制,不会产生被规制主体的对策性行为。二是规制成本低。通过立法阶段对交易进行直接干预,不涉及公共机构的执法成本,也不会对公共机构的执法资源提出新的要求。三是纠纷预防效果好。信息工具是作为事前规制工具,具有较好的纠纷预防效果。这与事后的纠纷解决不同。这种规制工具通过信息提供使信息劣势者能够作出较好的交易决策,从而能预防纠纷的大量产生。四是能有效地防止寻租。因为信息提供作为一种浅度干预工具,公共机构没有直接介入交易,寻租自然没有前提。[①] 信息工具以功能为标准,可作以下分类:[②]

种类	举例
收集工具	注册、备案、登记制度,行政许可中的申报材料提交制度,顾问制度（如中国人民银行货币政策委员会、中国证监会创业板专家咨询委员会),举报投诉制度,听证制度,公众参与制度（如参与式预算制度、环境影响参与评价制度),统计法上的统计制度,金融法上的现场检查和非现场检查制度、征信制度,监管谈话、价格约谈,金融督察服务制度
识别工具	评级制度,包括市场主体的评级、行政机关的评级（如纳税信用评级、餐厅卫生评级),以及会计、审计、资产评估
流动工具	公告制度、明码标价制度、市场主体的强制说明义务和警告义务、处罚公示制度、政府信息公开制度、证券法的信息披露制度、有关机关对信息（如安全警告、预警信息等）的发布
补强工具	独立管制机构、金融消费者与投资者保护机构

信息收集工具通过某一机制使信息从信息优势方向信息劣势方流动。在收集工具中,信息流的方向是从地位弱势方流向地位强势方。信息识别工具是对相关信息进行甄别,并以清晰简化的符号形式呈现出来的信息工具。信息流动工具是使信息得以公开和流动的工具。在流动工具中,信息流的方向是从地位

① 参见应飞虎、涂永前:《公共规制中的信息工具》,载《中国社会科学》2010 年第 4 期。

② 参见邢会强:《信息不对称的法律规制——民商法与经济法的视角》,载《法制与社会发展》2013 年第 2 期。

强势方流向地位弱势方。[①] 在一些国家和地区,独立管制机构、金融消费者与投资者保护机构等代替信息弱势方收集信息并代为起诉,以弥补信息弱势方"武器的不平等"。此即信息补强工具。经济法打破了传统民商法的平等主体假设,灵活多样地运用各类信息工具体现公权的干预来规制信息不对称。在政府介入市场时,如何选择信息工具是一个非常难的问题,同类的问题在不同的领域和时间,由于制度环境的差异会有所不同。实践中如何对规制工具进行恰当组合,从而发挥出各种工具的功能优势,是一个非常复杂的问题,需要充分考虑其他的配套措施与信息工具和非信息工具本身的优势与局限,探析组合以后产生的后果。尽管如此,笔者认为仍然存在一般性的规律可以遵循:

1. 根据竞争程度和信息不对称程度选择信息工具

根据不同领域市场竞争程度的差异,对交易标的质量、价格等可以采用市场信息披露、强制信息披露、传统管制等路径以保障交易公平。具体而言,对处于完全竞争状态的领域,市场本身就会提供所有的质量、价格等信息,无须公权干预。与完全竞争领域的企业进行交易时,交易相对人的选择范围较大,企业迫于竞争的压力,有可能作出自愿披露的选择,以降低交易相对人的成本,获取交易机会。即便是选择不进行披露,由于企业面临的是长期性的博弈关系,交易相对人有惩罚其不法行为的现实可能性,拒绝交易而转向其他的市场主体成了一种可以实现的威慑。在这种长期的博弈关系中,企业未来的交易机会与其过去的行为密切联系,声誉由此成了抑制机会主义的有效机制。在这些领域,可以非信息工具为主,通过事后的补救性策略来保护受害者,基本上采取合同的解除、合同的撤销与无效等手段。

在通过竞争不能诱使信息产生的市场,可能需要强制的信息披露。对处于垄断状态的领域,公司管理层可能把关键信息当成"垄断优势"的内部信息,为了保持其垄断地位而倾向于选择不予披露。同时,由于垄断行业存在较高的进入壁垒,大多处于寡头垄断的状态,且由于产品替代程度低而导致交易相对人选择的范围很小,因而公司管理层缺少自愿披露信息的动力。使用信息工具时,要根据不同领域的信息不对称程度,对信息主体设定不同程度的义务。如对信息不对称程度高的领域,可让义务主体提供相对多的信息。强制披露制度属于信息工具中的信息流动工具,运用此信息工具的目的在于弥补信息弱势方的信息不足状况。如在合同法领域,对于格式合同的提供方,要求事前提请对方注意并对相关条款予以说明,属于强制信息披露。在金融领域,由于考虑到交易成本的

① 参见〔英〕哈耶克:《通往奴役之路》,王明毅等译,中国社会科学出版社 1997 年版,第 101—102 页。

因素(金融消费者和投资者人数众多,单独进行信息收集的成本非常高)和金融产品尤其是金融衍生品交易关系的复杂性,强制披露代替了自愿披露。我国《证券法》中会计信息的信息披露制度就属于强制披露。通过充分及时地披露公司的经营情况、公司潜在的获利能力、公司财务风险状况等,投资者才能公平地获取信息,从而维护投资者的知情权,在一定程度上消除信息不对称现象,否则缺乏对发行人、上市公司以及其他可以利用信息优势的人等法律上的约束。域外的典型莫过于美国在"安然""世通"等一系列的经济丑闻发生后颁布的极其严厉的《塞班斯法案》(*Sarbanes-Oxley Act*,简称《SOX 法案》)。《塞班斯法案》中强化财务披露义务,具体内容包括:公众公司应进行实时披露,即要求及时披露导致公司经营和财务状况发生重大变化的信息;由美国证券交易委员会(SEC)制定规则,要求公众公司披露对公司财务状况具有重大影响的所有重要的表外交易和关系,且不以误导方式编制模拟财务信息;由 SEC 负责对特殊目的实体等表外交易的披露进行研究,提出建议并向国会报告;主要股东或高级管理者披露股权变更或证券转换协议的强制期间由原来的十个工作日减少为两个工作日;由 SEC 制定规则,强制要求公众公司年度报告中应包含内部控制报告及其评价,并要求会计师事务所对公司管理层作出的评价出具鉴证报告;由 SEC 制定规则,强制要求公司审计委员会至少应有一名财务专家,并且要予以披露。

政府介入市场的准则是:在市场主体难以获取知识或获取的知识不准确的领域,运用自身的比较优势和理性知识行使决策权,纠正市场失灵。在具有竞争的领域,政府可以仅仅提供收集到的相关信息,而将决策权留给市场主体。例如,公司注册制登记制度改革中将年度审核制度改为年度报告制度,同时建立企业信息公示制度,减少企业与交易相对人之间的信息不对称,达到保护债权人的目的。

2. 新兴市场的规制优先选择使用信息工具

规制作为一种决策,也会受制于信息不足的影响。从这个角度看,超前立法并不一定产生科学、可行的制度。法律本身就是一个信息系统,其形成的过程就是信息收集和处理的过程。立法机构在决策时也面临信息不足、信息不对称、信息错误等问题。信息在一定程度上具有公共产品的属性,因而在市场上总是处于一种供给不足的状态。立法机构在收集信息时存在能力限制,也没有足够的成本。在特定的领域内,立法机构可能是处于信息劣势的一方,而处于信息优势的一方能利用其优势对抗法律。在一些新兴市场,这种信息不对称的现象愈加严重,加上在新兴市场需要规制的问题还处于发展之中,诸多矛盾的细节还没有展开。政府如果运用禁止或审批为代表的传统规制工具,将增加实施效果的不确定性,也不利于新兴市场的培育。以互联网金融中 P2P 平台的规制为例,P2P 平台的繁荣发展与 P2P 平台的大量倒闭几乎是沿着同一条轨道向前前进。在此过程中,有关是否需要牌照和是否属于非法集资的争论一直不绝于耳。监管者在很长一段时间内对其无动于衷,大多数学者认为这是为了鼓励金融创新。笔者认为这只是其中的一个原因,导致监管者长期“空窗”的深层次原因在于针对互联网金融监管者并没有掌握足够的信息,而互联网金融的参与者是处于信息优势的一方。采取传统的规制手段如审批会使被规制者采取各种对策性行为,这些对策性行为将导致产生一些严重的非预期后果。我国民间借贷利率规制的失败即为一例。选择使用信息工具成为一种更好的选择。针对 P2P 借贷市场,央行拟推出评级制度和将 P2P 纳入征信系统。评级制度属于信息工具中的识别工具,通过对被评级对象相关信息的甄别,以简化的符号形式呈现出来。通过对信息劣势者提供信息使其能够作出合理的决策是评级制度的优势所在。由于不同群体对信息的敏感度的不同,导致了他们利用信息的能力有差异。为了克服这种差异,银监会提出了针对 P2P 的监管思路,其中重要的一项措施为设立准入门槛。设立准入门槛的思路实际上又回到了金融特许制的老路上去了,笔者对此不甚赞同。从融资的总体规模看,P2P 的融资规模相对于银行系来讲实在是微不足道,所能产生的系统性风险有限,目前的所谓“乱象”只不过是“茶杯里的暴风雨”。由于投资者众多,进行的是风险相对分散的特殊经营,具有信用证券化的特征,采取市场的方法,将信用担保的履行变成了依靠市场来保障,而不是基于个别的金融机构和个别人的道德水平。① 针对准入问题,笔者认为可以采取收集工具中的注册制度来代替特许制。P2P 作为一种直接融资模式,采取注册制也与我国目前的证券法核准制改革方向一致。具体操作可以通过对借款人的借款数额、借款人数等相关信息的登记来实施,类似于我国目前在一些地区实施的民间借贷登记。

(三) 政府介入的方式

政府介入的方式可从两个方面予以阐述,一是政府介入的依据,二是政府介入的主体。

政府对市场介入的唯一依据是法律。将政府行为的求利性纳入法的框架内加以规范,是经济法生成和不断创新的最权威和最理想的选择。② 这是一种从“权力”模式到“权利”模式的转变。“随着权力的基础从强权转变为权利,就会发生细微的、但是却是重要的变化,这些变化会带来深远的后果。”③不受任何法

① 参见吴志攀:《金融法的“四色定理”》,法律出版社 2003 年版,第 232 页。
② 参见李昌麒:《经济法——国家干预经济的基本法律形式》,四川人民出版社 1995 版,第 29 页。
③ 〔美〕格尔哈特·伦斯基:《权力与特权:社会分层的理论》,关信平等译,浙江人民出版社 1988 年版,第 70 页。

律控制的强权(这种强权极易被政府捕获)与经过法律规制的权力之间有着极大的差别。经过法律制度的认可和支持,部分权力转化成了规范性权力或制度性权力——法律权利。政府的职责和作用主要是保持宏观经济稳定,加强和优化公共服务,保障公平竞争,加强市场监管,维护市场秩序,推动可持续发展,促进共同富裕,弥补市场失灵。[①] 市场化配置改革需要政府退出不该进入的领域,让市场或者社会进行绝大部分的资源配置。"这样的改革若没有法治的手段,根本无法进行。首先,没有一定的强制性手段,政府不会自动交出手中所掌握的权力;其次,政府可以行使的权力必须要有法律上的依据;最后,政府应承担的责任必须要有法治的手段保证追究。"[②]转化为法律权利的规范性权力能够更加稳定地存续下去,因为规范性权力是一种能够通过权力对象正面认可而得到权力对象自觉服从的权力,它不容易受到挑战,也更容易受到支持。通过法律的治理,不同权力之间的紧张关系得到了缓和,法律上大致确定了各种社会主体的权力界限。政府在哪些领域可以主要依靠市场配置,哪些领域需要依靠社会力量或主要依靠社会力量?政府应该严格地按照法律和法定的程序进行公共服务活动,按照法律授权的范围行使公共权力,无为地对待市场主体的市场竞争和经营行为,从竞争性的营利领域退出,不直接参与企业经营。即便是对于公共服务和产品,只要是市场能提供的应交由市场提供,那些不能由市场提供的才由政府提供。

政府对市场的介入分为直接介入和间接介入。直接介入的主体是政府本身,间接介入的主体可以是非政府、非市场的力量。针对经济转型国家在市场化改革中出现的问题,斯蒂格利茨曾提出过一个忠告,那就是"要以正确的方式提出问题"。他强调,"不要把'市场'和政府对峙起来,而应该是在二者之间保持恰到好处的平衡,因为有可能存在许多的中间形态的经济组织(包括那些以地方政府、合作社等为基础的中间形态)"[③]。在市场经济条件下,针对微观或中观层面上的职能可以通过授权或委托的方式由第三部门来行使。所谓第三部门,是指以提供准公共物品为主要取向,不以营利为主要目标,不具有强制性,实行自愿和自治式运作,独立于政府部门和私人部门之外的民间组织机构。这一定义必须包含准公共性、非营利性、非强制性、民间性、组织性、独立性六大内涵

① 参见《〈中共中央关于全面深化改革若干重大问题的决定〉辅导读本》,人民出版社2013年版,第6页。

② 顾功耘:《论重启改革背景下的经济法治战略》,载《法学》2013年第3期。

③ 〔美〕斯蒂格利茨:《社会主义向何处去——经济体制转型的理论与证据》,周立群等译,吉林人民出版社1998年版,第303页。

要点。[①] 具体如行业协会、消协、中小企业促进会等，皆为第三部门。第三部门作为政府与市场之间的桥梁，可起到缓冲的作用，是实现政府与市场和谐互动的重要途径。作为不同于市场和政府的第三方主体，第三部门在协调功能的发挥上，在“准公共物品”的提供方面，具有更高的效率。第三部门通过协调整合机制，规范成员的经营行为，作为分散的市场主体的组织化利益代表，加强与政府的沟通。作为一种制度创新，它遵循的运转框架为：政府—第三部门—市场（主体）。

根据“市场增进论”的观点，政府应以民间部门为基点，促进民间部门的发展并协调市场关系，以给民间部门的发展创造更充分的空间，从而推动市场的完善。因此，青木昌彦特别强调在向市场经济转轨的发展中国家中，政府对市场的干预政策应尽可能地倾向于利用非政府机构来解决协调问题，并以此划定政府经济参与的界限。如针对互联网金融的监管，我国央行牵头成立了互联网金融协会。互联网金融协会以公约的形式颁布自律规定，由各成员自愿遵守；协会并不隶属于政府的管理机构，是介于政府、企业之间，为其服务、协调的中介组织。在一些新兴的市场，政府由于培育市场的考虑以及监管信息获取的不足，由第三部门通过将直接规制转化为间接规制，运用社会自身的自律性和自我运作性来解决问题。第三部门作为法律之外的一个子系统，它的自我规制正好可以避免政府的过分介入。借助社团的专业知识、信息、经验和判断，从而不论是从激励机制、信息占有方面看，还是从经济效率的原则考查，第三部门都是社会利益最恰当的代表者、实现者。“政府—第三部门—市场（主体）”主体架构是有效政府实现机制的需求。

四、结　　语

市场不是自在自为自生自足之物，它是一种制度，需要具备大量的前提条件（也就是制度费用）才能发生和维系，需要外在的力量帮助它化解发展过程中的种种危机。政府的角色应该不仅仅在于纠正市场失灵，另外一项功能是在没有市场竞争的经济领域培育出竞争市场，这项任务对于中国政府来说更为艰巨。同时，本文不赞成兴起的“监管国家”之类的说法，有多少监管环节，就有更多的监管漏洞。可以通过选择合理的信息工具及其组合，改变政府介入方式，与市场形成协同关系，建立政府介入的比较优势。政府介入与市场之间无所谓谁主谁辅，政府的介入本身具有独立的价值，它们在现代的经济生活中形成了动态的融合。

---

① 参见刘大洪、李华振：《政府失灵语境下的第三部门研究》，载《法学评论》2005 年第 6 期。

我国纳税人公益诉讼必要性与可行性研究

王国侠*

“公益诉讼在很大程度突破了对个人社会角色的理解,不再视公民为为自己利益而斗争的个体,而是强调公民在政治社会中的积极参与。它也突破了对司法职能的狭隘理解,不再视司法为解决纠纷、维护秩序的消极机构,而重视司法在整个社会治理中的能动作用。它还突破了立法—执法—司法的治理模式,而追求公民、组织和国家机构分工、合作的共同治理。”①公益诉讼制度既为人们参加国家事务管理提供了新途径,也为人们这一权利的实现提供了司法保障。新《民事诉讼法》将公益诉讼正式写入制定法,历史意义巨大,从此公益诉讼不再限于理论探讨,而成为法规范意义上的正式法律用语。这一具有里程碑意义的立法变革产生的深远影响远远不会局限于民事诉讼领域,笔者寄望将来《行政诉讼法》的修改能够效仿新《民事诉讼法》,通过列举方式将行政公益诉讼正式写入制定法,这其中就包括纳税人公益诉讼。

一、问题源起:纳税人公益诉讼的实践与思考

主张纳税人公益诉讼“入法”,既不是学者不切实际的主观臆造,更非对国外经验的生搬硬套,而是来自于司法实践的迫切需求。我国的权威媒体就曾经用“执着的原告,稳如泰山的被告,无动于衷的法院”来描述我国公益诉讼实践的现实状况。② 与各类公益诉讼的实践相伴随,当前对我国纳税人公益诉讼的实践和对纳税人公益诉讼的讨论从未停止。

---

* 王国侠,华东政法大学2012级经济法学博士研究生,上海市宝山区人民法院审判员。

① 何海波:《行政诉讼法》,法律出版社2011年版,第200页。

② 参见唐宋:《公益诉讼何时不再尴尬》,载《人民日报》2006年4月14日第5版。

案例一:蒋石林诉常宁市财政局违法购车案

2006年4月3日,原告蒋石林(湖南省常宁市农民)向湖南省常宁市人民法院诉称,2005年被告常宁市财政局违法超出预算,不通过正规的采购程序,违法使用国家资金自行购买两辆高级小轿车。原告认为,被告作为国家法定的财政管理机关,没有依法定程序管理和使用国家财政税款,违反了《预算法》《政府采购法》《财政违法行为处罚处分条例》等法律法规,侵害了国家有关财政预算管理制度,也损害了纳税人的合法权利。2006年1月28日,原告通过特快专递要求被告对违法行为予以处理并给原告答复。被告没有改正处理,也没有在法定期限内答复。于是,原告根据《宪法》第2条、《财政违法行为处罚处分条例》第2条以及《行政诉讼法》的规定,就此提起行政诉讼。湖南省常宁市人民法院立案庭于2006年4月3日签收了诉状,4月10日作出了"不予受理"的裁定,理由是起诉人蒋石林所诉事项不属于人民法院行政诉讼受案范围,不符合起诉条件。①该案被誉为开启我国纳税人诉讼先河的"中国纳税人诉讼第一案"。

案例二:大学生申请公开"微笑局长"工资案

2012年8月26日,陕西延安发生特大交通事故。原陕西省安监局党组书记、安监局局长杨达才被媒体曝光在事故现场面带微笑,后被网民揭露其拥有多块国际知名奢侈手表,杨达才因而被网民戏称为"微笑局长""表哥"。2012年9月,三峡大学大二学生刘艳峰向陕西省财政厅、陕西省安监局申请公开"表哥"杨达才2011年度工资。陕西省财政厅在复函中称,该事项不属于政府信息公开范围。陕西省安监局则未答复。随后,刘艳峰起诉陕西省财政厅、陕西省安监局行政不作为。法院正式立案之前,原告申请撤诉。"表哥"杨达才涉嫌腐败,在由纪检机关进行调查后,被移送司法机关处理。2013年8月,杨达才被以受贿、巨额财产来源不明罪判处有期徒刑14年。此事件被视为2012年网络反腐的成功案例之一,该案也被评为"2012年中国十大公益诉讼"之一。②

目前,我国财税领域侵犯公共利益的行为非常普遍,有关这方面的纠纷不断出现,上述案例就是代表。正如有学者所说,当下我国存在十分严重的财税"公益危机":各种"形象工程""豆腐渣工程"、政府采购和政府投资中的腐败现象、建豪华办公楼、公款吃喝和公款旅游等公款消费问题、超标公务用车、浪费公款等等。面对政府违法和滥用纳税人税款的行为,仅有审计机关"审计风暴"、人大的"预算风暴"还不够,应当掀起第三个风暴——"纳税人诉讼风暴",动员民

① 参见李炎:《美国纳税人诉讼原告资格的主要影响因素分析及其对我国的启示》,载《法学杂志》2012年第1期,第170页。

② 参见《2012十大公益诉讼》,http://www.legalweekly.cn/index.php/Index/article/id/2000,2013年6月13日访问。

众力量,实行私权制衡公权,开放以纳税人的身份对政府的违法税款使用行为实行司法监督的公益诉讼。[①]

社会问题只有成为法律上的纠纷问题,才能通过诉讼得以解决,公益诉讼也是如此。社会问题的法律纠纷化是公益诉讼得以进行的必要条件。上述常见的政府部门及其工作人员违法财政开支问题,能否以及是否已经上升到法律纠纷的高度,就是本文探讨纳税人公益诉讼可行性的主旨所在。笔者归纳,关于纳税人公益诉讼,目前必须思考和解决下列问题:

(一) 定性问题:如何界定纳税人公益诉讼

正确界定纳税人公益诉讼,关系到具体的制度设计和程序安排。关于类似制度,各国的理论与实践均有所差别。至于我国的纳税人公益诉讼应如何界定,学者们观点不一。对于"公益诉讼""行政公益诉讼""纳税人公益诉讼"这些概念的内涵和外延应如何界定,理论界尚且众说纷纭,对于普通民众、舆论媒体而言,更是含混不清。这里以近几年网上评选所谓年度"十大公益诉讼案件"为例。2011 年"十大公益诉讼案件"[②]涉及行政诉讼的有四件,笔者认为其中真正称得上行政公益诉讼案件的只有"李燕诉国土资源部、教育部和科技部政府信息公开案"。2012 年"十大公益诉讼案件"[③]涉及行政诉讼的有三件,其中市民诉请公开公交卡巨额利息去向案、大学生申请公开"微笑局长"工资案,属于真正意义上的行政公益诉讼;而公民"被乙肝"失去公务员录取资格案,因原告与被诉行政行为有直接利害关系,应属于普通行政诉讼。之所以存在上述混淆,多是由于未严格区分具有公益性诉讼效果的普通行政诉讼与真正严格意义上的行政公益诉讼之故。有学者将理论上与实践中常见的对公益诉讼的曲解进行了归纳,总结为"关于公益诉讼的几大误区"[④],暂且不论这些归纳是否全面与精准,探索纳税人公益诉讼的可行性,首先就要弄清"公益诉讼""行政公益诉讼""纳税人公益诉讼"这些基本概念。

(二) 必要性问题:法律如何回应纳税人公益诉讼的实践需求

现阶段的纳税人公益诉讼并非法定的诉讼类型,还仅仅是热心于公益的公

---

① 参见施正文:《我国建立纳税人诉讼的几个问题》,载《中国法学》2006 年第 5 期,第 146 页。

② 参见《专家点睛"2011 年中国十大公益诉讼"》,http://www.mzyfz.com/cms/benwangzhuanfang/dujiazhuanfang/wangqihuigu/html/1046/2012-04-08/content-340226.html,2013 年 6 月 13 日访问。

③ 参见《2012 十大公益诉讼》,http://www.legalweekly.cn/index.php/Index/article/id/2000,2013 年 6 月 13 日访问。

④ 参见梁凤云、武楠:《关于公益诉讼的几大误区》,载《人民法院报》2002 年 9 月 21 日第 5 版。

民或团体的实践。正如有学者所说，行政公益诉讼与其说是被规范的，不如说是被实践的。就过去十余年的情况看，行政公益诉讼涉及城乡规划、环境污染、价格决策、财政开支、机构设置、公务员招录、社会风化、信息公开等多个领域，这些诉讼多数被法院拒于门外，只有极少数能够进入实体审理，而原告最后胜诉的也凤毛麟角。[①] 尽管实践中行政公益诉讼多以原告败诉告终，但从提起开始，行政公益诉讼过程本身就具有促进、监督行政机关依法行政，维护社会公共利益的目的和效果。现实生活中出现的邱建东、李刚、郝劲松等诸多热心公益诉讼的公民，以及中华环保联合会等热心公益诉讼的团体，其所提起的行政公益诉讼在社会上产生的影响力早就超越了案件本身。可以预见，随着公民法治意识的增强，行政公益诉讼在实践中仍将层出不穷。随着纳税人权利意识的觉醒，纳税人公益诉讼作为行政公益诉讼的一种，必将越来越多。作为一种被不断实践着的诉讼类型，法无明文规定的尴尬状况有悖法治的精神，《行政诉讼法》的修改理应对此作出必要的回应，从而使得纳税人公益诉讼"名正言顺"，有法可依，发挥其应有的作用。

（三）可行性问题：如何破解纳税人公益诉讼面临的法律障碍

新《民事诉讼法》颁布之前，在我国，"公益诉讼"既非制定法上的用语，也不是一项特殊的诉讼类型，法律不允许与个人利益完全无关、纯粹为了公共利益而提起的诉讼，即所谓的"客观诉讼"或者"公民诉讼"。如前所述，行政公益诉讼在实践中多以原告败诉告终，纳税人公益诉讼也是如此。原因就在于，纳税人公益诉讼存在着法律上的障碍。第一，纳税人公益诉权的来源问题。诉讼中，作为原告的纳税人"个体"，如何对诉请的侵犯公共利益"整体"的违法行政行为享有诉权？纳税人公益诉权既涉及实体性权利，又涉及程序性权利。与纳税人公益诉讼相对应的纳税人实体权利的来源为何？这种权利是否可以成为可诉性的权利，从而使得纳税人享有程序上的公益诉权？第二，纳税人的原告资格问题。这是制约纳税人公益诉讼乃至整个行政公益诉讼的瓶颈问题。大量的行政公益诉讼案件均以原告与案件没有直接利害关系为由而被法院不予立案或驳回起诉。创设纳税人公益诉讼，首先就要对原告资格的限制作出突破，从而为原告的公益诉权寻求理论支撑。事实上，纳税人公益诉讼问题在很大程度上可以转换为是否承认纳税人的原告资格以及在多大程度上、多大范围内承认的问题。解答该问题的关键就是如何突破现有的"诉讼利益"和"当事人适格"理论，如何解释纳税人与被诉行为之间的"法律上的利害关系"。第三，纳税人公益诉讼的法律依

① 参见何海波：《行政诉讼法》，法律出版社 2011 年版，第 196 页。

据问题。与纳税人公益诉讼相对应的纳税人权利实际上是一种宪法性权利,而我国宪法只规定了纳税人具有依法纳税的义务,对纳税人的权利并未涉及。在程序法上,从案件的起诉、受理到审理,都必须做到有法可依,具有可操作性。从纳税人公益诉讼的实践到规范,涉及司法解释的大胆探索,最终还要靠立法上的修改。

(四) 阶段性问题:如何界定纳税人公益诉讼的边界

纳税人公益诉讼在实质上是对行政行为的一种监督方式,这种监督方式既体现了私权对公权的制约——作为行政公益诉讼原告的诉权在本质上是一种私权,又体现了公权对公权的制约——司法权对行政权进行司法审查。可以说,纳税人公益诉讼体现了三方即公民的私权、行政机关的行政权、法院的司法权的配置和互动,而从国家的整体权利与权力体系的合理配置与有效运行角度看,三者应当有个合理的界限,体现私权的原告主体资格不能无限扩张,司法权对行政权的审查也应适度。“从具有普遍意义的社会问题的产生到社会问题的法律化、司法化和公益诉讼的产生,体现着公益诉讼产生的基本动因、社会制度和文化基础,体现其形成的逻辑和发生原理。具体说来,在法律领域内,并不是所有的社会问题都是要或者能通过诉讼途径解决的。”①因此,纳税人公益诉讼在多大程度上和范围内可行和得以实施,要受制于一个国家的社会制度、社会发展状况、社会利益与矛盾冲突的结构、文化等多种因素的影响。也就是说,纳税人公益诉讼是有边界的,要考虑社会发展的阶段性特征。关于纳税人公益诉讼的边界问题实际上贯穿纳税人公益诉讼制度设计的始终。原告资格、受案范围、程序设置、举证责任等,各个环节和程序都体现着私权制约公权、司法权介入行政权的边界问题。

二、纳税人公益诉讼定性及构成解析

(一) 纳税人公益诉讼的比较法考察与含义

纳税人诉讼是一种以私权制约公权的公益诉讼。作为衡平法上的救济方式,它不仅在英美法系国家得到承认,而且也被一些大陆法系国家接受,并得以发展。它起源于19世纪英国法上的“相关人诉讼”(Relator Action)。深受英国法律影响的美国先后通过司法判例、成文法等形式承认了纳税人诉讼。二战后,

① 杨晓雷、刘东华、古德丹:《实践中的公益法》,法律出版社2012年版,第131页。

日本仿效当时美国的“纳税人诉讼”(Taxpayers' Suit)及“市民诉讼”(Citizens' Suit)模式,建立了与之类似的住民诉讼制度。①

1. 英国

在英国,选民可以就地方政府不合法的支出向法院起诉。当某公共机关的行为违法并妨害公众利益,却又没有给任何人造成特别损失时,国王的代表——检察总长可以根据某相关人的“告发”或“检举”,授权或许可该人以自己的名义提起诉讼,这便是“相关人诉讼”。② 英国的纳税人诉讼属于禁止令请求之诉,其最大特点是由检察总长代表纳税人发起。检察总长是原告,公民列为告发人。因为英国法律规定,在遏制滥用权力、维护公共利益的诉讼中,个人原告并不比他所代表的公众享有更多利益,所以“只有法务长官能够代表公众提起诉讼以倡导公众权利,阻止公共性不当行为。私人没有提起诉讼的权利”③。

2. 美国

作为普通法国家,美国的纳税人诉讼是通过判例确认的。美国联邦法院起初并不承认纳税人的公益诉权,其理由是:联邦纳税人的利益太微不足道了,而且联邦纳税人与他请求复审的行为没有个人利害关系。④ 但是,在弗拉斯特诉科恩案中,纳税人诉讼资格得以确立。该案还确立了一个“双重纽带法则”,即“第一,纳税人必须在他与被诉法令之间建立起逻辑上的联系。这样一来,纳税人才会成为合适的诉讼一方来挑战国会依据宪法第一条第八款制定的法令的违宪性。第二,纳税人必须证明,在他与被诉违宪行为之间存在一个‘纽带’”。只有满足上述两项条件,纳税人才享有起诉联邦政府支出的资格。⑤ 美国联邦与各州在纳税人诉讼上的态度不同,联邦诉讼条件更为严格。到了1965年,几乎所有州都承认以州所属地方公共团体,包括市、县、镇及其他地方公共团体如地方征税机构为对象的纳税人诉讼。同时,除纽约州和新墨西哥州外,有34个州还明确承认以州为对象的纳税人诉讼。美国的纳税人诉讼最初主要针对公共资金的违法支出行为或造成金钱损失的违法行为,随着请求范围的不断扩大,凡是政府公共机构及其公务人员的违法、诈欺、渎职等行为,纳税人都有权提起纳税人诉讼。对于公务员自由裁量行为,如不正当地使用公款造成浪费的,或者其他

---

① 参见陈晴:《纳税人诉讼制度的域外考察及其借鉴》,载《法学评论》2009年第2期,第130页。

② 同上书,第131页。

③ 〔意〕莫诺·卡佩莱蒂编:《福利国家与接近正义》,刘俊祥主译,法律出版社2000年版,第83页。转引自陈晴:《纳税人诉讼制度的域外考察及其借鉴》,载《法学评论》2009年第2期,第131页。

④ 参见〔美〕伯纳德·施瓦茨:《行政法》,徐炳译,群众出版社1986年版,第423页。

⑤ 参见马存利、韩平:《纳税人诉讼适格问题研究——美国最高法院的司法实践对我国的启示》,载《当代法学》2008年第3期,第140页。

不经济的行为,因属于政府裁量权范围,一般不得提起诉讼。[①]

3. 日本

在日本,公益诉讼被称为“民众诉讼”,它是指请求纠正国家或者公共团体机关不符合法规的行为的诉讼,并且是以作为选举人的资格或者其他与自己法律上的利益无关的资格提起的诉讼。日本现行法上所承认的民众诉讼最常见的有三类:第一类是与公职选举有关的诉讼;第二类是与直接请求有关的诉讼;第三类是居民诉讼,其起源是美国的纳税人诉讼。居民诉讼是纠正地方公共团体的职员所进行的财务会计上的管理运作,以确保地方公共团体的财务体制公正运作的制度。居民诉讼的起诉者是普通地方公共团体的居民,要求法院审查的对象并不是地方公共团体行为的全部,而是只限于与财务会计有关部门的行为。日本民众诉讼的原告可以是纳税人,也可以是利益受到普遍影响的选举人或者其他公众之一。[②]

以上英、美、日等国的纳税人诉讼制度介绍,对于构建我国纳税人公益诉讼制度的启示是:第一,纳税人公益诉讼首先要回答谁有权提起诉讼的问题。普通纳税人能否作为公共利益的代表,以自己的名义向法院提起诉讼,如美国,还是通过类似于英国的“相关人诉讼”制度,以法务长官的名义提起诉讼?第二,纳税人公益诉讼中,法院司法审查的对象是什么?各国的共性是,均包括或主要是对公共资金违法支出行为的司法审查。其中,美国纳税人诉讼司法审查的范围较宽。那么,我国当前阶段应如何划定纳税人公益诉讼的受案范围?第三,英美法系是判例法国家,即使在大陆法系国家日本,因为其法律中明确有关于民众诉讼的规定,所以在纳税人诉讼的适用上或由法官“造法”,或由法官“适法”。我国作为成文法国家,原告是否可能因为缺乏或远离法定的诉讼利益,从而无法“接近司法”,获得救济?同时,鉴于不同的法系和历史背景、国情,相较其他国家,我国的纳税人诉讼制度应该进行怎样的“本土化”设计?这些问题都是我们在借鉴其他国家纳税人诉讼制度时所要考虑的。

在我国,学者们在论述纳税人公益诉讼时,经常将“纳税人诉讼”与“纳税人公益诉讼”两个概念在同义上交替使用。从严格意义上讲,二者并非等同。纳税人诉讼的含义更为广泛。实际上,“纳税人诉讼,在英美法上又叫纳税人提起的禁止令请求诉讼,是指以纳税人的身份,针对不符合宪法和法律的不公平税制、不公平征税行为特别是政府的违法使用税款等侵犯国家和社会公共利益的

① 参见陈晴:《纳税人诉讼制度的域外考察及其借鉴》,载《法学评论》2009年第2期,第134页。

② 有关日本民众诉讼的详细内容可参见〔日〕盐野宏:《行政法》,杨建顺译,法律出版社1999年版,第432—436页。转引自马怀德主编:《行政诉讼原理》,法律出版社2009年版,第142页。

行为向法院提起的诉讼。它是一种针对间接侵犯纳税人个人利益以及侵犯纳税人整体利益的客观诉讼"①。从广义上而言,纳税人诉讼包括违宪审查、行政诉讼、行政公益诉讼三种。狭义上的纳税人公益诉讼仅指最后一种。

综合各种学说与观点,考虑到我国的法律体系及纳税人公益诉讼运行的总体社会环境,笔者认为,纳税人公益诉讼目前宜从狭义上予以定义,即是指符合一定条件的纳税人诉请要求公开公共财政资金使用情况、禁止或退回公共财政资金违法支出的行政公益诉讼制度。

(二)纳税人公益诉讼的性质:行政公益诉讼

行政公益之诉,是指当行政主体的违法行为或不行为对公共利益造成侵害或有侵害之虞时,法律容许无直接利害关系人为维护公共利益而向法院提起行政诉讼的制度。② 利害关系的非直接性与诉讼目的的公益性,是包括行政公益诉讼在内的公益诉讼的两个核心特征。

利害关系的非直接性源于公共利益与私人利益的区分。公益诉讼保护的是公共利益,具有公益性;而私益诉讼保护的则是私人利益,具有私益性。公共利益的受益主体是不特定的多数人,并非个体利益的简单相加,无法简单地分割给每个个体,也因此无法确定公共利益与利益个体间的直接利害关系。因此,在公共利益受到侵害的情况下,个体是无法以私益受侵害为诉因来达到完全救济公共利益的目的的,由此才产生了个体提起的以公益受侵害为诉因的公益诉讼。

毫无疑问,行政公益诉讼是行政诉讼的一种,诉讼目的上的公益性是将行政公益诉讼与普通的行政诉讼区分开来的另一个重要特征。对于普通行政诉讼而言,原告的诉讼目的不是追求公共利益的保障和维护,而是突出追求个人利益的保护,其本质仍是私益诉讼。但是,从行政诉讼的过程和结果看,都间接地起到了监督和促进行政机关依法行政的效果。就此而言,任何一个行政诉讼都是具有"公益性"的诉讼,这里的"公益性"是从诉讼效果的角度衡量的。但是,具有"公益性"效果的行政诉讼并不等同于"行政公益诉讼",行政公益诉讼的"公益性"特征是从诉讼目的角度加以界定的,原告提起行政公益诉讼的目的就是保护、救济被侵害或有侵害之虞的社会公共利益。

纳税人公益诉讼在性质上属于行政公益诉讼。一方面,作为原告的纳税人与被诉行政行为间无直接利害关系。由于税收在本质上的非直接有偿或者说形式上的无偿性,主要来源于税款的公共财政资金的违法支出行为在直观层面和

---

① 施正文:《我国建立纳税人诉讼的几个问题》,载《中国法学》2006 年第 5 期,第 146 页。

② 参见蔡虹、梁远:《也论行政公益诉讼》,载《法学评论》2002 年第 3 期,第 100 页。

形式上并不直接侵害每个作为个体的纳税人的利益,只是从公共产品或服务的提供角度,原告作为纳税人整体的一分子,才与被诉行政行为间存在间接的利害关系。另一方面,纳税人起诉的目的具有公益性。税款的使用关系到每个纳税人所应该享有的公共产品和服务的质量,政府的违法用税行为是对一定范围内全体纳税人整体利益的侵害。所以,纳税人起诉不仅仅是为了保障纳税人自身的私益,更是为了纳税人的整体公共利益。实际上,纳税人胜诉后的利益也是由全体纳税人共同享有的。

因此,纳税人公益诉讼具有利害关系的直接性、诉讼目的的公益性的特征,在性质上属于行政公益诉讼。探讨纳税人公益诉讼的可行性,应放在行政公益诉讼的实践与立法的大背景下进行。

(三) 纳税人公益诉讼的法理基础

相关学者在论述纳税人公益诉讼的法理基础和独特价值的时候,主要从以下几个角度加以分析:

第一,税收价格论。纳税人通过公益诉讼的形式对政府用税权进行监督,理论上首先源于对税收的性质的重新认识。税收是公众为取得政府提供的公共产品和公共服务的对价。所谓"取之于民,用之于民",政府取得税收收入,应依法用于公共财政支出。纳税人对政府用于公共产品和服务的公共财政开支有权进行监督,这种监督就包括通过诉讼的形式。正如有学者所说:"税收是直接无偿性和间接有偿性的统一。征税是为了实现国家的公共职能,税款如何安排使用,应当提供什么样的公共产品,或者说政府支出的总规模、类别、项目、数额、质量等,直接关系到纳税人的切身利益,纳税人天然具有监督和参与权。即税收价格的支付者也同样享有'消费者主权',政府用税行为具有'可诉性'。"①

第二,人民主权论。依照社会契约成立的政府,其一切权力属于人民。"人民主权"原则要求,越是与人民切身利益相关的事情,越应交由人民自己决定。政府的征税权和用税权来源于人民的意志和权力授予。纳税人不仅享有税收课征权,而且对税款的支出也享有监督权。如果政府违法使用公共财政资金,提供的公共产品和服务不足或存在瑕疵,纳税人有权通过司法救济的方式予以制止。实行纳税人公益诉讼制度,赋予纳税人对公共财政资金支出行为的监督权,是人民主权思想的必然要求。

第三,权力(利)制衡论。孟德斯鸠在《论法的精神》中将国家权力分为立法权、行政权和司法权,认为要防止滥用权力,就必须以权力约束权力。实行分权

① 施正文:《我国建立纳税人诉讼的几个问题》,载《中国法学》2006 年第 5 期,第 147 页。

制衡,防止权力的滥用和保障自由,是法治的基本要义。传统上只存在以公权制约公权,纳税人公益诉讼则不仅体现了司法权对行政权的制约,即公权对公权的制约,还体现了私权对公权的制约,即纳税人的权利对政府用税权这种公权力的制约,借此弥补体制内权力监督的不足,从而保证税款的正确使用。“开放纳税人诉讼,将政府的用税行政权的行使纳入司法审查,是实现私权制衡公权,维护纳税人公共利益的必然需要。”①在此意义上可以说,“司法权是公民的权力,司法制度及司法程序是为了公民而设置,而不是为国家以及法官设置的”②。

从上述税收价格论、人民主权论、权力(利)制衡论不难得出,纳税人公益诉讼具有独特的制度价值:一是有利于保护纳税人权利。对现代税收国家而言,纳税人是国家的主人。无救济就无权利。有纳税人诉讼作保障,才能将纳税人的用税监督权真正落到实处。二是有利于推动财政预算收支的法治化。放开纳税人诉讼,将政府的用税行政权的行使纳入司法审查,有利于促进政府依法用税,规范财政支出。三是有利于建立良性的税收征纳关系。从现代税收理念出发,税收是纳税人和政府之间的隐含契约,征税是为了公共目的用税。通过纳税人诉讼监督政府用税,可以提高纳税人对税收的遵从度,也有利于促进政府善用财政,改善民生。

(四)纳税人公益诉权的来源:纳税人基本权利

纳税人的公益诉权从实体上源于纳税人权利。但是,纳税人权利体系从理论上讲是多层次的,在税收过程的不同阶段表现为不同的内容。纳税人的公益诉权源于纳税人的基本权利,在内容上表现为纳税人在税款使用阶段的监督权,这种权利要取得司法救济,还取决于其法定化程度。

有学者将纳税人权利区分为纳税人的一般性权利和纳税人的基本权利。与纳税人公益诉讼相对应的是纳税人的基本权利。纳税人的一般性权利是指纳税人在税收征收过程中依法所享有的权利。纳税人的基本权利是指税收的征收与支出都必须符合宪法规定的保障人民基本权利的目的,纳税人享有以宪法为基础,仅在税收征收与支出符合宪法规定的原则的条件下才具有的承担纳税义务的权利。纳税人的基本权利包括两方面:纳税人享有在税收课征中的民主参与、管理权利以及在税收支出中享有支出和用途的民主监督管理权。③ 从本质上讲,纳税人公益诉讼允许私人以纳税人身份对违法的公共财政资金支出行为提

① 施正文:《我国建立纳税人诉讼的几个问题》,载《中国法学》2006 年第 5 期,第 147 页。
② 左卫民、朱桐辉:《公民诉讼权:宪法与司法保障研究》,载《法学》2001 年第 4 期,第 7 页。
③ 参见余香爱:《谈我国纳税人权利清单的缺失》,载《经济经纬》2004 年第 6 期,第 151 页。

起诉讼,给予司法救济,保障纳税人的基本权利,提高私人在法的实现中的作用,是宪法民主政治的应有之义。

纳税人的权利贯穿于税收活动的全过程,包括三个阶段:税收立法、税款征收、税款使用。纳税人的权利在不同的阶段表现为不同的内容,对权利的司法救济也表现为不同的形式。在税收立法阶段,根据社会契约论,纳税人享有无代表权不纳税的权利,即是否纳税、如何纳税,纳税人有权决定,对违反税收法定原则的,可通过违宪审查即宪法诉讼予以救济;在税款征收阶段,纳税人有权要求税务机关按照规定的程序和权限征收税款,对利益受到侵犯的,可通过税务行政诉讼寻求救济;在税款使用阶段,根据税收债务关系理论,纳税人有权要求政府依法提供合格的公共产品和公共服务,对税款的使用有权进行监督,并可通过纳税人公益诉讼的方式予以救济。

纳税人的权利层次分为应有权利、法定权利和实有权利。应有权利是纳税人在税收法律关系中应该拥有的权利,它受经济社会发展水平的制约。法定权利是纳税人的"应有权利"通过法律转化所确认的权利。这种权利十分明确而具体,具有普遍的约束力。实有权利是纳税人实际享受到的权利,它表明了纳税人"法定权利"的实现程度。[①] 探讨纳税人公益诉讼的可行性,应是根据经济社会发展变化的现实情况,立足于纳税人的法定权利,不断将纳税人的"应有权利"拓展为"法定权利",并通过严格执法与严格司法使"实有权利"尽可能趋近"法定权利",确保纳税人权利的有效实现。

(五) 纳税人公益诉讼主体之间的特殊关系:用税法律关系

前文已述,纳税人公益诉讼在性质上是区别于普通行政诉讼的行政公益诉讼,但本质上仍属于行政诉讼。纳税人因行政机关违法或者不合理的用税行为侵犯了自己的合法权益而起诉。原告一方是作为纳税人的自然人、法人或其他组织,被告一方则是作为税款使用者的行政机关,在主体方面完全符合行政诉讼的特征。但是,从行政诉讼到行政公益诉讼,再到纳税人公益诉讼,之所以进行这样的定性和区分,关键在于纳税人公益诉讼所体现的原、被告间的法律关系不同,是基于特定身份的纳税人和用税人之间的用税法律关系。

税收法律关系不仅包括税收征纳关系,还包括用税法律关系。纳税人的权利是纳税人基于让渡自身合法财产所有权而在整个税收活动中应当享有的权利,不仅体现在税收征纳法律关系中,也体现在用税法律关系中。日常生活中,人们需要两类物品或服务:一类是私人物品或服务,另一类是公共物品或服务。

① 参见王建平:《构建纳税人的权利体系》,载《税务研究》2007 年第 5 期,第 64 页。

其中,后者只能由政府提供,人们则通过纳税的方式间接购买,这就是税收的实质。因此,可以说,纳税人之所以要纳税,目的就在于换取公共物品或服务;用税人之所以要用税,也在于向作为纳税人整体的社会提供公共物品或服务。纳税人、征税人、用税人间是一个不间断的关系链条,征税人是纳税人和用税人之间的桥梁。在三方之间,包含了两个法律关系,即税收征纳关系和用税法律关系,三方主体都分别享有权利和负有义务。就用税人即政府部门而言,享有用税权,同时也负有提供合格公共物品或服务的义务;就纳税人而言,负有纳税义务,同时享有要求征税人依法征税和纳税人依法用税(即用于提供合格的公共物品或服务)的权利。当纳税人的权利受损时,纳税人有权通过司法救济的方式保证权利的实现。这种司法救济的方式,针对征税人,就是普通的税务行政诉讼;针对用税人,就是纳税人公益诉讼。

我国传统的财税法理论多从国家本位的立场阐述税收,把税的征收与使用割裂开来,对纳税人的用税监督权较少涉及,从而使得对纳税人的权利保护不够,也影响了纳税人的税收遵从度。“具体来讲,纳税人能否依法纳税,征税人能否依法征税,在相当程度上,取决于用税人能否有效用税。如果纳税人看到自己缴纳的税款被用到不该用的地方去了,或者,在使用过程中‘打水漂’了,纳税人的纳税行为肯定会因此而扭曲。相当的,征税人的征税工作肯定会因此而受阻。”①因此,容许私人以纳税人的身份对政府部门的违法用税行为提起诉讼,是税收法律关系中权利义务一致性的体现,有助于提高纳税人的权利意识,使得普通纳税人对用税部门的监督更主动、更全面和更有力,对于提高税款的使用效果,建立高效、廉洁的政府和法治社会无疑是十分重要的。

三、纳税人公益诉讼的阶段性:在必要性与可行性间找准界限

(一)必要性:规范政府财政支出行为的现实需要

长期以来,我国的财政管理以财政收入监督为重心,以确保国库收入为主要目的,财政支出因缺乏有效监督而整体效益低下,现状颇为混乱。财政支出的范围、支出结构都不尽合理,人员经费、行政管理费方面的支出膨胀严重。第一,政府财政支出范围严重越位。行政管理费等行政开支占财政支出比例过高。特别是近年来,我国逐年增长的行政支出中,公车消费、公款吃喝、公款出国考察高达

① 高培勇:《纳税人·征税人·用税人——关于“依法治税”问题的思考》,载《涉外税务》2000年第4期,第5—8页。

9000 亿元,至于政府豪华楼堂馆所建设、面子工程等所造成的损失更无法准确统计。[①] 第二,政府财政支出过程缺乏有效约束。例如,为应对 2008 年金融危机,政府投入 4 万亿元,目的是拉动内需,促进经济增长。但是,政府对于这笔数目巨大的钱款究竟投在了什么领域并无严格监管,对投资过程缺乏有效的法制化约束,“跑部钱进”的不正常现象加剧了腐败。第三,政府财政支出透明度不够。公共资金的使用和支出存在暗箱操作问题,纳税人对税款的支出范围、数额、执行情况等大多一无所知,这也是当前贪污、贿赂、挪用公款、奢侈浪费等消极腐败现象存在的根源。

针对政府财政支出的违法和不合理行为,现行的监督体制效果有限。对政府公共财政资金支出方式的监督包括人大监督(预算监督)、审计监督以及纳税人监督等。在人大监督方面,我国宪法和地方各级人民代表大会组织法均规定,各级人大是代表人民行使财政支出决策权和监督权的机关,通过审查和批准预算以及预算执行情况的报告予以监督。但是,人大监督由于手段不完善和程序缺失并未落到实处,预算监督需要改革完善的地方很多。特别是在目前政府预算草案尚不公开、人大代表缺乏审计预算必要的专门知识的情况下,人大监督的效果不可高估,预算监督不力。审计监督是政府的内部监督,缺乏问责能力,存在天然缺陷,在治理政府财政支出违法行为的效力上,效果和公正性都有所不足。纳税人非讼方式的监督,如向有关机关举报等,无相应的司法救济方式作保障,同样存在效果不力的问题。相较而言,纳税人公益诉讼作为一种监督政府公共财政支出的方式,更直接、更具体、更有效。

纳税人公益诉讼作为一种监督政府财政支出的方式,因为私人的力量引入了司法权这种公权力,可以对政府财政支出的公权力形成强有力的制约和监督。这种私人监督的存在给财政支出的决策者、执行者施加了巨大压力,迫使其必须按照法律安排财政支出,真正贯彻和体现“财政法定主义”“预算法定主义”。同时,财政支出的司法审查也对财政信息的公开性、透明度提出更高要求。在我国,财政支出计划体现了更多的政策性,而非法定性是违法财政支出行为屡禁不止的制度根源。另外,虽已出台了政府信息公开的行政法规,但财政预算及其执行情况等信息的透明度仍旧不高。纳税人诉讼所蕴涵的对财政支出行为的法定性、公开性等基本要求,将能促进我国相关制度的完善。[②]

赋予纳税人用税监督权,是财政民主与法治的应有之义。如果说征税意味着纳税人将付出多少,那么对以税款为主要来源的公共财政资金的使用意味着

① 参见高军、杜学文:《构建我国纳税人诉讼制度初探》,载《经济问题》2009 年第 7 期,第 45 页。
② 参见陈晴:《纳税人诉讼制度的域外考察及其借鉴》,载《法学评论》2009 年第 2 期,第 137 页。

纳税人最终将得到什么。在权力机关的预算监督、政府内部的审计监督之外,增加由普通纳税人以公益诉讼形式发动并参与的"平民式监督",必然会增强纳税人的权利意识,提高其在财政监督中的参与度和积极性,也会真正强化政府公务人员的"公仆"意识,"拿纳税人的钱,为纳税人做事",促进廉洁、法治政府的建设。

(二)可行性:从现有的法律规定中寻求制度支撑

在我国现有的法律规范中,从宪法到相关法律、行政法规,均可以找到纳税人公益诉讼的法律适用依据。

首先,纳税人享有公益诉权的法律依据。《宪法》第13条规定:"公民的合法的私有财产不受侵犯",第33条第3款规定:"国家尊重和保障人权",第5条规定:"中华人民共和国实行依法治国,建设社会主义法治国家"。这些条款虽然比较概括,但结合税收的本质进行分析也可表明,税收是对公民财产权的一种剥夺,用税则是剥夺公民财产权的对价,征税和用税行为均必须接受合法性的追问。实际上,宪法关于公民财产权的规定本身就隐含了公民可以对政府不正当征税、违法用税等行为寻求救济的权利。根据《政府信息公开条例》第9条至第12条的规定,行政机关对于财政预算决算报告、财政收支、城乡建设、政府采购、社会公益事业建设等涉及公民、法人或者其他组织切身利益的、需要社会公众广泛知晓或者参与的,以及反映本行政机关机构设置、职能、办事程序等情况的政府信息应及时公开,这也为纳税人的用税监督权提供了依据,因为纳税人的用税监督权首先应是知情权。

其次,纳税人提起公益诉讼的法律依据。《宪法》中可以直接作为纳税人公益诉讼制度基础的条文主要包括:第2条规定:"中华人民共和国的一切权力属于人民","人民依照法律规定,通过各种途径和形式,管理国家事务,管理经济和文化事业,管理社会事务";第41条规定,中华人民共和国公民"对于任何国家机关和国家工作人员的违法失职行为,有向有关国家机关提出申诉、控告或者检举的权利"。从上述条文所体现的宪法精神而言,就是赋予公民最广泛、最概括的监督权利,这其中暗含了诉讼权和公益诉权,应当包括纳税人以诉讼方式对违法用税行为进行监督的权利。这为我国建立纳税人公益诉讼制度提供了宪法依据。"违法失职行为"当然包括违法使用或开支公共资金的行为。"有关国家机关"也理应包括各级人民法院在内。纳税人对政府的财政收支行政行为有知情权和控告、检举权,当然有权通过诉讼方式监督政府依法征收及使用税款。

最后,《行政诉讼法》关于原告资格的规定不应成为纳税人公益诉讼的法律障碍。在行政诉讼法的实践中,原告资格的发展变化一直较为活跃。正如美国行政法学者伯纳德·施瓦茨所言:“行政法方面的任何变化都没有原告资格方面的变化迅速。”[①]实际上,从普通的行政诉讼发展到行政公益诉讼,就反映了行政诉讼理论中原告资格不断放松的趋势。与此相适应,我国行政诉讼法的发展虽然起步晚,但在原告资格的变化上,也表现出扩张的趋势,原告资格的范围由窄向宽不断发展。具体到纳税人公益诉讼,在正式的立法修改之前,完全可再次以司法解释的方式,赋予纳税人原告资格,对此下文将作具体分析。

(三) 阶段性:在放开纳税人公益诉讼与适度限制间循序渐进

我们在肯定纳税人公益诉讼积极意义的同时,也应理性地考虑以个人权利通过司法权力制约行政权力的限度。纳税人公益诉讼的放开以循序渐进为宜。

首先,纳税人公益诉讼完全放开的法律条件尚不成熟。“包括公益诉讼在内的公益法律行动的运行逻辑前提是,既有的制度规定的权利保护状态是大前提,现有的权利或利益受损害但是在法律上受到不公平、不正义的待遇是小前提,而通过法律对这样的权益进行保护的社会公益需求是一种现实存在或者综合性前提条件,涵盖着对大小前提权利保护状态的改善性变革实践的社会行为意图。”[②]从纳税人公益诉讼运行的条件分析,虽然纳税人的社会公益需求和上文所述的“小前提”存在,即纳税人的基本权利受到公共财政资金违法支出行为的损害,且现有的法律并未像对其他受到具体行政行为损害的合法权益一样给予救济,纳税人行使其用税监督权的呼声,以及公共财政资金违法支出的现状,均表明二者的矛盾需要以公益诉讼的方式解决。但是,纳税人公益诉讼运行的大前提还需要更加明确,纳税人公益诉权还需要更有力的支撑。比如,我国《宪法》作为根本大法,却未规定纳税人的基本权利,对纳税人用税监督权的保护还需要实践和立法的继续探索;而纳税人公益诉讼所面临的法律上的困难和障碍的解决与克服不可能一蹴而就,且需要各项配套制度措施的跟进与完善,完全放开纳税人公益诉讼的条件还不是很成熟。

其次,行政权与司法权的界分要求司法审查保持适度的理性和克制。社会主义司法制度强调司法权对行政权的制约和监督,同时更强调司法权与行政权的彼此协调和良性互动。纳税人公益诉讼在本质上属于行政诉讼,但其意义不仅是法院通过司法程序审查行政行为,更深刻的意义在于,通过提起诉讼的方式,实际上赋予纳税人的私权以法院的公权力为媒介,对行政权这一公权进行干预。在此,司法权甚至成为私权制约公权的一种手段。它带来的积极意义是不

---

① 〔美〕伯纳德·施瓦茨:《行政法》,徐炳译,群众出版社1986年版,第419页。
② 杨晓雷、刘东华、古德丹:《实践中的公益法》,法律出版社2012年版,第132页。

言而喻的。但是,“现代社会经济发展日新月异,各种新生事物、各种社会现象层出不穷,行政机关实施行政行为的范围和领域也日益广阔,行政管理活动将变得更加精细化和专业化,而司法权的滞后性、高成本性和低效率性也将更加凸显。因此,司法权介入行政权的深度和广度应控制在一个适度的范围之内”①。也就是说,要正确看待司法权与行政权各自的特点和功能,把对行政权的监督和制约与法律建设的阶段性协调起来,否则将造成法制系统的紊乱。

最后,纳税人公益诉讼的产生与发展离不开特定的历史渊源和社会背景。制度经济学的研究表明,一项制度的运行,良好的制度安排仅是要件之一,社会中的非正式规则和制度的实施机制都影响着制度的实施效果。就纳税人公益诉讼而言,虽然在美、英等国家已经通过判例或成文法而发展成为一项成熟的法律制度,但在其他国家运行良好不代表就可以移植到我国,制度的本土化要考虑是否有合适的土壤,否则难免“南橘北枳”,偏离制度创设的初衷。在纳税人权利保护制度比较健全的国家,每一个公民都有“人的一生中只有两件事情是不变的,那就是死亡和纳税”的纳税意识,每一个公务人员也都有“不能随便使用纳税人的钱”的观念。但是,在我国,且不说公益诉讼在目前还仅是少数热心于公益人士的实践,就行政诉讼本身而言,《行政诉讼法》的颁布只有短短二十几年的时间,“民告官”的厌讼心理仍广为存在,纳税人权利意识尚未完全觉醒,更多的人一心只想“搭便车”,并不愿意为争取权利而付出代价。从这方面而言,我国的纳税人权利保护必定任重而道远。此外,司法资源是有限的,对于今天处于社会转型时期的我国,如何避免以公共利益之名滥用诉权也是放开纳税人公益诉讼需要考虑的问题。这些都有待于纳税人公益诉讼放开后,通过逐步实践不断寻求最合适的发展道路。

目前,探讨纳税人公益诉讼的可行性,笔者认为可采用的步骤是:先通过最高人民法院司法解释的方式,赋予纳税人原告资格,经由一段时间的实践摸索,待时机成熟,在《行政诉讼法》修改时,效仿《民事诉讼法》,正式将包括纳税人公益诉讼在内的行政公益诉讼写入制定法,并在《行政许可法》《政府采购法》中规定公民等的纳税人诉讼权,同时在受案范围、程序设置上进行严格限制,随着经济社会的发展,再逐步扩大纳税人诉讼的范围。总之,通过逐步放开纳税人诉讼,经由实践的发展再不断完善该制度,实现其纠正和防止公共财政资金的违法支出,规范政府行政行为,以私权制约公权,维护纳税人基本权利的目标。

---

① 李炎:《美国纳税人诉讼原告资格的主要影响因素分析及其对我国的启示》,载《法学杂志》2012年第1期,第173—174页。

四、纳税人公益诉讼的原告资格：适度扩张与必要限制相统一

原告是启动诉讼的主体,正所谓“没有原告就没有法官”。纳税人公益诉讼制度的特殊性在于,原告与被诉行政行为之间没有传统行政诉讼所认可的法律上的直接利害关系,这也成为长期以来制约纳税人公益诉讼制度产生和发展的瓶颈问题。因此,创设纳税人公益诉讼制度首先就要解决原告资格的问题,个体对不具有直接利害关系的公共利益如何获得正当性的诉权,以及这种诉权扩张到何种程度为宜,既是理论问题,也是实践问题。

(一) 通过扩张解释赋予纳税人行政公益诉讼原告资格

关于纳税人公益诉讼的原告资格,日本税法学者北野弘久从纳税人基本权利角度对纳税人的诉权作过理论上的阐述,认为纳税人基本权利理论作为基本法理,可以用来解释纳税人有权提起纳税人诉讼的正当性。虽然对纳税人诉讼没有进行特别的立法,但违反宪法的不公平的税收制度、不公平的税收行政行为,事实上都是对纳税人基本权利的侵犯。同样的道理,违法支出税款的行为,不论是何种情形,也都意味着纳税人纳税义务在数量上的增加。因此,这种非法使用税款行为实际上是对纳税人基本权利的侵犯,也就构成了侵权行为,即使没有民众诉讼或公益诉讼的特别立法形式,纳税人也得以通常诉讼形式提起诉讼。① 应该说,纳税人诉讼中原告诉权的取得从理论上讲并无任何障碍,有权利就有救济,纳税人基本权利受到侵害,理应有权以诉讼形式获得救济。北野弘久甚至呼吁,“身为专家(理论家)的法官应做到能经常地、创造性地对案件进行处理”②。我国是成文法国家,不允许“法官造法”,目前放开纳税人诉讼首先面临的原告资格的问题,由于缺乏法律直接规定,正是需要司法实践中的法官依据法理,“创造性”地进行探索。

在行政诉讼法的实践中,原告资格的发展变化一直较为活跃。正如美国行政法学者伯纳德·施瓦茨所言:“行政法方面的任何变化都没有原告资格方面的变化迅速”③。实际上,从普通的行政诉讼发展到行政公益诉讼,就反映了行政诉讼理论中原告资格不断放松的趋势。与此相适应,我国行政诉讼法的发展

---

① 参见〔日〕北野弘久:《日本税法学原论》(第五版),郭美松、陈刚译,中国检察出版社 2008 年版,第 60 页。

② 同上书,第 61 页。

③ 〔美〕伯纳德·施瓦茨:《行政法》,徐炳译,群众出版社 1986 年版,第 419 页。

虽然起步晚,但在原告资格的变化上也表现出扩张的趋势,原告资格的范围由窄向宽不断发展。第一阶段,我国行政诉讼法对原告的资格采用"合法权益受到损害"标准。根据我国《行政诉讼法》的规定,能够向人民法院提起行政诉讼的原告,必须是认为自身合法权益受到被诉具体行政行为侵害的主体,包括公民、法人或其他社会组织。第二阶段,经由相关司法解释,我国行政诉讼法将原告的资格扩展为"法律上的利害关系"标准。即与具体行政行为有法律上利害关系的公民、法人或者其他组织,可以依法提起行政诉讼。何谓"法律上的利害关系"?最高人民法院将其解释为被诉行为对原告的权利义务"已经或将会产生实际影响"[①]。从第一阶段的"合法权益受到侵害"标准,到第二阶段的"法律上的利害关系"标准,原告资格实际上更趋宽松。第三阶段,笔者将之归纳为"新利害关系"标准。2014年新修改的《行政诉讼法》在原告资格方面的规定相较旧法有所变化。旧法规定"依照本法提起诉讼的公民、法人或者其他组织是原告",新修改的《行政诉讼法》将原告资格予以明确,即"行政行为的相对人以及其他与行政行为有利害关系的公民、法人或者其他组织,有权提起诉讼"。据笔者的理解,这一变化也意味着行政诉讼的原告资格的扩大,即行政诉讼的原告资格不再局限于受到侵害的行政行为的直接相对人,还包括其他利害关系人,也即从一般的行政相对人扩展至受行政行为直接影响之外的其他人。据此,对新《行政诉讼法》中规定的"利害关系"如何界定,将是纳税人能否取得纳税人公益诉讼原告资格的关键。

面对现阶段实践中对放开纳税人公益诉讼的迫切需求,作为现今行政诉讼发展尚未成熟阶段的权宜之计,我们可以充分挖掘现有制度资源,可以考虑对法律和司法解释中的"利害关系"作扩大解释。"利害关系"既包括直接利害关系,也包括间接利害关系。[②] 前述"法律上的利害关系"被解释为对原告的权利和义务已经产生或将会产生实际影响。"新利害关系"标准中又将受到影响的主体从一般的行政相对人扩展到"有利害关系"的其他主体。深入分析,对于"利害关系"如何界定,实际上其中的解释空间很大。正如北野弘久从纳税人基本权利理论对纳税人诉权所作的阐述,违法用税行为意味着纳税人纳税义务在数量上的增加。如此,如果这种行为不被及时制止,必然会对纳税人的基本权利造成或将要造成侵害,也就是"法律上的利害关系"标准所暗含的"已经产生或将产

---

① 根据《最高人民法院关于执行〈中华人民共和国行政诉讼法〉若干问题的解释》的规定,与具体行政行为有法律上利害关系的公民、法人或者其他组织对该行为不服的,可以依法提起行政诉讼。参见最高人民法院行政审判庭编:《〈关于执行中华人民共和国行政诉讼法若干问题的解释〉释义》,中国城市出版社2000年版,第26—27页。

② 参见江必新、梁凤云:《行政诉讼法理论与实务》,北京大学出版社2011年版,第379页。

生实际影响”。由此,即使纳税人不作为直接的行政相对人,也符合“新利害关系”标准中“其他与行政行为有利害关系”的主体的条件。因此,赋予纳税人原告资格不仅于法不悖,也属于法有据。由此,通过司法解释扩张原告资格,在为纳税人公益诉讼原告资格找到合法性依据的同时,也可在现阶段节约立法资源。

(二) 对纳税人公益诉讼原告资格作必要限制以防止滥诉

从语义上分析,资格本身就是一种限制,这里强调要对纳税人公益诉讼原告资格进行必要限制,主要是基于探讨放开纳税人公益诉讼的前提下。结合我国当前政治、经济、法治发展的阶段性特征,不宜将纳税人资格过度扩张。即使是纳税人诉讼制度非常发达的美国,除了联邦最高法院对纳税人原告资格的严格限制,各州的法院系统也存在着不少对纳税人原告资格的限制,有的甚至还相当严格,比如马萨诸塞州甚至要求纳税人原告要和其他至少 24 名纳税人共同起诉。[①] 如果对纳税人的原告资格不作任何限制,不能完全排除会产生重诉和滥诉的可能。司法资源是有限的,出于司法经济与司法效率的考虑,应该将有限的司法资源运用到最需要的地方,并且往往是纳税人通过其他途径无法取得合适救济的诉讼中。但是,由于原告资格方面法律规定的不具体,以及其自身随着社会发展变化所表现出的活跃性,对原告资格范围的掌握实际上是既原则又不确定的。在一定意义上,随着行政机关职能的不断发展,以及司法机关对自身职能认识的变化,原告的资格范围往往属于司法机关自由裁量权的范围。司法机关在具体案件中对原告资格的判断,其实是根据利益衡平的原则,对起诉主体所涉利害关系进行的权衡,既会考虑通过司法途径即诉讼方式保护诉讼主体权利的必要性,同时也会考虑司法权对行政权行使的克制与谦抑。因此,对纳税人公益诉讼原告资格扩张的限制,总体而言,虽然有法律的规定作为原则要求,但主要还是依赖于法官自由裁量权行使中的利益衡量。在纳税人公益诉讼的起步和探索阶段,司法解释和案例指导可在一定程度上发挥示范和参照作用。针对重诉问题,由于被诉行为侵害的公共利益不是某个单独个体,所以有权提起诉讼的纳税人也是特定地域范围内的不特定多数人。为避免司法资源浪费,就同一违法行政行为已经有人起诉的,对其他人再予起诉可不予受理。针对有可能发生的滥诉问题,可结合举证责任对起诉条件的限制进行防范。

---

① See Varu Chilakamarri, Taxpayer Standing: A Step toward Animal-Centric Litigation, Animal Law, Vol. 10, pp. 271—281.

（三）纳税人公益诉讼的原告范围：二元式

“公益诉讼采取何种启动方式，关系到公益诉讼起诉权的分配和诉讼管道的宽窄，也关系到社会公共利益遭到侵害时能否得到充分的司法救济。”①关于行政公益诉讼的原告范围，学界主要有一元式、二元式或多元式几种观点。多数学者赞成多元式，认为“应赋予更广泛的社会主体原告资格，即多元式启动行政公益诉讼模式，设立以公民、社会组织为原告的民众诉讼和由检察机关发动的行政公诉制度”②。“相比较而言，多元式启动方式将公益起诉权扩展至公民、法人和其他组织，体现了‘人民国家、人民管理’的原则，实现了国家诉权和普通公民、法人和其他组织起诉权的紧密结合，因而是最佳的启动方式。”③笔者的观点是，纳税人公益诉讼在现阶段应采二元式的行政公益诉讼启动方式，即原告范围可包含二类：第一类是公民和法人，第二类是社会团体。虽然我国新《民事诉讼法》的修改仅规定了“法律规定的机关和有关组织”可以提起公益诉讼，但纳税人公益诉讼本质就是以私权制约公权，与民事公益诉讼目的不同，故需特别赋予公民作为纳税人公益诉讼的原告资格。“就中国目前的情况来说，在变革的局势和多元化的时代背景下，相比较保守的检察机关，普通民众对于维护自身权益的强烈愿望，某些社会精英所具有的敏锐观察力和社会正义感，使得他们更可能站在维护社会公共利益行动的第一线。”④随着政府职能的转变，社会中介组织等社会团体在社会公共事务方面的作用将会越来越大，这种作用当然包含通过纳税人公益诉讼的形式。目前许多发达国家均设有纳税人协会，其宗旨是代表纳税人的利益，通过各种合法途径，维护纳税人的合法权利，包括支持或代表纳税人公益诉讼。这种做法值得借鉴。至于检察机关，其履行法律监督职责完全可以通过公益诉讼以外的形式，考虑到公益诉讼起步之初尚在探索阶段，不宜将原告范围无限扩大，这会超出目前法院的承受能力范围。

五、纳税人公益诉讼的受案范围：法定化和类型化相统一

受案范围，是指法院受理争议案件的界限，即可以受理什么样的案件。这是诉讼的一个基本问题。纳税人公益诉讼作为行政诉讼，它的受案范围一方面受制于行政诉讼的受案范围，另一方面也受多种因素的制约。

① 赵许明：《公益诉讼模式比较与选择》，载《比较法研究》2003 年第 2 期，第 68 页。
② 王珂瑾：《行政公益诉讼制度研究》，山东大学出版社 2009 年版，第 160 页。
③ 黄学贤、王太高：《行政公益诉讼研究》，中国政法大学出版社 2008 年版，第 218 页。
④ 林莉红、马立群：《作为客观诉讼的行政公益诉讼》，载《行政法学研究》2011 年第 4 期，第 10 页。

行政诉讼的受案范围又称为“行政审判权范围”或者“可诉行为范围”,是指法定的、由法院受理并审判的一定范围内的行政案件的权限。[①] 行政诉讼的受案范围是法院主管一定范围内行政争议案件的根据,也是确定法院是否有权解决、处理行政争议案件的权限分工,意味着行政相对人对哪些事项可以诉诸人民法院,请求人民法院行使国家裁判权,以保护其权益免受行政行为的侵害。行政行为是多种多样的,行政纠纷也是各不相同,但并非所有纠纷都有必要诉诸人民法院来解决。行政诉讼的受案范围涉及公民受司法保护的范围,更涉及司法权与行政权的关系。更为重要的是,行政诉讼的受案范围也意味着对当事人资格的确定。一个公民或一个组织,能否成为行政诉讼的适格当事人,最根本的条件是所涉争议是否可能通过行政诉讼解决;如果所涉争议不属于行政诉讼的受案范围,则意味着当事人不符合相应的起诉条件和当事人资格。同时,行政诉讼的受案范围还制约着管辖、证据、程序及判决等内容。行政诉讼受案范围的宽窄及界限不是立法者的偶然选择,而是受制于各种因素的权衡结果。从各国情况看,决定行政诉讼受案范围的因素主要有以下几个方面:第一,行政机关行使职权的状况及自我约束机制状况。行政诉讼的社会总需求总是与行政诉讼的受案范围成正比的。第二,司法机关解决行政争议的能力。比如,司法机关在整个国家机构中的宪法地位,司法机关在公众中的威信,以及司法机关自身的人、财、物配置状况及人员素质等。第三,公民权利意识和自主意识发展的程度。对公民权利的救济只有在公民意识到其权利应当被给予救济的时候才有可能出现。第四,国家的权力结构及其各权力结构之间的关系。行政诉讼的受案范围客观上受到立法机关、行政机关和司法机关三方关系的制约和平衡。第五,行政法理论的影响。[②]

从上述制约行政诉讼受案范围的因素,反观纳税人公益诉讼受案范围确定之背景,可以确定的是,行政机关目前的种种“公益危机”、财政乱象以及纳税人权利意识的觉醒,要求运用法律武器维权的呼声越来越高,行政诉讼的受案范围应呼应纳税人公益诉讼的实践需求,将纳税人与行政机关的用税行政争议纳入法院的司法审查范围。从人民法院的角度讲,法官职业化建设以及行政诉讼审判二十年审判经验的积累,培养了大批具有深厚法学理论功底和深谙行政争议纠纷解决实务的法官,这为纳税人公益诉讼的开展奠定了扎实基础。从司法权与行政权之间的关系看,鉴于行政诉讼在促进和监督行政机关依法行政方面的积极作用,司法权与行政权正在建立良好的互动。可以说,将纳税人与行政机关之间的用税争议纳入行政诉讼或者说行政公益诉讼的受案范围,使之具有可诉

① 参见应松年主编:《行政法学新论》,中国方正出版社 1998 年版,第 633 页。
② 参见江必新、梁凤云:《行政诉讼法理论与实务》,北京大学出版社 2011 年版,第 119—143 页;

性,时机已经成熟。正因如此,2009年《最高人民法院关于依法保护行政诉讼当事人诉权的意见》(法发[2009]54号)特别指出:"要依法积极受理行政给付、行政监管、行政允诺、行政不作为等新类型案件,依法积极受理教育、劳动、医疗、社会保障等事关民生的案件,依法积极受理政府信息公开等涉及公民其他社会权利的案件,积极探讨研究公益诉讼案件的受理条件和裁判方式。"由此可见,行政诉讼的司法实践已经在关注和探索公益诉讼问题。这也是我们研究纳税人公益诉讼可行性和操作性的动力所在。问题的关键是,在多大范围内确定纳税人公益诉讼的受案范围,就目前而言是合时宜的。

如前所述,出于发展不同阶段的考虑,纳税人公益诉讼开放之初,受案范围宽窄的设计既要考虑实践需求,又要与发展阶段相适应。不可否认,如果将纳税人公益诉讼的受案范围无限扩大,容易造成行政主体的行政效率低下,司法权过于强大也会影响行政目标的实现。在我国目前行政诉讼尚未成熟的情况下,探索放开纳税人公益诉讼初期,可通过司法解释对受案范围进行必要的规制,宜窄不宜宽,应在条件成熟后再逐步扩大,并最终将纳税人公益诉讼的受案范围予以法定化和类型化。根据不同的标准,可以从不同角度定义纳税人公益诉讼的受案范围。

(一)原告请求权标准

结合实践中纳税人意见强烈的公共利益易受侵害的领域,笔者认为,现阶段从纳税人请求权角度,可以考虑将以下两类案件列入纳税人公益诉讼的受案范围:

第一,诉请要求公开公共财政资金支出情况的政府信息公开案件。《政府信息公开条例》自2008年实施以来,并未真正起到监督政府依法行政的作用。没有行政法规解释权的国务院办公厅发文对《政府信息公开条例》进行了限制性解读:"行政机关对申请人申请公开与本人生产、生活、科研等特殊需要无关的政府信息,可以不予提供。"这一条成为各级政府机关要求申请人提供各种证明或拒绝公开信息的"盾牌"。知情权是纳税人用税监督权的必然要求,不知情则谈不上监督,所以,对纳税人知情权的保护是当前加强纳税人权利保护的一个重要突破口。"纳税人不仅对国家征税的一切依据享有知情权,还应当对政府用税的情况享有知悉权,包括税款的支出范围、数额、效率和执行情况等。"①一方面,政府要用税公开;另一方面,纳税人可以通过诉讼方式实现对知情权的保护。

① 施正文:《我国建立纳税人诉讼的几个问题》,载《中国法学》2006年第5期,第151页。

第二,诉请要求禁止违法支出公共财政资金的案件,或要求退回违法支出的公共财政资金案件。前文已述,政府的财政支出范围、结构、透明度上均存在各种乱象,需要规制。纳税人公益诉讼的受案范围重点就是针对违法的政府财政开支行为。比如前文所述的2006年4月发生的"蒋石林诉常宁市财政局违法购车案",虽然最终法院以不属于受案范围为由裁定不予受理,但该案引起了舆论广泛关注,甚至被媒体称为国内"纳税人诉讼第一案",开公民通过诉讼监督政府财政开支之先河,对于监督和促进行政机关在预算内使用公共财政资金意义重大。在"全民记者"时代,仅有舆论关注是不够的,赋予纳税人实实在在的诉权,以司法监督的形式,实行私权制衡公权,才能真正达到制止公共财政资金支出违法乱象的目的。

(二)被告适格标准

作为行政公益诉讼的一种,构建我国纳税人公益诉讼,应使确定受案范围标准之一的被告适格标准立足于我国的行政主体理论。即作为纳税人公益诉讼被告的行政主体必须符合行政诉讼法的要求,应为行政机关或者法律法规授权的组织。在具体被告的确定上,要符合行政诉讼法的相关规定。比如,未经复议,纳税人直接向法院起诉的,被告为作出具体行政行为的机关;经过复议的,被告或者为原具体行政行为的机关(复议维持的情形),或者为复议机关(复议改变原具体行政行为的情形);被诉行政行为是两个以上行政机关共同作出的,纳税人应以共同作出具体行政行为的行政机关为共同被告;在由法律法规授权或者由行政机关委托的组织作出具体行政行为的情形下,被授权的组织或者委托的行政机关是被告。此外,纳税人针对已被撤销的行政机关的违法行为起诉的,应以继续行使其职权的行政机关为被告。

对纳税人公益诉讼的受案范围不宜无限放大,在放开纳税人公益诉讼之初,在适格被告的确定上,要对可诉的作出行政行为的行政主体的行政层级,即纳税人公益诉讼的受案范围在地域上作出必要的限制。关于纳税人公益诉讼的地域范围,有学者作过比较研究。日本在《地方自治法》中对纳税人诉讼制度予以规定,纳税人只得针对地方公共团体的财务支出事项提起诉讼。在法国,纳税人诉讼的受案范围也被限于市镇或省的范围内,针对市镇或省议会通过的可能会影响该地域财政或财产的决定,只有该市镇或省的纳税人得以向法院提起越权之诉。① 在美国,在州的层面,到1965年,几乎所有的州都承认以州属地方公共机

① 参见闫海、金华:《我国纳税人诉讼的权利本原与制度构建》,载《广西大学学报》(哲学社会科学版)2010年第6期,第28页。

构,包括市、县、镇等地方公共组织为对象的纳税人诉讼。与此同时,除了纽约州和新墨西哥州,34个州也明确承认州作为纳税人诉讼的对象。在联邦层面,虽然也有过 Flast v. Cohen 案这样允许联邦纳税人提起纳税人诉讼的案例,但因为对联邦纳税人起诉条件的严格控制,联邦纳税人获得起诉资格的可能性非常之小。无论从上述域外的经验看,还是从司法资源的有限性、司法有限审查原则以及诉讼利害关系和制度构建初期的现实条件看,纳税人公益诉讼的受案范围都应限定于地方财政支出事项。

(三)行政行为标准

探讨纳税人公益诉讼的受案范围,除了从原告请求权标准角度和作为被告的行政主体适格标准角度,还要行政行为标准角度有所界定,这也是纳税人公益诉讼作为行政诉讼的一种必然要求,因为并非所有的行政主体的行为都是行政行为,也并非所有的行政行为都具有可诉性。

行政行为的可诉性,也称为"行政行为的可审查性",是指行政主体作出的行政行为在一定条件下可诉诸法院行政诉讼或司法审查程序的一种本质属性。可诉性是法院对特定行政行为的可审查性。根据行政诉讼法的基本原理,法院针对行政权的司法审查权,只有在行政相对人提起行政诉讼时才能被动行使。可诉性对行政相对人来说,是其提起行政诉讼的一种可能性,相对人对是否提起行政诉讼有决定权。对行政主体来说,可诉性则是违法行政行为接受司法审查的必要性。行政主体没有选择的权利,行政诉讼启动后,其违法行政行为必须接受司法审查。2014年新修订的《行政诉讼法》第12条和第13条从列举和排除两个角度对可诉性的行政行为作了规定,具体可以分为三类:第一类,《行政诉讼法》明确列举的行政行为,共包括行政处罚、行政强制措施等11种行为;第二类,其他侵犯人身权、财产权的行政行为;第三类,其他法律法规规定可以受理的案件。除此之外,国家行为、抽象行政行为、内部行政行为、终局裁决行政行为则被排除在行政诉讼受案范围之外。

为了既遵循司法有限审查原则,又不会引发滥诉,从而对行政权所追求的效率价值构成妨碍,从行政行为角度对纳税人公益诉讼的受案范围作出一定的限制是必要的。首先,要对行政行为进行违法性审查。纳税人提起诉讼后,法院在立案审查时应初步审查行政机关是否存在不合法使用公共财政资金行为的可能性。结合上述可诉性的行政行为进行分析,行政主体违法支出公共财政资金的行为从严格意义上讲,属于侵犯纳税人民主权利和社会权利的行政行为。但是,在目前阶段,要使这种行政行为具有可诉性,可暂时将其归到上文所述第二类行政行为,即其他侵犯人身权、财产权的具体行政行为。因为税收本质上就是对纳税人财产权的剥夺,公共财政资金的违法支出就意味着纳税人本可以不被课以相应部分的税金,所以从这个意义上讲,行政主体违法支出公共财政资金的行为侵犯了纳税人的财产权。由此,纳税人对于行政主体违法支出公共财政资金的行政行为享有诉权,政府违法支出公共财政资金的行为也具有可诉性。其次,关于行政行为"合理性"问题是否应被纳入司法审查。因为行政行为的合理性涉及行政机关的自由裁量权行使,而从司法权与行政权不同功能特点出发,法院不宜干预行政机关自由裁量的权力,司法权应保持适度的克制。但是,在纳税人公益诉讼发展到一定阶段后,可以将明显不合理的公共财政资金支出行为纳入纳税人公益诉讼受案范围之内。当然,对政府公共财政资金支出行为的合理性审查要严格限制,即仅针对用税行为畸轻畸重、显失公正的情况,否则法院无须干预。

六、纳税人公益诉讼的程序设计:保护诉权与防止滥诉相统一

纳税人公益诉讼作为行政公益诉讼,在现有的体制框架内,既要遵循行政诉讼法所规定的一般程序规则,又必须有所突破。在诉前程序设置、起诉期限、举证责任、判决形式及诉讼配套措施上,鉴于纳税人公益诉讼与普通行政诉讼不同,故需要进行可行的制度设计。总的思路就是,基于前述阶段性特征,既要为纳税人公益诉讼的开展寻找法律适用空间,又要进行必要限制以防止滥诉和对行政权的不当干预。

(一)前置审查程序

从提起诉讼的程序模式看,世界各国的纳税人公益诉讼大致有原告直接起诉和前置审查起诉两种模式。有学者对各国的纳税人诉讼的启动程序作了比较法考察,"日本实行纳税人直接向法院提起诉讼,英美国家则设置前置程序,英国需事先由检察长批准,美国则实行事先通告政府主管部门,只有在主管部门决定不参与或不制止违法行为时,个人才可公诉到底"①。笔者认为,我国纳税人公益诉讼的程序设置,应采用前置审查模式,审查的内容就是原告在诉前是否穷尽了行政救济途径。原告在提起纳税人公益诉讼前,应当先向有关行政机关或检察机关投诉、举报,在规定期限内,接受投诉的机关未作出答复或原告不服处理决定的,方可提起纳税人公益诉讼。

① 颜运秋:《公益诉讼法律制度研究》,法律出版社 2008 年版,第 285 页。

纳税人公益诉讼本身是司法权对行政权的干预和审查，体现了司法权对行政权的制约和监督。但是，行政权是与司法权性质不同的权力，有着自身的特征，“正是由于行政权和司法权的区分，使得一部分行政权力游离于法院监督的范围之外”①。行政程序与司法程序相比，更具有及时性，司法机关受制于案件审理程序和权限，对公益侵权行为的处置显然不如行政机关来得迅速。因此，在纳税人公益诉讼的探索中，一方面要对行政行为损害的公共利益予以司法救济，另一方面要严格区分行政机关和司法机关的权责范围，畅通行政救济渠道，确保司法穷尽了行政救济手段后方可介入。提起纳税人公益诉讼前进行适当程序限制，既有助于避免当事人妨碍行政效率和超越行政程序，增加行政机关的困难，也给行政机关一个修正错误的机会，减少司法审查的需要。

正如有学者所指出的：“将行政公益诉讼制度与提供公民参与国家社会管理事务的途径路径相联系，将其作为司法权对公民治理权、监督权提供救济保障之一来认识，亦是值得肯定和倡导的。然而，若对行政的首次判断权及穷尽行政救济原则等没有深入的研究，而是孤立地强调所谓行政公益诉讼制度，则可以肯定，其制度完善是不可企及的。”②纳税人公益诉讼的边界不仅体现在原告资格的界定和受案范围的宽窄上，诉前程序设置也要掌握好诉讼经济与诉讼效果之间的平衡。

（二）起诉期限

根据新修改的《行政诉讼法》，关于起诉期限，区分经过复议再提起行政诉讼的和未经复议直接提起诉讼的两种情形。经过复议再提起行政诉讼的诉讼时效为，收到复议决定书之日起15日内，或复议机关逾期不作决定的，复议期满之日起15日内；未经复议直接提起诉讼的，为知道作出具体行政行为之日起6个月内（法律另有规定的除外）。《行政诉讼法》虽然对起诉期限作了规定，但对于起诉期限的计算方法没有具体规定。具体到纳税人公益诉讼，起诉期限的计算方法至关重要。因为如前所述，纳税人提起公益诉讼需要前置程序，即穷尽行政救济原则。如果纳税人选择的是提起行政复议，自然是遵守前述复议情况下起诉期限的相关规定。如果纳税人是向其他机关检举、控告，具体如何计算起诉期限？与民事诉讼不同，《行政诉讼法》没有规定诉讼时效中断。通常认为，行政诉讼不存在时效中断。当事人不能仅仅因为通过其他方式提出争议，而让起诉

① 马怀德主编：《行政诉讼原理》，法律出版社2009年版，第156页。
② 杨建顺：《〈行政诉讼法〉的修改与行政公益诉讼》，载《人大复印资料》（诉讼法学、司法制度卷）2013年第2期，第18页。

期限重新计算。因为毕竟行政诉讼事关公共秩序,更强调效率。为此,如何做好前置程序与起诉期限规定的衔接,是探讨纳税人公益诉讼的起诉期限时必须考虑的问题。

从放开纳税人公益诉讼及前置程序设置的目的看,笔者认为,虽然《行政诉讼法》没有关于诉讼时效中断的规定,但既然要对纳税人的诉讼、司法权及行政权的配置作出权衡,并在制度设置上保持一致性,对于纳税人向其他机关检举、控告的,其起诉期限可规定为收到处理决定之日起,或者未在法定或规定的期限内收到处理决定,自期满之日起,6 个月内可向人民法院提起纳税人公益诉讼。如此,既兼顾了纳税人的公益诉权,又有利于公共秩序和社会关系的稳定。

(三)举证责任

在诉讼中,只需初步证明被诉公共财政支出行为侵害了纳税人的公共利益即可,被告负责证明其公共财政支出行为合法与否。

如何确定纳税人的初步证明责任?美国联邦最高法院通过判例的形式,认为纳税人要获得起诉资格,起诉时需证明下列事项:(1) 事实上的损害;(2) 损害是由被起诉之被告行为造成的;(3) 损害可以通过合适的判决得到救济。法院还通过判例将"事实上的损害"定义为对法律保护的利益的侵犯,而这种利益必须满足下列条件:(1) 具体而特定;(2) 事实上的或迫近的,而非可能的或假设的。如果以侵权行为法的思路看待纳税人的诉讼资格问题,那么纳税人必须证明税收行为与其被侵害之利益有因果关系。另外,原告还需证明其所要求的救济对于被诉损害存在一种救济的可能性,即法院可通过合适的判决进行救济。[①] 鉴于纳税人公益诉讼的特殊性,对于原告起诉条件的证明,与普通行政诉讼有所不同,特别是对于原告合法权益受损的事实的证明。因为如前所述,纳税人公益诉讼所针对的违法行政行为侵犯的是不特定多数的纳税人的"公共利益",纳税人与该"公共利益"间只是从受益人角度而言的"间接利害关系"。关于纳税人需要证明哪些事项才算符合起诉条件,前述美国的做法可以给我们提供一定的启示。

法院在审查纳税人起诉条件时,除有明确的被告、属于受诉法院管辖范围外,无疑损害事实,即被诉违法行为的"具体而特定、事实上或迫近的"存在,是纳税人举证责任的主要内容。因为就纳税人公益诉讼而言,只要违法的公共财政资金支出行为存在,基于纳税人资格,被诉的违法公共财政资金行为与其合法

---

① 参见马存利、韩平:《纳税人诉讼适格问题研究——美国最高法院的司法实践对我国的启示》,载《当代法学》2008 年第 3 期,第 138—139 页。

权益之间的因果关系，基于前述公益诉权取得的理论基础，并不难证明和阐述。所以，在起诉阶段，纳税人的举证责任重在确定被诉行政机关违法支出公共财政资金这一行为事实的存在，起诉条件不同于胜诉条件。至于究竟该行为违法与否，则由被告在诉讼过程中承担举证责任。

（四）判决形式

行政判决种类的设定直接影响到行政诉讼制度功能的实现，基于司法权的被动性，判决的形式总是与原告的诉讼请求相呼应，是针对原告的诉讼请求而设计的。比如，在美国，尽管在纳税人诉讼中寻求的救济总是衡平的，在针对不同类型的政府行为的诉讼中被要求的救济形式也是变化的，但最通常的判决形式就是禁令救济。然而，一旦违反法律或违反宪法的作为或不作为已经发生，在大多数司法管辖区，纳税人作为公共财政的代表，根据替代赔偿的理论可能获得确定的货币救济。在实践中，这种救济可能只有在指控政府官员将拨款用于自己而不是一个公共目的的诉讼中才被给予。如果资金被用于公共目的或者项目完成后，救济可能因懈怠或因被控官员辩护他的行为是一个有效的行使权力的行为而被禁止。此外，纳税人可以向第三方寻求积极的补救措施。比如，纳税人可能要求索赔，由于相应的官员未能执行或未能勤勉执行，因此应该恢复属于公共财政的资金。①

前文已述，我国纳税人公益诉讼的受案范围从原告请求权角度可分为两类，即诉请要求公开公共财政资金支出情况的政府信息公开案件、诉请要求禁止违法支出公共财政资金的案件或要求退回违法支出的公共财政资金的案件。经人民法院审理，原告诉讼请求不成立的，判决驳回原告诉讼请求毫无争议，关键是原告诉请成立时判决形式的选择。

针对第一类纳税人要求行使知情权的政府信息公开案件，纳税人的请求是一种履行性请求，与之相应，原告诉请成立的，判决形式应为履行判决，即责令被诉行政机关在一定期限内履行信息公开的法定职责。

针对第二类纳税人公益诉讼案件，作出何种形式的判决要区分不同情况。这里首先涉及的就是我国行政判决种类设定所存在的问题，即缺乏禁止令判决，对于原告的禁止性请求没有相应的判决形式与之呼应。2014 年新《行政诉讼法》的修改对原有的四种判决形式即维持判决、撤销判决、履行判决和变更判决进行了补充修改，主要体现在：一是以判决驳回原告的诉讼请求代替维持判决；二是增加了给付判决形式，即被告依法负有给付义务的，判决被告履行给付义

① See Taxpayers' Suits：A Survey and Summary，The Yale Law Journal，1960，Vol. 69，No. 5，p.907.

务;三是增加了五种情形下①的确认违法或无效判决;四是扩大了变更判决范围。上述判决种类都是针对已经发生的作为或不作为的行为而言的,对正在发生的行为或将要发生的行为不具有针对性。原告诉讼请求禁止公共财政资金违法支出的案件,针对的是行政机关正在作出的或即将作出的违法支出公共财政资金的行为。依据现有的判决种类,原告诉请成立的,也只能作出确认判决。虽然从效果上说,对于将要发生的侵权行为,确认判决也会产生一定的阻止作用,但这种阻止作用相较于直接救济而言,及时性和效果不足。相比较而言,有些国家的禁止令判决则更加有效,也与原告在起诉时提出的禁止性诉讼请求相呼应。不仅如此,禁止令判决具有往后的持续效力,能够消除法律关系的不确定性以及由此带来的风险。② 因此,为了充分发挥纳税人公益诉讼的功能,满足行政诉讼判决功能架构合理性的需要,应在合适的时机通过司法解释及立法的修改,增加禁止令判决的方式,并规定其适用条件。当然,为了防范禁止令的负面效果,比如对行政权行使的不当束缚,可以对禁止令判决的适用规定比较严格的条件,如只用于如下情况:首先,被诉行政机关将要实施某种行为;其次,该行为一旦得以实施,将会对公共利益造成重大损害;最后,无其他更合适的途径可以避免损害的发生。

对于纳税人诉请要求退回违法支出公共财政资金的案件,鉴于违法行政行为已经完成,可适用撤销判决或确认违法判决。即违法支出公共财政资金行为可予撤销的,判决撤销并退回违法支出的公共财政资金;违法支出公共财政资金已不存在退回可能的,或者撤销该具体行政行为将会给国家利益或者公共利益造成重大损失的,确认违法并责令采取补救措施,造成损害的,依法判决承担赔偿责任。与此同时,也可参照相关司法解释③的规定,在确认违法或判决撤销的同时,向被告和有关机关提出司法建议。

(五) 诉讼奖励

在纳税人公益诉讼中,原告提起诉讼是为了公共利益,而非私益,至少不以私益为主要目的。为了鼓励更多的纳税人克服"搭便车"心理,为维护公共利益挺身而出提起诉讼,一方面,可以在诉讼费用上规定一个较低的数额,按

---

① 一是行政行为依法应当撤销,但撤销该行政行为将会给国家利益、社会公共利益造成重大损害的;二是行政行为依法应当撤销,但不具有可撤销内容的;三是行政行为程序轻微违法,但对原告权利不产生实际影响的;四是被告不履行或者拖延履行法定职责,判决履行已经没有意义的;五是被告撤销或者变更原违法行政行为,原告仍要求对原行政行为的违法性作出确认的。

② 参见何海波:《行政诉讼法》,法律出版社 2011 年版,第 435 页。

③ 如《最高人民法院关于执行〈中华人民共和国行政诉讼法〉若干问题的解释》第 59 条的规定。

件收取诉讼费,既便于纳税人提起诉讼,又在一定程度上防止滥诉。原告胜诉的,诉讼费用由被告承担;原告败诉的,虽由原告承担,但较低的诉讼费用也不至于使原告负担过重,从而对公益诉讼望而却步。另一方面,为了防止在诉讼程序启动后,原告随意缺席审理,浪费司法资源,可以规定原告应缴纳一定数额的保证金。在案件审结后,原告全程参与配合案件审理的,无论原告胜诉与否,保证金都予以退还。另外,对于纳税人公益诉讼案件,纳税人胜诉的,还应予以一定的奖励。在统计法、税收征管法等法律中,都有关于奖励揭发、检举违法行为有功的单位和个人的规定。既然揭发、检举违法行为应当得到奖励,那么纳税人作为原告,对于其提起公益诉讼予以一定奖励,以褒奖其社会责任感和公益心,是理所应当的。这既是对纳税人在诉讼过程中所付出的人力、物力、财力的补偿,毕竟胜诉后的利益是归属于特定范围内的纳税人整体,而非起诉的纳税人本人,也有利于鼓励更多的人监督行政行为,维护社会公益。当然,如何对胜诉纳税人进行奖励,要赋予法院一定的自由裁量权,以避免滥诉。

七、小　　结

公益诉讼制度是一种与传统诉讼具有质的差别的新型诉讼制度。建立和完善我国的纳税人公益诉讼制度,其意义不仅在于使受到损害的公益得到矫正和恢复,从而最大限度地实现社会公平正义,从权力和权利资源的整体配置和互动角度观之,其更深层次的意义在于运用私权的力量来制约行政权的行使,从而发挥私人在法的实现及保护公共利益中的作用。尽管立法部门极具魄力和开拓性地率先将公益诉讼写入新《民事诉讼法》,但即便主体范围都规定得比较模糊,具体的法律适用和公益诉讼的展开尚有不少难题待解,需要配套法律的跟进和完善。由此可以想见,纳税人公益诉讼在我国的确立更加不可能是一朝一夕的事,而需要深入细致的理论准备和一定时期的实践探索。该制度创设本身包括原告资格、受案范围、程序设置、配套措施等多方面的制度架构,受能力所限,笔者对很多内容都尚未涉及或所涉不深。在当前背景下,基于纳税人公益诉讼的实践需求和完善行政诉讼功能架构的需要,笔者赞同效仿民事诉讼,在未来《行政诉讼法》修改过程中,探索性地将包括纳税人公益诉讼在内的行政公益诉讼"入法"。但是,在纳税人公益诉讼放开初期,应本着循序渐进的基本思路,无论是在原告资格还是受案范围,抑或程序设置上,都要适度。

第二编　宏观调控法律制度

政策性银行改革法律问题研究

——以国家开发银行为样本

黄　蓓*

引　言

2014 年夏天，国家开发银行再次成为热议话题。先是各大财经报刊报道称，国家开发银行从中国人民银行获得了 3 年期 1 万亿元的抵押补充贷款（Pledged Supplementary Lending，简称“PSL”），用于棚改专项贷款。对此事，央行和国家开发银行均三缄其口。之后，国家开发银行获得银监会批准，成立了一个副部级豪华规格的中国版住房银行——住宅金融事业部，“搅动了银行业的一池春水，让原本就眼馋其特殊身份的商业银行们更加羡慕嫉妒恨”①。事实上，近年来，常有关于国家开发银行正在悄然回归政策性银行的报道及猜测。那么，政策性银行到底是什么？政策性银行存续的理论依据是什么？目前我国政策性银行改革存在哪些问题？本文拟从政策性银行的理论基础开始谈起，结合

* 黄蓓，华东政法大学 2012 级经济法学博士研究生，兴业银行股份有限公司资金营运中心法务。

① 劳佳迪：《国开行商业化改革七年之痒》，载《中国经济周刊》2014 年第 32 期。

国外政策性银行发展历程给我国带来的启示,分析目前我国政策性银行存在的问题并提出相应的解决对策。

一、政策性银行存在的必要性分析

(一) 政策性银行的优势

政策性银行是政府创立、控股、参股或配以特殊保证条件的,不以营利为目的,专门为贯彻、配合政府经济政策或产业政策,在特定的业务领域内,直接从事政策性融资活动,充当政府发展经济、刺激社会进步、进行宏观经济管理的专门银行。[①] 区别于商业银行,政策性银行的特征在于:第一,其资本金多由政府财政拨付;第二,其经营主要考虑国家目标和社会效益,虽不以营利为目标,但也必须考虑盈亏,支持专业化管理的基本原则,力争保本微利或减少亏损;第三,政府往往为政策性银行设定了特定的资金来源,如主要依靠发行金融债券或向中央银行举债;第四,政策性银行有特定的业务领域,原则上不与商业银行竞争。

政策性金融的性质和定位决定了在金融危机中它会对国家摆脱经济困境、实现经济复兴起到重要作用,因为政策性金融本身就以实现国家的发展规划和产业政策、促进国家经济发展为宗旨。在金融危机中,国家进行宏观调控的手段有很多,其中最基本的、最主要的手段有财政政策和货币政策。政策性金融作为财政政策和货币政策的补充,可以起到弥补政策弊端,更有效地缓解危机冲击,恢复经济增长的作用。例如,财政政策具有无偿性、成本高、效率低下、财政负担严重等缺陷,而兼具财政与银行特点的政策性银行通过开展长期低利率优惠贷款的投放,直接对项目进行投资参股,提供担保、保险、利息补贴等业务,可以有效地克服财政政策的缺点,有效地发挥政策性银行宏观调控的作用,使政策性银行成为实施宏观调控的有力主体。

中央银行在采用货币政策刺激经济发展时,需要商业性金融机构予以配合,要借助相关的传导机制才能达到预定的目标。与中央银行所实施的间接调控方式不同,政策性银行的调控方式表现为直接参与和间接引导相结合的形式。一方面,政策性银行通过在一定的业务领域范围内开展业务活动,直接发挥其对社会经济的刺激和结构性调整作用,扶持对于经济复兴有决定性意义而商业银行出于审慎原则,不愿或不能投资的部门、行业或产业的发展。另一方面,政策性

---

① 参见贾康等:《战略机遇期金融创新的重大挑战:中国政策性金融向何处去》,中国经济出版社2010年版,第9页。

银行一旦确定将对某些部门、行业或产业提供资金，则反映了经济恢复的长远目标，表明了国家对这些领域的扶持意向，从而增强其他如商业银行、民间金融机构等的信息，降低了这些领域的投资风险，金融机构就将放宽对这些领域的投资审查，纷纷协同投资。一旦金融机构对某一产业的投资热情高涨起来，政策性银行就逐渐减少其份额，从该领域中淡出，转而扶持其他行业，而把该投资领域让给非政策性金融机构，并开始另一轮循环。这就形成一种政策资金对非政策性资金运用方向的诱导机制，使非政策性资金的流向符合国家宏观经济管理和调控的意图。此即为政策性银行的间接调控方式。①

	宏观调控政策的弊端	政策性金融的补充
财政政策	无偿性、成本高、效率低下、财政负担严重	开展长期低利率优惠贷款的投放，直接对项目进行投资参股，提供担保、保险、利息补贴
货币政策	需要商业性金融机构配合 要借助传导机制 由于时滞性、信号失真导致实际调控效果偏离预定目标	直接参与：对经济复兴相关领域产业行业发放贷款 间接引导：反映经济恢复长远目标，表明国家扶持意向，增强其他金融机构信心，降低投资风险

（二）政策性银行存在的理论基础

1. 市场失灵与政府干预理论

从凯恩斯革命到新古典综合派经济学的发展，都具有正视“市场失灵”的鲜明特征，即在市场经济的基本结构中，市场机制虽然构成社会经济资源配置和经济运行协调的基础，但并不能解决经济社会发展中的所有问题，市场机制本身有其作用的边界和出现“市场失灵”的领域。作为现代市场经济资源配置主要途径之一的金融市场，在调节资源配置中，由于种种原因，亦存在着“商业性融资市场失灵”，需要政府通过政策性融资活动来校正，以提升总体资源配置优化水平，实现资源配置中经济有效性和社会合理性的有机统一。

现实经济生活中，对应于这样一些市场失灵和市场缺陷的领域，在融资领域，具体表现主要有以下几个方面：一是资金利息支付能力不足，即某些项目宏观效益或社会效益显著，但却在微观经济效益上不明显；二是贷款可得性不足，比较典型的如中小企业贷款；三是融资主体的风险不确定性大、承担能力不足，表现为信用度、安全度不达标。政策性融资可针对上述市场失灵和市场缺陷进

① 参见巴曙松、孙隆新、牛播坤等：《政策性银行商业化改革对债券市场的影响研究》，经济科学出版社2010年版，第193页。

行相应的制度安排,比如针对融资主体风险承担能力不足进行的贷款担保、政策性保险,针对融资成本(资金利息)支付能力不足进行的贷款利息贴补、税收豁免,针对贷款可得性不足进行的政府增信等。①

政策性银行就是政府与市场这两种不同的资源配置机制的结合,通过这种结合来克服资源配置主体(宏观主体与微观主体)和资源配置目标(经济有效性与社会合理性)之间的错位与失衡。从形式结构上看,政策性银行的业务活动都是在政府特定政策或法律规定的方向内进行(即宏观上受政府干预),而在具体业务运作中则遵循理性经济人原则(即微观上在一定范围内受市场调节),并用专门的立法和政府承诺的机构独立性来保证。②

2. 准公共产品理论

以资源流入之后是否会产生直接的经济效益为标准,可划分四类不同的项目:一是几乎没有直接经济效益但具有明显外部综合效益的项目,如国防、司法、行政等;二是具有较好内部、直接经济效益的项目;三是具有较低内部、直接经济效益但具有明显外部综合效益的项目;四是既不具有较好内部经济效益也不具有明显外部综合效益的项目。显然,第一类即公共产品的提供,为社会生活所需,其必须保证的部分,主要通过财政预算直接供给其所需资金;第二类即私人产品,更是满足人们需求所不可缺少的,但可通过市场价格补偿机制得到较好的资金供给;第三类即准公共产品的提供,其不可或缺的部分,最合理的方式是通过 PPP(Public Private Partner,即公私合作伙伴关系)方式提供;只有第四类即既不具有较好内部经济效益又无法为社会经济发展带来明显外部综合效益的那些产品的提供,在社会资源有限的情况下应该放弃。

在现代市场经济中,市场机制活动的有效区域集中在私人产品领域,政府财政支出的着力点是保证无法通过价格机制运作得到有效提供的公共产品的合理供给。同时,作为市场机制缺陷的校正机制,政府财政理应承担供应准公共产品的责任,但问题在于政府财政机制的非价格型或者说财政常规配置方式的无偿性,很难避免财政直接介入准公共产品提供时十分容易出现的运行和管理机制低效。这里如引入非政府的市场主体进入,又会面临经济效益不佳的障碍。准公共产品的不可或缺性与市场机制和财政机制无法单方面有效提供的局限性,决定了政策性金融存在的必要性和合理性。

根据公共产品与准公共产品的定义,政策性银行提供的金融服务是一种准

① 参见贾康等:《战略机遇期金融创新的重大挑战:中国政策性金融向何处去》,中国经济出版社 2010 年版,第 10 页。

② 参见白钦先、谭庆华:《政策性金融功能研究——兼论中国政策性金融发展》,中国金融出版社 2008 年版,第 57 页。

公共产品,即可服务于针对特定领域提供准公共品的融资需要——虽然这种公共产品消费具有非竞争性,但却具有一定的排他性。其特点是在消费者数量达到一定规模时就会发生拥挤现象,从而破坏其非竞争性特征。由于该产品又具有排他性,因而可以采取措施来限制消费者数目。可见,政策性银行所提供的。是兼具公共产品和私人产品特性的一种"混合品"即准公共产品,它客观上需要政府和市场这两种资源配置机制的协作与结合来有效提供。①

（三）我国政策性银行存在的必要性

回顾世界经济和经济思想发展的历程,可以发现一条比较清晰的发展脉络:重商主义(强调政府干预)—古典主义(强调自由市场)—凯恩斯主义(强调有限度的政府干预)—新古典主义(强调政府宏观调控下的自由市场)。虽然在经济学上表现为重商主义、古典主义、凯恩斯主义、新古典主义"否定之否定"的更替,但其本质是反映了人们关于政府与市场这两种资源配置机制的不同组合的认识深化与实践进步,一方面是更替,另一方面是融合。不过,在这个政府与市场的循环更替过程中,并不是简单地更替,而只是在某个时期某种机制占据主导地位;同时,替代越来越不明显,相反融合趋势越来越明显。所谓融合,就是把政府和市场这两种资源配置机制有机地结合起来。从整个经济学发展史看,即使在不同的特定环境下会对某种资源配置机制有所侧重,但政府与市场之间的融合却是一个总体趋势。

通过对经济思想发展史的梳理可以发现,现行经济体系下资源配置机制的形式结构都逐步趋向于在宏观上政府实施干预和调控,为经济运行提供稳定的环境和方向上的指导;在微观上则充分发挥市场机制的作用,提高资源的配置效率。只有微观效率和宏观效率都得到实现,整体的资源配置效率才能趋向于最大化。政策性金融业务活动的形式结构也充分体现了这一点。政策性金融不是简单的政府干预,而是以财政为后盾,采用金融的方式与办法,来实现特定的政策目标。政策性金融是金融与财政、市场性与行政性、宏观与微观、间接管理与直接管理、有偿与无偿的巧妙结合体,符合有效率的制度安排的基本要求。发展中国家在实现工业化和现代化过程中,需要经历各种转变,包括从贫困走向富裕,从一部分先富起来到共同富裕,从二元经济到一元经济,从非均衡发展到均衡发展等。政策性金融对农业、小企业、进出口等弱势行业或群体的支持作用使其成为实现这些转变不可或缺的关键元素,一些发达国家经济发展的实践对此

---

① 参见白钦先、谭庆华:《政策性金融功能研究——兼论中国政策性金融发展》,中国金融出版社2008年版,第57页。

已有历史明证。①

目前,在我国的国民经济体系中,客观存在着不少介于商业性金融和政府预算拨款支持之间的中间领域和项目,如支持中小企业、支持基础设施建设中的PPP机制的发展,以解决资金放大、优化结构、提高绩效的问题等。由于存在效用的外溢性,直接的经济效益不显著,或者风险较高其融资需求在纯商业性金融体系内难以得到完全有效支持。而财政支出直接拨款支持,基于政府财力的有限性,面对巨大的需求,近乎杯水车薪,贸然过度扩展的支出还会带来公共风险的威胁。此外,资金运用机制方面亦存在局限性——除非是在纯公共产品领域政府没有其他的选择,只要是在准公共产品领域,政府完全拨款支持的方式会产生明显的"道德风险"和管理效益低下的弊端,不符合公共财政为公众利益最大化负责而追求绩效的原则和导向。鉴于此,在财政资金拨款的领域和财政资金不介入的商业性金融之间,应当有一个政策性金融发挥作用的中间地带。对不宜以无偿财政预算拨款介入的一些领域和项目,可以通过政策性金融机制中风险共担的形式,使相关主体能迈过原来迈不过去的融资门槛,进而给整个经济体系增添政策性支持的力量和开发景气。通过"财政资金引导、信贷式放大、专业化管理、市场化运营"的政策性金融机制,形成一个有效联结纯市场商业化金融机制和政府支出机制的纽带,以政策性金融的"有偿"和"合作"方式,打造风险共担的机制,使财政可以有限、有效地介入,并使这样的财政性融资支持行为可持续,充分发挥财政资金"四两拨千斤"的放大和引导作用,适应经济社会协调、健康发展和长远发展的客观要求。②

二、国外政策性银行改革及对我国的启示

(一)国外政策性银行的改革历程

20 世纪 40 年代中后期,由于第二次世界大战刚刚结束,世界各国均面临着百废待兴的经济局面和繁重的工业化任务,对长期资本投资的需求旺盛,但仅靠私人金融部门难以完全满足这样的需求。因此,各国纷纷成立了由政府支持的政策性金融机构,为经济发展和政府政策所需而金融部门无法满足融资需求的项目提供长期资本融资。随着工业化的完成,特别是 80 年代中后期以来社会对长期融资的需求相对减少,政府在社会金融资源分配中的支配地位有所减弱,以

① 参见贾康等:《战略机遇期金融创新的重大挑战:中国政策性金融向何处去》,中国经济出版社 2010 年版,第 14 页。

② 同上书,第 18—19 页。

及金融自由化的趋势和资本市场的快速发展,各国政策性金融机构都在纷纷进行不同程度的调整和重组。

1. 德国复兴信贷银行(KFW)

德国复兴信贷银行作为国家法人机构成立于1948年,是德意志联邦共和国的促进性银行。它是二战后欧洲复兴计划的直接产物,最初被定位为对"联邦政府有特殊政治或经济利益的项目",如钢铁、煤炭等基础工业部门提供长期资金支持,重建战后的德国经济。1970年以后,德国经济进入了相对成熟的阶段,政府的经济政策调整为保持经济活力、优化经济结构、促进就业。德国复兴信贷银行的业务重点随之发生了根本性转变,从过去的主要支持基础产业转向中小企业融资,同时发展出口信贷、贸易融资等多项业务。目前,德国复兴信贷银行的首要任务是促进德国中小企业发展,重点服务于本国的中小企业,为其国内外投资项目提供优惠的长期信贷,在欧洲范围内为创业投资、环境保护、基础设施和住宅建设提供贷款,在全球范围内提供主要集中于能源、通信和交通信息等领域的出口信贷和项目融资,并且代表政府同发展中国家开展金融合作与提供咨询等相关服务,是政府的多功能金融机构。在业务范围转变的基础上,随着金融全球化的加速和国内经济金融形势的变化,德国复兴信贷银行已走上了市场化转型之路。德国复兴信贷银行的商业化转型采取的是将其政策性业务与商业性业务分离的模式,即将与商业银行产生竞争的出口信贷和项目融资业务独立出来,成立子公司IPEX-Bank经营。该子公司2004年1月至2007年12月31日之间作为行中行进行经营,进行独立式运作,至2008年1月1日成为法律上独立的由德国复兴信贷银行全资拥有的子公司。此时,该子公司不再享受国家待遇,而是作为商业银行进行运作。德国复兴信贷银行本身仍是一家政策性银行,归国家所有,受不同于商业银行的专门法规监管,继续享受政府政策支持。

德国复兴信贷银行与政府的关系是:(1)建立国有法人治理结构。德国联邦政府和州政府分别持有德国复兴信贷银行80%和20%的股份,设监事会和执行委员会。监事会的职责是监督决策机构以保证其经营能够按照法律规定进行,其主席和副主席均由联邦政府任命,主席由财政部部长和经济劳工部部长轮流担任。监事会成员还包括其他数位联邦政府的部长、联邦议会指定的议员、社会各行业及工会的代表等。执行委员会主要对银行具体业务进行管理,超过2500万欧元限额的贷款项目都要报监事会批准。(2)在政府指导下自由经营。德国政府不干预德国复兴信贷银行的日常经营,贷款由银行自己决定。政府通过《德国复兴信贷银行法》明确规定了银行的职能和业务领域。对政府不同时期经济政策的调整,则以董事会或监事会审议通过的决议体现,不需要政府部门审批,银行在保证财务稳健的前提下自主决策、自主经营。德国复兴信贷银行的业务和客户范围虽然是政府批准或指定的,但是大部分贷款发放时首先考虑方案与项目的经济性,并从商业银行的风险角度发放贷款。其业务运作以商业银行方式进行,完全按照巴塞尔银行监管委员会的《新资本协议》对银行提出的风险管理要求执行,拥有严格的风险评估流程,任何贷款只有通过流程才能发放,并根据风险评估的结果进行区别定价。但是,其信贷资金并非直接给贷款人,而是通过转贷或者借贷借给借款人,与商业银行之间不存在竞争关系。其子公司 IPEX-Bank 的出口信贷和国际项目融资业务则是按照商业银行法进行风险管理。(3) 制定独立监管法规。德国复兴信贷银行不受德国银行法和央行法的监管,而是受《德国复兴信贷银行法》、联邦财政部以及经济和科技部的监督。《德国复兴信贷银行法》第一章规定,该银行是依据公共法设立的法人团体,《德国银行法》和德国有关的商法典不适用于它。德国复兴信贷银行作为依照专门法设立的政府银行,不受其中央银行监管,而是依法由联邦政府指定财政部门进行监管。《德国复兴信贷银行法》第十二章规定,监督当局有权采取一切措施,以确保该银行的业务运作符合有关法律法规的规定。但是,对其独立子公司所经营的出口项目融资等商业性业务,则严格按照商业银行法监管。德国财政部负责对其进行监管,同时由政府部门领导组成的监事会对其业务进行监督。(4) 享受政府政策支持。根据《德国复兴信贷银行法》以及欧盟委员会和德国联邦财政部所达成的协议,德国联邦政府继续为德国复兴信贷银行所负责的促进性业务提供法人机构责任和法定担保。此外,德国财政部还出具专门用于发债的担保函,作为政府的明示担保。除联邦政府担保外,地方政府也提供介入已不能提供商业担保和安慰函之间的保证,并承担 80% 的风险。根据欧盟谅解备忘录,自 2008 年 1 月 1 日起,IPEX-Bank 独立运作,不再享有政府担保和政府政策优惠,但《德国复兴信贷银行法》仍保留其他业务,继续享有德国政府担保和主权评级。①

2. 日本政策投资银行(DBJ)

在发达国家中,日本的政策性金融历史悠久、体系发达、实力强大、地位显赫。② 二战后,日本政府为了促进国民经济的协调发展,贯彻国家政策,几乎在每一个产业领域都设立了政策性金融机构,从 1947 年建立"复兴金融公库"起,

① 参见巴曙松、孙隆新、牛播坤等:《政策性银行商业化改革对债券市场的影响研究》,经济科学出版社 2010 年版,第 161—168 页。

② 参见白钦先、耿立新:《日本近 150 年来政策性金融的发展演变与特征》,载《日本研究》2005 年第 3 期。

几经演变,形成了"两行九库"①的新格局。

到了20世纪90年代初,日本经济与社会发展总体上达到较高水平,资金供求格局由短缺转向过剩,政策性金融机构贷款业务出现了"一般化"的态势,政策性金融机构深度介入本该由民间金融经营的领域,与民间金融机构形成了竞争关系。与此同时,泡沫经济破裂后,日本政策性金融系统与民间金融系统一样,都出现了大量不良资产。面对形势变化和自身困境,日本政策性金融体系进行了改革和重组,从"两行九库"体系演变成了"两行六库"②的新格局。

1999年6月6日,日本国会通过了《日本政策投资银行法》。10月1日,日本政策投资银行在继承日本开发银行和北海道东北开发金融公库的所有权利与义务的基础上依法正式成立。《日本政策投资银行法》第一章确立了日本政策投资银行是由政府全额出资成立和所有的政府性法人的特殊法律地位,明确该行的宗旨是对商业性金融机构的信贷业务提供补充或支持,以推动能源工业,特别是经济和社会持续发展,实现提高国民生活水平、地方经济独立发展的目标,并通过提供长期资金和其他业务方面的支持,为日本经济和社会发展政策的实施提供财政支持。日本政策投资银行的主要业务是向日本的基干产业、大型成套项目、欠发达地区企业和国家重点扶持的科研项目提供优惠贷款,代表国家对产业或项目进行投资。为了充当民间金融机构的补充,鼓励企业发展业务,日本政策投资银行把贷款对象限定为那些难以获得民间银行及其他金融机构融资的机构。日本政府依据《日本政策投资银行法》监督该行的运作。该行的最高权力决策机构即理事会的总裁、副总裁和监事均由内阁首相任命。在业务上,日本政策投资银行受政府财务省(原大藏省)的监督。财务大臣在认为必要时,可以对银行业务经营发出指令。日本政策投资银行每个财年要制定收入和支出预算递交财务省,获国会批准后就可按照国家财政预算的一般规定执行。财务省根据《日本政策投资银行法》及银行预算方案对银行进行整体监督,必要时可以要求银行或其受托机构递交报告,并可至银行或其受托机构办公室进行现场检查。财务省根据银行递交的报告,或者根据财务省官员或中介机构对银行的审查结果,提出其监督要求。另外,会计检查院每年对日本政策投资银行进行一次为期两个月的检查,其检查结果对国会负责。日本政策投资银行在业务方面与日本银行(中央银行)没有很密切的关系,因此不受中央银行和金融监督厅的监管,

① "两行九库"包括:日本开发银行、日本进出口银行、中小企业金融公库、农林渔业金融公库、国民金融公库、环境卫生金融公库、冲绳振兴开发金融公库、公营企业金融公库、住宅金融公库、北海道东北开发金融公库、中小企业信用保险公库。

② "两行六库"包括:日本政策投资银行、国际协力银行、中小企业金融公库、农林渔业金融公库、国民生活金融公库、冲绳振兴开发金融公库、公营企业金融公库、住宅金融公库。

即不必向它们报告业务情况、接受审计和执行它们关于资本充足率的规定。但是,在实践中,作为在金融市场上运作的金融机构,日本政策投资银行仍然要根据央行的金融和货币政策作出经营决策。在日本金融体系中,日本政策投资银行虽然被归入“银行和其他金融机构”一类,但由于它是依据专门法成立的,所以与一般商业银行不同,并不受主要适用于普通商业银行的《银行法》的约束。[①]

2006年6月,日本通过《行政改革推进法》,确定了政策性金融机构改革的最终方案。按照该方案,两家银行民营化,一家银行移交地方管理,五家银行合并,其中日本政策投资银行和商工组合中央金库(the Shoko Chukin Bank)于2008年10月实行股份公司化。日本政策投资银行根据《日本开发银行法》(2007年第85号)于2008年10月1日注册成立为公司,并计划于2016年3月前将政府拥有的股份全部卖出,以最终实现民营化。2009年6月26日,日本国会又通过了《日本政策投资银行法》的修改法案,将政府投资期限延长至2012年3月,使日本政策投资银行加强其财务基础以符合2009年4月公布的经济危机应对措施。日本政府将视市场情况投资日本政策投资银行和商工组合中央金库,并将自2012年4月1日起在大约五至七年间退出所有上述投资。[②]日本国会通过《日本政策投资银行法》修改法案的决议指出:第一,日本政策投资银行应借鉴积累的知识和技能进行适当性分析,确保危机应对措施能使资金平稳供应。第二,随着全球金融危机产生了严重的经济和金融的影响,以及中小企业贷款余额稳步下降,必须作出努力,进一步促进日本政策金融公库对中小企业的贷款。日本政策投资银行在帮助大中型企业开展危机应对业务的同时,也必须保证为中小企业提供贷款。第三,政府应重新审视其在日本政策投资银行中所持有的股份,以确保该公司为社会的利益而运作,有稳定的资金来源来提供长期投资和贷款,有机制来获取竞争的官员和雇员。政府应采取适当的措施来防止任何损害公司长期价值的行为。第四,政府应重新评估由日本政策投资银行和日本政策金融公库实施的政策性金融的未来规定,重申它们的角色和功能的重要性,关注它们与私人金融机构乃至与日本金融业作为一个整体的关系,包括附属机构和日本邮政银行。

---

① 参见白钦先、王伟:《各国开发性政策性金融体制比较》,中国金融出版社2005年版,第163—172页。

② 资料来源:日本政策投资银行官网,http://www.dbj.jp/en/co/info/privatization.html,2015年3月11日访问。

（二）国外政策性银行商业化改革对我国的启示

1. 政策性银行的商业化改革并非是对政策性金融的根本否定

从国际上政策性银行改革的动因看，引发政策性银行改革潮流主要有三个方面的原因：第一，国家金融体系设计的整体思路在新阶段发生了变化，如日本；第二，提高政策性金融业务的针对性，降低政策性金融带来的不利影响，如德国；第三，提高政策性金融机构的资金配置效率，降低运转成本，如日本。从上述三种原因看，其初衷都是提高政策性银行的效率，而不是完全取消政策性银行的金融服务，也没有使商业银行直接进入政策性银行的服务领域，而是通过政策性银行的部分退出，扩大商业银行的运作范围。

从实际效果看，实行改革后，一方面缩减了政策性银行金融服务的覆盖范围，专注于目前需要政策支持的领域运营，使得政策性金融的目标更加明确，业务范围更加专一，保留领域内的专有作用得到强化；另一方面，通过对政策性银行的合并重组，明确了政策性银行的职责，减少与商业银行的摩擦，有利于增强政策性银行对社会资金的配置能力和对政策性业务的支持能力，提高政策性银行内部管理运作水平。因此，政策性银行的改革并不是要取消政策性金融机构，更不是要取消政策性金融，而是对政策性金融业务的适时调整。事实上，执行政策性金融业务的银行始终存在，同时政策性金融业务更是始终存在于历久弥新的领域，主要集中在进出口、中小企业、农业等领域。①

2. 明确转型后的市场定位，采取适当的转型模式

20 世纪 90 年代以来，经济全球化和金融全球化趋势继续深化，不仅极大提升了各国市场经济的成熟度，为各国经济和金融发展带来了充裕的资金，而且极大地加剧了金融市场的竞争程度，促进了金融机构的混业经营以及并购重组活动。为应对经济金融环境变化带来的挑战，一些国家对本国政策性银行进行了不同形式的商业化改革。有的国家对政策性银行股权结构进行了商业化转型或调整，将单一政府股东转向多元化，或者完全商业化甚至上市，或者公私混合。如日本政策投资银行，退出了面向大企业、骨干企业的融资领域，被要求在 2016 年前完全民营化。有的国家对政策性银行进行了运作机制的市场化改革，涉及资金来源、经营管理、政府补偿、监管等各业务环节，如资金来源由国家全包模式向市场筹资模式转变，引进现代公司治理制度和国际化标准，建立风险管理系统；随着经营能力的提高，政府适当减少了对政策性银行的优惠政策，管理方面

① 参见贾康等：《战略机遇期金融创新的重大挑战：中国政策性金融向何处去》，中国经济出版社 2010 年版，第 52 页。

更为透明,监管方式和标准适当借鉴对商业银行的监管要求。有的国家政策性银行的经营服务方式实现了商业化转型和专业化运作。例如,2004 年起,德国复兴信贷银行进行了部分业务的调整,将与商业银行产生竞争的出口信贷和项目融资业务独立出来,纳入新建的全资子公司中。德国复兴信贷银行所采取的成立独立子公司进行市场业务运营的模式,使其不至于处于利用国家优惠政策与商业银行进行竞争的尴尬境地,而其经过较长时间建立并有一定竞争优势的市场业务能得到保留,产生的利润又扩大了银行的实力,有利于政策性业务的开拓。德国复兴信贷银行作为纯粹的政策性银行,充分利用其优惠政策和国家信用,并通过市场规律的运作,既达到了促进德国经济发展以及德国与发展中国家和转型国家合作的政策性目标,又保持了优异的经营业绩。

3. 颁布专门法律,依法监督

政策性金融银行及其监督具有自身特点,区别于一般商业性银行,因此需要颁布专门的法律,规范政府和政策性银行的关系,明确政策性银行是独立的法人,在一定程度上保障政策性银行经营管理的自主权,防止政府随意和过多地干预政策性银行的经营管理,同时使政府对政策性银行的管理有法可依。在这方面,通常是一家机构一部法律,针对性很强。德国复兴信贷银行一直是在《德国复兴信贷银行法》的指导和监管下经营和发展的。日本政府则先后通过了《行政改革的主要方针》《政策金融改革的基本方针》等,对政策性银行的整体转型制定了改革方向和指导原则。政策性银行专用法律的缺失一直是我国政策性银行发展过程中持续存在的问题。在政策性银行转型的过程中,由于其尚无法立刻转变成为商业银行完全进入市场竞争,暂时还不适用于一般的商业银行法,因此设立或修改若干法律法规可以更好地指导和帮助其转型,同时可以使市场投资者对该银行的转型过程和发展方向有一个更为清晰和明确的了解。

三、我国政策性银行改革历程回顾及问题分析

(一) 我国政策性银行改革历程——以国家开发银行为例

我国政策性银行是金融体制改革的产物。为了确保实现中共十四大提出的建立社会主义市场经济体制的战略目标,充分发挥金融在资源配置和宏观调控中的中枢作用,建立新的金融市场体系和调控体系,避免国有专业银行因兼营商业性和政策性业务而导致的管理体制僵化、经营目标不明确、经营效率低下等弊端,使其发展成为适应社会主义市场经济需要的现代商业银行,国家于 1993 年末开始了金融体制改革。《国务院关于金融体制改革的决定》中指出:“建立政

策性银行的目的是,实现政策性金融和商业性金融分离,以解决国有专业银行身兼二任的问题;割断政策性贷款与基础货币的直接联系,确保人民银行调控基础货币的主动权。政策性银行要加强经营管理,坚持自担风险、保本经营、不与商业性金融机构竞争的原则,其业务受中国人民银行监督。”随后,国家开发银行、中国进出口银行和中国农业发展银行三家政策性银行相继成立。

2004 年,党的十六届三中全会首次提出深化政策性银行改革。中国人民银行在 2005 年 11 月出版的《金融稳定报告》中明确提出,政策性银行的经营环境已经发生变化,需要对其职能定位进行动态调整。2006 年,中国人民银行向国务院上报了《国家开发银行改革方案的初步意见》《关于国家开发银行和中国进出口银行改革专题汇报》以及政策性银行改革系列专报,为政策性银行按照“一行一策”原则进行商业化改革提供了理论依据。此外,考虑到我国加入 WTO 的五年保护期即将结束,为兑现当初关于降低金融等行业保护壁垒的承诺,国家决定保留中国农业发展银行和中国进出口银行作为政策性银行,而把本身业务就更市场化的国家开发银行改制作为一种履约的诚意。2007 年 1 月,全国金融工作会议确定了三家政策性银行将按照“分类指导、一行一策”的原则推进改革。其中,国家开发银行率先改革,按照建立现代金融企业制度的要求,全面推行商业化运作,自主经营、自负盈亏,主要从事中长期业务。

2007 年 12 月,我国国家投资机构中央汇金投资有限责任公司(简称“汇金公司”)向国家开发银行注资 200 亿美元,显著地提高了其资本充足率,增加了其抗风险的能力,注资后资本充足率为 12.77%。2008 年 2 月,国务院正式批准了《国家开发银行改革实施总体方案》和《国家开发银行改革具体实施方案》,国家开发银行将在现行的法律框架下定位为商业银行,主要从事中长期业务,还可以开展投行和资产管理业务,并通过股份制改革建立现代企业制度,按照《公司法》成立股份有限公司,条件成熟时可择机上市。根据《国家开发银行改革实施总体方案》,改革后,国家开发银行的资金来源仍以发行金融债为主,同时也将开拓资金来源的多元化,条件成熟时可以吸收公众存款。同年 12 月,国家开发银行整体改制为股份有限公司,股东为财政部(持股占比 51.3%)和汇金公司(持股占比 48.7%)。

事实上,国家开发银行的改革方案设计经历了三个阶段:

第一个阶段是 2004 年到 2006 年上半年,由中国人民银行牵头,在不预设立场的前提下,总结国际国内政策性银行发展的经验和弊病,广泛征求各部委、学术机构及市场主体的意见,比较不同的发展道路的优劣。这段时期,中国人民银行将国家开发银行定位于开发性银行,改革以提高资本充足率为核心内容,健全会计准则,提升其内部治理结构,实行审慎监管原则。这一阶段的重要成果是,各部委达成共识——政策性银行的改革根本上是要从建立市场化约束入手，切断政策性银行与财政之间的“风险通道”，使政策性银行成为独立经营、自担风险的市场主体。2006年4月28日中国人民银行召开的“政策性银行改革与转型国际研讨会”上，中国人民银行行长周小川说：“政策性银行现在需要像其他金融机构一样，加强财务约束，避免在财务上有一些脚踩两只船的现象。”

第二个阶段是2006年年中到2007年上半年，其中的标志性事件是2007年1月召开的全国金融工作会议。会议明确，国家开发银行将在三家政策性银行中率先进行改革，按照建立现代金融企业制度的要求，全面推行商业化运作，自主经营、自担风险、自负盈亏，主要从事中长期业务。随后，国务院成立了国家开发银行改革工作小组，由中国人民银行牵头，财政部、银监会、商务部、国务院法制办等部门参与起草改革方案。这一时期，工作小组认为，政策性银行市场化经营条件日益成熟，应尽快向合格的综合性开发金融机构转型。综合性开发金融机构与开发性银行虽然提法不同，但内涵相近，都是一种介于商业金融机构和政策性金融机构之间的制度安排，主要利用市场化手段，按照商业性金融规律运作，在机构自身可持续发展的基础上，为实现国家政策和战略导向服务。

第三个阶段是2007年4月至2008年改革正式落地。2007年4月，由中国人民银行牵头拟订的改革方案经过各部委反复研讨，第一次向国务院正式递交。改革方案此后又多次修改，经过近一年的时间终于获得批准。国家开发银行的定位变为了“商业银行”，并放弃“分账管理”的提法，提出对政策性业务实行公开招标机制。

在这三个阶段，国家开发银行的定位从最初的“政策性银行”变为“开发性银行”，又有过“综合性开发金融机构”的提法，最终定为“商业银行”；为有效区隔政策性业务与商业性业务，设计者将两者现存的并账管理设计成“国家账户+银行账户”的分账管理，后又改为对政策性业务实行招标机制，不要求分账。

2014年，国家开发银行的改革仍在继续。在中共十八届三中全会决议提出研究建立“城市基础设施、住宅政策性金融机构”之后，2014年4月初，国务院常务会议明确由国家开发银行成立专门机构，实行单独核算，采取市场化方式发行住宅金融专项债券，向邮储等金融机构和其他投资者筹资，鼓励商业银行、社保基金、保险机构等积极参与，重点用于支持棚改及城市基础设施等相关工程建设。同年7月，中国银监会正式下发《关于国家开发银行有限公司住宅金融事业部开业的批复》。从批复看，事业部业务范围包括：办理纳入全国棚户区改造规划的棚户区改造及相关城市基础设施工程建设贷款业务；在经批准的额度内办理软贷款回收再贷业务，专项用于支持纳入全国棚户区改造规划的棚户区改造及相关城市基础设施工程建设项目；银监会批准的其他业务。尽管只是一个相对独立的业务部门,但该事业部被外界誉为“中国版住房银行”。这将加大对棚户区改造的支持力度,甚至会对我国保障房建设乃至房地产融资结构产生深刻影响。

(二)国家开发银行改革存在的问题

1. 商业化改革的困境

根据《国务院关于金融体制改革的规定》,国家开发银行的资金来源为资本金、政策性金融债券、外汇筹资、中央银行再贷款、财政贴息资金和企业存款等,不以吸收公众存款作为主要的资金来源。自1998年探索市场化发债至2000年,国家开发银行已全部实现市场化发债。由于以国家信用为支撑,国家开发银行的金融债券得到了市场的广泛认可。国家开发银行在我国债券市场上一直保持着第三大发行体的地位。所发行的有固定到期日的债券稳定了国家开发银行的资金来源,也增强了国家开发银行金融债券的流动性,可以在全国银行间市场进行现券买卖和回购;同时,相对于以前的政策性派购,市场化发行通过各承销商的竞价,更能客观准确地反映当前资金供求情况,对我国金融体系的完善具有重要意义。考虑到发行金融债券为国家开发银行的重要筹资渠道,为顺利实施国家开发银行改革,增强市场信心,维护债券市场稳定,银监会在国家开发银行转制批复中特别明确,国家开发银行在设立股份有限公司之前发行的存量人民币债券风险权重继续维持为0%,直到债券到期;国家开发银行股份有限公司设立之后发行的人民币债券,在2010年年底以前,风险权重确定为0%,2010年以后由银监会按市场化原则另行研究确定。不过,这一情况在此后多次顺延。比如,银监会在2012年《关于国家开发银行股份有限公司债信有关问题的批复》中称:“同意你行在2013年12月31日之前发行的人民币债券风险权重确定为0%,直至债券到期,并且暂视同政策性金融债处理。你行2013年末之后发行的人民币债券风险权重,我会将根据你行商业化改革和债券市场发展实际情况,另行研究确定。”2013年的批复又将其延长至2015年年末。[①] 目前,国家开发银行发行的债券余额逐年增长,2013年年末余额已逼近6万亿元。[②] 此外,相比四大国有银行上市后在保留国有股占主导地位的同时,引入了社会投资者,国家开发银行转制至今,股东——财政部50.18%、汇金公司47.63%和社保基金理事会2.19%,均属于国家股东。在国际市场上,完全以国有资本为背景的公司所获评

① 参见韩启:《国开行的进与退》,http://roll.sohu.com/20140804/n403060016.shtml,2014年12月18日访问。

② 参见国家开发银行2013年年报。

级通常较高,如果引入其他商业机构,可能会影响其信用评级。对国家开发银行进行股份制改革,原本是希望通过引入战略投资者实现股权多元化,有助于其完善公司治理,可同样是基于国家开发银行发债筹资的考量,目前也未进行彻底的商业化改革。改制推行多年后,国家开发银行的债券信用、资金来源等改革核心问题至今悬而未决,也导致了对其改革定性和定位问题的分歧。

2. 身份不明导致监管困境

对于国家开发银行的身份,理论界代表性的观点有三个:一是商业化运作的开发性金融机构,二是商业化运作的政策性银行,三是商业银行。"开发性金融"是国家开发银行原行长陈元提出的概念,并赋予其基本内涵——以服务国家发展战略为目标和使命,以国家信用与市场化运作相结合为基本原则,以市场建设为核心,以银政合作、社会共建为抓手,以中长期融资推动为载体。① 他避免传统上政策性金融机构与商业金融的争议,将开发性金融定位为介乎商业性金融和政策性金融之间,以此解决国家开发银行目前的债信、资金来源等问题。

现有规定也并未说明国家开发银行的定位。虽然改革方案中提及国家开发银行改制为商业银行,但根据《国务院关于组建国家开发银行的通知》《国家开发银行章程》,国家开发银行是直属国务院领导的政策性金融机构,对由其安排投资的国家重点建设项目,在资金总量和资金结构配置上负有宏观调控职责。然而,国家开发银行2007年改制后并未修改其章程。

此外,《商业银行法》第2条规定,商业银行是指依照该法和《公司法》设立的吸收公众存款、发放贷款、办理结算等业务的企业法人。《银行业监督管理法》第2条第1、2款规定:"国务院银行业监督管理机构负责对全国银行业金融机构及其业务活动监督管理的工作。本法所称银行业金融机构,是指在中华人民共和国境内设立的商业银行、城市信用合作社、农村信用合作社等吸收公众存款的金融机构以及政策性银行。"目前,国家开发银行尚不能吸收公众存款,也并非是依照《商业银行法》设立,故其应不属于商业银行的范畴。

监管部门目前又是如何看待国家开发银行的身份问题呢?笔者浏览了中国银监会的官方网站,在国内银行业金融机构各分类中,国家开发银行与中国进出口银行、中国农业发展银行同属于政策性银行。银监会内设部门包括政策银行部,专司政策性银行监管。笔者又注意到,银监会审慎规制局发布银行业监管统计信息情况表(包括"商业银行主要监管指标情况表""银行业金融机构资产负债情况表"等)进行机构范围解释时,虽将国家开发银行区别于一般商业银行,归于其他类金融机构,但又与政策性银行区别开来。如2013年度"银行业金融

① 参见《国家开发银行史(1994—2012)》,中国金融出版社2013年版,第149—150页。

机构资产负债情况表(法人)”中,其他类金融机构的范围包括政策性银行及国家开发银行、农村商业银行、农村合作银行、外资银行、城市信用社、农村信用社、非银行金融机构、新型农村金融机构和邮政储蓄银行。① 在业务监管方面,如2014年12月30日下发的《中国银监会关于印发〈商业银行并表管理与监管指引〉的通知》,发送的对象包括“各银监局,机关各部门、各监事会办公室,各政策性银行、国有商业银行、股份制商业银行、金融资产管理公司,邮储银行,银监会直接监管的信托公司、企业集团财务公司、金融租赁公司”,未特别提及国家开发银行。该指引虽适用于商业银行,但附则中亦明确了“经银行业监督管理机构批准设立的其他金融机构参照本指引执行”。可见,国家开发银行应当在适用范围内。

综合上述情形可以看出,监管部门对于国家开发银行的身份亦未有明确倾向,目前暂时将国家开发银行作为一家特殊机构进行监管。

(三) 根源问题

1. 政策性银行基本定位不清

政策性是政策性银行运营的灵魂,贯彻政府意图、执行产业政策和金融政策是政策性金融的天职。如果不把政策性放在第一位,政策性银行就失去了自身存在的价值。三家政策性银行在成立初期开展业务严格遵照章程,政策性较强,贯彻政府意图明显。但是,近几年,国家开发银行走综合性开发金融之路,大量开展商业性业务,既可以从事政策性业务,也可以从事商业性业务。在国家开发银行实现较好盈利的对比之下,中国农业发展银行迎来了存续与否的问题。1998年以来,中国农业发展银行从全方位的支农转向专司粮食流通体制改革,而在改革不成功的情形下,显然没有出色完成任务,还出现了粮食亏库、财务问题等。因此,中国农业发展银行自然产生了向国家开发银行学习的压力和发展趋势。然而,国家开发银行在改制后得到了兼营商业性业务的实际支持,中国农业发展银行和中国进出口银行却仍是政策性银行的身份。与商业银行履行社会责任相比,政策性银行的目标是实现社会合理性,弥补商业银行因逐利所带来的偏差,其存在履行的是政府对社会的责任。在如此发展形势下,政策性银行的性质逐渐发生转变,社会合理性的目标形同虚设。②

《国务院关于金融体制改革的决定》曾明确要求三大政策性银行坚持不与

---

① 资料来源:中国银行业监督管理委员会官网, http://www.cbrc.gov.cn/chinese/home/docView/B57D199CFDF7437CBC0DF0ABB7A8118A.html,2015年3月24日访问。

② 参见王伟、张令骞:《中国政策性金融的异化与回归研究》,中国金融出版社2010年版,第79页。

商业性金融机构竞争的原则,可惜在之后原则被完全抛弃,政策性银行与商业银行逐渐形成竞争,甚至恶性竞争,一定程度上破坏了金融秩序。中国银行 1998 年就上书国务院,指责国家开发银行利用政策性银行的优势与商业银行进行恶性竞争。2007 年提出的政策性银行改革方案要求推行商业化运作,使得市场化运作在政策性银行中产生了新含义,政策性银行拥有了自主选择项目的权利,政策性强但盈利能力低的项目不被纳入贷款范围;相反,政策性不强但盈利能力强的项目却能够得到政策性银行的信贷支持甚至垄断融资。扭曲的市场化运作在"提高政策性银行效益"的口号下愈演愈烈,与政策性银行的基本定位也渐行渐远。[①]

2. 政策性银行相关立法缺失

目前,我国与政策性银行有关的立法文件有:

(1) 法律层次:《中小企业促进法》第 15 条第 3 款规定:"国家政策性金融机构应当在其业务经营范围内,采取多种形式,为中小企业提供金融服务。"《银行业监督管理法》第 2 条第 1、2 款规定:"国务院银行业监督管理机构负责对全国银行业金融机构及其业务活动监督管理的工作。本法所称银行业金融机构,是指在中华人民共和国境内设立的商业银行、城市信用合作社、农村信用合作社等吸收公众存款的金融机构以及政策性银行。"

(2) 行政法规层次:我国的政策性银行是依据国务院决定、行政命令而设立和运作的,这些决定及行政命令主要包括:1993 年 12 月 25 日《国务院关于金融体制改革的决定》,1994 年关于组建国家开发银行、中国农业发展银行和中国进出口银行的通知,以及经国务院批准的三家政策性银行的组建方案及章程等。各组建方案因属于内部方案,不能构成政策性银行法的制度基础。

(3) 部门规章层次:主要是中国人民银行、财政部、银监会等部门制定的涉及政策性银行组织机构、业务运行、人事任职资格、财务会计报表制度、财务准则、审计制度等方面的有关规定。

(4) 其他政策性文件:国务院及其有关部门发布的其他有关文件也涉及政策性银行设立、经营与运行中的一些问题,如 1999 年国务院发布实施的《关于向国有重点金融机构派驻监事会的暂行规定》中涉及政策性银行的有关内容等。[②]

梳理我国政策性银行法律制度的法律基础,可以发现,二十多年来,我国政策性银行是按照不明确的"有关法律、法规和方针、政策"运行的。由于对三家

---

① 参见王伟、张令骞:《中国政策性金融的异化与回归研究》,中国金融出版社 2010 年版,第 83—86 页。

② 参见段京东:《中国政策性银行法律制度研究》,中国人民大学出版社 2005 年版,第 112—113 页。

政策性银行的法律地位、性质、职能和业务定位等没有明确规定,使得银行的经营活动缺乏法律根据和约束机制,无论是内部经营管理,还是外部关系的协调。① 而国外政策性银行基本上都是建立在专门法律的基础之上,运用立法把政策性银行的性质、定位、运营管理与政府机构、商业银行及其他机构相区别,明确政策性银行和政府、中央银行的关系,以及政府支持方式、监管模式等,实行依法经营、依法监管。立法的严重缺位直接影响到政策性银行的生存环境与可持续发展:一是造成三大政策性银行定位不清,经营盲目,不仅合法权益得不到有效保障,而且业务行为也缺乏法律规制;二是导致并进一步加剧了金融市场上政策性银行与商业银行之间的无序竞争;三是导致政策性银行受到过多的行政干预,使政策性银行难以把握和发展自身合理的运作方式。市场经济是法治经济,政策性银行作为社会主义市场经济的产物和特殊的市场主体,必须将其全部经营活动纳入法制化轨道,才能保证政策性银行健康运行。

四、政策性银行改革之法律保障

2014 年 10 月,党的十八届四中全会通过了《关于全面推进依法治国若干重大问题的决定》,强调在党、国家、社会生活以及军队建设的各个领域全面推进依法治国战略,实现法治的“全覆盖”;坚持依法治国、依法执政、依法行政共同推进,坚持法治国家、法治政府、法治社会一体建设,实现科学立法、严格执法、公正司法、全民守法。在依法治国战略下,政策性银行法律制度的空缺理应得到弥补。

(一)立法原则

1. 处理好政策性金融与国家财政之间的关系,防止政策性银行资金财政化

政策性金融与财政都是以政府为主体弥补市场配置金融资源不足的制度安排。政策性金融和财政作为两个通过不同渠道、方式来集聚和分配不同性质资金的工具,又在不同程度上体现着政府的意图,同时财政资金又是最容易与政策性金融形成冲突的关系主体。要防止政策性金融被财政化运作而导致资金分配的低效率,政策性金融和财政应当明确分工、各司其职。公共财政是在市场经济条件下,政府为市场经济提供公共服务、满足社会公共需要的分配活动与经济活动,收支的无偿性是其除国债部分之外的基本特征和整体而言的重要特征,其服从和服务于国家发展战略和产业政策的职能也主要以无偿性的收支方式寓于公

① 参见甄杭之:《政策性银行监管政策设计与创新》,载《浙江金融》2011 年第 4 期。

共财政的活动之中。至于政策性金融,国家通常是其主要出资人。政策性金融机构设立的初衷就是与商业性金融分轨运行而实施政策性投融资。除和国家财政一样必须符合国家的政策意图,其信贷资金的运用服务于国家的产业政策和区域发展政策外,在具体的运行中,政策性金融采取的是以"有偿性"为基本特征的操作方式。另外,与财政信用范畴的国债资金运行的重大不同之处是,政策性金融"有偿"操作管理主体的内部治理结构和运行规则,是明确按照企业运作模式来构建的。政策性金融适宜于成为政府与市场之间的桥梁,也是政府间接作用于市场的一种有效途径。因此,在政策性银行运行过程中,政府要减少其对微观经营的干预,使政策性银行能够根据自身的运行规则(兼顾社会效益和经济效益)进行项目规划和开发、信贷评审、风险管理等活动,防止政策性银行资金财政化,导致产生新的信贷风险。①

2. 明确政策性银行和商业银行之间的关系

应该明确体现双方业务分工、互为补充、相互合作的业务协调发展原则,政策性银行有所为有所不为的经营原则,不主动与商业性银行竞争的基本原则。鉴于我国政府财政对政策性金融继续提供直接的大规模资金的空间相对较小的现实和趋势,还要严格限制政策性银行业务经营(特别是兼营相关的商业性业务)的范围和规模,以免造成同商业性银行更大更广的业务竞争性威胁和冲击,以充分发挥商业性银行在市场上的主动竞争性优势。例如,美国进出口银行特别强调对自己特色的保持,在处理与商业性银行的业务关系时,严格遵守《美国进出口银行法》的规定,坚持进出口银行只在私人资本不能提供融资时才出面弥补资金缺口,同时承担私人出口商和商业性金融机构所不愿意或无力承担的风险,目的在于促进美国的进出口贸易,并通过对外援助,贯彻美国对外政策,保持进出口银行的政策性职能。②

(二) 立法模式

应当构建政策性银行法律体系。可制定《政策性银行法》,明确政策性银行的宗旨和职能、资金来源、业务范围和基本业务规则、与商业银行关系、监督管理和法律责任等,发挥法律的规范、约束和保护作用。此外,可根据中国农业发展银行和中国进出口银行两家政策性银行的不同特点和业务范围,分别制定《中国农业发展银行管理办法》和《中国进出口银行管理办法》,不断完善对政策性

---

① 参见巴曙松、孙隆新、牛播坤等:《政策性银行商业化改革对债券市场的影响研究》,经济科学出版社2010年版,第221—222页。

② 参见王伟:《中国政策性金融与商业性金融协调发展研究》,中国金融出版社2006年版,第73—78页。

银行进行金融监管的法规体系,使政策性银行监管制度化、规范化,充分发挥政策性银行在国家经济发展、缓解“瓶颈”制约、调整经济结构、促进经济增长方式转变等方面的金融支持和先导作用。①

关于国家开发银行,应当尽快确立其法律地位。在国家开发银行自身的立场上,由于目前其资金来源高度依赖于市场上发行的金融债券,债信上享有国家信用评级对其来说十分重要,所以国家开发银行实际上一直强调其开发性金融性质。笔者认为,开发性金融主要是为发展重点行业与区域而开展的资金融通活动的总称,它包括开发性商业金融与开发性政策金融两类业务,其中开发性政策金融是政策性金融的重要组成部分。从开发性金融的特征看,目前的国家开发银行实际上是以国家信用或者隐性国家信用为基础,同时经营开发性商业金融与开发性政策金融业务的金融机构。政策性银行可以通过改革其治理结构,明确政府与其的关系。政策性银行在保持社会合理性目标的前提下,可以按照市场化原则和明确的项目评审机制,自主地进行项目选择和资金管理运行,注重提高运行效率,注重资金的回收与保值乃至增值,注重控制风险,减少不良资产的产生,从而实现财务上的可持续。所以,不能说政策性金融是开发性金融的初级阶段,这样容易以偏概全,引起歧义,从而可能对政策性银行的改革方向的确定和相关政策的出台造成误导,严重制约我国政策性银行的长远建设和完善。②目前,国家尚未有较多开发性业务如住房保障、大型基础设施建设等需要政策性银行发挥作用,笔者认为国家开发银行应当定位为政策性银行,在遵守《政策性银行法》的前提下,根据情况再制定《国家开发银行管理办法》,对于其正在经营的商业性业务,可以采取分账管理等模式进行处理(具体将在下文论述)。

(三) 立法主要内容

1. 宗旨与职能

明确政策性银行所要达到的政策目标与任务,这是政策性银行开展业务活动的出发点与归宿,也是政策性银行立法后续内容的指导思想,即立法要考虑如何有效地贯彻政策性银行的宗旨。对于政策性银行来说,为了实现社会公平合理和持续协调地进步的社会合理性目标,就不能以追求盈利或利润最大化为经营目标,而要专门为贯彻、配合政府特定社会经济政策或意图,充当政府发展经济、促进社会发展稳定、调节管理宏观经济的工具,并以此作为其业务宗旨。当

① 参见甄杭之:《政策性银行监管政策设计与创新》,载《浙江金融》2011 年第 4 期。
② 参见王伟、张令骞:《中国政策性金融的异化与回归研究》,中国金融出版社 2010 年版,第 156—161 页。

然,非营利性并不意味着不盈利或亏损,并非不讲财务效益,而是在“政策性”定义域内的非主动竞争性的自然盈利。职能则是为了贯彻宗旨而对其目标任务的进一步分解和明确。在政策性银行立法过程中,需要结合特定行业或领域的实际情况以及相应的经济金融发展水平来规定政策性银行的职能,为具体业务的展开指明方向,同时需要设置相应的修正条款以适应经济环境变化带来的职能调整。

2. 资金来源与资金运用

一般来说,政策性银行的资金来源包括政府提供的资本金、发行债券筹资、借款等。充足、优惠和稳定的资金来源是政策性银行赖以发挥其功能作用的前提和基础。立法时,需要对这些来源渠道进行明确的规范和界定,并对各项来源的比例作出明确的限定,以此保证政策性金融机构有稳定可靠的资金来源,并尽可能降低金融风险。在资金运用上,应遵循“政策性、效益性、安全性、流动性”有机统一的原则,对资金运用方向、领域、规则、条件等加以明确规定,并配以严格的监督机制和惩罚措施,以保证符合政府的政策意图和战略目标。[①]

3. 业务种类与限制

政策性银行属于金融机构,其业务也可能累积金融风险,因此必须在立法中严格核定业务种类,从根源上尽可能消除金融风险。同时,政策性银行都是在特定行业或领域内开展业务,针对不同行业或领域的特点,不同的业务种类具有不同的扶持效果。此外,还可以规定不同形式的扶持方式,即业务种类。应对业务种类进行明确规定,在业务范围内区别出鼓励类业务、慎重执行类业务,并对不同类别施以不同的审批程序。

4. 内部治理

(1) 权力机构设置

由于目前关于政策性银行经营管理的法律框架尚待完善,因此政策性银行自成立以来的业务运作几乎无相关法律法规进行约束,业务发展受人为因素影响大。从审慎监管的角度看,巨额贷款一旦出现违约风险,对政策性银行自身甚至我国整个金融体系的稳定都会造成消极后果。金融市场监管者不能完全替市场承担风险,而是要让所有的市场参与者在自己的风险承受能力、限度之内承担风险。只有建立起现代金融企业制度,增加资本约束和市场约束,才能约束信贷扩张冲动,引导政策性银行走上稳定经营的轨道。应当参照公司法和商业银行法的有关原则,完善公司治理构架,建立董事会、监事会和高级经营管理层,以及

---

① 参见白钦先、谭庆华:《政策性金融功能研究——兼论中国政策性金融发展》,中国金融出版社2008年版,第270页。

建立包括审计委员会、薪酬与考核委员会、风险管理与关联交易委员会、战略委员会等在内的委员会。①

(2) 政策性业务与商业性业务并存的处理

在现阶段允许政策性业务与商业性业务并存的前提下,可建立分账管理制度。由于政策性业务和商业性业务混合,并账管理容易产生商业性业务风险转嫁政策性业务的风险,且两种业务的经营机制、自主程度、风险承担及税赋优惠均不相同,因此要对目前的政策性业务和商业性业务尽快进行分账管理,即严格界定两种业务的范围,对它们实行独立核算和审计,建立严格的"防火墙",防止商业性业务混入政策性业务账户。② 不过,笔者认为,政策性银行以其社会合理性目标,应当尽量避免涉足商业性业务;否则,由于政策性银行有国家资本及国家信用的强大背景,其资金成本明显低于商业银行,其与商业银行进行竞争有违市场公平原则。从长远看,可以探索采用分立机构模式,即在政策性银行中与商业银行产生竞争的市场业务独立成立子公司经营,子公司不再享受国家优惠待遇,成为真正的商业银行;母公司作为纯粹的政策性银行,充分利用优惠政策和国家信用,并通过市场运作保持可持续发展。③

5. 监督机制

(1) 明确监督主体

政策性银行与银监会、财政部、中国人民银行甚至是国家发改委都有着较为密切的联系,决定了对政策性银行的监督必须是全方位、多层次、立体化的,要避免多头决策、多头监督模式增加政策协调的复杂性和监督成本,也要避免陷入无人监督的尴尬。建议建立由银监会牵头的对政策性银行的统一监管机制,包括新业务和分支机构的审批、资本金和财务管理、负债规模和债券发行规模管理等。同时,各监管部门之间要加强合作,建立畅通的信息沟通渠道,实现信息共享,如建立联席会议,通报检查计划、情况和结果,采用统一的数据指标标准,建立统一的信息库等。在信息共享的基础上,要发挥统一监督机制的作用,共同维护政策性银行的稳健运行。从长远来说,还必须建立政策性金融机构的工作报告制度,将政策性金融业务纳入财政预算。④

---

① 参见巴曙松、孙隆新、牛播坤等:《政策性银行商业化改革对债券市场的影响研究》,经济科学出版社 2010 年版,第 237—238 页。

② 参见张国华:《国家开发银行市场化的法制保障》,载《天津市政法管理干部学院学报》2008 年第 4 期。

③ 参见张燕、梁斌、孙韦、薛晓倩:《国际政策性银行改革进展经验与启示》,载《金融发展评论》2013 年第 8 期。

④ 参见季敏:《从结构性失衡谈政策性银行有效监管》,载《金融经济》2012 年第 12 期。

(2) 以政策性目标量化考核指标

考核指标决定了经营行为。国家对政策性银行的经营业绩考核导向,要区别于国有控股商业银行,实行分类考核。鉴于政策性银行服务国家战略的任务,以及筹资和业务的特殊性,应在绩效考核上给予政策性银行以政策性银行监管的平等待遇,而不是简单参考微观经营绩效评价,即与商业性金融雷同的经营业绩。否则,政策性银行追寻政策性目标的动力就会逐渐被追求自身经营效益的动力取代,这会导致政策性银行与商业性银行的竞争,甚至与政策性目标的偏离。

(3) 特殊金融机构的监管标准

国外对政策性银行的监管是区别于商业性银行的,如对政策性银行资本充足率的要求比商业性银行要低等。鉴于政策性银行的特殊性和战略性,应当制定适合政策性银行经营管理的专门标准。首先,将监管的重点转到对政策性银行的政策导向作用,即政策性银行执行国家政策的效果,是否及时贯彻国家宏观经济政策和产业政策,贷款投向是否合理等。其次,在强化风险监管这一核心前提下,完善非现场监管指标体系,加强内部控制有效性,资产负债匹配、贷款长期风险,资本充足率是否达到国际通行的标准等监管,努力实现监管内容从合规监管为主向合规监管和风险监管并重转变,监管重心从具体业务监管向法人治理结构和内控有效性监管转变,监管方式从定性监管为主向定性监管和定量监管相结合转变,以提高风险监管水平。最后,因行施策。根据政策性银行各自的特殊性,监督的侧重点各有不同,根据其作用领域、行业特点、贷款方式等的差异,监督的目的要求、指标设计和考核标准等应有所区别。特别是要根据两家政策性银行改革转型的新形势,细化"一行一策"的监管政策。[①]

① 参见甄杭之:《政策性银行监管政策设计与创新》,载《浙江金融》2011年第4期。

老龄化社会中财税法的分配问题研究

龚　伟*

人口问题困扰中国多年，在长期的舆论引导下，人口数量过多在国人的脑海中已成为对国情的一个固有认识。实际上，人口问题不应简单化，人口既有数量（或规模）问题，也有结构问题。2006 年，世界著名的人口学家邦加茨在北京演讲后，有人提问：人口数量和人口结构哪个更重要？他回答：人口结构。当时他的回答很简短，大家也是不甚了了。① 2010 年第六次人口普查结果公布之后，长期被数量掩盖的人口结构问题才引起了学界和社会的诸多关注，人们才体会出这位人口学家当年回答的深意。

一、中国的老龄化问题：人口结构与经济现实之困

（一）老龄化社会的形成

根据 1982 年维也纳老龄问题世界大会确定的标准，60 岁及以上老年人口占总人口比例超过 7% 即意味着这个国家或地区进入老龄化。按照这个标准，其实中国在 2000 年就已进入老龄化社会。按照 1956 年联合国《人口老龄化及其社会经济后果》确定的划分标准，当一个国家或地区 65 岁及以上老年人口数量占总人口比例超过 7% 时，则意味着这个国家或地区进入老龄化。中国这个指标从 2002 年的 7.3% 上涨至 2012 年的 9.4%，2012 年 65 岁以上的老年人口已达到 1.27 亿人，且每年仍以 800 万人的速度增加。也就是说，无论采取何种标准，中国早已经进入老龄化社会。

---

* 龚伟，华东政法大学 2013 级经济法学博士研究生，安徽农业大学人文学院法学系讲师。

① 参见顾宝昌：《话说中国人口结构》，载《人口与计划生育》2013 年第 2 期。

老龄化的形成在中国已是既成事实,然则其未来的走向更令人担忧。判断一国人口的未来趋势,离不开对人口结构的分析。人口结构是指将人口以不同的标准划分而得到的一种结果,年龄、性别、人种、民族、宗教、教育程度、职业、收入、家庭人数等均可以成为人口结构的划分标准,其中最主要的是性别结构和年龄结构。反映一国人口性别结构和年龄结构的最生动、最直观的方式就是人口金字塔。①

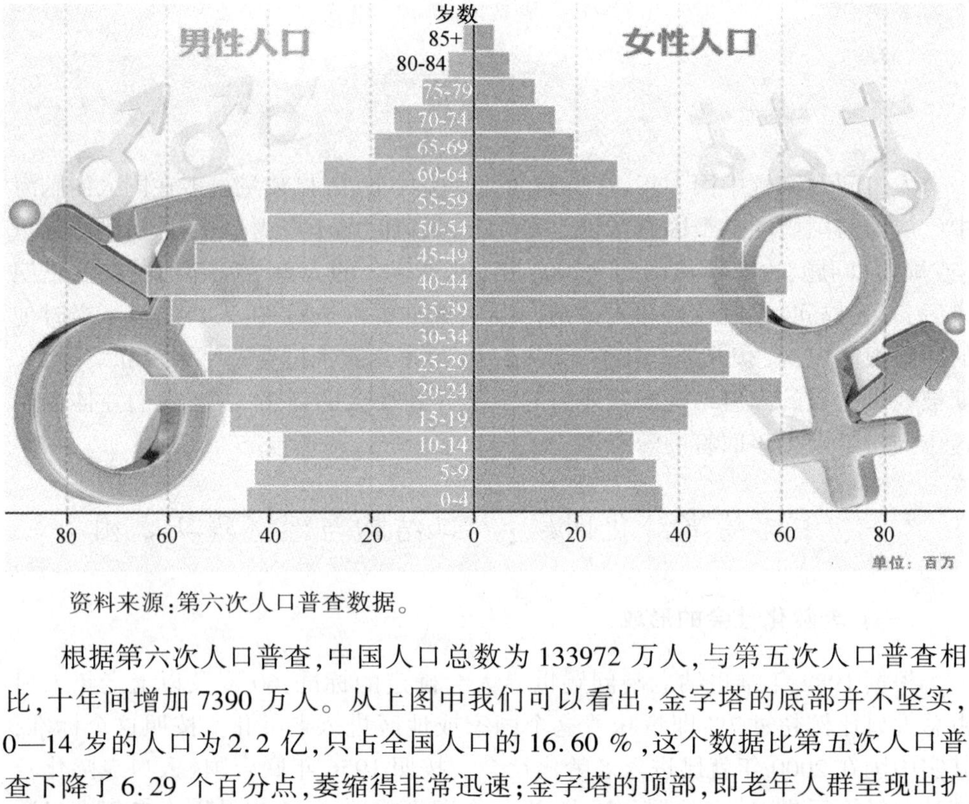

资料来源:第六次人口普查数据。

根据第六次人口普查,中国人口总数为133972万人,与第五次人口普查相比,十年间增加7390万人。从上图中我们可以看出,金字塔的底部并不坚实,0—14岁的人口为2.2亿,只占全国人口的16.60%,这个数据比第五次人口普查下降了6.29个百分点,萎缩得非常迅速;金字塔的顶部,即老年人群呈现出扩大的态势,60岁及以上老年人口达到1.8亿,占全国人口的13.26%,比第五次人口普查上升了2.93个百分点;金字塔的中间部位,30—50岁的人群占据最大多数,需要考虑的是,20—30年后,这类人群必然迈入老年时代,极大地增加金字塔顶部的压力。据估计,到2040年,中国人口总数还是在14亿左右,但60岁

① 在人口金字塔上,男左女右,从下而上年龄上升。由于人的生理年龄每年就涨一岁,性别则是与生俱来(除个别变性的例外),人口金字塔不仅可以使我们看到这个人口的过去,也可以在相当程度上预见到其未来。

以上的老人将猛增至4.11亿,20—60岁的工作年龄人口将下降到6.96亿,老年人口将占人口总数的30%左右。

(二)生育率走低加剧了老龄化危机

判断30年后的人口结构,还需要考虑一个因素就是生育率,它是指不同时期、不同地区妇女或育龄妇女的实际生育水平或生育子女的数量。由于多年的计划生育控制,加上妇女受教育程度的影响,[①]在育儿成本、教育成本、医疗成本、就业压力等不断增加的情况下,中国的生育率近年来呈现跳跃式下降。1986年中国的生育率还达到2.42,到第六次人口普查时,这个数据就不可思议地变成了1.18(关于中国的生育率可以参见下表);而发达国家要想达到世代更替的水平,生育率至少应该达到2.1。远低于正常水平的生育率意味着人口总数在实质减少。当然,由于惯性和寿命延长,中国人口数量仍将持续增长一段时间,并将在10年左右达到顶峰,然后才开始萎缩。值得关注的是,新生儿童数量的巨量减少导致劳动力人口快速减少,以及过高的老龄人口比重,带来的后果是人口结构在今后30年内将发生由缓慢到逐渐剧烈的变化,而其带来的影响将会是非常残酷的。

关于这一点,我们的近邻日本是最好的诠释。日本在20世纪60—70年代,人均GDP达到4000美元时,生育率已经下降到2以下,而且它当时并没有实行计划生育。随着收入的进一步提高,日本的生育率也无可挽回地降低。到80年代,日本人均收入达到1万美元时,生育率已经下降到1.6左右,而现在只有1.3的水平。日本是世界上最早进入老龄化社会的国家。此外,日本由于地理条件限制,无法参照欧洲国家引入大量移民来缓解老龄化压力(这一点和中国有共同之处,虽然中国地理范围并不狭小,但因为人口、民族、文化等多种原因,也不大可能会引入大量移民)。因此,日本的老龄化问题对中国非常有启示意义。老化的社会结构给日本带来了一系列的社会问题。65岁以上老人从20世纪70年代的7%增加到目前的22%,20—40岁年轻人口则在同期从35%下降到27%,[②]由此带来的财政赤字、税负增加压力、社会创造力减退等等诸多问题,严重影响了日本的发展。

---

① 根据联合国儿童基金会2005—2009年各国女性受教育程度与总和生育率的比较资料,妇女在教育和事业上投入的时间和精力越多,生育率就越低。

② 参见梁建章、李建新:《中国人太多了吗?》,社会科学文献出版社2012年版,第63—64页。

第六次人口普查之全国及内地各省份的总和生育率

全国			1.1811
		山东	1.1663
北京	0.7067		
上海	0.73665	甘肃	1.2779
辽宁	0.7409		
黑龙江	0.7514	河南	1.3011
吉林	0.76	河北	1.31065
		湖北	1.34075
天津	0.9128	宁夏	1.36265
		青海	1.3701
浙江	1.01705	江西	1.3851
西藏	1.0496		
江苏	1.05385	云南	1.4098
陕西	1.0545	湖南	1.41715
广东	1.0644	安徽	1.48155
内蒙古	1.0708		
四川	1.0751	海南	1.51265
山西	1.0951	新疆	1.52885
福建	1.1195	贵州	1.74785
重庆	1.1643	广西	1.78975

以上数据来自于《中国2010年人口普查资料》,中国统计出版社2012年版。

(三)老龄化趋势下的现实国情——未富先老

老龄化是许多现代国家都面临的问题,然而经济实力不同,老龄化带来的压力自然也不可同日而语。一些先期进入老龄化社会的国家,目前人均GDP一般都在2万美元以上。日本也是在人均GDP达到1万美元时进入老龄化社会的。也就是说,发达国家呈现出的是“先富后老”的态势。虽然老龄化必然会降低财富产出和拉高国家财税支出,但雄厚的经济基础可以为老龄化危机提供最基本的保障或至少为政府的宏观调控提供一个相当可观的缓冲时间,使得相关国家在面临社会老化等诸多问题时可以从容不迫。然而,中国进入老龄化时,人均GDP仅在3000美元左右,是典型的“未富先老”。

二、老龄化社会中的财税法分配危机：风险认知与理论反思

老龄化给中国社会的挑战将会超乎想象，尤其考验社会资源的智慧分配。由于经济实力不强，老龄化给中国社会所带来的财税压力汹涌而至后，原先积累的各种矛盾都可能会在捉襟见肘的财税格局中一触即发，不可能给政府从容应对的时间。

(一) 财税法是“财富分割的利器”

分配有史以来就是一个极为重要的命题，“定分”方可“止争”，每一次的制度变迁、政权更迭中都是分配矛盾的推波助澜。甚至可以说，人类的文明史就是一部浩荡的分配发展史。从原始的平均分配到最高理想的按需分配，人类社会每一次的进步便是对分配制度的又一次探索。在现代国家，分配关乎国计民生，影响经济、政治、法律等社会的各方面，分配机能的有效运转是国家、政府、组织、个人之间良性互动关系形成的基础。许多学者都讨论过分配的重要性问题。例如，大卫·李嘉图的《政治经济学及赋税原理》以分配论作为政治经济理论的核心；美国第一代经济学家约翰·贝茨·克拉克在其著作《财富的分配》中探讨了分配过程的静态原则。正如马丁·布朗芬布伦纳在其理论巨著《收入分配理论》中所称的，“有人把收入、财富和权利的分配看成是远比‘稀缺’或‘效率’更重要的经济问题”①。

在法律的视野中，所有的法律都意在解决分配的问题，无论是民法、刑法，还是经济法，都立足于权利义务的分配；无论是财富或收入的分配，还是相关资源、权力或利益的分配，都离不开法律的有效调整。对于社会财富的初级分配来说，中国《宪法》第 6 条第 2 款的规定，即“国家在社会主义初级阶段，坚持公有制为主体、多种所有制经济共同发展的基本经济制度，坚持按劳分配为主体、多种分配方式并存的分配制度”，便是对分配问题的基本论述。因此，在初级分配中，除了按劳分配以外，还采纳了资源、资本、技术、管理等多种分配的标尺。这在法律体系中也有具体的反映，比如《物权法》中的物权人收益、《公司法》中的企业利润分配、《证券法》中的股东利益保护、《破产法》中的破产财产的处理等都在不同程度上规范着分配。这类法律主要解决的是初级分配的问题。初级分配更多关注的是各类要素对财富的贡献值，强调投入与产出之间的比例关系，难免形

① ［美］马丁·布朗芬布伦纳：《收入分配理论》，方敏、李翱、刘振南等译，华夏出版社 2009 年版，第 12 页。

成贫富分化、社会结构失衡等诸多问题。财税法则专门解决国家参与国民收入分配和再分配的相关问题,以及公共经济中的资源分配和社会财富分配问题,波及面甚广,与各类主体均有关联。因此,在研究分配问题时,财税法始终是无法逾越的。[①] 通过税收制度的设计调节分配差距,采取财政转移支付、财政补贴等再分配方式修补初次分配形成的社会鸿沟,达到分配的正义,这正是财税法的特殊性所在。正因为如此,财税法作为"财富分割的利器",是典型的"分配法",[②] 在现代各国的分配体系中均处于主要地位。

(二)老龄化问题与财税法的分配风险

由于财税法在分配问题上承载了太多的关注,所有的分配难题都将毫无意外地投射在财税法的身上,未富先老的危机在可预见的未来必然转化成财税法的分配危局。

1. 老龄化人口结构造就财税分配体系的风险

老龄化使社会压力陡增。从人均角度看,人均负担的社会成本是提高的。根据联合国经济与社会事务部(UNDESA)2009年发布的报告,2009年中国的老年人口支持比(Old-age Support Ration)为9,而这个数据到2050年将变为3。[③] 也就是说,到2050年,每3个15—60岁的劳动力人口需要支撑一个65岁以上的老龄人口。这个数据相当于日本2009年的水平,但是考虑到中国庞大的人口基数,如此低的老年人口支持比会使中国的经济寸步难行。老龄化还会引发对社会资源的强烈需求,需要社会创造出足够多的财富。如前文所述,到2040年,中国占据人口比重30%的老龄人会使社会财富面临空前的分配压力,维持这样一个社会的运转,需要极为庞大的财政支撑,养老金、养老保险、养老机构、相关的社会福利设施等都会迅速膨胀,而这一点恰恰是中国社会当前相当薄弱的环节。2012年12月中国社科院世界社保研究中心发布的《中国养老金发展报告2012》显示,在32个统筹单位中(31个省加上新疆兵团),2010年有15个收不抵支,缺口达679亿元;2011年收不抵支的省份虽然减少到14个,但养老金收支缺口却高于2010年,达766.5亿元。养老金的基本支出来自于公共财政,而中国的养老金体系从现在看已经释放出危险的财政信号,未来的几年可能也很难阻止缺口的进一步扩大。另一方面,养老的其他压力仍在不断加码。到2040年,国家财税体系所面临的风险将是不可想象的,如果决策层不提前筹划,其未来将是非常残酷的。

---

① 参见张守文:《分配结构的财税法调整》,载《中国法学》2011年第5期。

② 参见梁建章、李建新:《中国人太多了吗?》,社会科学文献出版社2012年版,第63—64页。

③ 数据参见UNDESA官方网站,http://undesadspd.org/Ageing/DataonOlderPersons.aspx,2013年12月2日访问。

2. “未富”却“老”进一步放大了分配风险

老龄化对财税分配的影响类似于数学中最基本的蓄水问题，养老支出是排水管，而蓄水池中必须设定一个安全的水位，低于这个水位，财税体系就面临巨大的风险。因此，必须有相应的、足够维持安全水位的进水管，而这个进水管最根本的就是劳动力创造的财富。换句话说，只有国家具备足够的劳动力，才能创造充足的社会财富，国家财税体系才是安全的。我们不能只看到人口数量对资源的快速消耗，还要看到劳动力带来的财富。一方面，只有充足的劳动力参与劳动，才能创造出巨量的社会财富；另一方面，只有充足的劳动力参与社会财富创造，国家税收才有基本的征收来源，对于现代国家而言，其85%的财政收入才不至于沦为泡影。此外，劳动力的大量存在意味着消费的旺盛，这样才能从本质上拉动经济的快速发展。因此，劳动力是根本。

对于中国这样一个人口大国来说，谁也没想到有一天会面临劳动力短缺的问题。2009年多家媒体开始报道的“民工荒”最初并没有引起社会的震动，人们将其解释为2008年金融危机造成的暂时影响，是沿海部分城市的局部现象，不足为虑。然而，近年的情况表明，劳动力短缺并非局部性、暂时性的，而是愈演愈烈，不仅是长三角、珠三角告急，甚至江西、四川、湖南等劳动力输出大省也出现了用工荒。根据《国家人口发展战略研究·人口发展预测》课题组2007年发布的报告，中国15—64岁的劳动年龄人口2000年为8.6亿人，2016年将达到高峰10.1亿人，但之后劳动力人口会呈现出逐年下降的态势。

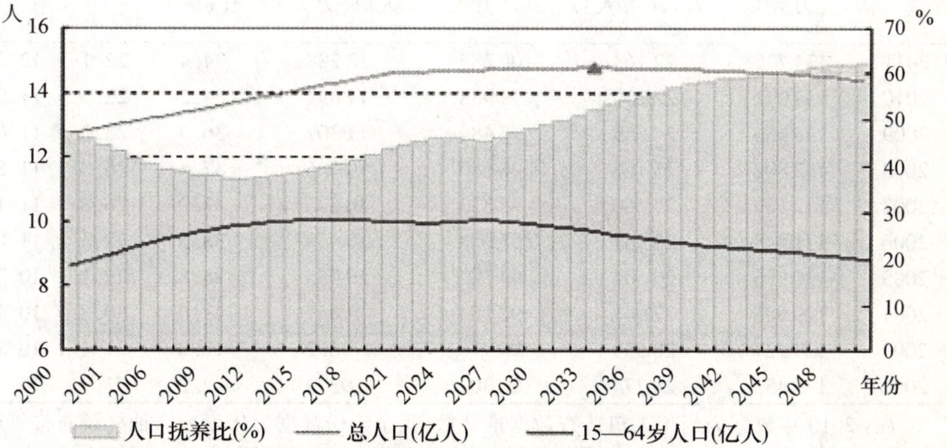

资料来源：《国家人口发展战略研究·人口发展预测》课题。①

① 参见《国家人口发展战略研究报告》，http://www.gov.cn/gzdt/2007-01/11/content_493677.htm，2013年12月2日访问。

上图显示出未来几年中国15—64岁的劳动力人口将呈现逐年下降的态势。按照著名人口学家顾宝昌教授的解释,中国劳动力队伍的变化将是一个三部曲:第一部是年轻劳动力的减少,第二部是劳动力队伍年龄结构的老化,第三部是劳动力整体数量的萎缩。这三部曲从现在开始,在今后20—30年中必然会在我们眼前一一呈现。中国劳动力的短缺将首先表现在新进入劳动力市场的年轻劳动力的减少,而这部分受到过最新教育、最富活力、最具有创造精神的人口的减少必然带来整个劳动力队伍的老化。随着年长的劳动人群陆续退出劳动力市场,劳动力队伍就将不仅是年龄结构老化,而且也进入数量上的萎缩,这是在从现在开始的今后几十年中在中国大地上必然会出现的劳动力变动的趋势。①

另一个需要考虑的数据是总扶养比,它是指非劳动年龄人口与劳动年龄人口(15—64岁)之比,包括儿童扶养比(0—14岁儿童与劳动人口之比)与老年扶养比(65岁以上老人与劳动人口之比)。其中,从财税分配的角度看,儿童扶养比是"投资",而老年扶养比是"负债"。生育率下降越快,儿童扶养比下降也越快,而儿童扶养比下降意味着儿童数量的减少,使得后续年轻劳动力不足,今后的老年扶养比上升也就越快。如日本,1960年的儿童扶养比和老年扶养比是47%、9%,经济朝气蓬勃,年增长率高达12%;到了2010年,儿童扶养比下降到21%,老年扶养比则上升到35%,经济已经持续低迷了十多年。②

年份	年末总人口(万人)	0—14岁人口(万人)	15—64岁人口(万人)	65岁及以上人口(万人)	总扶养比(%)	儿童扶养比(%)	老年扶养比(%)
2011	134 735	22 164	100 283	12 288	34.4	22.1	12.3
2010	134 091	22 259	99 938	11 894	34.2	22.3	11.9
2009	133 450	24 659	97 484	11 307	36.9	25.3	11.6
2008	132 802	25 166	96 680	10 956	37.4	26.0	11.3
2007	132 129	25 660	95 833	10 636	37.9	26.8	11.1
2006	131 448	25 961	95 068	10 419	38.3	27.3	11.0
2005	130 756	26 504	94 197	10 055	38.8	28.1	10.7
2004	129 988	27 947	92 184	9857	41.0	30.3	10.7
2003	129 227	28 559	90 976	9692	42.0	31.4	10.7
2002	128 453	28 774	90 302	9377	42.2	31.9	10.4

注:2010年数据为当年人口普查数据推算数,其余年份数据为年度人口抽样调查推算数据。总人口和按性别分人口中包括现役军人,按城乡分人口中现役军人计入城镇人口。

资料来源:国家统计局数据。

① 参见顾宝昌:《话说中国人口结构》,载《人口与计划生育》2013年第2期。

② 参见易富贤:《大国空巢》,中国发展出版社2013年版,第177—179页。

从以上数据中我们可以清晰地看到,从2002年到2011年,中国0—14岁儿童已经从28774万人下降到22164万人,而儿童抚养比也一路走低,已经达到22.1%。也就是说,一方面,现在的劳动力需求已经存在压力;另一方面,由于儿童数量的减少,未来劳动力的供给也呈现不足。从日本和欧洲各国看,从人口增长到经济增长有几十年的滞后期,但是劳动力减少与经济衰退却几乎同步发生。此外,劳动力成长需要20年左右的周期,儿童扶养比的下降也意味着将来劳动力结构的加速老化,20—39岁黄金劳动力供应不足,经济的衰退几乎无法避免。没有足够的劳动力,国家财富无法快速积累,消费不振,国家财税收入必然大幅减少。就如同蓄水池中的进水管堵塞一样,面对日益扩大的养老支出,社会财富只能日益枯竭,而枯竭的同时将伴随更为激烈的收支矛盾,矛盾的后果是财富的进一步萎缩,整个国家的财税体系会陷入恶性循环,后果难以设想。

由此,老龄化以及其中涵盖的劳动力不足、儿童扶养比下降等人口危机都会在最短的时间反映为国家财税风险,加大财税分配的难度。同时,风险逐步积累之时,也是社会结构、社会承受力日渐脆弱之时,稍有不慎,发端于财税领域的分配危机会使本已脆弱的社会产生极大的不满,继而从根本上影响社会的整体稳定和安全。

(三)老龄化背景下财税法的基本理论反思

1. 对分配正义的修正:财税法是研究分配正义之法

当代法治国家宪法中的平等原则已经延伸到各个法律领域,展现不同的瑰丽色彩。在财税法领域,公平原则也如同税法的灵魂,在国家运用税收手段干预经济社会生活的复杂运作中承托着精神的架构。从因税之名的英国《大宪章》,到被誉为“新社会的出生证书”的法国《人权宣言》中确认的规则——“赋税应在全体公民之间按其能力作平等的分摊”,公平原则在税法发展中一路势如破竹,如今已是现代税法公认的基本原则之一。在税法学的诸多经典论著中,都对公平原则进行了详尽的阐述。正如日本著名学者北野弘久所言,“认同公平税负原则是租税立法上一条最为重要的指导性原则,已成为人们的共识”①。一般认为,公平原则以纳税人的负担能力为基准,追求横向和纵向两种方向的公平。这一经典的论述将税收公平原则“从法律条文上的公平,转化为税收现实中的公平”②。然而,目前在公平原则的论述中很少提及时间因素。实际上,税法的公平不仅应该体现于此时此刻,还应该在必要时将时间轴向前后两个方向延伸,关

① 〔日〕北野弘久:《日本税法学原论》,郭美松、陈刚译,中国检察出版社2008年版,第87页。
② 徐孟洲主编:《税法学》,中国人民大学出版社2005年版,第37页。

注较长一段时期内税法的制定和实施是否存在不公平。也就是说,税法其实存在短期公平和长期公平的问题。所谓短期公平,如同英国著名经济学家、诺贝尔经济学奖得住詹姆斯·E.米德所言:“在任何一个时点上,都应该在社会的全体人民之间比较公平地分配社会的收入和财富。”①这也正是税收立法和税收改革的目的所在,即调整社会财富配置与促进分配正义。然而,从时间效应看,一个短期内看起来比较公平的税收可能存在长期的不公平。这种短期公平和长期公平之间有着哲学上的对立统一关系:一方面,对社会整体发展而言,有短期公平未必有长期公平,反之亦然;另一方面,长期公平是以短期公平作为基础和前提的,而短期公平的最终结果正是为了促进长期公平。所以,面对公平问题,测算的时间并非只有固定的一时一刻,而是一个变量,从这个角度看,财税法中的分配正义不仅要体现为当下的公平,还要考虑代际公平的问题。

2. 对创新价值的重视:鼓励创新应内化为财税法的追求目标

老龄化社会的一个重要的表征就是创新不足,日本在这个方面表现得特别典型,几乎所有的代表型企业,如索尼、任天堂、日立、东芝等都产生在日本进入老龄化之前,其创办人基本都已过世,日本企业也出现了非常严重的老化现象,整个社会创新力不足,创业欲望低下,充斥的是保守、迟钝和僵化。这可以说是深度老龄化社会一个代表型的符号,而日本的今天就类似于中国的未来。因此,从现在开始,我们就应该调整法律的价值取向,将鼓励创新、鼓励创业作为一个重要的方向长期坚持。财税法自然也不例外,可以将鼓励创新的精神融入财税法的所有税种之中,国家也应该从财政中拿出一定比例作为创新鼓励基金,对高科技企业进行直接的财政补贴。

三、老龄化分配危机下的财税法律应对之一:劳动力储蓄计划

分配问题离不开相关法律的调整,尤其离不开直接影响分配的财税法的有效调控。如前文所述,面对中国人口结构变化的总趋势,我们应该有足够清醒的认识。虽然严重的人口结构失衡可能会在20—30年后才会真正到来,但财税法的研究应该看到这种必然性,相应的财税法律制度也应具有一定的前瞻性。同时,劳动力的成长需要20—30年的周期,社会财富的积累也非一朝一夕之功,纳税人对于财税法的变动更需要慢慢去适应,激烈的急转弯式法律变革在正常的社会进程中绝对不是明智的选择。

① 〔英〕詹姆斯·E.米德:《效率、公平与产权》,施仁译,北京经济学院出版社1992年版,第12页。

（一）劳动力储蓄计划的基本设想

中国的人口结构已经面临失衡，尽管劳动力减少的问题目前并不特别突出，甚至被掩盖在失业问题的迷沼之下。必须指出的是，机器可以代替人生产，但是不能代替人消费，国家一定要有足够的消费人口，才能提供就业岗位，而失业增加并非仅是因为劳动力过剩，还包括消费不足，提供不了足够的就业机会。因此，人多未必是坏事，但是这个人多并不代表人口结构合理。国家理想的人口结构是什么？20—39 岁的黄金劳动人口占社会的比重是多少，决定了一个国家的经济活力。从长远角度看，我们应该把握时机，尽可能早地调整人口结构，减缓社会的老化节奏。

正如前文所述，未富先老之所以形成分配危机，便在于社会资本这个庞大的蓄水池面临进水量小于排水量的问题。这个数学命题还设置了很多限制条件，典型的就是生育率的降低以及与此相关的儿童扶养比的降低。所以，从这个角度来说，必须在这一轮劳动力的成长周期之前就开始设计，预防 30 年后劳动力的骤减。也就是说，养育儿童，培养未来的劳动力，是关系全局的社会问题。因此，当前调整人口结构的关键点在于推行劳动力储蓄计划。因为考虑到劳动力成长的周期一般在 20—30 年左右，所以这一计划应该具有长期性和稳定性的特征。

（二）劳动力储蓄计划的财税法理论支撑

劳动力储蓄计划以基本的家庭为单位，采取综合、多样、灵活的手段鼓励家庭养育劳动力，这其中当然也包括财税法律手段。财税法是大格局之法，理公共之财，而家庭是财税法的细胞组成，大格局廓清的前提是激活每个细胞，让家庭成为财税法意义上的活体、生命体。考虑到资源的紧缺、土地的有限以及对人口问题的惯性认识，全面放开生育在中国并不现实，但生育本身应该成为财税法理论中当然肯定的事项。也就是说，财税法不能无视家庭的生育成本和养育成本。

从税收公平原则的角度看，以财税法支撑劳动力储蓄计划是有充分理由的，将生育成本和养育成本纳入财税法的视野正是为了实现长期公平。理解这个问题需要厘清两点：

第一，对于生育和养育儿童的家庭，其承担的各项支出和损失包括：妇女生育所需要的各项支出，如医疗费和各项检查、生育费用；家庭为养育儿童所支付的生活费、医疗费、卫生费、教育费等；选择生育并养育儿童的妇女因此而放弃的就业收益、升职收益等。这些支出和损失的收益，传统上被认为是家庭的固有事项，与公共财政无涉。但是，这个观点很难经得起推敲。我们不妨运用一种常用的法律解释方法——归谬法来解释这个谬误。《逻辑学大辞典》对归谬法的解释是:通过从一个命题导出荒谬的结论而否定该命题的一种方法。按照这一思路,我们将上述命题假定为真,即家庭生育成本和养育成本与公共财政无关。将这个命题无限放大,则会发现,如果一定时期内,所有的家庭均不愿意再承担生育并养育儿童的支出,儿童在一定时期的出现率为零。如果这个时期放大为30年,则劳动力在30年后就会出现断供,社会产出将无限缩减,消费将陷于停滞,国家财政收入便无处获取。此时,还能说这不是个公共财政事项吗?所以,家庭的育儿成本并非无关公共财政,只不过在不同的形势下采取不同的法律手段而已。当需要控制人口数量时,家庭育儿成本不需要上升为财税法律支出;而在劳动力已经出现短缺迹象,生育率已经严重下降的情况下,这部分支出就应该显现其"公共"的特性,进入财税法律考虑的范畴。

第二,选择生养儿童的家庭为国家的经济持续发展培养未来的劳动力,形象地说,就是分担了社会资本蓄水池中进水管道的修建成本。对于没有生养儿童的家庭来说,并未参与其中,也没有因此承担相应的支出和遭受相应的损失,但是这部分人在进入老龄阶段后,依然会领取养老金,享受各种财政上给予的养老保障。换言之,这部分人同样会从社会资本的蓄水池中取水,这对于分担进水成本的家庭来说就是不公平的。也许很多人并不认同这个观点,因为他们认为自己之所以在年老后能够领取体面的退休津贴,享受完善的社会保障服务,是因为年轻时缴足了保险,存够了养老本钱,这种过于直观的认识其实并不理性。因为一方面,如同前文提到的,养老金存在巨大的缺口,而这并非中国独有的现象。确切地说,养老金的缺口已经成为全球性的问题。许多国家的养老金投资收益在金融危机冲击下大幅萎缩甚至亏损。如在次贷危机爆发的2007年,日本养老金亏损5.84万亿日元;欧洲私人养老基金在2008年缩水20%;美国最大的养老基金加州公务员退休基金在2009财年损失比高达23.4%,为79年来亏损幅度最高的一年。这自然更进一步加大了养老金的需求缺口。2010财年,欧洲养老金缺口高达1.9万亿欧元,其中英国养老金缺口为3790亿欧元。① 因此,当下的现实是养老金入不敷出,当前积累的养老金实质上已经发生了支出。也就是说,领取养老金变成了上一代人花下一代的钱。要保持养老金的充足性和连续性,最有效的途径莫过于保证并尽可能地扩大供给。进入老龄阶段的人口之所以能领取养老金,实质上应该归功于与其同时代的劳动人口对养老金的有效供给。另一方面,还要考虑通货膨胀的因素,物价在几十年后难免上涨。更为重要的是,由于老龄化的人口结构,有效劳动力不足,劳动力成本自然也会上升,服务的

① 参见张锐:《养老金的全球性缺口》,载《上海证券报》2011年11月14日。

价格会出现明显的上涨,比如与老年人密切相关的家政服务的价格,现在设想的体面的养老金30年后甚至都无法支付每月的保姆费用。

总之,社会上大多数人群的养老负担其实都会转移到公共财政之上,而公共财政之所以能维持在安全的"水位"上,根本上有赖于劳动力创造的社会财富,将这个因素的时间轴拉长,则有赖于每个家庭对社会总劳动力形成的成本进行分担,这才是税收公平原则的实质体现。

(三)劳动力储蓄计划纳入财税法体系的具体设想[①]

如上,劳动力储蓄计划是一项长期的、多种手段并用的综合计划,其中的财税法举措主要来自于对家庭培养劳动力成本的认可。具体可以采取如下方法:

1. 伴随个人所得税法的改革予以推进

中共十八届三中全会后,个人所得税法面临巨大的改革契机,即逐步建立综合与分类相结合的个人所得税制。要实行综合所得税制度,对已婚夫妇来说,以家庭为纳税单位相对更为合理,也就是夫妻合并申报纳税,相应的家庭生活成本也应该合并扣除。在可以扣除的家庭成本中,应该及时将生育和养育的成本纳入扣除范围,初始时可以扣除基本的产前检查费用、生育医疗费和养育儿童的社会平均支出,在条件成熟时可以适度增加扣除的额度,或者更为精确地实现其他必要费用的核算和扣除,如儿童大病医疗支出、儿童保健费用等。

---

① 对于劳动力储蓄计划,我们还是应该保留一个较为清醒的认识,即使结合了经济、法律、行政等各种手段,也不可对该计划的预计效果过于乐观。世界上其他国家的已有经验证明,生育率一旦下降到低点,便很难再反弹。日本政府早在20世纪90年代就重新修订了持续多年的人口政策,转而实施奖励生育的措施,如通过《父母休假法》以及"天使计划""新天使计划"等,意图提高国家的生育水平。但是,实践证明,日本试图提高生育水平的鼓励生育政策似乎并不成功,目前的生育率只有大约1.3的水平。韩国也有类似问题,1964年之后开展了大范围的计划生育活动,通过各种途径推广和鼓励人们采用避孕方法;同时,收入水平提高和家庭计划政策实施,使人口出生率快速下降,开启了韩国获得人口红利的"机会窗口"。韩国利用人口红利的机遇期创造了令人称羡的"汉江奇迹"。但是,生育率继续下降令韩国政府警醒,在1996年废除了控制人口的政策,并制定了《低出产高龄社会基本法》,开始鼓励国民生育,其中采取了多项措施,包括:政府面向月收入低于一定水平的新婚夫妇每年提供5万套保障性住房;为怀孕妇女提供相应的产前诊查费用;产妇可以享有90天的薪假期;子女6岁之前,女性可以有1年时间在家养育子女,期间每月可领取40万至50万韩元的底薪,并保留职位等。虽然政府鼓励生育的动机很明显,但遗憾的是,韩国目前的生育率也仅有1.22左右。由于低生育率和由此带来的老龄化程度日渐加深,韩国劳动年龄人口将会快速减少,国民退休金、健康保险、基本老龄退休金、长期疗养保险和健康保险等老年人相关支出将让韩国财政不堪重负。除了亚洲国家,欧美国家也普遍存在生育率低下且很难恢复的现实。反观中国,生育率只有1.18,甚至低于曾经号称世界上生育率最低的日本,即使采取各种手段肯定生育,也不能确保生育率出现较大反弹。不过,即使没有良好的预期,目前采取包括财税法手段在内的劳动力储蓄计划以支持家庭生育仍然有一定的积极效果,也有充分的必要性,否则生育率的继续下降将更让国家难以承受。

2. 通过立法实施专项的财政支出以降低家庭育儿成本

比如,增加公立幼儿园的建设,或者对私营幼儿园给予一定的财政补助,以降低普通家庭的经济负担;鼓励开展并推广已育妇女的职业再培训计划,支持灵活的就业形式,使普通家庭不再担心因为生育而失业的问题等。

在此方面,我们可以对别国的经验进行全面的考察,采取一些灵活有效的方式来降低家庭的育儿成本。以日本为例,政府为了应对老龄化危机,采取了很多鼓励生育的政策,如起始于20世纪90年代的“天使计划”和“新天使计划”。其中,“天使计划”与90年代推行的高龄者福利政策和残障者政策一起,被称作三项重要的国家福利政策。

虽然“天使计划”制定的目的是“构筑能够感受到育儿快乐的社会”,但实际上其“生育奖励对策”的特征更加鲜明。“天使计划”总体上包括7个项目:改善雇佣环境以使工作与育儿并存;提供多样化的保育服务;稳定母子保健医疗体制,使女性能够安心生育子女;改善住宅和生活环境;改善学校教育环境,充实校外活动与家庭教育;减轻育儿经济负担;改善育儿支援基础。以“天使计划”为依据,1995年,日本政府还制定了“紧急保育对策5年计划”,要求在该计划实施的5年时间里增加保育所接收低龄幼儿的人数,从45万人增至60万人;增加多功能保育所,从零起步,增至1500所;增加全日制保育服务机构,从2230所增至7000所;增加临时性保育服务机构,从450所增至3000所;增加地域性育儿支援中心,从236所增至3000所;增加放学后儿童俱乐部,从4529所增至9000所,为放学后儿童提供保教服务;增加婴幼儿健康支援日间服务福利机构,从30所增至500所。在“紧急保育对策5年计划”结束后,日本政府根据少子化社会现状继续制定新的国家政策,这就是所谓的“新天使计划”,即于1999年12月拟定的“关于应重点推进的少子化对策的具体实施计划”。该计划在原有的“天使计划”的基础上新增了21个工作项目。“新天使计划”实施两年后,日本政府又于2002年9月发表了《少子化对策+1——关于进一步充实少子化对策的提案》。该提案对迄今为止少子化对策的不足之处作了反省,首次从政府角度寻找实质性的问题解决框架,强调要“重新评价包括男性在内的工作方式”。作为推行“工作与育儿并存”的一个具体目标,为了改善2002年仅有0.33%的男性和64%的女性享有育儿休业权利的现状,该政策提出要保证10%的男性和80%的女性享有育儿休业权利。[①] 日本的“天使计划”和“新天使计划”都曾因为财政支持力度不够,并未收到令人满意的效果。比如,由于“天使计划”中由国库拨给地方辅助资金的政策缺乏法律依据,而且没有硬性规定地方政府有完

① 参见王欣:《日本育儿支援政策的推进及其启示》,载《幼儿教育·教育科学》2007年第1期。

成“紧急保育对策5年计划”的义务，因此该计划的目标完成率较低。到1999年止，日本政府实际只完成了“多功能保育所”“全日制保育服务机构”和“放学后儿童俱乐部”几项目标。

这些经验对中国具有一定的参考价值，比如尝试建立母子保育机构，开办公立的放学儿童托管机构，支持男性为家庭育儿所作的贡献，如在必要时提供一定的补贴。但是，正如日本在“天使计划”和“新天使计划”中遭遇的问题一样，如果确定好财政支持的相关育儿项目，就有必要在财税法上明确规定资金的来源与用途，使财税支持不至于成为“画饼充饥”。另外，这类促进项目多为地方性项目，既要充分考虑地方经济水平的差异，又要在法律上确定地方政府的具体义务。

四、老龄化分配危机下的财税法律应对之二：养老保险的路径选择

未富先老使得中国未来的社会发展和经济增长面临最严峻挑战，劳动力市场萎缩的同时，还将面临更高的工资增长压力，并需要大量的资金投入保险、养老金和医疗方面。从财税法的角度看，一方面，面临财税收入的减少与支出压力不断增加的矛盾；另一方面，财税法既要有利于提高经济效率，加快财富的创造和缩短财富积累的社会目的，又需要审慎衡量财税法律的安全性和社会可接受程度，坚持财税法的稳健主义原则，因为稍有不慎，在压力加大的社会结构下，极易引发大规模的财政危机甚至政治危机。所以，目前留给中国经济增长转型、社会保障体系建设等的斡旋时间非常急迫，无论是政策还是法律都需要未雨绸缪，既要充分认识到养老负担给财政的压力只能越来越大，困难只会越来越多，无从逃避，又要理智地从现在开始按计划地推行一系列的政策、法律，以缓和未来人口结构给社会带来的阵痛。

考虑养老支出，首先需要关注的自然是养老保险。目前，中国建立了由基本养老保险、企业补充养老保险、个人储蓄养老保险构成的多层次养老保险体系。

（一）当前税法对养老保险的基本规定

对于养老保险，税法中也有相应的规定。根据《企业所得税法实施条例》第35条的规定：“企业按照国务院有关主管部门或者省级人民政府规定的范围和标准为职工缴纳的基本养老保险费、基本医疗保险费、失业保险费、工伤保险费、生育保险费等基本社会保险费和住房公积金，准予扣除。企业为投资者或者职工支付的补充养老保险费、补充医疗保险费，在国务院财政、税务主管部门规定的范围和标准内，准予扣除。”第36条规定：“除企业按照国家有关规定为特殊

工种职工支付的人身安全保险费和国务院财政、税务主管部门规定可以扣除的其他商业保险费外,企业为投资者或者职工支付的商业保险费,不得扣除。”根据财政部、国家税务总局《关于补充养老保险费 补充医疗保险费有关企业所得税政策问题的通知》(财税[2009]27号),自2008年1月1日起,企业根据国家有关政策规定,为在本企业任职或者受雇的全体员工支付的补充养老保险费、补充医疗保险费,分别在不超过职工工资总额5%标准内的部分,在计算应纳税所得额时准予扣除;超过的部分,不予扣除。此外,根据国家税务总局《关于企业年金个人所得税征收管理有关问题的通知》(国税函[2009]694号),企业年金的个人缴费部分,不得在个人当月工资、薪金计算个人所得税时扣除。企业年金的企业缴费计入个人账户的部分(以下简称“企业缴费”)是个人因任职或受雇而取得的所得,属于个人所得税应税收入,在计入个人账户时,应视为个人一个月的工资、薪金(不与正常工资、薪金合并),不扣除任何费用,按照“工资、薪金所得”项目计算当期应纳个人所得税款,并由企业在缴费时代扣代缴。

也就是说,从税法的角度而言,当前对养老保险的基本态度是:对于基本养老保险,企业承担的部分和个人缴纳的部分均可以在所得税前扣除。对于补充养老保险(企业年金),个人缴费部分,不允许在计算个人所得税时扣除;企业缴费部分,在不超过职工工资总额5%标准内的部分,在计算应纳税所得额时准予扣除,超过的部分,不予扣除。对于个人储蓄型养老保险,由个人自愿投保,即以税后个人收入缴纳保费,自然没有任何税收优惠。

可以看出,中国税法在处理养老保险问题时,并没有给予特别的安排,而是采用最基本的思路,对于鼓励缴纳补充养老保险和个人储蓄养老保险意义不大。这或许是因为立法者、财税法学术界并未对养老问题给予过多的关注,对养老的财税压力也没有充分必要的认识。

(二)财税法律理论视野下的养老保险路径选择——EET个税递延型养老保险

当前的财税法律对于养老保险的设计明显过于简单,对于越来越靠近我们的深度老龄化阶段缺乏足够的重视,尤其是对基本养老保险已经出现巨大缺口的事实视而不见,非常令人担忧。按照发达国家的经验,在老龄化的社会趋势下,大力发展个人储蓄型养老保险是一种较为可行的办法。美国早在1974年就已经实施《雇员退休收入保障法》,健全职业养老金计划,1980年《国内税法》第401条推出养老储蓄延期征税政策;澳大利亚在1990年结束国民年金计划,推出《超级年金法》和个人账户养老金计划。在此期间,七十多个国家健全了养老储蓄的个人账户制度。

发展个人储蓄养老保险,从税法角度看,有不同的形式可以选择。安德鲁·迪诺提出,政府可以选择在养老金计划运营的三个阶段进行征税,即可以在养老金缴费储蓄阶段、投资积累阶段和待遇领取阶段,设计选择不同的税收政策。[①]我们可以用T(Taxed)表示征税,用E(Exempted)表示免税,如在第一、第二两个阶段征税,而在第三个阶段免税,则为TTE模式;如三个阶段免税,则为EEE模式。由此,养老金的税收模式共有八种:EEE、TEE、ETE、EET、ETT、TET、TTE、TTT。在这八种模式中,TTT是最为严格的,不利于养老保险的推广;而EEE税收优惠幅度最大,势必会造成税收损失,考虑到国家财政收入的压力,不宜采用;ETE只针对养老保险产生的投资收益征税,不仅征税成本难以控制,也会造成国家较大的税收损失;[②]TET则有重复征税的问题。[③] 剩余的四种模式即TEE、EET、ETT、TTE都是对本金征税,而且没有重复征税,其中尤以EET模式最为成熟,也就是我们所说的个税递延型养老保险。

所谓EET模式,即养老金缴费储蓄阶段和投资积累阶段均不交税,仅在领取养老金时缴纳个人所得税。EET模式的税收优惠程度要明显高于其他三种模式,其原因在于税收当期免征,可以鼓励纳税人购买储蓄型养老保险,而且个人所得税采用的是超额累进税率。EET模式下,参保人在退休后领取保险金时才需要缴纳税款,而此时参保人的收入应该比在职时要少得多,同时考虑到免征额的提高,实际上参保人在退休后领取保险金时会适用低得多的税率,税收负担大大减轻。EET虽然只是将纳税人税收负担推迟,但也实现了明显减轻纳税人负担的目的,具有很好的公平性,也非常容易为纳税人所接受。从国家财政收入的角度看,EET模式所产生的财政压力也要小于ETE模式和ETT模式。EET模式下,国家保留了对参保人退休后的递延税款进行补征的权力。伴随着人口老龄化的不断加剧以及个人商业养老保险的越发成熟,养老基金的基数规模不断扩大,国家在个税上的收入不但不会因为递延税款的增加而下降,反而可以继续维持良好的税收水平。[④]

正因为EET模式的个税递延型养老保险在降低纳税人负担、鼓励养老保险发展和缓解国家财政压力方面均存在一定的优势,所以成为各国普遍采用的做

---

① See Andrew Dilnot and Paul Johnson, Tax Expenditures: The Case of Occupational Pensions, Fiscal Studies, 2000, Vol. 14, No. 1, pp. 42—56.

② ETE模式在累积期对保险金的投资收益实施征税,一方面国家难以掌握准确的个人收益状况信息,另一方面在对收益进行个税管理时也是困难重重,所以其结果就是征收个人税的成本将是个天文数字。

③ 参见杨燕绥、闫俊、刘方涛:《中国延税型养老储蓄政策的路径选择》,载《武汉金融》2012年第8期。

④ 参见朱文君、王裕明、张宵临:《上海个税递延型养老保险的方案设计》,载《劳动保障世界》(理论版)2011年第5期。

法。在中国,养老保险发展的规模远远不能适应实际的需要,因此非常有必要适时地推出个税递延型养老保险的改革。实际上,“个税递延型”养老保险计划目前已经被纳入了国家决策的层面。早在2008年12月国务院颁布的《关于当前金融促进经济发展的若干意见》中,就提出了“研究对养老保险投保人给予延迟纳税等税收优惠”的课题。国务院又在2009年4月发布了《关于推进上海加快发展现代服务业和先进制造业 建设国际金融中心和国际航运中心的意见》,进一步强调了必须“鼓励个人购买商业养老保险”,同时财政部、税务总局、保监会等下属机关同上海市人保局等一并研究具体实施计划,在合适的时候展开递延型养老保险的试点工作。

五、老龄化分配危机下的财税法律应对之三:社区福利的财税法促进

社区福利的典型代表是日本的地域福利制度,中国大部分学者将日本的“地域福利”理解为“社区福利”或“地方主导型的契约化社会福利”。日本在20世纪70年代就已从政策上开始讨论“地域福利”的概念,而这一概念第一次在法律上出现则是《社会福利法》[①]的出台。20世纪90年代以后,日本政府陆续对《社会福利法》进行了修改,从法律层面完成了将行政措施权下放到地方自治体政府的任务,并赋予了市町村制订地区老年人医疗、保健计划和地区福利计划的义务。这标志着国家主导型行政“措施福利”模式向地方主导型契约化地区社会福利模式的转变,民间组织参与到地域福利服务中,福利服务的契约化及市场竞争机制被引入社会福利中。[②] 值得注意的是,如今,日本地域福利制度的主体呈现多元化特征,改变了过去仅由市町村(行政部门)或社会福利协议会来开展“地域福利”的传统方式,呈现出朝多元化主体方向发展的态势,由社会福利法人或财团法人等福利公社、生活协会、农业协会、福利NPO、志愿者组织、居民组织、福利企业等多元主体共同合作来开展地域福利。

日本的地域福利制度对中国而言是有一定借鉴意义的。中国相关的制度表现为社区福利,主要是国家或社会向弱势群体实施一定的物质救助,或者提供具有福利性的设施和服务,实施的主体单一,功能单一,效果也不明显。首先,目前社区开展的福利项目多为政府委托的福利项目(如低保等),往往是政府推进某项工程,社区就相应的开办某项服务,并没有真正重视社区成员的需求,这样很容易造成服务供给方与需求方的直接脱节,也难以发挥实效。其次,目前的社区

① 原名《社会福利事业法》,2000年更名为《社会福利法》。

② 参见于燕燕:《人口结构失衡与日本地域福利政策的发展》,载《城市发展研究》2013年第2期。

福利多停留在自主、互助等低层次上,无法满足愈来愈复杂的养老需求。再者,当前的社区福利还存在相对的孤立性,以社居委为指导单位进行划分,并没有实现资源的有效整合。

随着老龄人口的增多,对各种社区福利的需求也极大增加,如果单独依靠国家财政拨款进行项目建设,一方面,压力太大,不具备现实性;另一方面,很容易重复建设,从而造成资源的浪费。实践中,我们可以考虑充分利用社区自有的人力和物力,在现有的社区福利的基础上进一步发展和完善,并将不同社区的福利进行城市化地整合,并将其作为政府公共服务和社会福利的一种补充形式。

在社区福利的建设过程中,财税法可以发挥比较重要的作用。首先,可以选择一些基础性的工程作为财政转移项目,而在更多的社区福利建设中,应注意形成社区福利参与主体的多元化。我们可以通过税收优惠法律制度吸引市场主体参与社区福利的建设,对这类企业给予相应的所得税优惠,或者对销售社区福利相关产品的企业给予一定的流转税优惠;同时,对参与社区福利建设的民间组织、志愿者团体、各种生活协会等给予一定的财政补贴。另外,社区福利的发展应立足于城市化的统筹,政府应在社区福利建设中积极承担引导职能,对邻近的社区福利建设尽量做到互补和多样化。此外,考虑到未来老龄人口的增加,而中国社会普遍的“2+4”的家庭结构使很多人的家庭养老难以实现,将有更多的老年人依赖养老院进行养老,而养老院的设置可以考虑依托社区或社区的联合。这样,一方面,可以有效利用社区已经有的养老福利设施,减少养老成本;另一方面,也便于老龄人口的子女进行探视,沟通亲情,并照顾到老龄人口对自己已熟悉环境的偏好。由社区或社区联合建设的养老院的主体可以由市场提供,但国家在财税法角度应该给予一定的支持,如对其占用的城市土地免征土地类税收,对其拥有的自用车辆免征车船税,对其营业收入减免营业税,对企业所得减免所得税等,鼓励企业在社区开办价廉物美的养老机构。

六、结　　语

老龄化是一个现实并长期存在的问题,它带来的不仅是社会经济负担的日益沉重,亦会牵连相关的法律制度。作为上层建筑的法律制度体系,不可能对老龄化给社会带来的巨大变革熟视无睹,而处于分配前沿、关系亿万人民分配利益的财税法更是首当其冲。作为“财富分配的利器”,财税法回应的永远是最迫切的社会现实,在老龄化的社会趋势中,如何实现有效和公平的财富分配,如何将技巧融于制度,在解决分配难题的同时促进社会进步,并实现财税法自身的完善和提升,将是摆在全社会面前的重大课题。

第三编　市场秩序规制法律制度

论我国纵向垄断协议的法律规制原则

——条文解读、理论选择及路径优化

武　彬*

引　言

2013年,我国《反垄断法》经过五年蓄势,终于利剑出鞘,大作其芒！这一年,国家发改委开出的反垄断罚单超越过往五年之和,从"液晶面板案"到"茅台案""五粮液案",再到"奶粉案",罚款纪录屡遭刷新;这一年,人民法院关于反垄断诉讼的裁判如火如荼、万众瞩目,我国司法史上首例纵向垄断协议民事诉讼案——"锐邦诉强生案"终审宣判,"3Q垄断案"的战火也燃烧到最高人民法院。这一系列反垄断大事可谓开启了我国反垄断历史的新纪元,但与此同时,也暴露出《反垄断法》实施中的诸多问题与不足。其中之一,便是在对纵向垄断协议的规制上,反垄断执法机构与人民法院的规制理念与标准大相径庭。本文将对相关案件作对比分析,进而明确揭示出这一区别,并对我国《反垄断法》的相关条文规定进行分析,以求准确解读立法意图,进而促进执法、司法的标准统一。在

* 武彬,华东政法大学2013级经济法学博士研究生。

此基础上,本文将对《反垄断法》的规制理论和域外实践予以梳理分析,希冀能进一步探求中国纵向垄断协议规制的更优路径所在。

一、反垄断行政执法与司法在规制原则上相互抵牾

(一)"茅台案"①

2013年2月22日,贵州省物价局在其2013年第1号公告中指出:"2012年以来,贵州省茅台酒销售有限公司通过合同约定,对经销商向第三人销售茅台酒的最低价格进行限定,对低价销售茅台酒的行为给予处罚,达成并实施了茅台酒销售价格的纵向垄断协议,**违反了《反垄断法》第十四条规定,排除和限制了市场竞争,损害了消费者的利益**。贵州茅台酒销售有限公司的上述行为受到调查后,该公司积极配合调查,主动退还违法扣减的保证金,按照法律要求及时进行了深入整改。鉴于以上事实,对该公司依法处以2.47亿元的罚款。"

认定标准:该公告非常简短,"排除和限制了市场竞争,损害了消费者的利益"紧紧承接"违反了《反垄断法》第十四条规定"之后,不知二者是因果关系(即前者是后者的一种自然结果),还是并列关系?如果作第一种理解,则表明贵州省物价局在认定茅台公司限制最低转售价格行为时奉行的是"本身违法"原则②;如果作第二种理解,则表明贵州省物价局在认定时既要求经营者实施限制最低转售价格的行为,同时也要对该行为是否排除和限制了竞争以及损害了消费者权益进行评价。单纯从公告本身难以窥见其逻辑原理,但结合当时的各类报道,未见贵州省物价局对茅台公司行为的反竞争性进行过经济分析,故似乎作第一种理解更为妥当。事实上,这种理解也的确合乎实际,只不过在"本身违法"(即严格禁止)的前提下还允许个案的豁免存在。③

(二)"五粮液案"④

2013年2月22日,四川省发改委会作出《行政处罚决定书》(川发改价检处[2013]1号):"根据《中华人民共和国反垄断法》,本机关依法对你公司限定交易相对人向第三人转售白酒最低价格的行为进行了调查。2012年12月,你公

---

① 资料来源:http://money.163.com/13/0222/16/8OB59O0800252G50.html,2013年10月11日访问。

② 但不排除一般禁止下的豁免情形,只是本案中茅台公司主动配合调查,未提出豁免申请。

③ 具体依据参见下文在分析"五粮液案"时国家发改委许昆林的论述。

④ 资料来源:http://kuaixun.stcn.com/2013/0222/10297046.shtml,2013年10月11日访问。

司依据《五粮液营销督查处理通报(督字001号)》,对14家经销商'低价、跨区、跨渠道违规销售五粮液'的行为给予扣除违约金、扣除市场支持费用等处罚。本机关认为,你公司通过合同约定、价格管控、考核奖惩等方式,对经销商向第三人销售五粮液白酒的最低价格进行限定,对市场竞争秩序产生了不利影响,对消费者的合法权益造成了损害。本机关认定,你公司的上述行为违反了《中华人民共和国反垄断法》第十四条的规定。鉴于你公司能够积极配合调查,主动提供相关证据材料,并已正式发布公告停止并纠正,进行深入整改等情节。据此,本机关决定对你公司处以2012年度销售额百分之一的罚款二亿零二百万元。”

认定标准:四川省发改委对五粮液公司行为的违法性从对市场竞争、经济效率、消费者福利等方面造成的伤害作了分析,没有简单因其行为违反了《反垄断法》第14条即构成违法,所以有人认为这是“合理分析”原则在行政执法实践中的具体适用。事实上,并非如此,关于该处罚公告中执法机构的理念和态度,按照时任国家发改委价格监督检查与反垄断局局长许昆林的论述,实际上奉行的是“禁止+豁免”原则。① 只不过在执法过程中“注重对纵向价格垄断协议进行个案经济分析。根据案件具体情况,以调查取得的证据为基础,具体分析其对市场竞争产生的损害,对消费者福利的减损等,论证违法行为的性质、严重程度,这也是最后作出轻重程度不同处罚的主要考量因素”②。换言之,执法机构在处罚时对经营者行为反竞争效果的分析事实上不是对行为是否构成纵向垄断协议作的“定性”分析,而是用于对行为进行处罚时的“量刑”分析。

(三)“奶粉案”③

2013年8月7日,国家发改委对纵向垄断企业合生元、美赞臣、多美滋、雅培、富仕兰、恒天然6家企业共处以6.6873亿元罚单,这也是中国反垄断调查以来开出的最高金额罚单。其中,广州合生元违法行为严重,不能积极主动整改,被处以上一年销售额6%的罚款,计1.63亿元;美赞臣不能主动配合调查但能积极整改,处以一年销售额4%的罚款,计2.04亿元;多美滋、雅培、富仕兰、恒

---

① “今年以来,我们先后调查处理了茅台五粮液案和部分乳粉企业价格垄断案,这两起案件都属于纵向价格垄断协议,引起了社会各方面对于纵向垄断协议执法的关注。特别是,关于认定纵向垄断协议违法采取的原则、具体的执法态度以及能否适用宽大政策等,……我们结合几年来的执法实践,对纵向价格垄断协议的法律适用问题,形成了以下三点研究意见……我们执法机构研究问题,法律的规定应该是逻辑起点,我国对纵向垄断协议的法律原则就是‘禁止+豁免’,不一定非要贴上本身违法原则或者合理分析原则的标签。”参见《纵向价格垄断协议法律适用问题研究》,载《中国价格监督检查》2013年第11期。

② 同上。

③ 资料来源:http://china.huanqiu.com/hot/2013-08/4283995.html,2013年10月12日访问。

天然均处罚上一年销售额3%,金额分别为1.72亿元、0.77亿元、0.48亿元、0.04亿元。国家发改委称,对主动向反垄断执法机构报告达成垄断协议有关情况、提供重要证据,并积极主动整改的惠氏、贝因美、明治乳业免除处罚。

认定标准:未见公告内容,但是如前所述,国家发改委领导已经明确在“奶粉案”中的执法理论也是采用“禁止+豁免”的认定标准。

(四)“锐邦诉强生案”①

北京锐邦涌和科贸有限公司(以下简称“锐邦公司”)是被告强生(上海)医疗器材有限公司、强生(中国)医疗器材有限公司(以下合称“强生公司”)在北京地区缝合器及缝线产品销售业务的经销商,双方有着长达15年的合作。2008年7月1日,强生公司以锐邦公司在北京人民医院的竞标中,通过私自降低销售价格,获取非授权区域的缝线经销权为由,扣除锐邦公司保证金2万元,并取消其在北京阜外心血管病医院、北京整形医院的销售权。后强生公司停止向锐邦公司供货。2009年,强生公司不再与锐邦公司续约,锐邦公司遂向法院提起诉讼,认为强生公司在经销合同中约定转售价格限制条款以及依据该条款对锐邦公司进行处罚直至终止经销合同的行为,构成《反垄断法》第14条第2项之违法行为,要求判令强生公司赔偿锐邦公司经济损失1439.93万元。上海一中院一审判决驳回锐邦公司全部诉讼请求。二审中,上海高院认为,《反垄断法》第14条所规定的垄断协议应当以具有排除、限制竞争效果为构成要件。在对限制最低转售价格行为性质的分析判断中,应从相关市场竞争是否充分、被告市场地位是否强大、被告实施限制最低转售价格的动机、限制最低转售价格的竞争效果四个因素入手进行考量。最后,上海高院判决撤销一审判决,判令强生公司赔偿锐邦公司经济损失53万元。

认定标准:从判决结果上看,二审撤销了一审判决。但是,必须指出的是,在纵向垄断协议的认定这一个关键性问题上,二审判决与一审判决如出一辙,即均认为《反垄断法》第14条所规定的限制最低转售价格的垄断协议是以具有排除、限制竞争效果为构成要件的,也即《反垄断法》第14条第2项明确禁止的“限定向第三人转售商品的最低价格”行为本身并不当然违法,还需结合其他四个考量因素来具体评判该行为是否具有《反垄断法》第13条第2款规定的“排除、限制竞争”的效果,这些因素中最关键、最核心的还是“限制最低转售价格的

① 参见(2012)沪高民三(知)终字第63号民事判决书。

竞争效果”。[①] 依据个案情势对限制最低转售价格行为的竞争效果进行具体评析,进而判断该行为是否违反了《反垄断法》,这本身就是纵向垄断协议认定标准中的“合理分析”原则。[②]

(五) 小结

行政执法机构与司法机关对纵向垄断协议的认定未能有效衔接,出现了背离。(详见下表)

行政执法机构与司法机关在纵向垄断协议规制原则上的差异

部门	案例	规制原则
行政执法机构	“茅台案”	“禁止 + 豁免”原则
	“五粮液案”	
	“奶粉案”	
司法机关	“锐邦诉强生案”	合理分析原则

二、我国纵向垄断协议规制原则的立法目的探求

对于纵向垄断协议的法律规制,行政执法机构与司法机关所持的原则及标准上存在的冲突,理论上可以通过司法审查的形式得以正视和修正。然而,不无遗憾的是,所有遭受行政处罚的企业均未对行政执法机构的行政处罚申请行政复议或提起行政诉讼。[③]

---

① 法院提出的上述四个因素中,“相关市场竞争是否充分”“被告市场地位是否强大”属于分析评判“限制最低转售价格的竞争效果”的相关因素,而“被告实施限制最低转售价格的动机”这一主观因素需更多倚重于其他客观因素来考察。所以,四个考量因素中最主要的还是“限制最低转售价格的竞争效果”。

② 2014 年 4 月 10 日,审理“锐邦诉强生案”二审案件的承办人、审判长丁文联法官在华东政法大学组织的一次座谈会上表示,法院在“锐邦诉强生案”中采用的对纵向垄断协议的认定标准既不是美国的合理分析原则,也不是欧盟的“禁止 + 豁免”原则。“本身违法”原则是不符合现代经济学常识的;欧盟采用的“原则禁止 + 例外豁免”也是欠科学的,并没有确切的证据可以证明市场上大部分的转售价格维持是破坏竞争的。法官想采用合理分析原则,但这样会导致案件结果不确定且必将耗费大量的司法资源。考虑到中国是一个新兴市场国家,每天都有新的主体进入市场,所以法院对纵向垄断协议采用了较为宽容的态度,并在认定标准上试图走出一条更符合中国国情的、富有中国特色的第三条道路。笔者认为,虽然法官内心抱此动机,但是从裁判文书看,展现于外的逻辑思路沿用的仍是合理分析原则。

③ 这种执法效果在某种意义上似乎印证了行政执法机构认定标准的准确性及说服力。当然,也不排除在中国国情下,经营者畏于行政权力的强大和“报复”,而不敢表达异议,并主张正当权利。

(一) 规制原则上的冲突不利于反垄断法的实施

在反垄断法的实施过程中,行政执法机构与司法机关是两种独立却又紧密相连的重要力量,它们确保了市场自治与政府介入在保护和促进竞争这一联结点上的动态平衡。在对纵向垄断协议的规制上,行政执法机构与司法机关在认定原则上的这种断裂与差异,对反垄断法的实施和市场竞争的运行具有明显的负面影响:不仅无助于实现反纵向垄断协议上行政执法与司法的衔接配合,反而使得两种力量出现消解。

1. 司法力量是反垄断法实施中的重要一极

首先,对于因垄断行为受到损失或因违反反垄断法而发生争议的平等市场主体之间的纠纷,反垄断法允许向法院提起诉讼以寻求司法救济。对于这类因垄断行为引发的民事纠纷案件,司法的认定与裁判对于制止垄断行为,保护和促进市场公平竞争,维护消费者利益和社会公共利益具有重要意义。其次,对反垄断执法机构在市场执法中做出的各类具体行政行为,司法机关可以对进入行政诉讼的部分进行司法审查,以对行政执法机构的行为进行监督、维持和纠正,从而确保反垄断法的准确实施。最后,司法是解决反垄断纠纷的最后一个渠道,其输出的结果是结局性的,因此可对市场经营者产生明确的预期,从而更好引导其行为,避免采取排除和限制竞争的行为。

2. 行政执法机构是我国反垄断体制架构中的关键力量

由于我国反垄断立法“选择了较为原则性的立法模式”①,《反垄断法》只有57条,内容非常原则。理论上应当可以规制市场运行中出现的不利于促进竞争的各类垄断行为,但是从具体操作上难以为应对纷繁复杂的垄断和反竞争行为提供充分的制度供给。因此,《反垄断法》在某些领域甚至直接明文将是否构成垄断的认定权和判断权授权给反垄断执法机构。② 正如有学者所指出的,我国反垄断立法在借鉴和吸收欧盟、日本等反垄断法制度与经验之基础上,沿袭了立法前既有的权力格局和执法机制,进而创设了现行执法模式,这使得行政执法机构成为反垄断法实施的关键性力量。在这种反垄断行政执法模式下,需“通过反垄断执法机构出台相应的规则对反垄断法文本作先验性或经验性的规范解

---

① 时建中主编:《反垄断法——法典释评与学理探源》,中国人民大学出版社2008年版,第1页。

② 例如,《反垄断法》对横向垄断协议、纵向垄断协议和滥用市场支配地位的规定分别设置了“国务院反垄断执法机构认定的其他垄断协议”“国务院反垄断执法机构认定的其他垄断协议”“国务院反垄断执法机构认定的其他滥用市场支配地位的行为”的兜底条款。

释”,而这也“促使行政解释成为《反垄断法》适用的逻辑前提和工具选择”。[①]如果结合我国现状,不难发现这种对反垄断法实施高度依赖行政解释的描述并不夸张。[②]

3. 反垄断行政执法与司法必须形成《反垄断法》统领下的协同与合力

这种协同与合力并非意指司法机关对行政执法机构违规执法的视而不见抑或监督无力,司法机关有权也应当对行政执法在程序上、实体上进行合法性审查。但是,二者至少对《反垄断法》基本立法意图的理解不能出现根本分歧,至少在认定原则上是统一的。如果在这些基本问题上背道而驰,本应形成的反垄断合力,将演变为反垄断力量的消解,也无法使经营者建立确切的行为预期,不利于市场竞争的维护和反垄断的推进。二者只有在厘清《反垄断法》规范内涵的基础上,对相关执法理念和操作标准形成统一共识,方能更准确地适用法律。在反垄断法实施中,“最令人困惑的问题之一乃为如何确定行政机关和法院在规制法律的解释中的不同角色”[③],为了竞争的推进和市场效率的提高,这种困惑必须在具体的节点上被破除。

(二) 规制原则出现分歧的原因

在规制原则上出现分歧的原因主要在于对《反垄断法》第 13 条第 2 款[④]的理解。反垄断行政执法机构认为第 13 条第 2 款的规定,不过是对垄断协议概念的一般性说明,并非对执法中执法原则和举证责任配置的明确要求,所以在对个案评判时无须再结合第 13 条第 2 款的规定。从立法原意和文本理解上,对纵向垄断协议要综合第 14 条与第 15 条来理解,第 14 条对纵向垄断协议原则禁止,因此执法部门只需证明行为客观存在便可认定其具有反竞争效果的违法性,无

---

① 参见金善明:《反垄断行政解释的反思与完善》,http://www.privatelaw.com.cn/Web_P/N_Show/?PID=9382,2014 年 4 月 26 日访问。

② 当前,反垄断执法机构围绕《反垄断法》制定了大量的规范性文件,涵盖了程序与实体的方方面面,成为《反垄断法》理解与实施不可或缺的重要组成。比如,在价格垄断规制上,国家发改委出台了《反价格垄断规定》《反价格垄断行政执法程序规定》;在非价格垄断规制上,国家工商总局出台了《工商行政管理机关禁止垄断协议行为的规定》《工商行政管理机关禁止滥用市场支配地位行为的规定》《工商行政机关制止滥用行政权力排除、限制竞争行为的规定》《工商行政管理机关查处垄断协议、滥用市场支配地位案件程序规定》和《工商行政管理机关制止滥用行政权力排除、限制竞争行为程序规定》;在经营者集中规制上,商务部出台了《经营者集中申报办法》《经营者集中审查办法》《关于实施经营者集中资产或业务剥离的暂行规定》《关于评估经营者集中竞争影响的暂行规定》和《未依法申报经营者集中调查处理暂行办法》。

③ Cynthia R. Farina, Statutory Interpretation and the Balance of Power in the Administrative State, 89 Columbia Law Review 1989, No. 3:450—462.

④ 《反垄断法》第 13 条第 2 款规定:“本法所称垄断协议,是指排除、限制竞争的协议、决定或者其他协同行为。”

须再具体证明协议导致的反竞争效果;第 15 条规定了经营者的豁免的条件,这应该转由涉案企业对其行为具有合理性、正当性进行抗辩以求得到豁免。

与之相反,上海高院在“锐邦诉强生案”中认为,第 13 条对垄断协议的定义同样适用于第 14 条对纵向协议的规定。由于第 13 条第 2 款是对所有垄断协议构成要件的约束,所以在规制第 14 条第 2 项之最低转售价格时,除了要具有实施限制最低转售价格的行为外,还要证明该行为的确排除、限制了竞争。

从中可以发现,问题的关键在于:(1) 第 13 条第 2 款是否适用于第 14 条?如果不适用,则可直接按第 14 条的规定认定违法予以禁止,并允许经营者依第 15 条规定申请豁免;如果适用,则:(2) 第 13 条第 2 款对第 14 条的实施究竟会产生何种影响?以下将循此思维脉络展开分析。

(三) 对《反垄断法》法条的解读[①]

1. 第 13 条第 2 款是否适用于第 14 条

对该问题的答案,笔者认同上海高院的观点,即《反垄断法》第 13 条第 2 款是适用于第 14 条的。原因在于:

其一,第 13 条第 2 款在表述时运用的字词和概念是“本法所称……,是指……”,基于对“本法”的文理解释,对“垄断协议”的界定当然适用于整部《反垄断法》的范围,如果仅将其限定在第 13 条中,则缩限地解释了“本法”的外延。

其二,正如上海高院所指出的,《反垄断法》条文中有四处采用了“本法所称……,是指……”的句式表述,抛开第 13 条第 2 款不论,另外三处分别是第 12 条中“本法所称经营者,是指……”,第 12 条中“本法所称相关市场,是指……”,第 17 条中“本法所称市场支配地位,是指……”。这三处“本法所称”的“经营者”“相关市场”“市场支配地位”在《反垄断法》后面的相关条文中多次出现,但这些条文未对这些概念再作定义和解释,人们也未产生其他不同的理解。显然,此三处“本法所称”的“经营者”“相关市场”“市场支配地位”所作的概念界定适用于整个《反垄断法》。依据体系解释,相似的情况应作相似的处理,第 13 条第 2 款“本法所称垄断协议”当然也应适用于整个《反垄断法》,而第 14 条亦概莫能外。

---

① 时下,运用传统的规范分析法对法律条文进行解读似乎显得有点守旧与“土气”,因其不够“高大上”,学界推崇并力求用宏大高深的理论和某些“前瞻性”的分析方法进行研究。但是,笔者认为,我国纵向垄断协议的规制问题,属有法可依之范畴,《反垄断法》已有相关规定。这决定了我们在执法、司法与研究问题的过程中,必须回归法条、立足现实。“国外制度与执法实践对我国无疑具有某种借鉴意义,但不能作为研究问题的逻辑原点和前置条件”,“研究的基础需要向‘根部’回归,寻找无可置疑的立论支点”,这个“根部”与“立论支点”显然是也只能是我国《反垄断法》的条文规定。参见《纵向价格垄断协议法律适用问题研究》,载《中国价格监督检查》2013 年第 11 期。

2. 第13条第2款对第14条之约束效力分析

既然第13条第2款确实适用于第14条,那么它的约束效力究竟如何,到底能不能构成对第14条纵向垄断协议认定的一个有效且实质性的约束因素?对该问题的解答,取决于对第13条第2款"排除、限制竞争"的理解。"排除、限制竞争"本身在语义上是确定的,并无歧义。但是,如放到具体的垄断场景下,[①]就被评判行为所引发的不同层面的效果看,对"排除、限制竞争"的界定是存在差异的。

具体来说,就是某一涉嫌垄断的行为可能在某些方面具有显而易见的、直接的"排除、限制竞争"的效果(笔者称之为反竞争的"表面效应"),但是在另一些方面则可能不具有"排除、限制竞争"的效果,甚至会具有促进竞争的效果。由此,发生在不同层面上的对竞争的多元效果正负相抵后,其最终的综合效果(笔者称之为反竞争的"综合效应")便不必然是"排除、限制竞争",即综合效应与表面效应存在出现悖反的可能。至此,新的问题产生了:第13条第2款对"排除、限制竞争"应从何种层面上的效果来理解?是指反竞争的"表面效应"还是"综合效应"?

(1) 第一种理解进路:"排除、限制竞争"意指反竞争的"综合效应"

照此理解,由于并非所有的纵向垄断协议一定会产生最终的反竞争效果,那么《反垄断法》要对纵向垄断行为进行规制,必须对每一个案例根据其所处的具体情势、行为特征及后果,综合进行反竞争效果的评判分析,而不能一概而论。由此带来的后果,且不说执法成本等问题,光就《反垄断法》本身看,亦将产生重大问题:

其一,导致第14条关于转售价格维持的规定形同虚设。第14条尤其是前两项关于转售价格维持的规则是具体的,行为模式和后果非常明确,可操作性较强,执法成本较低,这应是本条规则的价值所在。然而,当将"排除、限制竞争"理解为反竞争的"综合效应"后,意味着对于第14条已明确的禁止行为也不能被直接认定,尚需综合考量其他因素以评判其是否具有违法性。于是,第14条规则中设置的法律后果将无从确定,规则本身的价值受到严重贬损,功能几近于零。因为我们同样可以依据《反垄断法》第3条[②]的规定,进行执法操作,而在此过程中因评判反竞争效果耗费的执法成本也不会高于第14条的适用成本。

其二,导致《反垄断法》法条间产生不可调和的逻辑冲突。《反垄断法》第

① 纵向垄断协议便为适例。

② 《反垄断法》第3条规定:"本法规定的垄断行为包括:(一) 经营者达成垄断协议;……"

15 条[①]明确提出了不适用于第 14 条的豁免情形,如果要将第 14 条前两项对纵向垄断协议的认定再套上一个实质性的枷锁,即针对每一个案例作反竞争效果的系统性评估,那么如何协调与第 15 条的关系?因为如果依据第 13 条第 2 款对每一个案件“排除、限制竞争”的效果进行“合理分析”,在反竞争“综合效应”为正时方能予以规制和禁止,而在反竞争综合效应为负时则无须进行规制,这样事实上根本不存在对经营者的行为进行豁免的问题,即第 15 条根本没有存在的必要和空间。于是,《反垄断法》条文间出现了不能调和的内在冲突。这说明,第一种理解进路是行不通的,即不能将“排除、限制竞争”限缩地理解为反竞争的“综合效应”。

(2) 第二种理解进路:“排除、限制竞争”意指反竞争的“表面效应”

其一,可使第 14 条的价值得到体现和保全。照此理解,第 14 条前两项规定的转售价格维持行为毫无疑问直接就表现为对品牌范围内经销商间价格竞争[②]的一种排除和限制。如此,则所有的纵向价格垄断协议当然地都违法了,因为它限制了经销商的定价自由,排挤了有效率的经销商,都要予以禁止。也就是说,附加了第 13 条第 2 款关于“排除、限制竞争”这一条件后,第 14 条关于纵向价格垄断协议的行为均属违法,均应禁止。

如果不考虑第 13 条第 2 款的附加条件,仅按第 14 条的规定:“禁止经营者与交易相对人达成下列垄断协议:(一) 固定向第三人转售商品的价格;(二) 限定向第三人转售商品的最低价格……”此时,对第 14 条关于纵向价格垄断协议的行为应该被全部认定为违法,应予禁止。如果将“排除、限制竞争”作第一种理解,第 13 条第 2 款的适用无关乎单独适用第 14 条的结果,并未对第 14 条产生实质的约束效力,仅具有形式上的适用性、约束性。

其二,与第 15 条相契合,可保全《反垄断法》的逻辑周密性。依第 14 条之规定,则应对所有的纵向垄断行为都要进行概括规制。但是,事实上,依据经济学原理,并非所有的纵向垄断行为都具有“破坏市场公平竞争,降低经济运行效率,损害消费者和社会公共利益”这种反竞争的“综合效应”,如果是概括禁止,难免对纵向垄断协议规制过严。于是,为缓解这一问题,立法上采用技术性手

① 《反垄断法》第 15 条规定:“经营者能够证明所达成的协议属于下列情形之一的,不适用本法第十三条、第十四条的规定:(一) 为改进技术、研究开发新产品的;(二) 为提高产品质量、降低成本、增进效率,统一产品规格、标准或者实行专业化分工的;(三) 为提高中小经营者经营效率,增强中小经营者竞争力的;(四) 为实现节约能源、保护环境、救灾救助等社会公共利益的;(五) 因经济不景气,为缓解销售量严重下降或者生产明显过剩的;(六) 为保障对外贸易和对外经济合作中的正当利益的;(七) 法律和国务院规定的其他情况。属于前款第一项至第五项情形,不适用本法第十三条、第十四条规定的,经营者还应当证明所达成的协议不会严重限制相关市场的竞争,并且能够使消费者分享由此产生的利益。”

② 事实上,可能并不仅仅拘限于该层面,下文将在论述纵向垄断协议的消极效果时详述。

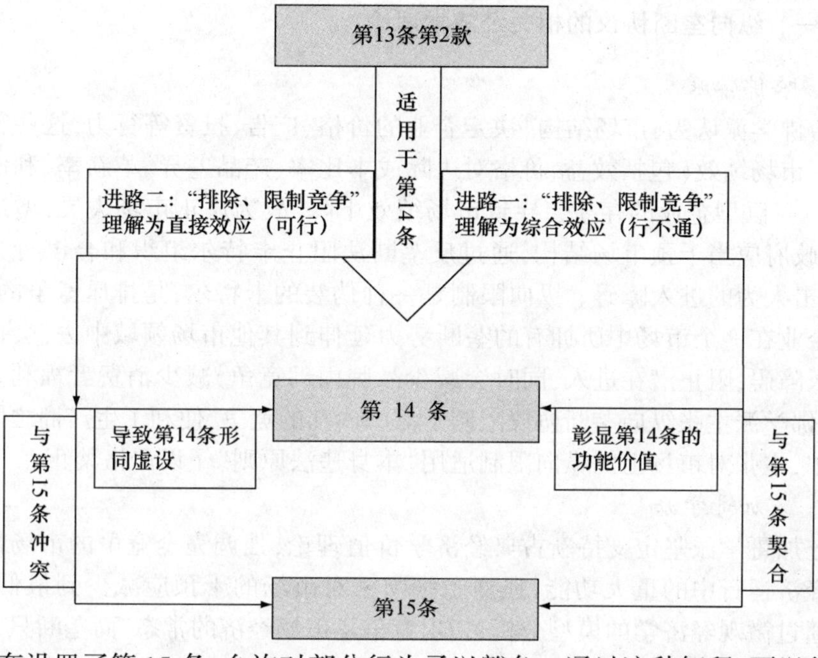

段，配套设置了第 15 条，允许对部分行为予以豁免。通过这种解释，可以很顺畅地实现法律体系的逻辑自洽。

由上可以推出，在我国《反垄断法》对纵向垄断协议的规制原则问题上，反垄断执法机构奉行的"禁止 + 豁免"原则方是正解。该解读过程颇为烦琐，反映出立法技术确实存在一定问题。

三、域外纵向垄断协议规制原则理论与实践的双重考察

经济学原理是反垄断法演进的重要催化剂。在反垄断法发展史上，经济学理论起到了相当大的推进作用。经济学分析方法引入反垄断法领域后，大大提高了反垄断法律规则的正当性、科学性和效益性。然而，理论总是在不断发展变化的，特别是在经济学领域，更是变动不居、演化频仍，新的模型不断建立，新的理论不断涌现，对同一问题的经济学认知也时有易辙。有学者指出："以最粗的线条来划分，我们看到了大约从 1950 年代起到 1980 年代止哈佛学派与芝加哥学派的对抗，也看到了近十年来所谓的后芝加哥学派对芝加哥学派的反动。"①

---

① 薛兆丰：《反垄断法的经济学基础》，载《北京大学学报》（哲学社会科学版）2008 年第 6 期。

(一) 纵向垄断协议的相关经济学理论

1. 哈佛学派

哈佛学派认为,市场结构[①]决定企业的价格、广告、投资等行为,这些行为又影响了市场绩效(包括效益、价格对边际成本比率、产品差异、革新率、利润和分配等)。[②] 巨型企业的存在会导致市场绩效下降,故为矫正市场失灵,增进市场绩效,政府应当干预市场结构,通过反垄断法阻止卡特尔组织和合谋行为的产生,打击人为的进入障碍。纵向限制是一种伪装的卡特尔,是排斥竞争的手段,会将企业在一个市场中所拥有的垄断势力延伸到其他市场领域中去,会提高市场进入障碍,阻止潜在进入,同时会减少品牌内部竞争,减少消费者福利。概言之,哈佛学派主张纵向垄断协议限制了品牌内部的竞争,便利了生产商之间形成卡特尔,主张对市场上的纵向限制适用"本身违法原则"予以严格禁止。

2. 芝加哥学派

芝加哥学派坚定支持新古典经济学价值理论,强调完全竞争的市场机制在调节经济运行中的重大功能,强烈主张国家对市场的干预应减少到最低限度。他们通过微观经济学的模型分析,指出竞争是市场经济的常态,而垄断只是暂时的现象,通过市场机制的自我调节,最终能够实现完全竞争的市场经济。[③] 他们认为,由于信息是完全的,企业不可能单独实施阻碍竞争对手的策略性行为,纵向限制也不会产生额外的垄断租金,不能使垄断势力从生产或销售的一个阶段延伸到另一个阶段。更为重要的是,实施纵向垄断协议的双方不是竞争对手,其目的也不是提高价格或限制产量,而是增加市场供应量,这普遍带有增加社会福利的效用。综上所述,芝加哥学派认为,纵向垄断协议通常可以提高企业效率,尤其是经销效率,因此原则上不应禁止,[④]对其规制应采用"合理分析原则"。

3. 后芝加哥学派

后芝加哥学派修正了芝加哥学派自由主义反垄断思想的缺陷,认为现实的市场是不完美的,或者说现实的市场很难满足新古典经济学关于完全竞争市场的定义。[⑤] 他们运用非合作博弈模型实现了对阻止进入定价、各种合谋与默契、

---

① 包括市场上销售者数目、产品差异程度、成本结构、与供应者的纵向一体化程度等。

② 参见田明君:《企业间纵向关系的经济分析及其对美国反垄断法的影响》,载《环球法律评论》2005 年第 5 期。

③ See Robert H. Bork, The Antitrust Paradox: A Policy at War with Itself, Basic Book Inc., 1978.

④ 参见任剑新:《美国反垄断思想的新发展——芝加哥学派与后芝加哥学派的比较》,载《环球法律评论》2004 年夏季号。

⑤ See Robert H. Lande, Beyond Chicago: Will Activist Antitrust Arise Again? 39 Antitrust Bulletin 1994.

广告、产品差异化、产品扩散、技术创新、设置进入壁垒等策略行为的动态分析，使人们对各种复杂交易现象的动机和效果的理解达到了新的高度。在纵向垄断协议领域，该学派承认不完全竞争可能在连续市场阶段存在，并运用"双阶段模型"来评估制造商与零售商的纵向行为。纵向限制正是为了弥合制造商和零售商独立决策产生的利益分歧而存在的。虽然对于实施纵向垄断协议的各方而言，这种限制可能会消除外部性，进而增加上下游协议方的共同利润，但却不一定符合偏好竞争的社会整体利益。纵向限制可能产生好的效果，如修正下游价格扭曲、优化投资规模以及消除可避免的交易成本等，但也可能带来坏的效果，如排挤新进入者、损害竞争者之间的品牌内或品牌间竞争。因此，需要根据市场条件的不同，具体权衡纵向垄断协议的正负效应。①

通过上述对几种不同经济学派的主张分析，可以看到，关于纵向垄断协议的不同经济理论一直处在发展演进中，都建立在不同的模型之上。虽然目前后芝加哥学派略占上风，但也缺少确切的实证支持。由于对纵向垄断协议的认知仍在深化，理论的争论与发展并未到此停止，故对各种理论之高下仍尚难盖棺定论。

（二）经济学上对纵向垄断协议的反竞争效果分析

纵向垄断协议不同于横向垄断协议，它在经济效率属性上具有明显的双重性，既有消极效果，也有积极效果，只不过在不同的市场情形下，其最终的反竞争综合效果有时为正，有时为负。综合各种经济学派的主张，这种双重效果具体表现为：

1. 消极效果方面

其一，削弱品牌内部的竞争。品牌内竞争是品牌间竞争的重要补充。特别是当品牌间竞争不充分时，品牌内竞争的保护就显得尤为重要。同一品牌的不同销售商间原本存在竞争，但纵向垄断协议强化了上下游某方当事人的市场力量，减少了该种竞争。例如，实行了转售价格维持之后，销售商只能遵守确定的价格，如此则瓦解了销售商之间的价格竞争。即便这种限制并非是生产商施加，而是来自于居优势地位的销售商，通常各销售商间亦会配合市场划分，产品无法从其他市场流入本地，由此品牌内部的竞争同样遭到削弱，这将减损消费者福利。

其二，可能构成市场进入障碍。纵向垄断协议一旦签订，则意味着一种非开

---

① 参见任剑新：《美国反垄断思想的新发展——芝加哥学派与后芝加哥学派的比较》，载《环球法律评论》2004年夏季号。

放的销售关系宣告建立,这种关系“通过提高准入障碍或扩张障碍,对其他供应商或购买商进行反竞争的排斥(foreclose)”[①],导致任何新的进入该市场的试图都遭遇阻挡,哪怕这种试图更具效率、更具竞争优势。

其三,可能推动形成价格卡特尔,减少品牌间的竞争。纵向垄断协议可能减少“供应商和其竞争者之间的竞争和/或促进其共谋,即通常所指的减少品牌间的竞争”[②]。以转售价格维持为例,在有价格限制的情况下,会大大增加供应商或销售商之间横向共谋成立卡特尔的概率。因为转售价格维持可提高商品价格的透明度,利于不同品牌的供应商进行价格协调,这相当于建立起一个价格卡特尔。“同业厂商若都限制经销商转售价格,用等级森严的‘分封制’控制好各级经销商的利润率,那么不仅经销商间的竞争无从谈起,也让处于竞争关系的厂商们得以撇开变化纷纭的终端价格,依托经销商掌握的其他厂商给其品牌产品转售价格划的‘红线’,‘你方唱罢我登场’地协同提高出厂价,再借助对经销商的控制,推高终端价格。”[③]此外,在存在卡特尔的情况下,转售价格维持也利于监督卡特尔成员遵从限价协议,因而可以使供应商间已经存在的价格卡特尔更稳固。

2. 积极效果方面

其一,利于提高销售商的积极性,有效缓解“搭便车”行为。“搭便车”之说最初是由 Bowman 在 1955 年提出的,后来由 Telser 加以改进。Telser 认为,上游事业之所以主动要求最低转售价格行为,乃是因为此举可以鼓励下游销售者从事商品展示、功能解说、使用方法说明、广告宣传、促销等活动,增加商品的总销售量,从而弥补因价格上涨所可能产生的损失。[④] 在市场上,提供了售前宣传等服务的销售商的成本相对较高,而没有提供宣传等服务的销售商一方面可以利用他人已经提供的服务,另一方面可以将省下的这些成本用于降低商品的价格,以较低价格吸引消费者向自己购买商品,扩大销量,这样就是“搭乘他人便车”。这种现象将导致尽心提供各种服务的销售商为了摆脱竞争劣势,转而减少因提供相关服务增加的运营成本,将会影响商品的总销售量。纵向垄断协议可以有效消除部分存在投机心理的销售商采取的“搭便车”行为。

其二,利于减少销售商的运营成本和风险,解决“套牢问题”(Hold-up Prob-

---

① See European Commission Guidelines on Vertical Restraints [2010] OJC 130, pp. 1—46. 另外,欧盟委员会关于纵向限制的这一指南还指出,这种准入上的障碍还会“造成市场一体化的障碍,尤其是限制消费者在其可能选择的任何成员国购买商品或服务的自由”。

② European Commission Guidelines on Vertical Restraints [2010] OJC 130.

③ 《关于〈反垄断法〉,你应该知道的》,载《东方早报》2013 年 8 月 27 日第 4 版。

④ 参见徐士英等:《竞争法新论》,北京大学出版社 2006 年版,第 57 页。

lem),促进市场进入。某些特定的投资只能用于特定的产品、品牌,且投资大,回收周期长,同时具有沉没性,此时投资者面临的风险较大,事先需进行风险评估。为提高投资者的投资积极性,需要通过不得竞争或数量强制、排他性销售、排他性供应或者排他性地划分消费者范围等纵向垄断协议来保障投资者的收益和降低风险,防止投资者被套牢。此外,若经营者间达成特定地域范围内的纵向垄断协议,将利于销售商的长期安排,避免为应付需求波动而大量储存货物,从而降低经营费用和风险。

其三,利于保证产品品质及提高售后服务,维护商誉。首次,经营者欲树立良好的品牌形象,需投入大量的金钱与时间成本来保证品质,扩大宣传,以使消费者建立对该品牌的内心评价。若不采用纵向垄断协议,则特定销售商将因其他人“搭便车”而缺乏塑造高端品牌形象的动力。维持转售价格等纵向垄断协议手段对经营者保持商品的质量和形成高品质形象具有重要意义。[①] 其次,纵向垄断协议可通过对销售商采用统一和质量标准化措施来创造品牌形象,增加对消费者的吸引力。最后,纵向垄断协议有助于解决“搭乘他人资质的便车(Certification Free-rider Issue)”问题。Howard Marvel 和 Stephen McCafferty 认为,经销商不仅是提供一系列具体服务的制造商代理人,还履行着消费者代理人的职能,负责确定和选择高质量的产品。[②] 由于高声誉经销商进货这一事实本身就是商品高品质的一种无言认证,所以部分销售商可能搭乘更高声誉竞争者提供的质量认证的便车。生产商为了将新产品(特别是消费者大宗购买的“经验”产品或复杂产品)引入市场,需要借助于以仅销售优质产品而享有盛誉的零售商,搭乘其资质上的便车。这就意味着有必要采用排他分销或选择性分销等纵向限制手段来解决这一问题。

(三)域外纵向垄断协议法律规制的借鉴

由于反垄断法引入了经济学的分析框架,所以各国或地区纵向垄断协议的法律规制也不同程度地受到了经济学理论发展的影响,同时基于纵向垄断协议对市场竞争所具有的不同效果,在对其进行法律规制时作出了不同的利弊权衡和价值选择。

1. 美国

(1) Dr. Miles 案(1911 年)[③]:该案首次对维持最低转售价格确认适用本身

---

① 茅台、五粮液的转售价格维持事实上也包含着打造和树立中国高端白酒品牌形象的目的。

② See Howard P. Marvel & Stephen McCafferty, Resale Price Maintenance and Quality Certification, Rand Journal of Economics, 1984, Vol. 15, No. 3, p. 346.

③ Dr. Miles Medical Co. v. John D. Park & Sons Co., 220 U. S. 373 (1911).

违法原则。原告 Dr. Miles 公司是一家药品生产商,通过与批发商及零售商签订合同,固定了所有产品的最低销售价格,并应用在其整个销售链条中。被告 John D. Park & Sons 公司是一家药品批发商,它为获得原告的商品引诱与原告达成协议的其他公司与自己交易,从而以低于原告固定的价格取得了这些药品。原告遂以被告恶意干涉其协议,并造成相应的损失为由,向法院提起诉讼,要求制止被告通过贿赂与欺诈的手段,诱使原告的销售代理及买方违反维持最低转售价格协议。法院驳回了原告提出的请求。随后,原告提出了上诉,第六巡回上诉法院维持原判。后联邦最高法院进行审理,决定维持原判。联邦最高法院认为,制造商将药品销售给经销商后仍对产品进行限制的行为,根据普通法来说是无效的。这种附加限制的契约违反了《谢尔曼法》第 1 条[①],应以本身违法原则进行界定和处罚。

然而,八年之后,美国联邦最高法院在"高露洁案"中又发展出一些例外情形,表明若供应商事先已经与销售商签订协议并约定了最低转售价格,那么供应商的行为并不违法。但是,若销售商未同意该协议,则销售商有权就价格作出变动,这就是所谓的"高露洁政策"。该案的判决帮助许多企业摆脱了垄断责任。但是,后来随着美国颁布《消费品价格法》,法院对转售价格维持又回到本身违法原则上来。

(2) Leegin 案(2007 年)[②]:该案是推翻本身违法原则,转而适用合理分析原则的里程碑式案例。Leegin 公司是一家皮制品生产企业,它实施的零售价格促销政策规定:"公司只向遵守其最低转售价格的销售商提供 Brighton 品牌产品。"PSKS 公司作为 Leegin 公司 Brighton 品牌产品的旗舰店经销商,违反最低转售价格维持协定,将 Brighton 品牌产品进行打折销售。Leegin 公司随即取消了 PSKS 公司旗舰店资格并拒绝向其继续供货。PSKS 公司提起诉讼,主张 Leegin 公司违反了反托拉斯法。地区法院依据 Dr. Miles 案判决认定 Leegin 公司行为本身违法。联邦第五上诉巡回法院维持了地区法院判决。Leegin 公司后上诉至最高法院。2007 年 6 月,美国最高法院判决 Leegin 公司的最低转售价格维持适用合理原则,并将该案发回重审。该案判决前,37 个州联合提交法庭之友意见,要求最高法院维持 Dr. Miles 案确立的规则。但是,九名大法官最终以内部富有争议的 5:4 的表决结果作出判决,并随即产生了极大的外部争议。实践中,美国各

① 《谢尔曼法》第 1 条规定:"任何限制州际或与外国之间的贸易或商业的协议,以托拉斯形式或其他形式联合或共谋都是非法的,任何人签订上述契约或从事上述联合或共谋,将构成重罪。"这些"契约、联合或共谋"不仅包括处于同一经济层次的同行业经营者之间订立的卡特尔协议,而且也包括处于不同经济层次的经营者之间从事的纵向垄断行为,控制维持转售价格为该条的应有之义。

② Leegin Creative Leather Products, Inc. v. PSKS Inc., 127 S. Ct. 2705 (2007).

州及其他国家并非完全支持其判决结果。美国近30个州未相应修改本州法律,而是继续严格禁止限制最低转售价格行为。

2. 欧盟

欧盟对纵向垄断协议的相关规定主要是《欧盟运行条约》第101条第1款(原《欧共体条约》第81条第1款)①的禁止性规定、第101条第3款(原《欧共体条约》第81条第3款)②的豁免规定,以及欧盟委员会先后发布的大量涉及纵向垄断协议的集体豁免条例。其中,2010年4月20日发布的是纵向协议集体豁免的第330号条例以及关于该条例适用的《纵向限制指南》。依据该条例及指南的相关规定,欧盟创设了安全港规则,对供应商和销售商的市场份额均未超过30%的纵向协议允许申请集体豁免,只要该纵向协议中不含有以限制竞争为目的的核心限制。需要指出的是,欧盟规定的核心限制涉及转售价格维持,含有核心限制的纵向协议将被推定为违反了《欧盟运行条约》第101条第1款,不能适用集体豁免,但是经营者仍可在个案中依据《欧盟运行条约》第101条第3款来证明协议的促进竞争效果。

同时,欧盟委员会的《纵向限制指南》对评价一项纵向限制提出了四个分析步骤:第一,应依据相关经营者出售和购买合同商品的相关市场分别确定供应商和购买商的市场份额;第二,如果供应商和购买商的相关市场份额均未超过30%的上限,且不含有核心限制和被排除的限制,则该纵向协议可以适用集体豁免;第三,如果供应商和/或购买商的相关市场份额超过了30%,则有必要评估该纵向协议是否违反了《欧盟运行条约》第101条第1款;第四,如果纵向协议违反了《欧盟运行条约》第101条第1款,则有必要评估其是否符合《欧盟运行条约》第101条第3款规定的豁免条件。③

3. 日本

日本反垄断法对于转售价格限制的规范,主要体现在日本公正交易委员会

① 《欧共体条约》第81条1款规定,所有可能影响成员国间的贸易,并以阻碍、限制或者扭曲共同市场内的竞争为目的或有此效果的企业间协议、企业协会的决议和一致行动,都被视为与共同市场不相容而被禁止,尤其是下列行为:(a) 直接或者间接地固定购买、销售价格,或其他交易条件;(b) 对生产、销售、技术开发和投资进行限制或控制;(c) 划分市场或者供应来源;(d) 对同等交易的其他贸易伙伴适用不同的条件,从而使其处于不利的竞争地位;(e) 使合同的缔结取决于贸易额外义务的接受,而无论是依其性质或按照商业惯例,该额外义务均与合同标的无关。

② 《欧共体条约》第81条第3款规定,下列协议、决定或一致行动,如果有利于改善产品的生产或销售,或有利于促进技术和经济进步,同时使消费者能公平分享由此产生的利益,并且(a)不对企业施加对这些目标之实现并非必不可少的限制;(b)不致使企业有可能在相关产品的重要部分消除竞争,则第1款的规定不适用:企业间的任何一项协议,或企业间任何种类的协议;企业协会的任何一项决议,或任何种类的决议;任何一项一致行动,或任何种类的一致行动。

③ See European Commission Guidelines on Vertical Restraints [2010] OJC 130.

颁布的《禁止私人垄断及确保公正交易法》[①]和《不公正的交易方法》[②]中。在日本实施《禁止私人垄断及确保公正交易法》时,对维持转售价格行为采取了全面禁止的态度。但是,1953 年修改该法时,新设了适用除外制度,就书籍以及其他公正交易委员会所指定的商品允许维持转售价格(依照法律规定,公正交易委员会指定的商品必须是被一般消费者日常使用的且存在自由竞争)。值得注意的是,转售价格维持行为虽然被一般禁止,但是如果存在法律上的"正当理由",并不违法。日本公正交易委员会在 1991 年 7 月颁布《关于流通、交易习惯的禁止垄断法指南》,指出企业按照市场的情况自主决定自己的销售价格,是企业的经济活动中最基本的事宜,借此能确保企业之间的竞争和消费者的选择,转售价格限制原则上作为不公正交易方法属于违法。

概言之,日本反垄断法确定了转售价格维持行为是一种"原则违法"的行为。其原因是,在大多数的情况下,转售价格的维持会削弱市场竞争,减少社会的福利。日本最高法院在 1975 年的 WAKODA 案[③]中的意见充分表达了这一立场。迄今为止,日本最高法院仍然不承认任何转售价格维持行为存在着"正当理由"的辩解,甚至明确指出,没有获得日本公正交易委员会的例外指定授权,就不可能存在"正当的理由"。法律的豁免一般限于以下两种情况:一是销售商品为日用消费品;二是该商品在市场上已有同类竞争商品存在。[④]

4. 我国台湾地区

我国台湾地区"公平交易法"第 18 条规定:"企业对于其交易相对人,就供给之商品转售于第三人或第三人再转售时,应容许其自由决定价格;有相反之约

① 《禁止私人垄断及确保公正交易法》第 2 条第 9 项规定:"本法所称'不公正的交易方法',是指符合下列规定之一,可能妨害公平竞争,且有公正交易委员会认定的行为:一、不公正地歧视其他企业的;二、以不公平的价格进行交易的;三、以引诱、强制的不正当方式,使竞争方的顾客与自己进行交易的;四、以不正当地限制对方企业活动为条件,而进行交易的;五、不正当地利用自己的交易地位,而与对方进行交易的;六、不正当地妨害与自己或自己是股东、干部的公司存在国内竞争关系的其他企业与其交易对方进行的交易,或者在该企业是公司时,以引诱、唆使或者强制的不正当方式,使该公司的股东或者干部做出有损于公司利益的行为。"

② 《不公正的交易方法》第 12 条规定:"向购入自己供给商品的相对方供给该商品时,无正当理由却附加下面各项所列限制条件之一的:一、自己规定相对方销售该商品的销售价格并使其维持该销售价格,或者其他限制相对方自由决定该商品销售价格的;二、自己规定购入相对方所销售该商品的企业人再销售该商品的销售价格,并通过相对方使该企业人维持该销售价格,或者其他通过相对方限制该企业人自由决定该商品销售价格的。"

③ WAKODA 是一个拥有不到 5% 市场份额的小公司,它声称为了提高市场地位而采取维持转售价格的措施是合法的,因为这种做法使它有可能在由几个大事业者所垄断的市场上进行竞争。但是,日本最高法院拒绝采纳其辩解之词。法院认为,法律规制转售价格维持的目的在于阻止限制竞争行为的发生,市场上的不利地位并不能使这种限制转售价格的行为合法化。即使维持转售价格确实有利于加强竞争对手之间的竞争,但也不必然产生与允许自由竞价同样的效果。

④ 参见徐士英:《日本反垄断法的理论与实践研究》,2006 年中南大学博士论文。

定者,其约定无效。”2012 年,台湾地区公平交易委员会认定祥美公司限制义美豆米奶产品最低转售价格违反“公平交易法”,处罚100 万新台币。

综合上述分析,可以发现这些国家和地区在对纵向垄断协议(包括转售价格维持在内)的法律规制上原则不同、规则各异,但这些国家和地区无疑都是当今世界上市场经济最为发达、竞争最为充分的国家和地区。这说明,对纵向垄断协议规制上的不同法律选择,似乎并未对市场的发展造成明显的良莠差别。换言之,并不存在普适性的规制原则和标准,各国应该作出符合本国国情的价值选择。

四、我国纵向垄断协议规制的理论选择

我国对纵向垄断协议的规制原则应选取何种经济学理论作为理论支撑,并在此基础上确立何种规制原则?通过上文关于经济学理论和各国规则的论述,笔者认为,在当前关于纵向垄断协议的相关经济学理论发展仍未臻完善的情况下,无论选取何种理论都是可行的,但当前首要之义在于规制原则或是标准的确定性,即消除行政执法机构与司法机关对法律理解的分歧。其次,规制原则的选取应尽量合乎国情,包括市场经济的发育程度、行政执法及司法的资源与现状等。按照这两条标准进行理论取舍,应当说我国反垄断法确立的“禁止 + 豁免”的原则较好地适应了本土实际。

(一) 规制原则的确定性优位于合理性

1. 相关经济学理论尚未定论

当经济学被引入反垄断法领域后,不仅为反垄断法提供了正当性的理由,也为反垄断法的发展指明了方向。反纵向垄断协议上的认定标准和规则,事实上取决于对纵向垄断协议反竞争效果的不同认知和态度。在早期反垄断法理论和实践中,认为纵向垄断协议会减弱品牌内部的竞争,对竞争产生消极效果,因而与横向垄断协议一样对其采取比较严厉的态度。随着理论研究的深入,经济学家发现,相较于横向垄断协议而言,纵向垄断协议对竞争的影响更加复杂,虽然它也具有反竞争的效果,但也存在促进竞争的积极效果。笔者同意将垄断的本质界定为一个经济学问题的观点,但要将经济学成功地应用于法律规则之中,其前提之一便是该经济学理论是成熟的,至少是阶段性的最新成果。

然而,成熟的经济学理论依据的获取却是相当不易的。正如有学者指出:“随着经济学对市场、产业组织和竞争过程的深入研究,经济学家仍然不能对过

去一百多年反垄断政策的所作所为,找到确凿的理论支持。”[①]在纵向限制领域,经济学家长期以来作了大量研究和论证,也收获了丰硕的成果,不断将研究推向深入,这些都为纵向垄断协议的法律规制提供了积极的有益的支持。但是,与横向限制的成熟经济分析理论不同,从客观上看,由于纵向垄断协议之于竞争存在着复杂的双重效果,而这种双重效果在不同的市场环境、市场结构、市场主体等具体场景下会出现不同答案,要提炼出一种概括性的、普遍适用的经济学理论确实难度极大。因此,迄今为止,尚未出现被一致认同的纵向垄断协议经济学理论的通说。从哈佛学派到芝加哥学派,再到后芝加哥学派,各个学派对纵向限制的研究虽然一直在前进,但一直在路上。不同理论都建立在一定的模型基础上,都有一定的前提和适用范围,而又存在不能克服的缺陷,以致对纵向限制的反竞争效果既未在理论上达成共识,也未寻求到足够的经验依据。“从世界各国和地区在纵向限制协议的规制上来看,很难说发展出了一个经济理论与反垄断立法、司法相契合的框架。”[②]

2. 不同法律规制原则未见优劣

如上所述,对纵向垄断协议的规制原则在很大程度上依赖于经济学原理的支持,但目前相关理论还未臻成熟,各有侧重。经济学理论的差异化加剧了法律规则在反纵向垄断协议领域的地方性色彩。纵观当今世界各国,除却“本身违法”原则因明显不适应经济学理论的发展已被抛弃外,“禁止+豁免”原则与“合理分析”原则目前在各国均有所采,而且事实证明法律规制原则的不同并未对相关国家的市场经济发展和竞争秩序的维护带来明显的效果差异。因此,“禁止+豁免”原则与“合理分析”原则,究竟孰优孰劣,尚难判断。

3. 我国目前的规制理论关键在于明确、统一

由于经济学理论的优劣以及法律规制原则的高下问题,目前是一个未解之题,笔者无力亦无意再去考量。但是,在这种语境下,我国反垄断法该何去何从?市场经济的发展和竞争秩序的守护要求法律规则应当明确;通过诉讼程序进入法院的相关矛盾纠纷需要法院依据法律规则来定分止争,且法院不能拒绝裁判;经营者在市场上作出商业判断和实施商业行为,需要有明确的法律规则以产生稳定的行为预期,否则将无所适从,而我国当前对纵向垄断协议的规则在行政执法机构与司法机关之间存在着背离与分歧。这些都表明,当前我国在对纵向垄断协议的法律规制上,最为关键的问题在于标准的确定、统一。笔者认为,当下

① 薛兆丰:《商业无边界——反垄断法的经济学革命》,法律出版社2008年版,第162页。

② Zelek, Stern, & Dunfee, A Rule of Reason Decision Model after Sylvania, 68 Calif. L. Rev. 13 (1980).

纵向垄断协议在经济理论上是悬而未决的，对复杂无定的经济理论的甄别和选择并非当前最为紧要之事，法律规制原则的厘定——而非最优化论证，当为头等大事。

（二）规制原则的选择需立足本土现实

诚如苏力在《法治及其本土资源》中所言，法治从来没有模式，只有在实践中创造模式。虽然如前所述，在对纵向垄断协议的规制原则进行理论选择时可以不用过分偏重于当前仍未成熟的经济学理论以及国外的具体规则，但我们也不是完全无的放矢、肆意而为，在此过程中还需要充分考虑并兼顾法治的本土资源，才能创造合乎自身实际的最优模式。笔者认为，以下几个因素应被纳入考量因素：

1. 市场经济的发展程度

市场经济是法治经济，表明了市场的发展需要法治的保障。对纵向垄断协议的规制目的在于维护和促进竞争，保证市场活力。任何一个国家对包括纵向垄断协议在内的垄断行为的立法态度，都不可罔顾和脱离其市场经济发展的实际状况。当前，我国仍是一个新兴市场国家，由于历史、体制、机制等多种因素，导致市场经济发展程度与国外发达国家相比仍不够高，新的主体在不断地涌入市场，纵向垄断协议大量存在并被广泛理解为属于商业模式范畴。市场经济的发展现状决定了当前我国在纵向垄断协议上更宜采用相对宽容的规制态度。

2. 反垄断行政执法环境与力量

政策选择基于对市场效率的价值追求及政策目的实现成本之权衡，法律的良善与否，需要在制定与实施中运用成本收益这一经济分析方法进行评估。具体来说，就是在确定我国纵向垄断协议的法律规制原则时，要考量法律实施的成本。在行政执法上，由于我国《反垄断法》颁布时间不久，仅有短短五六年，执法案例相对不多，导致我国行政执法机构的理论积淀有待加深，执法经验不够丰富；同时，反垄断法采行政执法主导型的实施体制，这要求庞大数量的专业执法队伍，但目前我国行政执法资源及人员力量明显不足。这种现状一定程度上与执法成本更高的合理分析原则不太吻合。

3. 司法环境

反垄断法的实施效果显然也与司法环境密切相关。从我国法官队伍的现状看，在知识结构上，普遍不具有运用经济分析方法进行研判的能力；在工作环境上，当前司法运行中法官背负着极为严重的“案多人少压力大”的负担，司法资源严重不足。因此，这种状况决定了我国在对纵向垄断协议的规制上很难采用经济分析技术要求高、司法成本高的合理分析原则。

(三)《反垄断法》关于纵向垄断协议相关规定的评析

依照上述标准对我国《反垄断法》关于纵向垄断协议的规制原则进行审视,可以发现,事实上,当前既有的“禁止+豁免”原则是较为符合我国国情的一种恰当选择,亦是一种较优选择。然而,虽然对纵向垄断协议的规制原则上立法值得肯定,但是由于立法技术不成熟,导致在具体的规则设计,包括文字表述上存在诸多问题。①

其一,条文序列及表述欠严谨。《反垄断法》整个第二章规定的是垄断协议,但垄断协议的概念却被放置于第13条关于横向垄断协议的规定中,作为该条的第2款,以至于产生了该款对垄断协议的界定是否能涵摄《反垄断法》其他条款的争议。基于本文的分析,第13条第2款关于垄断协议的概念应当适用于整部《反垄断法》,所以这一条款的序列位置在逻辑上并不严谨,属于明显的立法技术缺陷,可考虑将其独立成一条规定,并作为第二章的第1条。

其二,非价格垄断协议未直接涉及。《反垄断法》第14条对纵向垄断协议的规定有三款,其中前两款都是关于转售价格维持即价格垄断协议的规定,对非价格垄断协议却没有明确规定,仅设计了“国务院反垄断执法机构认定的其他垄断协议”这样一个兜底条款。或许可以理解为该兜底条款将非价格垄断协议囊括其中,但对非价格垄断协议不置一词,似乎对这一重要领域未予以足够重视。反观欧盟等地区和国家的规定,对非价格垄断协议的其他各种形式,如排他客户划分、选择性分销、排他供应、搭售等均作出了明显列举和规定。或许是虑及市场发展水平不同等因素,我国对非价格协议一概未予明确,完全通过国务院认定来概括,行政裁量权过于宽泛,给市场主体对非价格垄断协议行为的预期后果判断带来严重障碍。

其三,豁免条件的规则设计欠科学。从《反垄断法》第15条关于垄断协议的豁免情形的规定看,也存在立法缺陷。其一,五个“为……的”的表述,说明豁免的根据是从目的这一主观因素的角度,而非从行为的效果这一客观角度规定的,明显欠妥。在反垄断案件中,对垄断意图要件的一般要求很难满足,这使得那些小心并系统地销毁带有垄断意图文件的公司得到了保护,于是导致反垄断

---

① 《反垄断法》的法技术缺陷不一而足,并不仅仅体现在对纵向垄断协议的相关规定中。比如,有学者所谓的“反垄断双语”(其实就是歧义)太多亦是弊病之一。《反垄断法》第7条对国有企业的规定便为适例。通读第7条,感受到的是反垄断法对国有企业浓浓的“暧昧情感”,但却又难以解读出反垄断法对国有企业的除外适用,于是又引发了学者们的猜测与争议。

的结果充满了随意性。[①] 为了解决这一问题,欧盟竞争法上有"一致行动"(Concerted Practices) 这一与"协议""决议"并列的概念,其目的就是弱化对主观要素的认定,涵盖那些无法有效证明存在着协议的情况。按照欧洲法院的定义,一致行动是指企业间的一种合作形式,它尚未达到可以称为"订立了协议"的阶段,但却故意地以彼此间实际上的合作来代替竞争的风险。[②] 正如有学者指出的,豁免的标准应当是协议的积极效果大于消极效果,因此必须证明协议的确可以产生积极效果,而不仅仅有此目的,还得证明积极效果将大于消极效果。只要求当事人证明"目的",能否实现在所不问,豁免的范围就会太广,经营者很容易提出这种目的来规避法律。此外,如果仅仅证明"目的",无法确知积极效果将有多大,也就无法进行正效果比较。[③] 其二,我国《反垄断法》第 15 条第 1 款先是从限制竞争协议的具体目的上进行列举,然后在第 2 款要求经营者承担"证明所达成的协议不会严重限制相关市场的竞争,并且能够使消费者分享由此产生的利益"的举证责任,从协议的反竞争效果上作了一定的限制。从表面上看,这同德国一样,采用的是积极条件与消极条件相结合的豁免约束方式,但由于之前列举的协议都"共用"统一的消极条件,使得其面对具体的、不同的垄断协议时缺乏针对性。[④]

五、我国纵向垄断协议规制标准优化的一种可能

前文已述,我国反垄断法关于纵向垄断协议的规定在立法技术上存在一定缺憾,但采用的"禁止 + 豁免"的规制原则却不失为一种合乎国情的恰当选择。然而,这并不意味着已经不存在更优制度设计的空间。以下笔者欲在对已经存在的不同纵向垄断协议规制原则进行利弊分析的基础上,试图探寻一条进一步优化我国纵向垄断协议现有规制原则的可能路径。

(一) 不同纵向垄断协议法律规制原则的优缺点

1. 当然违法原则

当然违法原则的优点在于:其一,降低执法及司法成本并防范错判发生。只

① See Herbert Hovenkamp, Federal Antitrust Policy: The Law of Competition and Its Practice, 2nd ed., 1999, pp. 78—279.

② 参见唐斐:《转售价格维持的反垄断法规制》,西南政法大学 2008 年博士论文。

③ 参见许光耀:《〈反垄断法〉中垄断协议诸条款之评析》,载《法学杂志》2008 年第 1 期,第 20 页。

④ 参见彭美凤:《对我国反垄断法适用除外规定的讨论》,http://www.antimonopolylaw.org/article/default.asp? id = 4218,2013 年 10 月 7 日访问。

要经营者实施了纵向垄断协议行为,则行政执法机构和司法机关可以直接认定其违法,如此就通过最简单的方式、最低廉的执法成本、最小的错误判断几率,直接将纵向垄断协议予以禁止,使其对竞争的负面效果归零,最大化地保护了市场竞争,使"程序执法成本"与"实质错误成本"降至最低。这符合成本—效益原则。其二,增强市场预期。由于该原则实施之行为模式及后果十分确定,且不存在例外情形,故可以使市场主体对自己的行为后果具有更强的预见性。这种原则的引导与示范作用在一定程度上可以更好地预防破坏竞争行为的发生。

当然违法原则的缺点在于:这种苛刻的标准对竞争的保护是否真正符合反垄断法的目的——经济效率的提高及消费者福利的增进?因为它完全无视纵向垄断协议这种经济管理方式内在的正效果、正能量。由于这一无法克服的内在缺陷,当然违法原则已基本为各国所摒弃。

2. "禁止+豁免"原则

"禁止+豁免"原则的优点在于:通过"有罪推定"的形式对所有纵向垄断协议予以概括性禁止,但是由于部分类型、情形的纵向垄断协议可能不具有反竞争的综合效果,所以又允许经营者以"自证清白"的形式申请豁免。这种制度安排充分考虑到了纵向垄断协议的消极效果,也在一定程度上兼顾了部分积极效果,因为存在一定程度的豁免。

"禁止+豁免"原则的缺点在于:其一,对纵向垄断协议积极效果的保护仍然不够,其一在于豁免的情形有限,一些对竞争影响综合效果为正的情形未被纳入豁免范围;其二,经营者欲申请豁免需自证清白,将花费大量的举证成本,有时甚至难以举证,这对事实上符合豁免情形的经营者不利,无异于使他们蒙受了"不白之冤"。

3. 合理分析原则

合理分析原则的优点在于:它通过灵活的形式对经营者的行为一一进行分析与评判,从而对纵向垄断协议进行了更为精准的审查与打击,有效保证了对竞争影响综合效果为正的经营者的利益,减少了"误伤"的可能。

合理分析原则的缺点在于:其一,大大增加了执法与司法成本。合理原则的适用是非常复杂的,由于信息不对称,通过提取大量调查数据进行烦琐的经济学分析,判断纵向垄断协议的竞争效果究竟如何,对行政执法者、民事诉讼的原告以及司法者都是一件困难且成本高昂的事情。昂贵的执法成本将直接影响反垄断行政执法的可持续发展。[①] 此外,反垄断审查中,经营者也有配合义务,所以

① 为克服合理分析原则的这一弊端,美国联邦最高法院曾先后发布了三条原则以指导该原则的实践运用。

经营成本事实上也会增加。其二,合理分析原则语境下,行为后果的不确定性增强,可预期性变差。由于对纵向垄断协议"合理性"的分析都是建立在大量的有时并不精确的经济数据基础上,且运用的经济分析方法也充满着假设和适用局限,变量太多导致最终的评判结果往往难以预料,而不可预见性将对市场主体的经营带来不利影响。

(二)一种可能的优化进路:认定标准的二元化

结合当然违法原则、"禁止+豁免"原则与合理分析原则各自的优缺点,笔者试图就我国关于纵向垄断协议的规制原则,提出如下一条可能的优化路径:依据经营者的市场份额进行二元化的区分,采用"禁止+豁免"原则与合理原则相结合的模式。具体来说,就是对单独或者联合起来市场份额达到一定程度(比如30%以上)的经营者实施的行为,适用"禁止+豁免"原则,对市场份额较小而未达到一定程度(比如小于30%)者,适用合理分析原则。笔者提出此种二元化的区分规制原则的理由与依据在于:

1. 相较其他规制原则更具效益性及正当性

二元化的区分规制原则,相较于现有的规制原则,可以达至更为集约化、执法成本更低、识别更准确、认定更公允的效果。

其一,相较于合理分析原则,二元化区分原则可以大大降低执法成本。因为对于市场份额较大的经营者实行本身违法认定标准,需由经营者自我举证符合豁免条件,如此则有效降低了行政机关的执法成本。欧盟委员会通过对市场份额小于一定比例的纵向协议规定集体豁免条例,创设"安全港"的做法,"一方面提高了商业运行效率,另一方面减轻了主管机构的工作量,可以将有限的资源集中到重大问题上"①。

其二,相较于"禁止+豁免"原则,二元化区分原则可以更好地防止对市场份额较小、行为效果不具备反竞争性的经营者造成"误伤"。因为市场份额较小、不具市场影响力的中小企业事实上很难具有"窒息"竞争的能力,对其采用合理分析原则意味着执法机构需主动采集信息并承担举证责任,这无疑是加重了其负担,事实上等于放松了对该部分经营者的管制。

其三,单单以市场份额作为唯一的划分标准,可以使划分标准更为单一、明确。这样可最大限度地增强执法的操作性,进一步降低行政执法成本。

2. 市场份额是评判纵向垄断协议之竞争效果的关键性因素

大量实践表明,除非纵向垄断协议的行为人具有相当大的市场影响力,否则

① 解琳:《欧盟对纵向限制竞争协议的规制》,载《经济研究导刊》2010年第26期。

难以对竞争构成实质性损害。市场份额是决定和体现市场影响力的核心因素,通常市场份额越大,其市场力量越强,其所实施的行为对竞争造成负面影响的可能性也越大,所以应将对纵向垄断协议的审理重点集中在市场份额较大的经营者身上。

以纵向垄断协议中的转售价格维持为例,其造成竞争损害的前提在于生产商具有市场支配地位。Hovenkamp 就认为,满足下列条件时,控制转售价格会构成危害:(1) 转售价格的生产商必须形成对销售市场的垄断;(2) 实行转售价格维持的生产商比例较大。[①] 这从我国《反价格垄断规定》第 3 条"本规定所称价格垄断行为包括:具有市场支配地位的经营者使用价格手段,排除、限制竞争"便可见一斑。欧盟也认为:"对于多数纵向限制,只有当一个或多个贸易环节的竞争不充分的情形下,即在供应商环节或购买商环节或这两个环节同时存在一定程度的市场力量时,才会导致竞争问题。"[②]

正是由于经营者市场份额在认定纵向垄断协议过程中具有极其重要的意义,为增强行为后果的可预见性,不少国家在纵向垄断协议的豁免上直接对市场份额作出明确规定。例如,考虑到日益普遍发生的大型企业通过市场影响力损害竞争的情况,欧盟委员会设置了对市场份额未达到30%的经营者予以集体豁免的规定。日本则采市场份额与市场排名相结合的复合标准,对占有率不满10%且排名顺位在前四名以外事业者之间的排他交易协议,反垄断法不予评价。美国对纵向垄断协议的规制也特别关注经营者的市场份额问题。"在 GTE Sylvania 一案中,美国联邦最高法院之所以认可这个地域限制在推动产品销售和成本节约方面的经济效益以及在强化品牌竞争方面所产生的积极影响,一个重要前提是这个限制竞争所覆盖的市场范围不是很大,即 GTE Sylvania 是一个市场份额很小的电视机生产商。"[③]美国联邦最高法院在为合理原则的适用提供的指导原则中,有一点就是如果协议不是生产商以市场力量强加给销售商的,通常也不认为其是违法的。

对于评判纵向垄断协议的竞争效果有重要影响的市场份额之外的其他因素,如市场竞争充分程度、经营者的竞争优势、定价能力、品牌影响力、对经销商的控制力等,通常都可以通过市场份额体现出来。所以,为了使标准更为简单明了,对这些因素予以忽略。

---

① 参见李剑、唐斐:《转售价格维持的违法性与法律规制》,载《当代法学》2010 年第 6 期。

② European Commission Guidelines on Vertical Restraints [2010] OJC 130.

③ 参见王晓晔:《反垄断法》,法律出版社 2011 年版,第 147 页。

“百度诉360案”的竞争法思考：商业道德与自由竞争之界分

郑依彤*

2013年底，备受争议的百度诉360违反爬虫协议一案①在北京一中院拉开了序幕。爬虫协议的全称是“网络爬虫排除标准”（Robots Exclusion Protocol，也称“机器人协议”或“蜘蛛协议”，下文除引述外，统称为“爬虫协议”），其本质是网站和搜索引擎爬虫的沟通方式。网站通过爬虫协议列出了具体允许哪些网络搜索服务提供商可以抓取自己的页面（白名单），哪些网络搜索服务提供商不能抓取自己的页面（黑名单）。该案中，百度在自己的Robots文本中设置黑名单，不允许360爬虫进入，但360爬虫依然对“百度知道”“百度百科”等百度网站内容进行抓取。因此，百度认为360抓取、复制自己网站的内容构成不正当竞争，将360起诉至北京市第一中级人民法院，索赔1亿元。② 与此同时，360反诉百度的爬虫协议，认为百度此举的目的是保住其在搜索市场的垄断地位，向百度索赔4亿元，北京市高院也已正式受理此案。③

一、“百度诉360案”的第一重思考：从判决结果中的犹疑说起

这起被称为“中国搜索领域爬虫机器人竞争第一案”的案件，其富含的学术

---

* 郑依彤，华东政法大学2012级经济法学博士研究生。

① 即北京百度网讯科技有限公司、百度在线网络技术有限公司（简称“百度”）诉北京奇虎科技有限公司（简称“360”）一案。

② 参见敖祥菲：《3B大战起诉与反起诉：1亿元PK 4亿元》，http://www.cq.xinhuanet.com/2013-10/17/c_117753344.htm，2015年3月9日访问。

③ 参见王文敏：《互联网竞争中设置爬虫协议黑名单的定性——由“百度与360大战”引发的思考》，载《研究生法学》2014年第3期。

和实践意义令人对判决结果翘首。最终,该案于2014年8月7日宣判。然而,出人意料,宣判结果中出现了一种"犹疑"的表述,这种表述似乎对案件双方主张的是"各打五十大板"态度。截至目前,尚未有可供查询的判决书全文,但通过北京市第一中级人民法院的官方微博,可以看到其耐人寻味的"结案陈词":我院认为,被告奇虎公司的行为违反了《反不正当竞争法》相关规定,应赔偿原告百度公司经济损失及合理支出共计70万元(具体包括经济损失费50万元、网站建设费20万元①),同时驳回百度公司的其他诉讼请求。②

(一)解读判决书中的两种立场

针对这一判决结果,原被告给出了截然不同的解读:百度方面宣称奇虎360公司在该案件中需赔偿百度70万元;奇虎360方面则坚持最终审判结果是"最终判定360搜索可抓取百度内容",只字未提赔偿条款以及胜利与否。③

网络上的种种报道也加入了对这一结果的解读。以网易科技、新华网为代表的报道认为,④法院判决的重点在于,360的行为构成不正当竞争,并因此承担侵权赔偿结果。而以《福建日报》、中国新闻网为代表的报道则认为,⑤法院的判决重点在于捍卫开放、平等的互联网精神,并引用了法院在判决书中的陈述:"360已经多次向百度表示要求修改Robots协议,该主张是清晰明确的,而百度未能明确提出拒绝360的合理理由,故对《自律公约》签订之后,百度主张360构成不正当竞争的主张本院不予支持。"

(二)本文的观点

依据本案事实,争议焦点可以概括为两点:其一,百度的行为(设置爬虫协议,拒绝将数据提供给360)是否构成拒绝交易行为?其二,360的行为(违反爬虫协议,随意抓取百度网页内容,同时安插"后门",泄漏用户隐私数据)是否构成不正当竞争?虽然暂无法知晓判决书的具体分析逻辑,但笔者在下文中将尝试剖析。

① 参见娜拉:《百度诉360不正当竞争案宣判:360赔偿70万》,http://tech.sina.com.cn/i/2014-08-07/11409540730.shtml,2015年3月12日访问。

② 参见王林:《奇虎360、百度对簿公堂 案件宣判仍难辨真伪》,http://netsecurity.51cto.com/art/201408/447621.htm,2015年3月9日访问。

③ 同上。

④ 同上。

⑤ 参见童大焕:《评论:百度诉360案判决捍卫开放平等互联网精神》,http://www.chinanews.com/fz/2014/08-13/6488217.shtml,2015年3月9日访问。

1. 百度公司设置爬虫协议黑名单是否构成拒绝交易行为

我国《反垄断法》规定了三种垄断行为,①百度最有可能构成的是滥用市场支配地位行为②中的拒绝交易行为,即"没有正当理由,拒绝与交易相对人进行交易"。典型的例子如:上游企业拒绝向下游企业供货。拒绝交易现象在市场上并不少见且绝大多数情况下都合法,这是因为自由市场上一个最朴实的道理:企业有权决定是否交易以及和谁交易。然而,根据《反垄断法》的审查规则,当拒绝交易的行为同时满足三个特殊因素时,构成反垄断法意义上的"拒绝交易行为",即:经营者具有市场支配地位、拒绝交易会损害市场竞争以及拒绝交易没有合理的理由时。所以,判断百度是否构成反垄断法意义上的拒绝交易行为,需逐一考察以上因素。首先,百度虽然在搜索引擎服务市场长期占有超过1/2的市场份额,③符合市场支配地位的定义,但是在本案中,争议在于百度设置爬虫协议黑名单阻止360对其内容进行搜索是否构成垄断,因而二者竞争的关键在于互联网中文内容,相关市场应该是指互联网中文内容服务领域。④ 针对"互联网中文内容"这一异常庞大的市场,百度并未占据1/2的份额,因此并不形成市场的支配地位。其次,判断拒绝交易是否损害市场竞争,需要引入美国《谢尔曼法》中的"关键设施"理论(Essential Facility)。"关键设施"理论是指如果拒绝交易的独占企业控制了其他企业进入市场所必须使用的设施,即"关键设施",就会导致其他企业因无法使用该关键设施而无法进入该市场与之竞争。"此时,无正当理由拒绝交易的企业就可能因构筑进入市场壁垒而受到反垄断法的规制,被课以强制交易的义务。"⑤根据美国和欧洲的司法实践,反垄断诉讼的当

① 《反垄断法》第3条规定:"本法规定的垄断行为包括:(一)经营者达成垄断协议;(二)经营者滥用市场支配地位;(三)具有或者可能具有排除、限制竞争效果的经营者集中。"

② 《反垄断法》第17条第1款规定:"禁止具有市场支配地位的经营者从事下列滥用市场支配地位的行为:(一)以不公平的高价销售商品或者以不公平的低价购买商品;(二)没有正当理由,以低于成本的价格销售商品;(三)没有正当理由,拒绝与交易相对人进行交易;(四)没有正当理由,限定交易相对人只能与其进行交易或者只能与其指定的经营者进行交易;(五)没有正当理由搭售商品,或者在交易时附加其他不合理的交易条件;(六)没有正当理由,对条件相同的交易相对人在交易价格等交易条件上实行差别待遇;(七)国务院反垄断执法机构认定的其他滥用市场支配地位的行为。"

③ 参见《2014年搜索引擎市场份额总结》,http://www.cnbeta.com/articles/362169.htm,2015年3月9日访问。

④ 参见杨华权:《论爬虫协议对互联网竞争关系的影响》,载《知识产权》2014年第1期。

⑤ "关键设施"理论源自美国《谢尔曼法》。最早适用"关键设施"理论的案例,是1912年美国的United State v. Terminal Railroad Association of St. Louis一案。案件涉及一组铁路公司要使用同一座跨越密西西比河的大桥。有几个铁路公司买下了该大桥的控制权,并拒绝许可其他铁路公司使用该大桥。于是,美国就对拥有大桥控制权的38个公司或个人提起了反垄断诉讼。美国最高法院认为该大桥是连接圣·路易斯的唯一桥梁,因此构成了"关键设施",在合理的情况下其控权方必须允许所有的铁路公司使用。胡水晶:《知识产权人拒绝交易——新经济下知识产权领域反垄断的新课题》,载《电子知识产权》2005年第8期。

事人在要求适用"关键设施"原则时必须证明：第一,该设施对于其他企业参与竞争是必不可少的；第二,独占者控制了该"关键设施"；第三,竞争者不能在合理努力的范围内再复制同样的设施；第四,独占者拒绝竞争者利用该"关键设施"；第五,独占者提供该"关键设施"是可能的。[①] 依据以上标准,360 所抓取的属于百度的内容并非其必不可少的,也并非在合理范围内不可再造。360 之所以违反爬虫协议,并非因为无法获得"关键设施",而是因为这样可以减少大量时间、精力成本,以获取自身的竞争优势。但是,对于整个市场而言,恰恰是百度设置爬虫协议的做法,可以促使其他互联网主体摒弃不劳而获的想法,努力建立自身的数据库,从而塑造更广泛、完备的网络大数据库,这对市场无疑裨益更多。因此,本文认为百度的行为并不损害市场竞争。最后,当拒绝与交易相对人交易具有合理的理由时,将不构成反垄断法意义上的拒绝交易行为,这也被称为"合理原则"。美国的反垄断法在分析具体行为时,将"合理原则"作为其审查的最终标准,这也是三个审查标准中唯一的阻却型标准。占市场支配地位的企业可以进行抗辩,举证证明其拒绝交易的行为是为了其他合理的理由,便阻却了垄断行为的构成。"合理原则的产生将法院从刻板地解释《谢尔曼法》的桎梏中解放出来,它使法院认识到,反垄断法的根本目标在于维护与促进公平竞争,如果竞争并未被实质削弱,则行为不应受到惩罚。"[②]"毕竟,不管任何情况,让一个企业以自身的损失为代价而为其竞争者谋取利益是不合理的。"[③]可见,合理原则有一项重大的意义,即维护反垄断法对公平竞争的追求,它赋予法院在个案中的具体裁量权,对拒绝交易可能带来的对竞争秩序的妨碍与同时产生的对市场中投资和创新积极性的激发进行综合考虑与个案衡平。这是至关重要的,在下文中还将具体阐明。在这一部分,我们先行明确一点,即百度设置爬虫协议是出于对自身耗费大量人力、物力所建立的数据库的维护,同时也出于自身网络安全的考虑。这一理由可谓合理,也在许多既往案例中得到了许可,典型案例如淘宝诉中国雅虎一案。

综上,百度设置爬虫黑名单,防止 360 抓取其相关内容的做法并不构成反垄断。

2. 360 公司违反爬虫协议抓取数据,是否构成不正当竞争

从判决结果来看,法院判罚 360 赔偿百度公司 70 万元,并提到这 70 万元的数额中具体包括经济损失费 50 万元、网站建设费 20 万元。这一赔偿金额与百

① 参见胡水晶:《知识产权人拒绝交易——新经济下知识产权领域反垄断的新课题》,载《电子知识产权》2005 年第 8 期。

② 尚明:《对企业滥用市场支配地位的反垄断法规制》,法律出版社 2007 年版,第 173 页。

③ 王晓晔:《反垄断法》,法律出版社 2011 年版,第 212—215 页。

度公司在诉请中提出的1.002亿元的天价索偿额相较可谓有天壤之别。从中也可推得,法院的这一70万元的处罚仅为民事赔偿,并非构成不正当竞争赔偿。也就是说,法院认为360并未构成不正当竞争。

但是,法院对另一个类似案例却有着截然相反的判决结果。在2011年发生的"大众点评网诉爱帮网案"①中,大众点评网认为爱帮网违反了大众点评网设置的爬虫协议,从大众点评网中提取餐饮点评信息,因而将其告上法庭,事件的性质与"百度诉360案"极为相似。该案的判决书中这样写道:"大众点评网服务条款显示:未经大众点评网的明确书面许可,任何单位或个人不得以任何方式、任何文字作全部和局部复制、转载、引用和链接。否则本公司将追究其法律责任。大众点评网要求各搜索引擎遵循行业规范,即'拒绝Robots访问标准',否则将视为抓取行为,是对该网站财产权利和知识产权的侵犯,有权通过法律诉讼维护网站利益。"在这一案件中,法院认为爱帮网未付出劳动、未支出成本、未作出贡献,就直接利用技术手段将属于大众点评网的商户简介和用户点评直接在爱帮网上展示,并以此获取商业利益,属于反不正当竞争法理论中典型的"不劳而获"和"搭便车"②的行为。

同一个法院,对看起来极为相似的案件作出截然不同的判罚,笔者认为其中最重要的原因在于,在大众点评网与爱帮网之诉中,爱帮网没有将对特定行业网站信息的利用控制在合理的范围内。具体而言,爱帮网使用的许多商户简介和大众点评网完全一致,其用户点评和大众点评网也没有实质性区别,所以网络用户一般不会再选择点击大众点评网的链接标识。这样,爱帮网的商户简介和用户点评已经构成对大众点评网相应内容的实质性替代,因此不合理地损害了大众点评网的商业利益。在"百度诉360案"中,360虽然抓取了百度的中文搜索内容,但是鉴于搜索网站的性质,无法如前案一样证明360对百度的内容产生实质替代性。因此,法院对360违反爬虫协议行为的后果界定,仅是"侵犯了百度的数据库",而非构成"不正当竞争"。

二、"百度诉360案"的第二重思考:爬虫协议的性质界定

然而,法院若仅从替代性程度的"后果"角度给出判定,似乎并不周全。笔

---

① 参见北京市第一中级人民法院(2011)一中民终字第7512号民事判决书。

② "搭便车"的行为就是竞争对手或者其他市场主体为了自己的商业目的,利用他人的商业成就而未付出实质性的正当努力的行为。参见孔祥俊:《商标法与不正当竞争法——原理和判例》,法律出版社2009年版,第678—698页。

者认为,要回答"违反爬虫协议是否构成不正当竞争"这个问题,还要从行为的"性质"角度出发,首先要回答另一个关键问题:爬虫协议的性质是什么?因为在本案中,双方对360违反该协议的事实并无太大争议,主要争议就在于双方对此协议的性质认定不同。

根据互联网公认的原则,网站搜索引擎被视为开放区域,可以自动访问并抓取其中收录的信息,除非网站所有者在网站页面上加注拒绝收录的标记或采取禁止收录的技术手段。① 从技术上解释,爬虫协议就是这样一种"拒绝收录的标记",它是指网站所有者在网站上放一个名为robots.txt的文件,文件中说明本网站上的哪一些目录、哪一些网页是不想让人搜索的,或者是不想让哪一些"机器人"搜索的,就好比一个"请勿打扰"标牌。② 从法律上解释,爬虫协议类似一种被普遍接受的事实标准。但是,正如它的创始人马丁·科斯特(Martijn Koster)声明的那样,"该协议既不是一个强制性标准,也没有任何强制执行力",更从未被引入法律法规中,其权利基础一方面来自互联网公司对自身产品的著作权,③ 另一方面则来自行业间的明确约定。

但是,如果刨根问底,爬虫协议的性质究竟是什么(行业规则、商业习惯或其他),是否一定要遵守?对此并无一个肯定性的回答。例如,360公司就辩驳认为,robots.txt仅仅是指导和提示搜索引擎蜘蛛程序"善意的提示性TXT文件",既不是法规或标准,也不是合约,因而不存在违反与不违反的问题。④

所以,我们试图解决几个问题:爬虫协议是否的确是一种全行业默认的惯例与规则?司法实践中是否认可这一惯例与规则?如何认定违反的后果?

(一) 爬虫协议:一种行业惯例和商业规则

爬虫协议的性质与它的起源息息相关。根据网络公开资料,爬虫协议最早由马丁·科斯特于1994年提出,初衷是防止网络拥堵。它的出现首先获得了大部分业内人士的认可,随后逐渐被广泛应用。搜索引擎如最早的Altavista、Infoseek、Yahoo以及后来的Google等,都遵守这一协议。也就是说,它在世界范围内被广泛认可和适用已经超过20年。在中国,爬虫协议被广泛接受的标志是在2012年11月1日,由中国互联网协会牵头,包括百度公司和360公司在内

---

① 参见杨华权、曲三强:《论爬虫协议的法律性质》,载《法律适用》2013年第4期。

② 参见姜旭:《"3B大战"凸显搜索行业规则意识缺失》,载《中国知识产权报》2012年11月9日第009版。

③ 例如,百度公司对其旗下的"百度知道""百度百科"等产品页面设计本身具有著作权,"百度百科"的很多词条获得其他机构的版权授权,未经许可不得复制。

④ 参见杨华权、曲三强:《论爬虫协议的法律性质》,载《法律适用》2013年第4期。

的国内12家搜索引擎公司签署了《互联网搜索引擎服务自律公约》。该公约第7条明确规定,搜索引擎企业要遵循国际通行的行业惯例与商业规则,遵守Robots协议。可见,爬虫协议是一种被广泛认知和接受的技术规则,因此属于行业惯例或商业规则。但是,其中有一个需要注意的问题,即作为行业惯例的爬虫协议与具体的robots.txt并非同一概念,前者是一种规范和逻辑,后者则是这一规范中的具体文本语言。或者说,网站是通过robots.txt文本文件实现爬虫协议,爬虫协议确定了robots.txt需要遵循的原则。① 因此,在司法过程中,不能因为有robots.txt就认为是爬虫协议,而应首先明确案件中的robots.txt是否符合作为行业惯例的爬虫协议应遵循的原则,包括:(1) 基于安全与隐私的原因而建立;(2) 搜索技术应服务于人类,尊重信息提供者的意愿,并维护其隐私权;(3) 网站有义务保护其使用者的个人信息和隐私权不被侵犯。② 只有符合上述原则的robots.txt语言所组成的爬虫协议,才被认为是一种被广泛认知和接受的行业惯例和商业规则。

那么,行业惯例和商业规则在司法中的地位如何?在我国,法的正式渊源主要是制定法,而在法无明文规定之处,法官可以依据法律漏洞补充方法创设规则。在一系列补充方法中,"依惯例补充"是最首要的方法。依惯例包括依交易惯例、行业惯例和地方惯例,这在世界各国的法律中都有迹可循。③ 我国对于习惯是否具有法律效力虽然没有一个具有宏观指导性的条文予以规范,但在部分民事立法条文、法律解释中,针对某些具体问题作了允许法官适用惯例(习惯)的零星规定。④ 具体到反不正当竞争法领域,《保护工业产权巴黎公约》第10条第2款就规定,凡在工商业活动中违反诚实的习惯做法的竞争行为,构成不正当竞争行为。在对该条款的权威解释中,在认定某一行为是否构成不正当竞争时,不限于请求保护的该成员国所存在的诚实的习惯做法,还必须考虑国际贸易中

---

① 参见杨华权:《爬虫协议对互联网竞争关系的影响》,载《知识产权》2014年第1期。

② 同上。

③ 例如,瑞士《民法典》第1条规定:本法未规定者,审判官依习惯法;无习惯法者,依自居于立法者地位时,所应行制定之法规,裁判之。我国台湾地区"民法"第1条规定:民事法律所未规定者依习惯;无习惯者,依法理。日本《法例》第2条规定:不违反公共秩序及善良风俗的习惯,限于依法令规定被认许者或有关法令中无规定的事项,与法律有同一效力。日本《裁判事务须知》第3条规定:民事之裁判,有成文法者依成文法;无成文法者,依习惯;无习惯者,应推考条理裁判之。

④ 例如,《宪法》第4条第4款规定:"各民族都有使用和发展自己的语言文字的自由,都有保持或者改革自己的风俗习惯的自由。"《物权法》第85条规定:"法律、法规对处理相邻关系有规定的,依照其规定;法律、法规没有规定的,可以按照当地习惯。"《合同法》第61条规定:"合同生效后,当事人就质量、价款或者报酬、履行地点等内容没有约定或者约定不明确的,可以协议补充;不能达成补充协议的,按照合同有关条款或者交易习惯确定。"

形成的诚实的习惯做法。[①] 也有学者指出,不管是国际通用的技术标准或行业惯例,还是自愿性的规范或基于商业道德和行业惯例的自律规则,都应当得到法律的支持。可见,行业惯例和商业规则因其通常扎根于现实需要,且已然具备信赖基础,在行业中已得到经常的遵循,从而使人有理由期望它在有争议的交易中也得到遵守。[②] 因此,行业惯例和商业规则理应是法律的有效补充,并获得司法的认可。

但是,行业惯例和商业规则通常无法对应具体的法律条款,所以在司法实践中会面临法律适用上的空白尴尬。以爬虫协议为例,无论是设置爬虫名单的行为还是违反爬虫协议的行为,都无法对应现有的不正当竞争行为类别。从我国的司法实践来看,此时一般适用反不正当竞争法的一般条款。[③] 我国《反不正当竞争法》第 2 条第 2 款规定:“本法所称的不正当竞争,是指经营者违反本法规定,损害其他经营者合法权益,扰乱社会经济秩序的行为。”法院一般从此条所蕴含的要素角度分析设置或违反爬虫协议行为是否构成不正当竞争。

(二) 违反爬虫协议的后果:国内外判例

从上文提到的爱帮网与大众点评的案例可以发现,同样是违反爬虫协议的行为,法院对其性质的认定也可能不同。那么,究竟应当怎样认定违法爬虫协议行为的性质?需要考量哪些具体情节?对此,我们可以从三个经典案例中略探究竟。

首先,不得不提到一个经典案例:eBay v. Bidder's Edge 案。该案的重点在于:法院认为,违反爬虫协议,擅自抓取他人网站信息是一种侵犯私权的行为。

eBay 是著名的电子交易网站,《eBay 用户协议》规定任何人在事前未经 eBay 的明确书面授权,不得使用爬虫程序监视和收集其网页内容。Bidder's Edge(下称“BE”)是一个提供一站式拍卖搜索的服务提供商,其数据库搜集包括 eBay 在内的电子交易网站大量的拍卖信息。eBay 电话要求 BE 停止提供其网站的交易信息。但是,由于其他从事相同业务的网站仍然可以提供 eBay 的交易信息,所以 BE 继续提供 eBay 的交易信息。后 eBay 提起诉讼,要求法院禁止 BE 提供其交易信息。在本案中,主审法官 Ronald M. Whyte 指出,eBay 的服务器是私有财产,eBay 允许公众可以有条件地访问,并禁止包括 BE 在内的服务提

① 参见〔奥地利〕博登浩森:《保护工业产权巴黎公约指南(附英文文本)》,段瑞林、汤宗舜译,中国人民大学出版社 2003 年版,第 97 页。

② 参见美国《统一商法典》第 1—205(2)条。

③ 参见张平:《违反“爬虫协议”能否适用反不正当竞争法一般条款》,载《人民法院报》2013 年 6 月 5 日第 7 版。

供商所采取的自动化式的访问。他认为，超出同意的范围，就构成对他人财产的侵犯；而BE的行为明显超越了eBay允许的使用范围，构成非授权的使用，是对eBay财产的侵犯。① Whyte法官的这一判罚是基于“滑坡谬误”(Slippery Slope)理论，即如果BE的行为被允许继续而不受限制，将会鼓励其他拍卖门户使用爬虫程序参与到类似的查询中来，最终将导致对eBay不可弥补的损害。

这个案例在违反爬虫协议案例中被视为经典案例，因为它首先确定了这一行为的侵权性质，同时将“情况很可能越来越糟”这一对结果的预判作为审判要件。但是，后来者认为，这种理论不合理地使用了连串因果关系，将“可能性”转化为“必然性”，所以得出的结论也有谬误。

第二个案例就试图矫正上述判罚中的不妥。在Ticketmaster Corp. v. Tickets. Com, Inc.一案中，法院强调“蜘蛛”并不会对动产造成实质损害，而必须存在证据证明使用或利用被“蜘蛛化的”电脑(或网络)时受到了“蜘蛛”使用行为的不利影响。同时，法院明确指出，不同意其他地区法院“仅仅是使用‘蜘蛛’进入一个对公众开放的网页来收集信息的行为就足以满足侵害动产中损害的条件。”②

这个案例是对上一个案例的有效补充，即不是只要违反爬虫协议就一定造成损害，必须有相应的证据证明被抓取信息的网站受到了实实在在的不利影响。

第三个案例虽然不是直接针对违反爬虫协议的行为，但却因原告方“没有设置爬虫协议”而不得拒绝被告方使用其信息的判决倾向，从反面论证了爬虫协议的效力，同时也是国内对爬虫协议的性质作出较为详细描述的首案：北京源泉知识产权代理有限公司诉北京百度网讯科技有限公司、上海数字世纪网络有限公司侵犯著作财产权纠纷。③ 该案中，原告诉称北京百度网讯科技有限公司提供《不眠》《就是你》等七首歌曲的试听和下载链接所指向的均为未获授权的侵权内容，侵害了原告对上述七首歌曲享有的录音制作者权等。被告北京百度网讯科技有限公司通过网站的免责声明告知如下：“任何网站如果不想被百度收录(即不被搜索到)，应该及时向百度反映，或者在其网站页面中根据拒绝蜘蛛协议(Robots Exclusion Protocol)加注拒绝收录的标记，否则，百度将依照惯例

---

① See eBay, Inc. v. Bidder's Edge, Inc., 100 F. Supp. 2d 1058 (N. D. Cal. 2000).

② “Since the spider does not cause physical injury to the chattel, there must be some evidence that the use or utility of the computer (or computer network) being ‘spiderized’ is adversely affected by the use of the spider. No such evidence is presented here. This court respectfully disagrees with other district courts' finding that mere use of a spider to enter a publicly available web site to gather information, without more, is sufficient to fulfill the harm requirement for trespass to chattels.” See Ticketmaster Corp. v. Tickets. Com, Inc., 2003 WL 21406289 (C. D. Cal. Mar. 7, 2003).

③ 参见上海市第一中级人民法院(2009)沪一中民五(知)初字第23号民事判决书。

视其为可收录网站。”①为认定这一声明的效力,上海市第一中级人民法院还特别查明,中搜的免责声明和 Google 网站管理员中心也有类似的告知,从而确认某一网站如果不想被搜索引擎搜索到,它可以创建 robots. txt 文件以拒绝搜索。审理后,法院对案件以及爬虫协议的效力发表了如下看法:第一,互联网的本质属性即在于促进信息交流,那么可以推知,如果不是特殊情况,任何人把信息上传到网络就是为了促进这一信息的传播;如果他只是为了有限传播,那么他似乎也该有所作为。也就是说,如果没有施加特别的行为,任何网络上的信息都被推定为是可以被传播的。第二,为了有限传播的目的,网站采用爬虫协议可以说是一个比较简单而高效的方法,虽然爬虫协议是搜索引擎业的自定标准,以这个标准为基准显得有些强加于人。第三,网站仅仅作一个“拒绝搜索”的声明,不被认为是“施加特别的行为”,即不足以阻挡搜索引擎。

在这一判决中,受理法官表达了两重意思:一方面,他认为爬虫协议作为搜索行业自定义的标准,效力较弱;另一方面,他又非常肯定爬虫协议的采用对于搜索行业的意义,同时也排除了其他拒绝被抓取的形式(如文字声明等),从而从另外一个角度肯定了在搜索行业中爬虫协议的重要性。

综观这三个国内外案例以及笔者查阅的其他相关案例可以发现,尽管判决结果存在差别,但可以总结出几点共性:第一,在认定爬虫协议构成搜索行业的惯例方面是比较一致的。第二,均承认合法有效的爬虫协议构成了有效控制访问的技术手段,应该得到尊重和遵守。忽略 robots. txt 的内容而违规抓取网站内容,则可能构成恶意行为(有可能是民法上的侵权行为,也有可能是竞争法上的不正当竞争行为)。第三,具体认定违反爬虫协议行为的性质,需要参考明确的损害结果,同时爬虫协议的构成文本即具体的 robots. txt 本身必须首先合法有效。

三、“百度诉 360 案”的第三重思考:商业道德与自由竞争的界分

“百度诉 360 案”除了案件本身在不正当竞争法上的适用问题,以及新颖的爬虫协议性质问题以外,还触及了不正当竞争法在当今现实生活中面对的一个核心价值问题:以互联网为代表的新型企业所标榜的自由分享、互通无界与我国《反不正当竞争法》第 2 条所规定“经营者在市场交易中,应当遵循自愿、平等、公平、诚实信用的原则,遵守公认的商业道德”的要求之间界限何在?自由竞争

① 转引自杨华权、曲三强:《论爬虫协议的法律性质》,载《法律适用》2013 年第 4 期。

与商业道德就像是天平的两端,过度保护自由竞争会导致无序混乱,而过度强调道德则会扼杀自由活力。更伤脑筋的是,"自由竞争"与"商业道德"本身又是两个抽象的价值词语,没有明确而清晰的标准可以告诉我们,哪些行为是被允许的正常竞争,哪些行为则是已经越过了道德的边界。这两者之间从来没有一目了然的界限,所以引发了商业活动中的"擦边球"和司法审判中的"灰色地带"。

在"百度诉360案"的判决书中有这样一番表明法院价值立场的陈词:"规则的缺失会让互联网行业陷入'丛林法则'的误区,但同时,市场竞争需要给每一个竞争者公平的竞争环境,即使是后进入市场的竞争者,也应该有公平的竞争机会,以免陷入'丛林法则'中强者可以任意欺凌弱者的误区。"①法院似乎流露出这样一种担忧:爬虫协议作为一种行业中的"江湖规则",对行业主体的确有"立规矩"的作用,却也似乎有霸道的嫌疑。它就像是行业老大们维护领地、排挤新人的一种手段,让行业的后来者无法分享前人的成果而举步艰辛,显然有悖于网络世界"自由""分享"的核心理念。这也很好地解释了为什么法院最终会给出一个"各打五十大板"的判决结果。因为法院在审判时,除了对案件事实和法律适用作出解读外,更加入了法官对这个案件所隐含的价值观念的理解:爬虫协议虽然是一种行业惯例,但如果将其奉为竞争法中列明的商业道德而加以完全遵守,那么恐怕它一方面的确避免了无序混乱的竞争,另一方面却将大大阻碍自由竞争。

就此,我们提出这样一系列问题:在理论层面,竞争法的本质是保护竞争,那么商业道德在竞争规则中起到什么作用?边界又何在?在实践层面,当前的司法实践对道德的解读是否有问题?最后回到这一案例,爬虫协议可以被认为是竞争法中所指的商业道德吗?

(一)竞争规则中的道德——对《反不正当竞争法》第2条的考察

首先要明确一点,《反不正当竞争法》的核心用意是保护竞争。它通篇致力于通过纠正竞争者之间过分、过度的不正当竞争行为,使其重新回到规范竞争的轨道上来,从而保护竞争者、消费者的利益,也维护良好的社会经济秩序。然而,其本质还是强调竞争的,只不过这种竞争必须以正当方式展开。② 这就决定了,从法律原旨出发,尊重竞争是第一位的,规则以及道德的束缚都应当针对特定的行为且遵循严格的边界,并且这种束缚应当是明确的,应当尽量避免模糊的评价

---

① 童大焕:《评论:百度诉360案判决捍卫开放平等互联网精神》,http://www.chinanews.com/fz/2014/08-13/6488217.shtml,2015年3月9日访问。

② 参见黄勇:《论互联网不正当竞争的"新边界"》,载《电子知识产权》2015年第Z1期。

标准,以免市场主体在瞬息万变的竞争中无所适从。

正因如此,《反不正当竞争法》第5—15条采用列举式罗列了11种不正当竞争行为的构成要件,立法者原意是以尽可能周全的方式列明不恰当的竞争行为,同时也意料到必定有遗漏之处,于是在上述特殊条款以外,也设定了一般条款,并将其放在总则第2条,统摄全文。按照立法者原意,类型化条款和一般条款之间应当既有合作也有分工,二者各司其职,维持整个反不正当竞争法体系的平滑运作。就分工而言,类型化条款的任务是将已经成形的市场理性加以总结,而一般条款的任务更多的则是提示法律文本的读者:在此领域,未必已有成形的市场理性可资借鉴。就作用而言,前者能直接提供行为模式,后者提供的往往是价值判断的指南。

仔细观察该一般条款,它由文本和实施两个层面构成:前者是立法者眼中的一般条款,即所谓"Law on the Books"(第2条第1款:经营者在市场交易中,应当遵循自愿、平等、公平、诚实信用的原则,遵守公认的商业道德);后者是司法者眼中的一般条款,即所谓"Law in Action"[①](第2条第2款:本法所称的不正当竞争,是指经营者违反本法规定,损害其他经营者的合法权益,扰乱社会经济秩序的行为)。从法条措辞来看,第2条第1款虽然写明经营者应当遵守商业道德,但仅仅是一种价值倡导,并未直接将违背这种价值倡导与特定的行为不正当联系起来。

可见,无论从立法者原意还是文本分析,《反不正当竞争法》第2条更多的是提供一种价值导向,而非行为模式。它虽然起到了兜底的作用,但绝非"万金油"。然而,如今在理论阵地和司法实践中,一般条款这一价值倡导被赋予了崇高的地位,并且在具体审判中的应用也有越来越广泛的倾向。[②]

对于商业道德在市场竞争规则中地位的理论研究,主流学说为"道德说"。在探讨一般条款的文献中,这一学说占据了绝对多数。该说从自然法理念出发,追求在市场领域实现公平、公正与和谐,其核心是以道德作为竞争行为正当性的评判标准。"道德说"的合理之处在于认识到了竞争秩序中既定习俗的重要性;不足之处在于没有区分秩序形成的不同阶段,因此忽略了对不同类型的竞争规则之性质的研究。竞争秩序并非一套全盘固化、天衣无缝的规则,而是由已经定形的与尚在流变中的两种类型的规则所构成。虽然在任何时间的横截面上,竞争规则的大部分"版图"的确都被交易习惯或公认的商业道德占据,但总有一些

---

① 参见蒋舸:《关于竞争行为正当性评判泛道德化之反思》,载《现代司法》2013年第6期。

② 具体内容可参见李锦:《论"公认的商业道德":基于判例的整理与研究》,载《法制博览》2012年第11期。

地带尚显模糊。这些领域内的各方仍在角力,利益格局尚未定形,各方普遍接受的行为模式还没有出现,或者说,均衡尚未显现。在总结秩序形成的不同阶段所需的规则时,必须对其个性加以考虑。正是基于这一考虑,一般条款才在反不正当竞争法中显得格外重要。

在司法实践领域,这一一般条款也被频繁运用。有学者对基于《反不正当竞争法》第2条作出的判例作了整理和归纳,[①]认为公认的商业道德是民法中的"帝王原则"——诚实信用原则在反不正当竞争法意义上的体现。在适用上,通常都是由于找不到符合案情的具体条款,而将其作为一般条款直接适用。在绝大部分的司法实践中,是否具有主观恶意是法院判断是否构成违反"公认的商业道德"的标准之一。同时,"公认的商业道德"在不同的场合、不同的条件下,其内涵有所不同,既含有普适性的内容,也有与具体行业密切联系的情况。

(二)道德解读的问题与局限——《反不正当竞争法》第2条在司法中的运用

学界普遍认可道德在竞争规则中的重要地位,也对《反不正当竞争法》第2条的总则及兜底作用予以肯定。同时,在司法实践过程中,由于新型竞争行为广泛出现,类型化的不正当竞争行为已经远远无法满足司法实践的需要,如上文所述,对第2条的司法运用越来越多。然而,在运用的过程中,鲜有人意识到这一条款虽为兜底条款,但并非万能条款,尤其应当注意在适用的过程中严格把握商业道德的范围与边界,防止出现"泛道德化"的解读倾向。更值得注意的是,一般条款的运用往往出现在新兴领域与未知领域。这意味着原本案件的事实与法律适用就存在空白与争议,这时运用一般条款,特别容易出现"自由解读"乃至"过度解读"的倾向。

从立法目的来看,一般条款反映的应该是最深层次、最根本的竞争规律,而对这一规律的表述制约着法律文本的受众对竞争本质的理解。倘若理解竞争行为正当性的标准语言被设定为"道德",无论司法者依其原本对竞争的直观认知是否会将竞争行为判为不当,"道德"语言都将在个案中影响司法者用道德框架去限定竞争模式,并潜移默化地让司法者排除对非道德因素的考虑,而专注于对行为动机的考察,忽略对客观结果的认识。甚至在所涉竞争领域既无既定习俗也无道德共识的情况下,上述思维强制仍旧会发生一定的作用。

在我国法院的实践中,道德解读在判断竞争行为正当性方面实际上仍起着重要作用。究其原因,道德评判在很大程度上诉诸直觉,在对说理过程要求不高

---

① 具体内容可参见李锦:《论"公认的商业道德":基于判例的整理与研究》,载《法制博览》2012年第11期。

的情况下,其操作简便迅捷。部分法官已经意识到,“按照一般条款认定法律列举以外的不正当竞争行为时,特别要分析行为对竞争的危害后果;……要注意分析其不同的后果是利大于弊还是弊大于利,以此进行定性。”①即只有在从损害后果的非道德角度对行为予以定性后,才轮到按照《反不正当竞争法》第2条第1款规定的“自愿、公平、诚实信用原则”以及“公认的商业道德”进行判断。在行为定性方面,非道德权衡是决定性的,道德权衡最多只是辅助性的。但是,为便于操作,不妨运用前文《反不正当竞争法》的一般立法精神,即根据竞争行为是否存在“搭便车”、食人而肥己、投机取巧或者巧取豪夺等进行衡量。这些立法精神反而更容易理解和掌握,可以“看得见”和“摸得着”。②

可惜,这种被广泛运用的便捷操作存在两个致命的问题:第一,对反不正当竞争法领域的“道德”理解有误。反不正当竞争法领域的道德,并非我们在世俗伦常中提到的伦理之德、圣人之德,而只能是市场的道德、习俗意义上的道德,因为只有后者能被真实运用于调整市场交易。这就决定了,法官如果要适用道德标准,首先必须指明与系争行为相关的市场习惯是什么。但是,在审判实践中,鲜见法官对相关市场习惯的具体说明。如果对道德标准有涵摄,也往往体现于指出行为人的动机应受谴责,或者宽泛地认为其行为不道德。但是,体现着朴素正义感的模糊道德诉求并非总能契合市场的需求。这种不一致的客观存在往往不为成熟的司法实践所承认。所以,在美国,秉持“不劳而获即不正当”的INS v. AP案③即使曾被赋予“不正当竞争法之基石”的地位,④在后续审判中依然难以被贯彻。⑤ 欧盟的普通法系国家也是如此,对竞争自由(包括对所谓“不劳而获”的模仿自由)均给予充分的尊重。绝大多数大陆法系国家都拒绝将“搭便车”直接认定为不正当竞争行为,除非在“搭便车”的同时,还妨碍了信息真实、自由地流动。⑥ 第二,法官们感到道德标准“更容易理解和掌握”的前提是我国对法院判决的说理(即涵摄部分)要求不高。对一些显而易见违背市场运作机制的行为而言,用“看得见”和“摸得着”的道德标准进行评判既符合我国司法从业人员的习惯,又能快速地解决问题,在我国现有的司法背景下,或许有一定的合理性。但是,问题在于,一般条款存在的最根本意义在于解决超乎立法者预料的新问题。在经济现实日新月异的现代社会,新问题很有可能是“疑难杂症”。

---

① 蒋舸:《关于竞争行为正当性评判泛道德化之反思》,载《现代司法》2013年第6期。

② 参见孔祥俊:《商标与不正当竞争法:原理与判例》,法律出版社2009年出版,第681—682页。

③ See 248 U.S. 215 (1918).

④ See Dinwoodie Janis, Trademarks and Unfair Competion, New York: Aspen Publishers, 2004, p.15.

⑤ Ibid.

⑥ See Ohly, The Freedom of Imitation and Its Limits—An European Perspective, International Review of Intellectual Property and Competition Law, 2010(5), pp.506—507.

对于“疑难杂症”,宽泛的公平正义观恰恰无能为力,甚至可能将司法导向错误方向。[①] 同时,在司法实践进一步发展的过程中,判决的涵摄部分应当越来越详尽。下文即分析道德在解读竞争秩序方面的局限性:以道德为标尺,难以演绎出令人信服的反不正当竞争法一般条款之涵摄。

除了以上既有的问题外,道德解读本身也带有很大的局限性。我们所讨论的习俗意义上的道德,与伦理意义上的道德一样,以多元化、不可预见性、滞后性和价值预设性为特点,与普世性、指引性、进化性和价值中立的竞争规则多有不合。在这一点上,我们可以以一个在竞争法领域引用率极高的案例——“海带配额”不正当竞争案为例。在该案事实方面,各审法院均认定被告马达庆在原告就职期间投资设立了与原告构成竞争关系的公司,而且该公司在被告离职后,很大程度上仰赖被告在原工作岗位上获取的社会关系资源,取代了原告在对日海带出口领域的市场地位。但是,从同样的事实出发,各审法院却得出了截然相反的结论。一审法院认为,被告“马达庆将本属于原告的竞争优势转为其投资设立的公司所有,属于将日本客户对自己基于履行职务行为所产生信赖的滥用,严重违背了诚实信用的原则,也违背了公认的商业道德”[②],从而构成不正当竞争。二审法院和最高人民法院则认为:“在没有法定的和约定的竞业限制以及不侵害商业秘密等特定民事权益的情况下……马达庆的被控行为没有违反诚实信用原则,也没有违反公认的商业道德,其行为不具有不正当性。”不仅各级法院在被告马达庆是否违背诚信原则和商业道德的问题上见仁见智,而且学者们站在整体社会利益的角度[③]和原告的职工从自身利益出发得出的结论[④]也南辕北辙。同样的客观事实却引发了截然不同的主观认识,这显示出在市场转型、走向更为充分的竞争的过程中,不同群体对市场正义有着不同的理解或期待。无论是保守还是开放的观点,每个人的看法都是其出生地域、成长环境、性别、年龄、教育背景、审美情趣甚至带有偶然因素的个人经历叠加在特定问题上的投影,很难被观点相左者的几句道德说教改变。

以上对《反不正当竞争法》第2条中商业道德的解读所存在的问题和局限作了归纳,旨在说明商业道德虽然在竞争规则中具有重要的地位,也在实践中发挥了巨大的作用,但因其特性,应当特别警惕泛道德化的解读,导致越过道德守

---

① 相关内容参见崔国斌:《知识产权法官造法批判》,载《中国法学》2006年第1期。

② 转引自戴磊:《利用工作经验获取贸易机会的行为定性》,载《人民司法》2010年第6期。

③ 参见刘春田:《一丝不苟的法律精神 不拘一格的务实态度——评青岛市中级人民法院一审对“进口日本海带贸易机会”纠纷的判决》,载《电子知识产权》2009年第4期。

④ 据(2009)民申字第1065号判决书记载,(被告)攫取了山东食品公司、山孚集团公司和山孚日水公司的海带贸易机会,夺取了山东食品公司千名离退休、退养、在岗职工的“养命钱”,激起了强烈的社会反响,职工代表多次赴省、进京上访。

护的边界,反而侵害了自由竞争。

(三)回到案例——爬虫协议是一种商业道德吗?

厘清了竞争规则中道德的理论含义和司法运用后,我们再回头审视"360诉百度案"中的核心问题:被搜索行业认为是惯例与规则的爬虫协议,是否可以自然地与《反不正当竞争法》第2条中的商业道德相衔接?这一认定无疑对今后的商业实践有巨大影响。如果可以,那么爬虫协议将在司法实践中被事实上提升到法律规则的高度,除去我们上文提到的本身不合理或不合法的robots.txt文本,其他合法合理的爬虫协议就必须被遵守,否则就等于直接违反反不正当竞争法规,这样对行业中诸多的后来者而言,将构成商业竞争中的巨大限制。如果不可以,那么爬虫协议的性质将依然只被认定为一种在某种程度上需要尊重的行业惯例、商业规则,至于违反后是否必然有竞争法上的后果,则将是充满不确定性的。那么,对于行业新人,为了"野蛮生长"和高额利润,这种法律上"不确定"的风险将等同于"灰色地带",被违反的可能性就会大大增加。

关于爬虫协议是不是一种竞争法规则中的商业道德,有两种声音:

第一种观点认为,爬虫协议代表了一种道德规则,它代表了对网络私权的尊重。因为互联网络公司的网站内容是其重要的无形资产,是各个公司为了竞争交易能力而进行的大量资金、人力与智力的投入,这构成了互联网络公司最重要的资产,并且应该以交易为重要形式允许他人使用。违反公司的意愿而对其资产强制使用本质上是抢夺行为而不是交易行为,违反了私权利社会的竞争规则——丛林规则。爬虫协议便是网络公司向使用者表示是否允许其使用公司资产的一种工具。上升到一个高度来说,尊重私权的社会,社会成员理性,社会管理成本较低,无序竞争行为较少。相反,私权利社会道德较差的国家,行为人蔑视和无视这些私人财产的"警告牌",擅自闯入和使用他人的私产。那么,财产所有人便不得不通过构建高墙和电网的方式保护自己的私产,政府机关也不得不提供大量警察和司法资源保护私产。这样的社会,行为人理性较差,资源浪费较多,无序竞争行为较多,一直处于低水平的发展状态。因此,通过司法判决构建尊重私权的互联网络行业道德规范便是重要的任务和使命。若法院对爬虫协议表示认可和支持,本质上是支持和构建一种私权利社会的道德规范和竞争规则。只有形成这样的社会公共道德环境,才能更有效率地使用和分配资源,才能形成通过自己的劳动竞争交易能力的良性竞争规则,而不是掠夺式的恶性竞争规则。

反对这一观点的也大有人在。最主流的观点认为,在网络环境中,我们要特别留意那些随意标榜自己代表“社会公益”的行为。[①] “互联网的自由和开放”“网络消费者利益”“更好的用户体验”动辄成为网络不正当竞争纠纷中被告的抗辩理由，这些理由还有一个“好听”的共同名字——“公共利益”。如果不加以思考，这些理由似乎就是不正当竞争纠纷中通用的理由。哈耶克认为，知识的分裂造成的一大后果是人们之间缺乏了解和信任；另一方面，一群人内部经过长期共同生产和交换所建立的信任关系反过来阻碍他们去信任新的人群。这种小集团的倾向性几乎是人类的一种与生俱来的动物本能，称作“自然道德”。在抨击这种本能的、狭隘的“道德”规范时，哈耶克强调了“自私”（Selfish）与“自利”（Self-interested）的区别。爬虫协议的签署者大多是在行业中占据了先发优势的企业，甚至是行业巨头。它们之所以愿意签署爬虫协议，很大程度上可能因为它们是信息优势者，也是不愿意让自己的信息被抓取的一方。对于它们来说，更愿意让既有的信息成为自己的私产，而非自由、开放的公共资源，这无疑将巩固它们的优势地位。

本文认为，需要从两个角度分析这一问题：

第一，虽然信息也是一种无形的私人财产，但类似于财产法，私人权利也需要同社会利益协调。[②] 中国互联网协会2012年11月1日发布的《互联网搜索引擎服务自律公约》第8条规定：“互联网站所有者设置机器人协议应遵循公平、开放和促进信息自由流动的原则，限制搜索引擎抓取应有行业公认合理的正当理由，不利用机器人协议进行不正当竞争行为，积极营造鼓励创新、公平公正的良性竞争环境。”此处的“机器人协议”即爬虫协议。可见，爬虫协议需要遵守原则，并具备正当理由，否则其本身将成为不正当竞争的工具。那么，在实践中如何认定网站服务商或所有者设置爬虫协议限制搜索引擎抓取的合理性呢？有学者[③]提出了以下几个判断标准：（1）基于对侵权行为的阻止；（2）基于特定的商业模式，如UGC、社交网站等；（3）基于非基础网络服务的特定选择。

第二，我们必须清楚地意识到一个背景，即互联网的生态演变速度之快，决定了其竞争规则很难通过传统的立法程序一一加以确立。大量的规则可能只能借助司法予以澄清。[④] 仅仅从行业共同遵守的事实，就推出商业道德的定性，从而得出相关结论，过于草率。即使是行业通行的实践，未必就符合竞争秩序。[⑤]

---

① 参见吴园妹：《网络公司如何正当表达商业言论》，载《经济参考报》2014年10月8日第6版。

② 参见吴伟光、孟兆平：《互联网商业竞争不应成为法外之地》，载《人民司法》2014年第20期。

③ 同上。

④ 参见蒋舸：《〈反不正当竞争法〉一般条款在互联网领域的适用》，载《电子知识产权》2014年第10期。

⑤ See H. Harte-Bavendamm, F. Henning-Bodewig, UWG, München: C. H. Beck, 2013, p. 183.

甚至如果用更加严谨的眼光看,这类规则常常起到限制竞争的效果,不仅不能被用以证明行为的正当性,反而应该引起格外警惕。从某种程度上来说,互联网行业竞争行为新颖多变,而法律的规定相对滞后,需要法院对行业惯例予以充分重视;而如果过度依赖行业管理,也有可能扼杀创新。所以说,法院判案不能仅停留在考察行为是否违背商业道德和诚实信用原则上,还应当更加注重行为本身对于市场效果的影响。从这一角度来看,如果说违背了互联网领域公认的商业道德,该商业道德,可能是经长时间形成的可能具有降低交易成本或者提高预见性的积极市场效果,因此可以成为行为正当性的表征,为正当性判断提供辅助参考。[①] 但是,从本质上来说,考察行为是否具有不正当性,依然需要对其市场效果影响进行判断分析,即审查该市场竞争行为是否由于其具有不正当性而产生市场损害,即是否导致市场竞争机制的损害,是否损害了其他经营者的市场利益。[②]

综上,即使是合法合理的爬虫协议,也无法直接被认定为竞争法规则中的商业道德。这一方面是为了防止司法实践中泛道德化解读的倾向,另一方面也是因为互联网这一特殊行业的特性,将爬虫协议定位为辅助参考是更为合理的选择。同时,法院在把握自由竞争与商业道德之间的界限时,应当首先突破仅仅考察行为是否违背商业道德和诚实信用原则的思维惯性,而应更加注重行为本身对于市场效果的影响,以及保障消费者权益和社会公共利益[③]这一竞争法规的终极目标。

---

① 参见蒋舸:《〈反不正当竞争法〉一般条款在互联网领域的适用》,载《电子知识产权》2014 年第 10 期。

② 参见黄勇:《论互联网不正当竞争的“新边界”》,载《电子知识产权》2015 年第 Z1 期。

③ 同上。

反垄断法抑或民商法

——“零供”通道费法律调整之分析

黄贤华*

一、问题的提出——“零供”通道费现象

在现代市场整个产品分销过程中,大型连锁超市占据着非常重要的地位,它是连接供货商与消费者的纽带。以20世纪80年代中期引进超市为起点,随着国外大型超市零售业态进入我国,超市与供应商的交易关系(下文称“零供”关系)逐渐成为经济学、管理学、法学等多个学科的研究热点。

目前,大型零售企业的盈利模式主要有以下几类:依靠购销差价获利、依靠类金融模式获利、依靠进场费获利、通过优化供应链的低成本模式获利。购销差价模式是零售企业最传统的盈利模式,通过低成本从供货商进货,再以较高的价格卖给顾客,获得利润。类金融模式则是零售商与消费者之间进行现金交易的同时,延期数月支付上游供应商货款,这使得其账面上长期存有大量浮存现金,并形成“规模扩张—— 销售规模提升带来账面浮存现金——占用供应商资金用于规模扩张或转作他用——进一步规模扩张,提升零售渠道价值,带来更多账面浮存现金”这样一个资金内循环体系。进场费模式是一个备受争议的模式。所谓进场费,是指大型零售商在商品定价外,向供货商直接收取或从应付货款中扣除,或以其他方式要求供货商额外负担的各种费用。零售企业利用其流通主导权,向供应商收取各种名目的进场费,容易引起供应商和零售商的冲突。低成本模式则是通过有效的供应商管理,大规模采购而降低成本的一种盈利模式。此外,在百货商店或购物中心中还存在一种典型的盈利模式,即出租

* 黄贤华,华东政法大学2012级经济法学博士研究生,上海市高级人民法院民二庭审判长助理。

场地或变相出租场地的联营方式。中外零售企业的盈利模式虽然有所差异,但是进场费模式无疑已经成为主要的盈利模式。①

我国超市与供应商签订的合同体现出一种长期合作经销关系。合同除了约定供应商向超市供应商品以及超市支付货款外,还约定了超市提供推广和促销等服务并收取相关费用以及返利等内容。依合同约定,超市可以向供应商收取的费用包括进场费、新品费、返利费、广告费、促销费等各类名目。"零供"通道费可分广义和狭义两种。狭义通道费仅指进场费,即供应商为了与超市建立经销关系而事先支付的费用。广义通道费则包括超市向供应商收取的所有费用。在零售业界,也习惯于将超市向供应商收取的所有费用统称为"通道费"。

对于"通道费"的定义,美国联邦贸易委员会的阐述是:"供应商或生产商为使自己的产品进入零售商的销售区域并陈列在货架上,而事先一次性付给零售商的费用。"②不难看出,上述定义指的是狭义通道费。2002 年上海市商业委员会会同上海市工商行政管理局出台的《关于规范超市收费的意见》中,将"通道费"定义为:超市在商品定价之外,向供货商直接收取或从应付货款中扣除,或以其他方式要求供货商额外负担的各种费用。这一定义更多指向的是广义通道费。

21 世纪初,"零供"通道费矛盾开始频发,并数度引发全社会关注。比如 2003 年上海 9 家炒货企业与家乐福超市因收费产生矛盾而拒绝供货,普尔斯马特"欠债"黑洞崩盘、高管被追究刑事责任,2010 年联华将所有卡夫品牌食品下架等。"渠道为王"引发的大型超市与供应商之间的激烈博弈引起行政监管部门对"零供"关系的关注与介入。各级行政机关先后出台多部规范性文件,意欲对"零供"关系作出监管与规制。地方政府制定的有前文中提到的《关于规范超市收费的意见》以及北京市相关规定等。在全国层面实施的则有由国务院五部委 2006 年出台的《零售商供应商公平交易管理办法》以及 2011 年出台的《清理整顿大型零售企业向供应商违规收费工作方案》。在司法层面,超市与供应商之间发生的通道费"零供"合同纠纷在民商事案件中始终占有一定比例。

---

① 参见汪旭晖:《中外大型零售企业中国市场商业模式的对比分析》,载《现代经济探讨》2008 年第 8 期。

② See Federal Trade Commission Staff, Report on the Federal Trade Commission Workshop on Slotting Allowances and other Marketing Practices in the Grocery Industry, pp. 10—33. 转引自上海市虹口区人民法院课题:《超市与供应商交易关系公平性的司法判断——以经济分析为基础》。

二、通道费合理性、合法性争议与实践做法

关于通道费的起源,有两种说法:一种说法是“最佳位置说”,最早出现在20世纪80年代的美国。当时美国国内的香烟生产厂商为了争取自己生产的香烟能够摆在自动贩卖机上的最佳位置,以刺激产品贩卖,便开始支付自动贩卖机业者一笔上架费。另一种说法是“计算机编程说”。美国在20世纪80年代于超市中使用计算机,超市额外收取的费用被用于支付编程费用。① 但是,随着大型零售业的发展,目前通道费的收取与其起源已看不出有何联系。对于超市该不该收取通道费,存在两种观点:一种观点认为是合理的。主要理由是:大超市货架渠道是一种稀缺资源,占据大超市货架意味着商品有更多的被消费者购买的机会;超市要维持自身运营,本身要支付场地费、员工工资等大量成本,这些成本都分摊在货架上,支付通道费以占据超市销售渠道,是合理的。另一种观点则认为,通道费是在超市向供应商收取的商品定价之外的额外费用,加大了供应商的成本负担,抬高了商品零售价格,这些都会转嫁给消费者,从而损害社会福祉。

与通道费合理性的讨论相对应的法学方面的讨论是:该收费是否合法?应由哪部法律进行调整?对此,也有两种观点:一种观点认为,“零供”纠纷是超市与供应商这两个平等主体之间合同权利义务的争议,应适用民商法中的合同法进行调整;另一种观点则认为,“零供”关系的实质是大型超市滥用市场相对优势地位而实施的买方垄断行为,双方权利义务并不对等,应适用反垄断法进行调整。不同的观点亦产生了实务中不同的做法。

(一)“零供”关系属民商事合同关系,通道费争议适用合同法进行调整

在司法实务中,包括通道费争议在内的“零供”合同纠纷一直作为民商事案件审理。这类纠纷在民商事合同纠纷案件中始终占有一定比例,特别是大型超市注册地所在的法院,每年都要受理为数不少的“零供”通道费纠纷。比如,上海市虹口区是家乐福、世纪联华、上海苏宁等超市零售商或电器专营店的注册地,虹口区法院每年都要审理大量“零供”合同纠纷。上海市高级人民法院于2007年制定的《关于供应商与超市之间合同纠纷案件若干问题的解答》(以下简称《解答》),体现了“零供”关系适用民商法律(合同法)予以调整的典型思路。《解答》认为,超市与供应商形成了长期、稳定的以持续供货、推广销售和滚动结算等为内容的相互依赖的交易关系。双方关系具有共同经营、共担风险、共负盈

① 参见李剑:《“家乐福”超市收费的法律分析》,载《法学论坛》2004年第5期。

亏的特点,符合合同型联营法律关系的特征。因此,供应商与超市缔结的含有返利分成内容的长期经销合同,属于合同型联营性质。《解答》将超市收取的名目繁多的费用,即广义通道费区分为三种类型:(1) 返利费用。该类费用的收取一般以商品的销售额为前提,约定超市根据商品月或年销售额,或者商品进货额,按一定比例收取费用,如毛利保证费、月返利费、年返利费等。(2) 服务费用。该类费用的收取与超市提供的促销服务或劳务有直接联系,如广告费、促销费、堆台劳务费、排面设计费等。(3) 其他费用。该类费用的收取与超市门店的规模、门店数量、商品陈列位置的优劣相关联,一般称为"渠道费",如进场费、新店开张费、上架费等。此项所列费用即狭义通道费。关于狭义通道费的效力,《解答》认为:"超市作为商品从供应商向终端消费者流通的中间销售渠道,本身存在一定的商业价值。因此,超市与供应商约定收取合理的渠道资源费用,应为有效。"

(二) 超市收取通道费是滥用市场优势地位,属买方垄断行为或不公平交易行为,应由反垄断法调整

政府部门制定的规范性意见反映了这种思路。2006 年,商务部、国家发改委、公安部、国家税务总局、国家工商行政管理总局联合发布了《零售商供应商公平交易管理办法》(以下简称《公平交易办法》),其第 1 条开宗明义:"为规范零售商与供应商的交易行为,维护公平交易秩序,保障消费者的合法权益,制定本办法。"第 4 条进而规定:"零售商与供应商的交易活动应当遵循合法、自愿、公平、诚实信用的原则,不得妨碍公平竞争的市场交易秩序,不得侵害交易对方的合法权益。"第 6—17 条共 12 个条文对零售商不公平交易行为作出规制。对于几种主要的收费,《公平交易办法》分别给出了不同的态度,规定超市不得向供应商收取无条件销售返利,不得收取约定以一定销售额为销售返利前提,但未完成约定销售额的返利;对于印制海报、开展促销活动、广告宣传的服务费用,应双方事先约定并由超市提供相应服务。《公平交易办法》第 13 条[①]明确规定,零售商不得收取或变相收取以签订或续订合同为由的费用、相关条码费、未用于供应商销售区域的店铺改造和装修费等,以及其他与销售商品没有直接关系、应当由零售商自身承担或未提供服务而收取的费用。从形式上看,《公平交易办法》

---

① 《公平交易办法》第 13 条规定:"零售商不得收取或变相收取以下费用:(一) 以签订或续签合同为由收取的费用;(二) 要求已经按照国家有关规定取得商品条码并可在零售经营场所内正常使用的供应商,购买店内码而收取的费用;(三) 向使用店内码的供应商收取超过实际成本的条码费;(四) 店铺改造、装修时,向供应商收取的未专门用于该供应商特定商品销售区域的装修、装饰费;(五) 未提供促销服务,以节庆、店庆、新店开业、重新开业、企业上市、合并等为由收取的费用;(六) 其他与销售商品没有直接关系、应当由零售商自身承担或未提供服务而收取的费用。"

通篇没有出现狭义的"通道费"或"进场费"的字眼,对超市能否收取"通道费"或"进场费"并没有作出明确规定,至于不得收取或变相收取的"其他与销售商品没有直接关系、应当由零售商自身承担的费用"是否包含通道费,不无疑问。

相比《公平交易办法》相对温和的规制,五部委于 2011 年出台的《清理整顿大型零售企业向供应商违规收费工作方案》(以下简称《清理整顿方案》)则体现了政府更大力度的介入与干预。《清理整顿方案》首次把《反不正当竞争法》《反垄断法》作为介入"零供"关系的法律依据,明确清理整顿主要针对利用市场优势地位向供应商违规收费的超市、百货店、电器专营店等大型零售企业及其下属门店。《清理整顿方案》几乎采用"一刀切"的做法,除买断经营的进销差价、出租柜台的租金、代理销售的代销费及促销服务费外,其他所有费用均纳入清理之列。换句话说,政府行政监管只将商品货款、柜台租金、代销和促销费用视为合法收费,对狭义通道费及其他费用的合法性一概予以否认,将之列入被清理整顿之列。

比较分析《公平交易办法》和《清理整顿方案》可以发现,两部规范性文件本质上都是政府对"零供"关系的介入与干预,只不过后者比前者介入更深、干预更强。两份文件虽然都声称以维护市场秩序和公平交易为目的,但无论是条文数量还是主要内容,绝大多数是针对零售商而非供应商的规制。至于零售商之所以构成不公平交易,其论证逻辑十分简单:零售商滥用市场优势地位违规收费,因此予以清理整顿。清理整顿采用的主要方式是自查自纠、严肃整改。

比清理整顿更严厉的是,行政部门还将通道费直接认定为商业贿赂。比如,2006 年 4 月,浙江省工商局对外公布了"商业贿赂十大案例"。其中苏宁电器以赞助费、返利款、促销费和场地费等名义,向两家供应商收取费用,被判定构成商业贿赂。2009 年,仍有公司因收取进场费被认为属商业贿赂而受罚。比如,广东省佛山市治理商业贿赂办公室发布的工作简报显示,广州百事可乐饮料有限公司因向超市支付陈列费而卷入商业贿赂案,被罚 70 万元人民币。

(三) 评析

无疑,法院对通道费案件的审理思路与政府部门的监管思路存在很大的差异:(1) 对通道费的合法性态度不同。司法实务中通常适用合同法处理"零供"通道费纠纷,在双方地位平等、意思表示一致前提下的通道费,其收取的对价是供应商占用了稀缺的超市渠道资源,因而原则上是有效的;而政府部门则除了促销服务费之外,几乎将其他所有包括狭义通道费在内的超市收费纳入清理之列[①],认为通道费收取是不合法的。(2) 对"零供"关系强弱定位亦不相同。法

① 买断经营的进销差价、出租柜台的租金、代理销售的代销费本身不属于通道费。

院认为"零供"关系是一种合同型联营,共担风险、共负盈亏是两者关系的本质。说得通俗一点,双方是"一荣俱荣,一损俱损"的关系,不存在一方强势、另一方弱势的法律评价。政府监管部门虽看到双方"合作关系总体趋势向好",但其重心却是规制"一些大型零售企业利用市场优势地位,以多种名目向供应商违规收费,加剧零售商与供应商之间的不公平交易,增加部分供应商的经营成本,造成国家税收流失,且易滋生商业贿赂。"①可见,政府眼中的超市与供应商是强势与弱势的关系,两者地位并不平等。

法院审理思路与政府监管思路之所以不同,固然与各自不同的职能分工密切相关,但是在更深层次体现的是不同的法律适用思维。法院以合同法调整"零供"关系,政府则从反垄断法角度监管"零供"关系。合同法是民商法的重要组成部分,是规范市场交易的基本法律。合同法通过依法保护合同当事人的合法权益,从而达到维护社会经济秩序的目的。合同法所称"合同"是平等主体的自然人、法人、其他组织之间设立、变更、终止民事权利义务关系的协议,具有主体平等,意思表示一致,以设立、变更、终止民事权利义务关系为目的,非身份关系等主要特征。"零供"合同对供货付款、扣费结算等具体内容作了约定,通道费争议属典型的合同事项争议,诉至法院后,很自然地便适用合同法处理此类案件。另一方面,反垄断法与反不正当竞争法同属竞争法范畴,两者的分野在于:反不正当竞争法是恢复过度竞争行为到有效竞争状态,反垄断法则重在为竞争不足注入竞争活力。当然,两者体现的都是政府与市场的关系。大型超市作为零售业商品流通链的末端,一旦在市场上占据支配地位,并利用此支配地位实施违法垄断行为,属于反垄断法的适用范围。政府部门不仅可以依据反垄断法进行行政监管,当事人也可以依据反垄断法针对相对方提起相关诉讼。

"零供"通道费分别适用合同法和竞争法调整,其主要区别在于:(1) 主体不同。合同法解决超市与供应商之间的通道费争议,超市与供应商作为民事诉讼主体,地位平等。反垄断法旨在为竞争不足注入竞争活力,实质是对市场的调整与干预。反垄断法的适用有两种情形:一种情形是行政监管,监管者与被监管者的地位并不平等;另一种情形是供应商针对超市通道费提起反垄断诉讼。(2) 调整目的和手段不同。合同法的目的是通过依法保护合同双方的权利,维护交易安全,采取违约方继续履行、赔偿损失、支付违约金等民事手段;反垄断法的目的则是通过对经营者滥用市场支配地位的规制,促进公平交易,采用行政处罚、清理整顿等行政手段。

---

① 《清理整顿方案》。

三、"零供"通道费反垄断法调整的学理解释

(一)相对优势地位与双边市场的理论

我国《反垄断法》第三章对滥用市场支配地位的违法垄断行为作了专章规制。第17条将"经营者具有市场支配地位"的认定作为"滥用市场支配地位"的前提,并在第18、19条规定了认定经营者具有市场支配地位的因素和具体标准。问题是,对"经营者具有市场支配地位"的认定,我国《反垄断法》与传统反垄断理论都是建立在横向市场层面上的。但是,从市场占有率和市场竞争的情况看,国内大型零售企业很难形成市场支配地位。对大型超市来说,在横向层面上不具有绝对的市场优势地位。于是,新的理论认为,大型超市虽然在横向层面上不具有市场支配地位,但是相对于供应商却拥有相对依赖优势——这是一百多年前反垄断法学者所不曾料到的市场现实。因此,在适用反垄断法时,就需要用新的理论对立法规定作扩展性解释,这一新的理论就是"相对优势"理论。① 由此,在反垄断理论中,企业的优势地位可以分为绝对优势地位和相对优势地位。所谓绝对优势地位,也称"市场支配地位",是指当某一个或少数几个企业对某一种产品在相关市场、地域市场以及时间市场上,具有决定产品价格、数量和销售等方面的控制力时,该一个或少数几个企业就被认为具有了市场支配地位,在法律上被称为"独占垄断"或"寡头垄断"。所谓相对优势地位,或称"相对支配地位",通常是指市场中不具有绝对优势地位的企业,在特殊情况下,对于依赖其进行交易的相对人具有类似于垄断企业的市场支配力。因此,该企业对于依赖其生存的交易相对人就具有"相对"的强势地位。②

相对优势理论认为,经营者获得相对优势地位的原因包括资金、品牌、技术、规模、渠道、质量等多个方面。关于大型零售企业滥用相对优势地位的商业垄断原理,有学者这样阐述:"现代流通的最主要特征之一就是,一方面大型垄断生产企业通过控制中小商业者或设置自己的销售机关,确立自己的渠道主导权,从上游控制流通;另一方面,大型垄断零售企业通过培育自有品牌控制中小制造商,确立自己的渠道主导权,从下游控制流通。零售商具有很大的控制零售终端的力量并表现出潜在的反竞争倾向。这种反竞争的表现形式是典型的买方垄断

① 参见王长秋:《反垄断法与上架费的法律规制》,载《河南省政法管理干部学院学报》2008年第4期。

② 参见唐茂军:《零售商滥用优势地位法律规制的比较研究——兼论我国竞争立法的完善》,载《天水行政学院学报》2008年第2期。

势力。”[①]另外,我国台湾地区学者黄铭杰认为,相对支配地位有无可能遭到滥用,与交易形态有密切关联。他将交易形态区分为一次性或零星式的交易与长期性或持续性的交易两种。在前一种形态下,交易当事人在交易前都拥有缔约或不缔约的自由,即使双方事实上存在着资本、规模等方面的悬殊,但是只要契约对象、内容等选择自由没有受到不当限制,则依据科斯定律,在双方的自由交涉之下是可以实现帕累托效率的。相反,在后一种情况下,交易当事人因抱着对未来长期的期待,时而必须作出一定的投资,以节约交易成本,并创造一种信赖关系,令对方相信其有诚意长期延续双方之间的交易关系,从而促进整体效果的提高。但是,由于这一投资往往具有专属性,无法转作他用,因而一旦对方违约或终止契约,则该项投资即成为“沉淀成本”,从事此项投资的当事人就会被“锁”于此项交易关系中而难以脱身了。如此,没有进行专属性投资或投资相对较小的另一方当事人即可随意提出或变更不合理的交易条件,迫使对方接受。[②]

也有学者进一步从双边市场理论的视角,对大型零售企业的相对优势地位以及是否滥用相对优势地位等进行探讨。所谓双边市场,是指所有的交易活动都是在相应的平台上完成的一种市场类型。例如,媒体、期刊、俱乐部、银行卡、房屋中介、门户网站等,都是通过某种平台或中介形式促成或实现交易活动。也就是说,这类市场是由一个平台商通过其提供的产品或服务促成位于其两侧的交易主体完成交易。与传统的单边市场仅涉及商品交易的买卖双方不同,构成双边市场需要满足三个必备条件:第一,有两组或两组以上的不同主体;第二,在不同主体之间存在通过某种方式联系或进行协调的外部性;第三,存在一个将一组主体为另一组主体创造的外部性内部化的平台机构。与单边市场相比,双边市场还具有两项明显的特性:一是交叉网络外部性,即位于平台商两侧的其中一侧主体的效用将随着另一侧主体数量的增加而提高;二是双边市场的两边主体同时对平台商提供的产品或服务存在依赖性关系,即只有位于平台商两侧的主体彼此对平台商提供的产品或服务有需求时,平台商所提供的产品或服务才具有价值。[③]

大型零售企业、供应商及消费者具备双边市场的必备条件:(1) 供应商与消费者分别位于大型零售企业上下游两侧,供应商从商品销售中取得收益,消费者则从选购、消费中得到满足。(2) 供应商与消费者之间存在相互关联的交叉网

---

① 吴小丁:《大型零售店“进场费”与“优势地位滥用”规制》,载《吉林大学社会科学学报》2004 年第 5 期。

② 参见徐士英、唐茂军:《滥用相对支配地位行为的法律规制研究》,载《东方法学》2008 年第 3 期。

③ 参见王为农、许小凡:《大型零售企业滥用优势地位的反垄断规制问题研究——基于双边市场理论的视角》,载《浙江大学学报》(人文社会科学版)2011 年第 9 期。

络外部性。消费者之所以选择大型零售企业进行购物,是因为其提供的良好的购物环境和品种繁多的商品能满足一站式购物需求;而供应商选择大型零售企业,是因为其提供了良好的售货平台、销售网络和渠道,还有规范的售后服务,可以吸引大量消费者前来购物、消费。(3) 大型零售企业通过引进供应商,使其商品数量不断增多,并以此吸引越来越多的消费者参与消费,自己则从供应商和消费者的交易中获利,这就是将供应商和消费者彼此的网络外部性部分地内部化为自己的收益。在这里,大型零售企业是作为平台商而存在的。因此,三者之间构成了双边市场。其中,大型零售企业为该市场中的平台商,供应商和消费者则为平台商两侧的用户。

相对优势理论认为,大型零售企业利用其在双边市场中与供应商之间存在的相互依赖关系向供应商索取通道费的行为,就是其滥用优势地位的最集中体现。通道费的收取极可能产生限制竞争的效果,最终削弱零售企业之间的竞争。主要理由是:首先,通道费的收取增加了中小供应商进入零售市场的难度,它们必须支付更高额的费用以获得上架机会。其次,通道费的收取抬高了中小零售商的进货成本,使其利润和市场份额下降,从而使中小零售商在零售市场处于竞争劣势。最后,通道费的收取会抬高商品的最终售价,从而损害消费者的福祉。

(二) 域外对滥用相对优势地位的反垄断法规制

在反垄断法中,滥用相对优势地位的规制大致有两种方式:第一种方式是将相对支配地位滥用规定为独立条文进行专门规制;第二种方式是在反垄断法规制滥用市场支配地位的条款中涵盖或加入对相对支配地位滥用的规定。

1. 在反垄断法中设专门条款规制

德国是这种立法模式的典型,其 1973 年第三次修订的《反对限制竞争法》对滥用相对优势地位作了明确的规定。该法第 20 条第 2 款规定:中小企业作为商品或服务的供应者或需求者依赖于某企业或企业联合组织,以致没有足够的、合理可期待的可能性转向其他企业的,被依赖的企业或企业联合组织不得在无实质合理理由的情况下直接或者间接地给予另一企业不同于同类企业的待遇。某种商品或服务的需求者在供应者处除得到交易上通行的折扣或其他给付报酬外,还长期例外地取得不同于同类需求者的特别优惠的,推定该供应者在本款第一句意义上依赖于需求者。值得注意的是,德国法律对于依赖者主体的规定仅限制中小企业,目的显然是使之免遭大企业的强权欺压。

2. 反垄断法对"滥用市场优势地位"行为一并规制

这是指把对相对优势地位滥用行为的规制置于对市场支配地位滥用行为的规制框架之下统一进行的立法模式。法国的立法就是这种模式,其《关于价格和竞争自由的法律》第 8 条“控制地位滥用的禁止”第 1 款明确规定:企业或企业集团具备下列地位而有滥用行为者,应同受禁止,其中包括“在需求或供给企业处于无其他可替代解决途径而对其有经济依赖状态”。同时,该法对包括拒卖、搭售或出售条件的歧视,以及因交易相对人拒绝接受不当条件而断绝既存的商业关系作了规定。这表明,在一定情况下,相对的市场优势力量与控制市场的企业,同样需要有法律监督其滥用的行为。

3. 双重立法模式

日本规制滥用相对优势地位行为是通过反垄断法和专项法律同时进行的。首先,日本《不公正的交易方法》第 14 条规定“滥用优势地位”为违法行为,应予以禁止,并列举了下列“滥用优势地位”的行为:(1) 迫使交易对手购入相关交易以外的商品或劳务;(2) 强迫交易对手向自己提供金钱、劳务及其他经济利益;(3) 设定或变更对交易对手不利的交易条件;(4) 除此之外其他的给交易对手带来不利的交易条件;(5) 对交易对手的内部人事安排的不当干涉。[①] 此外,针对零售企业与供应商之间的关系,日本的反垄断执法机构即公平交易委员会于 2005 年 5 月专门颁布了《大规模零售企业与供应商交易中的特定不平等交易方式》。政府据此便可以主动调查、处理滥用优势地位的行为,加强公权力对市场经济的监管。

4. 单独反垄断法规制模式

我国台湾地区相关规定即属于这种模式。台湾地区对相对支配地位滥用的规定主要涉及“公平交易法”“公平交易法实施细则”“公平交易相关行为处理原则”等。值得一提的是,台湾地区对相对支配地位滥用进行规制的相关规定虽然深受德国法影响,但是“可以肯定的是,德国法意义下的依赖性理论目前尚未在公平法的法规层面与法律适用层面,占有一席之地。”“惟另一方面,有关事业间依赖性的理论与外国法制,也随公平法在台湾日益精致之发展,而在理论与实务界逐渐受到重视。”正因为如此,在台湾地区相关规定中,看不到诸如德国法与法国法那样明显地对相对支配地位滥用的判断标准。台湾地区“公平交易法”第 19 条对滥用相对支配地位作出了禁止规定:“有下列各款行为之一,而有限制竞争或妨碍公平竞争之虞者,事业不得为之……”同时,“公平交易法实施细则”第 27 条又对“公平交易法”中所称之“限制”作了解释:“本法第十九条所称的限制,指搭售、独家交易、地域、顾客或使用之限制及其他限制事业活动之情形。”

① 参见尚明主编:《世界主要国家和地区反垄断法律汇编》,法律出版社 2004 年版。

（三）我国对“零供”关系适用反垄断法调整的基本思路

我国对“零供”关系反垄断法调整的基本思路是，在《反垄断法》对“相对优势地位”以开放式条文作出规定之下，再以专门部门规章作出具体规定。

首先，《反垄断法》虽未明确提出“相对优势地位”的概念，但相关条文涵盖此意。《反垄断法》第17条第2款对市场支配地位作了定义：“经营者在相关市场内具有能够控制商品价格、数量或者其他交易条件，或者能够阻碍、影响其他经营者进入相关市场能力的市场地位。”《反垄断法》规定的市场支配地位包括了横向支配地位和纵向支配地位（相对优势地位）。对市场支配地位的判断，《反垄断法》规定了“认定”和“推定”两种方式。第18条规定了认定具有市场支配地位应当依据的六个因素：“（一）该经营者在相关市场的市场份额，以及相关市场的竞争状况；（二）该经营者控制销售市场或者原材料采购市场的能力；（三）该经营者的财力和技术条件；（四）其他经营者对该经营者在交易上的依赖程度；（五）其他经营者进入相关市场的难易程度；（六）与认定该经营者市场支配地位有关的其他因素。”上述六个因素是反垄断执法机构或法院认定某经营者是否具有市场支配地位所应综合考察的因素，但并非六个因素全部满足才能认定具有市场支配地位，有时只需具备其中部分因素甚至一个因素，就足以产生第17条规定的控制相关市场交易、妨碍其他经营者进入的效果，即应当认定具有市场支配地位。第19条第1款规定了“推定”的情形：“有下列情形之一的，可以推定经营者具有市场支配地位：（一）一个经营者在相关市场的市场份额达到二分之一的；（二）两个经营者在相关市场的市场份额合计达到三分之二的；（三）三个经营者在相关市场的市场份额合计达到四分之三的。”此处的“推定”情形，是针对横向市场支配地位而言的，主要针对第18条第1项。虽然《反垄断法》没有明确提出“相对优势地位”的概念，但一般认为该法第18条第4项、第5项、第6项指的就是相对优势地位。从《反垄断法》第18条的规定中可以看到，我国实际上也是以“依赖性理论”作为规制相对市场优势地位滥用行为的理论依据。

其次，《公平交易办法》《清理整顿方案》作为《反垄断法》的下位法，对“零供”关系作出了明确规制，其规制的理由便是大型零售企业滥用市场优势地位。例如，《公平交易办法》第6条明确提出“零售商不得滥用优势地位从事下列不公平交易行为”。这里的“优势地位”指的就是前文所述上下游企业纵向之间存在的相对优势地位。又如，《清理整顿方案》开宗明义，指出方案的法律依据包括《反垄断法》，“清理整顿主要针对利用市场优势地位向供应商违规收费的超市、百货店、电器专业店等大型零售企业及其下属门店”,并明确规定“零售商利用市场优势地位,向供应商收取的合同费、搬运费、配送费、节庆费、店庆费、新店开业费、刷卡费、条码费(新品进店费)、开户费(新供应商进店费)、无条件返利等均属于违规收费”。

四、对“零供”通道费法律调整的若干思考

(一)通道费不宜用反垄断法规制

从前文分析可知,对滥用相对优势地位的行为进行规制既有理论依据,也有相关法律依据。问题是,即便经营者构成市场优势地位,法律本身并不禁止这种客观存在,法律规制的是利用这种客观存在损害公平交易的行为。依此,大型超市相对中小供应商具有优势地位是一种客观存在,这种客观存在并不为法律所禁止,法律介入的是大型超市滥用优势地位损害中小供应商利益的行为。进超市货架要支付通道费已成为零售行业交易惯例。对于这种交易惯例是否一定构成“滥用市场优势地位”,反垄断法学者一致的观点是通道费构成“滥用市场优势地位”,但都缺乏必要的论证。事实上,反垄断法关于相对优势地位的规定比较原则,缺乏具体明确的判断标准。即便大型超市相对中小供应商构成优势地位,在大型超市是否构成滥用优势地位的问题上,也必须对具体构成要件作出分析判断,而不是直接将两者画等号。比如,在后果要件上,通道费是否实质损害了公平交易,破坏了上下游间公平自由的市场竞争秩序,降低了市场运行效率,损害了消费者的利益?本文认为,对“零供”通道费适用反垄断法规制需回答以下几个争议问题:

1. 通道费是否损害了竞争,破坏了公平交易?

对通道费真正意义上的学术研究始于20世纪90年代初期,有针锋相对的两派:其一是效率学派。该学派认为,通道费对商品质量起到了筛选和表征作用,能够分担大型零售企业过高的经营成本,避免货架空置,起到了调节供需、降低零售价格的作用,事实上是有利于竞争的。其二是市场势力学派。该学派认为,通道费是零售商行使市场势力,破坏渠道关系,对供应商行使歧视政策,提高了商品的最终零售价格,是不利于竞争的。由于效率学派与市场势力学派的理论命题都缺少有力的实证支持,学者们将研究重心转向实证研究。关于通道费的实证研究开始于 Sullivan(1997),研究发现效率学派的观点与实证数据更加

吻合。①

美国在20世纪90年代由于通道费增加,供应商不满,导致矛盾增多。2001年,美国联邦贸易委员会对供应商投诉零售商收取通道费召开了听证会,仔细考证了通道费收取对消费者和社会产生的不利影响,最终却承认了它的合理性。2001年2月发布的《美国联邦贸易委员会关于零售商中通道费及其销售手段专门研讨会的报告》中对通道费的定义是:"供应商或生产商为使自己的产品进入零售商的销售区域并陈列在货架上,而事先一次性支付给零售商的费用,称为通道费。"同时,该报告指出,在美国零售业界早已存在四种主要形式的收费:其一,"Slotting Allowance",即通常意义上的"通道费",是供应商将其商品陈设于零售商货架所必须支付的费用;其二,"Pay-to-Stay Fees",即供应商为保持其商品持续性占据零售商货架所必须支付的费用;其三,"Payments to Limit Rivals Shelf Space",这种收费往往体现在供应商与零售商之间的排他性销售协议之中,它通过大大高于一般标准的"Slotting Allowance"和"Pay-to-Stay Fees"体现出来,用以阻止其他竞争者获得零售商的货架空间;其四,"Discriminatory Payment of Access Fees",即不同规模和实力的零售商对不同的供应商差别性收取的通道费。因此,目前美国的零售企业仍然可以向供应商收取通道费。②

2. 通道费是否导致物价上涨,损害了消费者利益?

有专家分析了两个不同活动过程,一个是制造商通过广告支出显示产品质量,另一个是零售商通过收取通道费识别和筛选高品质的产品。结果显示,第一个活动导致了更高的零售价格,而第二个活动却没有提高零售价格。换句话说,只有那些高品质产品厂商才愿意支付通道费以进入市场,低质量产品就不得不退出市场。因此,通道费增加了消费者福祉和社会总福利。有专家引用了众多制造商提供的新产品上市的历史数据,包括产品价格、边际成本以及销售利润,以说明通道费没有提高零售价格,也没有阻碍产品创新。上海连锁经营研究所2003年调查发现,从1996年我国连锁超市向供应商收取通道费开始,超市经营的商品并没有出现价格上升的趋势,而一些周转快的商品价格反而较大幅度下降。③ 由此可见,通道费并没有损害消费者福利。

3. 通道费是否损害了中小企业利益和生产商利益?

有学者认为,由于通道费是在新产品还未获得利润以前一次性支付的大额

---

① 参见刘建民:《超市进货交易关系法律调整的若干问题探讨——论"零供"关系法律调整》,载《上海商学院学报》2008年第6期。

② See Federal Trade Commission Staff, Report on the Federal Trade Commission Workshop on Slotting Allowances and other Marketing Practices in the Grocery Industry, pp. 10—33.

③ 参见刘建民:《超市进货交易关系法律调整的若干问题探讨——论"零供"关系法律调整》,载《上海商学院学报》2008年第6期。

费用,这将会对中小企业造成难以承受的财务负担,从而使它们处于一个极为不利的竞争地位。也有学者反驳,认为如果中小企业真有值得开发的产品,那么建立好的分销渠道就是非常有价值的投资。另外,从整体上看,我国食品杂货业的生产商、供应商的产品集中度比较低,市场还不是一个充分竞争和完全竞争的市场,劳动生产率低、技术落后的中小企业大量存在。传统和初级的"交易市场"在管理、费用等方面进入门槛低,使得这些本应被市场淘汰的中小企业仍有生存空间。在产业集中化和组织化程序还较低的情况下,过分地保护中小企业还为时过早。从这个意义上说,超市收取通道费不仅不会破坏竞争法的价值和有序市场竞争,反而有利于整合掉一批落后的中小企业,保证资源充分利用,提高经济效率。①

有学者对通道费收取后生产商利润的变化作了分析,发现生产商利润增加,亏损降低。以通道费引起争议较大的食品制造业和家电制造业为例,我国食品制造业 2004 年平均利润额为 267.86 万元,到 2010 年达到了 717.97 万元,增长了 1.68 倍。与此同时,我国食品制造业企业亏损率也稳步下降,从 2004 年的 22.59% 下降到 2010 年的 13.20%,下降了近十个百分点。我国家电制造业 2004 年平均利润额为 485.28 万元,到 2010 年达到了 1134.92 万元,增长了 1.34倍。与此同时,我国家电制造业企业亏损率也略有所下降,从 2004 年的 22.00% 下降到 2010 年的 17.50%。可见,通道费并没有阻碍我国制造业盈利的提升,反而在一定程度上加速了我国制造业的优胜劣汰过程。②

(二) 通道费应适用民商法规制

1. "零供"签订的合同具有等价有偿的属性,属民商法调整范畴

从形式上看,"零供"签订了代表双方真实意思表示的书面合同,该合同一般期限较长,基于双方长期经销合作关系。有的先签订一份框架性经销合同,每年再根据具体情况分别签订当年的经销合同。合同除了约定供应商向超市供应商品以及超市支付货款外,还约定了超市提供推广和促销等服务并收取相应费用以及返利等内容。从中可以发现,"两笔债权、持续供货、推广销售"是"零供"合同的主要内容。

两笔债权,一笔是供应商对零售商的货款债权,以供应商持续供货为前提;另一笔是超市向供应商收取的通道费用债权,以超市提供货架为对价。就货款

① 参见周静:《竞争法视野中的"通道费"现象》,载《广西政法管理干部学院学报》2004 年第 6 期。

② 参见陶金国、胡文佳:《通道费的生产及其对生产商利润影响——基于品牌价值视角的研究》,载《商业经济与管理》2012 年第 6 期。

债权而言，系供应商向超市供货，超市付款，具备买卖合同的基本特性。就费用债权而言，系超市向供应商提供货架用于陈列商品，并提供推广销售等服务。费用债权中包括了狭义通道费、服务费用、返利费用等多种类型。事实上，狭义通道费是以超市提供销售渠道为前提的，而广义通道费则大体包含了超市提供货架并持续推广销售之对价服务。因此，通道费的收取是有对价的。

就狭义通道费而言，其支付的对价主要体现在以下两个方面：

其一，零售商渠道是有价值的。在现实经济中，消费者一般是从零售渠道购买所需要的商品。与消费者相比，零售商拥有更多的关于生产商的产品种类、品质和价格等方面的信息，可以把满足某类消费者需求的质量良好的潜在商品集中起来供消费者挑选和购买。这样，零售商就帮消费者简化建立“备选集”的过程，消费者不用再盲目地在市场上搜寻大量的商品信息，只要根据需求找寻相关零售商信息就可以了。于是，零售商的出现，大大降低了消费者的搜寻成本，有效降低了搜寻次数，提高了搜寻的效率，增加了商品的交易总额。这个过程就是零售商提供渠道价值的过程。从这个意义上说，零售商的渠道价值成为单个生产商自建渠道所必须付出的代价。

其二，零售商具有品牌价值。根据搜寻成本理论，消费者在选择消费地点时，首先进入可能为其带来最大收益的零售商店。如果该零售商提供的商品能达到消费者预期的水平，消费者就将停止搜寻，并在该商店购买所需商品。所以，消费者的初次搜寻十分重要，很大程度上决定了交易地点，影响了零售商的交易量。消费者以前在某家零售商店购买某种商品时，会亲身经历该零售商提供的各种服务并了解其所售商品的种类、品质、价格等。这样，消费者就会对该零售商形成一个“印象”，即对该零售商可以提供的预期收益水平作出了一个综合判断。由于连锁零售业的出现和发展，同一零售商的标准化服务和统一的供货销售体系，可以使消费者根据以前亲身经历该零售商某一商店获得的“印象”给出对该零售商品牌价值的预期值，从而使消费者获得其没有去过的该零售商其他商店的一些信息并作出预期价值的判断。因此，零售商的品牌价值越大就意味着有越多的消费者会把初次搜寻选择在该零售商的零售商店里，也意味着该零售商有可能获得比其他零售商更多的销售额和利润。①

2. “零供”之间出现不公平交易，公权力应当慎重介入

“零供”交易本属民商事行为，无须政府干预。但是，如果“零供”之间出现不公平交易，损害了市场交易秩序，而市场本身又无法解决，那公权力就应当介

① 参见陶金国、胡文佳：《通道费的生产及其对生产商利润影响——基于品牌价值视角的研究》，载《商业经济与管理》2012 年第 6 期。

入。介入的方式有两种:从主体而言,其一是行政介入,即政府通过行政手段对市场进行监管,其二是司法介入,即法院通过审理案件,运用司法手段对“零供”关系进行调整;从适用法律而言,其一是反垄断法调整,其二是民商法调整。

目前,我国政府通过颁布《公平交易办法》和《清理整顿方案》,试图运用反垄断法规制“零供”关系,但效果不佳。先看《公平交易办法》,有学者在该办法颁布一年后,对其实施效果进行了调查评估。对40家供应商的调查结果显示,绝大多数供应商认为该办法实施效果不明显,其中占82.5%的供应商不认为供应商地位能够改善,90%的供应商不认为零售商会减少费用收取,87.5%的供应商不认为零售商会减少货款的拖欠。对100家供应商的调查结果显示,收费不降反升。① 这当然与该办法的执行难度和力度有关,一是通道费的界定有较大的模糊性;二是监管频繁的商业活动,使政府管理成本不胜负担。此外,实施效果还存在“水床”效应,即当某种称谓的费用被禁止时,便改用其他名称以规避。再看《清理整顿方案》,相比《公平交易办法》,政府对“零供”关系的介入可以说更直接、更严厉,乃至简单粗暴。除买断经营的进销差价、出租柜台的租金、代理销售的代销费及促销服务费之外,该方案把其他所有费用(包括搬运费、配送费)都视作违规收费,列入清理之列。现实经济生活中,大型零售商约20%的利润来源于后台收费(即通道费收费),该方案的做法对大超市普遍存在的盈利模式产生了巨大冲击。对于这种冲击是否有利于达到政府促进竞争、维护公平交易的目的,不无疑问。

关于零售商与供应商纵向约束行为的理论讨论非常之多。②根据 Rey 和 Verg (2005) 的分类, 可以将纵向约束划分为两类:一类是关于交易双方就交易价格或支付所达成的条款,如通道费等非线性收费(Non-Linear Pricing) 、转售价格维持(Resale Price Maintenance, RPM)等; 一类是对交易某一方或双方的权利进行限制的条款, 如排他交易(Exclusive Dealing) 、区域市场圈定(Exclusive Territories) 、捆绑销售(Tying) 等。这些行为是否有利于竞争、提升社会福利, 显然是政府实施规制的重要标准。围绕这个问题, 理论发展大体经历了三个阶段: 哈佛学派、芝加哥学派和后芝加哥学派。哈佛学派以哈佛大学的 Edward S. Mason(1939) 和 Joe S. Bain(1951, 1965) 为代表, 提出了著名的 S-C-P 范式 。哈佛学派把纵向约束行为和垄断动机联系起来, 提出了著名的杠杆理论, 即企业通过纵向约束或一体化, 将其在一个市场中拥有的垄断势力延伸到其他市场

① 参见巫景飞、李骏阳:《零售商供应商公平交易管理办法——有效性分析与经济学反思》,载《商业经济与管理》2008 年第 11 期。

② 同上。

中，这不可避免地遏制了竞争，使得社会福利产生损失。因此，政府必须对纵向约束进行规制。20世纪60年代之前，哈佛学派成为反垄断政策的重要理论基础，依据所谓“本身原则”(Per Se Rule)，纵向约束被视为违法行为。芝加哥学派则以新古典经济学的价格理论为基础，以经济效率为标准，对市场结构与行为进行分析，主要代表人物为 Robert H. Bork (1978)、Richard A. Posner (1976, 1981) 等。芝加哥学派认为，与市场失灵相联系的任何问题都总是根源于横向竞争，而非纵向合约安排，纵向约束不会产生额外的垄断租金。企业实行纵向一体化与约束行为的动机是提高效率，节约交易成本，垄断动机微乎其微。“合理原则”(Reasonable Rule) 而不是“本身原则”应该成为反垄断法的判定准则。20世纪90年代，以 Jean Tirole、Salop 等人为代表的后芝加哥学派兴起。这一学派吸收了博弈论和信息经济学的研究方法和相关理论，用非合作博弈模型对掠夺性定价、合谋、进入壁垒、排他性交易等企业的策略性行为进行了动态分析，得出了许多与芝加哥学派相左的结论。他们认为，纵向约束协议在某些条件下是有害竞争的，无论对消费者福利改进，还是对整个社会福利的改进。因此，应当通过动态分析，综合权衡约束行为的反竞争效应与效率提高效应。

上述三个学派重点探讨应不应该对纵向约束行为进行规制，尽管结论不同，但都将政府视为公共利益的代表，认为采取规制是政府对市场失灵的一种自然反应，但对于如何进行规制、各种规制手段的效果如何、是否会存在政府失灵等问题缺乏应有的重视。事实上，正如 Stigler、Peltzman 和 Becker 等人指出的，政府也是追求私利的，并非代表公共利益，因此会出现利益集团运用其规制权力为本集团的利益服务。规制被滥用，资源被大量用于寻租活动(Rent Seeking)，最终会导致社会福利的损失。Stigler 通过实证研究发现，受规制产业并不比无规制产业具有更高的效率、较低的价格。①

3. 民商法领域公权力介入“零供”关系的途径

法院在审理案件中对“零供”合同法律关系性质的认定一般有两种：一种是定性买卖合同，主要是针对供应商向零售商提供货物，零售商支付货款这一合同内容；另一种是定性联营合同(合同型联营)。就如上海市高级人民法院在《关于供应商与超市之间合同纠纷案件若干问题的解答》中所表明的：“我们认为，上述约定内容实际上反映出交易双方具有共同经营、共担风险、共负盈亏的特点，符合合同型联营法律关系的特征。因此，供应商与超市缔结的含有返利分成

① 转引自巫景飞、李骏阳：《零售商供应商公平交易管理办法——有效性分析与经济学反思》，载《商业经理与管理》2008年第11期。

内容的长期合作经销合同,属于合同型联营性质。”前文已述,“零供”合同以“两笔债权、持续供货、推广销售”为主要内容,虽然供应商向超市供货所形成的买卖关系确实是合同中的一项内容,但超市提供渠道、持续推广销售并据此收费是合同的另一项重要内容。实际上,”零供”双方通过合同将两者的商业目的联系到一起,应当是一种互利互惠关系,这种关系是长期的、持续的,比较符合合同型联营的本质特征。商业主体之间缔结的合同原本就属于民商法调整的范畴,法院适用民商法审理“零供”合同纠纷,基本思路是:首先尊重意思自治,其次才是对“零供”关系违反意思自治、等价有偿原则的相关内容进行规制。具体而言,一是在缔约双方意思表示不真实,或者损害国家利益、社会公共利益、第三人利益等情形下,合同法也为公权力干预私法领域提供了路径。比如,我国《合同法》第 40 条规定的格式条款无效情形,第 52 条规定的违反法律、行政法规的强制性规定等导致的合同无效情形,第 54 条规定的重大误解、显失公平、乘人之危下的可撤销、可变更情形等。如果某案“零供”合同符合上述法条适用要件,公权力便可介入。二是按照等价有偿原则,分别确定相应费用的效力。(1) 返利费用。合同约定超市根据商品销售额或进货额向供应商收取返利费用,可视为双方对经营利润分配的约定,不违反我国《民法通则》第 53 条关于“联营各方的权利和义务由合同约定”的相关规定,应属有效。该约定亦符合《公平交易办法》第 6 条关于“超市可以向供应商收取一定销售返利费”的规定。(2) 服务费用。超市为供应商提供促销服务或劳务,据此向供应商收取费用,符合等价有偿的民法基本原则,也不违反法律强制性规定,应为有效。但是,如果超市并没有提供促销服务或劳务,变相摊派费用,则法院可不予支持。(3) 狭义通道费用。超市渠道及品牌本身具有市场价值,超市是商品从供应商流向市场的中间渠道,供应商占用此渠道后向超市支付合理的费用,应当有效。

欧盟混合兼并概念界定与效用分析

翟 巍*

引 言

混合兼并规制制度是欧盟反垄断法框架下企业兼并(经营者集中)规制制度最具难度与争议的组成部分。长期以来,反垄断法执行机构应基于何种经济理论与效用分析模式规制可能具有不利市场影响的混合兼并,是欧盟反垄断法学界研究的热点问题。为了在欧洲层面系统解决这一问题,欧盟通过在 2004 年改革《企业集团兼并控制条例》和在 2007 年公布《关于评估非横向兼并的指令》,发展完善了以注重混合兼并效用分析为特征的混合兼并规制体系。

基于同样偏近大陆法系的原因,我国反垄断法制度主要以欧盟反垄断法制度为蓝本创设。在我国反垄断法经营者集中规制制度创设完善之际,本文拟对欧盟反垄断法框架下混合兼并的概念界定与具体效用作出分析,进而为我国借鉴欧盟模式建立发展混合兼并规制制度提供理论借鉴与实践经验。

一、混合兼并概念界定

(一)概念

1. 兼并概念

根据欧盟《企业集团兼并控制条例》第 3 条第 1 款的规定,一项兼并将产生,当一种持续的控制改变通过以下方式出现:

(1)两个或更多到目前为止相互独立的企业或企业组成部分合并;

* 翟巍,华东政法大学经济法学院师资博士后,德国美因茨大学法学博士。

(2) 已经至少控制一家企业的一人或多人,或者一家或多家企业,通过购买证券或资产,通过合同或以其他方式获得对于一家或多家其他企业的整体构成或多个组成部分的直接或间接的控制。

根据以上条款的表述可知,兼并基本上应被视为“外部的企业成长”(externes Unternehmenswachstum);通过兼并,虽然会形成一个经济上的共同体(eine wirtschaftliche Einheit),但不必然产生一个法律上的共同体(eine rechtliche Einheit)。[①]

2. 混合兼并概念

依据《关于评估非横向兼并的指令》的规定,混合兼并是企业之间的合并,这些企业之间既非“在纯粹水平层面产生竞争联系”(如在同一相关市场的企业竞争者),也不存在“垂直联系”(如作为供应商或客户)。[②]

在欧盟学术界,混合兼并被界定为一种特定的企业合并形式,参与合并的企业既非竞争对手,相互之间也不存在订购供应关系。[③]在实践中,混合兼并是非常罕见的。通常,混合兼并只会经由大型企业主导产生。[④]

狭义上的混合兼并是指之前独立的经济单位组成的企业合并整体,参与合并的企业之间在产品相关市场上不存在水平层面或垂直层面经济联系。[⑤]在这一意义上考察,当参与一项合并的企业虽生产同一类型产品,但却处于不同的地域相关市场时,这项合并一般不被视为混合兼并。[⑥]在广义上界定,混合兼并是指之前独立的经济单位组成的企业合并整体,参与合并的经济单位既不处于相同的产品相关市场或地域相关市场,相互之间也不是买方与卖方的垂直关系。[⑦]

---

① Veelken/Karl/Richter, Die Europäische Fusionskontrolle: Grundzüge und Einzelfragen zur Verordnung (EWG) Nr. 4064/89, Tübingen 1992, S. 16 f.; vgl. EK, Leitlinien zur Bewertung nichthorizontaler Zusammenschlüsse, S. 1, Fußnote 2.

② EK, Leitlinien zur Bewertung nichthorizontaler Zusammenschlüsse, Ziffer 5.

③ BKartA, Das Untersagungskriterium in der Fusionskontrolle, S. 30; vgl. Veltrup/Jürgensen, Die wettbewerbspolitische Problematik konglomerater Fusionen, Wirtschaftspolitische Studien 38, G? ttingen 1975, S. 21ff.

④ Gruber, Konglomerate Zusammenschüsse, RdW 9/2006, 552 (553).

⑤ BKartA, Konglomerate Zusammenschlüsse in der Fusionskontrolle—Bestandsaufnahme und Ausblick, Diskussionspapier für die Sitzung des Arbeitskreises Kartellrecht am 21. September 2006, http://www.bundeskartellamt.de/wDeutsch/download/pdf/Diskussionsbeitraege/060830_AK_Kartellrecht.pdf, besucht am 27.05.2008, S. 2.

⑥ BKartA, Bestandsaufnahme und Ausblick, S. 2, Fußnote 4.

⑦ Schmidt, Wettbewerbspolitik und Kartellrecht, Stuttgart 2005, S. 143.

(二) 混合兼并的具体类型

混合兼并具有三种具体类型,即市场扩展型合并(德文:Markterweiterungs—Zusammenschlüsse;英文:Market Expansion Mergers)、市场交互买卖型合并(德文:Marktverkettungs—Zusammenschlüsse;英文:Reciprocal Dealings)与市场多元化型合并(德文:Marktdiversifikations—Zusammenschlüsse;英文:Pure Conglomerates)。这三种具体类型依据以下标准互相区分:"在事实层面,市场参与者之间相互予以区分的差异程度"①。

在具体案例实践中,混合兼并的三种类型通常不是以各自独立的形式出现,而是表现为互相混杂的模式。②

1. 市场扩展型合并

市场扩展型合并具有两种情形:一种是同类产品在不同的地域市场被合并后的企业生产出来,另一种是不同类型的产品由合并而成的企业生产制造。市场扩展型合并能够在统一的地域市场或至少互相交叉重叠的市场上增加诸种产品的销售弹性与互相替代性。③

市场扩展型合并与横向兼并的区分有时存在模糊之处与难点,其典型例子是:一个市场扩展型合并形成的企业集团所生产销售的各种产品虽然在一般意义上被认为互不关联,但却在个别情况下被认为具有互相替代性。④

2. 市场交互买卖型合并

在市场交互买卖型合并构建形成后,如果一个参与合并的之前独立的企业是另一个参与合并企业的"客户的客户"或者"供应商的供应商",则在合并所涉相关市场上会经由第三方市场的杠杆作用形成企业合并集团的强势市场地位。企业合并集团可能利用此强势地位将其他企业竞争者排挤出此相关市场。⑤

市场交互买卖型合并与垂直兼并在特定的情形下存在区分的模糊性,其典型例子是:一类产品的某些供应商在产品中已直接植入若干种初级产品部件(垂直关系),而同类产品的另外一些供应商会让客户自由选择前述若干种初级

---

① BKartA, Das Untersagungskriterium in der Fusionskontrolle—Marktbeherrschende Stellung versus Substantial Lessening of Competition? Diskussionspapier für die Sitzung des Arbeitskreises Kartellrecht am 08. und 09. 10. 2001, www. bundeskartellamt. de/wDeutsch/download/pdf/Diskussionsbeitraege/01 _ Proftag. pdf, besucht am 20.05.2008, S.31.

② Heithecker, Wettbewerbssicherung in der europäischen Fusionskontrolle durch Zusagen—Eine fallbezogene Untersuchung der inhaltlichen Anforderungen an Zusagen, Berlin 2002, S. 113.

③ Schmidt, Wettbewerbspolitik und Kartellrecht, S.330.

④ EK, Leitlinien zur Bewertung nichthorizontaler Zusammenschlüsse, Fußnote 5.

⑤ Schmidt, Wettbewerbspolitik und Kartellrecht, S.145.

产品部件并自行组装(混合关系)。①

3. 市场多元化型合并

市场多元化型合并被视作纯粹的混合兼并,它既非市场扩展型合并,又非市场交互买卖型合并。②通过这种类型的合并,参与合并的诸企业将同时出现在多个产品相关市场上;它们可以通过彼此之间高度的经济依赖性,进行内部的互惠和捆绑交易,进而消解各个单一相关市场上的市场机制力量,最终使参与合并的诸企业获得雄厚经济实力与市场地位。③

二、在竞争法框架下混合兼并的积极效用

(一) 相关经济理论

1. 单一垄断利润理论

根据单一垄断利润理论(德文:Theorie des einfachen Monopolgewinns,英文:Single Profit Theorem),混合兼并不可能产生损害竞争的消极作用。其原因在于,在市场上只存在单一恒定的利润,混合兼并形成的企业集团作为市场垄断者,虽然可以向下游竞争市场传递市场影响力,但并不能实质上增加它的利润额。④

然而,这一理论存在明显漏洞。因为该理论模式所采行的前提假设是不可靠的。⑤举例而言,一个垄断者完全可能通过引入固定成本的方式,将产品的捆绑销售作为实现利润最大化的策略。⑥

2. 搭售与捆绑理论

依据搭售与捆绑理论(德文:Theorie von Kopplungsgeschäften,英文:Tying and Bundling),经由混合兼并形成的企业集团可以更多地通过将多种产品搭售与捆绑销售的方式提高盈利并改善自身的竞争状况,而这也必将导致该企业集团能够以更优惠的价格为消费者提供更好的产品与服务。⑦

---

① EK, Leitlinien zur Bewertung nichthorizontaler Zusammenschlüsse, Fußnote, 5.

② Schmidt, Wettbewerbspolitik und Kartellrecht, S. 330.

③ Heithecker, Wettbewerbssicherung, S. 113.

④ EE&MC, Competition Competence Report 12/2005, Kopplungsgeschäfte und die geplante Leitlinie der Europäischen Kommission zu den nicht-horizontalen Zusammenschlüssen, http://www.ee-mc.info/mailingD/XII-2005.pdf, besucht am 06.05.2008, S. 2.

⑤ EE&MC, Kopplungsgeschäfte, S. 2.

⑥ EE&MC, Kopplungsgeschäfte, S. 2.

⑦ Vgl. EE&MC, Kopplungsgeschäfte, S. 2.

然而,搭售与捆绑销售理论的瑕疵显而易见。举例而言,依据搭售与捆绑理论的逻辑推导,只要参与混合兼并的企业具有排斥竞争者的动机和相应能力,混合兼并亦可产生损害竞争机制的消极作用。

(二) 积极效用

从反垄断法意义上考察,混合兼并的积极效用包括提升效率、促进竞争与拆分作用。

1. 提升效率

"提升效率"概念可粗略界定为"竞争地位的改善"。①

混合兼并一般都能产生提升参与兼并的企业的经济效率的效用。②经由混合兼并产生的"提升效率"的形式主要有三种,即分散风险(Risikostreuung),实现"范围经济"(Erzielung von Verbundsvorteilen)和外部效应的内在化(Internalisierung externer Effekte)。③

(1) 分散风险

混合兼并涉及的一家或多家企业在兼并前可能面临持续性的市场风险,这一市场风险可能由企业需求或生产的依赖性引发。④混合兼并形成的企业集团可以将这一风险在企业架构内予以分散化。⑤

混合兼并促进了企业风险的分散化,可以有效提高企业资金的利用率,进而改善企业的持续创新能力。⑥最终,企业风险分散化将产生提高竞争效率的结果。⑦

(2) 实现"范围经济"

混合兼并形成的企业集团可能包括兼并前产品或服务具有互补性的诸企业。⑧在一家混合兼并企业集团内,可以实现这种具有互补性的产品与服务的整合,并产生"范围经济"的优势,进而极大提高效率。⑨举例而言,混合兼并形成的

---

① Vgl. Heinichen, Fallstudien zum Europarecht, deutschen und europäischen Kartellrecht, deutschen und europäischen Wirtschaftsrecht, 2007, http://www.jura.uni-augsburg.de/prof/moellers/downloads/fallstudien_ss_2007/Fallstudie, besucht am 06.05.2008, S. 8; Veltrup/Jürgensen, konglomerate Fusionen, S. 56.

② EK, Leitlinien zur Bewertung nichthorizontaler Zusammenschlüsse, Ziffer 13.

③ Vgl. Heithecker, Wettbewerbssicherung, S. 114.

④ Vgl. BKartA, Bestandsaufnahme und Ausblick, S. 19.

⑤ BKartA, Bestandsaufnahme und Ausblick, S. 19.

⑥ BKartA, Bestandsaufnahme und Ausblick, S. 19.

⑦ BKartA, Bestandsaufnahme und Ausblick, S. 19.

⑧ EK, Leitlinien zur Bewertung nichthorizontaler Zusammenschlüsse, Ziffer 13.

⑨ EK, Leitlinien zur Bewertung nichthorizontaler Zusammenschlüsse, Ziffer 13.

这种整合可以节约成本,并提高产品与服务的质量。[①]

(3) 外部效应的内在化

混合兼并形成的企业集团可以实现参与兼并诸企业外部效应的内在化。举例而言,混合兼并后,参与兼并的诸企业的所有投资收益基本上都集中于兼并后的单一企业集团内,这就产生了企业外部效应的内在化。[②]外部效应的内在化亦可被视为“范围经济”的一个特殊表现形式。

2. 促进竞争

混合兼并可以通过对竞争者总体数目的影响产生促进竞争的效果。[③]混合兼并在两种情形下实现对竞争者总体数目的影响,即企业并购重组情形与企业规划更改情形。[④]

(1) 企业并购重组情形

兼并前在市场上完全处于劣势、面临被淘汰危险的企业可能经由混合兼并而被成功重组,并因此作为积极的竞争者在市场上出现。[⑤]

(2) 企业规划更改情形

通过混合兼并,兼并前产品多元化的企业能够继续有效地在多种产品相关市场上参与市场竞争,而无须因在某一相关市场的劣势地位而从该市场撤出。[⑥]

此外,通过混合兼并,参与兼并的单一小型企业的市场地位会得到改善,因为兼并前处于市场强势地位的兼并参与企业可以向这类小型企业转移其市场影响力。最终,单一小型企业市场地位的改善,可以有效改善市场上的竞争环境与条件。[⑦]

3. 拆分作用

在混合兼并中,被兼并收购的企业的某些组成部门或分支会被分拆,从而产生在竞争法意义上的积极的市场竞争效果。其原因在于,依据经济学理论,市场参与者在完全竞争的市场上比在垄断独占市场上更能获得良好的市场效益。[⑧]

---

① EE&MC, Kopplungsgeschäfte, S. 2.

② BKartA, Bestandsaufnahme und Ausblick, S. 19.

③ Dreher, Konglomerate Zusammenschlüsse, Verbotsvermutungen und Widerlegungsgründe—Eine Untersuchung zur Fortentwicklung des Kartellrechts am Beispiel des U. S. -amerikanischen Antitrustrechts, Diss. jur., Berlin 1987, S. 115.

④ Dreher, Konglomerate Zusammenschlüsse, S. 115.

⑤ Dreher, Konglomerate Zusammenschlüsse, S. 115.

⑥ Dreher, Konglomerate Zusammenschlüsse, S. 115.

⑦ Dreher, Konglomerate Zusammenschlüsse, S. 115.

⑧ Krause, Die Arbeit von Birgit Müller: Entflechtung und Deregulierung—Ein methodischer Vergleich, Schriften zum Wirtschaftsrecht, WuW 1/2007, 47 (47).

拆分作用具体表现为,经由混合兼并导致的拆分措施可能阻碍大型多元化企业的外部扩张,保证企业的灵活性并提高效率。

(三) 法律实践

混合兼并虽在竞争法意义上具有积极效用,但这类效用在欧盟委员会与欧盟法院的法律实践中基本上未获重视。①

尽管如此,在欧盟反垄断法学理论界一直颇具争议的是:美国的"效率抗辩"模式(das amerikanische Modell von efficiency defence)②是否应当被欧盟的反垄断执法与司法实践采纳?③

依据《企业集团兼并控制条例》第2条第1款b项规定,欧盟委员会对于是否采行美国的"效率抗辩"模式采取了模糊不清与相对保守的态度。④ 依据此项规定,欧盟委员会在执法实践中应关注"在符合消费者利益与不妨碍竞争的情况下,混合兼并是否能够促进技术与经济的发展进步"⑤。

在法律实践层面,迄今为止,大多数欧盟学者与欧盟竞争管控机构均拒绝全面引入美国的"效率抗辩"模式。⑥ 拒绝的主要理由是:欧盟反垄断法的主要目标在于保证消费者的福利,而非促进经济效率。

一方面,即使混合兼并能够事实上促进效率提高,促进技术与经济的发展进步,但"混合兼并所产生的效率收益是否或在多大程度上能够被转移给消费者"这一问题,在实践中是非常难以作出评估的。另一方面,依据实证主义研究结果,以管控混合兼并的方式保护有效竞争(der Schutz des wirksamen Wettbewerbs),一直会产生有利于消费者的结果。⑦

---

① Vgl. Dreher, Konglomerate Zusammenschlüsse, S. 138.

② Vgl. Rasek, Konglomerate Zusammenschlüsse in der Fusionskontrolle—Bestandsaufnahme und Ausblick, Tagungsbericht des Bundeskartellamtes, WuW 1/2007, 38 (43).

③ Vgl. Varona/Galarza/Crespo/Alonso, Merger Control in the European Union, New York 2002, S. 319 ff. (Rndr. 11.14 ff.).

④ Burgstaller, Marktbeherrschung oder, "Substantial Lessening of Competition"? Zugleich ein Beitrag zur Reform des materiellen Europäischen Fusionskontrollrechts, WuW 7 u. 8/2003, 726 (734).

⑤ Vgl. Heinichen, Fallstudien zum Europarecht, S. 8; Veltrup/Jürgensen, konglomerate Fusionen, S. 56; vgl. Fleischer/Körber, Der Einfluss des US—amerikanischen Antitrustrechts auf das Europäische Wettbewerbsrecht, WuW 1/2001, 6 (8); vgl. Burgstaller, WuW 7 u. 8/2003, 726 (734).

⑥ Vgl. Rasek, WuW 1/2007, 38 (43).

⑦ Rasek, WuW 1/2007, 38 (43).

三、混合兼并损害竞争的效用

(一) 相关经济理论

1. 潜在竞争理论

依据潜在竞争理论(Potential Competition Theorie),在审查混合兼并中应查明以下情况:“如果混合兼并没有发生,参与兼并的一家企业是否自身在相关市场上作为可能的竞争者而存在。”[①]

这一理论具有两种子理论类型,即实际潜在竞争理论(Actual Potential Competition Theorie)[②]与感知潜在竞争理论(Perceived Potential Competition Theorie)[③]。

2. 防御理论

依据防御理论(Entrenchment Theorie),混合兼并将导致兼并企业集团经济实力的增长,进而产生损害竞争的效果。[④]

一方面,相关市场上未参与兼并的企业出于对混合兼并参与企业可能采取掠夺性定价或其他报复措施的恐惧,被迫减少自身的竞争活动。[⑤]另一方面,未参与兼并企业减少竞争活动会造成市场竞争机制的扭曲与失效,将进一步导致市场准入门槛提高的结果;其他潜在的市场进入者将因为相关市场的准入门槛提高而放弃进入此市场。[⑥]

3. 互惠理论

依据互惠理论(Reciprocity Theorie),混合兼并后的企业集团可以对参与兼并的企业的商业伙伴施加影响力,促使或迫使后者在相关市场与该企业集团选定的其他企业从事商业交易活动。[⑦] 在这种情形下,相关市场实际上已对其他竞争者形成准入障碍。新的竞争者将失去进入此市场的动机与能力。[⑧]

4. 集中理论

依据总体集中度理论(Theorie der aggregierten Konzentration),混合兼并可以

① Vgl. Nothhelfer, Wann behindern konglomerate Fusionen den Wettbewerb? EuZW 11/2007, 332 (333).

② Vgl. Dreher, Konglomerate Zusammenschlüsse, S. 29.

③ Vgl. Dreher, Konglomerate Zusammenschlüsse, S. 31.

④ Vgl. BKartA, Bestandsaufnahme und Ausblick, S. 3.

⑤ Vgl. BKartA, Bestandsaufnahme und Ausblick, S. 3.

⑥ BKartA, Bestandsaufnahme und Ausblick, S. 3.

⑦ Dreher, Konglomerate Zusammenschlüsse, S. 35.

⑧ Dreher, Konglomerate Zusammenschlüsse, S. 35.

促使市场上企业总体集中度的提高,而这将使市场上大型企业之间的联系接触成倍增长。[①]

由此,大型企业之间维护共同利益的意识亦会同步增长,并促使它们采取反对竞争的协同行为。[②]

(二) 损害竞争效用

混合兼并的损害竞争效用表现为两种形式,即单边作用(unilaterale Effekte)与协同作用(koordinierte Effekte)[③]。混合兼并产生的这两种效用会显著阻碍有效竞争。

1. 单边作用

(1) 概念界定

在企业之间不存在协同策略的前提下,混合兼并会促使所有的市场竞争者个体动机发生改变并做出相应的伴随行为,此类变化产生的效应被统一归类为混合兼并的单边作用。[④]

(2) 传统类型

① 资产组合效应[⑤]

资产组合效应(Portfolio—Effekte)[⑥]在混合兼并领域可作如下理解:参与混合兼并的一家企业通过混合兼并扩张其产品组合或品牌组合,以增强其市场地位。[⑦]产品组合或品牌组合的扩张包括相关产品市场扩张与相关地理市场扩张。[⑧]

当混合兼并的参与企业的产品之间虽然不存在替代关系,但却属于同一产品系列时,就会产生混合兼并的资产组合效应。[⑨]

在 Guinness/Grand Metropolitan 案例中,混合兼并的资产组合效应得到欧共

---

① Dreher, Konglomerate Zusammenschlüsse, S. 36.

② Dreher, Konglomerate Zusammenschlüsse, S. 36.

③ Vgl. EK, Leitlinien zur Bewertung nichthorizontaler Zusammenschlüsse, Ziffern 15 f.

④ BKartA, Bestandsaufnahme und Ausblick, S. 18.

⑤ 资产组合效应是指:"货币存量的增减,引起资产结构重新组合,进而导致经济发生实质性变化的作用。"参见 MBA · 智库百科,http://wiki.mbalib.com/wiki/Portfolio_Effect,最后访问日期:2013 年 1 月 14 日。

⑥ 在欧盟法学理论界,混合兼并的资产组合效应有时被定义为混合兼并的非协同作用或单边作用。vgl. BKartA, Bestandsaufnahme und Ausblick, S. 18; Kling/Thomas, Kartellrecht, München 2007, S. 412, Fußnote 402.

⑦ Kling/Thomas, Kartellrecht, S. 412 (Rdnr. 250).

⑧ Gruber, Konglomerate Zusammenschüsse, RdW 9/2006, 552 (553).

⑨ BKartA, Das Untersagungskriterium in der Fusionskontrolle, S. 30.

体委员会(现欧盟委员会)的关注。[1]这一案例涉及两家饮料企业之间的混合兼并,它们的产品与市场之间具有一定的互补性。欧共体委员会由此预估,这一混合兼并可能经由资产组合效应而确立起兼并企业的市场垄断地位。[2]

② 资源强化效应

资源强化(Resourcenst rkung)原则包括深口袋原则(deep pocket doctrine)与上文所述防御(堑壕)原则(entrenchment doctrine)。

如果一家参与混合兼并的企业作为目标公司,在兼并后被一家财力雄厚的买家买进,则其作为目标公司将受到买家所具有的资金、客户等资源的支持帮助,从而使其市场行为空间得到显著扩张,进而提升其市场影响力。这种作用被称为"资源强化效应"。[3]

只要参与混合兼并的诸企业在事实上处于完全不同的市场,混合兼并企业集团就可以出于有效竞争的目的强化参与兼并的特定企业(所谓的"目标公司")的资金实力。当然,其重要前提是,金融资源或经济资源必须在目标公司所处市场上具有重要意义。[4]举例而言,混合兼并的一个参与企业在兼并中可以作为经济实力雄厚的买家(所谓的"深口袋"),该买家的金融资源或经济资源可以强化作为被收购方的另一家参与兼并企业(目标公司)的市场地位。[5]

到目前为止,欧共体委员会在它的执法实践中还未针对混合兼并案例进行纯粹的有关资源强化效应的分析评估。但是,在 Procter & Gamble/Gillette 案例中,欧共体委员会部分地利用资源强化理论作出了案例分析。[6]

③ 溢出效应

溢出效应(Spill—over—Effekte)的定义为:混合兼并完成后,参与兼并的一家企业在将来可以从参与兼并的其他企业处获得专利技术或基础设施领域的实质帮助,从而使这家企业在相关市场的地位得到确立或加强。[7]

溢出效应发生的前提条件是:一家混合兼并的参与企业在专利技术或基础设施领域具有优势地位。通常情况下,溢出效应发生在研究密集型领域(in forschungsintensiven Branchen),典型例子是化学与制药行业(Chemie—und Pharma-

---

① Kommission, Entscheidung v. 15. 10. 1997, Fall IV/M. 938, ABl. EG 1998 Nr. L 288, S. 24; vgl. Kling/Thomas, Kartellrecht, S. 412 (Rdnr. 250).

② Kommission, Entscheidung v. 15. 10. 1997, Fall IV/M. 938, ABl. EG 1998 Nr. L 288, S. 24. vgl. Kling/Thomas, Kartellrecht, S. 412 (Rdnr. 250).

③ Heinichen, Fallstudien zum Europarecht, S. 6.

④ BKartA, Das Untersagungskriterium in der Fusionskontrolle, S. 30 f.

⑤ Kling/Thomas, Kartellrecht, S. 413 f. (Rdnr. 251).

⑥ Kommission, Entscheidung v. 15. 07. 2005, Fall COMP/M. 3732, S. 6.

⑦ Vgl. Veltrup/Jürgensen,, konglomerate Fusionen, S. 44 f.

industrie)。①

在波音公司和麦道公司兼并案中,混合兼并的溢出效应(Spill—over—Effekte konglomerater Zusammenschlüsse)获得欧共体委员会的重视与关注。②

依据欧共体委员会的观点,在大型商用飞机市场上具有强大市场地位的波音公司,可能经由混合兼并而从麦道公司在军用飞机市场上的强大市场地位获益;其原因在于,军事领域的研究成果是很容易被移转运用于民事领域的。③

④ 杠杆效应

杠杆效应(Leverage—Effekte; Hebelwirkungen)应作如下定义:在混合兼并中,一家参与兼并的企业如果已在相关市场上具有强势的或主导的市场地位,则这一市场地位可能通过经济学上的杠杆效应(eine ökonomische "Hebelwirkung")传递到其他参与兼并企业所处的相关市场。由此,其他参与兼并企业的市场主导地位将得到确立,或者其他参与兼并企业既有的市场地位将得到加强。④

杠杆效应的出现(der Auftritt des Leverage—Effektes)具有两个前提条件:一方面,混合兼并的参与企业的产品之间应当具有一定的互补性或可替代性(nebeneinander komplementär oder substituierbar);⑤另一方面,对于杠杆效应是否发生这一问题,应当采行具有较高水准要求的证明标准。⑥

在 General Electric (GE)/Honeywell 案例中,一项混合兼并由于杠杆效应而被欧共体委员会禁止。⑦本案涉及的 General Electric 与 Honeywell 公司系大型的产品多元化企业。General Electric 公司在大型商业飞机与大型支线飞机的发动机市场上具有主导地位。Honeywell 公司为航空与航天工业生产制造航空电子设备和其他相应部件。⑧

General Electric 公司计划持有 Honeywell 公司的所有股份。⑨依据欧共体委员会的观点,General Electric 公司可能通过混合兼并的途径将飞机发动机、航空电子设备和其他飞机部件的生产(die Produktion von Flugzeugmotoren, Bordelek-

---

① Heinichen, Fallstudien zum Europarecht, S. 6.

② Kommission, Entscheidung v. 30. 07. 1997, Fall IV/M. 877; vgl. Kling/Thomas, Kartellrecht, S. 415 (Rdnr. 256).

③ Kommission, Entscheidung v. 30. 07. 1997, Fall IV/M. 877, S. 3 und S. 6 ff.; vgl. Kling/Thomas, Kartellrecht, S. 415 (Rdnr. 256).

④ Kling/Thomas, Kartellrecht, S. 416 (Rdnr. 258).

⑤ Kling/Thomas, Kartellrecht, S. 416 (Rdnr. 259).

⑥ Kling/Thomas, Kartellrecht, S. 420 (Rdnr. 265).

⑦ Kommission, Entscheidung v. 03. 07. 2001, Fall COMP/M. 2220.

⑧ Kommission, Entscheidung v. 03. 07. 2001, Fall COMP/M. 2220, S. 2.

⑨ Kommission, Entscheidung v. 03. 07. 2001, Fall COMP/M. 2220, S. 2.

tronik und anderen Flugzeugteilen)予以整合,从而在这些产品市场上获得市场主导地位(eine marktbeherrschende Stellung)。①不过,依据欧洲法院的看法,欧共体委员会应当为其在上述案例中关于General Electric公司的行为预测提供具有说服力的证据。②

在Tetra Laval/Sidel案例中,混合兼并的杠杆效应(der Leverage—Effekt konglomerater Zusammenschlüsse)得到欧共体委员会的重视。③依据欧共体委员会的观点,Tetra Laval公司在饮料纸盒包装市场上具有的市场主导地位,可能经由杠杆效应向PET市场传递,而在PET市场上Sidel公司具有重要市场地位。④

欧共体委员会这一看法的根据在于,Tetra Laval公司的纸盒包装产品与Sidel公司的PET瓶⑤产品具有技术上的互换性(die technische Austauschbarkeit von Kartonverpackungen und PET—Flaschen)⑥,基于两种产品的这种互换性,即使在其中一种产品的市场上出现客户流失,这部分流失的客户也可能转入与前一市场产品具有互换性的另一种产品的相关市场;对关涉两个市场的混合兼并企业集团来说,其在前一市场的客户流失数目将在另一个市场上得到弥补。

⑤ 作为单边作用特别类型的分割效应

依据《关于评估非横向兼并的指令》,分割效应(Abschottungs Effekte)的发生特指如下情形:混合兼并可能对兼并参与企业的市场竞争对手产生负面影响;与兼并企业存在竞争关系的事实上的或潜在的竞争对手可能被阻碍或阻止进入特定的相关市场,基于此,这些企业的竞争力与竞争意愿也被显著削弱。⑦

分割效应可以分为“生产要素圈定”与“客户圈定”两种具体类型。

生产要素圈定(Input Foreclosure)应作如下定义:混合兼并发生后,如果该兼并企业集团通过封锁上游市场(die Abschottung auf dem Vorleistungsmarkt)的方式限制其竞争对手接触重要的生产要素(Inputfaktoren),进而提高其竞争对手的竞争成本,则这一限制行为被称为“生产要素圈定”。⑧

---

① Kommission, Entscheidung v. 03. 07. 2001, Fall COMP/M. 2220, S. 3 ff.

② Vgl. BKartA, Bestandsaufnahme und Ausblick, S. 30.

③ Kommission, Entscheidung v. 30. 10. 2001, Fall COMP/M. 2416.

④ Kommission, Entscheidung v. 30. 10. 2001, Fall COMP/M. 2416, S. 3 ff.

⑤ PET瓶里面含一种叫作“polyethylene terephthalate”(聚对苯二甲酸乙二醇酯)或简称“PET”的塑料材质,该材质是由苯二甲酸(Terephthalic acid)和乙二醇(Ethylene glycol)化合后产生的聚合物。参见百度百科·PET瓶,http://baike.baidu.com/view/942964.htm,2013年1月16日访问。

⑥ Kommission, Entscheidung v. 30. 10. 2001, Fall COMP/M. 2416, S. 4.

⑦ EK, Leitlinien zur Bewertung nichthorizontaler Zusammenschlüsse, Ziffer 18.

⑧ EE&MC, Die ökonomische Analyse von nicht—horizontalen Unternehmenszusammenschlüssen: neue Leitlinien der Europäischen Kommission, 2007, http://www.ee-mc.info/mailingD/IV-2007.pdf, besucht am 01.06.2008, S. 3, Fußnote 1.

客户圈定(Customer Foreclosure)应作如下定义:混合兼并发生后,如果该兼并企业集团通过封锁下游销售市场(die Abschottung auf dem nachgelagerten Absatzmarkt)的方式限制其竞争对手接触重要的客户,则这一限制行为被称为“客户圈定”。[①]

一般而言,分割效应并非混合兼并单边作用的一种独立类型,它实际上只是资产组合效应、资源强化效应、溢出效应与杠杆效应的诱因或结果(Anlass oder Folge)。

分割效应的理论基础是经济学上的搭售与捆绑理论。[②]依据该理论,混合兼并引发的搭售与捆绑行为将主要导致价格歧视(Preisdiskriminierung)。这一经济学理论实质上并非一个独立的理论,而只是综合了防御理论与互惠理论的一种理论混合体。

2. 协同作用

(1) 概念界定

混合兼并的协同作用是指参与混合兼并的企业基于相互之间的战略性互动影响而放弃或限制相互间竞争活动的作用。[③]在更宽泛的意义上,混合兼并的协同作用是指:基于混合兼并的原因在相关市场上经营的企业之间形成的隐性的或明确的行为协同效用。[④]

(2) 传统类型

① 消除不完全替代或排除潜在竞争[⑤]

混合兼并可能导致消除不完全替代或排除潜在竞争的后果。简言之,混合兼并将导致市场参与者数目的减少,而这可能使企业更加容易实施协同行为,从而驱使原先没有协同意思联络的企业产生实施协同行为的意愿。[⑥]

② 多边市场影响

混合兼并的多边市场影响通常表现为:通过混合兼并,参与兼并的诸企业达到了在若干个相互独立的市场上实现“行为协同一致性”的目标。[⑦]一方面,混合兼并后,如果其中参与协同行为的企业没有遵守协同承诺,它将在多个市场上面临被报复的风险。在这种情形下,相关企业将更趋向于坚守可能危害竞争的协同行为。另一方面,混合兼并后,相关企业在商讨协同行为时将会统一考虑多个

---

① EE&MC, Die ökonomische Analyse, S. 3, Fußnote 1.
② EE&MC, Kopplungsgeschäfte, S. 2.
③ BKartA, Bestandsaufnahme und Ausblick, S. 18.
④ BKartA, Bestandsaufnahme und Ausblick, S. 25.
⑤ BKartA, Bestandsaufnahme und Ausblick, S. 26; Rasek, WuW 1/2007, 38(40).
⑥ EE&MC, Die ökonomische Analyse, S. 3; BKartA, Bestandsaufnahme und Ausblick, S. 26.
⑦ BKartA, Bestandsaufnahme und Ausblick, S. 27.

相关市场的因素,从而大大增强协同行为危害竞争的可能性。①

③ 隐性协同

在一个特定的市场上,如果混合兼并导致竞争者数量急剧减少,那么产生隐性协同后果的可能性很大。②其原因是,在混合兼并后,没有参与兼并的企业由于自身所处的弱势市场地位,为求自保,常常跟随兼并企业所采取的调整价格等市场行为,从而使混合兼并参与企业在相关市场上的支配地位得到确立或加强。③

(三) 法律实践

欧盟反垄断法执法机构对于混合兼并损害竞争的单边作用已作出明晰分析与评价。例如,在案例 General Electric Medical Systems (GE)/Amersham 中,GE 公司在诊断成像市场上(auf dem Markt von bildgebenden Systemen für Diagnosezwecke)具有强大市场地位,与此同时,Amersham 公司在诊断类药品市场上(auf dem Markt diagnostischer Pharmazeutika)具有市场强势地位。④如果 GE 公司与 Amersham 公司之间的混合兼并完成,则 GE 公司可能利用与其诊断成像系统密切关联的诊治方案,向它的顾客推销 Amersham 公司的产品。⑤

因此,欧共体委员会研究了该混合兼并可能产生的分割效应。在此项研究中,欧共体委员会分析了兼并可能导致的"混合捆绑"(Mixed Bundling)、"合同性搭售"(Contractual Tying)与"技术性搭售"(Technical Tying)等结果。⑥最终,欧共体委员会认为 GE 公司与 Amersham 公司之间的混合兼并不可能产生"合同性搭售"与"技术性搭售"的结果,并由此作出准许该混合兼并的决定。⑦

在欧盟反垄断机构执法与司法实践中,混合兼并的协同作用未获得与单边作用同等程度的重视。由于协同作用是多种类型垄断行为都具有的作用,而并非混合兼并所独有,所以混合兼并协同作用很少被视为独立的反垄断法研究议题。迄今为止,欧盟法院与欧盟委员会在法律实践中还未作出关于混合兼并协同作用的经典性案例评判。

---

① Vgl. BKartA, Bestandsaufnahme und Ausblick, S. 27.

② EK, Leitlinien zur Bewertung nichthorizontaler Zusammenschlüsse, Ziffer 120.

③ EK, Leitlinien zur Bewertung nichthorizontaler Zusammenschlüsse, Ziffer 120.

④ Kommission, Entscheidung v. 21. 01. 2004, Fall COMP/M. 3304.

⑤ Kommission, Entscheidung v. 21. 01. 2004, Fall COMP/M. 3304, S. 2.

⑥ Kommission, Entscheidung v. 21. 01. 2004, Fall COMP/M. 3304, S. 3 ff.

⑦ Kommission, Entscheidung v. 21. 01. 2004, Fall COMP/M. 3304, S. 15.

四、结　　语

综上所述,在欧盟反垄断法层面,混合兼并的概念界定具有清晰严谨的特征;欧盟理论界与实务界关于混合兼并效用的阐释分析较为全面深刻,并具有强有力的经济学理论支撑。当前,我国反垄断立法者、执法者、司法者以及相关学者关于兼并制度(经营者集中制度)研究的核心领域是横向兼并与纵向兼并的规制,相关研究较少涉及混合兼并规制领域。这既不符合全面构建反垄断兼并规制制度的立法精神,又无法有效应对大型企业愈来愈趋向于参与混合兼并这一国际并购潮流。基于此,我国应借鉴欧盟模式,明晰规定混合兼并的内涵与外延、具体评价标准以及关于此类兼并规制的经济学证明手段与方式,以尽快建立全面完善的混合兼并规制制度。

欧美天然气行业引入竞争的路径及法律模式

李玉红*

从20世纪70年代中期开始,欧美国家纷纷对公用企业放松监管,通过产业政策、法律引入竞争,其能源行业,如石油天然气行业也经历了一个从自由竞争到垄断再到竞争的过程。欧美国家能源行业放松监管、引入竞争的历程及其行业立法、竞争立法都对我国同行业的发展有一定借鉴意义。在能源行业开放市场,放宽市场准入,使民营资本能够参与行业竞争,形成行业上、中、下游竞争性的市场结构,是市场的终极追求。要在能源行业形成上、中、下游竞争性的市场结构,必须从产业政策、竞争政策、行业监管、竞争法各个层面提供适宜的政策和法律支持,在开放市场、强化市场竞争后,也需要法律为竞争机制提供保障。本文考察欧美天然气行业引入竞争的历程和法律实践,探讨如何通过法律手段打破天然气行业的垄断,让各种市场主体进入天然气行业,并思考其对我国能源行业市场准入、引入竞争的法律模式构建的启示。

一、欧洲天然气行业引入竞争之路及其法律模式

(一)欧洲天然气行业引入竞争的路径

传统理论认为,能源市场具有自然垄断性,由于能源行业的经济规模较大,具有较大沉淀成本且准入门槛非常高,产量越大,其边际成本和平均成本越低,并且石油天然气等能源对于国家经济命脉具有重要意义,因此自由竞争不适合能源行业,各国政府也不会让能源市场自由竞争。但是,20世纪七八十年代,西方经济思想发生巨大变化,倡导经济自由的新自由主义经济学派兴起。他们主张和维护市场的有效性,认为应建立一种生产者和消费者不受国家干预条件下

* 李玉红,华东政法大学2012级经济法学博士研究生。

追求其经济效益的市场经济秩序。[①] 伴随世界经济的显著变化,欧洲能源行业逐渐由原来的严格监管和政府控制演变为鼓励自由化竞争,允许私人资本进入。放松管制的主要目的是在非竞争性和管制性的能源行业引入竞争。欧洲天然气行业在引入竞争的进程中主要有以下几项举措:

第一,在天然气行业允许第三方进入,引导能源市场竞争结构变化。

能源市场结构可分为三部分,即能源生产、管网输送、通过管网销售给消费者。消费者支付的能源服务费全面反映了以上生产、分销、综合服务。20 世纪 80 年代,美国政府发布指令,将原综合性的能源公司分离,在能源生产领域引入竞争,在能源管网运输领域进行规制。欧洲也跟随美国,在 20 世纪 90 年代发布的欧盟 Directive 98/30/EC 指令中,要求能源公司的油气输送账户与销售账户分离。起初,已有的能源管网运营商拒绝给予其竞争者使用其管网的权利。若能源供应商能够以合理的价格进入已建立的能源供应商的管网,消费者就可以转而购买新供应商的产品或服务,从而受益。若能源管网设施的拥有者拒绝给予第三方竞争者进入能源管网的权利,则构成对市场支配地位的滥用。[②]

欧盟 Directive 2003/55/EC 指令中规定:"第三方准入的权利是指能源行业中保持经济独立的运营商享有的法定准入和使用由其他公司所有的能源管网设施的权利,这也是欧盟内部能源市场提案的基础。"[③]这一规定主要是把第三方准入的权利赋予了天然气生产商、能源供应商及其用户,允许它们使用其他公司拥有或控制的天然气管线。第三方准入是建立竞争、非歧视性的能源基础设施的基本途径。[④] 第三方准入的权利也并非绝对的、自动取得的,只有适合的主体才能享有。

如果没有第三方准入机制的安排,已有的能源管网所有者或运营商自然会由于竞争关系而排斥第三方进入,那么新的能源供应商向最终消费者提供服务的机会将很难实现。另外,能源基础设施有较高的经济、环境和社会成本,能够承担如此巨大成本的新进入者很少,并且能源管网设施重复投入也会造成社会资源浪费。对于一个竞争性较强的能源市场,能源管网准入成为消除准入壁垒的先决条件。

通常,输气管线的主要输送能力由在位企业依据自由化改革前签署的合同

---

① 参见程荃:《欧盟新能源法律与政策研究》,武汉大学 2012 年博士论文,第 132 页。

② See Srikanth Hariharan, European Energy's Tryst with Competition Law, E. C. L. R. 2011, 32(10), pp. 513—520.

③ 该规则主要规定了内部天然气市场的共同规则,取代了 Directive 98/30/EC。

④ See Srikanth Hariharan, European Energy's Tryst with Competition Law, E. C. L. R. 2011, 32(10), pp. 513—520.

控制,而这些合同不适用普通的第三方准入规则。在位企业也很少有动力去扩大自己的管线输送能力,以便满足新进入者的输送需求。低效的管理机制使这种情况更加严重,甚至不能保证二级市场小容量、短期化的输送要求。因此,新进入者通常需要根据在位企业的商业供给安排调整自己的需求计划。①

第二,能源管网所有权分离,促进能源市场的竞争。

若能源管网运营商与其存在附属关系的竞争者的关联度逐步弱化,那么第三方准入的机会就会更大。若要使第三方准入得到有效实施,使第三方能够有效地进入能源基础管网,有必要进行所有权的分离,以此建立公开的、非歧视的准入能源基础管网设施的规则。2003 年,欧盟发布指令,强制对能源市场进行拆分,规定能源管网系统运营商独立,给予消费者自由选择的权利。在此之前,对于综合性的能源公司,欧盟仅要求能源管网在管理和账户上保持分离,能源运输管网仍然由纵向综合性公司运营。②

所有权分离(Ownership Unbundling)是指把管网所有者当成系统供应商,使其独立于供应和生产环节。③ 很多情况下,所有权分离会要求企业重组。④ 为保持纵向综合性公司股东的利益,欧盟成员国可以选择通过直接剥离的方式,或者分离纵向综合性公司的股权为管网公司的股权和供应生产公司的股权的方式,实现所有权分离。⑤ 能源管网所有权分离是保护公正、自由竞争的条件,承担不同行业功能的企业彼此独立。两个不同的法人主体,一个经营生产业务,一个经营管线运输业务和分销业务,在业务和组织结构上毫无关联。这可以使能源管网服务更有效并吸引投资。所有权分离相对于管理结构的分离,能够更加符合消费者和股东的预期,有效的分离对于运转良好的、自由化的能源市场的发展是有必要的。通常,这种方式是规制向新进入者准入基础设施的形式,这种结构性的安排有力地促进了能源市场的竞争。"自由化的过程表明,有效的分离对确保非歧视的管网准入是有必要的,并可以避免纵向综合性的能源公司内部的利益冲突。"⑥

除了所有权分离,欧盟委员会也建议成立独立的系统运营商或者地区系统

---

① See European Commission, Communication from the Commission—Inquiry Pursuant to Article 17 of Regulation (EC) No 1/2003 into the European Gas and Electricity Sectors, Jan. 10, 2007.

② See Srikanth Hariharan, European Energy's Tryst with Competition Law, E. C. L. R. 2011, 32(10), pp. 513—520.

③ Directive 2009/73/EC of The European Parliament and of the Council of 13 July 2009, (8).

④ Directive 2009/73/EC of The European Parliament and of the Council of 13 July 2009, (11).

⑤ Directive 2009/73/EC of The European Parliament and of the Council of 13 July 2009, (15).

⑥ See Kroes, Improving Competition in European Energy Markets Through Effective Unbundling (2008) 31 Fordham Int'l L. J. p. 1387.

运营商。系统运营商与管网资产不存在经济上的联系,允许纵向综合性公司保留管网资产所有权,这些资产仍然是在位的纵向综合性公司的一部分,但是要把管网交给完全独立的第三方运营。独立的系统运营商经营着管线网,安排管网连接工作,承担紧急计划任务并平衡管网的使用,也制订计划和实施投资和融资工作。

欧盟委员会所做的第一件事就是放开纵向综合性公司所在的市场,放开价格管制和其他限制措施。“欧盟委员会第三次立法建议中指出,相同的主体不能在控制生产企业的同时,又与管线输送系统或管线运营商存在利害关系。”①成员国可以选择将纵向综合性公司的股份拆分为管网公司股份和生产企业股份两种,就是不能产生利害关系。能源输送管网与能源供应业务活动的有效分离,意味着能源生产企业不会再同时拥有或运营另一个管网输送系统。申请取得能源行业企业股份的第三方应当明确遵守欧盟关于管网生产运输的规定。实际上,实施的结果是有效的,各个公司相互独立运作,在欧盟委员会内部形成了一个同水平竞争对手平台。所有权分离可以消除纵向一体化经营的公司对投资的扭曲,分离后,可以增加第三方准入企业的利润。公司的股东从所有权分离后的公司获得的收益较从纵向综合性公司获得的收益高。同时,实施所有权分离的市场上,价格也会随之降低。所有权分离能够有效的促进竞争性市场的建立。总之,所有权分离可以说是平衡能源公司的利益与公平竞争市场的价值后作出的选择。

第三,开放能源市场的核心基础设施,②实行能源自由化政策。③

“对于一些设施,若竞争者离开了该设施,则无法向用户提供服务,或者若设施的所有者拒绝向其竞争者开放使用,竞争者会处于非常不利的位置,符合上述条件的设施则为核心设施。”④核心设施原则起源于一家具有自然垄断性的公司拒绝准入的案件。该公司拒绝将其在一个市场中的垄断设施给予相邻市场中的竞争对手使用。⑤ 由于该公司对这一设施拥有所有权和控制权,所以有能力拒绝其他竞争者或者普通的第三方进入相关市场。这一事件加速了在特定情形下,“能源市场基础设施的开放,包括天然气终端设备市场、石油管线市场、石油

---

① See Third Electricity Directive COM(2007) 528 final, p. 3.

② See Srikanth Hariharan, European Energy's Tryst with Competition Law, E. C. L. R. 2011, 32(10), pp. 513—520.

③ See Malgorzata Sadowska, Energy Liberalization: Excessive Pricing Actions Dusted off? E. C. L. R. 2011, 32(9), 471—477.

④ See DG Regional Policy, Guide to Cost-Benefit Analysis of Investment Projects (Brussels, 2002).

⑤ See Robert Pitofsky, Donna Patterson and Jonathan Hooks, The Essential Facilities Doctrine Under U. S. Antitrust Law(2002), 70 Antitrust L. J., pp. 443, 452.

储存设施市场等”[①]。

若占支配地位的公司拒绝提供核心设施,意味着该公司将一些竞争者剔除出相关市场。由于没有可替代性的选择,核心设施拥有者或运营商有义务提供其设施,只有非常特殊的商业上的原因才能证明其拒绝提供设施的行为是合理的。同时,“给予第三方核心设施准入的权利必须是非歧视性的,若没有客观的合理性,不得拒绝任何竞争对手,无论是横向的还是纵向的。”[②]

核心设施原则的引入也引起了广泛的争论,主要是关于能源公司投资基础设施和固定资产的动力与保证市场公平竞争之间的问题。每一项投资都包括成本和收益,这种以准入为基础出发点的政策可能降低能源公司的福利和投资的动力。“投资者承担一系列风险,如政治、法律、货币、金融等。”[③]“核心设施原则的适用给能源行业的投资造成一些障碍,投资油气管网和生产设备具有较高的成本,包括结构复杂的融资,涉及长期贷款、直接股权投资和担保贷款等。”[④]因此,诸如新能源开发存在较高技术风险和大量资金投入,核心设施原则的实施无疑会阻碍创新。竞争对手通常会回避这一风险,因其无论如何都会依据核心设施原则从其他公司获得许可权,从而受益。竞争者拒绝进入核心设施投资建设的,应以允许其在相关市场限制竞争作为激励措施。“欧盟法院采纳了上述观点,并据此制定了适用核心设施原则的条件:设施的所有者拥有支配地位;该设施应是必不可少的;前瞻性测试拒绝交易是否会引起下游市场的垄断或限制交易;准入对于申请者进行交易是非常重要的;无正当理由不得拒绝交易。”[⑤]

(二)欧盟委员会对欧盟天然气市场竞争状况的调查评估

尽管欧洲内部能源市场实施了自由化,但阻碍自由竞争的因素仍然存在。市场主体不断抱怨准入壁垒问题,消费者的选择权也受到很大限制。也有主体质疑对价格行为进行规制是否有害或者多余,价格规制是否超过了竞争管理局的能力。[⑥] 从2003年开始,天然气零售价格持续稳定上升,表明能源自由化过

① Peter C. Evans, Liberalizing Global Trade in Energy Services, Washington: AEI Press, 2002, p. 45.

② 1 C. M. L. R. 309.

③ P. Kotler and G. Armstrong, Principles of Marketing, Upper Saddle River, NJ: Pearson, 2010, pp. 94—111.

④ Michael Diathesopoulos, Essential Facilities Doctrine in Relation to Incentives to Invest, available at http://ssrn. com/abstract = 1732152.

⑤ Oscar Bronner GmbH & Co. KG v. Mediaprint Zeitungs-und Zeitschriftenverlag. GmbH & Co. KG, 1998, E. C. R. I-7791; 1999, 4 C. M. L. R. 112.

⑥ See Srikanth Hariharan, European Energy's Tryst with Competition Law, E. C. L. R. 2011, 32(10), pp. 513—520.

程并没有产生预期的目标。特别是2005年,电力价格的飞速上涨引起了能源密集型行业用户的不满。因此,欧盟委员会2005年依据欧盟委员会1/2003号规定第17条,[①]展开行业问询调查,旨在评估现行的竞争条件并找到市场失灵的原因,进而发现:

1. 天然气市场力量依然集中

在批发零售环节,天然气市场仍然是以国家为单位,保持着自由化政策前的较高集中度,自由化时期前形成的一些垄断市场力量至今还未受到削弱,这为滥用市场行为提供了空间。天然气的批发零售贸易一直缓慢发展,在位企业依然占据着传统市场的支配地位,控制着上游天然气进口或国内天然气生产的大部分份额。在位企业仅拿出一小部分天然气进行交易。能源零售市场的竞争是受到限制的。能源行业的消费者和地方分销公司之间零售合同的期限长短对替代性供应商成功进入相关市场的机会产生非常大的影响。消费者要求市场中有更多的除在位企业以外的供应商。但是,在一些成员国,消费者能够接触到的有竞争关系的供应商的数量并不太令人满意。由于新进入者很少,消费者的选择受到限制,竞争也很难展开。在整个能源供应链上,潜在进入者整体上还是依赖一家纵向综合性的企业。[②]

能源管网与能源供应环节利益的分离,已经对市场运作和市场对能源管网的投资动力产生一些负面影响。市场对能源基础设施和管网供应商提出质疑,认为后者扶持自己的附属公司,对其他公司而言则是歧视性对待。纵向排斥竞争的另一种方式是,在同一集团内部,进口环节与供应环节的利益实现联合。这种纵向集中降低了在位企业与批发市场进行贸易的积极性。特别是天然气供应商和在位进口商之间签订的长期供应合同,使新进入者很难进入天然气的上游市场。较低的市场流动性构成了天然气市场的准入障碍。[③]

2. 竞争法实施中的行为救济措施应对违反竞争规则效果不佳

竞争法实施中的特定情况主要体现在以下几个方面:行为救济措施应对违反竞争规则效果不佳;具有特殊结构的企业对竞争的破坏具有持续性和反复性;行为救济措施成本更大。当违反竞争的行为是由生产环节、基础设施经营环节以及不充分的分离促成的时,欧盟委员会应当运用权力阻止该行为的进一步滥

① See COUNCIL REGULATION (EC) No 1/2003 of 16 December 2002 on the Implementation of the Rules on Competition Laid down in Articles 81 and 82 of the Treaty. 该规则第17条规定,如果价格或其他情况表明共同市场内的竞争受到限制或扭曲,则欧盟委员会有权就特定经济领域进行调查。

② See European Commission, Communication from the Commission—Inquiry Pursuant to Article 17 of Regulation (EC) No 1/2003 into the European Gas and Electricity Sectors, Jan. 10, 2007.

③ Ibid.

用。欧盟委员会应当依据竞争法对下游市场以签订长期合同的方式形成的纵向市场集中行为进行调查,并在需要时为调查提供指导。若该合同是由占支配地位的公司实施的,则违反了《欧盟条约》第81条和第82条的规定,除非能够证明该行为对消费者是有利的。①

3. 市场结构缺陷

能源供应环节和管网环节的纵向集中导致市场对能源基础设施的投资不足,并因此诱发对其他市场主体的歧视。所以,有必要解决这一系统性的利益冲突问题。同时,管网所有者或运营商与能源供应商有共同利益,前者也没有动力去投资基础设施建设。因此,应当强化对现行不充分的市场的拆分力度,这将有利于促进管网运营商之间的合作。经济分析证明,充分的所有权分离是最有效的确保能源用户和鼓励投资的方式。这是因为,分离后的管网公司在投资决策上,摆脱了利益之间的重合,也避免了过度的监管带给政府的过多行政执法的压力。采取独立系统运营商的方式,虽然可以改善现状,但需要投入更多的精力和高昂的监管成本,并且在解决管网投资不足方面的效果也是很弱的。事实上,在实施所有权分离的地方,管网公司和能源供应商的商业更加的兴旺。②

4. 鼓励竞争的监管环境需要强大的监管机构

在所有权分离发挥解决市场力量以及市场缺乏流动性产生的问题的同时,其他促进市场的手段也是必不可少的。比如,欧盟需要一个强有力的监管机构,并加强相互之间的合作。只有一个强有力的监管框架才能为市场提供一个透明化、稳定化和非歧视的结构,而这些因素正是能源市场进行竞争以及促进基础设施投资的必要条件。这一监管框架主要包括下列要素:加强国家能源监管机构的权力;促进国家间能源监管机构的合作;促进管线系统运营商之间的合作;增加跨境监管的透明度。③

尽管欧盟提出了市场分离和改善监管环境,但在短期内,仍然存在着严重的能源零售市场流动性不足和市场力量集中的问题。这些问题导致虽然实施了能源市场的自由化,能源的价格依然很高。正如上文所述,竞争法是有效解决反竞争行为的重要工具。但是,天然气市场的集中度依然很高,能源监管部门应与市场竞争部门合作,分析其中的原因并提出方案。调查委员会强调扩大天然气基础设施的准入范围,并在基础设施领域适用"用或不用"条款,强制基础设施的共享。

---

① See European Commission, Communication from the Commission—Inquiry Pursuant to Article 17 of Regulation (EC) No 1/2003 into the European Gas and Electricity Sectors, Jan. 10, 2007.

② Ibid.

③ Ibid.

为解决能源市场调节失灵的问题,需要从两个方面同时进行:一是调整市场结构,二是改善监管环境。对于天然气市场的竞争结构,存在以下几个主要的缺陷:结构上的利益冲突,由于对竞争性环节的管网分离不够彻底,产生了系统性的利益冲突;监管的缺失,跨境监管协作不足;市场缺少流动性和活力,在位企业的垄断市场力量依然存在;市场缺乏透明度。以上几方面的问题,总结起来就是需要从四个方面弥补:实现管网和供应环节的有效分离;消除监管空白;解决市场集中度和准入的障碍问题;提高市场透明度。①

(三) 欧洲天然气行业引入竞争的法律模式

市场支配力是一种经济力量,竞争法并不反对在市场中占有支配地位的经营者,而是防止其滥用市场支配地位。占有市场支配地位的经营者负有特殊的义务,即不得在共同市场中有损害竞争的行为。欧盟针对石油天然气行业引入竞争和监管的立法案主要有:

1. 1998 年 6 月欧盟委员会关于欧盟天然气市场一般规则的指令 Directive 98/30/EC②

Directive 98/30/EC 的主要内容包括:规定市场准入的原则,各国应根据国内的组织规则,允许包括附属机构在内的其他企业在本国经营天然气业务;规定市场主体的非歧视待遇,成员国不能禁止或不当限制其他成员国的企业进入,各个市场主体,包括管道运输企业之间、运输企业与其他市场主体之间,应遵循市场规则,同时相互间保持信息的畅通,避免利用信息优势从事不正当竞争;规定管网账户的分离;规定保障能源安全。

2. 2003 年 6 月欧盟委员会关于欧盟天然气市场一般规则的指令 Directive 2003/55/EC③,该指令废止 Directive 98/30/EC

Directive 2003/55/EC 与 Directive 98/30/EC 的不同之处在于:增加系统管道运营商的规定,成员国应当指定各自国内的运营商,可以是一个,也可以是多个,可以是从现有综合性企业中剥离出来的,也可以是新进入的;增加管道运营商的独立性规定,成员国应当将管道运输环节独立于现有企业,若企业在法人人格、企业决策等方面与企业运营环节是分开的,也可以维持综合运营的模式;增

---

① See European Commission, Communication from the Commission—Inquiry Pursuant to Article 17 of Regulation (EC) No 1/2003 into the European gas and electricity sectors, Jan. 10, 2007.

② 该指令全称为:DIRECTIVE 98/30/EC OF THE EUROPEAN PARLIAMENT AND OF THE COUNCIL of 22 June 1998 concerning common rules for the internal market in natural gas。

③ 该指令全称为:DIRECTIVE 2003/55/EC OF THE EUROPEAN PARLIAMENT AND OF THE COUNCIL of 26 June 2003 concerning common rules for the internal market in natural gas and repealing Directive 98/30/EC。

加分销环节的规定,分销商应由多个主体运营,并且现有企业若包括分销模块,应当剥离出去;增加储运环节的准入规定,市场现有企业以及之后进入的企业应当将企业储运容量信息公示,并且应当向第三人非歧视地开放储运业务;增加上游管网基础设施的准入规定,成员国应当允许市场主体进入上游的管网领域,包括投资、运营等。

3. 2009年7月欧盟委员会关于欧盟天然气市场一般规则的指令 Directive 2009/73/EC①

Directive 2009/73/EC 指令为天然气行业的各个部分设定规则,包括输送、分销、供应和存储四大领域。该指令确立了天然气输送、分销、供应和储存的通用规则,建立了有关天然气行业的组织机构、天然气供应和储存、市场准入的规则,以及天然气运输、分销、供应和储存业务申请的标准和程序。② Directive 2009/73/EC 的主要内容包括:

(1) 市场准入保障

首先,市场准入的非歧视性要求。欧盟要求成员国对天然气市场主体设定的准入门槛或要求应当规定明确、透明、非歧视、可证明性,并且天然气企业享有平等进入成员国市场向各国消费者提供服务的权利。各成员国在自己的许可体系中,应当制定公平、公正、非歧视标准。该标准应当是天然气企业申请建造或运营天然气设施,或者申请提供天然气供应服务的企业可以达到的标准。上述非歧视性的标准和授予许可的程序应当公开。禁止歧视同一行业内的用户或不同行业领域的用户,特别是不能向与其有关联的企业提供支持等。天然气输送行业的运营商不得歧视不同用户或实体,不得限制、扭曲或阻止生产或供应市场的竞争。在与天然气储存设施企业、液态天然气气态处理厂和工业用户发生联系时,天然气输送运营商应当建立和公布透明、有效的工作程序和收费标准。

其次,禁止成员国限定天然气供应商。各国消费者均有权选择天然气供应商,而各国天然气市场的准入则要求消除国家之间的准入壁垒。成员国应当规定,在供应商同意的情况下,与天然气管网有关的所有消费者都有权选择天然气供应商并与其交易。各国的管理部门不得设置在另一成员国已经注册的天然气供应企业准入其国内天然气市场的障碍。若消费者依据合同的规定想要更换天然气供应商,则在相关供应商收到通知之日起的三周内变更决定生效。

再次,实现欧盟内部市场的开放,促使各国的天然气行业实现内部的自由竞

---

① 该指令全称为:DIRECTIVE 2009/73/EC OF THE EUROPEAN PARLIAMENT AND OF THE COUNCIL of 13 July 2009 concerning common rules for the internal market in natural gas and repealing Directive 2003/55/EC。

② See Directive 2009/73/EC, 1.1.1.

争。各成员国应当根据客观公正的原则和市场开放的标准,建立一个竞争性的天然气市场,避免任何滥用市场支配地位的行为。各成员国或任何有权机构应当对建造或运营天然气设施给予准入的许可,允许申请者建造或运营这些管线设施、管线以及在各自领域内的其他相关天然气设施。各成员国应当保证第三方主体进入天然气行业输送和分销领域,以及按照公开的价格使用液态天然气设施。这些使用液态天然气设施规则应适用于所有符合条件的顾客,包括供气企业,并且这些规则应是客观的、非歧视的。当然,各国也应考虑安全和对天然气供应、市场容量等的监管,若拒绝给予准入许可,则应对申请者给出客观、非歧视性的理由。

最后,简化市场准入程序,提高效率。除了准入门槛的降低,准入程序的高效也是市场竞争的推动力。为提高市场许可的效率,“监管委员会应当从接到通知之日起的四个月内作出决定。期满未作出决定的,视为同意准入。”①

(2) 扶持天然气市场的弱小企业,培育竞争力量

从国家垄断到引入竞争主体的过程中,业内已有企业占有绝对的市场优势。成员国应当培育弱小企业,以便建立有效的竞争性市场。对于新设的供气企业,为促进其发展和运营效率的提高,若已经存在的或预计的市场容量还未饱和,大型管线企业提出在特定领域建造和运营天然气分销网络,成员国应当拒绝给予该企业许可。

(3)信息公开,提高市场透明度

信息的不对称影响着市场主体的选择,成员国应当向行业内的经营者提供有效进入天然气市场所需的必要信息。“成员国应当规定,任何输送天然气的行业经营者、任何储存行业的经营者以及其他液态天然气领域的经营者和分销商应当提供充分的信息,这些信息应当能够保证天然气的储存和输送在互联互通的管线系统中的安全、有效。”②分销商也应当为其他的行业经营者提供市场准入的充分信息,包括输气系统的使用信息。

(4) 市场力量分离

为建立欧盟内部天然气市场的竞争结构,对天然气行业进行自由化改革和企业的拆分等。具体而言:

一是保证分离企业人员独立,防止关联企业影响拆分,促进竞争目的的实现。“相同人员不得有下列情形:(a) 直接或间接行使控制企业的权利,使企业从事天然气的生产或供应;直接或间接行使控制企业的权利,使企业从事天然气

① Directive 2009/73/EC, 10.5.
② Directive 2009/73/EC, 13.1(c).

的输送业务。(b) 直接或间接控制输气企业或者一个输气系统,以及直接或间接控制或行使生产或供应天然气的权利。(c) 不得担任或被任命为输气企业运营商的监事会成员、行政机构人员或法定代表人,以及直接或间接控制或行使企业生产或供应天然气的权利。(d) 不得承担天然气企业的生产或供应职能以及输气运营商的生产和供应工作。”①

二是天然气企业的账户应分离,保持各自的独立。“天然气企业的内部会计账户应当保持独立,包括输气、分销、液态天然气和储存四大领域。如果各项业务是分别进行的,那么企业就应当按照要求建立独立的账户,这也是为了避免歧视、交叉补贴以及对竞争的扭曲。另外,企业也应当建立与输气、分销、液态天然气和储存无关的业务的账户。”②此外,对企业还有其他的一些要求,如:“独立的决策权,纵向集中企业各个部分的独立,关于财产的运营、保养或输气系统的发展;在资本市场筹集的权利,特别是借贷和增加资本。”③

三是分销商的分离。“若系统内的分销商属于纵向集中的企业,那么至少应当保证法人形式、组织机构和决策活动与分销业务是相互独立的。”④“在组织形式和决策机制上,也应当保持独立性,终止与分销业务的关联。”⑤但是,对于小的运营商,则不承担分离的义务。

(5) 限制纵向经营业务集中。业务上的交叉经营对于在位大型企业来说,很容易影响相关市场的竞争。因此,“当指定了一个独立的系统运营商后,输气系统的所有者以及储存系统运营商都属于一家纵向集中的企业的,应当至少在法定形式、组织机构和决策上保持相互的独立,彼此不能发生关联”⑥,以保证输气系统的所有者和储存系统运营商之间的独立性。“对于行业内的纵向集中型企业,承担生产或供应功能的子公司不得直接或间接持有输气系统运营商的股份。同样,输气系统运营商不得直接或间接持有纵向集中企业中承担生产或供应功能的子公司的股份,也不得收取给予的分红或者任何其他子公司的财务报酬”⑦,尤其是财务上应保持独立。“纵向集中型企业和输气系统运营商之间任何商务和金融关系,包括由输气系统运营商借款给纵向集中型企业,都应当符合市场条件。”⑧

---

① Directive 2009/73/EC, 9.1(b)(c).
② Directive 2009/73/EC,31.3.
③ Directive 2009/73/EC, 18.1(a)(b).
④ Directive 2009/73/EC,26.1.
⑤ Directive 2009/73/EC,26.2.
⑥ Directive 2009/73/EC, 15.1.
⑦ Directive 2009/73/EC, 18.3.
⑧ Directive 2009/73/EC, 18.6.

(6) 禁止输气运营商拒绝交易。“输气系统运营商不得以未来管线能力限制或额外的必要成本的增加为由,拒绝与新的储存、液态天然气气态化设施或产业消费者建立关联。输气系统运营商应当保证新进入者充分的进入与退出的管线容量。”①

(7) 天然气市场的有序竞争离不开对经营者的监管。分销系统的经营者应当接受监管机构或者其他有权机关的监督,不得利用纵向集中的优势扭曲竞争。

二、美国天然气行业引入竞争之路及其法律模式

(一) 美国天然气行业引入竞争的路径

美国是最早在公用企业引入竞争的国家。从1975年起,美国先后在航空、铁路、汽车、能源、电信等行业放松监管而引入竞争。② 在天然气行业,1989年,美国完全取消监管。美国天然气行业引入竞争主要是通过:

1. 解除天然气价格管制

1978年,美国议会通过《天然气政策法案》,取消了州际和州内天然气井口价格管理的差异,将州内天然气井口价格也纳入了联邦政府的调控范围,同时提高了联邦能源管理委员会(the Federal Energy Regulatory Commission, FERC)确定的天然气最高限价,允许部分天然气价格放开并制定了整个天然气价格放开的框架。1989年,美国议会又通过《天然气井口价格解除控制法》,规定从1993年起天然气井口价格全部放开。③

2. 分离管道公司业务,为消费者提供多元选择

能源生产和能源管网运输可以完全分开。美国政府发布指令,将原综合性的能源公司分离,能源管网服务提供商成为公共服务提供商,非歧视性地向所有用户提供管网输送服务;在能源生产领域引入竞争,而在能源管网运输领域进行规制;鼓励成立一家独立的管网系统运营商经营油气输送系统。因此,20世纪末,美国天然气批发市场获得了飞速发展。

1985年,FERC会发布436号令,分离管道公司的贸易和运输业务,鼓励管道公司提供开放和无歧视的运输服务。FERC加快对愿意提供开放运输业务的管道公司发放新的管道设施和服务许可。1992年,FERC又发布了636号令,强

---

① Directive 2009/73/EC, 23.2.

② 参见姚保松:《公用企业反垄断法律规制研究》,法律出版社2014年版,第35页。

③ 参见刘毅军、汪海:《对美国天然气市场的竞争性分析》,载《天然气工业》2002年第1期,第102页。

制性地解除管道公司捆绑的销售和运输业务,即禁止管道公司从事销售天然气业务。①

3. 天然气管网公开准入,重塑市场结构

在早期,美国国内的大部分天然气市场基本上是垂直型的。即天然气生产商在生产地将天然气出售给州内或者跨州的管道运营商,管道运营商再将购买的天然气出售给批发商或者零售商,最后由批发商或者零售商销售给最终的用户。有时,燃气管道公司也会直接将天然气出售给与公司有管道连接服务的工业用户,但这种情况很少出现。市场中,燃气管道公司经营着国内燃气的多项业务,给用户提供一揽子服务,包括汇集、处理、储存和运输。也有一些第三方燃气公司经营汇集或者加工天然气的业务,但数量非常少。同时,独立的或者附属于燃气管道公司的市场主体、地方分销商和最终用户通常也不会直接从这些生产商或者独立的汇集、加工商处购买天然气。②

在美国天然气管网公开准入后,市场结构是非垂直型的,营销商的加入大大提高了市场效率。这种市场结构的特点是:天然气管网公开准入,营销商的作用增强,市场的流动性增强。③

(二)美国天然气行业引入竞争的法律模式

美国天然气市场竞争结构的调整是由一系列的法律出台促成的。美国与天然气相关的法案④很多,与天然气行业竞争相关的主要有:

1. 美国1938年《天然气法案》(*the Natural Gas Act of 1938*,NGA)

由于天然气管道输气设施的建设需要大量的资本投入,美国天然气市场早期形成的垂直型的市场结构就更加的牢不可破并进一步发展。天然气管道公司为保证天然气的供给和需求,要求签订长期的合同以筹集基础设施建设的资金。融资需求导致了天然气输气管道的自然垄断。然而,在1938年之前,却没有法律规范规制这种垄断行为。当时,规制上述天然气管道公司垄断行为的依据停留在州或地方层级。地方为保护天然气资源,直接对天然气的开采进行管理。

---

① 参见郜峰、马宝玲、耿长波、王曦:《美国天然气市场发展历程及启示》,载《资源与产业》2013年第5期,第128—129页。

② See Johnson, Handbook on Gas Contracts, pp. 58—60 (The Institute for Energy Development 1980).

③ 参见郜峰、马宝玲、耿长波、王曦:《美国天然气市场发展历程及启示》,载《资源与产业》2013年第5期,第130页。

④ 美国与石油天然气相关的法案主要有:18 C. F. R;Petroleum Marketing Practices Act(15 U. S. C. S. 55);the Natural Policy Act of 1978(15 U. S. C. S. 60);Natural Gas Act of 1938(15B U. S. C. S. 60);ALASKA Natural Gas Transportation(15C U. S. C. S. 60);ALASKA Natural Gas Pipeline(15D U. SC. S. 60);Energy Policy Act of 1992。

对于天然气的分销业务,州政府也进行规制,通常是以许可证的形式展开。根据商业条款规则,州政府不能规制州际天然气运输业务。① 规范天然气行业的监管机构先是1938 年NGA 设立的联邦电力委员会(the Federal Power Commission, FPC),在 1978 年转由联邦能源管理委员会(FERC)负责监管。

1938 年,美国颁布 NGA,其主要内容包括:

第一,对跨州和州内管道公司输气费率和价格进行规制。所谓“跨州贸易”,是指从一个州到另一州,或者由州内转由州外,最终仍回到州内的情形,目前仅限于美国国内的商业活动。② 所谓“运输”,美国 1938 年 NGA 没有对其进行定义,但实践中对其进行了扩大解释,包括从井口到最终燃烧设备的整个过程。跨州和州内管道公司的价格应公平合理,禁止价格歧视和限制竞争。天然气公司针对燃气运输或销售业务制定的费率、收取的费用等,应当接受联邦电力委员会的监管。任何影响或者与费率或收费有关的规则和管理应当公平合理,违反公平合理原则制定的费率或收取的费用都是非法的。③《联邦电力委员会规则》进一步规定,禁止受联邦电力委员会监管的天然气运输或销售公司有下列行为:(1) 给予任何个人特权或特别的优惠,或给予任何人不当的歧视或不利条件;(2) 维持不合理的差别费率、收费水平、服务、设施等,无论是在当地企业之间还是在不同服务之间。④

在抑制管道公司利用优势地位限制竞争的措施中,包括公众享有监督的权利,尤其是对与公众利益相关的管道公司收取费用的标准等重大事项。为保证公众的知情权和监督权,《联邦电力委员会规则》规定:“每一家天然气公司都应当在规定的时间、以委员会指定的形式向委员会提交资料,并且应当以方便的形式供公众查阅。公布的文件应当清楚地显示出对天然气运输或销售制定的费率或收取的费用、类别、商业习惯以及相关的影响因素。天然气公司签署的合同也应当对任何影响或者与以上费率、费用、类别和服务有关的因素进行公示。”⑤

天然气公司提交给委员会的费率标准不能随意提高,除非提高费率是依据天然气公司新提交的方案。联邦电力委员会认为费率存在不公允、歧视、特权或者其他非法的情况,可以降低费率。⑥

第二,禁止操纵市场,禁止限制转售。天然气市场的有序竞争离不开对限制

---

① See West v. Kansas Natural Gas Co., 221 U.S. 229 (1911).

② See 15B U.S.C.S. §717a(7).

③ See 15 U.S.C.S. §717c(a).

④ See 15 U.S.C.S. §717c(b).

⑤ 15 U.S.C.S. §717c(c).

⑥ See 15 U.S.C.S. §717c(d).

竞争行为的规制。一是禁止利用优势地位操纵市场的行为。任何市场主体在与天然气的购买或销售及其运输服务等方面存在关联的领域,若存在通过直接或间接方式实施操纵市场、欺诈交易等行为,联邦电力委员会基于维护公众利益或保护天然气纳税人的利益,都会认定上述违反相关监管规定的行为违法。① 二是禁止限制转售的行为。“合同条款具有下列情形的,不具有执行力:合同约定禁止任何合同性利益的转让;依据合同禁止天然气汇集或运输转售或转运输;若发生上述转让、混合或转运输的,合同终止。”②

第三,许可证管理。在市场准入上,FERC 弱化对非跨州的管道运输公司和转售商的监管,实施许可证管理。依据 NGA 第 7 部分,管道运输公司和转售商获得了对公众基础设施的许可,可以在州际贸易中以约定的价格和费率经营转售业务。但是,为维护社会公众利益,上述天然气企业若在合同到期后终止服务,亦应当获得许可。

通常,符合法定形式要件即可获得市场准入许可。“FERC 应当准许符合法定条件的申请者进入天然气市场,全部或部分地允许被许可人经营、销售、提供服务、建造、延伸业务、兼并,条件是申请人有能力并且愿意遵守监管规则和履行提供公共服务的义务。这些规则是委员会依据现在或将来对社会公共运输服务的要求,从经营、销售、提供服务、建造、延伸业务、兼并等方面提出的。若申请者不能够做到,则无权获得许可。”③

第四,市场透明度规则。市场的有效竞争离不开交易的透明,交易的透明度可以减少因信息不对称带来的潜在限制竞争的行为。FERC 负有提高天然气市场透明度的责任。“在事关公众利益、市场统一、公平竞争以及保护消费者的事情上,委员会应当促进天然气销售市场或运输市场的透明。”④

2. 美国 1978 年《天然气政策法案》(*the Natural Gas Policy Act of 1978*,NGPA)

1954 年,在 Phillips Petroleum Co. v. State of Wisconsin 案中,⑤美国最高法院认为,FERC 依据 NGA 的规定,有权对独立天然气开采商将天然气出售给管道公司的行为进行监管。FERC 据此希望为这样的交易行为设定费率,先从地方税率开始,再到国家层面。然而,这种监管模式导致了严重的供给和需求问题。

针对上述费率监管模式引起的供给和需求问题,1978 年,美国国会通过了

① See 15 U. S. C. S. §717c-1.
② 15 U. S. C. S. §717y(c).
③ 15 U. S. C. S. §717f(e).
④ 15 U. S. C. S. §717t-2(a)(1).
⑤ See 347 U. S. 672, 74 S. Ct. 794, 98 L. Ed. 1035 (1954).

《天然气政策法案》。该法案鼓励钻探新的天然气井,解除价格管制,包括天然气开采商、其他新进入的天然气供应商和特定原有天然气供应商。同时,通过免除跨州管道运输公司和州内管道运输公司之间或与特定地方分销商之间在NGA下因相互输送对方天然气而负担的义务,鼓励天然气的运输业务,尤其是从天然气富裕地区输送到天然气短缺地区。

在1978年《天然气政策法案》出台前,美国国内天然气行业的产业链一直按照公用企业的模式进行管理。① 1978年,美国颁布《天然气政策法案》,开放了天然气市场,进而打开了能源及运输市场开放的大门。该法案部分废除了NGA赋予特定企业的首次销售权(如生产商、加工商以及其他的天然气首次销售权人)。② 1989年,国会最终完全废止了NGA规定的由FERC颁发的首次销售权许可证。③

3.《联邦监管规则》(*the Code of Federal Regulations*, CFR)第18部分

FERC对天然气管道公司的监管规则分布在《联邦监管规则》第18部分第1章第E至第H分章,主要监管内容包括:

第一,对州际输气管道公司的规范。

天然气管道的建设运营具有天然的垄断性,而燃气管道的运输却不具有垄断性。CFR第18部分将国内天然气行业的商业规则由纵向的商业关系转变为随机发生的销售关系,管道运营公司不再具有对天然气购买的垄断权,其输气管道也应当对其他的市场主体开放。“在一家跨州管道公司服务数家地方分销商的情况下,任何当地分销商都有权申请对该管道公司输送天然气的许可。FERC若认为该申请对于公共运输服务是必须的,则可以给予这些地方天然气分销商使用管道公司输气设施的许可。获得许可的分销商有权从事天然气的销售或者运输服务,州内的天然气管道公司也应当向其他的天然气经营者开放自身的燃气运输设备。”④

管道公司输送天然气的业务属于竞争性行业。CFR规定,管道运营商在其运输管道在剩余运输能力的范围内时,应当向其余有需求的天然气公司开放,以此增加天然气领域内的竞争。与天然气销售类似,经销商或分销商若要获得管道公司输气管道的服务许可,应当获得FERC的准许。“在该部分,任何跨州天然气管道运营商均可以向FERC提出一项申请,允许其授权其他天然气企业使

① See 15 U. S. C. A. § § 3301—3442.

② See 15 U. S. C. § 3331.

③ See The Natural Gas Wellhead Decontrol Act of 1989, Pub. L. No. 101—60, 103 Stat. 157 (1989) (the “Decontrol Act”).

④ 18 CFR 284. 224(b)(1)(3).

用其管线从事天然气的输气服务。FERC 则依据 NGA 第 7 部分的规定,向申请者发放公共交通设施许可证。”①“若一家跨州天然气管线公司服务数家地方分销公司,可以依据 CFR 规定申请使用许可。同时,任何跨州天然气管线公司也可以依据 CFR 规定,向委员会申请一项空白许可,许可其为提供 18 CFR 284.223项下的必要输气服务而建造、运营天然气设施。”②

对于管道运营商承担的公共输气义务,运营商享有较大的自主权。例如,“依据第 §284.221 条的规定,任何跨州管线公司获得准入其他管线公司的许可后,无需经过 FERC 的许可或者批准,就有权在任何时间,向任何承运人,向任何终端用户或其他人输送天然气。”③根据规定,其他管线公司应当允许上述管线公司使用其剩余运力。管线运营商获得的许可范围涉及天然气行业的多个领域,“管线运营商的许可权包括建造、兼并、运营、置换,以及特定符合条件的基础设施的重新设计等。”运营商只需获得一项空白许可,即可从事所有与天然气相关的业务,相关的天然气厂商也应当提供便利。

第二,对州内输气管道公司的规范。

除了跨州天然气管线公司应当开放自身管线以增加跨州天然气市场的竞争外,州内的天然气管线公司也应当为增加竞争开放自身的管线资源,任何利用对天然气管线的垄断地位限制竞争的行为,在 FERC 的监管规则中都是被禁止的。管线公司之间以及管线公司与分销商、生产商之间的关系,不再是上下游的单链条关系,而是相互任意交易的关系。“任何州内天然气管线公司无须经过 FERC 的事先许可,就可以将其天然气销售给由一家跨州天然气管线公司服务的州内其他管线公司或者地方分销商。依据该部分的规定,州内天然气管线公司收取的费用不得超过合同约定的价格加上依据 § 284.123 条确定的公平合理的费率。”④州内管线公司经营天然气业务,该天然气通过邻近的州输入的,在符合下列条件时,FERC 应当给予管线公司许可权:“(1) 该天然气应当是经由州内的天然气集散商或其他州内管线公司输送的;(2) 州内管线公司经由州内管线运营公司的管线将天然气提供给终端用户或者另外一个州内管线公司的;(3) 该天然气是被同一州内的最终用户使用的。”⑤

第三,平等原则,任何人都有转售业务的资格。

天然气市场的有效竞争离不开市场主体的平等,“除了本段第(e)(2)规定

---

① 18 CFR 284.221(a).
② 18 CFR 284.221(f)(1)(2).
③ 18 CFR 284.223.
④ 18 CFR 284.142.
⑤ 18 CFR 284.227(a).

以外,同一空白许可下,任一交易均应遵守相同的费率和费用标准、条款、交易条件,并且第(c)和第(d)部分规定的报告要求平等地适用于进行交易的所有州内管线公司。"①

在CFR出台前,行业内市场主体之间基本是单向交易,相互之间不存在交叉交易,即使存在,也不占交易的大部分。由于管线公司处于交易的中间环节,管线的建设和运营又因巨大的资金投入和沉淀成本而具有天然垄断的特性,因此管线公司控制着天然气生产商、分销商、批发商、最终用户的交易。为防止因该情形导致管线公司限制转售市场的竞争,CFR第284.402(a)条规定:"非跨州管线运营商依据NGA第7部分的规定,若取得公用运输设施的一揽子许可,则持有人有权以协商的费率从事跨州的各类天然气转售业务。该类业务受天然气监管委员会的监督。"②同时,转售商有权依据CFR第284.402(c)(2)的规定与多个管线公司交易。"若一个市场主体与多个天然气管线公司存在交易关系,则本部分第(a)段规定的有关跨州管线公司的规定不再适用,除非这些管线公司符合本部分第(c)(1)段规定的标准。"③

(三)美国天然气行业的典型判例——美国联合石油分销公司诉联邦能源管理委员会案④⑤

联合石油分销公司在美国的天然气行业内,既经营管线输气业务,也经营管线燃气销售业务。FERC为实现天然气行业的结构重组,强制要求天然气销售与运输业务相分离。联合石油分销公司认为FERC无权作出该决定,因此将FERC诉至法院,请求撤销该决定。

法院认为,FERC发现联合石油分销公司打包销售天然气的行为不公正、不合理、具有歧视性,据此要求其履行从天然气管线公司接受同等输气服务的义务,该决定属于FERC的权限范围,并不是随意作出的。法院审查FERC决定的权力限于FERC在对NGA理解时,是否有权要求公司维持管线消费合同,并且认定合同的合理性是否为委员会的法定权力。依据NGA固定价格和费率条款,FERC有充分的依据限制有害于公众利益的合同安排。除了FERC的监管,NGA对地方销售公司的监管范围限于州内的输气服务,不包括跨州的天然气输送业务。FERC在作出决定时,有充足的理由反对单方减少合同输气责任的行为,一

---

① 18 CFR 284.224(e)(1).

② 18 CFR 284.402(a).

③ 18 CFR 284.402(c)(2).

④ See 170 P. U. R. 4th 425, 88 F. 3d 1105, 319 U. S. App. D. C. 42, Util. L. Rep., pp. 14,111.

⑤ See United Distribution Co. v. FERC, 319 US. App. D. C(1996). 该案上诉裁决时间为1996年10月29日。

些消费者自愿承担不利于输气服务的行为不能代表所有的消费者都愿意承担该不利后果。

法官认为,该案的法律依据一是436法案①,二是636法案②。

FERC发布的436法案规定了天然气市场的开放。根据规定,FERC开始要求天然气管线公司只从事输气业务,其燃气销售业务应当被剥离出去。为促进天然气输送领域的竞争,FERC给予第三方天然气企业经营输气业务的许可。实际上,FERC是给天然气管线公司施加了公共承运人的义务。由于意识到天然气产业内,管线公司依据垄断地位实施一些反竞争行为,436法案直接规定了自然垄断条件下平等进入的原则。另外,每一家获准进入管线输送市场的主体都有义务允许各自的用户或消费者自由选择或更换输气服务公司。636法案规定了强制拆分。FERC发现,管线公司的销售份额从1984年的90%多降至1990年的21%。输气专营公司的服务经常受到日常输气安排和平衡指标的影响,若超过10%的输气量,还会遭到处罚。管线公司运营商对使用其管线输送天然气的销售公司,有时拒绝提供输送剩余天然气的管线服务。这使得无法变更供应商的消费者不得不在用气高峰期以高价购买管线公司自身的天然气,而在用气低峰的时候才能使用专营销售公司的气体。由于管线公司扭曲天然气市场竞争的行为,消费者通常要支付双倍的输气价格,但接受的服务质量却很低。正是由于管线公司这种反竞争的行为,FERC认定管线公司打包销售服务的方式违反了NGA。

对于管线公司利用自身对管线资源的垄断优势从事垄断销售或者限制销售的行为,FERC所采取的措施是强制管线公司将其管线销售和管线输送服务分开,通过强制分离,形成了两大业务板块。FERC希望该措施能够消除管线公司的垄断地位对销售市场竞争的扭曲。为了解决、规制管线公司将输送和销售打包提供服务的弊端,FERC引进了“无通知公司输气服务”概念。根据该规定,独立的专业销售公司可以使用管辖公司的资源而不必担心受到处罚。在天然气行业重组的过程中,还在接受管线公司打包服务的用户享有选择权,可以自由选择是否接受独立销售运营商提供的服务。若管线公司不从事打包输气服务,则不得再经营输气销售服务;若经营该业务,则应非歧视地允许其他独立输气运营商使用其管线资源。

与天然气输送市场形成鲜明对比的是,FERC实质上是解除了对管线销售市场的规制。对天然气管网,FERC也采取了一些措施使其形成竞争的格局。

---

① See 18 CFR 284.221 General Rule; Transportation by Interstate Pipelines on Behalf of Others.

② See 18 CFR 284.224 Certain Transportation and Sales by Local Distribution Companies.

首先,单纯地开放管线市场虽不足以彻底阻止市场力量的集中,但在管线互联互通的情况下,允许消费者充分利用现有的管线选择从生产商处购买天然气的路线,则可以避免该类情形。其次,管线的开放也可以促使天然气供应商在生产区域聚集。

从该判例可以看出,监管机构强化对能源市场结构的调整,旨在为竞争不充分的能源市场引入更多的市场主体,如规定管线公司的公共承运人义务,取消对天然气的价格管制,禁止对竞争者的歧视性待遇等。但是,仅仅取消对管线销售市场的规制还不足以真正建立竞争性的市场结构,各个管线公司之间相互独立、彼此分割,一定程度上限制了消费者或者能源用户对天然气或石油供应商的选择权,使供应商利用与管线公司之间的关联利益限制消费者或者用户的选择权,从而使竞争监管当局的监管失灵。因此,FERC 提出,管线公司应当彼此实现互联,让消费者享有选择能源供应商的权利,从而打破管线公司与能源生产商之间潜在的联合限制竞争行为的发生。生产和输送环节的分离,一方面降低了两个环节之间共谋,提高了行业准入门槛;另一方面提高了行业的市场供应能力。从竞争法上看,生产和输送环节的分离是重塑竞争性市场结构的一种方式。纵向集中式的市场结构很难摆脱利益之间的冲突,能源厂商为了避免因竞争损害整体利益,很容易在整个产业链上限制生产和输送厂商的行为,限制其他竞争者以合理的成本进入该市场。

三、欧美天然气行业竞争法律实践的启示

能源行业引入竞争的立法通常是产业立法和竞争立法的融合,在产业立法和执法中兼顾竞争政策和竞争理念。一方面,能源行业通过法律实施放松管制、强化市场竞争,通过行业法律制度强制授权竞争者进入能源行业;另一方面,引入竞争后,又需要法律保障竞争机制实施。美国和欧盟在产业政策和竞争政策出现冲突时,都选择竞争政策优先,认为产业政策,包括其法律形式产业法在制定和实施中的弊端,可借由竞争政策的制定和实施进行有力的制约。这表明能源行业的行业法“竞争法化”的倾向。①

总结美国和欧洲的天然气行业引入竞争的发展情况,尽管进程不完全一样,但趋势是相同的,即强化市场观念,发挥市场在行业发展中的作用,市场越来越开放,竞争程度越来越高。竞争性、供应安全性、可持续性是其政策目标,竞争性

① 参见李胜利、胡承伟:《论产业法“竞争法化”之缘由及发展路径》,载《安徽大学学报》(哲学社会科学版)2013 年第 6 期,第 107 页。

的市场能够为投资创造或提供一个契机或信号,投资又能够以最大效能比的方式保障能源的安全供应。同理,建立竞争性的内部市场能够促进欧盟能源公司在更大的市场中运作。同时,市场力量使能源公司采用最有效率的生产方式达到成本最小化,适当的监管又有利于能源的可持续性。消费者在竞争性的市场中,也能够选择不同的能源供应商和合同安排,进而降低成本和费用,使消费与市场发展相适应。①

但是,仅仅是竞争政策还不足以保证自由、公正的市场竞争,还应当在市场结构、规制环境和法律架构上进行改善。从实践来看,各国通过修改行业法律,逐步削弱垄断企业在市场中的垄断地位,废除特权和专有权,增强市场竞争的生态。垄断行业引入竞争的法律模式分为行业立法引入竞争的模式、竞争法引入竞争的模式、行业法与竞争法并行引入竞争的模式。竞争法旨在打破传统自然垄断的观点,同时也引入竞争理性。创造公平竞争的市场环境,使社会整体利益最大化和消费者福利最大化,这是竞争法的最高目标。

① See European Commission, Communication from the Commission—Inquiry Pursuant to Article 17 of Regulation (EC) No 1/2003 into the European Gas and Electricity Sectors, Jan. 10, 2007.

第四编　国有经济参与法律制度

国有企业管理者民事责任制度研究

——以国有资本的法律保护为视角

王长华*

一、问题的提出

近年来，国有企业①的董事、监事、经理等高级管理人员（以下简称“国企高

* 王长华，华东政法大学2013级经济法学博士研究生，河南财经政法大学民商经济法学院讲师。

① “国有企业”并非一个严格意义上的法律术语，虽在我国相关部门制定的文件中经常出现，但尚未形成统一的概念界定，在不同的环境、不同的文件中有不同的指代。学界关于这一概念的认识也不尽相同。有学者认为，国有企业是中央政府投资兴办的企业，地方政府兴办的企业不应被看作国有企业。参见甘培忠：《企业与公司法学》（第五版），北京大学出版社2007年版，第112页。也有学者认为，国有企业的范围包括中央和地方各级国家机关、事业单位和社会团体使用国有资产投资所举办的企业，也包括实行企业化经营、国家不再核拨经费或核发部分经费的事业单位以及从事生产经营性活动的经济实体，还包括上述企业、事业单位、社会团体使用国有资产投资所举办的企业。参见杨紫炬主编：《经济法》（第四版），北京大学出版社2010年版，第136页。本文在后一种意义上适用“国有企业”这一术语。

管”)因从事违法乱纪行为纷纷落马,[①]基本上都与贪污受贿、滥用职权、徇私舞弊、违反决策程序等行为有关。[②] 在已经被追究法律责任的国企高管中,基本上都被追究了相应的刑事责任,却鲜有被追究民事责任的。不争的事实轮番上演,一边是国企高管的不断落马及严刑峻法,另一边是新的后继者铤而走险。显然,严刑峻法似乎并未完全根除国企高管侵害企业利益的冲动。其原因何在?我国刑法关于国企高管犯罪的刑事责任不可谓不重,国家反腐的决心不可谓不大,缘何国企高管怠于履行职责、侵吞国有企业利益的事件仍屡禁不止?

有学者在研究后指出,国有资产之所以在法律上是“神圣的”,在现实中却容易被侵占和损害,一个重要的原因是缺乏一套按照民法的要求“自我保护”国有财产的机制。这使我国国有资产法律保护中存在着一个盲区,即对侵犯国有资产的行为忽略了追究责任人的民事责任。[③] 国有资产也有一个所有权,而对所有权的保护最有效的方式是民法保护,可是我国国有资产保护中恰好缺少的就是对造成国有资产流失的人员追究民事责任。[④] 规范国有企业治理,保护国有资产,巩固和发展国有经济,固然离不开刑事责任和行政责任制度的法律保护,而国企高管民事责任制度的建立健全和全面落实更不可或缺。然而,国企高管民事责任制度在我国目前尚未充分发挥其在保护国有资产、规范国有企业治理、推动国有经济发展等方面的重要作用。究其原因,一是对国企高管民事责任制度不够重视,实践中存在以刑事责任、行政责任替代民事责任的倾向;二是国企高管民事责任制度自身不够完善。[⑤] 有鉴于此,本文拟从国企高管民事责任制度的功能、国企高管民事责任的认定和承担等方面展开研究。

---

① 例如,华润集团原董事长宋林、中国石油天然气集团公司原副总经理李华林、中国移动通信集团公司原副总经理鲁向东、中国远洋运输(集团)总公司原副总经理徐敏杰、青岛远洋运输有限公司原副总经理宋军等。参见陈荞:《十八大后67名国企高管落马38人为企业一把手》,http://politics.people.com.cn/big5/n/2014/0915/c1001-25658520.html,2014年9月17日访问。

② 例如,广州远洋运输公司原总经理徐惠兴、总会计师胡锦沛等人因受贿被判处刑罚。参见审计署2014年第8号公告。华润集团原董事长宋林涉嫌严重违纪违法被调查。据凤凰网报道,宋林落马可能与高价购矿有关。参见李磊:《举报者:宋林落马肯定和高价购矿有关》,http://finance.ifeng.com/a/20140418/12149340_0.shtml,2014年9月17日访问。另据新华网报道,央企华润电力控股有限公司以不可思议的高价收购金业集团资产,其评估存在严重问题,并且违规提前支付收购款项,涉嫌造成数十亿元国有资产流失。参见王文志:《华润电力并购金业项目被指数十亿国资流失》,http://news.xinhuanet.com/energy/2013-07/05/c_124960608.htm,2014年9月17日访问。

③ 参见顾功耘等:《国有资产法论》,北京大学出版社2010年版,第380页。

④ 参见陈雄根:《国有资产监管法律制度研究》,中国经济出版社2012年版,第119页。

⑤ 我国《企业国有资产法》第71条虽然规定了国企高管的民事赔偿责任,但该条没有解决的一个问题是:对国家出资企业的高管人员的赔偿责任应当如何进行追究?理论界对此问题的研究也很不成熟。参见李曙光主编:《企业国有资产法释义》,法律出版社2012年版,第365页。

二、国企高管民事责任制度的功能

（一）有利于保障国有资产安全，防止国有资产流失

就企业法的视角而言，国有资产是指国家对企业各种形式的出资所形成的权益。[①] 简言之，国有资产是指国家对国有企业所享有的出资人权益（股权）。正如有学者所言，国家对国有企业主张的所有权实质上是股权化的所有权，如果不这样理解，所谓国有企业的法人资格就是虚假的。[②] 作为国有企业的投资者，国家是通过其所投资的国有企业的经营运作而实现资本增值的。然而，由于体制的原因，产权主体在实际上处于权利不明、责任不清的状态，导致国有资产实际上处于无人负责的状况。这在国有企业中直接表现为经营性国有资产流失及企业效益低下。[③] 由于国有企业中存在着多层次的“代理”关系，这样国家所有权主体的“虚位”使得产权主体不明和代理链条拉长，国企高管侵犯企业利益进而侵犯国家投资者利益的情形就难免经常发生。在抵御侵害方面，国家所有权不是强者，而是弱者。如果对国有资产流失不采取特殊措施，将难以达到治理的理想效果。采取多种手段，包括公益诉讼等强有力的手段，保护国有资产，是国有资产公有性质的客观需要。[④] 只有当国有企业的合法权利得到保护时，国家享有的股权才有价值。反之，若国有企业的权利得不到切实保护，其受到的损失难以得到及时的赔偿，则企业的整体价值必然受损，进而其投资者（国家）的投资收益就会相应受损。正是从这个意义上讲，要求国企高管对企业造成的损失承担赔偿责任，防止企业财产的不当减少，就是对国家享有的股权的保护，就可以保障国有资产的安全，防止国有资产流失。[⑤]

就防止国有资产流失、保护国资安全而言，目前我国实践中经常启用的刑事及行政法律责任追究制度不可或缺。但是，在不断加大惩处力度、加强刑事制裁后违法犯罪行为仍然频发的事实告诉我们，刑事及行政法律责任追究制度并非防止国有资产流失、保障国有资产安全的最佳良药。只有找准病根，才能对症下药。国企高管之所以不断踩踏法律红线，触犯法律，要么是出于对物质利益的追

---

① 参见《企业国有资产法》第 2 条。

② 参见甘培忠：《企业与公司法学》（第五版），北京大学出版社 2007 年版，第 141 页。

③ 参见徐晓松等：《国有企业治理法律问题研究》，中国政法大学出版社 2006 年版，第 12 页。

④ 参见顾功耘等：《国有资产法论》，北京大学出版社 2010 年版，第 380 页。

⑤ 若无特殊说明，本文中的“国有资产”是指国家对企业各种形式的出资所形成的权益，“国有资产流失”是指国家所享有的股权价值的人为缩水。受研究对象的限制，本文不探讨机关法人、事业单位法人中的国有资产流失问题。

求,要么是懈怠其经营管理职责。[①] 既然物质利益的刺激是导致国有企业利益遭到损害的根本原因,那么治理该问题时就必须以此为基点进行制度设计。简言之,通过国企高管民事责任制度的建立健全,迫使其放弃侵犯公司利益的念头。相较于侧重于惩罚性的刑事责任,民事责任在保障国有资产安全、防止国有资产流失方面具有独特的优势,特别是财产损害赔偿方面的民事责任,是以全面赔偿为原则的。无论行为人主观上是出于故意还是过失,也无论行为人是否受刑事、行政制裁,均应根据造成损害的大小(包括对直接受害人和间接受害人造成的损害)确定民事赔偿的范围。[②] 这样,健全的民事责任追究机制可以迫使国企高管放弃非法牟利的冲动。刑事责任中的罚金则因罪刑法定、罪刑相适应原则,在适用时有严格的限定条件。此外,刑事责任的追诉时效通常从犯罪行为发生之日起算,而民事责任的诉讼时效通常从知道或应当知道之日起算。显然,后者更有利于对国有资产的保护。

(二)有利于保护国有企业的法人财产权,健全国有资本运营平台

根据我国民法法人制度的基本原理,国有企业作为法人的一种,拥有自己独立的法人财产,对其财产依法享有法人财产权。我国《物权法》第 68 条第 1 款明确规定:“企业法人对其不动产和动产依照法律、行政法规以及章程享有占有、使用、收益和处分的权利。”国有企业对国家投入的财产依法享有法人所有权,而国家则基于投资关系对国有企业享有资产收益、重大决策以及选择经营管理者等权利并履行义务。[③] 因此,当国企高管造成国有企业损失时,应当承担赔偿责任,以保护国有企业的法人财产权。对此,《物权法》第 37 条规定:“侵害物权,造成权利人损害的,权利人可以请求损害赔偿,也可以请求承担其他民事责任。”《侵权责任法》第 2 条第 1 款规定:“侵害民事权益,应当依照本法承担侵权

---

① 从某种程度上讲,国企高管懈怠经营管理职责的根本原因仍与物质利益有关。因为国有企业中代理链条的过度拉长,对某些国企高管来说,企业经营所带来的收益并不归其所有。因此,这些国企高管出于对企业经营业绩的漠视,怠于履行责任,甚至内外勾结、监守自盗、中饱私囊。

② 参见马俊驹、余延满:《民法原论》(第三版),法律出版社 2007 年版,第 1030 页。

③ 我国《物权法》第 67 条规定:“国家、集体和私人依法可以出资设立有限责任公司、股份有限公司或者其他企业。国家、集体和私人所有的不动产或者动产,投到企业的,由出资人按照约定或者出资比例享有资产收益、重大决策以及选择经营管理者等权利并履行义务。”第 55 条规定:“国家出资的企业,由国务院、地方人民政府依照法律、行政法规规定分别代表国家履行出资人职责,享有出资人权益。”《企业国有资产法》第 4 条第 1 款也明确规定:“国务院和地方人民政府依照法律、行政法规的规定,分别代表国家对国家出资企业履行出资人职责,享有出资人权益。”国有企业依法成立后,国家投入企业的财产即成为企业的法人财产,作为对价,国家享有出资人权益。简言之,伴随着投资行为的完成,国家财产的财产形态由出资前的形态(如现金、土地使用权、实物等)转化为另一种形态(股权)。就此而言,国家的财产在总量上并没有减少。

责任。”因此，健全国企高管民事赔偿责任追究制度可以有效保护国有企业的合法利益。

国有企业进入市场，就是一个民商事主体，首先具有自己的独立利益。在法治社会，当一个国有企业的利益受损时，当然可以依法追究相关责任人的民事赔偿责任，以填补其所遭受的损失。民事赔偿责任可以发挥罚金和罚款难以企及的损失填补功能。罚金和罚款是上缴给国家的，民事赔偿是给受损企业的。虽然国有企业的股权由国家完全持有或部分持有，但国有企业与抽象意义上的国家仍然是不能混为一谈的，因为财产的归属问题在法律上还涉及员工、债权人以及中小股东利益的保护问题。罚金和罚款上缴国库后，并没有返还给受损的国有企业，而是由国家财政统一支配，受损国有企业的损失并未得到及时的填补。此时，若简单地认为国家的整体财产没变，则这种观念实际上又倒退到国企改制前的状态，无视企业的法人主体地位，无视现实生活中中央企业和地方企业、不同行政区划的国有企业的具体投资主体不同的现实。正如有学者在研究后指出：“虽然在一些立法活动和法学研究中，我国法学界和立法部门有时候对‘统一、唯一的国家所有权’已经不存在这个事实视而不见，但是现实告诉我们，不论是中央政府和地方政府之间，还是中央企业和地方企业之间，都存在着不同的利益需求，其中包括中央政府、省、市、县、乡镇政府等，甚至还包括特种行业，如邮政、电信、铁路、军队等部门，拥有并且争夺‘国家所有权’的情形。”①没有清晰的产权界定，没有健全配套的民事赔偿责任制度，国有企业的市场化改革就难以真正有效推进，国有资本就难以真正市场化运作。这是因为，不管是国有资本的授权经营还是信托经营，其前提均是企业的法人财产权得到切实的保护。若企业的法人财产权都不能清晰地界定和保护，那么设计再精美绝伦的国有资本运营法律制度也难以真正有效地发挥作用。

（三）有利于促进国有企业规范企业治理，巩固和发展国有经济

民事责任制度的直接目的，是让义务违反者承担法律上的不利后果，促使其积极履行义务，进而维持立法者所期望的社会秩序。在现代企业治理中，企业高管处于非常重要的位置。经营管理者的法律地位或身份以及相应的权力、义务和责任配置，乃公司治理的基本准则，是整个现代公司法律结构和秩序的核心。② 基于此，各国法律普遍对企业高管规定了各种民事责任，以促使其善尽义

---

① 孙宪忠：《“政府投资”企业的物权分析》，载《中国法学》2011 年第 3 期。

② 参见何尧德：《现代公司民事责任制度研究——以股东和经营管理者为重心》，法律出版社 2011 年版，第 152 页。

务,规范治理企业。国企高管民事责任制度的建立健全,可以有效促使国企高管善尽对企业的受信义务。

国有企业作为一种法人组织,其具体的行为活动及其规范运作离不开董事、监事、经理等高级管理人员职责的积极履行。基于此,各国法律在赋予企业高管巨大经营决策权利的同时,为其设置了忠实义务和勤勉义务。然而,义务的履行必须由法律责任承担作保障,没有责任的追究必将使义务之履行成为空谈。① 违法行为只有在惩罚的威慑下,才能有所收敛;义务只有在责任的警醒下,才有可能得到履行;没有救济,就没有权利。因此,保护股东和公司合法权益的有效途径便是由发生违法或不当行为的董事、监事、经理依法对受害的公司承担民事赔偿责任。② 实行国企高管民事责任追究机制,可以倒逼国企高管依法履行其应尽的义务,增强其在重大经营决策中的责任意识。鉴于国企高管在国有企业治理结构中所处的重要位置,完善的义务体系以及与此配套的责任追究制度可以保证国有企业董事会、经理层、监事会等机构规范运作,由此就可以达致现代企业治理的良好状态。规范的治理机制的建立,是国有企业健康发展的关键。国有企业是国有经济的细胞,国有企业健康有序发展了,国有经济也就相应地得到巩固和发展了。国有经济在我国国民经济中占主导地位,国有经济发展了,社会主义市场经济也就发展了。

三、国企高管民事责任制度的立法现状

(一)我国现行法关于国企高管民事责任的规定

1. 国有企业法的特别规定

关于国企高管的民事责任制度,我国《企业国有资产法》等相关国有企业法均有明确规定。③ 其中,规定得最为全面的当属《企业国有资产法》。该法第26条规定了国企高管对企业承担的忠实义务和勤勉义务。第71条在对国企高管的忠实义务和勤勉义务进行细化的基础上,规定了国企高管的民事赔偿责任:"国家出资企业的董事、监事、高级管理人员有下列行为之一,造成国有资产损失的,依法承担赔偿责任;属于国家工作人员的,并依法给予处分:(一)利用职权收受贿赂或者取得其他非法收入和不当利益的;(二)侵占、挪用企业资产的;(三)在企业改制、财产转让等过程中,违反法律、行政法规和公平交易规则,将

① 参见徐晓松等:《国有企业治理法律问题研究》,中国政法大学出版社2006年版,第280页。
② 参见赵旭东主编:《公司法学》(第三版),高等教育出版社2012年版,第390页。
③ 本文所说的"国有企业法"特指《企业国有资产法》等有关国有企业的专门立法。

企业财产低价转让、低价折股的;(四)违反本法规定与本企业进行交易的;(五)不如实向资产评估机构、会计师事务所提供有关情况和资料,或者与资产评估机构、会计师事务所串通出具虚假资产评估报告、审计报告的;(六)违反法律、行政法规和企业章程规定的决策程序,决定企业重大事项的;(七)有其他违反法律、行政法规和企业章程执行职务行为的。国家出资企业的董事、监事、高级管理人员因前款所列行为取得的收入,依法予以追缴或者归国家出资企业所有。履行出资人职责的机构任命或者建议任命的董事、监事、高级管理人员有本条第一款所列行为之一,造成国有资产重大损失的,由履行出资人职责的机构依法予以免职或者提出免职建议。"该条第1款列举的7项赔偿情形中,第1—4项属于违反忠实义务,第6项属于违反勤勉义务,第5项属于违反两种义务的情形,第7项属于兜底条款。该条第2款规定了责任承担问题,即国企高管违反上述义务取得的收入,"依法予以追缴或者归国家出资企业所有"。除了《企业国有资产法》的规定外,其他法规和规章也对国企高管的民事责任作了规定。《企业国有资产监督管理暂行条例》第40条规定,国有及国有控股企业的企业负责人滥用职权、玩忽职守,造成企业国有资产损失的,应负赔偿责任。自2008年10月1日起施行的《中央企业资产损失责任追究暂行办法》第33条规定,"企业发生资产损失,经过查证核实和责任认定后,在依据国家或者企业有关规定要求予以赔偿的基础上",应当根据程度及影响对相关责任人分别给予处罚。该办法第38条规定:"建立董事会制度的企业(含董事会试点企业),董事未履行或者未正确履行职责给企业造成资产损失的,除依法承担赔偿责任以外,国资委应当依照本办法及公司法规定的有关程序对其选任的董事进行处罚。"此外,地方各省出台的地方性规定,也对国企高管民事责任有所涉及。

2. 公司法的一般规定

我国《公司法》第21条规定,公司的董事、监事、高级管理人员利用其关联关系损害公司利益,给公司造成损失的,应当承担赔偿责任。第147条规定了董事、监事、高级管理人员的勤勉义务和忠实义务。第148条对董事、高级管理人员的忠实义务作了列举式的规定。第149条规定:"董事、监事、高级管理人员执行公司职务时违反法律、行政法规或者公司章程的规定,给公司造成损失的,应当承担赔偿责任。"此外,第112条第3款规定:"董事应当对董事会的决议承担责任。董事会的决议违反法律、行政法规或者公司章程、股东大会决议,致使公司遭受严重损失的,参与决议的董事对公司负赔偿责任。但经证明在表决时曾表明异议并记载于会议记录的,该董事可以免除责任。"第152条规定了股东派生诉讼。

(二)对国企高管民事责任立法现状的评析

《中央企业资产损失责任追究暂行办法》第33条、第38条关于民事责任的规定只是一笔带过,“在依据国家或者企业有关规定要求予以赔偿的基础上”和“除依法承担赔偿责任以外”的表述更是将民事责任追究制度留给其他法律法规规定。同时,该办法对民事责任的轻描淡写,与行政责任、刑事责任的浓墨重彩形成了鲜明对比,有淡化、弱化国企高管民事责任之嫌。《企业国有资产法》虽然对国企高管的民事责任作了规定,但规定得过于笼统,而且还存在诸多问题。例如,《企业国有资产法》第71条规定,国企高管违反义务,“造成国有资产损失的,依法承担赔偿责任”。这一规定存在两个问题:(1)向谁赔偿?是赔偿国有企业还是赔偿国有企业的出资人(股东)?(2)给谁造成损失?这涉及赔偿数额的计算问题。这两个问题其实是一个问题的两个方面,关键在于如何理解第71条中的“造成国有资产损失”。若从法条本身来看,应当理解为给国企的出资人(股东)造成损失,因为《企业国有资产法》第2条开宗明义地规定:“本法所称企业国有资产(以下称国有资产),是指国家对企业各种形式的出资所形成的权益。”[①]既然是给出资人(股东)造成损失,当然是应该向出资人(股东)赔偿,而不是向国有企业赔偿了。但是,如果这种理解成立,则与法人基本理论相悖,且有违国企改革精神。这是因为,国有企业成立后与其出资人发生分离,在法律上是两个主体,出资人让渡财产给企业而相应获得了对企业的投资者权益(股权),出资人的出资转化为企业的财产。企业作为一个独立的法人,拥有自己的法人财产并独立经营,其高管若违反义务(如自我交易),首先违反的是对国企所负的义务[②],当然是直接给国企造成损失了。损失对象的准确界定,直接涉及民事责任的认定问题以及损害赔偿数额的确定问题。因此,《企业国有资产法》第71条中的“造成国有资产损失”应当理解为给国有企业造成损失,既然是给国有企业造成损失,当然是向该国有企业赔偿了。因此,建议该条今后修法时修改为“给企业造成损失的,应当承担赔偿责任”。

此外,就勤勉义务而言,《企业国有资产法》虽然有所规定,但到底何为“勤勉义务”,实践中如何把握勤勉义务,进而认定国企高管重大决策失误的民事责

---

① 此外,《企业国有资产法》第4条第1款规定:“国务院和地方人民政府依照法律、行政法规的规定,分别代表国家对国家出资企业履行出资人职责,享有出资人权益。”第12条第1款规定:“履行出资人职责的机构代表本级人民政府对国家出资企业依法享有资产收益、参与重大决策和选择管理者等出资人权利。”显然,《企业国有资产法》中的“国有资产”是指国家给予投资所享有的投资权益,其实就是股权。

② 《企业国有资产法》第26条就明确规定国企高管“对企业负有忠实义务和勤勉义务”,而不是对国企的出资人负有忠实义务和勤勉义务。私法上的义务相对人直接决定了责任承担的相对人。

任,则不无疑问。[①] 在特别法没有规定时,一般法可以补充适用。然而,我国《公司法》在引入“勤勉义务”概念时并没有引入一个参照性的标准,对勤勉义务的具体内容、实施标准等都没有作界定。[②] 就国企高管的忠实义务而言,同样存在《企业国有资产法》与《公司法》的协调适用问题。《企业国有资产法》第71条所列举的违反忠实义务应当赔偿的范围远远小于《公司法》第148条关于忠实义务的规定,依据特别法与一般法的法律适用原则,《公司法》第148条当然可以补充适用于公司制的国有企业。这里存在的问题是:《公司法》第148条能否适用于国有独资企业(全民所有制企业)?这就给实践中对国有独资企业高管民事责任的认定增加了难度。

相较于国有企业的特殊性和“敏感性”,公司则具有普通性和全球化,公司法关于民事责任的规定应该更加直观和明确。然而,我国《公司法》关于勤勉义务、忠实义务以及违反义务后的民事责任的规定还过于简单、模糊,缺乏可操作性。由于我国法律对勤勉义务的判断标准的缺失,使得法官在审理公司高管违反勤勉义务而面临赔偿纠纷时,往往不会仅仅和直接根据《公司法》第148条即勤勉义务的概括条款进行裁判。[③] 由于勤勉义务裁判标准的缺失,使得原告胜诉的可能性降低。公司诉讼尚且如此,我们很难苛求国有企业高级管理人员违反注意义务时的责任追究。此外,在我国司法实践中,法院通常以侵权之诉追究董事、经理等高级管理人员因违反忠实义务和勤勉义务所应承担的民事责任。[④] 那么,在国有企业法和公司法对国企高管民事责任缺乏明确规定的情况下,追究国企高管民事责任时能否直接适用侵权责任法?侵权责任法关于民事责任的归责原则、构成要件、举证责任分配等的规定能否直接适用?这些问题都有待进一步研究和明确。

---

① 尽管该法第71条对勤勉义务也有所涉及,但规定得仍然过于粗糙,很多问题还有待细化和进一步研究。譬如,第71条第1款第6项规定,违反法律、行政法规和企业章程规定的决策程序,决定企业重大事项的,给企业造成损失的应当承担赔偿责任。是否需要考虑国企高管的主观过错、如何承担责任、是否存在责任减免,这些问题在目前的国有企业立法框架内难以找到答案。

② 参见楼建波、闫辉、赵杨:《公司法中董事、监事、高管人员信义义务的法律适用研究——以北京市法院2005—2007年间的相关案例为样本的实证研究》,载王保树主编:《商事法论集》(第21卷),法律出版社2012年版,第558页。

③ 参见王建文、张宇、熊敬:《公司高管重大经营决策失误民事责任研究》,法律出版社2012年版,第38—42页。

④ 参见楼建波、闫辉、赵杨:《公司法中董事、监事、高管人员信义义务的法律适用研究——以北京市法院2005—2007年间的相关案例为样本的实证研究》,载王保树主编:《商事法论集》(第21卷),法律出版社2012年版,第545—549页。

四、国企高管民事责任的认定

鉴于国企高管所担负的受信义务包括忠实义务和勤勉义务，而这两种义务之间存在着诸多差异[①]，这种差异性又必然会影响违反义务的责任认定问题，因此以下将对国企高管违反这两种义务所产生的民事责任认定问题分别予以论述。

(一) 国企高管违反忠实义务时的民事责任

忠实义务的核心在于，国企高管不能使自身利益与国企利益处于一种冲突中，不能谋取私利，这是一种消极不作为义务。[②] 忠实义务是把道德上对国企高管的要求法律化，法律是道德的底线，这是国企高管最起码的义务。基于此，我国《公司法》第 148 条对忠实义务作了列举式的规定。当然，鉴于国有企业的特殊性，我国相关法律还对国企高管的忠实义务作了更为严格的规定。例如，《公司法》第 70 条规定："国有独资公司的董事长、副董事长、董事、高级管理人员，未经国有资产监督管理机构同意，不得在其他有限责任公司、股份有限公司或者其他经济组织兼职。"[③]《企业国有资产法》第 25 条也有类似的规定。忠实义务的特性以及国企高管的特殊地位，决定了在该种责任认定上的特殊性。

在认定国企高管的民事责任时，首先面临的是归责原则的确定问题。关于企业高管违反注意义务时的民事责任认定，有学者认为，应采取无过错责任原则。因为忠实义务是对董事道德层面的最低要求，这些行为本身具有极强的客观性，容易识别，一旦董事从事了这类行为，就应当追究其责任，而不问主观状态。这也与我国合同法对违约责任采纳无过错责任的立法精神相吻合。[④] 也有学者认为，应当采取过错推定原则。[⑤] 还有学者认为，就过错而言，董事、高级管理人员承担违信责任同样需要以过失为基础，但公司法在确定董事、高级管理人员的过失责任时更加倾向于运用程序化标准，而程序化标准的运用实际上都是

---

① 勤勉义务主要是为了克服企业高管的懈怠和责任心不强，忠实义务则主要是为了克服企业高管的自私和贪腐行为。关于勤勉义务与忠实义务的区别，可参见王建文、张宇、熊敬：《公司高管重大经营决策失误民事责任研究》，法律出版社 2012 年版，第 23—26 页。

② 参见王建文、张宇、熊敬：《公司高管重大经营决策失误民事责任研究》，法律出版社 2012 年版，第 24 页。

③ 对于一般公司，《公司法》第 148 条对高管兼职未作明确规定，该条第 1 款第 5 项规定的竞业禁止义务也仅限于"与所任职公司同类的业务"。

④ 参见胡改蓉：《国有公司董事会法律制度研究》，北京大学出版社 2010 年版，第 183 页。

⑤ 参见蔡元庆：《董事的经营责任研究》，法律出版社 2006 年版，第 19 页。

过失责任客观化的表现。[①] 笔者认为,在对国企高管违反忠实义务进行民事责任认定时,应坚持无过错责任原则。主要理由如下:其一,这是忠实义务的本质内涵的必然要求。董事的忠实义务是道德义务在法律上的最低限度的要求,其核心在于避免董事使其自身利益与公司利益相冲突,其目的在于保证作为公司机关担当人的董事在执行职务时的"纯洁性"和"利他性"。简言之,董事在执行职务时应将其私人利益摒除在行为决策考虑之外。换言之,只要董事使其自身利益与公司利益相冲突,就是对忠实义务的违反,就应承当相应的法律责任,而无须过问其主观心理状态如何。其二,从解释论的视角看,我国相关法律采纳的就是无过错责任原则。首先是《公司法》第 148 条的规定。该条第 1 款对董事的忠实义务作了列举式的规定,第 2 款规定董事"违反前款规定所得的收入应当归公司所有"。依第 2 款,不管董事行为时的主观心理状态如何,只要其违反了忠实义务,就应向公司承担返还"所得的收入"的民事法律责任。显然,《公司法》在追究董事违反忠实义务的民事责任时采纳的是无过错责任原则。其次是《企业国有资产法》第 71 条第 1 款的规定。"造成国有资产损失的,依法承担赔偿责任"的立法措辞是典型的无过错责任的立法表述。纵观我国民商事立法,凡是采纳过错推定原则时,表述为"不能证明自己没有过错的,应当承担侵权责任"或"应当承担责任,但是能够证明自己没有过错的除外";[②]凡是采纳无过错责任原则时,则表述为"造成他人损害的,应当承担侵权责任"[③]。因此,从法律类比解释的角度看,《企业国有资产法》第 71 条第 1 款的立法措辞说明,立法者对国企高管违反忠实义务采取的是无过错责任原则。这种解释与该条第 2 款的规定也是相吻合的。[④]

在确定归责原则后,国企高管违反忠实义务所应承担的民事责任的构成要件也就清楚了。具体来说,国企高管违反忠实义务时的民事责任的构成要件为:(1) 存在违反忠实义务的行为。该行为必须是国企高管执行职务时的职务行为,必须是在执行职务过程中或利用职务之便违反忠实义务的行为。所违反的

---

① 参见施天涛:《公司法论》(第二版),法律出版社 2006 年版,第 394—395 页。

② 例如,《侵权责任法》第 85 条规定:"建筑物、构筑物或者其他设施及其搁置物、悬挂物发生脱落、坠落造成他人损害,所有人、管理人或者使用人不能证明自己没有过错的,应当承担侵权责任。所有人、管理人或者使用人赔偿后,有其他责任人的,有权向其他责任人追偿。"类似的立法规定还有《民法通则》第 126 条、《证券法》第 69 条等。

③ 例如,《侵权责任法》第 69 条规定:"从事高度危险作业造成他人损害的,应当承担侵权责任。"类似的立法规定还有《侵权责任法》第 41 条、第 65 条,《民法通则》第 122 条、第 123 条、第 124 条等。

④ 《企业国有资产法》第 71 条第 2 款规定:"国家出资企业的董事、监事、高级管理人员因前款所列行为取得的收入,依法予以追缴或者归国家出资企业所有。"可见,不管国企高管是否存在过错,只要违反受信义务,由此所得的收益就应归国有企业所有。

忠实义务既包括《公司法》、《企业国有资产法》等相关法律直接规定的忠实义务,也包括企业章程所设定的忠实义务。因此,在责任认定时,必然会涉及《公司法》和《企业国有资产法》的法律适用问题。若国企高管在非执行职务时以其个人身份行为而给国有企业造成损害,则属于一般民事侵权问题,应依据侵权责任法予以追究,不涉及《公司法》和《企业国有资产法》的适用问题。(2) 给公司造成了损害。"侵权行为无所谓既遂、未遂之分,无损害即无责任。损害事实的存在,是构成侵权行为的首要的必要条件。"[①]这里的"损害"既包括公司所遭受的实际财产损失,也包括公司利益所遭受的不良状态,如公司的财物被侵占、经营受妨碍等。正如有学者所言:"对于损害应当从当事人参与的民事法律关系理解,损害是行为人对民法保护的民事法律关系或民法保护的合法权益的正常状态的破坏或加以不利影响的行为后果。""损害是指由一定行为或事件造成的人身或财产上的不利益。不仅抽象的差额谓之损害,具体现实的损害亦谓之损害。"[②]具体来说,国企高管违反忠实义务给公司造成的损害,既包括给公司造成的直接财产损失,也包括抢夺公司商业机会等情形下所导致的公司财产应增加而未增加的情形,譬如归入权适用的情形。[③] 关于归入权的进步一探讨,将在下文展开。(3) 损害事实与违反忠实义务的行为之间具有因果关系。

(二) 国企高管违反勤勉义务时的民事责任

勤勉义务的核心在于,它要求国企高管为了国企的最大利益而尽心尽力,充分运用自己的专业知识、技能,持续不懈怠地积极作为,并在这一过程中保持足够的谨慎。相较于违反忠实义务的民事责任,国企高管违反勤勉义务的民事责任认定更为复杂。究其原因,除了勤勉义务自身的复杂性外,主要还在于国企高管勤勉义务的"国有"特色以及由此涉及的国企高管的独立性问题。正如有学者所言,要保证国有公司董事会的独立,就必须做到以下几点:其一,所有者代表(政府)应当尊重国有公司董事会的独立性;其二,保证董事会对经理层的相对独立;其三,就我国而言,还要特别防止党委会对于董事会的不当干预。[④] 国企高管的独立性直接涉及勤勉义务的注意对象和程度,以及国企高管的民事责任认定问题。

在国企高管违反勤勉义务的责任认定上,有学者认为,在确定董事民事责任

---

① 马俊驹、余延满:《民法原论》(第三版),法律出版社 2007 年版,第 1002 页。

② 同上书,第 1000 页。

③ 归入权适用的情形有:《企业国有资产法》第 71 条第 1、2 款,《公司法》第 149 条,《证券法》第 47 条。

④ 参见胡改蓉:《国有公司董事会法律制度研究》,北京大学出版社 2010 年版,第 61 页。

的归责原则上，应当采取过错推定原则，举证责任由董事来承担。若董事不能证明自己已尽了义务，则推定其有过失。[①] 我们认为，在国企高管违反勤勉义务的责任认定上，我国应当采取过错责任的归责原则，即国企高管只有在存在过错时才对国有企业承担损害赔偿责任。主要理由如下：其一，若采取过错推定或无过错责任原则，不利于勤勉义务功能的发挥。相对于忠实义务的不作为，勤勉义务的关键是义务主体的积极作为。采取过错责任原则，只有在有过错时才可能承担赔偿责任，这样可以打消国企高管的顾虑，进而积极主动地经营运作企业。其二，国外成熟的立法例及司法实践大都采取过错责任原则。对于公司高管重大经营决策失误的民事责任的归责原则，除最为严苛的德国模式外，各国多是采用过错原则，这也是与勤勉义务明显的主观性相一致的。毕竟勤勉义务考察的主要是公司高管的经营能力即努力程度，过于严苛的义务对于其在复杂商业环境中的决策的效率、积极性和创造性是不利的。[②] 我国国有企业，特别是处于竞争领域的国有企业，现在面临来自国外企业的挑战，要想应对复杂多变的投融资环境，就应当给国企高管充分的决策空间。因此，在违反勤勉义务的责任认定上，我国国有企业应当与国际立法趋势接轨，采取过错责任原则。其三，过于严苛的责任不利于经理人市场的培养，也不利于国有企业利益的最大化。国企高管只要从事经营管理活动，就必然面临巨大的市场风险，若让市场不确定性风险都由国企高管承担，必然导致其决策时畏首畏尾而错失商业良机。对害怕风险的国企高管来讲，规避风险的最佳方法莫过于不作决策。这样，就会使国有企业错失发展的良好机会，不利于国有企业利益的最大化。其四，采取过错责任原则，既不让国企高管因严苛的责任追究而畏首畏尾，也不让其为所欲为，轻率决策，随意挥霍企业财产。这样，既兼顾了国有企业经营的效率，也确保了国有资产的安全。

解决了国企高管违反注意义务时承担民事责任的归责原则后，国企高管违反注意义务的民事赔偿责任的构成要件也就明确了，具体如下：(1) 国企高管违反勤勉义务的行为。此即民法中侵权责任构成要件理论所要求的加害行为。[③]

---

① 参见陈雄根：《国有资产监管法律制度研究》，中国经济出版社 2012 年版，第 121 页。

② 参见王建文、张宇、熊敬：《公司高管重大经营决策失误民事责任研究》，法律出版社 2012 年版，第 91 页。

③ 加害行为是指行为人所实施的对受害人民事权益的不法行为，它是任何侵权责任的构成要件。参见申卫星：《民法学》，北京大学出版社 2013 年版，第 527 页。加害行为包括作为和不作为，先有作为义务，后有不作为，才构成对作为义务的违反。参见魏振瀛主编：《民法》（第五版），北京大学出版社 2013 年版，第 659 页。一般认为，作为义务的产生根据包括以下几种情况：法律规定、服务关系、契约上的义务、自己之前的行为以及公序良俗。参见陈聪富：《侵权归责原则与损害赔偿》，北京大学出版社 2005 年版，第 11 页。法律、行政法规和国有企业的章程通常对国企高管的注意义务作了规定，而且鉴于注意义务是利用自己技能、经验尽心尽力地积极作为，因此注意义务主要是一种作为义务。当国企高管没有善意谨慎履行该种义务时，就是对作为义务的违反，因此应当承担侵权责任。

在此,有两点需要说明:首先,这里的违反注意义务的行为,既包括违反法定注意义务的行为,也包括违反章程规定的注意义务的行为。对此,《公司法》第149条的措辞是“违反法律、行政法规或者公司章程的规定”,《企业国有资产法》第71条第1款第6项的措辞是“违反法律、行政法规和企业章程规定的决策程序”。其次,必须是国企高管执行职务中的行为。若是职务外的行为给企业造成损失,则属于一般主体的侵权行为问题,不属于违反注意义务的民事责任承担问题。(2)国有企业客观上遭受了损害。(3)损害事实与国企高管违反勤勉义务的行为之间存在因果关系。(4)国企高管存在过错。就过错程度来讲,应以重大过失标准认定国企高管违反注意义务的责任。即只有在国企高管存在故意或者重大过失时,才追究其民事赔偿责任,对于一般过失行为则不予以追究。① 过错是违法加害行为的心理基础,违法加害行为是过错的外在表现,只有通过违法加害人的行为才能理解和判断其过错。② 司法实践中,在认定国企高管的民事责任时,应当对国企高管违反注意义务的行为进行综合判断,在国企高管的责任认定上坚持主客观相结合的过错认定标准。这种主客观相结合的标准,既不迁就庸才,让其尸位素餐,碌碌无为,也不放纵能力较高的人,让其消极懈怠或者鲁莽行事,可谓不枉不纵。③

在我国,国有企业的管理者的组成是不尽相同的:在国有独资企业,主要是经理(厂长)、副经理、财务负责人等高级管理人员;④在实行董事会试点的国有独资企业,还包括董事;在国有独资公司和国有资本控股公司,是指董事、监事和高级管理人员,⑤此外还包括一定比例的职工董事和职工监事,⑥上市公司中还要包括一定比例的独立董事。显然,这些不同的国企高管在专业知识、资历、经验、技能和企业事务关注度等方面是存在很大差别的,因此其注意义务履行程度的判定标准应有所区别。具体来说,对国资委任命的政府董事(泛指国资委任免或建议任免的董事)和其他负责企业具体经营管理的董事,由于其掌握国有企业的主要经营决策权,因此对其应实行严格的客观标准,必须具备职业经理人

---

① 法律对行为人提出了较高的注意义务,结果行为人没有达到该较高的注意义务,但是达到了一般人的注意义务,此时就认定为构成一般过失;假设行为人不仅未达到该较高的注意义务,同时连一般人的注意义务都没有达到,就认定为构成重大过失。在我国民法上,一般将故意和重大过失相提并论。参见魏振瀛主编:《民法》(第五版),北京大学出版社2013年版,第665页。

② 参见申卫星:《民法学》,北京大学出版社2013年版,第532页。

③ 参见朱羿锟:《董事问责:制度结构与效率》,法律出版社2012年版,第83—84页。

④ 参见《全民所有制工业企业法》第7条、第45条,《企业国有资产法》第22条第1款第1项。

⑤ 《公司法》第216条对高级管理人员的界定是“公司的经理、副经理、财务负责人,上市公司董事会秘书和公司章程规定的其他人员”。

⑥ 参见《公司法》第51条、第67条、第70条、第108条、第117条。

在同等情况下应有的注意程度才可免责,而不论其主观努力程度如何。对职工董事,由于其自身经营素质之欠缺,除关涉职工相关事项外,基本上对企业的经营管理不太擅长,因此对其应采取主观性的过错判定标准,对其不能有太高的要求,不管其有无相应的知识和技能,只要其能证明已尽最大努力就可免责。对独立董事,则应坚持以客观为主、主观为辅的认定标准。总体而言,独立董事在参与决策与监督时,一般都应达到具有同类专业水平或经验的专业人员应该达到的注意程度,或有充分证据证明其已尽到最大努力方可免责。①

严格追究企业高管的民事责任,固然可以倒逼其善尽勤勉义务,但为了使勤勉义务不至于束缚企业高管的手脚和创新力,各国在强调董事等企业高管的勤勉义务的同时,也设置了一些责任减免规则,其中最具代表性的就是经营判断规则。经营判断规则,也称为“商业判断规则”,是由美国法院逐渐发展出来的免除董事等经营管理者就合理经营失误承担责任的一项法律制度。关于经营判断规则的适用要件,美国法律研究院公布的《公司治理原则》第4.01条第3款作出了明确规定:“高级主管或董事在作出一项商业判断时符合下述条件的,即履行了本节中规定的诚信义务:(1)与该商业判断的有关事项没有利益关系;(2)所知悉的有关商业判断的事项的范围是高级主管或董事在当时情况下合理相信是恰当的;(3)理性地相信该商业判断是为公司最佳利益作出的。”②经营判断规则虽然产生于美国的判例并主要适用于公司法领域,但是其具有的内在价值功能同样可以适用于国有企业。当然,鉴于国有企业的特殊性,经营判断规则适用于追究国企高管责任时有其独特的地方需要注意。

在国有企业适用经营判断规则时,应重点关注国企高管的独立性问题,国企高管在经营决策时是否为了企业最大利益,以及如何处理国企高管为公司利益与接受国有资产监督管理机构领导的问题。为了贯彻国家宏观调控等相关政策,国企高管要贯彻、体现国家相关机关的意志。但是,国企高管不能完全沦为国家机关的傀儡,否则就又倒退回政企不分的老路。因此,国企高管仍应保持其独立性。国企高管应充分利用自己的知识、经验、阅历为企业作出决策,即使传达管理部门的意志,也必须以该意志正确为前提。如果国企高管在作经营决策时丧失独立性,则不能适用经营判断规则。对于国有独资公司和国有独资企业来说,政府委派的董事或经理也应保持其独立性。对于国家控股的有限公司和股份有限公司而言,其高管分为国有资产监督管理机构提名的董事(以下简称

① 参见徐晓松等:《国有企业治理法律问题研究》,中国政法大学出版社2006年版,第278页。

② 美国法律研究院:《公司治理原则:分析与建议》(上卷),楼建波等译,法律出版社2006年版,第160页。

“政府董事”)和其他股东提名的董事(以下简称“非政府董事”)。政府董事虽然应当传达投资人(国家)的意思,但作为企业的董事,仍应保持其独立性。非政府董事也应保持其独立性,不能依附、屈从政府董事的意志。作为公司机关的董事,首先要保证人格上的独立,只有这样才可能合理、谨慎地发挥自己的才能为企业决策。董事制度设立的初衷就在于依赖各董事个人的技能为公司服务,董事会的决议应该体现辩论基础上的民主。① 因此,国有公司的董事会决策时,各个董事应当独立发表自己的意见,以自己独立的知识、技能和判断独立地进行表决。否则,丧失独立性或依附其他董事的董事,本质上就未善尽勤勉义务,就不能援引商业判断规则予以免责。正如有学者所言,如果董事会是由董事长或者某位董事实际控制的“一言堂”,别的董事唯唯诺诺或一言不发,那么这些董事在决策失误时不能够援引商业判断规则寻求保护。② 在我国,鉴于国企高管的独立性受到国资委和党委会等多方面的影响,在认定国企高管的民事责任时,将独立性引入经营判断规则的适用判定中具有非常重要的意义。基于政府政治力量和政府作为出资人代表在国有公司中的决策权影响,极易导致傀儡董事存在,因此该“独立性”标准的引入对于国有公司而言意义深刻。③

五、国企高管民事责任的承担

(一) 国企高管民事责任的承担方式

民事责任的承担是指责任人依法应承担的不利后果。国企高管的民事责任,就是国企高管因违反法定或约定的义务所应当承担的民事法律上的不利后果。基于这种认识,国企高管承担民事责任的方式主要有以下几种:

其一,返还财产。即国企高管将其违法侵占的国有企业财产归还给国有企业。国企高管如果非法侵占、挪用国有企业财产,在该财产存在返还可能的情形下,国有企业有权请求国企高管返还该财产。“作为民事责任承担方式的返还财产,仅指返还原物。”④因此,若该财产已毁损、灭失或存在其他返还不能的情形,则国企高管应承担损失赔偿责任。

其二,将违法所得的“收入”归还给企业。此即企业所享有的归入权问题。归入权是指企业高管因违反忠实义务而取得的收入,应当归企业所有。归入权

① 参见胡改蓉:《国有公司董事会法律制度研究》,北京大学出版社 2010 年版,第 187 页。
② 参见苗壮:《美国公司法:制度与判例》,法律出版社 2007 年版,第 249 页。
③ 参见胡改蓉:《国有公司董事会法律制度研究》,北京大学出版社 2010 年版,第 187 页。
④ 王利明主编:《民法》(第五版),中国人民大学出版社 2010 年版,第 592 页。

是同一问题的双面表达,对企业而言是归入权,对企业高管而言就是其所应承担的民事责任。我国《企业国有资产法》第 71 条、《公司法》第 148 条和《证券法》第 47 条均对归入权作了相应规定。只要公司高管违反了对公司的忠实义务,其取得的不法财产(包括直接取得的公司财产,也包括从第三人处取得的回扣或报酬)无论数额高低,均推定为公司所有财产。[①] 归入权主要适用于违反忠实义务的场合。[②] 下文将对归入权作进一步阐述。

其三,赔偿损失。如果国企高管给企业造成损失,则需要对企业承担损失赔偿责任。损失赔偿责任可以与上述责任方式同时适用。在请求国企高管返还原物的同时,还可就企业遭受的损失要求国企高管承担损失赔偿责任。同理,归入权的行使并不影响国有企业就其遭受的损失要求国企高管承担损失赔偿责任。

在此略存争议的是,企业高管的民事责任承担方式是否包括无效交易的宣告,即《企业国有资产法》第 72 条是否属于国企高管民事责任承担的范畴?[③] 笔者认为,交易无效的宣告不属于民事责任的承担问题。否则,在法律适用上就混淆了合同效力判断规则与民事责任承担规则之间的区别,进而混淆了两个不同法律关系之间的区别。交易行为无效,是对国有企业与交易相对方所进行的交易行为的效力判断问题,属于外部法律关系问题。国有企业是否因该合同无效而遭受损失以及向有过错的国企高管索赔,才属于国企高管的民事责任承担问题,属于内部法律关系。简言之,交易无效与责任追究是两个法律关系,不能混为一谈。综上,《企业国有资产法》第 72 条规定的内容,不属于法律责任承担问题,而属于法律行为的效力认定问题,因此将该条规范的内容放在《企业国有资产法》第八章(标题为“法律责任”)中规定是不太合适的,建议今后修法时将该条规范的内容放到第五章(标题为“关系国有资产出资人权益的重大事项”)中予以规定。

(二)国企的归入权:《企业国有资产法》第 71 条第 2 款的修改建议

如上所述,企业高管因违反忠实义务而取得的收入,应当归企业所有。此即企业的归入权问题。对此,各国公司法均有规定。我国《公司法》第 148 条对此也有明确规定,该条第 2 款规定:“董事、高级管理人员违反前款规定所得的收

① 参见刘俊海:《现代公司法》(第二版),法律出版社 2011 年版,第 514 页。

② 根据《公司法》第 148 条的规定,归入权只适用于违反忠实义务的场合。因此,有学者认为公司对失信公司高管取得财产的归入权仅适用于公司高管违反忠实义务的场合,而不适用于公司高管违反勤勉义务的场合。参见刘俊海:《现代公司法》(第二版),法律出版社 2011 年版,第 514 页。但是,根据《企业国有资产法》第 71 条第 1 款第 6 项的规定,归入权也适用于违反勤勉义务的场合。

③ 《企业国有资产法》第 72 条规定:“在涉及关联方交易、国有资产转让等交易活动中,当事人恶意串通,损害国有资产权益的,该交易行为无效。”

入应当归公司所有。”与世界各国的做法一样,我国《公司法》将归入权赋予公司而非其他主体。简言之,公司是归入权的唯一权利主体。

然而,我国《企业国有资产法》第71条第2款却规定:“国家出资企业的董事、监事、高级管理人员因前款所列行为取得的收入,依法予以追缴或者归国家出资企业所有。”显然,该法将“收入”的归入权赋予了国家和国家出资企业。关于该条款的解释,全国人大常委会法制工作委员会编写的《中华人民共和国企业国有资产法释义》更是指出“对上述人员因本条所列行为取得的收入,有关部门在查处上述人员违法行为的时候应当依法追缴,将其收归国有或者退还国家出资企业。”[①]这一解释显然是将“追缴”作为重点,而且归入权行使的主体不是国有企业,而是“有关部门”。“收入”依法追缴后有两种后续处理方法:一是“收归国有”,二是“退还”国有企业。[②] 笔者认为,《企业国有资产法》第71条第2款对收入“依法予以收缴”的规定是不合理的,建议今后修法时予以删除。该条款应修改为:“国家出资企业的董事、监事、高级管理人员因前款所列行为取得的收入,归国家出资企业所有。”主要理由如下:

其一,归入权的基本法理基础决定了该“收入”应归国有企业所有,而非收归国有。归入权的法理基础乃在于国企高管对国有企业负有受信义务。依据基本的信托法理,受托人不得将自身置于与受益人利益相冲突的地位,否则由此所得的收益以及处理信托事务所得的收益均应归受益人所有。正如有学者所言,公司之所以享有归入权,存在一个根本性的前提,即公司负责人对公司负有忠实义务,而这主要是基于他们与公司所具有的特殊(信托)关系。在公司法中,对公司负责人课以忠实义务,旨在处理公司受任人与公司之间发生利益冲突的问题。[③] 国企高管对其任职的国有企业负有忠实义务,作为受托人的国企高管不得将自身置于与国有企业利益相冲突的位置;[④]否则,其违反受信义务(主要是忠实义务)所得的收入,依据上述信托法理,就应该归(受益人)国有企业所有。

其二,归入权的私法本性决定了不应用“追缴”方式调整该民事法律关系。归入权规范所调整的是私法上的法律关系。从权利的角度而言,归入权属于民

---

① 安建主编:《中华人民共和国企业国有资产法释义》,法律出版社2008年版,第142页。

② 实践中,相关部门收缴“收入”后,再退还给国有企业的情形非常少见。且不说收缴的部门出于政绩、部门利益的考虑不愿退还,即使愿意退还,先收缴,再退还,不仅程序复杂,而且增加了社会成本。

③ 参见谭贵华:《论公司归入权之缘起及其理论基础》,载《北方工业大学学报》(社会科学版)2010年第5期。

④ 《企业国有资产法》第26条规定:“国家出资企业的董事、监事、高级管理人员,应当遵守法律、行政法规以及企业章程,对企业负有忠实义务和勤勉义务,不得利用职权收受贿赂或者取得其他非法收入和不当利益,不得侵占、挪用企业资产,不得超越职权或者违反程序决定企业重大事项,不得有其他侵害国有资产出资人权益的行为。”

商法上的请求权；从义务（责任）的角度而言，归入权属于民事责任。如上所述，归入权问题其实就是国企高管违反对国有企业的受信义务时所应承担的民事责任问题。在这一法律关系中，一方当事人是国企高管，另一方当事人是国有企业。根据民事法律关系理论和企业法人理论的基本内容，归入权只能归属于法律关系中受害的一方当事人，即国有企业，而非“有关部门”。这属于私法上的问题。既然归入权涉及的是私法上的权利和民事责任，那么以“收缴”这样明显带有公法强权色彩的措施予以调整就不太合适了。

其三，归入权的民事责任特性决定了该“收入”应归国有企业所有。与行政责任和刑事责任不同，民事责任的主要功能在于填补受害人所遭受的损害。如上所述，归入权责任是法律对企业高管违反忠实义务所设置的责任，本质上属于民事责任，责任主体是违反忠实义务的企业高管；而基于企业法人理论，企业高管所负忠实义务的相对方是其所任职的企业。因此，企业高管违反忠实义务所承担的归入权责任的相对方应是忠实义务的相对方，即企业。基于同样的道理，在国有企业中，国企高管违反忠实义务所得的收入应归其所任职的国有企业所有。正如有学者在论述公司高管的忠实义务时所言，不应以牺牲公司利益为代价，换取公司高管或其背后利益相关者的不法利益，而且公司利益之损失与公司高管或其幕后人员利益之实现存在因果关系。① 因此，国企高管违反义务所得的“收入”不应被收缴，而是应归该国有企业所有。此类“收入”通常是由国家机关收缴后上交国库，而非直接返还给该企业。这是对企业的不尊重，实际上是对企业的二次侵犯，也与我国正在进行的国有企业法人制度改革的方向相悖。

其四，“依法予以追缴”的规定侵犯了企业的法人财产权，背离了国有企业法人制度改革的大方向。也许有人会说，国有企业是国家的，“收入”追缴后最后也是上交国家，既然如此，“追缴”与“归”国有企业所有并没什么两样。笔者认为，这种观点是值得商榷的。依据我国相关法律规定，国有独资企业、国有独资公司等国家出资企业都是具有独立法人资格的企业法人，②拥有独立的法人财产，③独立对外承担法律责任。国有企业成立后，国家投资的财产转化为国有

---

① 参见刘俊海：《现代公司法》（第二版），法律出版社 2011 年版，第 512 页。

② 尽管鉴于《全民所有制工业企业法》制定时的特殊历史背景（1988 年），该法在企业法人所有权方面规定得比较保守，但是其第 2 条第 3 款还是明确规定：“企业依法取得法人资格，以国家授予其经营管理的财产承担民事责任。”虽然该法第 2 条的各款之间在法理上存在着矛盾之处，但可喜之处是其承认了国有独资企业的法人资格，这一点为后来的国有企业现代法人治理制度的建设和改革提供了重要的法律依据。

③ 2007 年制定的《物权法》第 68 条对企业的法人所有权作了明确规定，该条中的“企业法人”当然应当涵盖《全民所有制工业企业法》所规定的企业法人，即国有独资企业。

企业的法人财产。作为对价,国家取得了出资人权益(股权)。[1] 至此,国家的财产形态发生了变化,由货币、实物、土地使用权等转化为股权(出资人权益)。在此过程中,国家的财产并未流失或减少。简言之,我们不能将国有企业与作为出资人的国家混为一谈,也不能将作为出资人的国家与作为管理者的国家混为一谈,否则国企改革就又倒退回政企不分的老路上去了。《企业国有资产法》第71条第2款所作的“追缴或者归国家出资企业所有”的规定,在某种意义上就是混淆了国有企业与国家的区别,将国家享有的出资人权益与企业的法人财产混为一谈。如上所述,国企高管违反的是对国有企业的受信义务,直接侵犯的是国有企业的合法权益,给国有企业造成损害。因此,国企高管违反受信义务所得的“收入”应当归属于该国有企业,而非国有企业的出资人(国家)。

其五,“依法予以追缴”的规定有违《企业国有资产法》的立法目的。根据《企业国有资产法》第5条的规定,国家出资企业包括四种:国有独资企业、国有独资公司、国有资本控股公司和国有资本参股公司。鉴于后三种国家出资企业属于公司形态,因此同样受《公司法》的调整。在归入权问题上,《公司法》第148条第2款规定,“收入应当归公司所有”,不同于《企业国有资产法》第71条第2款的规定。这就涉及法律适用问题。若按照特别法优于一般法、新法优于旧法的法律适用原则,应适用《企业国有资产法》第71条第2款的规定,而依据该条款,“收入”可以被依法予以收缴。如此,国有背景的公司(后三种国家出资企业)在民事权益保护方面就会受到不公平对待。对一般的公司(国家没有进行投资的公司)而言,公司是归入权的唯一主体,可通过归入权的行使维护自己的财产权益,填补自己所遭受的损害;而同样属于公司法人的国有背景的公司,其遭受的利益损害则可能因有关部门“予以收缴”而“元气大伤”。这样,以“巩固和发展国有经济,加强对国有资产的保护”为主要目的的《企业国有资产法》,[2]却因其第71条第2款“依法予以追缴”的规定,“无情”地将国有企业置于“受伤”的境地。显然,《企业国有资产法》第71条第2款“追缴”的规定背离了立法初衷。

(三)“民刑交叉”时的民事责任承担问题

民事责任与刑事责任是两种性质不同的法律责任。民事责任的主要功能在于补偿,刑事责任的主要功能在于对犯罪行为的惩罚。因此,在实践中,不能用

---

① 最为直观的例子就是国有资本控股公司和国有资本参股公司,在这两种公司中,股东除了国家之外,还有其他中小股东。那种将国有企业的财产混同于国家财产的观点是不正确的。

② 参见《企业国有资产法》第1条。

民事责任替代刑事责任,也不能用刑事责任替代民事责任。国企高管因侵占企业财产、挪用企业财产等行为构成犯罪的,固然应当依法追究其刑事责任,而对民事责任的依法追究也是不可缺少的。

但是,在实践中,人们习惯于将眼睛盯在刑事责任上,而忽视了对民事责任的追究。特别是在国有企业中,更多的时候是追究国企高管的贪污罪、挪用公款罪等刑事责任,却鲜有追究国企高管对国有企业的民事赔偿责任的。正如前文所述,国企高管若违反对企业的忠实义务或勤勉义务,则应当对企业承担民事赔偿责任,因违法行为所得的"收入"应当收归其所任职的国有企业所有。在这一法律关系中,双方当事人都是民商事主体,两者间的纠纷属于私法上的纠纷,主要适用私法规范。在国企高管贪污、受贿等刑事法律关系中,一方是触犯刑法的被告(犯罪嫌疑人),另一方则是代表国家公权力的检察机关,这属于公法上的纠纷,主要适用《刑法》等公法规范。由此可见,国企高管的贪腐行为有可能同时破坏两个法律关系,相应的就应承担两种不同的法律责任。当然,就具体的个案来说,某个国企高管是否构成犯罪、应否承担刑事责任以及承担多重的刑事责任,应严格根据我国《刑法》等相关法律确定;至于该国企高管的行为是否违反忠实义务和勤勉义务、是否给国有企业造成损失(或是否获得"收入")、是否应当承担民事责任以及承担多重的民事责任,应根据我国《企业国有资产法》《公司法》《侵权责任法》等相关法律确定。

综上,如果某国企高管违反忠实义务或勤勉义务,已构成犯罪,且给公司造成损害,那么一方面应依法追究其刑事责任(包括判处罚金和没收财产),另一方面应追究其民事责任。这里的关键问题是:谁有权追究违法国企高管的民事责任?依据民事诉讼法的基本理论,国有企业的利益受到直接损害,因此国有企业享有诉权,可依法提起民事诉讼。但是,鉴于国有企业的特殊性以及损害赔偿义务人(譬如加害人是国有企业的经理、董事长)的特殊性,特别是在国有独资企业和国有独资公司中,再加上代理链条的过分拉长以及出资人(股东)的唯一性,很多国有企业不能够或者不愿意主动追究违法高管的民事责任。国有企业和国资部门的部分人员甚至认为,既然已经对违法者判处了罚金或没收财产,就没必要再追究其民事责任了。① 鉴于此,笔者认为,司法实务中,国有企业应在追究国企高管刑事责任的案件中附带提起民事诉讼。这样,既节省了国有企业的维权成本,也便于检察机关进行检察监督。至于在国有资本控股公司或国有资本参股公司中,鉴于股东的非唯一性,国有企业既可提起刑事附带民事诉讼,

① 这种观点实际上是将国有企业与国家的财产混为一谈,无视国有企业的法人性,无视各个不同的国有企业自己的员工利益和债权人利益。

也可单独提起民事诉讼,①符合条件的股东也可依法提起股东派生诉讼。

在此还有一个问题:若违法的高级管理人员的财产不足以承担民事责任和缴纳罚金,该如何处理?民事赔偿优先原则是现代法治社会的一项重要原则,该原则设置的目的在于公平保护私权主体,以防“国家与民争利”。如上所述,在国企高管民事责任纠纷中,国有企业属于民事法律关系的一方当事人,其作为私权主体的利益当然也应得到公平的保护。对此,我国《公司法》第214条规定:“公司违反本法规定,应当承担民事赔偿责任和缴纳罚款、罚金的,其财产不足以支付时,先承担民事赔偿责任。”因此,当违法的国企高管的财产不足以承担民事责任和缴纳罚金时,应优先承担民事责任。

① 根据我国《刑法》第99条第2款的规定,如果是国家财产、集体财产遭受损失的,人民检察院在提起公诉的时候,也可以提起附带民事诉讼。

英美公共企业民营化及其对我国的启示

潘立春*

公共企业是指一种由政府全部或部分拥有所有权并由政府控制或管理的商业组织形式。① 总的来讲,公共企业具有如下特征:公共企业需由国家进行控制,国家通过公共企业实施其经济政策和经济计划;公共企业须承担公用责任,其职责是以合理的价格向公众提供公共服务和公共物品,并向公众提供就业机会;公共企业多处于垄断地位,水、电力、燃气、电信、交通等行业都属于公共企业领域。公共企业在不同国家的提法不同,在英国称为“公共企业”(Public Enterprise,也有早期论文称为 Public Corporation),在美国称为“政府企业”(Government Corporation),其中包括联邦政府企业、州政府企业、地方政府企业。我国目前对“公共企业”还没有统一的称谓,这一领域的用词有:公用事业、公共服务、公共领域、公共企业、公用企业、事业单位等。由于称谓的不统一,使我国对公共企业的定位含混。例如,我国目前将水、电、天然气公司统称为“公用事业单位”。然而,这类公司被称为“事业单位”是否合适?它们是否应该被称为“企业”?它们与营利性企业又应该如何区分?这些问题都值得商榷。

一、英美公共企业的产生、发展及法律保障

英国和美国的公共企业产生于20世纪初,在30—40年代迅速发展起来。30年代的经济大萧条使人们相信国家干预经济的重要性,公共企业应运而生,其目的是纠正市场失灵,实施集中的、长期的经济计划。

---

* 潘立春,华东政法大学2013级经济法学博士研究生,华东政法大学外语学院副教授。本文系国家社科基金重点项目“国有企业法律制度重构研究”(12AFX011)的阶段性研究成果。

① See http://global.britannica.com/EBchecked/topic/482353/public-enterprise.

(一) 英国公共企业的产生、发展及法律保障

英国于1945—1950年开展对公共企业的立法活动。当时执政的工党政府认为公共企业可以促进经济复苏,有利于国家的战后重建。由此,各公共企业迅速成立。到20世纪70年代,英国完成了水、电、煤、电信、铁路等部门的国有化改造,相继成立了各类公共企业。英国不是对所有公共企业统一立法,而是对专门领域专门立法。英国于1946年颁布了《银行法案》《煤炭行业法案》《民用航空法案》等,1947年颁布了《交通法案》《电力法案》《城镇及乡村规划法案》《棉花(集中采购)法案》等,1948年颁布了《天然气法案》《海外资源开发法案》等,1949年颁布了《钢铁法案》《航空企业法案》等。

以1947年的《电力法案》为例,①其颁布完成了电力供应的国有化运动。这项运动开始于1926年,当时成立了中央电力局,用以建设和控制全国范围内的互联发电站。《电力法案》使供电权及配电权归国家所有,并建立了一个统一的公共管理系统。国家电力局(前身是中央电力局)负责发电及统筹控制,下属的14个地方电力局则负责电力配送。

1. 英国公共企业的特征

(1) 管理上的自由。②公共企业的基本特征之一是,议会不得干预其总体方针政策以外的管理。但是,我们不能因此认为英国的公共企业不受行政权力的干预,因为公共企业在一定程度上要受到部长的控制,而部长则要对议会汇报其职责的履行情况。

(2) 员工不属于国家公务人员。③公共企业的员工,无论是各个局的主任、副主任、董事长,还是高级员工和普通员工,都不是公务员。因此,公共企业的薪酬等不受财政部的管制。但是,这并不表示政府忽视公共企业的员工福利。只要是大的政策性问题,无论是员工福利方面的还是其他方面的,都要经由部长同意方可执行。

(3) 财政上的独立性。④ 尽管公共企业财政运作的某些方面会在一定程度上受到财政部的干预(公共企业可以发放债券,但需财政部担保),公共企业常要依靠公共基金融资,有时需要国会下拨年度补助金以弥补开支,但公共企业的

---

① See William A. Robson (1950), The Public Corporation in Britain Today, Harvard Law Review, Vol. 63, p. 1323.

② Ibid., p. 1329.

③ See William A. Robson (1950), The Public Corporation in Britain Today, Harvard Law Review, Vol. 63, p. 1331.

④ Ibid., p. 1332.

财政总体上不纳入国家预算。

(4) 非营利性。英国的公共企业着重强调非营利性,以服务公众为目的,成文法对此有明确的规定。以1947年《交通法案》为例,“其职责就是提供高效、充足、经济、安全的国内公共交通及港口设施,要采取必要的措施以保证向公众及工农商业提供最为高效、便利的服务。”①

公共企业的非营利性并非是指不可以盈利,而是不以盈利为目的,这是公共企业与民营企业的主要区别。事实上,英国法律“要求大多数公共企业,例如交通、电力、天然气等在运行一定年限后收支大体平衡”②,其目的是防止国有资产的亏损(当时的法律对航空公司却没有上述要求,认为航空公司还需要获得若干年的国家补贴)。那么,应如何防止公共企业追逐盈利呢?以《电力法案》为例,该法案规定,国家电力局每年的盈余要用在电力局及其下属的14个地方电力局上。此外,燃料及电力部长也会就如何使用企业的盈余给出一个指导性意见。地方电力局盈余的使用需得到总局的批准。③《煤炭行业法案》《海外资源开发法案》《航空企业法案》等对企业的盈余都作出了类似规定。相关法律还规定,企业的盈余既不能作为红利发放给股东,也不能由委员会(类似私有企业的董事)自由决定支配使用,还不能转去财政部用以抵税。企业盈余只能投入企业生产,降低公共产品的价格,提供更好的公共服务,改善员工的工作环境,以及给员工适度加薪。④

2. 英国公共企业的法律地位

英国大法官丹宁(Lord Justice Denning)在Tamlin v. Hannaford一案中这样陈述:“公共企业不归王室所有,不具有王室特权或王室豁免权。其员工不是国家公务人员,其财产也不是王室财产。公共企业同民营企业和自然人一样,受现行法律制约。公共企业是一个公共部门,其目的就是服务于公众,但是它不是政府部门,其权力也不是政府职权。”⑤

英国的各公共企业法案中都明确规定公共企业要受到部长及议会的制约,具体如下:首先,公共企业都要受到相关领域部长的制约。例如,1949年《航空企业法案》规定:“部长在与任何一家航空企业磋商后,都可以就企业的运作及

① Transportation Act, 1947, 10 & 11 GEO.6, C.49, § 3 (r).

② Coal Industry Nationalization Act, 1946, 9 & 10 GEO. 6, c.59, § 1(4); Transport Act, 1947, 10 & 11 GEO. 6, c. 49, § 3(4); Electricity Act, 1947, 10 &11 GEO.6, c. 54, § 36(I); Gas Act, 1948, 11 & 12, GEO. 6, c. 67, § 41(I).

③ See Electricity Act, 1947, 10 & 11 GEO. 6, c. 54, § 44.

④ See William A. Robson (1950), The Public Corporation in Britain Today, Harvard Law Review, Vol. 63, p. 1331.

⑤ See Tamlin v Hannaford (1950), 1 K.B. 18 (C.A. 1949).

业绩给出一个总的指导意见。此指导意见主要是出于对国家利益的考虑,各航空企业必须依照执行。"[①]英国燃料与电力部长也需对国家煤炭局、国家电力局、国家燃气局出具类似的指导意见。交通部长、供应部长等都被赋予了此权力。这种部长对公共企业的权力制约形式是当时英国公共企业立法的标准模式。此外,在涉及公共企业的重大问题时,部长拥有特别权力。如《煤炭行业法案》《电力法案》规定,国家煤炭局、国家电力局在涉及重组计划或投入大批资金计划时,需得到部长的批准后方可执行,且在执行中的每个阶段都需得到部长的许可。[②] 在其他公共企业法案中,如《交通法案》等,也有类似规定。其次,英国的公共企业也要受到议会的制约。公共企业在日常管理上免于议会的质询,但是这并不意味着公共企业完全脱离议会的监管。1947 年 12 月 4 日,英国下议院领袖 Herbert Morrison 在议会发言中指出:"公共企业一定程度上的自治权对其商事行为的效率是至关重要的。但是,议会也应具有一定程度的监督权力。各相关领域的部长应议会的要求,要向议会汇报两方面的情况:一是对其所负责的公共企业履行了哪些职责;二是法律上赋予其权力去做而其没做的事情有哪些。"[③]每年,各部长都要向议会提交其所负责公共企业的年度报告及财务报告,议会就此展开辩论。议会虽然不能每年对每个公共企业逐一辩论,但会选三四个值得特别关注的产业进行重点辩论。议会辩论的目的是,讨论该公共企业的总体方针政策有无偏差以及其管理的效率与效益是否适宜。尽管议会的制约有时达不到令人满意的效果,但议会辩论在形成公共企业总体方针政策方面是绝对有效的。总之,英国的公共企业在享有商事行为自治权的同时,也要受到部长及议会的制约,从而确保国家利益的实现。

3. 英国公共企业的组织结构

英国公共企业的组织结构不尽相同,这一点体现在各公共企业法案中。《电力法案》规定,作为核心部门的国家电力局负责发电以及制定总的政策规定,下属的 14 个地方电力局则负责在其各自辖区内配电供电。这 14 个地方电力局被视作 14 个独立的公共企业,享有一定程度的自治权利。各地方电力局的董事会成员由英国燃料和电力部长独立任命。此外,《电力法案》在协调国家电力局及其下属的 14 个地方电力局的政策和业务上也作出了明确的规定。[④] 燃

① Air Corporations Act, 1949, 12, 13 & 14 GEO. 6, c. 91, § 5.

② See Coal Industry Nationalization Act, 1946, 9 & 10 GEO. 6, c. 59, § 3; Electricity Act, 1947, 10 & 11 GEO. 6, c. 54, § 5; Transport Act, 1947, 10 & 11 GEO. 6, c. 49, § 4; Iron and Steel Act, 1949, 12 & 13 GEO. 6, c. 72, § 4.

③ 445 H. C. DEB. 566 (5th ser. 1947).

④ See Electricity Act, 1947, 10 & 11 GEO. 6, c. 54, § 3(3).

气行业的组织结构更多地体现为分权模式。燃气行业由燃气委员会和多个地方燃气局组成,其中燃气委员会的成员主要是各地方燃气局的局长。《燃气法案》将燃气委员会的职责限定如下:设立科研计划,规划培训项目,按各地方燃气局的要求从事燃气设备的制造、安装及维修工作,就与燃气行业相关的事宜向部长谏言,辅助各地方燃气局履行职责,为各地方燃气局筹集资金等。各地方燃气局作为独立的部门,全权负责燃气委员会分派其承担的某些具体工作。[①]

英国公共企业的董事会成员由其所属行业的部长亲自任命(英格兰银行和英国广播公司除外,其董事长、副董事长及经理由国王或女王任命)。除英格兰银行董事会成员的人数固定不变外,各法案对董事会的规模不作具体规定,由部长选择合适的人数进入董事会。各公共企业董事会的人数不要求一致。[②] 董事会规模的大小取决于某一公共企业需履行职责的多寡,职责范围大,董事会的规模就会相应增大。

董事会成员的任期年限通常是固定的。为了确保企业政策执行的持续性,董事会各成员的任期年限通常会错开。除《银行法案》规定董事长、副董事长任职五年,经理任职四年以外,其他公共企业董事会成员的任期年限由部长决定。部长或根据法案授权将董事会的任职年限固定化,或根据国会规定最终决定任期年限。[③] 例如,国会对电力和燃气行业公共企业董事会成员,规定任期一般不超过五年,由部长最终决定。那么,董事会成员在任职期限内能否被撤职呢?英国法律规定,在下列情况下,部长有权撤去公共企业董事会成员的职务:由于身体或智力原因而不能胜任;未经企业允许,连续三个月不参加董事会会议等。实际上,对董事会成员的撤职鲜有发生。除非由于自身身体原因或行为不端,董事会成员一般都会正常履职至任期结束。英国公共企业具有独立性,因此董事会不会由于部长的更换、政府的更换或其他政治原因而发生变化。

董事会成员的薪酬由其辖区内的部长决定,且需获得财政部的许可,一般以薪水(固定的月薪或年薪)或董事酬金(作为董事的车马费等)加补贴的方式支付。以英国地方电力局为例,部长在财政部的许可下为董事会成员提供养老金,但不是每个公共企业都提供养老金。

对于进入公共企业董事会的人选问题,部长往往看重一些特定的能力,如是否有丰富的专业背景,是否有本行业以及商业和金融方面的才华,是否擅长管理等。议员不能在公共企业任职,以维护其从政生涯的完整性和廉洁性。

---

① See Gas Act, 1948, 11 & 12 GEO. 6, c. 67, § 5 (4).

② See William A. Robson (1950), The Public Corporation in Britain Today, Harvard Law Review, Vol. 63, p. 1335.

③ Ibid., p. 1336

(二)美国公共企业的产生、发展及法律保障

美国的公共企业通常被称为“政府企业”,包括联邦政府企业、州政府企业以及地方政府企业。美国的联邦政府企业受联邦法律管制,州政府企业和地方政府企业受所在州法律管制。需要注意的是,美国的水、电、电信等企业受所在州的州法律管制。

美国于1945年颁布了《政府企业管制法案》(该法案是《美国联邦法典》1945年12月6日ch. 557, 59 Stat. 597法案的简称),管制的是美国联邦政府企业。按照该法案的规定,美国当时有13家纯国资的政府企业(政府全资企业)和26家混合所有制的政府企业,①均为联邦政府企业。其中,13家纯国资的政府企业包括:农产品信贷公司(其目的是运用金融工具干预农产品销售体系,帮助政府缓和市场农产品过剩,应对农业危机,保护农业收入和稳定农产品价格②)、联邦农作物保险公司(其目的是为美国的农民和农业部门提供对农作物保险的保障)、公共住房管理公司(其目的是满足公众的住房需求,为公众在住房上提供伞式保护)、联邦存款保险公司(其目的是通过为银行和储蓄机构的存款提供保险,识别和监控存款保险基金中的风险,限制银行和储蓄机构倒闭时对经济和金融体系造成的影响,以维持和提高公众对国家金融体系的信心③)、巴拿马运河公司(1977年移交主权给巴拿马)、圣劳伦斯海上航道发展公司等。另外26家混合所有制的政府企业包括:联邦抵押贷款协会、中央合作社银行以及12家合作社银行(其目的是对农业合作社提供贷款和咨询服务)和12家联邦中期信贷银行(其目的是构建全国农业信贷体系)等。值得注意的是,部分上述政府企业的性质也随着公共企业管制法案的修订发生着变化。当某一政府企业的使命已完成,可以交由市场运作时,政府也就部分或全部撤资了。如联邦存款保险公司,先是属于纯国资的政府企业,而后被归入混合所有制的政府企业;而联邦土地银行、联邦住房贷款银行等银行,政府则完成了撤资,使其成为在政府监管下的民营机构。

1. 美国政府企业的特征

政府企业也具有非营利性,其创建的目的是使相关人群受益,这个功能与政府职责相吻合。

---

① See Harold Seidman(1959), The Government Corporation in the United States, Public Administration, Volume 37, Issue 2, pp. 103-104.

② 参见黄晓英:《美国农业政策性金融体系概况与经验借鉴》,载《现代经济信息》2012年第10期。

③ See http://baike. baidu. com/view/3561843. htm? from_id = 7689815&type = syn&fromtitle = 美国联邦存款保险公司 &fr = aladdin.

（1）在财政上，[①]政府企业的财政来源于财政拨款、企业自身的收入以及向财政部和公众的借款等。其中，财政拨款的使用可以不受财政年度的限制，当年没用完，次年可继续使用。这是政府企业与政府部门的又一个显著区别。政府部门的财政主要来自国会的直接拨款，通常在没有具体法律授权的情况下，当年没有用完的拨款不能跨下一个财政年使用，需要退还财政部。政府企业在财政上应逐渐达到自给自足，通过向其受众收取费用而逐渐收回成本。

（2）在预算上，[②]混合所有制的政府企业通常不受任何形式的预算控制，而政府全资所有的政府企业则需要提交"业务性预算"。但是，此类预算与政府部门提交的预算相比具有一定的灵活度。

（3）在人事上，[③]尽管政府企业的人事系统与政府部门的人事系统没有太大差别，政府企业的员工也常被看作政府的员工，但是政府企业在雇用和解聘员工、建立工资等级上有着更大的自由度。对政府雇员适用的法律通常不适用于政府企业的员工，美国公务员法律通常也不适用于政府企业的雇员。例如，相关法律明确规定，圣劳伦斯海上航道发展公司以及 12 家合作社银行等在员工人事管理上不适用公务员法律。仅有少数政府企业在员工人事管理上可部分适用公务员法律。

总之，美国的政府企业在满足公众对公共物品需求的前提下，在财政、预算、人事等方面都具有鲜明的灵活性特征。正如美国国会在 1945 年《政府企业管制法案》颁布时所表述的那样："如果失去了在日常决策和企业运作中一定程度的自治权及灵活度，那么政府企业也就失去了其独特的价值。尽管国家对政府企业有着预算和财政上的制约，但是不能剥夺政府企业在执行其项目计划时的自由度和灵活度。"[④]

2. 美国政府企业的定位及法律规定

政府企业具有独立的法人资格，这是它与政府部门的显著区别。政府企业不享有政府豁免权，它以自身的名义起诉或应诉，并以企业的名义获取财产。政府企业有权借贷，且无须国家的直接信用担保。

政府企业不是行政管理机构。《政府企业管制法案》是为了保证政府企业的有序经营，而绝非将政府企业转为政府部门。美国政府企业的存在是为了鼓励、扶持、强化民营企业，而非替代民营企业；政府企业通过借贷、保险等促进农

---

① See Harold Seidman (1959), The Government Corporation in the United States, Public Administration, Volume 37, Issue 2, p. 106.

② Ibid., p. 107.

③ Ibid., p. 108.

④ Senate Report No. 694, 79th Congress.

业、工业、商业的发展;政府企业经营诸如巴拿马运河、圣劳伦斯海上航道等公共事业性质的跨国业务;[1]政府企业修建和管理用于保护和开发某些自然资源的设施。除了在战争时期,政府企业一般不从事大规模的制造、开采以及其他的工业活动。

1945 年颁布的《政府企业管制法案》是经由国会通过的关于政府企业的第一份正式法案,此后每隔几年修订一次,2013 版是最近的修订。该法案对政府企业进行了详细的法律规制。例如,在政府企业需要定期向国会汇报方面,它规定:"政府企业应在其财政年度结束后 180 天内向国会提交年度管理报告,该管理报告包含:财务状况报表、经营报表、资金流向报表、预算调节报告、内部会计结算及行政监管系统的报表、审计报告以及其他需要向国会汇报的企业运作及财务状况等。政府企业在向国会提交年度管理报告的同时,也需向总统、联邦管理及预算办公室主任以及美国总审计长各提交一份年度管理报告。"[2]在政府企业发放债券方面,它规定:"在政府企业向公众发行债券前,财政部长应批示债券发行的方式和时间、债券出售的价格、债券的利率及到期日等相关问题。"[3]

国会和总统对政府企业的管制基于两点原则:首先,管制体现在宏观层面,而在企业具体的运作和实施上则体现出政府企业的自主性;其次,管制是正面的,而非负面的。与其他国家的公共企业相比,美国的政府企业受到的控制相对较少。只有当政府企业的某项决定可能会涉及国内政策或外交政策时,才需要国会或总统的事前批准。政府企业发放债券时需要得到财政部的批准。但是,财政部从未因为这一权力而在政府企业是否需要进行融资这一问题上横加干涉。[4] 财政部的这一权力仅体现在协调政府企业借贷与财政部公共债务项目的平衡上,以此避免产生不必要的竞争成本。对政府企业的行政管制,其初衷并非强制政府企业遵守现有的法律法规,而是为了确保政府和政府企业遵循可持续的政策,通过两者共同的努力实现利益的最大化。这样,使政府企业既能承担起公共责任,又不会因削减其灵活性而导致效率的下降。

3. 美国政府企业的组织结构

美国前总统杜鲁门于 1948 年在向国会提交的预算咨文(Budget Message)中

---

① 巴拿马运河公司(Panama Canal Company),圣劳伦斯海上航道发展公司(Saint Lawrence Seaway Development Corporation)都是政府企业。

② See Pub. L. 97-258, Sept. 13, 1982, 96 Stat. 1044; Pub. L. 101-576, title III, Sec. 306(a), Nov. 15, 1990, 104 Stat. 2854.

③ See Pub. L. 97-258, Secs. 1, 2(1)(2), Sept. 13, 1982, 96 Stat. 1045,1062; Pub. L. 97-452, Sec. 1(27), Jan. 12, 1983, 96 Stat. 2478.

④ See Harold Seidman (1959), The Government Corporation in the United States. Public Administration, Volume 37, Issue 2, p. 110.

这样说道:“经验表明,公司制的组织结构最为适合对政府规划类项目的管理。这些项目的共同点是都具有商事的特征:是税收的来源,从总体上看能够自给自足,与公众有着广泛的业务联系。与由国家预算拨款的项目相比较,上述政府规划类项目在业务操作中需要更大的弹性,而公司制的优点在于用民营企业的管理模式提供公共物品。”[①]这一席话为政府企业设置了标准,公司制的治理模式自此获得了全面的认可。

美国政府企业的董事会成员的构成形式不一,曾有一种倾向是由一名行政专员或一名行政专员加顾问团组成。国会曾建议某些政府企业,如金融重建公司,将董事会成员换由一名行政专员担任,原因是原有的董事会成员在安排上职责不清。有学者指出,现有的五人董事会模式易导致董事会成员间为避免责任而在工作中相互推诿。正是基于此类考量,圣劳伦斯海上航道发展公司、公共住房管理公司等的董事会由一名行政专员担任。事实上,除了少数政府企业的董事会由一人负责外,多数政府企业的董事会仍由多人构成。部分政府企业的董事会成员是全职董事,如联邦存款保险公司;部分政府企业的董事会成员是兼职董事,如联邦农作物保险公司,其董事会由政府官员和公司内部人员组成;还有部分政府企业的董事会由“内阁”董事组成,如农产品信贷公司,其董事都是联邦政府官员;另有二十几家混合所有制的政府企业,如合作社银行、联邦中期信贷银行,其董事会由七名兼职董事构成,其中五名由借款人协会选举而生,另外两名由政府任命。[②]

二、英美公共企业的民营化改革及法律保障

到20世纪70年代,经济出现“滞涨”,人们认识到政府并非无所不能。受新经济自由主义思潮的影响,英美两国的公共企业开始推行民营化改革。所谓民营化,是指将政府的全部或部分职能或责任交由民营企业承担。民营化改革的大力推动是因为政府期望能花更少的钱为公众提供更优质的服务,而引入民营企业的竞争元素将会大大刺激生产力和节约成本。理论上,民营化有利于建立自由市场,鼓励竞争,能使公众以竞争性的价格获得更广泛的选择。民营化也可以看作减少政府对市场直接参与的最有效途径。

当今各国公共企业民营化的路径主要有以下几种:(1) 国资全部剥离(Full

---

① H. Doc. 19, 80th Congress, pp. 57-62.

② See Harold Seidman (1959), The Government Corporation in the United States. Public Administration, Volume 37, Issue 2, p. 109.

Divestiture):政府出售企业的全部股份,成立公共部门负责监管。(2)国资部分剥离(Partial Divestiture):政府将部分股份出售给公众,或建立国资加民资的混合所有制企业。(3)特许经营(Concession):政府与民营企业签订一份长期合同,由民营企业进行投资、经营、设备维护,资产仍归国家所有。(4)租赁(lease):政府与民营企业签订一份长期合同,由民营企业进行经营、设备维护,投资由公共部门负责,资产归国家所有。(5)建设—运营—转移/建设—运营—拥有/建设—运营—拥有—转移(Build-Operate-Transfer, for Short: BOT / Build-Operate-Own, for Short: BOO/Build-Operate-Own-Transfer, for Short: BOOT):政府就基础设施的建设与民营企业签订具体的合同,例如建设废水处理厂。如果签署的是建设—运营—转移合同(BOT),那么合同结束后,资产重归国家所有。(6)管理合同(Management Contract):政府与民营企业签订一份短期合同,用于经营和维护。(7)服务合同(Service Contract):政府与民营企业签订单一功能的合同,如仪表安装合同、抄表合同等。英国在对公共企业进行民营化时主要采取的是资产剥离的方式,美国则采用主要与民营企业签订合同的方式。①

(一)英国公共企业的民营化途径及法律供给

1. 英国公共企业民营化的改革背景

从1945年起,英国工党政府和保守党政府一直致力于推行国有化改革,各公共企业由此迅速成立,不但水、电、煤、铁路等行业成立了公共企业,一些公共福利、社会保障、公共住房、环境保护以及公立教育等部门也成立了公共企业。然而,对上述行业实行国有制是否有必要的质疑也逐渐产生,理由是这些国有化的公共企业引发了极大的公共支出。国有化公共企业的步伐在20世纪70年代骤然放缓,当时整个国家经济低迷。1979年撒切尔夫人执政时,预见到了将这些公共企业民营化不但可以解决政府的资金紧张问题,还能极大提高社会效率。加之当时英国经济改革的环境已经成熟,由此撒切尔政府改变了国有化战略,开始了公共企业的民营化改革,她将大力推进公共企业的民营化看作政府的主要任务之一。

在撒切尔政府执政的第一任期,民营化的公共企业都是那些能够在市场竞争中有效运作的小型企业。1983年,撒切尔政府颁布了新的管制条例,创立了新的监管机构,逐步民营化了诸如英国燃气公司、英国电信公司等大型公共企

① See David Brooksbank & David Pickernell (2009), The Emergence and Performance of the Bond Funded Water Company Model in the UK, Competition and Regulation in Network Industries, Volume 10, No. 3, pp. 211-234.

业。继撒切尔夫人之后,保守党政府的又一任首相约翰·梅杰继续推行公用企业的民营化改革。之后,工党领袖托尼·布莱尔也继续推行这一改革。自1979年实行公共企业民营化改革以来,公共企业的产值在国民生产总值中由过去的10%降到了几近为零的状态,英国的经济结构发生了巨大的变化。[①]

2. 英国公共企业民营化的改革途径

在民营化改革中,英国的力度最大,它是率先也是最有计划地实行民营化的国家。英国的主要做法是以向公众出售公共企业股份的方式实现资产剥离,既包括对国资的全部剥离,也包括对国资的部分剥离。英国政府在向公众出售股票的基础上,以竞争性招标的形式把电信公司、天然气公司、自来水管理局、电力局等公共企业出售给民营企业,实现了民营化,也顺利实现了国有企业的政府撤资。以英国电力公共企业——英国电力局为例,其民营化进程是从1989的《电力法案》修订开始的。值得一提的是,英国是发达国家中第一个尝试电力产业民营化的国家。政府对国家电力局实施民营化的途径就是通过出售股票的方式,这一方式的选择出于以下两方面原因:一方面,有了民间资本的介入,政府对某些公共企业的财政投入就必然大大降低,节省下来的政府财政可以集中投入到迫切需要政府投入的项目上,从而缓解政府长期以来财政紧张的局面;另一方面,将股票出售给公众,持有股票的人数分散,股东众多,从而实现公司所有权的分散,这样即便民营资本介入,仍能确保公共企业在满足公众利益上的职责履行。

为保证民营化的公共企业在方针政策上与国家政策一致,英国政府在出售公共企业的股份时采用两种方式:对国内外投资企业采用招标和固定价格买卖的混合方式,而对一般国民则选择固定价格买卖方式。[②] 值得注意的是,英国政府虽然积极推行公用企业民营化的改革,但并不是将对英国政府而言重要的企业和利润丰厚的企业毫无保留地民营化,而是采取了黄金股制度作为民营化后政府的最后一道防御。[③] 因为电力产业关系到国计民生,民营化后一旦有问题产生,而政府又不能控制,则会对国家和人民产生恶劣的影响。基于这一因素,英国政府在转让国有股份的同时,发行由政府或财政部持有的黄金股,即特权优先股,并制定相应的黄金股章程。政府可通过持有黄金股,依据章程的规定,对民营化的公共企业行使管理控制权。政府持有黄金股的目的并不在于掌握企业的所有权或经营权,而是为了在企业利益与国家利益不一致时,有能力干预企

① See D. Parker (2009), The Official History of Privatization, Volume I: The Formative Years, 1970-1987, London: Routledge, p. 598.

② 参见吴周翰:《英国电力产业民营化对中国的启示》,载《山东经济》1999年第1期。

③ See Tony Prosser (1995), Social Limits to Privatization, Brook J. INT'LL, Vol. XXI, pp. 219-220.

业的不正当行为。

英国公共企业的民营化主要分为两个阶段进行:第一个阶段是从1979年到1984年的早期,在还没有正式的民营化方案出台的情况下,也没有任何经验可循,政府开始了将公共企业的股份出售给民营企业。① 这一阶段,英国没有对大型公共企业实行民营化改革,改革是温和推进、摸索进行的。随后,英国启动了公共支出白皮书计划,第二个阶段随之开始。根据公共支出白皮书计划,英国每年要将价值20亿英镑的国有资产民营化。政府在这一阶段开始了对大型公共企业实行民营化改革。② 尤其在成功出售英国电信公司后,英国公共企业的民营化大举展开。英国的民营化改革是成功的,其通过资产转移这一主要方式践行的民营化道路是许多国家借鉴的榜样。但是,英国的教育、医疗、社保这三项基础的公共物品还是由政府来提供的。

3. 英国公共企业民营化的法律供给

撒切尔政府对公共企业的民营化改革不是通过用一套方案贯穿所有公共企业的方式进行的,而是通过对不同的行业逐个立法的方式进行的。这些公共企业法案的修订使市民和潜在的投资者能够充分、准确地了解拟民营化的公共企业,由此可以使投资者在信息完全披露的情况下理性投资,以确保民营化公共企业的效率和股票的合理定价。③

将英国电信公司民营化是英国民营化公共企业的典范。英国电信最初是英国邮政的一个分支(英国邮政于1969年由一个部门转变为一家公共企业)。1981年,根据新颁布的《电信法案》,英国电信与英国邮政分开,成立英国电信公司,属于国家公共企业。④ 1984年,英国修订了《电信法案》。根据该法案第60条⑤的规定,英国电信公司转为有限责任制的民营企业,公司名称不变。根据该法案第61条⑥的规定,政府要拿出50.2%的股份出售给公众,这使得英国电信一下拥有了二百多万股东。为了避免小股东抛售股票,英国电信特别为原始股

① See Cosmo Graham & Tony Prosser (1987), Privatizing Nationalized Industries: Constitutional Issues and New Legal Techniques, MOD L. REV, Vol.50, p.16.

② See Roger Barrett James(1998), Information—The Key to Fair Privatization: British Successes and Russian Pitfalls, Loy. L.A. Int'l & Comp. L.J., Vol.20, p.846.

③ Ibid., p. 851.

④ See British Telecommunications Act, 1981, Ch. 38, art. 10 (Eng.)

⑤ See Roger Barrett James(1998), Information—The Key to Fair Privatization: British Successes and Russian Pitfalls, Loy. L.A. Int'l & Comp. L.J., Vol.20, pp.848-850.

⑥ Ibid.

东设置了忠诚奖。[①] 根据1984年《电信法案》第70条[②]的规定,政府要以招股说明书的方式向公众进行信息披露,拟民营化的英国电信公司在信息披露方面则需要完全根据1948年颁布的《公司法案》实施。英国电信公司民营化获得成功的关键之处在于向公众准确详细地提供了企业的财政状况,从而使投资者理性地认购股份。此外,1984年《电信法案》设立了电信监管部门,并为英国电信服务设置了价格上限,同时要求民营化的英国电信公司在全国范围内采用同样的计费方式。不仅如此,该法案还在电信监管部门、工业部和垄断兼并委员会之间设置了三方制衡机制,以此增加投资者的信心。[③]

1984年修订的《电信法案》为以后开展的公共企业民营化改革提供了宝贵的法律依据,发挥了积极的借鉴作用。由于英国电信公司民营化的成功,英国于1989年修订了《电力法案》,开始了对国家电力局及其下属的14个地方电力局的民营化改革。

根据1989年《电力法案》,政府设立了电力协调局这一专门机构,用以监管电力产业的运营。政府还任命了供电主任,任期为五年,其职责是确保电力的充分供给,促进电力产业的市场竞争,帮助民营后的电力企业通过科学运营获得收益。为了保护消费者的权益,防止民营化的电力企业随意抬高电价,电力协调局设定了电价的上限及其有效期间。除电力协调局外,监管电力企业的还有垄断兼并委员会、消费者权益保护局以及贸易和工业部等机构。其中,贸易和工业部参与任命供电主任;垄断兼并委员会和消费者权益保护局则通过与电力协调局的相互配合,共同管制电力企业的定价问题。此外,如果电力协调局发现某个电力企业没有有效运行或存在不合规运营等问题,则有权委托垄断兼并委员会进行调查。[④]

(二) 美国公共企业的民营化途径及法律供给

1. 美国政府企业民营化的改革背景

自1945年起,美国的政府企业就不断发展扩大,银行系统、保险系统、水力、电力、铁路、港口等行业都相继国有化,正式成立了政府企业。政府企业对美国的经济发展起了重要的作用。到了20世纪80年代初期,美国政府企业(除政府

① 汲取以往的民营化教训,很多小股东在股票升值后迅速抛掉股票以获现,使得股东数量骤减。

② See Roger Barrett James (1998), Information—The Key to Fair Privatization: British Successes and Russian Pitfalls, Loy. L. A. Int'l & Comp. L. J., Vol. 20, pp. 848-850.

③ See Ingo Vogelsang (1995), Micro-Economic Effects of Privatizing Telecommunications Enterprises, Boston University International Law Journal. Vol. 13, pp. 313-328.

④ 参见吴周翰:《英国电力产业民营化对中国的启示》,载《山东经济》1999年第1期。

所有的金融机构外)的国有产值占国民生产总值的10%以上,[①]提供了大量的就业岗位。美国政府成立政府企业的初衷,一是希望政府企业能够赚取利润,使国有资本有所增加;二是希望政府企业能够提供充足、优质的公共物品。政府企业肩负的职责可以概括为这样几点:进行收入再分配、补贴某些区域及行业、赚取外汇、创造就业机会以及帮助执政党获取蝉联等。

但是,随着国家的经济"滞涨",政府企业在经济发展中的作用遭到了人们的质疑。有学者指出,多数政府企业非但无法实现国资的保值增值,还因其能力不足而欠下了大额外债,也没有提供令人满意的公共物品。[②] 由此,里根政府决定对政府企业实施民营化改革,尝试将公共服务和公共物品转由民营企业提供。国家开始鼓励私人投资修建收费公路,一些诸如催缴子女抚养费、开违规停车罚单、对假释人员的庭外监管等社会服务行业转由民营企业提供。此外,监狱和学校也开始了民营化改革。到20世纪90年代,仅印第安纳州的首府印第安纳波利斯一个城市就有七十多个市政项目进行了民营化改造,如废水处理工厂、印第安纳波利斯机场等。[③]

2. 美国政府企业民营化的改革途径

美国政府企业在民营化改革实施初期主要采用的是资产剥离的方式,里根政府将联邦政府的五个电力机构、两个石油仓库、一个铁路公司、五个卫星遥感站出售给了私人经营。其中,1987年3月美国联合铁路公司的民营化,是美国历史上向私人出售的最大一家政府企业。[④] 美国政府企业的民营化随后则主要是通过外包(Contracting Out)的形式实施的。外包即政府机构与私人签订承包合同,由民营企业代替公共资源提供公共服务,包括前文所述的特许经营、租赁经营、建设—运营—转移/建设—运营—拥有等方式。1999年,加利福尼亚州的圣地亚哥郡与一家民营企业签订了6.4亿美元的合同,由该民营企业提供圣地亚哥郡全郡的信息技术服务。此份合同的有效期为七年,是当时美国州政府和地方政府所签的"金额最大、涵盖面最广的信息技术民营化合同"[⑤]。随后,加利福尼亚州的橙郡以类似的方式与一家民营企业签订了2.5亿美元的合同,为橙

---

① See Raymond Vernon, Introduction: The Promise and the Challenge, The Promise of Privatization: A Challenge for U.S. Policy (Raymond Vernon ed., 1988).

② See Yacob Haile-Mariam (1993), Privatization of State-owned Enterprises and the Law: Issues and Problems, Emory International Law Review, Vol.7, pp.36-72.

③ See Donald G. Featherstun, D. Whitney Thornton II, and J. Gregory Correnti (2001), State and Local Privatization: An Evolving Process, Public Contract Law Journal, Vol.30, No.4, pp.644-673.

④ See http://baike.baidu.com/view/965151.htm? fr = aladdin.

⑤ Tom Field, High Anxiety, CIO MAGAZINE (Sept. 1, 2000), available at http://www2.cio.com/archive/090100_anxiety-content.html.

郡提供为期十年半的计算机及电信服务。①

外包通常通过以下几个步骤进行：政府首先确定拟实施民营化的领域，然后制定出详细的要求，接着组织民营企业参与竞争并最终选择一家民营企业签订合同，随后对那家外包的民营企业实施监管。② 外包的范围可大可小，可以是小到将某一项具体工作外包出去，例如由民营企业负责催缴拖欠子女抚养费；也可以是大到将全方位的公共服务整体外包出去，例如由民营企业负责对当地所有儿童的各项服务计划。如果是就某一项具体工作与民营企业签订的外包合同，那么政府要承担整体管理的职责；如果是就全方位的公共服务与民营企业签订的外包合同，那么政府仍需对承包企业进行监管，以确保民营企业的行为与合同条款及政府规章一致。

政府在与民营企业签订合同过程中具有多重身份，既是公共物品需求的决策人，也是理性的评估人和商品购买人，还是对所出资购买的公共服务和公共物品的检查人。为了最大程度地控制外包风险，首先，政府会成立专门的委员会，检查并分析民营的风险与利润，从而确认政府的民营化方案是否合适。其次，政府要谨慎地选择拟由民营企业提供的公共产品的范围，需要考虑以下内容：将该公共产品外包是否在法律上可行，将该公共产品外包是否在其他地区已有成功先例，将该公共产品外包是否能带来成本、人事上的高效率，将该公共产品外包是否会遇到来自工会或政治上的阻力等。③ 再次，政府在选择民营企业提供公共物品时，要以保证公平、促进市场竞争为原则，切实做到公平、公开、公正和诚信。最后，政府应建立完善的评估体系对民营企业提供的公共物品进行评估，确保合同条款的有效落实。

3. 美国政府企业民营化的法律供给

美国对政府企业实施民营化改革是有法律支撑的，法律详细规定了民营化实施的范围和程度。以水行业为例（通常由各州的法律管制，在涉及环境保护等方面则受到联邦法律制约），多数州都由民营企业在一定程度上提供供水服务或废水处理服务，例如由民营企业修建废水处理厂等。美国各州在水行业的民营化上采取的是政府与民营企业合作的方式（Public-Private Partnership），民营企业可以参与投资、设计、建造、经营供水或废水处理的相关领域。政府与民营企业会就供水服务或废水处理服务等事宜签订一个合同。有的合同长达20

① See Wilson Dizard, Lockheed Martin Leverages Defense Technology for Local Govt, Information Project, 12 MIL. & AEROSPACE ELEC, available at 2001 WL 12392709.

② See Donald G. Featherstun, D. Whitney Thornton II, and J. Gregory Correnti (2001), State and Local Privatization: An Evolving Process, Public Contract Law Journal, Vol. 30, No. 4, pp. 646-647.

③ 参见陈松：《公共服务事业外包问题研究》，浙江大学2006年硕士论文。

年以上,民营企业通常需要投资;有的合同只有5年,民营企业主要负责经营或维修。[1]

继里根政府后,克林顿政府也积极推行全国范围内的民营化改革,在20世纪90年代通过一系列行动极力促成供水和废水处理这两项公共服务的民营化。1992年,12803号总统行政令颁布,这项行政令旨在推行民营化改革,鼓励政府企业通过向私人出售或长期租赁政府基础设施的资产而实现民营化。[2] 1997年美国国内税务署出台新规,规定通过发放免税市政债券融资的项目,其与民营企业签订的合同有效期可以延长为最多不超过20年,而此前这类合同有效期的上限是5年。[3] 在联邦政府倡导公共服务民营化的大趋势下,各州对水行业的民营化都制定了全面而详细的州法律。例如,佛罗里达州通过立法解决了本州水行业的民营化问题。对比该州1996年和1999年对水的立法,可以清楚地看到,除了对水行业民营化的范围作了详细的规定外,更积极地通过立法引导州内水行业民营化的深入展开。正是由于该州水法的健全以及水法极强的可操作性,使得该州的水行业民营化顺利实施。

首先,通过立法对水行业民营化的范围予以调整。在1996年以前,佛罗里达州法律严格规定,各郡、市、特别区、社区均不得买卖水、污水以及废水再利用等政府企业。1996年,佛罗里达州修订了州法律第202章[4],使得州内各郡、市、特别区、社区均有权与民营企业就废水处理设施签订合同。同时,第202章也对此类合同作了具体的解释说明。但是,按照1996年的州法律,佛罗里达州内的供水系统还不能交由民营企业提供服务。随着废水处理设施民营化的逐步成功,以及经济上对民营化需求的加大,佛罗里达州于1999年对本州的水法再次进行了修订。根据1999年佛罗里达州法律第153章的规定,州内各郡有权购买、建造、管理以及控制供水系统和污水处理系统;有权与另一方签订合约,由另一缔约方全部或部分履行上述职责。[5] 州内各市有权与"正式成立"的公司缔结合约,由其建造或经营给水系统、排水系统以及污水处理系统。[6] 与1996年的州法律第202章相比,1999年的州法律153章新增了供水系统可以实行民营化

---

① See Kathryn G. W. Cowdery (2000), Public-Private Partnerships in Providing Water and Wastewater Utility Service, The Florida Bar Journal, October, pp. 38-45.

② See Exec. Order No. 12803, §3(a) (c), 57 Fed. Reg. 19,063, reprinted in 5 U. S. C. A. §601, 1992.

③ See NAWC Privatization Study, supra note 1, at 22.

④ See Act Effective, May 23, 1996, ch. 96-202, §§1-5, 1996 FLA. LAWS 738.

⑤ See FLA. STAT. Ch. 153, Part I, The County Water System and Sanitary Sewer Financing Law, §153.03(1), (6) (1999).

⑥ See FLA. STAT. §§180.05, 17 (1999).

的条款。

其次,通过立法引导本州水行业民营化的深入进行。在1999年修法前,佛罗里达州内各郡、市等与民营企业签订的多为短期的服务、管理类合同。州政府希望能够鼓励各郡、市等与民营企业签订长期的合同,不但由民营企业对废水处理设施进行管理、维护、维修,更希望能由民营企业对废水处理设施进行建造甚至投资。① 在这一背景下,1999年,佛罗里达州在对水法的修订中重新定义了废水处理设施的外包合同。该法规定,废水处理设施的外包合同为一项由民营企业与一个或数个政府部门所签署的协议,按照协议由民营企业对废水处理设施予以经营、维修、管理、设计、改良、投资等。此类合同有效期为5年以上、40年以下。② 这条法律的修订在一定程度上促成了佛罗里达州更多长期外包合同的签订,将更多的民营资本引入公共服务的提供中来。

三、对英美两国公共企业民营化实施的评论

英美两国公共企业的民营化迄今历时三十余年,总的来说,英国的民营化改革更为成功。Yacob Haile-Mariam 曾这样评论,英国民营化道路的成功使得人们一时间对民营化心向往之,把民营化看作能够提高效率、增加盈利的"灵丹妙药"。③ 相比之下,美国公共企业的民营化受到的批评较多,其中饱受诟病的是美国医疗保险的民营化改革,让民众有被政府抛弃的感觉。④ 不可否认的是,尽管美国在外包某些全方位公共服务上的做法还有待提高,但是它在外包某一项具体工作上的经验确实值得推广。⑤ 英国的公共服务虽然主要由民营企业提供,但是教育、医疗、社保这三项基础的公共物品仍继续由政府提供,这或许是这个老牌的福利国家没有陷入风险之中的原因之一。⑥ 事实上,在英美两国三十余年的民营化历程中,关于民营化和民营化途径的争论从未停止。

---

① See Kathryn G. W. Cowdery (2000), Public-Private Partnerships in Providing Water and Wastewater Utility Service, The Florida Bar Journal, October, pp. 38-45.

② See FLA. STAT. § 153.91(1) (1999).

③ See Yacob Haile-Mariam (1993), Privatization of State-owned Enterprises and the Law: Issues and Problems, Emory International Law Review, Vol. 7, pp. 35-72.

④ See Lawrence Appleby (1997), Privatization: Government Abandons its Citizens, Guild Practitioner, pp. 65-81.

⑤ See Donald G. Featherstun, D. Whitney Thornton II, and J. Gregory Correnti (2001), State and Local Privatization: An Evolving Process, Public Contract Law Journal, Vol. 30, No. 4, p. 649.

⑥ See D. Parker (2009), The Official History of Privatization. Volume I: The Formative Years, 1970-1987, London: Routledge, p. 598.

(一) 对民营化理念的评析

公共企业民营化的好处是显而易见的。对政府和民众而言,民营化最直接的好处就是节约资金,从而能够保障对必要的公共服务的供给。这体现在两个方面[①]:首先,在商事活动中,民营企业比政府更为高效。这是因为,在工作效率上,民营企业员工远高于政府部门员工。民营企业在降低成本上的诉求远大于政府,前者期望最大可能地提升利润空间,而后者则缺少类似动力。其次,民营化通过竞争性招标能大大降低成本。当政府对某一行业实行垄断时,垄断行业可以任意向公众收费;当消除垄断时,曾转嫁到民众身上的费用也随之减少,因为民营企业为了获得招标,必然在控制成本上下大功夫。美国联邦政府通过对一些行业实行民营化改造而削减了近一半的成本,其中包括对军装生产企业的民营化改造。[②]

民营化带来的绝非只是经济上的收益,民营化后的公共企业可以提供更为广泛、更为优质的公共服务;民营化可以有效减少政府对企业商事行为的干预;民营化有助于增加政府的可支配资金,使政府能够集中精力提供当前只有政府才能提供的公共物品;民营化由于将企业的股份以分散的方式卖给广大民众而有望形成“人民资本主义”(People’s Capitalism)[③];民营化可以为民营企业提供更多更好的机会,从而促成公平公正的市场竞争环境等。[④] 从这个层面来看,民营化有助于“民主社会”的生成。[⑤] 政府的规模和范围随着民营化而缩小,成了真正意义上的简政放权的政府。

但是,公共企业的民营化也会引发一些问题,因为经济上盈利的最大化不代表社会福利的最大化。Lawrence Appleby 指出,将公共企业民营化势必引发大量的裁员。[⑥] Martha Minow 认为,将公共物品交由私人提供易导致社会责任的

---

① See Robert S. Freedman(1990), The Future of Privatization in Florida, Stetson Law Review, Vol. XIX, pp. 900-929.

② See Moore, Contracting out: A Painless Alternative to the Budget Cutter’s Knife, Prospects for Privatization (S. Hanke ed., 1987), pp. 60-65.

③ 股票不再只为少数资本家拥有,呈现出分散化的趋势,企业普通职工也拥有了股票,资本家已经无法拥有企业全部的所有权,这种现象在发达国家被称为“人民资本主义”。

④ See Yacob Haile-Mariam (1993), Privatization of State-owned Enterprises and the Law: Issues and Problems, Emory International Law Review, Vol. 7, pp. 35-72.

⑤ De Alessi, Property Rights and Privatization, Prospects for Privatization (S. Hanke ed., 1987), p. 24.

⑥ Lawrence Appleby (1997), Privatization: Government Abandons its Citizens, Guild Practitioner, pp. 65-81.

缺失。[1] Alexander Volokh 在研究中发现,部分地区的水行业实施民营化后,不但其供水质量下降,还将美国的水资源交给了国外公司经营。[2] Stuart Butler 的担心是,民营企业恐怕难以将政府的政策长期贯彻下去,而且一旦政府对民营企业过度依赖,如果民营企业破产,政府则立刻陷入瘫痪状态。[3]

尽管如此,多数学者仍认为,将公共物品交由民营企业提供的确存在着一些不完善之处,但是交由政府提供却会更糟。[4] 对上述问题的解决办法就是加强公共监管和制衡机制。[5]

(二)民营化途径中暴露出来的问题

政府将公共企业卖给民营企业这一民营化途径已为大家所熟知。英国在通过出售股票将公共企业转为民资经营时率先使用了黄金股制度,在涉及电信、电力、水、燃气、铁路等行业的资产剥离时都是由财政部掌握企业的黄金股,由此对企业实施控制。尽管黄金股制度在民营化过程中对维护国家安全和经济利益确实起到了积极的作用,但是有学者批评这一制度干扰了企业正常的生产经营,危害了自由市场的运营。[6]

政府与民营企业签订外包合同这一民营化的途径也已被广泛接受。但是,这种外包合同对政府部门和民营企业都存在着极大的风险。一旦签约的民营企业没能履行合同,政府将承担巨大的损失;反之,如果政府中途爽约,民营企业将陷入困境。这样的案例在美国不在少数。加利福尼亚州曾违约终止一个外包合同,该合同是关于对新生儿抚养费强制执行系统的研发项目。法官裁定加利福尼亚州政府向民营签约商支付5880万美元的赔偿金。同时,因没能及时完成该系统的研发,加利福尼亚州政府需向联邦政府支付数千万美元的罚金。[7] 另一个案子发生在密西西比州,民营外包商没能按照合约改善该州的税务处理系统。

---

① See Martha Minow (2003), Public and Private Partnerships: Accounting for the New Religion, Harvard Law Review, Information—The Key to Fair Privatization: British Successes and Russian Pitfalls, Loy. L. A. Int'l & Comp. L. J., Vol. 20 & Vol. 116, pp. 1259-1260.

② See Alexander Volokh (2008), Privatization and the Law and Economics of Political Advocacy, Stanford Law Review, Vol. 60, p. 1200.

③ See Stuart M. Butler (1988), Commentary on Privatization: Forms, Limits, and Relations to a Positive Theory of Government, Marquette Law Review, Vol. 71, p. 528.

④ See Michael J. Trebilcock and Edward M. Iacobucci (2003), Privatization and Accountability, Harvard Law Review, Vol. 116, p. 1435.

⑤ See Martha Minow (2003), Public and Private Partnerships: Accounting for the New Religion, Harvard Law Review, Information—The Key to Fair Privatization: British Successes and Russian Pitfalls, Loy. L. A. Int'l & Comp. L. J., Vol. 20 & Vol. 116, pp. 1259-1260.

⑥ See Tony Prosser (1995), Social Limits to Privatization, Brook. J. INT'LL, Vol. XXI, pp. 219-220.

⑦ See 42 U. S. C. § § 609(a)(8) & 655(a)(4) (West Supp. 1999).

陪审团裁定民营外包商向密西西比州政府支付4.74亿美元的赔偿金,其中包括1.75亿美元的惩罚性赔偿金。最终,双方达成和解协议,由外包商分13年向州政府支付1.85亿美元的赔偿。① 此外,在评估通过外包提供公共服务能节约多少成本时,应该将政府对外包的监管成本考虑在内。监管成本通常为数不少,却常被忽略掉,致使外包的成本节约一项显示虚高。②

四、英美公用企业民营化对我国的启示

英美两国的公共企业历时百年,从20世纪30—40年代的发展时期,到始于70年代末的民营化改革时期,都有着完整的法律制度保障。这两个国家在公共企业领域一系列的法律制度于我们具有积极的借鉴作用。

(一)对国有企业进行分类并对公共企业立法

对比英美两国公共企业法律制度的完善,首先,我国的公共企业还没有统一的称谓,在"公用事业""公共服务""公共领域""公共企业""公用企业""事业单位"等称谓中游离;其次,我国的公共企业常被等同于国有企业。因此,我们需要对国有企业进行分类,将公共企业进行定位,并对公共企业予以立法。

1. 将国有企业按功能分类

长期以来,我国国有企业的发展一直带给我们一系列困惑:首先,国有企业应该以保值增值为目的,还是以满足公众利益为目的?国有企业如果以保值增值为目的,那么势必不能充分满足公众利益;如果以满足公众利益为目的,那么恐怕难以做到保值增值。其次,我国的水、电力、燃气、电信等行业的国有企业应该是营利性国企还是公益性国企?如果是营利性国企,这些行业都具有国家垄断地位,它们与处于非垄断地位的企业同时竞争是否公平?如果是公益性国企,这些行业又在哪些方面突出了其公益性?

存在这些困惑的根本原因就在于,当前我国的国有企业分类含混。对此,中共十八届三中全会作出的《中共中央关于全面深化改革若干重大问题的决定》(以下简称《决定》)要求,应"准确界定不同国有企业功能"。国有企业应该按照其功能进行分类,这个功能的界定就是其所生产的产品是公共物品还是商品,

---

① See Margaret Cronin Fisk, Breach Suit Brings $185 Million to Mississippi-Management Firm to Pay for Failure to Deliver a Tax System,. NAT'L L. J., Sept. 11, 2000, at A10.

② See Donald G. Featherstun, D. Whitney Thornton II, and J. Gregory Correnti (2001), State and Local Privatization: An Evolving Process, Public Contract Law Journal, Vol. 30, No. 4, p. 649.

其所提供的服务是公共服务还是商事服务。[①] 对于生产公共物品、提供公共服务的国有企业,将其定位为公共企业,[②]以此与英美等发达国家接轨;对于生产商品、提供商事服务的国有企业,将其定位为一般性国企,由其进行竞争以获得盈利。

2. 重新定位公共企业

"公共企业"与"国有企业"是两个内涵不尽相同的概念。[③] "国有企业"强调的是产权国有,是由国家或政府出资,企业的生产资料归国家所有,国家或政府在资产比例中完全占有或占有绝对比重的企业。[④] "公共企业"强调的是公共性,是能生产公共产品、提供公共服务的企业。尽管这类企业通常都是由国家或政府出资,企业的所有权或控股权归属于政府,但其本质仍在于公共性的体现。

将国有企业按功能划分后,我们将生产公共物品、提供公共服务的国有企业称为"公共企业",由此有一点得以明确,那就是国有企业不都是公共企业。同时,还应该明确另一点:公共企业也不都是国有企业。纵观英美两国公共企业的发展,英国的水、电力、燃气、电信等行业都已出售给民营企业,由民营企业提供公共服务;美国的上述行业除部分出售给民营企业外,更多的是采用政府与民营企业签订外包合同的方式,由民营企业根据合同提供部分公共服务。当前阶段,我国的公共服务主要由国有企业提供。但是,从长远来看,民营企业提供公共服务也是一种选择。

同时,需要注意的是,此时的公共企业在彼时可能不再是公共企业。美国《公共企业管制法案》在其逐年修订中都会详细界定哪些企业不再作为公共企业而受此法案约束。例如,法案规定银行自 1981 年 12 月 31 日起不再是混合所有制的公共企业。[⑤] 其原因在于,公共物品最主要的特征是由政府定价,而当市场化逐步完善起来,这一物品转而由市场定价时,这一物品就变成了商品,而非公共物品。那么,生产这一物品的企业就不再是公共企业。

3. 制定《公共企业法》

将国有企业进行分类、对公共企业予以定位后,面临的一个突出问题是:公共企业应该适用哪一部法律?目前,我国适用于国有企业的《企业国有资产法》

---

① 参见顾功耘:《国企类型化改革亟待法理应对》,载《中国社会科学报》2013 年 4 月 24 日第 A07 版。

② 同上。

③ 参见刘仁春:《公共企业:政府弥补市场失灵的一项政策工具》,载《广西师范大学学报》(哲学社会科学版)2005 年第 3 期。

④ 同上。

⑤ See Section 396(h)(1) and (i) of the Omnibus Budget Reconciliation Act of 1981 (Pub. L. 97-35, 95 Stat. 440).

《国有资产管理法》显然不适用于公共企业,因为国有企业不全是公共企业。我国《水法》(2002 年修订)《电力法》(2009 年修订)等行业法律法规也没有像英国的水法、电力法那样规定水企业、电力企业等如何满足公众利益、确保其提供公共物品的非营利性等问题。因此,我国需要制定一部《公共企业法》。

从域外经验来看,美国对联邦政府所有的公共企业统一制定了一部《政府企业管制法案》,每隔几年修订一次。美国各州也制定了州法律,以此管制州及地方的公共企业。英国没有对国内所有公共企业统一立法,而是对专门领域专门立法,先后颁布了《煤炭行业法案》《电力法案》《天然气法案》等,而对上述行业的民营化也体现在各法案的修订中。我国《公共企业法》的立法模式宜根据国情而定。鉴于当前公共企业数量较多,如果分别立法,则立法成本过高,[①]所以我国应该统一制定一部《公共企业法》。同时,我国的《公共企业法》应该考虑到未来公共企业可能会有民间资本介入,因此应将国有的公共企业与民营的公共企业一并纳入,统筹立法。[②]

(二)适时将民营资本引入公共企业

中共十八届三中全会作出的《决定》指出,“鼓励非公有制企业参与国有企业改革,鼓励发展非公有资本控股的混合所有制企业”。这讲出了公共企业未来的发展趋势,即将民营资本注入公共企业。英美两国政府都通过出售国有公共企业的股票或与民营企业签订外包合同等方式将民营资本注入公共企业,用民营资本来提供公共物品。两国的做法虽然存在些许瑕疵,但对缓解财政赤字、推动经济发展起了重要的作用,总的来说,利远远大于弊。我国的公共企业最终也会有民营资本的参与,对于选择哪一种路径让民营资本介入,我们既不能操之过急,也要作好充分的准备。

研究表明,在发展中国家实施公共企业的民营化改革容易引发大规模裁员、物价上涨、破产等。[③] 为避免上述不良事态发生,政府应该制定详细的规章,社会福利部门也应该积极应对经济转型对市场的影响。英美两国对公共企业进行民营化改造时都有着充足的法律保障,即使如此,还经过数年才使本国的公共企业民营化步入正轨。由此可见,将民营资本引入公共企业是一个历时很长的工

① 参见李卫平:《国有企业的政策定位和公共企业的立法思考》,载《新疆大学学报》(哲学·人文社会科学版)2006 年第 2 期。

② 参见顾功耘:《国企类型化改革亟待法理应对》,载《中国社会科学报》2013 年 4 月 24 日第 A07 版。

③ See Yacob Haile-Mariam (1993), Privatization of State-owned Enterprises and the Law: Issues and Problems, Emory International Law Review, Vol. 7, p. 44.

作,需要作充分的准备。在进行民营化改革前,应充分论证哪些行业可以先实施民营化改革,哪些行业要等等再做,哪些行业近期不宜实施民营化等。立法者也应该考虑民营化的广度和深度。同时,民营化完成之后如何建立竞争机制和监督机制也是一项重要的内容。所有这些事宜都应该事先设计清楚,这样政策才具有可持续性。① 过快地实行民营化,过多地出售资产,会带来更多的问题,因此将民营资本引入公共企业绝不能草率地开始,然后草草地结束。

(三) 正确处理公共企业与政府的关系

英美两国的公共企业与政府之间的关系简单、透明,对于政府在哪些方面可以介入公共企业以及介入到什么程度,法律上都有明确的规定。与英美两国相比,我国的公共企业与政府的关系有待调整。

1. 宏观上政府监管,微观上企业自治

英美两国的公共企业在企业的商事行为上都具有相当大的自治权,政府对公共企业的制约更多地体现在总体方针政策层面。这一做法值得我国借鉴。长期以来,我国政府对国有企业的直接干预和直接控制过多,越位现象严重。对此,中共十八届三中全会作出的《决定》提出,"必须切实转变政府职能,……增强政府公信力和执行力,建设法治政府和服务型政府"。这一决定为构建政府与公共企业的关系指明了方向。政府对公共企业的管理应该体现在宏观上,确保公共企业的发展路线与国家经济的整体战略布局一致。政府出于对国家安全、国家整体利益的考虑对公共企业进行监管,而非出于对权利的争夺。在宏观以外的区域,如在企业日常经营、管理等微观领域,应交由公共企业自由管理,从而体现出公共企业作为"企业"的特征。

2. 政府公平对待国有的公共企业与民营的公共企业

从长远来看,我国的公共企业将既包括国有的公共企业,也包括民营的公共企业。政府是否能公平地对待来自两种所有制结构的公共企业至关重要。如果政府能公平、公正、公开地同等对待两种类型的公共企业,那么不但能使民营的公共企业被扶植起来,还能让公众获得更为优质的公共物品;反之,如果政府将政策一味向国有的公共企业倾斜,对两种公共企业使用两把尺度进行监管,则在扼杀了民营的公共企业的同时,也降低了公共物品的质量。在这一问题上,我们可以借鉴澳大利亚及欧盟国家的竞争中立政策,即企业不能因其所有权的归属

① See Donald G. Featherstun, D. Whitney Thornton II, and J. Gregory Correnti (2001), State and Local Privatization: An Evolving Process, Public Contract Law Journal, Vol. 30, No. 4, p. 652.

而获得优待或遭到歧视,[①]政府对各种类型的企业应一视同仁。实行竞争中立政策,要遵循以下原则:(1)税收中立,国有企业不得享受其他竞争者所享受不到的诸如税收减免等优惠;(2)信贷中立,国有企业应承担与其竞争者相同的借贷利率;(3)管制中立,国有企业不得享有与其竞争者不同的管制环境。[②]按照竞争中立这一思路,政府在对待国有的公共企业与民营的公共企业时应态度一致,不能厚此薄彼。

纵观英美两国公共企业的百年发展历程,我们清楚地看到,英美公共企业从产生到发展再到变革,一直都有完善的法律制度作为保障,这对于我们今天研究我国的公共企业具有重要的借鉴作用。

---

① See OECD (2011), Competitive Neutrality and State-owned Enterprises: Challenges and Policy Options, OECD Corporate Governance Working Papers, No.1, http:// www.oecd.org/daf/corporateaffairs/wp.

② Ibid.

第五编 对外经济管制法律制度

自贸区外商投资国家安全审查机制研究

杨飞翔*

引　言

《中国(上海)自由贸易试验区总体方案》中提出要在自贸区试点开展涉及外资的国家安全审查。《中国(上海)自由贸易试验区条例》也对自贸区内的外资国家安全审查的主管机关、工作机制作出了原则性的规定。《中国(上海)自由贸易试验区外商投资准入特别管理措施(负面清单)》(2014 年修订)则在说明中特别提出,外资涉及国家安全审查的,按照相关规定办理。目前国内的国家安全审查规定,无论是实体规定还是程序规定,都较为模糊。审查内容宽泛和不确定,也令申请者对通过与否非常担心。① 负面清单是自贸区管理制度的重大创新。但是,自贸区负面清单也将涉及国家安全审查的事项单列,这些事项需要依据相关规定特别办理。如果不能进一步落实、明确自贸区内的国家安全审查机制,那么即便不在负面清单之列的外商投资,依然会面临不确定的国家安全审查机制。如果这种机制被过度运用,必将损害投资者因负面清单而产生的投资

---

* 杨飞翔,华东政法大学 2013 级经济法学博士研究生,上海市君悦律师事务所合伙人。

① 参见陶景洲:《令人不安的"国家安全审查"》,载《新世纪周刊》2011 年第 8 期。

确定性预期,动摇投资者的投资决策,从而影响自贸区的改革与创新。

负面清单制度与国家安全审查制度都属于外商管理的相关制度,两者需要解决不同的问题,不能相互替代。在国家安全审查机制所需要的适当灵活和模糊与负面清单制度所追求的明确和具体之间是否能找到一种平衡?负面清单制度作为一种管理创新,其中的创新思路与创新成果应该可以在完善国家安全审查机制时予以借鉴和参考。本文准备从负面清单制度中的创新思路与创新成果的角度,讨论自贸区内国家安全审查机制的完善。

一、自贸区国家安全审查机制的规则适用

2010 年 4 月 6 日出台的《国务院关于进一步做好利用外资工作的若干意见》,表示"鼓励外资以参股、并购等方式参与国内企业改组改造和兼并重组。支持 A 股上市公司引入境内外战略投资者。规范外资参与境内证券投资和企业并购。依法实施反垄断审查,并加快建立外资并购安全审查制度。"

2014 年 5 月 17 日,国家发改委出台《外商投资项目核准和备案管理办法》,指出外商投资若涉及国家安全的,应当按照国家有关规定进行安全审查;同时,对外商投资项目的核准条件之一是不影响国家安全和生态安全。

2014 年 8 月 5 日,国家发改委进一步发文《对外开放水平进一步提高》,部署下一步的工作:在利用外资和境外投资方面,将继续会同或配合有关部门,着力推动五项工作,其中之一是深化外商投资管理体制改革,改进和完善国家安全审查机制。进而,制定中国(上海)自由贸易试验区外商投资安全审查管理办法,为完善全国性的外商投资安全审查机制积累新经验,探索新途径。[①]

从上述三份文件不难看出,在国家层面,国务院、国家发改委公开肯定外商投资安全审查的必要性。那么,自贸区外商投资的国家安全审查又是否有明确的规则可以适用?

2013 年 9 月 18 日,国务院批准《中国(上海)自由贸易试验区总体方案》(以下简称《方案》),提出"完善国家安全审查制度,在试验区内试点开展涉及外资的国家安全审查,构建安全高效的开放型经济体系。在总结试点经验的基础上,逐步形成与国际接轨的外商投资管理制度。"

2013 年 9 月 29 日,上海市人民政府出台《中国(上海)自由贸易试验区管理办法》。第 5 条对中国(上海)自由贸易试验区管理委员会(以下简称"管委

---

① 参见《对外开放水平进一步提高》,http://xwzx.ndrc.gov.cn/xwfb/201408/t20140805_621315.html,2014 年 9 月 10 日访问。

会”)的职责进行了规定,其中一项是承担安全审查、反垄断审查相关工作。第30条规定:“自贸试验区建立安全审查和反垄断审查的相关工作机制。投资项目或者企业属于安全审查、反垄断审查范围的,管委会应当及时提请开展安全审查、反垄断审查。”

2014年7月25日,上海市人大常委会出台《中国(上海)自由贸易试验区条例》(以下简称《条例》),其中也有国家安全审查的相关规定。《条例》第8条规定,自贸区管委会为市人民政府派出机构,具体落实自贸试验区改革试点任务,统筹管理和协调自贸试验区有关行政事务,其职责就包括“依法履行国家安全审查、反垄断审查有关职责”。《条例》第37条还进一步规定了国家安全审查的工作机制:“自贸试验区建立涉及外资的国家安全审查工作机制。对属于国家安全审查范围的外商投资,投资者应当申请进行国家安全审查;有关管理部门、行业协会、同业企业以及上下游企业可以提出国家安全审查建议。当事人应当配合国家安全审查工作,提供必要的材料和信息,接受有关询问。”

总体而言,对于外资引进,自贸试验区实行的是准入前的国民待遇加负面清单的管理模式;对于负面清单以外的领域,按照内外资一致的原则,外资企业设立和变更实行备案制;对于负面清单以内的领域,实行核准制。[①] 这一规则看似清晰明了,但是从负面清单的规定来看,涉及国家安全的外资准入规则,仍存在很大的模糊空间。

(一)负面清单的规定

2014年6月30日,上海市人民政府出台《中国(上海)自由贸易试验区外商投资准入特别管理措施(负面清单)》(2014年修订),对外商投资项目和设立外商投资企业采取与国民待遇等不符的准入措施。负面清单按照《国民经济行业分类及代码》(2011年版)分类编制,包括18个行业门类。S公共管理、社会保障和社会组织与T国际组织两个行业门类不适用负面清单。除列明的外商投资准入特别管理措施,禁止(限制)外商投资国家以及中国缔结或者参加的国际条约规定禁止(限制)的产业,禁止外商投资危害国家安全和社会安全的项目,禁止从事损害社会公共利益的经营活动。自贸试验区内的外资并购、外国投资

① 《条例》第13条规定:“自贸试验区内国家规定对外商投资实施的准入特别管理措施,由市人民政府发布负面清单予以列明,并根据发展实际适时调整。自贸试验区实行外商投资准入前国民待遇加负面清单管理模式。负面清单之外的领域,按照内外资一致的原则,外商投资项目实行备案制,国务院规定对国内投资项目保留核准的除外;外商投资企业设立和变更实行备案管理。负面清单之内的领域,外商投资项目实行核准制,国务院规定对外商投资项目实行备案的除外;外商投资企业设立和变更实行审批管理。外商投资项目和外商投资企业的备案办法,由市人民政府制定。”

者对上市公司的战略投资、境外投资者以其持有的中国境内企业股权出资,应符合相关规定要求;涉及国家安全审查、反垄断审查的,按照相关规定办理。

(二) 国家层面的法律规定

在国家层面,我国的国家安全政策经历了从属于产业政策、从属于竞争政策到独立的国家安全审查政策的变迁。

1. 产业政策

为弥补市场缺陷,有效配置资源,国务院2002年出台产业政策《指导外商投资方向规定》,其中第7条明确规定了禁止类外商投资项目,具体如下:

属于下列情形之一的,列为禁止类外商投资项目:

(1) 危害国家安全或者损害社会公共利益的;

(2) 对环境造成污染损害,破坏自然资源或者损害人体健康的;

(3) 占用大量耕地,不利于保护、开发土地资源的;

(4) 危害军事设施安全和使用效能的;

(5) 运用我国特有工艺或者技术生产产品的;

(6) 法律、行政法规规定的其他情形。

国家计划委员会(现国家发展和改革委员会)、国家经济贸易委员会(已变更)、对外贸易经济合作部(已变更)于1995年出台了《外商投资产业指导目录》,后分别于1997年、2002年、2004年、2007年、2011年进行了修订。根据2011年版本的规定,国家对外商投资作了三种分类,分别为鼓励外商投资类、限制外商投资类、禁止外商投资类,其中后两类的产业中部分项目与国家安全有关。举例而言,根据《外商投资产业指导目录》的规定,与农、林、牧、渔业相关的项目中,有的属鼓励外商投资范畴,具体如下:

(1) 木本食用油料、调料和工业原料的种植及开发、生产;

(2) 绿色、有机蔬菜(含食用菌、西甜瓜)、干鲜果品、茶叶栽培技术开发及产品生产;

(3) 糖料、果树、牧草等农作物栽培新技术开发及产品生产;

(4) 花卉生产与苗圃基地的建设、经营;

(5) 橡胶、油棕、剑麻、咖啡种植;

(6) 中药材种植、养殖(限于合资、合作);

(7) 农作物秸秆还田及综合利用、有机肥料资源的开发生产;

(8) 林木(竹)营造及良种培育、多倍体树木新品种培育;

(9) 水产苗种繁育(不含我国特有的珍贵优良品种);

(10) 防治荒漠化及水土流失的植树种草等生态环境保护工程建设、经营;

(11) 水产品养殖、深水网箱养殖、工厂化水产养殖、生态型海洋增养殖;

有的属限制外商投资类范畴,具体如下:

(1) 农作物新品种选育和种子生产(中方控股);

(2) 珍贵树种原木加工(限于合资、合作);

(3) 棉花(籽棉)加工。

有的属完全禁止类,即国家禁止外商投资该类产业,具体如下:

(1) 我国稀有和特有的珍贵优良品种的研发、养殖、种植以及相关繁殖材料的生产(包括种植业、畜牧业、水产业的优良基因);

(2) 转基因生物研发和转基因农作物种子、种畜禽、水产苗种生产;

(3) 我国管辖海域及内陆水域水产品捕捞。

2. 竞争政策

除相关产业政策外,国家也出台了系列竞争政策。在法律层面,《反垄断法》第31条规定:"对外资并购境内企业或者以其他方式参与经营者集中,涉及国家安全的,除依照本法规定进行经营者集中审查外,还应当按照国家有关规定进行国家安全审查。"

《关于外国投资者并购境内企业的规定》(商务部令2009年第6号)(特别注明:该文件系由2006年同名规章修订而成,2006年同名规章即为业内著名的"10号令")第12条规定:"外国投资者并购境内企业并取得实际控制权,涉及重点行业、存在影响或可能影响国家经济安全因素或者导致拥有驰名商标或中华老字号的境内企业实际控制权转移的,当事人应就此向商务部进行申报。当事人未予申报,但其并购行为对国家经济安全造成或可能造成重大影响的,商务部可以会同相关部门要求当事人终止交易或采取转让相关股权、资产或其他有效措施,以消除并购行为对国家经济安全的影响。"

3. 独立国家安全政策

2011年2月3日,国务院出台《国务院办公厅关于建立外国投资者并购境内企业安全审查制度的通知》(本文讨论的核心文件之一,以下简称"6号文")。6号文规定了外资并购的安全审查范围、审查内容、审查工作机制及审查程序等。

2011年8月25日,商务部出台《商务部实施外国投资者并购境内企业安全审查制度的规定》,对外资并购安全审查制度进行了更为详细的规定,比如外国投资者具体该如何递交申请、需要何种材料以及商务部在外国投资者与联席会议之间扮演何种角色等。

4. 小结

由上可知,产业政策、竞争政策与国家安全审查政策本质上都是国家对经济运行进行调控的手段,三者结合在一起,共同构筑了我国在外资并购中涉及国家安全(尤其是经济安全)审查的主要防线。虽然各自的预定目标、运行范围、调整机制之间存在一定的差异,[①]但是就其根本宗旨而言,都是为了促进一国经济、社会的健康、有序发展。虽然随着《反垄断法》的制定与实施,对外资并购中的国家安全审查上升到全国法律层面的高度,但是在本质上,国家安全审查并不属于反垄断法需要解决的内容,未来的趋势仍将会是发展并完善独立的国家安全审查法律。

为便于对比,现将上述主要规范列表如下(参见表1):

表1　我国涉及外资并购中国家安全的审查规范构成

序号	政策类型	相关规定	发布部门	涉及内容
1	产业政策	《指导外商投资方向规定》(2002)	国务院	鼓励、限制、禁止外商投资的种类
		《外商投资产业指导目录》(2011)	国家发改委、商务部	鼓励、允许、限制和禁止目录
		《国务院关于进一步做好利用外资工作的若干意见》(2010)	国务院	依法实施反垄断审查,并加快建立外资并购安全审查制度
2	竞争政策	《反垄断法》(2008)	全国人大常委会	国家安全
		《关于外国投资者并购境内企业的规定》(2009)	商务部	国家经济安全
3	安全政策	《国务院办公厅关于建立外国投资者并购境内企业安全审查制度的通知》(2011)	国务院办公厅	国家安全审查的内容、范围、工作机制
		《商务部实施外国投资者并购境内企业安全审查制度的规定》(2011)	商务部	国家安全审查并购的程序、审查结果

自贸区负面清单中明确将涉及国家安全的事项单列特别处理。因此,上述规定(尤其是“6号文”中所列举的事项)中涉及国家安全的外资并购事项,应遵循上述法律法规,适用现行国家安全审查机制。[②]

① 例如,产业政策旨在实现一定的经济、社会目标,从而对产业的形成与发展进行干预;而反垄断审查则是为了促进市场竞争,反对不合理甚至是违法的竞争行为,从而在根本上保护竞争的有序进行。参见汪娜娜:《完善我国外资并购国家安全审查制度的研究》,华东政法大学2013年硕士论文。

② 根据《商务部实施外国投资者并购境内企业安全审查制度的规定》,外资并购涉及国家安全的,应向商务部提交相关文件,由商务部提请联席会议决定。

二、自贸区国家安全审查机制的组织协调

《中国(上海)自由贸易试验区条例》第8条第1款第4项规定,自贸区管委会统筹管理和协调自贸区有关行政事务,职责包括了国家安全审查。《条例》第37条规定,自贸试验区建立涉及外资的国家安全审查工作机制。对属于国家安全审查范围的外商投资,投资者应当申请进行国家安全审查;有关管理部门、行业协会、同业企业以及上下游企业可以提出国家安全审查建议。当事人应当配合国家安全审查工作,提供必要的材料和信息,接受有关询问。具体规定见《条例》第七章"综合监管"。

自贸区管委会作为上海市人民政府的派出机构,负责中国(上海)自由贸易试验区范围内相关改革试点任务和行政事务。它下设10个机构,具体包括办公室、人力资源局、政策法规研究室、经济发展局、财政和金融服务局、规划建设和环境管理局、综合监管和执法局、洋山保税港区办事处、外高桥保税区办事处、浦东机场综合保税区办事处。各机构各司其职,相互协作。

从组织机制上,自贸区已经为国家安全审查提供了组织保障。[①] 但是,国家安全审查属于中央事权。《中共中央关于全面深化改革若干重大问题的决定》第19条[②]明确指出,对国家安全的审查属于中央事权范畴。那么,对于属于中央事权的国家安全审查,自贸区管委会(作为地方政府的派出机构)是否享有相应的审查权限?对这一问题的回答,必须结合中央与地方事权理论予以思考。

(一)中央事权与地方事权关系理论

事权,通常指支出责任,即哪些支出应由哪一级政府来承担,或者说某项事务归哪一级政府管理。事权的特定含义是各级政府对所管理的国有企业或事业

① 有学者对国务院能否设立自贸区提出了疑问。但是,事实上,根据《宪法》第89条的规定,国务院有权"领导和管理经济工作","统一领导全国各级行政机关的工作,规定中央和省、自治区、直辖市的国家行政机关的职权的具体划分"。国务院批准设立自贸区的行为,以及在自贸区实施的总体方案,并不存在违宪的问题。参见刘松山:《论自贸区不具有独立的法治意义及几个相关法律问题》,载《政治与法律》2014年第2期。

② 《中共中央关于全面深化改革若干重大问题的决定》第19条规定,建立事权和支出责任相适应的制度。适度加强中央事权和支出责任,国防、外交、国家安全、关系全国统一市场规则和管理等作为中央事权;部分社会保障、跨区域重大项目建设维护等作为中央和地方共同事权,逐步理顺事权关系;区域性公共服务作为地方事权。中央和地方按照事权划分相应承担和分担支出责任。中央可通过安排转移支付将部分事权支出责任委托地方承担。对于跨区域且对其他地区影响较大的公共服务,中央通过转移支付承担一部分地方事权支出责任。

单位的行政管理权,它反映的是各级政府管理职能的划分,突出的是行政隶属关系。[①] 中央与地方事权分配的本质内涵是不同属性公共产品的供应:全国性的公共产品应由中央政府提供(如国防、外交、金融政策、全国性的法律实施等),而地方性(区域性)的公共产品则属于地方事权的范畴(区域内行政管理、环境保护、资源开发、市政建设等)。[②] 因此,在分配中央与地方事权时,要考虑到经济效益原则、比例原则、法治原则以及与税权相匹配原则,以更好地实现两层次事权之间的分工与协作,优化其功能上的协调。[③]

事实上,中央与地方事权的划分并不存在严格、清晰的界限,在上述界定之下,还存在一定的模糊地带,即中央地方混合事权。这包括三种主要的类型:(1)中央决策,地方执行,如交通、公安、教育等;(2)中央决策,共同执行,如卫生、计划生育等;(3)中央委托,地方执行,如救灾、扶贫开发等。[④] 由此可见,中央与地方事权的划分存在一定的弹性空间。事实上,这有利于中央与地方关系的协调。尤其是在像我国这样的国家,这有助于在保证中央权威的前提下,充分发挥地方的积极性。当然,在处理这类混合事权时,既要防止"越位",也要防止"缺位",否则容易导致出现公共服务的缺口,不利于社会公共目的的达成。

根据我国《宪法》第89条的规定,国务院有权"统一领导全国地方各级国家行政机关的工作,规定中央和省、自治区、直辖市的国家行政机关的职权的具体划分"(第4项),"领导和管理经济工作和城乡建设"(第6项),"领导和管理民政、公安、司法行政和监察等工作"(第8项)。外资并购涉及国家安全事项(主要是经济安全)的审查权限,无疑是在国务院的权限范围之内(中央事权)。国务院能否将这一权限下放至地方行政机关?毫无疑问,这是可以的。根据《宪法》第89条第4项,既然国务院有权"规定中央和省、自治区、直辖市的国家行政机关的职权的具体划分",那么将本属于自身权限的部分下放至地方行政机关,当然是符合《宪法》规定的。

《条例》虽然明确规定了自贸区管委会有依法履行国家安全审查的职责,但是并没有明确具体的审查方式。同时,从现有规定来看,也没有明确自贸区管委会的国家安全审查权限与现行审查模式之间的关系。因此,有必要考察现有国家安全审查模式,并与自贸区管委会的审查职责相比较,确定自贸区管委会的具体审查权限。

---

① 参见吴笛:《中央和地方事权与财权的划分与改革思路》,载《合肥工业大学学报》(社会科学版)2010年第2期。

② 参见王蒙:《论以事权为核心的中央地方关系的构建》,华中师范大学2011年硕士论文。

③ 参见何勇飞:《我国中央与地方事权配置法治化研究》,湘潭大学2012年硕士毕业论文。

④ 参见王蒙:《论以事权为核心的中央地方关系的构建》,华中师范大学2011年硕士论文。

（二）现行国家安全审查机制

《国务院办公厅关于建立外国投资者并购境内企业安全审查制度的通知》确立的是安全审查部际联席会议制度。按照其规定，联席会议在国务院领导下，由发改委、商务部牵头，根据外资并购所涉及的行业和领域，会同相关部门开展并购安全审查。

1. 现有机制的不足

这种联席会议是一种“双头鹰”，按规定是由发改委、商务部牵头。那么，究竟是谁牵头？两部门牵头可能会形成一种两个都要牵头（“越位”）或者两个都不牵头（“缺位”）的情况。这种“双头鹰”的工作机制极易造成工作中诸多事项的不明确。在我国，一个“双头鹰”的工作机制可能会在诸多方面产生分歧，甚至一些不起眼的事情也会有分歧。如会议召集权，哪一方召集会议，以及时间、地点、议程、领导排序等，都有可能产生分歧。

6号文明确规定，除了牵头人之外，还会有“相关部门”参与联席会议。那么，哪些部门是相关部门？如何选择、确定相关部门？相关部门的意见及其决策权重是什么？联席会议组织安全评估工作，并结合评估意见召开安全审查会议，意见基本一致的，由联席会议作出决定；存在重大分歧意见的，报请国务院作出决定。意见基本一致或重大分歧由谁负责判断？存在重大分歧时，哪个部门负责报请国务院？此外，根据6号文，在安全审查过程中，申请人可修改交易方案或撤销并购交易。试问，审查进行到何种程度，申请人可修改交易方案？是否可多次修改？上述疑问可能在实践中已有一定的规则，但这些规则尚需进一步明确与公示，目前我们尚未从公开渠道看到发改委与商务部的会议协调文件。

2. 比较与借鉴：金融业“监管联席会议机制”

作为参照，中国银监会、证监会、保监会成立的“监管联席会议机制”也许可以提供值得借鉴的思路。2004年6月28日，三大监管机构签署了《中国银行业监督管理委员会、中国证券监督管理委员会、中国保险监督管理委员会在金融监管方面分工合作的备忘录》，对工作职责进行了分工，也规定了工作机制。比如，其15条规定：“建立银监会、证监会、保监会‘监管联席会议机制’。监管联席会议成员由三方机构的主席组成，每季度召开一次例会，由主席或其授权的副主席参加，讨论和协调有关金融监管的重要事项、已出台政策的市场反应和效果评估以及其他需要协商、通报和交流的事项。监管联席会议仅协调有关三方监管的重要事宜，原三方监管机构的职责分工和日常工作机制不变。联席会议成员每半年轮流担任会议召集人。任何一方认为有必要讨论应对紧急情况时，均可随时提出召开会议,由召集人负责召集。监管联席会议三方分别设立‘联席会议秘书处’作为日常联络机构,并指定专门联系人。在正常情况下,联席会议召开前五个工作日,三方日常联络机构应将拟议事项和各方意见建议等书面材料送达联席会议成员。会后由召集方负责拟定会议纪要,在征求参会方意见后发送各方。监管联席会议纪要报国务院领导审批后执行。”可以看出,对哪一方担任召集人以及会议联络、意见征求等均予以规定。

当然,国家安全审查与简单的行业监管有所不同,不能简单地照搬监管模式。前者涉及的面很宽,所需要考虑的因素也远非行业监管所能比拟。中国银监会、证监会、保监会所监管的部门具有行业性质上的一致性(金融业),相互之间的交融也更为密切;而外资并购中的国家安全审查可能涉及的行业非常广泛,任何单一的管理部门都无法独自应对。此外,国家安全的审查往往需要超越单个行业的考量,而应通盘考虑整个国民经济的运行状况,如此才能更好地实现维护国家安全的最终目标。

因此,“监管联席会议机制”可以为外资并购国家安全审查机制的完善提供有益的思考,但不能照搬其模式。

3. 对完善现行审查机制的建议

我国国家安全审查的“双头鹰”机制本身存在太多的问题,无法有效起到国家安全审查的作用,应进行相应的改革。

(1) 牵头部门

对于牵头机构,目前存在争议。有观点认为,应由商务部成立安全审查委员会专门进行,因为外资并购的审查主体应该是商务部,这符合对商务部权能职责的定位。从部委职责的划分看,商务部专职负责国家外资工作,依法核准外商投资企业的设立、变更以及重大外商投资项目合同章程等重大事项。① 从这个角度看,由商务部负责牵头更能体现其专业性。同时,国家发改委权限太大,被外界称为“小国务院”,手伸得太长,从而对外资安全审查未必比商务部专业。②

但是,也有人主张,考虑到国家安全审查机制中部门协调、部门利益、决策成本等因素,鉴于牵头人更多承担的是“牵头”作用,具体审查还需结合外资的实际情况交由相关部门开展,再结合发改委在我国目前的实际重要地位,设立一个

---

① 有关商务部的主要职责,参见商务部官方网站:http://www.mofcom.gov.cn/mofcom/zhizi.shtml。

② 关于国家发改委的管理权限,其官方网站显示,它主要负责国家发展与改革工作,具体包括发展规划、宏观经济、经济运行、体制改革、固定资产投资、外资利用、地区经济、西部开发、振兴东北、农村经济、基础产业、产业发展、高技术产业、环境与资源、气候变化、社会发展、就业与收入、经济贸易、信用建设、创投与基金、价格管理、价格监督与反垄断、法律法规、外事活动、重大项目稽查、物资储备等,足见其所涉范围之广。

由发改委牵头的常设联合审查委员会,并吸收相关行业协会参与,充分发挥行业协会的作用。换言之,如果由商务部扮演“牵头人”角色,未必能切实牵好头。

本文赞同第一种观点,即交由商务部实际牵头,会同相关部门开展并购安全审查,不仅切实符合商务部在诸部委之间的职责分工,也能提高外资并购国家安全审查的效率。商务部出台的《商务部实施外国投资者并购境内企业安全审查制度的规定》也印证了在一般的国家安全审查过程中商务部所扮演的角色。至于对国家发改委地位、权重的担忧,似乎可通过国务院的明文规定解决。因此,由商务部设立一个专门的安全审查委员会对外资并购进行审查更为合理。

当然,国家安全审查涉及的不仅仅是外资的引入,更侧重于国家安全的维护。因此,这只是一种过渡性的措施。

中共十八届三中全会以来,中央成立了国家安全委员会,标志着我党已着手在国家顶层设计层面上高度重视国家安全管理工作。[①] 关于为何设立国家安全委员会,习近平作了说明:“国家安全和社会稳定是改革发展的前提。只有国家安全和社会稳定,改革发展才能不断推进。当前,我国面临对外维护国家主权、安全、发展利益,对内维护政治安全和社会稳定的双重压力,各种可以预见和难以预见的风险因素明显增多。而我们的安全工作机制还不能适应维护国家安全的需要,需要搭建一个强有力的平台统筹国家安全工作。设立国家安全委员会,加强对国家安全工作的集中统一领导,已是当务之急。国家安全委员会的主要职责是制定和实施国家安全战略,推进国家安全法治建设,制定国家安全工作方针政策,研究解决国家安全工作中的重大问题。”[②]

因此,国家安全委员会的设立可以为打破目前的僵局提供有益的思路:未来的外资并购国家安全审查联合机构可以作为国家安全委员会的下属常设机构存在。这样,就提高了外资并购中国家安全审查联合机构的地位,可以大大加强国家安全审查的权威,以提高其审查效率,有利于国家安全审查目标的实现。[③]

(2) 安全审查最终决定权

当然,国家安全委员会2014年才开始设立并运行,外界对其具体的运行机制并不十分了解。但是,从公开信息来看,其级别之高(中共中央总书记为主席,国务院总理、全国人大常委会主任分别为副主席)、组成部门之广(包括国

---

① 参见李文良:《如何定位中国国家安全委员会》,载《学习时报》2014年1月27日。

② 《习近平介绍为何设立国家安全委员会职责是什么》,http://news.ifeng.com/mainland/special/sbjszqh/content-3/detail_2013_11/15/31300490_0.shtml,2014年9月11日访问。

③ 《中共中央关于全面深化改革若干重大问题的决定》第50条第3款规定:“设立国家安全委员会,完善国家安全体制和国家安全战略,确保国家安全。”

防、外交、公安、总参、外经贸部门首长都是委员会委员),可以说该委员会是最高国家安全议事协调机构。因此,在涉及外资并购国家安全审查时,不可能将所有的审查结果决定权由国家安全委员会亲自行使。

根据我国的具体情况,如果将国家安全审查联合机构定位为国家安全委员会下属的常设机构,那么将安全审查的最终决定权交由该国家安全审查联合机构使行是合适的。它有权对具体的外资并购行为是否危及国家安全进行审查,并决定是否终止、撤销相关并购交易。

(3) 具体工作机制

国家安全审查涉及的面很广,不是一两个部门就能涵摄的。在具体的交易中,由于交易的性质不同,所需要的专业知识不一样,因此联合机构符合国家安全审查的工作性质。在涉及具体的并购交易时,具体的审查报告应该由相应的主管部门完成,并充分发挥相关行业协会的协助作用。例如,涉及金融行业的并购,应该由银监会进行具体的审核调查;涉及保险行业的并购,由保监会主持具体调查报告;涉及证券行业的交易,交由证监会负责。最后,调查结果应提交国家安全审查联合机构讨论,对需要进行安全审查的外国投资者并购境内企业的交易进行安全审查并作出最终决定。

(4) 监督机制

首先,作为国家安全委员会的下属机构,如果发现外资并购国家安全审查联合机构的审查结果不妥当,国家安全委员会无疑是有权予以纠正的。这既是由国家安全委员会的工作性质所决定的,也是其作为国家最高安全议事协调机构的权威所在。

全国人大及其常委会是我国的法律制定机关,也是法律实施的监督机关。因此,应该明确其监督权限,可以提取审查报告,就重大并购交易进行专项咨询,举行并购听证会,直接要求审查机构纠正错误的审查结果并要求反馈等。

(三) 自贸区管委会国家安全审查权限的定位

回到自贸区的国家安全审查机制上来,这就可能产生组织上的衔接问题。自贸区管委会是上海市政府的派出机构,也是自贸区内安全审查职能机构。对于涉及国家安全事项的审查,自贸区管委会的权限究竟应该如何定位?

1. 管委会的权限

从理论上说,由于国家安全审查属于中央事权,管委会对于国家安全审查的决定不应该是一个终局的决定,而应该是一个初审结论。这个初审结论要报安全审查部际联席会议审核。但是,如果自贸区的国家安全审查机制采用这些审批模式,这种机制本身可能会衍生出另一个问题。创设自贸区的目的在于实现行政管理模式的创新,如果最终还是由中央层面的审查机构决定,那么比起一般的审查流程还多了管委会这一层级,流程会更为烦琐。由于公开了负面清单,那么对于负面清单以外的行业并购审查,应该坚持宽松原则。对于负面清单以内的行业,由于负面清单本身就设置了一定的限制(如特定行业禁止外资进入,某些行业外资进入须满足一定条件,外资比例不得超过一定限额等),因此无更严格审查程序的必要。为避免自贸区国家安全审查陷入新的繁杂的行政审查程序之中,好心办坏事,把制度创新变成制度累赘,可以考虑明确自贸区管委员的初审决策权,对于中央层面的复审予以相应的时限约束。对于自贸区内的国家安全审查,自贸区管委会原则上具有作出初步审核结论的权限。管委会作出结论后,应及时提交中央层面的部际联席会议进行复审,如果联席会议认为管委会的决定不妥,可以退回重新审查或自行审查;若一定期限内联席会议不作出相应的反应,则应以管委会的决定作为最终决定。

当然,这在组织衔接上就自然会产生一个问题:向谁申报？由于部际联席会议仅是一个非常设的组织机构,自贸区管委会作出初步决定后,应向哪个部门申报备案？是向商务部申报,还是向国家发改委申报？这可能有一个块与条的协调问题。如前所述,笔者认为向商务部申请更为合适,由商务部提交国家安全审查联合机构。

我国关于经济特区的改革开放实践表明,改革就是要打破现有规制的束缚,“杀出一条血路”,勇于探索、敢于创新是推动改革开放前行的核心精神。试想,如果没有当年广东的大胆探索,如何会有今天改革开放局面的形成？对于自贸区管委会而言,赋予其合适的外资并购国家安全审查的权限,有利于充分发挥其促进改革与创新的职能;同时,由于复审制度的存在,很好地在改革创新与国家安全之间达成了平衡。

2. 自贸区管委会与上海市相关部门的审查权限

在中央层面上,国家安全审查机制是部际联席会议,是由各个相关部门共同组成的非常设组织。在自贸区,管委会是一个常设的组织机构,负责自贸区范围内相关改革试点任务和行政事务。自贸区管委会自身就可以作出初审结论,还是要再去邀请上海市的相关部门组织,就某一国家安全审查案件组建地方性的联席会议？自贸区管委会本身已经是一个综合性的管理机构,其内设的机构已经包括较多的管理职权。其中,综合监管和执法局是自贸区试点的重要内容之一,它承担着综合监管、综合执法任务,具体包括“探索研究、实践综合监管和执法制度,建立以注重事中、事后监管为核心的综合监管和执法模式。组织协调综合监管信息共享和服务平台系统开发及应用。探索社会组织参与市场监管运作机制,配合相关部门探索安全审查和反垄断审查协助机制、社会信用体系建设及综合评估机制。负责区域内文化、知识产权监管方面的行政管理。负责城市管理、文化综合执法,以及规土、建设、房管、环保、民防、劳动保障、知识产权、统计等方面的执法工作。组织协调区域内安全生产监管工作。"①

笔者认为,除非涉及某些特定安全的事宜,否则原则上管委会可以在采用合适的程序后直接作出初审结论。因为如果引入其他的部门组成地方性的联席会议,所可能带来的弊端会比直接在中央层面进行审查的弊端更大。如果有地方性的联席会议,可以想象地方各职能部门会请示各自的中央部委,这样不仅原来各部门职权不明的弊端没有革除,还多了一道向中央部委请示的程序,会导致国家安全审查机制的进一步不确定与程序冗长,也会导致决策的低效。②

三、自贸区国家安全审查的范围与标准

《国务院办公厅关于建立外国投资者并购境内企业安全审查制度的通知》对国家安全审查的范围作了规定:外国投资者并购境内军工及军工配套企业,重点、敏感军事设施周边企业,以及关系国防安全的其他单位;外国投资者并购境内关系国家安全的重要农产品、重要能源和资源、重要基础设施、重要运输服务、关键技术、重大装备制造等企业,且实际控制权可能被外国投资者取得。从文字表述可以看出,对于审查范围,多用"重要""重大"等词汇。对于行业本身的表述,也没有参照《国民经济行业分类及代码》的措辞予以表述,而是使用"军工""农产品""能源和资源""基础设施"等词汇。对于国家安全审查,有人认为,应该设定模糊的范围与标准以体现其灵活性。反对意见则认为,过于模糊的标准不利于外资的引入。对此,有必要借鉴外国法的经验,为我国外资并购国家安全审查寻找有益借鉴。下文以美国外国投资委员会为例,介绍美国的外资并购国家安全审查,并就我国现有外资并购国家安全审查的相应缺陷提出建议。

(一)外资并购中的国家安全审查

外资并购中的国家安全审查,是一国基于国家主权,为了维护东道国的社会

① 参见《中国(上海)自由贸易试验区条例》第七章的规定,以及上海自贸区官网:http://www.china-shftz.gov.cn/InstitutionalFramework.aspx? MenuType = 1&subMenuID = 2&tagIndex = 2&govMainTagIndex = 2&govSubTagIndex = 0,2014 年 9 月 11 日访问。

② 参见张举胜:《美国外资并购国家安全审查制度研究——兼论中国外资并购国家安全审查制度的构建》,中国政法大学 2011 年博士论文。

公共利益(尤其是国家经济安全),在国外资金流入国内的过程中采取的防御性措施。一般而言,外资并购中的国家安全审查往往受到国与国之间关系的影响,国际政治在其中的影响很大。[①]

1. 美国模式考察

美国的国家安全审查机关主要是外国投资委员会(Committee on Foreign Investment in the United States,CFIUS),这是个综合的、多部门参加的委员会。[②] 该委员会的职权和地位随着美国对外资所引起的国家安全问题的重视而增加,其主要成员包括:财政部部长、国土安全部部长、商务部部长、国防部部长、国务卿、司法部部长、能源部部长、劳工部部长、国家情报局局长及其他部委或行政机构领导。其中,财政部部长为委员会主席。对于每一项需要审查的并购交易,在CFIUS开始审查之前,由财产部指定一个或数个成员(基于其特定专业知识,往往是交易的主管机构),负责相关交易的审查。此外,管理和预算办公室、经济顾问委员会、国家安全委员会、国家经济委员会、国土安全委员会五个部门可根据需要参与CFIUS工作。

(1) 对"国家安全"的理解

CFIUS认为,国家安全需要保持宽泛、灵活的角度。因此,CFIUS不对"国家安全"下明确的定义,这样可以保持相关立法的开放性和灵活性。[③] 但是,根据《埃克森—弗罗里奥法案》的要求,在进行安全审查时,必须对如下因素予以考虑:

① 满足国防需求的国内生产能力;

② 国内的产业对于国防需求的供应能力与满足能力,包括人力资源、材料、产品、技术,以及其他的供应与服务等;

③ 外国人对国内产业与商业活动的控制情况,以及其影响到美国满足其国家安全需求的程度;

④ 在向支持恐怖主义、核扩散技术以及生化武器的国家出售军事物资、设备和技术等方面,并购交易能够施加的潜在影响力;

⑤ 并购交易对与美国国家安全相关的领先技术的潜在影响。

《外国投资与国家安全审查法》第2.(5)条规定,"国家安全"一词应解释为包含与国土安全相关的情况。与此同时,该法第4条在"埃克森—弗罗里奥"条

---

① 例如,中海油并购优尼科失败,详见:http://www.doc88.com/p-4049050990307.html,2014年9月10日访问。

② See Foreign Investment and National Security Act of 2007.

③ See Edward M. Graham and David M. Marchick, US National Security and Foreign Direct Investment, Washington D.C., May, 2006, Preface, p. 38.

款所规定的五个因素基础上,又增加了其他六个额外因素:

① 针对包括主要能源资产在内的美国关键基础设施的并购,要考虑该并购交易对相关国家安全的潜在影响;

② 针对美国关键技术的并购,要考虑该并购交易对相关国家安全的潜在影响;

③ 外资并购交易是否由外国政府控制;

④ 要考虑针对以下各个方面进行国家安全审查,特别是针对外国政府控制的并购交易的审查:要考虑并购方所属的外国政府与防止核扩散国家的国际关系,包括条约和多边指导方针;要考虑并购方所属的外国政府与美国政府的国际关系,尤其是两国在反对恐怖主义等方面的合作情况;要考虑军事技术转移的潜在可能性,包括考虑和分析美国的出口管制法;

⑤ 要考虑对美国所需的能源资源以及其他关键性资源、原材料的长远预测;

⑥ 总统或者外国投资委员会认为合理的其他因素。[①]

总体而言,CFIUS 的审查权限随着外资并购活动的增加而扩大。尤其是上述第⑥条作为兜底条款的存在,使得 CFIUS 在外资并购国家安全审查中具有极大的灵活性。

(2)"国家安全担忧"的认定

CFIUS 审查的目标是能够引起"国家安全担忧"[②]的"受管辖的并购交易"[③],并在综合考虑所涉国家安全的多项因素基础上,判断该并购交易是否危及国家安全。根据《国家安全审查指南》[④],能够引起国家安全担忧的外资并购交易涉及如下领域:

① 能源领域,包括能源的运输,发电与供电;

② 运输系统,包括航空维修、港口业务;

---

① 转引自张举胜:《美国外资并购国家安全审查制度研究——兼论中国外资并购国家安全审查制度的构建》,中国政法大学 2011 年博士论文。

② 当然,会引起"国家安全担忧"并不等于危及国家安全。实践中,很多外资并购交易虽然存在国家安全担忧,但最终并未被禁止或采取相应的限制措施。相反,只有能够引起国家安全担忧,才可能进行国家安全审查。换言之,前者是后者的充分非必要条件。

③ The term "foreign government-controlled transaction" means any covered transaction that could result in the control of any person engaged in interstate commerce in the United States by a foreign government or an entity controlled by or acting on behalf of a foreign government. 即无论交易发生在美国境内还是境外,无论其规模大小,只要是有可能导致美国企业被外国人控制的交易,都属于受管辖的并购交易,CFIUS 都有权进行国家安全审查。See Foreign Investment and National Security Act of 2007. 其审查范围之广,由此可见一斑。

④ See United States—Department of the treasury.

③ 金融系统;

④ 关键技术,尤指与国防相关的技术;

⑤ 关键性基础设施,包括有形或无形的资产,此类资产受损将会危及国家安全,如通信领域。①

(3) 审查程序

CFIUS 进行外资并购的国家安全审查时,包括如下几个步骤:申报或通报程序(自愿申报、机构通报)、审查和调查程序以及国会监督程序。②

值得一提的是,为了提高审查的效力,CFIUS 将申报前的非正式磋商(Pre-notice Consultations)纳入自愿申报程序,并鼓励并购方在申报前磋商。在此阶段所提供的信息可以正式成为申报内容的组成部分,并受保密条款的保护。通过这一步骤,既有利于并购方积极应对安全审查,也有利于让 CFIUS 提前了解相关信息,便于在最短的期限内结束审查,从而更好地实现国家安全审查的目标。③

此外,CFIUS 对外资并购进行国家安全审查的另一个特点是重视案件的政治因素。对于由外国政府控制的外资并购项目,必须进入第二阶段的调查程序(除非 CFIUS 肯定该项目不涉及国家安全),并由副国务卿决定是否结案(其他项目由助理国务卿决定)。④ 中海油并购优尼科失败一案即属一例。

最后,美国总统和国会在外资并购国家安全审查中的作用也不可小觑。例如,总统享有最终的决定权(CFIUS 只享有建议权)、宣布权和执行权,而国会的作用主要体现在监督方面。⑤

综上可知,以 CFIUS 为主体的总统、CFIUS、国会三方外资并购监管结构,可以使国家安全审查制度最大程度地起到"防火墙"的作用,从而避免外资并购损害美国国家安全事件的发生。

(4) 美国经验小结

① 不明确界定"国家安全"的含义,以避免其内涵的僵化;

② 列举式与概括式的兜底条款相结合,增加国家安全审查的灵活性;

---

① 转引自王小琼、何焰:《美国外资并购国家安全审查立法的新发展及其启示——兼论〈中华人民共和国反垄断法〉第 31 条的实施》,载《法商研究》2008 年第 6 期。

② 参见张举胜:《美国外资并购国家安全审查制度研究——兼论中国外资并购国家安全审查制度的构建》,中国政法大学 2011 年博士论文。

③ 参见王小琼、何焰:《美国外资并购国家安全审查立法的新发展及其启示——兼论〈中华人民共和国反垄断法〉第 31 条的实施》,载《法商研究》2008 年第 6 期。

④ 参见邵沙平、王小承:《美国外资并购国家安全审查制度探析——兼论中国外资并购国家安全审查制度的构建》,载《法学家》2008 年第 3 期。

⑤ 参见林平、李嫣怡:《外资并购的国家安全审查:概念、国际经验和政策建议》,载《产业经济评论》2009 年第 1 期。

③ 优化审查程序,提高审查效率,最大程度地实现审查目标;

④ 总统与国会参与,保证审查过程的全面性和彻底性。

2. 我国外资并购国家安全审查总体情况考察

改革开放以来,我国经济持续快速发展,国内基础设施不断完善,政策导向日趋稳定,外资涌入规模越来越大。外资的进入对于我国改革开放事业起到了极为重要的积极作用,尤其在改革开放初期,为改革注入了大量的资金和技术,提供了极大的动力。

表 2 1990—2012 年我国外资引进情况表①

年份	FDI 年度数据(亿美元)	FDI 增长率(%)
1990	34.87	
1991	43.66	25.21
1992	110.08	152.13
1993	275.15	149.95
1994	337.67	22.72
1995	375.21	11.12
1996	417.26	11.21
1997	452.57	8.46
1998	454.63	0.46
1999	403.19	-11.32
2000	407.15	0.98
2001	468.78	15.14
2002	527.43	12.51
2003	535.05	1.44
2004	606.30	13.32
2005	603.25	-0.50
2006	630.21	4.47
2007	747.68	18.64
2008	923.95	23.58
2009	900.33	-2.56
2010	1057.35	17.44
2011	1160.11	9.72
2012	1117.20	-3.70
2013	970.26	-13.15

从商业角度看,外资进入我国的目的无非在于占领消费市场,获取投资收益。然而,资本与政治的关系并非泾渭分明,外国资本进入的背后有着深刻的政

① 资料来源:商务部商务数据中心:http://data.mofcom.gov.cn/channel/wzsj/wzsj.shtml,2014 年 9 月 11 日访问。

治背景。根据商务部发布的《2008 年中国产业安全状况年度评估报告》,截至 2006 年,在我国已开放的产业中,前五位的企业都是由外资所控制的;在 28 个主要国家产业中,外资占有绝对控股地位的有 21 个。由此可见,外资的进入对我国国家安全具有严重的潜在甚至是现实的威胁,对这一现象必须严重关切。

事实上,外资并购的安全问题已得到国家层面的关切。除了上文所列举法律法规外,《"十二五"利用外资和境外投资规划》中也明确提到,要"促进外资并购方式有序发展,做好外资并购安全审查,维护国家安全"。然而,就现阶段而言,综合国家层面的法律规定,我国外资并购国家安全审查存在如下问题:

(1) 现有政策侧重于原则性,缺乏可操作性。现行政策中对国家安全审查只有指导性和方向性的意见,不够明确,对于审查机构、审查标准、审查程序、审查期限、审查后果等并没有具体的规定。

(2) 立法不够完善,法律法规的效力等级不高,除了《反垄断法》外,基本上限于部门规章、行业纲领性文件,实践作用不够明显。①

(3) 概念适用不统一,②以至于审查标准模糊,容易产生纷争。

(4) 管理分散,"相关部门"所指不明,导致权责不清,容易产生"越位"和"缺位"现象。

3. 国家层面外资并购安全审查的完善

由美国审计局对加拿大、中国、法国、德国、印度、日本、荷兰、俄罗斯、阿拉伯联合酋长国、英国的调查可以发现,这些国家对外资并购国家安全均存在相应的法律规范。③ 纵然各国由于具体国情的差异,审查制度各有不同,但总体而言,这些国家的相关规范都体现了经济全球化的趋同性。因此,结合我国现有的外资并购国家安全审查模式的不足,借鉴外国(尤其是美国)的经验,从国家层面来看,应从如下角度对我国现有外资并购中的国家安全审查予以相应完善:

(1) 完善法律规范体系

首先,应该制定基本法律,以提高法律规范的效力等级;在此前提下,使现有法律规范规范化、体系化。从内容上看,应明确规定外资并购国家安全审查的审查机构、审查内容、审查程序、审查标准、审查后果等,使外资并购国家安全审查

---

① 例如,《关于外国投资者并购境内企业的规定》指出,对于"涉及重点行业、存在影响或可能影响国家经济安全因素或者导致拥有驰名商标或中华老字号的境内企业实际控制权转移的"并购交易,应该进行国家安全审查。但是,其他情形有无可能影响国家安全? 如何判断是否影响国家安全? 重点行业、驰名商标或中华老字号如何认定? 此外,相关法律规则之间极为分散,不成体系,缺乏协调性和衔接性。

② 例如,"国家安全"与"国家经济安全"等用语不统一,其内涵不明确等。

③ 参见张举胜:《美国外资并购国家安全审查制度研究——兼论中国外资并购国家安全审查制度的构建》,中国政法大学 2011 年博士论文。

有法可依。

(2) 明确国家安全审查机构

一方面,外资并购国家安全审查涉及我国经济社会的有序、健康运行,对经济安全、国家安全影响巨大;另一方面,对外资并购国家安全审查中所涉及的相关交易需要结合专业知识,研判其是否可能危及国家安全。因此,有必要设立一个高层次、跨部门的审查机构,以履行国家安全审查职责。该审查机构在应对各个不同行业的并购交易中,应该能够充分发挥不同部门的专业特点,全面、专业地进行审查,以实现国家安全的目标。

(3) 国家安全审查应有一定的灵活性

外资并购国家安全审查应该尽量在吸引外资与维护国家安全之间达成某种平衡。面对中国加入 WTO 后成为仅次于美国的全球第二大贸易国,美国采取三大步骤,欲捍卫其全球贸易霸主地位,并逐步架空 WTO:一是在东半球与太平洋沿岸国家建立 TPP 贸易同盟;二是在西半球与欧盟建立 TTIP 贸易同盟;三是在全球建立 PSA 服务贸易同盟。这三个同盟都把全球第一大出口国和全球第二大进口国中国排除在外。[①] 因此,设立上海自贸区在一定程度上是外界形势所迫。换言之,我们需要积极主动地吸引外商来华投资。

因此,应把握好国家安全审查的比例和尺度,在坚持比例原则的前提下,坚持操作性和灵活性,通过列举式和概括式的兜底规定,确定我国外资并购国家安全审查的标准。

(二) 负面清单在国家安全审查中的作用

如何既能保证国家安全审查机制的灵活性,又能尽量明确具体,让投资人有相对明确的预期,且国家安全机制的适用不会过多降低外资管理的效率?负面清单管理制度中体现的思路值得参考与借鉴。国家安全审查范围与负面清单有一定的可比较性。

随着上海自贸区制度框架初步建立,尤其是负面清单的制定,改革效应开始显现。[②] 我国吸收外商直接投资(FDI)的情况如图 1 所示:

① 参见《你需要了解的中国(上海)自由贸易试验区》,http://futures.hexun.com/2014-07-21/166822404.html,2014 年 9 月 11 日访问。

② 参见王志彦:《自贸区将建外资安全审查机制》,http://cpc.people.com.cn/n/2014/0831/c87228-25572063.html,2014 年 9 月 11 日访问。

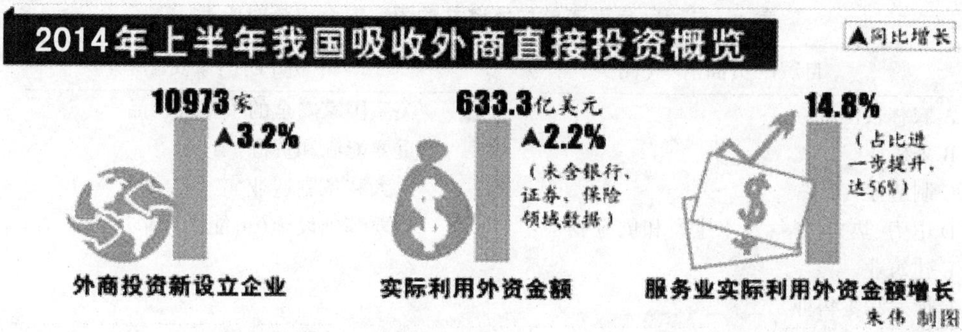

图1①

1．外资并购国家安全审查范围

外资并购国家安全审查范围如表3所示：

表3　外资并购国家安全审查范围

要素一	具体项目	外国投资者并购境内军工及军工配套企业，重点、敏感军事设施周边企业，以及关系国防安全的其他单位。	
		外国投资者并购境内关系国家安全的重要农产品、重要能源和资源、重要基础设施、重要运输服务、关键技术、重大装备制造等企业。	
要素二	实际控制权可能被外国投资者取得	外国投资者及其控股母公司、控股子公司在并购后持有的股份总额在50%以上。	6号文第1条第1款、第3款
		数个外国投资者在并购后持有的股份总额合计在50%以上。	
		外国投资者在并购后所持有的股份总额不足50%，但依其持有的股份所享有的表决权已足以对股东会或股东大会、董事会的决议产生重大影响。	
		其他导致境内企业的经营决策、财务、人事、技术等实际控制权转移给外国投资者的情形。	

2．自贸区与外资并购国家安全审查范围对比

上海自贸区对外国投资者投资项目设定了负面清单，负面清单的范围见表4中自A至R部分。如表3所示，6号文对外资并购国家安全审查的范围予以规定。为了更好地理解如何借鉴负面清单的管理创新与管理成果，笔者对两者的范围通过表4予以进一步比较：

① 图片来源：人民网。

表 4　自贸区负面清单与外资并购国家安全审查对比表

自贸区负面清单(门类)	外资并购国家安全审查
A 农林牧渔业	关系国家安全的重要农产品
B 采矿业	重要能源和资源
C 制造业	重大装备制造业
D 电力、热力、燃气及水生产和供应业	重要基础设施(可能同时牵涉到 E、N)
E 建筑业	/
F 批发和零售业	/
G 交通运输、仓储和邮政业	重要运输服务
I 信息传输、软件和信息技术服务业	/
J 金融业	另作约定
K 房地产业	/
L 租赁和商务服务业	/
M 科学研究和技术服务业	关键技术
N 水利、环境和公共设施管理业	/
P 教育	/
Q 卫生和社会工作	/
R 文化、体育和娱乐业	/
	军工及军工配套、军事设施周边以及其他关系国防安全的单位
除列明的外商投资准入特别管理措施,禁止(限制)外商投资国家以及中国缔结或者参加的国际条约规定禁止(限制)的产业,禁止外商投资危害国家安全和社会安全的项目,禁止从事损害社会公共利益的经营活动。	/

从表 4 可看出,虽然两者并不完全相同,但就具体内容而言,仍然存在相互对比的可能性。通过对比,笔者认为,对于外资并购国家安全审查应作如下分类:

(1) 对于属于“军工及军工配套、军事设施周边以及其他关系国防安全”的行业,毫无疑问应进行严格的国家安全审查,且只能由国家层面的审查机构进行,不能下放至地方层面。

(2) “军工及军工配套、军事设施周边以及其他关系国防安全”之外的行业,结合负面清单予以审查:

① 对于负面清单以外的行业,原则上不进行国家安全审查,仅需进行相应的备案管理。

② 对于负面清单内的行业,如果负面清单的表述与6号文的表述没有交集,如表4中的“批发和零售业”,原则上不进行国家安全审查,但在审批过程中应予以关注。

③ 既在负面清单内,又属于国家安全审查范围,如表4中的“采矿业”,结合投资规模、控股等因素判断其是否属于“重要能源和资源”。对于属于“重要能源和资源”的投资,自贸区管委会给出实审结果,报国家层面的审核机构复核。

四、自贸区国家安全审查程序与救济

(一)自贸区国家安全审查流程

1. 国家安全审查的流程

根据6号文及《商务部实施外国投资者并购境内企业安全审查制度的规定》,一般的国家安全审查流程包括三个阶段:向商务部递交审查申请;部际联席会议审查;作出决议。其中,申请包含两种形式:一是主动申请,即外资自行主动提出;二是被动申请,即第三方机构提出。联席会议的审查也包括两种类型:一般性审查与特别审查。一般性审查采取书面征求意见的方式进行。联席会议收到商务部提请安全审查的并购交易申请后,在5个工作日内,书面征求有关部门的意见。有关部门在收到书面征求意见函后,应在20个工作日内提出书面意见。如有关部门均认为并购交易不影响国家安全,则不再进行特别审查。如有部门认为并购交易可能对国家安全造成影响,联席会议应在收到书面意见后5个工作日内启动特别审查程序。启动特别审查程序后,联席会议组织对并购交易的安全评估,并结合评估意见对并购交易进行审查,意见基本一致的,由联席会议提出审查意见;存在重大分歧的,由联席会议报请国务院决定。联席会议自启动特别审查程序之日起60个工作日内完成特别审查,或报请国务院决定。不论是一般性审查还是特别审查,最终都由联席会议将审查意见书面通知商务部,商务部进而通知投资者。具体流程如图2所示。

2. 自贸区内国家安全审查的基本流程

《中国(上海)自由贸易试验区总体方案》《中国(上海)自由贸易试验区管理办法》《中国(上海)自由贸易试验区条例》都未对国家安全审查的流程予以明确。但是,有一点可以明确,既然是自由贸易试验区,其国家安全审查的流程相比一般性的国家安全审查,条件应该相对较松,限制应该相对更少。国家发改委于2014年发文《对外开放水平进一步提高》,表示下一步工作将包含制定中国

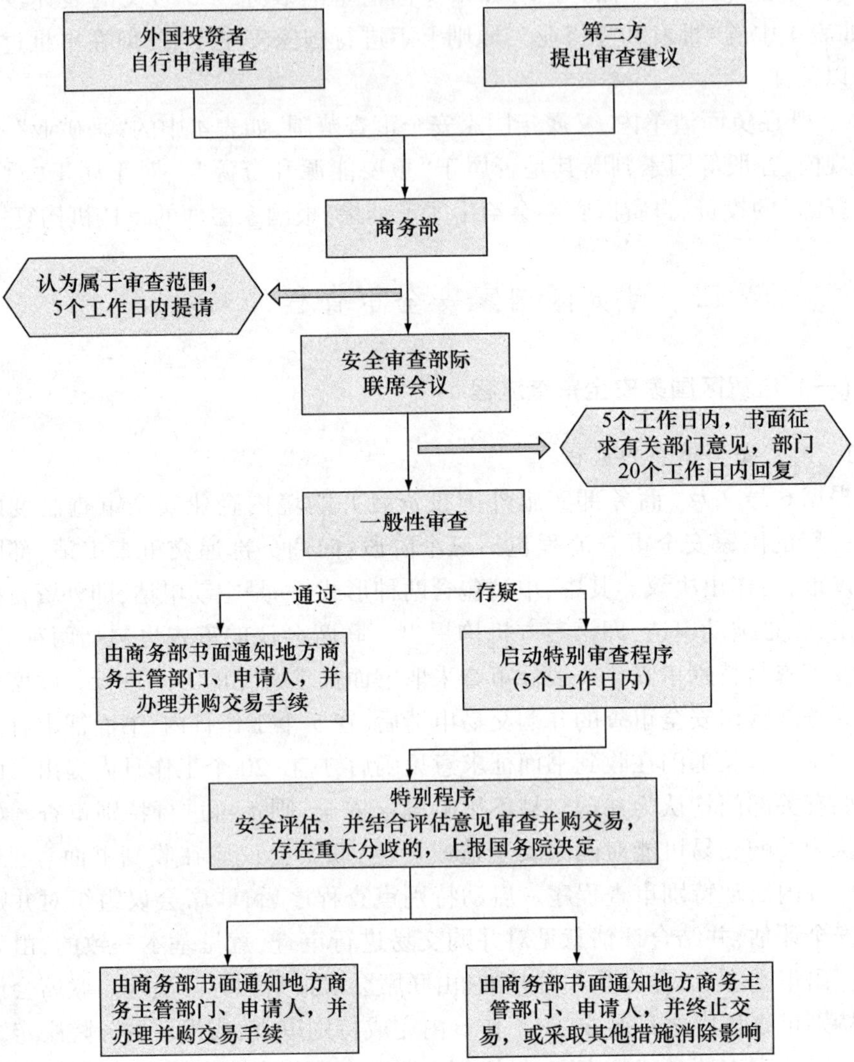

图 2

(上海)自由贸易试验区外商投资安全审查管理办法。在正式规范出台之前,本文参照一般的国家安全审查流程,同时结合自贸区的特点,尝试设定流程如下(参见图3):

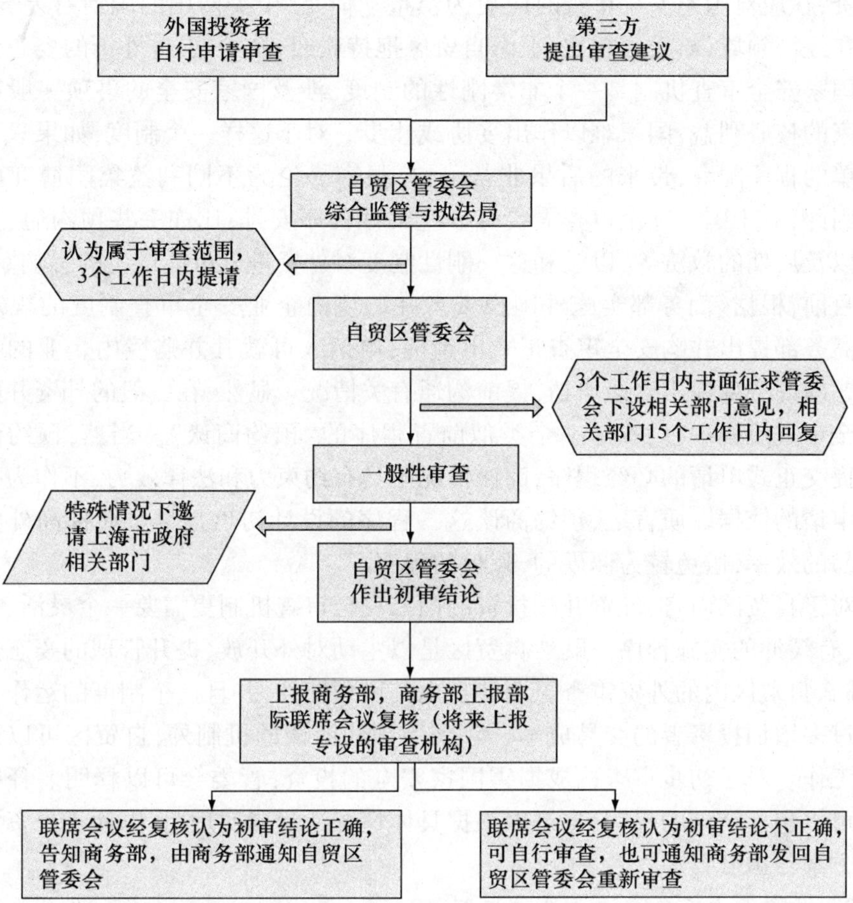

图 3

（二）自贸区国家安全审查流程中各方权益保障

1. 事前沟通机制

根据美国 1950 年《国防产品法规》第 721 条(俗称“721 法案”),CFIUS 有权以损害国家安全为由,禁止在美国的投资行为,而且可以不经法院审判。美国国家安全审查没有明确详尽的规则,缺乏透明度,自由裁量权极大,并购交易案一旦被否决,不受法院管辖,申请人不能提起司法救济。[①] 因此,我国企业如果赴

① 参见马立:《中国企业赴美投资如何应对安全审查》,载《上海证券报》2013 年 5 月 3 日。

美投资,在应对国家安全审查时应更为慎重。但是,中美两国的国情有差异,尤其是在经济领域,与美国相比,上海自贸区抱持欢迎、鼓励、引进外资的姿态。

国家安全审查机制是一个非常刚性的制度,涉及国家安全的事项一般都涉及国家的核心利益,国家难以作出妥协或让步。对于这样一个制度,如果只有一个简单的程序配套,带来的后果非常可怕,很容易沦为不同利益集团博弈的工具。因此,对于国家安全审查需要有一些柔性程序安排,比如一些预沟通、方案修订以及后期的救济等,以缓和这一刚性制度对外资进入可能产生的影响。

目前,根据《商务部实施外国投资者并购境内企业安全审查制度的规定》,在向商务部提出并购安全审查正式申请前,申请人可就其并购境内企业的程序性问题向商务部提出商谈申请,提前沟通有关情况。显然,在一般的外资并购国家安全审查流程中,设置了一个类似前置程序的“预约商谈”。当然,预约商谈不是提交正式申请的必经程序,商谈情况不具有约束力和法律效力,不作为提交正式申请的依据。质言之,预约商谈这一程序的设计初衷是尽可能提高外资并购交易的效率,避免较为僵硬的、死板的程序。

对于自贸区而言,外资并购投资的国家安全审查机制更需要一个灵活、相对简便、有缓冲的实施程序。既然自贸区是以主动对外开放、提升管理的姿态出现的,那么自贸区内的外资审查更要体现出其可预期性,并且这个制度的运作本身不应过多增加投资者的交易成本。除采用预约商谈的机制外,自贸区可以进行释明工作。对于初步审查构成损害国家安全的投资,管委会可以释明。释明程序既可以包括结论的释明,也可以根据具体情况适当释明理由,以便于投资者对投资方案作出修订。

2. 保障各方充分表达意见的机制

外资并购国家安全审查程序一旦启动,必须保证各相关方在程序上的权利。一方面,程序上的规范可以让外资并购方、相关行业协会、相关部门等充分表达其意见;另一方面,通过这一过程,也可以让审查机构充分了解相关信息,对具体的外商投资交易是否危及国家安全作出更准确的判断。因此,在审查过程中,可以从如下两方面进行改善:

(1) 明确对审查材料的要求

递交国家安全审查机构的相关材料,既是审查机构了解审查对象相关信息的必要手段,也是外商投资方表达己方意见和立场的重要途径。《商务部实施外国投资者并购境内企业安全审查制度的规定》第5条规定,在向商务部提出并购安全审查正式申请时,申请人应提交相关的文件。[①] 从该规定中更可以看出,商务部对于相关材料的要求较为明确。但是,兜底条款的规定还是留下了很大的解释空间,对外商投资方而言,不确定性很大。

向国家安全审查机构提交相关的材料,既是外商投资方的义务,也是其表达己方立场的权利。如果对材料的要求过于模糊,不利于国家安全审查的彻底性。因此,原则上,对于材料的要求应予明确,不应留下过多的模糊空间。

对此,可考虑借鉴美国的做法。美国涉及并购规范的成文法最早可以追溯至1896年的《谢尔曼法》和1914年的《克莱顿法》,美国司法部随后又颁布了一系列的并购指南。通过"指南""指引"等方式,可明确具体申请的步骤、流程、要求等,尽可能减少不确定性,提高效率。

(2) 审查过程中听证程序的引入

在外商投资方向审查机构递交材料后、自贸区管委会作出审查初步决定前这一段时期内,仍应保证利益攸关方表达立场的可能。因此,可以借鉴行政诉讼法上关于听证程序的设置,引入听证程序,充分保证利益攸关方的表达权利。

行政法上关于听证程序的引入,其设定有一定的门槛要求。[②] 一般而言,外商投资(尤其是可能涉及国家安全的外资并购交易)涉及金额较大,发展前景广阔,对我国经济发展以及外商投资当事人利益关系重大。因此,原则上,应肯定外商投资国家安全审查程序中交易当事人提起相关听证的权利。

首先,应该明确听证的程序,例如可以制定"听证指南"等规范性文件,对听证程序的提起、听证程序的主持、听证的具体流程等作出规定;

其次,规定听证的回避程序,听证主持人不能与并购交易具有利益关联,以

---

① 《商务部实施外国投资者并购境内企业审查制度规定》第5条规定:"在向商务部提出并购安全审查正式申请时,申请人应提交下列文件:(一) 经申请人的法定代表人或其授权代表签署的并购安全审查申请书和交易情况说明;(二) 经公证和依法认证的外国投资者身份证明或注册登记证明及资信证明文件;法定代表人身份证明或外国投资者的授权代表委托书、授权代表身份证明;(三) 外国投资者及关联企业(包括其实际控制人、一致行动人)的情况说明,与相关国家政府的关系说明;(四) 被并购境内企业的情况说明、章程、营业执照(复印件)、上一年度经审计的财务报表、并购前后组织架构图、所投资企业的情况说明和营业执照(复印件);(五) 并购后拟设立的外商投资企业的合同、章程或合伙协议以及拟由股东各方委任的董事会成员、聘用的总经理或合伙人等高级管理人员名单;(六) 为股权并购交易的,应提交股权转让协议或者外国投资者认购境内企业增资的协议、被并购境内企业股东决议、股东大会决议,以及相应资产评估报告;(七) 为资产并购交易的,应提交境内企业的权力机构或产权持有人同意出售资产的决议、资产购买协议(包括拟购买资产的清单、状况)、协议各方情况,以及相应资产评估报告;(八) 关于外国投资者在并购后所享有的表决权对股东会或股东大会、董事会决议、合伙事务执行的影响说明,其他导致境内企业的经营决策、财务、人事、技术等实际控制权转移给外国投资者或其境内外关联企业的情况说明,以及与上述情况相关的协议或文件;(九) 商务部要求的其他文件。"

② 我国《行政处罚法》第42条规定,行政机关作出责令停产停业、吊销许可证或者执照、较大数额罚款等行政处罚决定之前,应当告知当事人有要求举行听证的权利;当事人要求听证的,行政机关应当组织听证。当事人不承担行政机关组织听证的费用。

保证其公正性;

最后,对于听证的费用,不应由申请举行听证一方承担。

在听证过程中,外商投资方和审查机构、行业协会可以充分表明自己的立场,提出相关材料,如市场调查、专家鉴定意见等。听证过程中,必须制作笔录。国家安全审查最终结果的作出必须对听证过程中的内容有所反映。

3. 自贸区的国家安全审查结论救济

听证程序结束后,自贸区管委会可以作出初步审查结论。在初步审查结论作出后,应及时告知相关方,尤其是并购交易当事人。在初审结论向国家层面审查机构上报前,应给予当事人最后陈述的权利。当事人对于审查初审结论存在异议的,可以继续补充材料,并将其材料一并由管委会上报国家层面审查机构。

如果经过预约商谈,也经过正式申请、正式审查,最终投资人或者利害关系人不同意外资并购国家安全审查机构的决定,是否有相应的救济方式?对此,我国法律尚未规定。按照现有法律,涉及外资并购国家安全审查的救济制度存在一定缺陷。

根据法的最基本教义理念"有权利必有救济",任何法律(公法或私法)上的争讼都应由法院裁判,公民也有请求法院裁判的权利,这种权利不可轻易被剥夺。但是,在外资并购交易中,如涉及国家安全审查争议,投资者不能通过行政诉讼得到救济。一般而言,国家安全审查行为应视为具体的行政行为,类似于典型的行政许可、行政处罚、行政强制等。根据我国《行政法》的规定,对其救济可以采取行政复议或行政诉讼方式。但是,作出国家安全审查决议的主体为部际联席会议,一个非常设的机构,它并非行政法上适格的被告。退一步而言,就算该联席会议是适格被告,由于国家安全审查的特殊性,所作出的审批结果最终还是代表政府的意思,可视为国务院的行为。根据我国《行政复议法》第14条,"国务院依照本法的规定所作的裁决为最终裁决"。因此,投资者仍不能提起行政诉讼。

所谓的"最终裁决"剥夺了行政相对人对该行为的诉权和人民法院对该行为的司法审查权。有观点认为,法律设定行政终局裁决行为,是考虑到有的行政行为的专业性比较强,而且比较复杂,人民法院行使司法审查权有一定的难度;有的行政行为涉及国家安全等事项,行政争议的解决需要及时而迅速。[①]

本文赞同"《行政复议法》赋予国务院对某些特殊行政行为的效力具有最终决定权,与诉讼是保障公民权益的最后一道屏障理念有所冲突"这一观点。但是不可否认,国家安全审查作为一种特殊的行政行为,可能涉及一国的政治、经

① 参见《我国外资并购国家安全审查的救济途经》,http://news.9ask.cn/gsbg/sjpg/201112/1587466.shtml,2014年9月11日访问。

济,甚至可能威胁到主权。同时,即便允许行政诉讼,结合我国当下的司法体系,法院在某种程度上较难审理,也难以作出裁决。

4. 利益攸关方的救济

值得一提的是,如果审查机构否定了某项外资并购对国家安全的危害,相关行业协会、同行企业能否提出上诉?本文认为不可以,一则它们并不具有行政法上的诉讼主体资格;二来这也将会给法律关系的稳定带来负面影响,甚至会被相关企业利用以阻扰并购方的合法利益。

五、自贸区国家安全审查机制的复制与推广可行性

如上文所述,国家安全审查虽属于中央事权,但在具体情形下,将该项事权适度下放,既有利于发挥地方主动性,也有助于根据实际情形对外资并购的具体情形进行安全审查,以达到维护国家安全与充分利用外资两方面的平衡。

我国国土辽阔、国情复杂,不同地区的社会、经济发展程度不一样,就此而言,在外资并购国家安全审查机制的复制与推广上,很难说存在一个整齐划一的模式。但是,从根本上说,国家安全审查的目的在于实现维护国家安全与利用外资发展经济间的平衡。从这个意义来说,自贸区关于外资并购国家安全审查的机制试点可以为全国性的外资并购国家安全审查提供积极的探索。事实上,这也符合自贸区设立的初衷。《国务院关于印发中国(上海)自由贸易试验区总体方案的通知》(国发〔2013〕38 号)第 2 条就明确指出:“上海市人民政府要精心组织好《方案》的实施工作。要探索建立投资准入前国民待遇和负面清单管理模式,深化行政审批制度改革,加快转变政府职能,全面提升事中、事后监管水平。要扩大服务业开放、推进金融领域开放创新,建设具有国际水准的投资贸易便利、监管高效便捷、法制环境规范的自由贸易试验区,使之成为推进改革和提高开放型经济水平的‘试验田’,**形成可复制、可推广的经验**,发挥示范带动、服务全国的积极作用,促进各地区共同发展。有关部门要大力支持,做好协调配合、指导评估等工作。”

应当借鉴自贸区负面清单管理制度的创新思路与创新成果,在组织机构上明确地方部门在国家安全审查中的地位、权限与作用,设计清晰、相对明确的审查范围与柔性的审查程序,并在程序中充分保障各方主体的权利,既保护国家利益,又保护投资者的投资预期,不过高增加交易成本。这些实践中的探索可以成为值得复制与推广的经验。当然,自贸区经验的复制与推广也是一个循序渐进的过程。因此,在复制与推广自贸区管理经验的过程中,切不可操之过急,必须结合实际,最终实现社会经济健康有序发展与管理方式改革的最优配置。

罗尔斯公司(Ralls)诉美国外国投资委员会(CFIUS)案

王东光　王　萍　刘　珍译*

美国哥伦比亚特区联邦上诉法院

罗尔斯公司(Ralls)(上诉人)v.

美国外国投资委员会(CFIUS)及其他人(被上诉人)①

案号:13—5315

2014 年 5 月 5 日开庭

2014 年 7 月 15 日判决

摘　要

[背景]Ralls 公司由两个中国公民拥有,他们也是某中国制造企业(三一重工股份有限公司)的负责人。针对 2012 年美国总统奥巴马以保护国家安全为由签发的禁止 Ralls 在俄勒冈州一军事基地附近兴建风力发电场的行政决定,Ralls 公司提起诉讼,请求宣告该行政决定违法,并作出初步和永久的禁止执行该行政决定的判决。美国哥伦比亚特区联邦地方法院驳回起诉。原告 Ralls 上诉。

[判决]上诉法院法官 Karen LeCraft Henderson 的判决如下:

(1) 提供的证据没有清楚而有说服力地表明,国会意图通过《国防生产法案》(*Defense Production Act*,DPA)来排除对地方法院驳回起诉裁定的司法审查。

---

* 王东光,华东政法大学经济法律研究院副研究员、法学博士;王萍,华东政法大学 2013 级经济法学硕士研究生;刘珍,华东政法大学 2013 级经济法学硕士研究生。本文系国家社科基金项目“外资并购国家安全审查制度研究”(10CFX020)的阶段性研究成果。

① 2014 WL 3407665 (C. A. D. C.).

(2) 在总统依赖某些证据作出不能通过诉讼手段解决也不受司法审查的剥离决定前,Ralls公司有权根据正当程序条款被告知并评估总统依赖的该等证据,并给予Ralls公司反驳的机会。政治问题原则也无权禁止法院就Ralls公司是否被给予了该等机会作出判决。

(3) Ralls拥有对该有限责任公司及其财产100%的所有权,其对风力发电项目拥有完全所有权。依据法律规定,Ralls有权对总统令是否违反正当程序提出质疑。

(4) 缺乏预先批准的程序并不能阻止对是否遵守正当程序提出质疑。

(5) 总统令未经过正当法律程序,剥夺了Ralls合法的财产所有权。

(6) 美国外国投资委员会(CFIUS)发布的行政命令规避司法复审,而根据法律规定其应当受到司法审查的约束,除非无审判价值原则(即Mootness Doctrine,是美国法院受理司法审查案件必须遵循的原则,指行政行为对相对方发生的不利影响还未结束,仍在继续之中,法院的审理具有实际的意义或价值之时,法院才能受理此案件的司法审查)被适用。

(7) 对CFIUS发布的行政命令,可以进行司法审查。

撤销原判,发回重审。

判决书正文

Karen LeCraft Henderson,上诉法院法官:

2012年3月,上诉人Ralls收购了4个美国有限责任公司(项目公司),在俄勒冈州中北部兴建风电场。该交易很快受到CFIUS的详细审查。CFIUS是根据1950年颁布的《国防生产法案》(DPA)设立的一个行政委员会,由美国财政部长担任该委员会主席。[①]根据DPA第721节的规定,CFIUS有权就"涉及可能会导致外国控制下的任何人参与的州际贸易"进行审查。尽管Ralls是一个美国公司,但因其两个股东都是中国公民,该交易在DPA的管辖范围内。CFIUS认为,Ralls收购项目公司威胁国家安全,因此发布暂时性的限制命令:限制Ralls进入该风电场并禁止其继续建设风电场。接着,这个问题被提交给总统。总统同样认为这笔交易会对国家安全造成威胁,签发了一个永久性的命令(总统令):禁止这笔交易,并要求Ralls撤走对风电项目公司的投资。Ralls针对CFIUS和总统共同签发的行政命令,向地方法院提起诉讼。Ralls的诉求之一是CFIUS和美国总统(包括财政部长兼CFIUS主席Jacob Lew,合称被上诉人) 均未给予Ralls

① See 50 U.S.C. app. § 2170(k).

机会对签发命令的依据进行审查和辩驳,因此主张这项行政命令违反了美国宪法第五修正案规定的正当程序条款。地方法院驳回了 Ralls 的诉讼请求,认为该诉求无审判价值,总统令违反程序正义的主张不构成一项诉讼请求。基于下述理由,本院判决撤销原判,发回重审。

一、背　　景

A. 相关法律法规

本案涉及的行政部门对商事交易的审查权,是依据 DPA 第 721 节(也被称为"Exon-Florio 修正案"①,以下简称第 721 节)的规定而得来的。经修订的第 721 节规定,"总统有权通过 CFIUS"审查"受管辖的商事交易,评估交易对美国国家安全的影响"。②第 721 节把受管辖交易定义为"外国人通过任何形式的并购、收购、接管……控制从事州际贸易的任何人"③。

基于第 721 节的规定,首先由 CFIUS 对受管辖交易进行审查。如前所述,CFIUS 的主席由财政部部长担任,其他成员包括多个联邦机构的负责人,以及其他涉及外交政策、国家安全、经济部门的政府高官④启动 CFIUS 审查的方式有两种。其一,无论在交易完成前后,受管辖交易的一方当事人若向 CFIUS 主席递交一份书面报告,就可能会启动审查。一个被提议或已完成的交易的一方或双方当事人可以向委员会主动报告有关交易;⑤该主动报告的内容至少应当包括预计完成交易的日期,或者是已完成交易的日期;⑥交易的定义是指一个被提议或已完成的并购、收购、接管。⑦ 其二,CFIUS 可以自主启动审查。CFIUS 审核期长达 30 天,在此期间 CFIUS 通过考量 50 U. S. C. app. § 2170(f)中规定的

---

① 这个名称来自于其共同提案人,前任参议员 James Exon (D-Neb.)和前任众议员 James Florio (D-N. J.)。

② 50 U. S. C. app. § 2170(b)(1)(A).

③ 50 U. S. C. app. § 2170(a)(3).

④ CFIUS 成员包括财政部部长,国土安全部、商业部、国防部、能源部、劳动部部长等,他们是无投票权且依职权工作的成员;还包括美国司法部部长;及其他政府官员,如总统(50 U. S. C. app. § 2170(k)(2))。总统也被任命为 CFIUS 的美国贸易谈判代表和科技政策办公室主管,管理作为观察员的几个白宫官员(Exec. Order No. 13,456, § 3(b), (c), 73 Fed. Reg. 4677, 4677 (2008))。

⑤ See 31 C. F. R. § 800.402(c)(1)(vii).

⑥ See 31 C. F. R. § 800.224.

⑦ DPA 规定总统"有权通过制定规章制度行使第 721 节规定的职责" (50 U. S. C. app. § 2170(h)(1)),总统将这部分职务委托给财政部长执行(Exec. Order 13,456, § 4.1(b), 73 Fed. Reg. at 4678)。

11 个因素来评估交易对国家安全的影响。①

在 CFIUS 审查期间,如果 CFIUS 认为"这项交易有损害美国国家安全的威胁且这种威胁不能被削弱",委员会必须"立即就该交易对国家安全产生的影响进行调查……并采取任何与此交易有关的必要的行动来保护国家安全"②。"为解除因受管辖交易造成的对美国国家安全的威胁,CFIUS 被明示授权与受管辖交易的任何一方当事人进行协商、签署协议或施加影响,并强制执行任何协议或条件。"③调查期不得超过 45 天。④ 如果在调查结束时,CFIUS 认为因交易对国家安全造成的影响被解除且这项交易不需要被禁止,基于第 721 节的审查行为应当终止,同时 CFIUS 应向国会提交一份最终调查报告。⑤

如果在调查结束时,CFIUS 认为一项受管辖交易应当被暂停或禁止,委员会必须"向总统提交一份报告并请求总统作出决定"。报告内容包括该交易影响国家安全的评估和 CFIUS 的建议。⑥ 一旦 CFIUS 的报告被提交给总统,如果总统认为暂停或禁止有损害美国国家安全威胁的任何受管辖交易是适当的,他应当在 15 天内采取相应的行动。⑦ 根据第 721 节的规定,只有在总统发现存在如下情形时,才可以行使其权力:"存在可靠的证据使总统相信,外国控制的权益采取的行动会产生损害国家安全的威胁;并且总统认为,就该等交易,除非根据第 721 节的规定和《国际紧急经济权力法》(*International Emergency Economic Powers Act*)行事,其他法律条款都没有赋予总统充分、适当的权力以保护国家安全。"⑧

值得注意的是,法条规定:"总统基于(d)(1)规定的行为以及基于(d)(4)

---

① 这 11 个因素包括:(1) 由本国产品来满足预计的国防需求;(2) 本国企业有能力满足国防需求,包括人力、产品、技术、原材料及其他物资和服务的有效性;(3) 外商控制的本国企业和商事活动影响国家满足国家安全需求的能力;(4) 涉及向特定国家出售军事产品、装备或技术的交易被提议或在洽谈中,也会产生潜在影响;(5) 提议或洽谈中的交易对美国国家安全领域的国际技术领先地位存在潜在影响;(6) 在美国关键基础设施建设,包括主要的能源资产等方面,存在潜在的、与国家安全相关的影响;(7) 在美国关键技术方面,存在潜在的、与国家安全相关的影响;(8) 受管辖交易是不是一个外国政府控制的交易,依据本节(b)(1)(B) 决定;(9) 适当审查关于"该外国与美国的合作关系"的评估文件,特别是有关交易需要基于本节(b)(1)(B)规定进行调查的;(10) 依据针对能源和其他关键资源、原材料的长期需求规划;以及(11)其他总统或者 CFIUS 认为适当的因素,一般与特定审查或调查有关(50 U.S.C. app. § 2170(f))。

② 50 U.S.C. app. § 2170(b)(2)(A), (B).

③ 50 U.S.C. app. § 2170(l)(1)(A).

④ See 50 U.S.C. app. § 2170(b)(2)(C).

⑤ See 50 U.S.C. app. § 2170(b)(3)(B); 31 C.F.R. § 800.506(d).

⑥ See 31 C.F.R. § 800.506(b), (c).

⑦ See 50 U.S.C. app. § 2170(d)(1), (2).

⑧ 50 U.S.C. app. § 2170(d)(4).

作出的调查结果不受司法审查管辖。”①为了决定是否暂停或禁止一项交易,总统应当适当考虑“(f)节中规定的各种因素”②。

B. 事实背景

Ralls是一家在特拉华州注册的美国公司,它的主营业地在乔治亚州。Ralls为两个中国公民所有,分别是段大伟和吴佳梁。段大伟是一家中国制造企业三一重工集团的财务总监。在进行该笔交易时,吴佳梁担任三一重工集团的副总裁和三一电气有限公司(三一电气)的总经理。Ralls提交的修改后的起诉状主张:“Ralls主要负责在美国寻找机会投资和建设风电场,并在建设中使用三一电气自有的风力发电机,借此与竞争对手竞争,向美国风力发电企业证明三一电气的风力发电机的质量和可靠性。”③

2012年3月,Ralls收购了风电项目公司,它们由4家美国人所有的有限责任公司组成:Pine City风电场有限公司、Mule Hollow风电场有限公司、High Plateau风电场有限公司以及Lower Ridge风电场有限公司。④该项目公司最初是由一家美国人所有的Oregon风电场有限公司设立的,该风电场公司在俄勒冈州中北部发展了四个风电场(合称Butter Creek项目)。在Ralls收购它们之前,每个项目公司都拥有建设风电场所必需的资产,包括:为放置建设所需的资产和建设风力发电机,从当地土地所有者手中取得的地役权;与当地的公用事业单位太平洋电力公司达成的电力购买协议;为获取与太平洋电力公司输电网的连接权而达成的并网协议;为管理和使用与附近风电场共享的设备而达成的传输互联协议;以及为在特定的被批准的地点建设5个风力发电机而取得的必要的政府许可和批准材料。

Butter Creek项目坐落在由美国海军控制的空中禁区和轰炸区的东部周边。其中3个风电场的位置距离空中禁区7英里,第四个风电场Lower Ridge在空中禁区内。“为减少Lower Ridge风力发电机与低空军用飞机训练之间的冲突”,美国海军催促Ralls将Lower Ridge风电场搬离该禁区。Ralls迁移了风电场,但是迁移后的风电场仍然在空中禁区内。

Ralls在起诉书中指出,Oregon风电场有限公司开发的其他9个风电项目

---

① 50 U.S.C. app. § 2170(e).

② 50 U.S.C. app. § 2170(d)(5).

③ Ralls Corp. v. Comm. on Foreign Inv. in the U.S., No. 1:12-cv-01513 (D.D.C. Oct. 1, 2012).

④ Ralls是通过一系列的交易收购风电项目公司的。2010年,俄勒冈州风电场将其在风电项目公司的财产出售给一家在特拉华州注册的Terna Energy USA控股公司,Terna是一家上市的希腊公司。2012年,Terna将风电项目公司的资产出售给一家在特拉华州注册的公司IWE,IWE属于USIRE。USIRE将IWE公司卖给了Ralls。

(Echo 项目)的位置与 Butter Creek 项目的位置大致相近,且 9 个项目均使用了外国制造的风力发电机。根据 Ralls 的表述,Echo 项目中使用的 7 个发电机在空中禁区内,其中一个项目 Pacific Canyon 目前是属于外国投资者的。除此之外,Ralls 还指出,在空中禁区西部或其附近有几十甚至上百个外国制造并由外国投资者拥有的发电机。被上诉人在口头协议中承认空中禁区附近存在外国拥有的其他风力发电机。

2012 年 6 月 28 日[①],Ralls 向 CFIUS 提交了一份 25 页的申报文本,向其报告 Ralls 收购风电项目公司的情况。[②]这份报告阐明了 Ralls 认为该交易没有给国家安全造成威胁的原因。CFIUS 依据 50 U. S. C. app. § 2170(b)(1)的规定开始进行审查。在 30 天的审查期内,针对 CFIUS 提出的几个问题,Ralls 作了回答,并当面向 CFIUS 的官员作了一次陈述。Ralls 主张,CFIUS 没有告知 Ralls 对该交易存在的顾虑,在 Ralls 作当面陈述时以及其他任何时候,CFIUS 也没有向 Ralls 披露其审查的内容。

CFIUS 认为 Ralls 收购风电项目公司的行为给国家安全造成威胁,2012 年 7 月 25 日,CFIUS 签发了一个临时限制措施的命令(7 月命令)来减少威胁。7 月命令要求 Ralls:(1)停止在 Butter Creek 项目风电场的所有建设和运作活动;(2)"在 2012 年 7 月 30 日之前将储存的物资或其他存储物从风电场移走,并且不能在风电场储存任何新的物资";以及(3) 禁止进入风电场。[③] 5 天后,即 7 月 30 日,CFIUS 依据 50 U. S. C. app. § 2170(b)(2)规定启动了一项调查。

调查开始 3 天后,即 8 月 2 日,CFIUS 签发了一个经修订的临时限制措施的命令(CFIUS 命令)。除了 7 月命令的限制条件外,CFIUS 命令的内容还包括:在 Ralls 未从 Butter Creek 风电场移除所有物资(包括混凝土地基)前,Ralls 不得完成任何出售项目公司(包括其资产)的行为;同时,Ralls 应当提前将出售行为通知 CFIUS,CFIUS 有权在 10 个工作日内否决该出售行为。"在 CFIUS 或总统依据第 721 节的规定作出最终决定,或者是 CFIUS 或总统明令废除此命令前",CFIUS 命令一直有效。7 月命令和 CFIUS 命令均未披露因交易对国家安全造成威胁的性质,也没有披露 CFIUS 签发禁令所依据的证据。9 月 13 日,调查期结束,CFIUS 向总统递交了一份报告(包括 CFIUS 提供的建议)[④],请求总统作出

---

① 除非另有说明,本文所有的事件均发生在 2012 年。

② Ralls 在地方法院承认,在 CFIUS 告知 Ralls 若它不事先申报则国防部打算提交一份通知来触发 CFIUS 审查后,Ralls 才向 CFIUS 申报。

③ See JA 82—83, Ralls v. Comm. on Foreign Inv. in the U. S. , No. 13-5315 (D. C. Cir. Feb. 7, 2014).

④ 虽然调查记录中包含 CFIUS 在 7 月和 8 月签发的两个禁令的副本,但记录没有包含 9 月的调查报告和 CFIUS 提交给总统的建议。

决定。

9月28日,总统签发了一个“关于Ralls对4个美国风电场项目公司收购行为的命令”(总统令)。总统令声明,“有可靠的证据使总统相信,Ralls有可能采取行动导致损害国家安全的威胁”;并且“除第721节以及《国际紧急经济权力法》以外,其他法律条款都没有就此问题赋予总统充分、适当的权力,即总统在面临这一问题时有权依自身的判断来保护国家安全”。依据调查结果,总统令禁止该风电项目交易。“为使禁令得到实施”,总统令要求Ralls:(1)在禁令颁发后90天内出售其在风电项目公司中所有的权益和资产,并停止经营活动;(2)移除在风电场“存储的、存放的、已安装的或附着的”所有财产;(3)禁止进入风电场;(4)禁止将放置在风电场的“三一重工集团制造的任何产品出售、转让或促成出售或转让给任何第三方使用或安装”;(5)遵守向第三方出售风电项目公司和资产的限制条件。同时,总统令废除了CFIUS签发的两个命令。

毋庸置疑的是,CFIUS和总统均未向Ralls提供其作出其决定所依赖的证据和理由,也没有给予Ralls机会来反驳这些证据和理由。

C. 地方法院审理程序

大约在总统令签发的两周前,9月12日,在地方法院,Ralls针对CFIUS和该委员会当时的主席,即财政部部长Timothy Geithner提起诉讼。Ralls请求判令CFIUS的命令无效并停止实施,主张CFIUS颁布命令的行为是武断的、任意的行为,属于越权行为,该行为违反了《联邦行政程序法案》(*Associated Procedure of Administration*, APA)、5 U.S.C. §§551等,该命令违反美国宪法第五修正案正当程序条款的规定,因而剥夺了Ralls受宪法保护的财产权。第二天,Ralls提出动议请求法院颁发临时限制令和预先禁令(TRO/PI)。TRO/PI动议的审理被安排在9月20日,但是Ralls在审理日的前一天自愿撤回请求。

9月28日总统签发总统令后,Ralls修改了诉状,增加了针对总统令的诉讼请求,并将总统列为被告。修正的诉状包括五个部分:第一和第二部分是基于APA对CFIUS的命令提出质疑;第三部分主张被上诉人的行为超越权限;第四和第五部分基于美国宪法第五修正案的正当程序条款(第四部分)和平等保护条款(第五部分)主张这两个命令违宪。

CFIUS和总统提出动议,请求法院基于缺乏对事管辖权驳回Ralls的起诉。2013年2月,地方法院同意了其部分请求,同时也否定了其部分请求。法院首先认为第721节禁止就越权行为和平等保护问题对总统令进行司法审查,而不禁止对程序正义问题的司法审查。法院同时认为,根据总统令的内容,Ralls关于CFIUS命令的请求无审判价值。因此,法院驳回了Ralls关于第一、二、三、五部分的全部请求,以及第四部分针对 CFIUS 命令的请求。

不久之后,被上诉人依据《联邦民事诉讼规则》12(b)(6)的规定,请求法院以 Ralls 未提出诉讼请求为由,驳回 Ralls 提出的关于总统令违反程序正义的主张。2013 年 10 月,地方法院最终同意被上诉人的请求。为驳回 Ralls 关于程序正义的主张,地方法院首先认为总统令没有剥夺 Ralls 受宪法保护的财产权。虽然地方法院认可,依据州法律的规定,Ralls"通过 2012 年 3 月的交易已获得相应财产权利"①,但是法院认为,Ralls 没有受宪法保护的权利,因为 Ralls"明知收购该等财产权利有被总统否决的风险,但仍然自愿进行了收购",并且"在参与该交易之前,Ralls 放弃了取得 CFIUS 和总统批准认可的机会"。因此,地方法院认为,即使 Ralls 有受宪法保护的财产权,但被上诉人已经给 Ralls 提供了正当程序。根据法院的判决,2012 年 6 月,CFIUS 已通知 Ralls 该交易会被审查,并允许 Ralls 在申报材料时,或后续和 CFIUS 官员的交流过程中,以及在给 CFIUS 官员作报告时,提交证据。

Ralls 随即就地方法院驳回的关于总统令违反程序正义的主张(《联邦民事诉讼规则》12(b)(6))及 5 个针对 CFIUS 命令的主张(《联邦民事诉讼规则》12(b)(1))提起上诉。②我们首先讨论被驳回的关于总统令违反程序正义的主张(第四部分的部分内容),接着讨论被驳回的针对 CFIUS 命令的主张(第一、二部分的全部内容和第三、四、五部分的部分内容)。

二、程序正义的主张

我们的第一个问题是,就地方法院驳回的 Ralls 关于总统令违反正当程序的决定,上诉法院是否有管辖权。③"美国司法权所特有的性质和限制条件以及司法权的不变性和无例外性,要求我们首先确定司法管辖权问题。"④被上诉人辩称,首先,第 721 节明确地剥夺了上诉法院对程序正义主张的司法管辖权;其次,该主张不具有可裁判性。上诉法院否定了被上诉人对司法管辖权提出的两个主张,然后开始审查法律依据。

---

① Ralls Corp. v. Comm. on Foreign Inv. in the U. S., No. 1:12-cv-01513, 2013 WL 5565499, at * 6 (D. D. C. Oct. 9, 2013, as amended on Oct. 10, 2013).

② 对于被驳回的关于总统令存在越权行为和平等保护问题的主张(第三、五部分的部分内容),Ralls 没有提起上诉。

③ See Bancoult v. McNamara, 445 F. 3d 427, 432 (D. C. Cir. 2006) (quoting Steel Co. v. Citizens for a Better Env't, 523 U. S. 83, 94, 118 S. Ct. 1003, 140 L. Ed. 2d 210 (1998)).

④ Steel Co., 523 U. S. at 94—95 (quoting Mansfield, C. & L. M. R. Co. v. Swan, 111 U. S. 379, 382, 4 S. Ct. 510, 28 L. Ed. 462 (1884)).

A. 司法审查的法定除外事由

正如 DPA 所规定的:总统基于(d)(1)规定的行为以及基于(d)(4)作出的调查结果不应当受到司法审查。总统的行为是指"如果总统认为暂停或禁止有损害美国国家安全威胁的任何受管辖交易是适当的,他应当采取相应的行动"。总统基于(d)(4)作出的调查结果包括他的两项决定:(1)"有可靠的证据使他相信,外商行使控制权采取的行动可能产生损害国家安全的威胁";(2)其他法律条款不能赋予他充分的权力来保护国家安全。

最高法院长久以来坚持认为,只有当存在清楚而有说服力的证据表明国会意图禁止违宪审查,司法审查的法定除外事由才能排除违宪审查。[①]我们的判例明确表明,特别严格的清楚而有说服力的证据标准同时适用于形式上和适用上违宪的主张。[②][③]我们认同 Ungar 案,最高法院和本法院要求明确地表明国会意图排除违宪审查,是为了避免制度上的风险,即不允许在法庭上主张政府行为损害了受宪法保护的权利。[④]为应用清楚而有说服力的证据标准,我们查阅了成文

---

① See Bowen v. Mich. Acad. of Family Physicians, 476 U. S. 667, 681, 106 S. Ct. 2133, 90 L. Ed. 2d 623 (1986); Califano v. Sanders, 430 U. S. 99, 109, 97 S. Ct. 980, 51 L. Ed. 2d 192 (1977); Weinberger v. Salfi, 422 U. S. 749, 762, 95 S. Ct. 2457, 45 L. Ed. 2d 522 (1975); Johnson v. Robison, 415 U. S. 361, 373—374, 94 S. Ct. 1160, 39 L. Ed. 2d 389 (1974).

② See Griffith v. FLRA, 842 F. 2d 487, 494 (D. C. Cir. 1988) (quotation marks omitted); see also Ungar v. Smith, 667 F. 2d 188, 193 (D. C. Cir. 1981); Ralpho v. Bell, 569 F. 2d 607, 619—620 (D. C. Cir. 1977).

③ 援引通用电气公司诉美国环保署案(360 F. 3d 188 (D. C. Cir. 2004)),被上诉人辩称清楚而有说服力的证据证明国会的意图,是没有必要排除对适用上违宪的司法审查(Br. for the Appellees 26—27 & n. 3, Ralls Corp. v. Comm. on Foreign Inv. in the U. S., No. 13—5315 (D. C. Cir. Mar. 14, 2014))。但是,通用电气公司没有声明一个与 Griffith, Ungar and Ralpho 案不同的规则。在通用电气案中,我们认为我们不需要"依据回避宪法原则来支撑我们对条文文本的理解",因为很明显条文文本没有排除违宪审查的请求(Id. at 194)。换句话说,因条款明确允许违宪审查,在这里就没有必要适用清楚而有说服力的证据标准(同上)。另外,我们也不认为针对适用上违宪的请求而适用清楚而有说服力的证据标准被近期的判决摧毁。在 McBryde 案(McBryde v. Committee to Review Circuit Council Conduct and Disability Orders of the Judicial Conference of the U. S., 264 F. 3d 52 (D. C. Cir. 2001))中,我们认为我们忽略了 Traynor 案(Traynor v. Turnage, 485 U. S. 535, 542—544, 108 S. Ct. 1372, 99 L. Ed. 2d 618 (1988))中最高法院判决的可行性,该判决推迟了最后的巡回审判(Griffith 案),摧毁了对适用上违宪的请求适用清楚而有说服力的标准的理据。我们注意到 Traynor"可以通过 Robison 判决(巡回审判的来源)获取更多的成文法依据,而不是关于违宪主张特殊性的想法"(Id. at 59—60)。虽然 Traynor 对依然有效的清楚而有说服力的证据标准表达了怀疑,但是我们在该案中依然适用这项标准,我们阅读该案不是为了获得一种不同的方式(Brewster v. Comm'r, 607 F. 2d 1369, 1373 (D. C. Cir. 1979))。简而言之,Griffith, Ungar and Ralpho 案保留了良法,我们应当遵守这些法律(判例:United States v. Carson, 455 F. 3d 336, 384 n. 43 (D. C. Cir. 2006)("我们当然应当遵循先例而非一个与之相反的联席审理法院或最高法院的授权"(citing Brewster v. Comm'r, 607 F. 2d 1369, 1373 (D. C. Cir. 1979))。

④ See 667 F. 2d at 193; Robison, 415 U. S. at 366—367.

法文本和立法史,以查证国会禁止违宪司法审查的意图。[1]

从 Ralpho 案开始,我们断定,一个广义上的法定除外事由不能排除对程序正义的司法审查。依据 1971 年颁布的《密克罗尼西亚赔偿法案》(MCA),国会设立密克罗尼西亚赔偿委员会(委员会)管理一个 500 万美元的基金,该基金是用来赔偿在二战中受到伤害的密克罗尼西亚人。[2] MCA 规定委员会安置和支付款项的行为"应当最终是为了赔偿目的,即使该法案的其他条款与之相反且不受司法审查的限制"[3]。一个索赔人向地方法院提起诉讼,主张基于正当程序,他有权获得公平的审理,但这个权利因为委员会依赖额外的"秘密"证据而被剥夺了。[4]依据法定除外事由,地方法院以缺乏司法管辖权为由驳回起诉,但是我们撤销了驳回起诉的裁定。我们发现成文法文本或立法史中没有关于违宪审查的肯定性陈述,更加确定的是也没有清楚而有说服力的证据表明国会意图禁止违宪司法审查。[5]

在 Ungar 案中,我们得到了一个相似的结论。一群投资一个匈牙利公司的投资者向外籍财产办公室(OAP)提出索赔,请求该办公室将在二战期间没收的财产归还给他们。[6]在 OAP 拒绝了他们的请求后,他们针对索赔程序对程序正义提出了质疑,认为 OAP 没有给予他们充分的时间来准备案件材料。[7]虽然某部法规规定了所有 OAP 针对索赔申请的决定是"终局性的"并且"不受任何法院的司法审查",但我们认为该法规没有禁止我们进行违宪司法审查。特别是,我们发现成文法文本和包含"不涉及禁止司法审查"的立法史均未表明,国会有明确的意图禁止对违反程序正义的司法审查。[8]尤其是,我们不想认为国会不明原因地拒绝合理的赔偿请求的行为成为一个先例,即国会意图禁止违宪司法审查的请求。[9]

---

① See Robison, 415 U.S. at 367—371; Griffith, 842 F.2d at 494; Ungar, 667 F.2d at 193; Ralpho, 569 F.2d at 617—622 & n. 59.

② See Ralpho, 569 F.2d at 613.

③ Id. (quoting 50 U.S.C. app. § 2020 (1972))

④ Id. at 611.

⑤ Id. at 621—622; see also Griffith, 842 F.2d at 494 .

⑥ See Ungar, 667 F.2d at 190.

⑦ Id. at 197.

⑧ Id. at 194—195.

⑨ See Ungar,667 F.2d. at 195 n. 2. 在 Griffith 案中,我们放弃了一个从立法史中得出的相似的推论(842 F.2d at 494)。这里,我们认为即使一个会议委员会在最初的参议院法案中无声地删除一个关于对联邦劳资关系局的决定进行司法审查的条款,但是不能因其涉及宪法问题而"推论国会意图排除违宪审查"(同上)。

我们采取了一个稍微不同的方式来分析 McBryde 案中的立法历史。[①]在 McBryde 案中,一个得克萨斯州联邦地方法院的法官认为第五巡回法院审判委员会的一项决议违反了程序正义并对此提出反对,一个负责复审巡回法院委员会行为和美国司法会议无效命令的委员会(审查委员会)支持了该决议,以司法不端行为制裁了该法官。为对 McBryde 进行制裁,审判委员会和审查委员会是基于司法行为及《1980 年残疾法案》赋予的权力而作出决定,该法案中包含了一条关于司法审查的条款,规定审判委员会作出的“所有判决和决定都应当是终局的、确定的并且不应当通过上诉或其他方式进行复审”。为理解该排除司法复审条款,我们认为立法史具有决定性。尤其是,我们认为国会驳回参议院提出的关于设立一个新的复审司法不端行为的法院的提案,表明国会有明确意图禁止一个传统的根据《宪法》第 3 条设立的法院(或称“宪法法院”)对 McBryde 提出的关于程序正义的请求进行复审。我们是依据以下事实得出的结论:一个受纪律处分的法官有权要求审判委员会对适用上违宪进行司法审查,该委员会与由宪法法院法官组成的法院类似。我们发现“大量的立法信息形成了一个令人难以置信的立法目的”,在阅读成文法时也能得出同样的结果,即法律允许由一个宪法法院对适用上的违宪进行司法审查。

虽然先例设立了难以跨越的障碍,但被上诉人仍主张第 2170(e)节的内容禁止我们进行违宪审查。根据被上诉人的主张,关于禁止对“总统基于(d)(1)的行为”进行司法审查的条文文本,即 50 U. S. C. app. § 2170(e)规定禁止对总统基于此条作出的所有行为进行司法审查,包括“总统不向 Ralls 发出更多通知的决定,基于对国家安全的担忧而不信任 Ralls 的决定,以及对向公众说明理由的详细程度的判断”[②]。

依据 McBryde 案,被上诉人也主张,我们可以从现行的、以前的国会监督条款以及立法史中的部分内容推断出,国会的意图是在国会上而不是在法庭上对总统基于 DPA 作出的行为进行复审。他们首先指向与一条现被废除的 DPA 条款有关的立法史,即总统应当“立即将基于(d)节作出是否采取行动的决定以一份书面报告的形式提交”给国会。立法史表明此项条款意图帮助“国会和公众了解作为总统决定基础的政策,目的是使总统对其基于第 721 节作出的行为负责”[③]。被上诉人还援引了修订前的第 2170(k)节,该条款规定总统为帮助国会履行监督职责,应当每四年向国会提供一份关于外商收购行为的报告,这里外商

① See McBryde, 264 F. 3d 52 (D. C. Cir. 2001).

② Br. for the Appellees 27, Ralls Corp. v. Comm. on Foreign Inv. in the U. S., No. 13—5315 (D. C. Cir. Mar. 14, 2014).

③ H. R. Conf. Rep. 102—966, at 731—732 (1992).

收购行为是指收购涉及关键技术或与关键技术有关的商业秘密的美国公司。[①] 根据现行 DPA 的规定,总统应当将其暂停或终止受管辖交易的决定以及关键技术评估报告做成一份单独的年报,并提交给国会。[②] 最后,被上诉人提请我们注意 2007 年的《外商投资与国家安全法案》(FINSA)[③],FINSA 修改了 DPA 第 721 节的部分内容。根据一份参议院的报告,FINSA 的目的在于"加强政府对在美国的外商投资的审查和监督","也在于加强国会监督权"。[④] FINSA 意图通过增强 CFIUS 的监督权来达到这个目的。[⑤]

我们认为,法条文本和该法案的立法史均未提供清楚而有说服力的证据来证明国会意图排除对总统令的违宪司法审查。首先,条文禁止对总统所有"基于(d)(1)作出的行为"进行司法审查,并没有禁止对 Ralls 提出的法律适用方面的违宪进行司法审查。[⑥] 我们认为对(d)(1)部分最自然的解读是,禁止法院对总统作出的"暂停或禁止受管辖交易的'决定'进行司法审查,这里的交易特指存在损害美国国家安全危险的交易"[⑦]。然而,条文没有提到对前述总统行为进行违宪审查的可审查性。[⑧]这个结论与 Ralpho 案和 Ungar 案的结论一致,在这两个案件中,从相似的广义的条文文字角度,我们认为法条没有禁止对程序进行违宪审查,法院却依此作出了不予审查的判决。

被告以立法史和国会检查条款为依据是徒劳的。首先,没有任何立法史明确讨论总统履行的第 721 节内容能够引起违宪司法审查。在 Ungar 案、Ralpho 案中,这个漏洞可能具有决定性。虽然在 McBryde 案中,我们发现存在清楚而有说服力的证据表明,在没有明确的立法史记载下,国会意图排除违宪审查,但 McBryde 案是个特例。在 McBryde 案中,因程序规定由宪法法院法官进行违宪审查以及由宪法法院进行额外的审查,而使国会意图排除适用违宪审查程序。[⑨]

---

① See 50 U.S.C. app. § 2170(k).

② See 50 U.S.C. app. § 2170(m).

③ See Pub. L. No. 110—149, 121 Stat. 246.

④ S. Rep. No. 109—264, at 1 (2006).

⑤ 其他变更之处:FINSA 要求 CFIUS 基于完整的审核和调查结果向国会提交更为详细的通知和报告材料(50 U.S.C. app. § 2170(b)(3)(m)),同时将审核报告或调查结果的内容及时通知受管辖交易的当事人(50 U.S.C. app. § 2170(b)(6))。FINSA 要求任何代理机构为 CFIUS 的利益制作并向其提供详细报告,报告内容包括"参与的任何协议或代理机构提出的限制条件"(50 U.S.C. app. § 2170(l)(3)(B)(i))。

⑥ See 50 U.S.C. app. § 2170(e).

⑦ 50 U.S.C. app. § 2170(d)(1).

⑧ FINSA 的立法史证实了我们的解读,尤其是参议院报告第 109—264 号的记录,报告中记载的禁止司法审查条款,禁止审查总统行使其被赋予的权力作出的决定(S. REP. No. 109—264, at 11)。这段叙述证实了我们的解读,即该条款对总统的最终决定适用。

⑨ See 264 F.3d at 62—63.

这与 Ralpho 案、Ungar 案(以及本案)相当不同,在这三个案件中,宪法法院法官的任何司法审查行为完全取决于司法审查除外事由的范围。①

即使从残缺的立法史中找不到决定性的依据,DPA 中规定的国会监督权的性质也不能表明国会意图阻止因总统的行为引起的违宪司法审查。国会基于现行法律对总统的监督,包括每年基于第 721 节的规定对总统作出的决定和行为以及总统针对外商收购关键技术行为的评估报告进行事后审查。② 我们很难认为,国会保留对总统行为和关键技术评估报告有限的审查权,说明国会意图废除法院监管违宪行政行为的权力而由国会履行相应的监管职责③(即使“大多数情况下权力在行政机构和立法机构的控制范围内”,但司法机构有权决定其他机构适用的程序是否“符合正当程序条款的公平标准”)。实际上,与从监督条款中得到的推论相比,从国会驳回下述事项中得出的推论毫无疑问说服力更强,包括驳回(1)对合理赔偿请求进行司法审查的请求, ④ 或者(2)一个明确规定有权对联邦劳动关系局(FLRA)的决定进行违宪审查的条款。⑤因为在这两种情况下,我们都没有发现清楚而有说服力的证据表明国会有意图排除违宪司法审查。⑥

B. 可诉性

被上诉人辩称总统令违反程序正义的主张引发了一个不具有可裁判性的政治问题(对“不能进行司法自由裁量的总统令提出违反程序正义的主张,应当由行政部门处理,针对该主张也没有规定司法性的调查或处理标准”)。“政治问题原则是权力分立的一个基本作用,它将应当在国会或行政部门处理范围内的以政策选择和价值判断为主的争议排除在司法审查之外” ⑦ (“法院对政治决定没有管辖权,依政治决定的性质应当由行政部门管辖而非司法部门……”)。

在 Baker 案⑧中详述了一份递交的判决书是否为不具有裁判性的政治问题的判断标准。在 Baker 案中,政治问题阻碍法院认定一项诉讼请求,当依据案件的基本案情明显地发现:(1) 一个由同等行政部门管理的显而易见的宪法性问

---

① See Ungar, 667 F. 2d at 193; Ralpho, 569 F. 2d at 616—617.

② See 50 U. S. C. app. § 2170(m)(2), (3).

③ See, e. g., Landon v. Plasencia, 459 U. S. 21, 34—35, 103 S. Ct. 321, 74 L. Ed. 2d 21 (1982).

④ See Ungar, 667 F. 2d at 195 & n. 2.

⑤ See Griffith, 842 F. 2d at 495.

⑥ See Griffith, 842 F. 2d at 495; Ungar, 667 F. 2d at 195 & n. 2.

⑦ El-Shifa Pharm. Indus. Co. v. United States, 607 F. 3d 836, 840 (D. C. Cir. 2010) (en banc) (quotation marks and citation omitted); see also Schneider v. Kissinger, 412 F. 3d 190, 193 (D. C. Cir. 2005).

⑧ See Baker v. Carr, 369 U. S. 186, 82 S. Ct. 691, 7 L. Ed. 2d 663 (1962).

题;或者(2) 欠缺司法性的调查和处理标准来解决它;或者(3) 若没有一个在先的、不具有司法裁量性的政策方针就不能判决;或(4) 若没有对同等的行政部门表示尊重,一个法院不可能独立解决问题;或(5) 无异议地遵守一个已作出的政治决定的特别需要;或(6) 存在因一个问题多个部门发出多种声明而导致陷入僵局的可能性。因为"Baker 案列出的六大因素是相互无关联的,不需要结合起来考虑",法院适用政治问题原则"只需要推定一个因素存在即可,不需要满足所有因素"。[①]

虽然与外交政策和国家安全密切相关的问题很少成为司法干预的对象,[②]但是"认为每一个涉及外交关系的案件或争议都在司法管辖权之外的看法是错误的"[③]("因为一个判决可能有重大的政治上的弦外之音",法院可能不会拒绝裁判争议)。实际上,"司法机关是宪法的最终解释者,大多数情况下,法院针对违宪的主张将会进行公正的审理"[④]("即使在有军事行动的情况下,法院有时也会参与审判")。因此,如果法律问题可能涉及外交政策或国家安全,我们不能不假思索地拒绝裁决相关法律问题。相反,"在法院决定是不是政治问题原则阻止对一项诉讼请求进行审判之前,我们应当对'特定案件'中'出现的特定问题进行区别分析'"[⑤]。

在威胁国家安全的背景下,我们在审理由国务卿认定的国外恐怖组织的决定中说明了可裁判性的法律问题和不具有可裁判性的政治问题的区别。与 8 U.S.C. § 1189(a)(1)[⑥]规定相一致,在发现符合下列条件时,国务卿可以认定一个外国团体为外国恐怖组织:(1) 该组织为外国组织;(2) 该组织所参与的活动符合 1996 年的《反恐和有效死刑法案》中对恐怖活动的定义;(3) 该组织的恐怖活动威胁到国家安全或美国国民的安全。尽管外国恐怖组织的认定需要牵涉到外交政策和国家安全利益,在这个案件中[⑦],我们认为,就国务卿需要遵守的上述法定要求的前两个标准,即该组织是否为外国组织和是否参与恐怖活动,可以进行司法上的审查。另外,我们认为,对于国务卿认定该组织威胁国家安

① See Schneider, 412 F.3d at 194.

② See Haig v. Agee, 453 U.S. 280, 292, 101 S.Ct. 2766, 69 L.Ed.2d 640 (1981).

③ Baker, 369 U.S. at 211; see also Japan Whaling Ass'n v. Am. Cetacean Soc'y, 478 U.S. 221, 230, 106 S.Ct. 2860, 92 L.Ed.2d 166 (1986).

④ El-Shifa, 607 F.3d at 841—842 (quotation marks and citation omitted); see also Id. at 841.

⑤ Id. at 841 (quoting Baker, 369 U.S. at 211).

⑥ 这个条款包含在 1996 年的《反恐和有效死刑法案》里面(Pub. L. No. 104—132, 110 Stat. 1214),由 1996 年的《非法移民改革和移民责任法案》所修正(Pub. L. No. 104—208, Div. C., 110 Stat. 3009, 3009—3546)。

⑦ See People's Mojahedin Organization of Iran v. Department of State (PMOI I), 182 F.3d 17 (D.C. Cir. 1999).

全的事实,是在我们司法审查范围之外。我们认为,我们不能胜任审理这一事实的工作,因为这个结论是一个政治问题,它涉及"司法部门没有资质条件以及责任作出而行政部门才有权作出的外交决策的问题"。

然而,被上诉人争辩到,Ralls 关于正当程序的诉求不同于我们在 PMOI I 案中所审查的决议。① 特别地,他们宣称,"Ralls 要求法庭判定,在考虑交易所带来的国家安全风险问题时,总统是否必须以及如何干预一个想要进行投资的外国投资者,在什么时间和条件下,总统必须要公开自己的想法,并且以何种详尽程度进行公开"。被上诉人争论"这个决定寻求非司法的自由裁量权,这种裁量权是宪法授权给行政机关的,并且没有提供从司法上需要揭露和管理的标准"。

我们不同意上述说法。首先,Ralls 对正当程序的诉求并没有挑战(1) 总统的决定认为 Ralls 对工程公司的收购威胁了国家安全,或(2) 为了减轻对国家安全的威胁而禁止该种交易。在 PMOI I 案中,类似这种政治问题我们都拒绝去考虑,审查这些问题将需要我们在外交政策和国家安全领域进行判断。但是,Ralls 并没有要求我们进行这样的判断。取而代之的是,Ralls 要求我们审理正当程序条款是否授权它获得通知以及获得总统所依据的证据,是否有机会在总统作出他的不受法院审理的(法定不复审)决定之前进行反驳。我们认为这个问题很明确,Ralls 所主张的正当程序的诉求并不能染指政治机构的特权,也不能获得非司法自由裁量权的实施并且易受到司法管理标准的影响。相反,最高法院很久以前就认识到,解释宪法条款是立法者委托给司法机构的权力。②

C. 法律依据

我们从头审查驳回起诉的动议③,"认定原告对事实的宣称是真实的并且……同意原告能从所宣称的事实中获得所能推出的所有利益"④。然而,我们也不能接受将未被所宣称的事实支持的原告的法律结论或推论视作真实的。⑤只要诉讼请求提出一个合理的理由能显示"申诉人有权获得救济",法院就不会

---

① 除了 PMOI I(182 F. 3d 17)案件,我们也解决了在 National Council of Resistance of Iran v. Department of State (NCRI)(251 F. 3d 192 (D. C. Cir. 2001))案件和 People's Mojahedin Organization of Iran v. Department of State (PMOI II)(613 F. 3d 220 (D. C. Cir. 2010))案件中指定认定 FTO 遇到的正当程序问题的挑战。然而,在法院审理情况下,我们不依赖于 NCRI 和 PMOI II 案例,因为这两个案例都没有说明政治问题原则。

② See Zivotfsky, 132 S. Ct. at 1427—1428.

③ See Cal. Valley Miwok Tribe v. United States, 515 F. 3d 1262, 1266 (D. C. Cir. 2008).

④ Sparrow v. United Air Lines, Inc. , 216 F. 3d 1111, 1113 (D. C. Cir. 2000).

⑤ See Browning v. Clinton, 292 F. 3d 235, 242 (D. C. Cir. 2002).

撤销诉讼。①

Ralls 对总统命令的质疑是认为未经正当程序，总统令剥夺了它受保护的财产权。美国宪法第五条修正案的正当程序条款规定："未经正当法律程序，任何人的生命、自由和财产都不得被剥夺。"在每个对正当程序提出质疑的案件中，第一个问题是原告是否被剥夺了受保护的财产或自由权益。②如果原告被剥夺了受保护的利益，我们接着会考虑政府在实施剥夺程序时是否遵守了正当程序的要求。

1. 宪法上保护的财产权

因为宪法是保护而非创造财产利益，财产权是否存在将通过参照"存在的规则或像州法律这样的独立的渊源的解释"来决定。③ 换句话说，财产权"获得……宪法的地位事实上是由于它们首先被州法律所认可和保护"④。

地区法院发现，并且被上诉人并无异议的是，当 Ralls 获得发电项目公司和它们所有的资产时便拥有受州法律保护的财产权，包括当地的地役权，即允许和当地的公用事业协议建设风力涡轮机、购电和发电机联网，与附近的风电厂传输互联和管理协议以及获得对于兴建风力涡轮机的必要的许可和批准。⑤我们认可地区法院在这一点上的意见——毫无疑问，Ralls 对项目公司和它们的资产的利益符合俄勒冈州法律对财产的定义。⑥

在通常的案件中，财产权得到州法律认可的事实足以引发正当程序条款的保护。⑦然而本案中，地区法院认为 Ralls 受州法律保护的财产权并不受宪法保护，这是因为 Ralls 是(1) "出于自愿获取具有被总统否决危险的财产权利"并

---

① See Atherton v. D. C. Office of Mayor, 567 F. 3d 672, 681 (D. C. Cir. 2009) (quoting Bell Atl. v. Twombly, 550 U. S. 544, 557, 127 S. Ct. 1955, 167 L. Ed. 2d 929 (2007)) (brackets and quotation marks omitted).

② See Am. Mfrs. Mut. Ins. Co. v. Sullivan, 526 U. S. 40, 59, 119 S. Ct. 977, 143 L. Ed. 2d 130 (1999).

③ See Phillips v. Wash. Legal Found., 524 U. S. 156, 164, 118 S. Ct. 1925, 141 L. Ed. 2d 174 (1998) (quoting Bd. of Regents of State Colleges v. Roth, 408 U. S. 564, 577, 92 S. Ct. 2701, 33 L. Ed. 2d 548 (1972)); see also Cleveland Bd. of Educ. v. Loudermill, 470 U. S. 532, 538, 105 S. Ct. 1487, 84 L. Ed. 2d 494 (1985).

④ Paul v. Davis, 424 U. S. 693, 710, 96 S. Ct. 1155, 47 L. Ed. 2d 405 (1976).

⑤ See Ralls Corp., 2013 WL 5565499, at *6.

⑥ See, e. g., Or. Rev. Stat. Ann. § 63.239 ("A membership interest [in an Oregon LLC] is personal property"); McQuaid v. Portland & V. Ry. Co., 18 Or. 237, 22 P. 899, 906 (Or. 1889) (holder of easement has property interest); Bunnell v. Bernau, 125 Or. App. 440, 865 P. 2d 473, 473—474 (Or. Ct. App. 1993) (same); see also Lynch v. United States, 292 U. S. 571, 579, 54 S. Ct. 840, 78 L. Ed. 1434 (1934) ("Valid contracts are property [under the Fifth Amendment], whether the obligor be a private individual, a municipality, a state, or the United States").

⑦ See, e. g., Phillips, 524 U. S. at 163—164; Loudermill, 470 U. S. at 538; Paul, 424 U. S. at 710.

且(2)“在参与该交易之前 Ralls 放弃了取得 CFIUS 和总统批准认可的机会”。[①] 被上诉人在案件上诉期间拿起这个保护伞,认为 Ralls 的财产权获得过于偶然,并不值得宪法对其进行保护,并且 Ralls 因没能寻求交易前的预先批准程序而被视为主动放弃了这些利益。

我们拒绝接受地区法院所使用的和被上诉人所主张的理念。首先,我们并不同意这种认为 Ralls 受州法律保护的财产利益因获得过于偶然而不受宪法保护的看法。Ralls 在交易完成时便被赋予全部受州法律保护的权利,即意味着必然附带正当程序保护。Ralls 在州法律下所获得的利益并无任何偶然问题,并且被上诉人没有提供任何法律支持——除了地区法院的指令——这个主张意指州法律所认可的财产权本质上有被联邦法律剥夺的可能性。正如 Ralls 恰当地指出,联邦政府不能通过简单地“宣称未来财产可能会被剥夺”来回避给予州财产的正当程序保护。[②]

这个案件不同于依赖于被上诉人的 Dames & Moore v. Regan(453 U. S. 654, 101 S. Ct. 2972, 69 L. Ed. 2d 918 (1981))案件。在那个案件中,法院认为原告 Dames 和 Moore 在伊朗的财产获得过于偶然,以至于无法依第五条修正案获得宪法性索赔的支持。因为依照财政部外国资产控制办公室所颁布的法规,除非财产被许可并且该许可可以被总统在任何时间进行修订、修改或撤销,否则该案中在伊朗的财产便是无效的。因此,Dames 和 Moore 只有获得政府的许可后才有权获得它们的财产,而且这种许可可能会因任何原因而随时被撤销。我们认为,完全归属 Ralls 的州财产权与本案中 Dames 和 Moore 的充其量算是偶然获得的附属财产利益有很大的不同。[③] Ralls 的财产权派生于并没有针对偶然所得的情况进行构建规则的州法律,并且对这种情形传统上都用正当程序来进行保护。[④]

我们并不认可因 Ralls 的交易未获得预先批准而使其放弃财产权的看法。地区法院发现有两个出自于地区法院的案例中出现主动放弃者。[⑤]在那些案例中,与我们同样的,两个地区法院都宣称,如果原告自动放弃提供给他的正当程

---

① See Ralls Corp. , 2013 WL 5565499, at ∗7.

② See Br. for Appellant 21, Ralls Corp. v. Comm. on Foreign Inv. in the U. S. , No. 13—5315 (D. C. Cir. Feb. 7, 2014).

③ 法院在 Dames 和 Moore 的案件审理中分外强调它们的控股已经被限制,如果还有的话,申请也超出了特定的事实。See Dames & Moore, 453 U. S. at 661(“我们尝试放下与此案无关的非普遍规则,并尝试仅对本案判决必须解决的问题提供意见”).

④ See, e. g. , Phillips, 524 U. S. at 163—164; Loudermill, 470 U. S. at 538; Paul, 424 U. S. at 710.

⑤ See Alvin v. Suzuki, 227 F. 3d at 107 (3d Cir. 2000), and Parker v. Board of Regents of the Tulsa Junior College, 981 F. 2d 1159 (10th Cir. 1992).

序保护,将不会获得由于违背正当程序而应获得的赔偿。[①] 但是,这些案例都坚持认为,主动放弃正当程序的一方既不可以再反过来申诉自己没有获得足够的程序救济,也不可以申诉因为其放弃正当程序而就此失去他的财产。[②] 因此,即使在一定的程度上这些案例是相关的,其相关性只有在正当程序调查的第二个步骤进行,即什么是正当程序。[③]

不管怎样,只要法规明确表示,在受管辖的交易完成之前或之后,参与交易的一方都可以决定去提交自愿通知,要求得到批准,那我们就不认为,未寻求预先的批准就等于放弃正当程序。[④]

2. *什么是正当程序?*

"不像其他法律规则",正当程序"不是一个有着固定内涵且与时间、地点、空间不相关的技术概念"[⑤]。相反的,"正当程序是灵活的,并且根据特定的情况,需要寻求程序性的保护"[⑥]。在 Mathews v. Eldridge 这个有重要影响的案件中,美国最高法院建立了一个三要素平衡测试以确定正当程序的构成要素:首先,个人利益将会被行政行为所影响;其次,利用这些程序有错误剥夺财产权的风险,以及额外或替代性程序保障可能带来的价值(如有);最后,政府的利益,包括适用额外或替代性程序的功能,以及会导致的财政和行政负担。

正当程序通常要求就行政行为提供通知,并且提供"能在有效的时间、以有效的方式获得听证的机会"。最高法院和本法院都认识到,有权知晓作出行政行为的事实依据,以及有机会反驳支持这些行政行为的证据,这两者都是正当程

---

① See Alvin, 227 F. 3d at 116 ("[A] procedural due process violation cannot have occurred when the governmental actor provides apparently adequate procedural remedies and the plaintiff has not availed himself of those remedies"); Parker, 981 F. 2d at 1163 ("There is no violation of due process, because plaintiff chose to end her employment without a hearing and not to avail herself of the available due process procedures").

② See Alvin, 227 F. 3d at 116; Parker, 981 F. 2d at 1163; see also Loudermill, 470 U. S. at 541 ("'Property' cannot be defined by the procedures provided for its deprivation").

③ 即使在正当程序调查的第二个步骤,案件也并不支持被上诉人的立场。我们认为只有当一方当事人放弃宪法上的正当程序保护,才表示他放弃正当程序索赔。See Alvin, v. Suzuki 227 F. 3d at 116("原告必须充分利用提供给他或她的程序,除非这些程序没有被提供或者显然不足");Parker, 981 F. 2d at 1163("不存在违反正当程序的问题,因为原告选择结束自己的职业生涯并没有举行听证会,也并没有利用现成的正当程序"). 没有任何迹象表明 Ralls 在完成交易后所接受的程序,不同于它在经过预先批准后所应进行的程序,就像下文中讨论的,这个程序是不充分的。

④ See 31 C. F. R. §§ 800.401(a), 800.402(c)(1)(vii), 800.224.

⑤ NCRI, 251 F. 3d 192, 205 (D. C. Cir. 2001) (quoting Gilbert v. Homar, 520 U. S. 924, 930, 117 S. Ct. 1807, 138 L. Ed. 2d 120 (1997)).

⑥ Id. (quoting Morrissey v. Brewer, 408 U. S. 471, 481, 92 S. Ct. 2593, 33 L. Ed. 2d 484 (1972))

序的核心要素。[①]

我们相信,我们的先例涉及的关于国务卿提出的 FTO 的案例清楚地表明,被认定为 FTO 的组织有权通过正当程序获得通知和非机密证据,也有权反驳非机密证据,这些对基于 DPA 规定的程序性制度同样适用。[②] 正如在 DPA 下颁布的缓解令会影响交易一方的财产权一样,认定 FTO 也会影响财产权:被认定的实体将会被禁止进入其在美国的账户。[③] 尽管财产权可能会受到威胁,国务卿认定 FTO 的规则程序没有给被认定人程序保护。[④] 通过援引正当程序的要求对 FTO 认定程序提出质疑,我们认为,在 NCRI 案中,NCRI 不应被认定为 FTO,并且 NCRI 也因此被剥夺了它在"小银行账户"中的利益,但同时 NCRI 却没有收到就该认定发出的通知,也没有获得反驳支持该认定的非机密证据的机会。[⑤] 我们坚持认为,尽管政府在国家安全上具有更有说服力的利益,并且尽管我们不确定 NCRI 是否能有效地反驳证据("我们没有任何理由去假定申诉者不可以提供可能改变国务卿意见的证据。但是,没有我们所概述的正当程序的保护,我们也没有理由假定申诉者可以改变国务卿的意见"),这些程序性的保护都是正当程序条款所要求的。同时,我们很明确,今天也反复申明,正当程序不要求披露行政行为所依据的机密材料。什么是机密的信息?在行政机构的管辖范围之内,我们无意去强迫负有保护国家安全职责的行政机构作出违背其职责的事情。在随后的 FTO 案件中,我们始终都在跟进 NCRI 案。[⑥]

尽管在这个先例中,地区法院认为,Ralls 经历了足够的程序,因为 Ralls 已经被通知其交易需要进行审查,并且也在其自愿通知和接下来的讨论以及对 CFIUS 官员作报告时,给予其机会出示证据。鉴于被上诉人在保护国家安全中有实质利益,法院决定不需要附加其他程序。很显然,地区法院发现 NCRI 案和

---

① See, e. g., Greene v. McElroy, 360 U. S. 474, 496, 79 S. Ct. 1400, 3 L. Ed. 2d 1377 (1959) (citing "immutable" principle in case involving revocation of security clearance that "the evidence used to prove the Government's case must be disclosed to the individual so that he has an opportunity to show that it is untrue"); Gray Panthers v. Schweiker, 652 F. 2d 146, 165 (D. C. Cir. 1980) (claimants with Medicare reimbursement claims under $100 dollars entitled to "core requirements of due process"—"adequate notice of why the benefit is being denied and a genuine opportunity to explain why it should not be").

② See, e. g., PMOI II, 613 F. 3d 220 (2010) (D. C. Cir. 2010) (per curiam); Chai v. Department of State, 466 F. 3d 125 (D. C. Cir. 2006); NCRI, 251 F. 3d 192.

③ See 18 U. S. C. § 2339B(a)(1), (2).

④ See NCRI, 251 F. 3d at 196 ("The unique feature of th[e] statutory procedure is the dearth of procedural participation and protection afforded the designated entity"); see also id. ("At no point in the proceedings establishing the administrative record is the alleged [FTO] afforded notice of the materials used against it, or a right to comment on such materials or the developing administrative record.")

⑤ See NCRI, 251 F. 3d at 201, 208—209.

⑥ See, e. g., PMOI II, 613 F. 3d at 227; Chai, supra.

它的结论不适用于这个案件。地区法院认为,NCRI 案不适用于本案,因为在本案中行政机关授权披露了非机密信息,只是因为这些信息最终将会告知公众。①地区法院也表明,NCRI 案和我们其他的认定 FTO 的决议都不能适用于本案,因为那些案件都有其特殊的制度背景。根据地区法院的意见,“AEDPA 有一个司法审查条款,为了审查的目的它要求建立行政记录制度,并且这些情况明确地构成上诉法院裁决的基础”。

被上诉人在他们的答辩状中也作了类似的辩护,他们认为,Ralls 提交书面论据,与外国投资委员会的官员们见面,回答后续问题,和提前收到被上诉人打算采取行动的通知,都构成了在国家利益受到威胁时的充分的程序。被上诉人同样认为, FTO 的案件不能适用于本案,本案件不同于以往的案件,因为“是否禁止 Ralls 的交易是由总统自由裁量的”。最终,被上诉人宣称,Ralls 不能利用地区法院来迫使总统在其拥有自由裁量权的领域内,针对敏感问题公开自己的想法,或者被允许其实应该被禁止的司法审查。同时,即使需要这样的正当程序,在第一次口头辩论期间,被上诉人要求本院指令地区法院考虑是否披露特定的非机密信息,其实也是受行政特权保护的。

我们认定,总统令未经正当程序剥夺了 Ralls 在宪法上受保护的财产权。上面的讨论清楚地表明,正当程序至少要求,受影响的主体会被提前通知行政行为,会被给予机会获取非机密证据,以及有机会对其进行反驳。② 总统令剥夺了 Ralls 重要的财产权(该利益根据地区法院的记录是 600 万美元),但 Ralls 却没有被给予任何程序上的保护。在 FTO 的先例中,缺乏这种程序上的保护毫无疑问违背了宪法,尽管被上诉人在维护国家安全上有实质利益,以及我们不确定额外的程序是否将会导致一个不同的总统令。③ FTO 案清楚表明,有关国家安全的实质利益支持仅保留机密的信息,但是不能以此为借口不提供通知,和提供用于禁止交易的非机密的信息。④ Ralls 有机会向 CFIUS 出示证据并与之谈判,但是由于 Ralls 没有机会对被上诉人所关心的问题提交相应的回复或反驳总统行

① See Ralls Corp., 2013 WL 5565499, at *14 (quoting NCRI, 251 F.3d at 209 ("[T]he Secretary has shown no reason not to offer the designated entities notice of the administrative record which will in any event be filed publicly...")).

② See, e.g., McElroy, 360 U.S. at 496; NCRI, 251 F.3d at 208—209; Schweiker, 652 F.2d at 165.

③ See, e.g., PMOI II, 613 F.3d at 228; NCRI, 251 F.3d at 208—209.

④ 因为记录没有反映所依赖的这些证据是不是机密的、非机密的或两者皆有,我们在口头辩论前发出了一个命令,要求政府准备去讨论由 CFIUS 和总统复查的证据的本质。由于我们在口头辩论中的询问,被上诉人的律师表示 CFIUS 和总统所依赖的证据是机密和非机密证据。See NCRI, 251 F.3d at 208—209.

为所依据的事实基础,所以显然不符合正当程序。①

被上诉人要求不适用FTO案件不能令人信服。首先,与地区法院的观点相反,我们从NCRI案和它的结论中得出,公开非机密信息是正当程序所要求的,而并不是简单地因为非机密信息以后在某个时点总会被披露。我们的判决将适用NCRI案。② FTO背景的独特性也不能阻止适用其结论。正如我们在NCRI案中注意到的,AEDPA的独特性在于"相关实体没有提供参与程序和相应的程序保护"。根据DPA,国会要求提供程序性保护,但FTO案这一先例中缺失了该等程序性保护,而这和本案是完全一致的。

被上诉人认为,我们不能要求总统公开针对敏感问题的想法,但这个看法是没有基础的。我们的结论是,发布总统令所遵循的程序违背了正当程序,这并不意味着总统以后必须在审查受管辖交易时针对与国家安全有关的敏感问题公开自己的想法。我们只是认为,在总统令禁止交易之前,Ralls必须获得我们所讲的程序上的保护。DPA明确规定,CFIUS代表总统审查受管辖的交易③,总统只有在审阅CFIUS制作的材料和建议后才能采取行动。我们相信,在CFIUS阶段充足的程序将会满足总统的正当程序义务。对于被上诉人后来才提起的行政特权论点,该论点并没有在被上诉人的答辩状中提及,我们指令由地方法院考虑行政特权是否禁止披露信息。

总之,我们认为Ralls拥有实质性的财产权,并且总统令未经正当程序剥夺了Ralls的利益。

三、针对CFIUS命令的诉求

我们接下来讨论地区法院以无审判价值为由驳回Ralls对CFIUS命令的诉求的判决,因为CFIUS命令已被总统令明确撤销了。

《宪法》第3条规定,联邦法院"只能判决实际且正在进行的争论"④。这种限制推导出了无审判价值原则。⑤ 如果一项司法决定既不会在当前影响当事人

① See Greene, 360 U. S. at 496; NCRI, 251 F. 3d at 205; Schweiker, 716 F. 2d at 32.

② See, e. g., PMOI II, 613 F. 3d at 227 ("[D]ue process requires that the PMOI be notified of the unclassified material on which the Secretary proposes to rely and an opportunity to respond to that material before its redesignation [as an FTO]." (emphases added)).

③ See 50 U. S. C. app. § 2170(b)(1)(A) (review conducted by "President, acting through [**CFIUS**]").

④ Honig v. Doe, 484 U. S. 305, 317, 108 S. Ct. 592, 98 L. Ed. 2d 686 (1988).

⑤ See Foretich v. United States, 351 F. 3d 1198, 1210 (D. C. Cir. 2003).

的权利,也对其未来没有确定性的影响,那对这些事项就要排除司法审查。[①] 在联邦法院审判的案子,必须是在审查的各阶段都实际存在争议,而不仅仅存在于起诉时,这是宪法的基本要求。[②]

当总统令撤销了 CFIUS 的命令并剥夺其任何影响时,双方当事人似乎承认 Ralls 对 CFIUS 命令的诉求是没有审判价值的。Ralls 辩称,我们可能会考虑适用无审判价值的例外,即“有能力审查却规避审查”。为了满足这些例外,一方当事人必须表明,“(1) 被指控的行为在中止或终了前能够进行充分诉讼的时间太短,(2) 可以合理地期望相同的申诉主体将再次面临同样的行为”[③]。“当这两种情况同时出现时,原告可以主张一个特殊的情形而导致这个例外适用。”[④]我们认为,Ralls 已经符合适用例外需要的两个条件。

A. 规避审查

如果受指控的行为持续时间太短而不能在有效期届满前在最高法院充分诉讼,那么该受指控的行为可以免于司法审查。[⑤] 首要原则是,“持续不到两年的行政行为不能在其终止或有效期届满前进行充分的诉讼,只要受指控行为的特点是持续时间短”[⑥]。在说明一个问题能否被充分诉讼时,我们不考虑快速审查的可能性。[⑦]

尽管有两年的原则,但如果是一方当事人自己的拖延行为阻止了对诉求进行充分审理,则该当事人不可以宣称其可以规避审查。[⑧] 在 Armstrong 案中,美国联邦航空管理局(FAA)发布命令,撤销 Armstrong 的飞行执照。在发布这个命令时,FAA 作出了一个紧急决定,即允许在不给 Armstrong 答辩机会的前提下,就强行实施这个命令。Armstrong 及时地就 FAA 的命令提起行政复议,但是

---

① See Clarke v. United States, 915 F. 2d 699, 701 (D. C. Cir. 1990).

② See Newdow v. Roberts, 603 F. 3d 1002, 1008 (D. C. Cir. 2010) (quoting Steffel v. Thompson, 415 U. S. 452, 459 n. 10, 94 S. Ct. 1209, 39 L. Ed. 2d 505 (1974)) (brackets and ellipsis omitted).

③ Clarke, 915 F. 2d at 704.

④ Del Monte Fresh Produce Co. v. United States, 570 F. 3d 316, 322 (D. C. Cir. 2009).

⑤ See Christian Knights of Ku Klux Klan Invisible Empire, Inc. v. District Columbia, 972 F. 2d 365, 369—70 (D. C. Cir. 1992) (citing Nebraska Press Association v. Stuart, 427 U. S. 539, 547, 96 S. Ct. 2791, 49 L. Ed. 2d 683 (1976)); Del Monte Fresh Produce Co., 570 F. 3d at 322.

⑥ Del Monte Fresh Produce Co., 570 F. 3d at 322; Performance Coal Co. v. Fed. Mine Safety & Health Review Comm'n, 642 F. 3d 234, 237 (D. C. Cir. 2011); Pub. Utilities Comm'n of Cal. v. FERC, 236 F. 3d 708, 714 (D. C. Cir. 2001); Burlington N. R. R. v. Surface Transp. Bd., 75 F. 3d 685, 690 (D. C. Cir. 1996).

⑦ See Washington Post v. Robinson, 935 F. 2d 282, 287 n. 6 (D. C. Cir. 1991); Inre Reporters Comm. for Freedom of the Press, 773 F. 2d 1325, 1329 (D. C. Cir. 1985).

⑧ See Armstrong v. FAA, 515 F. 3d 1294, 1296 (D. C. Cir. 2008).

对单独紧急决定提起司法审查是在决定作出的79天以后。在行政复议期间,Armstrong获准延期两周来提交他的陈述。当美国国家运输安全管理委员会支持FAA的撤销命令时,他对紧急决定的质疑就没有审判价值了。我们认为,Armstrong的行为不符合无审判价值例外的条件,因为是其自身的拖延行为导致案件无审判价值。Armstrong在79天后才寻求对紧急决定的司法审查,并要求延期两周来完成他的申诉报告,“他使我们不可能说紧急决定存在的时间太短,而难以审查”。我们也依据这样的事实,即他自己也不努力参与行政复议,使得对紧急命令的申诉失去审判价值。

根据Armstrong案,地区法院认为,尽管CFIUS的命令存续时间短,Ralls的诉求没有满足作为无审判价值例外的“规避审查”的构成要件。[①] 地区法院解释到,Ralls决定延迟对CFIUS命令的控诉(延迟了41天或42天),并且撤回了针对TRO/PI的动议,这些导致了法院在行政命令失效前无法审理Ralls的诉求。尽管被上诉人在上诉中没有为地区法院的“规避审查”的论据进行辩护,但我们需要讨论无审判价值例外的构成要素,以满足我们确立司法管辖权的责任。

我们认为,CFIUS命令满足“规避审查”的条件。CFIUS命令在它被总统令撤销前,仅有效存在75天,一个典型的短存续时间,这是由DPA法规和其实施条例规定的。[②]

75天包括CFIUS的30天审查期加上45天的调查期,CFIUS具有广泛的权力以减轻由受管辖交易所带来的安全风险。但是,CFIUS不能永远中止或禁止交易。反之,如果CFIUS有效地暂停了一个交易——正如它在本案中所做的一样——并且相信暂停交易需要在75天后继续存在,它就必须将情况汇报给总统,[③]因为总统必须在15天内作出决定。CFIUS暂停交易的命令不会持续超过90天,它要么到期,要么被总统决定所取代。我们在开展规避审查的分析中不会考虑缺乏紧急上诉的问题,[④]一个CFIUS命令存续时间太短以至于不能获得最高法院的审查,因此导致规避审查。

Armstrong案不会产生相反的结论。即使Ralls在CFIUS命令发布的当天就寻求司法审查,在命令被撤销前,它也不能获得地区法院和最高法院的审查。与

---

① See Ralls_Corp., 926 F. Supp. 2d at 97.

② See Del Monte Fresh Produce Co., 570 F. 3d at 322 (action with duration less than two years evades review "so long as the short duration is typical of the challenged action").

③ See 31 C. F. R. § 800.506(b)(1) ("[T]he Committee shall send a report to the President requesting the President's decision if ... [t]he Committee recommends that the President suspend or prohibit the transaction").

④ See Robinson, 935 F. 2d at 287 n. 6; In re Reporters Comm. for Freedom of the Press, 773 F. 2d at 1329.

其同样的是,持续90天的CFIUS减缓命令的审判和上诉程序通常需要超过12个月。[①] Armstrong案中并非如此:在行政程序否定他的诉求前,如果Armstrong能行动得更加迅速,他就可以在地区法院和最高法院获得对FAA紧急决定的复审。

另外,我们认为讨论Ralls的TRO/PI动议的撤回没有任何意义。尽管Ralls放弃了获得地区法院对CFIUS命令诉求进行审查的机会,但这些诉求不能通过最高法院在75天内充分诉讼。[②] Ralls也不能通过推动它自己的动议来阻止它的诉求变得没有审判价值。Ralls的动议要求法庭"发出临时限制令来强制停止CFIUS的命令……计划对Ralls初步禁令的要求进行审理……并且实施初步禁令来暂停诉讼未决期间命令的进一步实施"[③]。如果同意Ralls的动议,CFIUS的命令将会禁止实施。但是,没有任何迹象表明,CFIUS会终止其行政行为。相反,CFIUS可能会按要求,在75天结束时将情况汇报给总统,并且总统令也将使Ralls对CFIUS命令的诉求变得没有审判价值。在Armstrong案中,Armstrong如果成功地禁止行政命令,他的诉求将更有可能变得有审判价值。[④]

B. 重复可能性

如果申诉方存在"合理的期待其会再次遭受相同的决定",则可界定为"有可能重复"。[⑤] "相同的决定"通常"是指特定机构的政策、法规、准则,或反复相同的行政行为"[⑥]。"问题不在于导致原告申诉的同一事实是否可能再发生",而是"侵犯原告的法律上的错误行为是否有可能再发生"[⑦]。最高法院认为,"有可能重复"这一条件不应该被过分严格地适用。[⑧] 换言之,争议只需要"有可能重复"即可,而不是"可能重复的概率比不可能重复的概率大"。[⑨]

Doe诉Sullivan的案件表明,争议是可能重复的,即使它重复的概率完全无

---

① See Christian Knights of Ku Klux Klan, 972 F.2d at 370.

② See Del Monte Fresh Produce Co., 570 F.3d at 322; Christian Knights of Ku Klux Klan, 972 F.2d at 369.

③ Ralls Corp. v. Comm. on Foreign Inv. in the U.S., No. 1:12—cv—01513 (D.D.C. Sept. 13, 2012).

④ See 515 F.3d at 1295—1296; see also Nedow, 603 F.3d at 1008—1009.

⑤ See Christian Knights of Ku Klux Klan, 972 F.2d at 370 (quoting Weinstein v. Bradford, 423 U.S. 147, 149, 96 S. Ct. 347, 46 L. Ed. 2d 350 (1975)).

⑥ Pub. Utilities Comm'n, 236 F.3d at 715 (quotation marks omitted).

⑦ See Del Monte Fresh Produce Co., 570 F.3d at 324.

⑧ See Honig, 484 U.S. at 318 n.6.

⑨ See Doe v. Sullivan, 938 F.2d 1370, 1378—1379 (D.C. Cir. 1991) ("It is enough ... that the litigant faces some likelihood of becoming involved in the same controversy in the future." (quotation marks omitted)).

法预测。在该案中,为“沙漠盾牌”行动服务的军人对食品和药物管理局(FDA)的一条规定提起集体诉讼,该规定允许FDA“自行作出判断,通过获得军事人员的知情同意书来使用被研究的药物……是否在某些战场或战斗有关的情况下是不可行的”。FDA认为,使用用来对抗化学武器攻击防御的两种药物,“获得知情同意书并不可行”。当案件诉到法院时,军事行动已经结束了,因此军人的诉求也就没有审判价值了。但是,我们认为,受控诉的行为是可能重复的,它有可能再次发生,因为进行诉讼的人员仍然作为军队的一员,并且FDA可能保留这些规定。尽管事实上接下来的战争尚未来临,但是我们得出了这一结论。

地区法院认为,Ralls“没能成功证明其有合理的期待未来将会遭受相同的行政行为”①。尽管法院接受了Ralls的诉求,“它打算从事涉及美国各地收购风电场的交易”,但法院认为,没有“合理的可能性证明Ralls在不同的位置购买不同的风电场会必然引起相同的反应”。被上诉人类似地认为,CFIUS发布的命令“与委员会审查特别交易时出现的特别问题相一致,且涉及地理区域问题”,因此,Ralls不能证明这样一个特定的决定有可能再次发生。

我们不同意上述观点。Ralls在修改过的申诉中宣称它“打算在美国持续寻找风电场发展的机会,并以它收购项目公司的方式来收购现有的风电场公司”。假定这一主张是属实的——在驳回起诉阶段我们必须做这样的假定②——那就很清楚,Ralls意图在CFIUS的管辖范围内继续进行受管辖的交易。唯一的不确定性来自于CFIUS对此作出的反应。我们认为,CFIUS将会有可能在未来再次给予相同的回复。③ 正如Ralls在修改过的申诉中所宣称的,并且被上诉人在口头辩论阶段所承认的,使用外国制造的风力发电机组的其他外资风电场和Butter Creek项目一样,也在靠近空中禁区的区域运营,但这些风电场就没有受到政府干预。因此,我们能推断出,项目公司靠近空中禁区不是导致CFIUS决定的唯一因素。即使接近空中禁区是CFIUS突出关注的问题,因为Ralls意图继续在全美收购风电场项目,所以有一定的可能性,Ralls将再次获得影响国家安全的政府财产或领空附近的地役权。④ 因此,和在Doe诉Sullivan案件中军人将在未来参加战争同时也会使用化学武器的可能性相比,我们认为这至少是有可能

---

① Ralls Corp., 926 F. Supp. 2d at 97.

② See El-Shifa, 607 F. 3d at 839; Tri-State Hosp. Supply Corp. v. United States, 341 F. 3d 571, 572 n. 1 (D. C. Cir. 2003).

③ See Doe v. Sullivan, 938 F. 2d at 1379.

④ See Am. Compl. ¶¶ 58, 71; see also Reply Br. 29 n. 10, Ralls Corp. v. Comm. on Foreign Inv. in the U. S., No. 13—5315 (D. C. Cir. Apr. 1, 2014).

的,如果不是更大可能性的话。[1] CFIUS 没有给出任何说明,表明它在未来将会提供更多的程序。被上诉人的立场是 Ralls 已经被提供了所有应该提供的程序。因此,我们认为,Ralls 已经符合无审判价值例外的两个条件,即有可能重复却规避审查。

总之,我们认为,总统令未经正当程序剥夺了 Ralls 受保护的宪法性财产权。我们将案件发回地区法院,并且说明 Ralls 有权获得这里阐述的必要的程序,这些程序应该包括获取总统所依据的非机密证据和对其进行反驳的权利。[2] 如果出现争议,如行政特权主张,地区法院有能力很好地解决这些问题。最后,由于针对 CFIUS 命令的起诉因为管辖权原因被驳回,我们缺乏事实依据作判断,所以我们指令地区法院就 Ralls 的其余主张进行第一次的实体审理。[3]

撤销原判,发回重审。

---

① 为了支持他们的断言,即 CFIUS 的命令被不可能再次发生的事实所推进,被上诉人争论道:"Ralls 已经完成了其他不会引起 CFIUS 来发布减缓命令的交易。"但是,这些交易并非管辖的交易,因此显然不一样。

② See NCRI, 251 F. 3d at 209 (leaving FTO designation in place and ordering Secretary of State to provide designated entity with access to unclassified evidence supporting designation and opportunity to respond).

③ 这些诉求包括 Ralls 对 CFIUS 命令的控诉(第一、二部分),对越权行为(第三部分)、正当程序和平等保护问题(第四、五部分的部分内容)的控诉。

第六编　市场运行监管法律制度

市场综合监管法律问题研究
——以上海自贸区为视角

薛　峰*

一、问题的提出

2013年底召开的中共十八届三中全会明确指出：要紧紧围绕使市场在资源配置中起决定性作用深化经济体制改革。市场在资源配置中起决定性作用，就是指在经济运行中由市场机制本身按照需求与供给的变化来实现对资源的配置，资源的流向、价格、分配都由市场规律予以决定。由市场来配置资源决定了资源配置的效率，但市场这只"看不见的手"①也有其自身的盲点和缺陷。随着市场经济向纵深发展，妨害竞争、外部效应、公共物品、信息偏在等问题也越来越突出，从而使市场调节的无形之手无法有效地发挥作用；其他诸如公平分配、币值稳定等问题，也是市场机制不能有效解决的，这类市场失灵的分析框架在经济

---

*　薛峰，华东政法大学2013级经济法学博士研究生。

①　〔英〕亚当·斯密：《国富论》(下卷)，郭大力、王亚南译，商务印书馆2014年版，第30页。

学界已得到了较为普遍的承认和应用。[①] 因此,市场机制需要政府干预已经成为经济学界和法学界的共识。但是,政府失灵的存在以及如何进行政府干预则又成为新的议题。恩格斯曾经说过:"国家权力对于经济发展的反作用可以有三种:它可以沿着同一方向起作用,在这种情况下就会发展得比较快;它可以沿着相反方向起作用,在这种情况下,像现在每个大民族的情况那样,它经过一定的时期都要崩溃;或者是它可以阻止经济发展沿着既定的方向走,而给它规定另外的方向……在第二和第三种情况下,政治权力会给经济发展带来巨大的损害,并造成人力和物力的大量浪费。"[②]可见,在发展市场经济的过程中,我们既要发挥政府干预的正面作用,又要减少其负面效应,要将权力装进制度的笼子。

市场监管是政府干预的重要手段,同时也是市场与政府职能的重要交叉点。合法有效地进行市场监管是促进经济快速、健康发展的重要保证,因此如何进行市场监管则成为目前探讨市场与政府关系的重要领域。但是,到目前为止,国内对于市场监管的定义仍然存在不同的见解,甚至有些学者在探讨市场监管时绕开定义问题,而直接就市场监管存在的相关问题进行探讨。当然,也有学者就市场监管的问题作出了定义:市场监督管理(市场监管)特指政府有关职能部门对市场运行的监督管理,也就是对市场主体及其所从事的市场活动或行为及市场经济关系进行的监督和管理,其目的主要是防止各种对社会公共利益、市场秩序和其他主体的合法权益构成损害的不正当行为出现,保证市场运行的秩序化和组织化,保证和促进国民经济的健康、有序发展。[③]该定义包含了市场监管的主要内容,即市场监管的目的、市场监管的对象、市场监管的客体等内容,总体而言较为全面,笔者认为比较可取。

就市场监管的内容而言,主要包含两个方面,即对市场主体准入的监管与对市场主体经营活动的监管。具体而言,又可以分为对市场主体的准入、退出的监管;对市场交易行为的监管;对市场竞争行为的监管以及对特殊领域市场行为的监管等方面。[④]对于市场主体的监管,首先是由法律确定市场主体的种类,如目前我国允许自然人、法人和其他企业参与市场活动;其次是关于各类市场主体参与市场活动的资格的规定及审查,规定符合何种条件或者取得何种资格的市场主体能够从事特定的市场活动;再次要规定市场主体的组织形式及责任承担形式,不同的市场主体类型有不同的组织形式,投资人承担责任大小也有所不同;

---

① 参见张守文:《经济法总论》,中国人民大学出版社 2009 年版,第 7 页。

② 《马克思恩格斯选集》第 4 卷,人民出版社 1995 年版,第 701 页。

③ 参见宋晶:《构建市场监督管理理论体系的思考》,载《首都经济贸易大学学报》2001 年第 3 期。

④ 参见金明路、叶航:《社会主义市场监督管理理论体系论纲》,载《浙江大学学报》(人文社会科学版)2000 年第 5 期。

最后还要规定市场主体的退出制度。关于市场主体的监管就是要从主体进入市场到退出市场的整个过程中,对其资质、条件等方面进行监管,以期减少交易中风险存在的可能性。对市场交易行为的监管是指监管部门应当对市场主体是否遵守市场交易行为进行监管,如对生产型企业而言,其是否遵守相应的产品质量标准,是否符合相应的环境要求,与相对人进行交易过程中是否符合交易法规等。市场监管机关还应对市场主体的竞争行为予以规制,因为从经济学的角度看,竞争不但促进分配效率(提供消费者愿意购买的产品或服务),提高生产效率(以最少资源和最低成本提供产品和服务),而且激励创新,因此使得消费者福利最大化。①因此,竞争促进效率,效率反作用于竞争,公平的竞争政策与竞争环境决定经济绩效,而市场主体对于竞争秩序的遵循则是经济增长的关键因素。但是,市场主体本身是天然的反竞争者,因此竞争秩序能否有效维持,便取决于公共机构监管职能是否行使到位。另外,市场监管机关还应对特殊领域的市场行为进行监管,比如食品安全问题是关系国民生活的重要领域,因此需要进行特殊监管,针对食品安全问题,我国专门制定了《食品安全法》,也设立了专门的食品监管机构;药品生产和销售同样涉及国计民生,因此国家对于药品的生产、销售、管理设置了更为严格的要求,制定了专门的《药品管理法》,并设立相应的药品监督管理机构;再如在金融领域,为了防范金融风险,国家也同样制定了各类金融法律法规,设立了专门的金融监管机构对金融市场进行监管,从而尽量降低金融风险发生的可能性,避免对国民经济增长造成损害。

因此,市场监督管理的内容非常丰富,市场监管机关的职责相对也比较多,根据市场监管模式的不同,可以分为综合监管模式和分散监管模式两种。具体哪个国家应该采用哪一种模式,要由各个国家根据本国不同的现实经济状况、社会状况以及历史发展的状况进行实际选择。目前,我国的市场监管机构中兼有部分综合性的监管模式和分散性的监管模式两种,仍然存在不少问题,市场监管中也存在着监管效率低下、监管不到位等情形。本文所探讨的“综合监管”这一理论,发源于管理学中的集成管理理论,即在组织行为学与科学监管理论的指引下,合理布局监管组织系统内部的机构、职能和人员等内部资源,充分利用科学技术、信息等智力资源,建立起“全过程”“集约化”的全新市场监管模式,使得市场监管机制达到高效、低耗、协调的运行状态,从而实现监管效能最大化的目标。相较于传统监管而言,综合监管具有协调监管资源、联动监管过程、聚合整体职

① 参见〔美〕欧内斯特·盖尔霍恩等:《反垄断法与经济学》,任勇等译,法律出版社2009年版,第47页。

能、均衡监管节奏、彰显刚柔并济五个方面的特征。[①] 应当指出的是,综合监管模式也并不是绝对的,有些市场具有全国性或者具有系统性,则不宜融合入单一的市场监管机构中来,比如金融市场不仅具有系统性,而且具有全国性,还具有很强的专业性和特殊性,这就不适合将其纳入一般市场的监管中来,否则会降低整个监管机构的监管效率,也无法实现有效监管。上海自贸区建立后,伴随着新制度的出现,需要在监管上有所创新,建立综合监管制度。

二、美国市场综合监管理论评述及美国市场监管立法脉络分析

美国的市场综合监管理论,最早可以追溯到美国《独立宣言》的撰写者托马斯·杰斐逊(1743—1826)的限制政府干预思想。他认为:"建立政府的唯一传统目的是为那些联合在政府之下的人民群众谋求最大程度的幸福。"[②]杰斐逊素来反对官僚制度,这是因为他感到官僚制度不仅是人民自由的大敌,而且也增加国家财政支出,从而增加人民的负担。他认为,政府干涉经济活动愈多,管理经济的机构就愈庞大,官僚机构势必加强,"我们的组织是否太繁复了,花钱是否太多了,官职和官员是否不必要地成倍增加了,有时损害了应由他们促进的工作"[③]。可见,他确是积极主张减少机构数量,缩小政府规模的。托马斯·杰斐逊的这一思想也为美国的市场综合监管理论奠定了基础。

美国市场综合监管理论的另一重要来源,是著名经济学家米尔顿·弗里德曼(1912—2006)的"自由选择"理论。弗里德曼在考察了现实中的政府之后提出,"政府失灵并不比市场失灵少"[④]。他主张追求经济自由和政治自由,并认为"政府干预使我们在经济上付出了很高的代价,对我们的经济自由强加的种种限制,使两个世纪以来的经济进步面临终止的危险。政府干预使我们在政治上也付出了很高的代价,它大大限制了我们的个人自由"[⑤]。弗里德曼经过调查研究得出结论:罗斯福新政之后,美国政府干预市场的步伐大大加快,1966—1976年之间,新成立的监管机构至少有21个,涵盖了环境、能源、产品等方面,同时用

---

① 参见周裕昌:《综合监管是新一轮工商行政管理改革创新的战略选择》,载《中国工商管理研究》2008年第6期。

② 〔美〕托马斯·杰斐逊:《杰斐逊选集》,朱曾汶译,商务印书馆2011年版,第607页。

③ 同上书,第325页。

④ 〔美〕米尔顿·弗里德曼、罗丝·弗里德曼:《自由选择》,张琦译,机械工业出版社2014年版,第31页。

⑤ 同上书,第4页。

于新老管制机构上的支出也出现迅猛增长。这一时期,就像美国历史上的进步主义时代和新政时代一样,充斥着要求国家在经济中扮演新的角色的呼声。[①]"各行业只能为满足政府日益烦琐而又广泛的各种要求而支付成本。在这些监管部门的干预之下,某些产品不准销售,或根本就不准生产。"[②]"政府控制和监管向资源协作的资本主义系统内强行注入外力。如同将一把把手塞进齿轮组,结果就是导致价格系统和竞争瘫痪,从而使整个分工失灵"[③]。至20世纪70年代,民众对于监管机关的信心越来越降低,越来越多的批评声音不断涌现。如理查德·波斯纳曾感慨:"有的机构做的好事甚至不如危害大,预算增加、人员增加,反过来却收到了更为糟糕的结果。"[④]与日益加强到市场监管上的政府机制相比,拥有良好竞争机制的市场将能更好地保护消费者。用《福布斯》总裁史蒂夫·福布斯的话来说就是:"自由市场才是符合道德的,而大政府则不符合。"[⑤]根据弗里德曼的"自由选择"理论,政府对市场进行干预,要受到自身的科学法则的约束,政府监管的不断扩大不符合追求自由的初始目标。正如拉塞尔·M.林登所说:"许多政府都应用了权力划分原则进行改革,以满足责任感……权力和功能分割的代价是巨大的,……首先,这种代价表现在政府项目的增加上,……其次,这种代价表现在管理人员为扩张势力范围而进行的你争我夺中,因为人事制度倡导的是,拥有更多的编制和预算就意味着拥有更大的势力范围。"[⑥]

美国是最早设立现代监管机构的国家,其赋予监管机构的国家公权力是相当宽泛的。[⑦] 美国的经济监管机构有维护公平竞争、保护消费者权益的联邦贸易委员会,监管电力市场的联邦电力委员会,对于电信通信实施监管的联邦通信委员会,对于食品、药品进行监管的食品药品监管局等。王名扬将美国的监管机构分为部内的独立机构、隶属于总统的独立机构和独立的控制委员会。[⑧] 美国

---

① See Marc Allen Eisner, Regulatory Politics in Transition, Baltimore, Maryland: Johns Hopkins University Press, 1933, p.118.

② 〔美〕米尔顿·弗里德曼、罗丝·弗里德曼:《自由选择》,张琦译,机械工业出版社2014年版,第195页。

③ 〔美〕亚龙·布鲁克、唐·沃特金斯:《自由市场革命》,启蒙编译所译,上海译文出版社2014年版,第214页。

④ Richard A. Posner, The Federal Trade Commission, Chicago Law Review, 1969, Vol.37.

⑤ 〔美〕史蒂夫·福布斯、伊丽莎白·艾姆斯:《重铸美国自由市场的灵魂》,段国圣译,华夏出版社2014年版,第3页。

⑥ 〔美〕拉塞尔·M.林登:《无缝隙政府》,汪大海、吴群芳等译,中国人民大学出版社2014年版,第34—35页。

⑦ 参见郭向军:《经济监管机构的法律地位》,中国金融出版社2013年版,第45页。

⑧ 参见王名扬:《美国行政法》(上),中国法制出版社2005年版,第171—172页。

的经济监管在一定程度上和阶段内促进了美国市场健康发展,但是"经济监管机构自身在发展中也出现了一些不容忽视的问题,如监管效率低、成本高、程序繁琐、阻碍竞争等,这些问题遭到了主张经济自由竞争学者的猛烈批评。"①许多美国国内的研究机构也对监管机构的改革、方案和监管过程提出了批评。在这样的背景下,美国开始了放松监管的改革。美国国会通过了诸多法律,支持放松经济监管,如《普通货物运输法》《有线电视解除管制法》《消费场所设施解除管制和增强服务法》等等。克林顿总统执政后进一步增强了经济监管机构之间的协调,以降低监管成本,并鼓励民众参与监管过程,以提高监管的民主性。②

由于本文之前确定的研究对象主要是商品市场的综合监管,故主要展开对于美国行政机构中的"部内独立机构"的食品药品监管局(Food and Drug Administration ,FDA)对于市场中食品和药品市场的监管历史发展情况的分析。FDA 为直属美国卫生和公共服务部管辖的联邦政府机构,其主要职能为负责对美国国内生产及进口的食品、膳食补充剂、药品、疫苗、生物医药制剂、血液制剂、医学设备、放射性设备、兽药和化妆品进行监督管理,同时也负责执行公共卫生条件及州际旅行和运输的检查、对于诸多产品中可能存在的疾病的控制等。该机构自1906 年《纯净食品和药品法案》得到通过后正式开始履行监管职能。美国的食品药品监管的发展脉络可以切分为四个阶段:一是监管建立时期(1906—1937)。从《纯净食品和药品法案》通过开始,这时的食品药品监管尽管还比较粗浅,但却是美国实施现代意义上的食品药品管制的先声。二是监管加强时期(1938—1961)。20 世纪 20 年代的美国食品药品市场乱象丛生,"任何人都可以在家中的厨房里生产药品,并拿到市场上销售。而且只要药品里不含毒品或者少数几种被公开禁用的毒药,他在生产药品的时候也不需要通过任何检查"③。1938 年《联邦食品、药品和化妆品法案》颁布生效,这之后的 FDA 从一个个案监管机构转变为一个实施全天候监管的现代监管机构。三是监管强化时期(1962—1987)。1962 年《柯弗瓦—哈里斯药品修正案》的通过使得 FDA 从一个只对单一事件作出反应的机构转变为一个主动监测新药开发的机构。④ 四是放松监管并加强智慧监管时期(1988—)。20 世纪六七十年代形成的各种政府强力监管对经济发展带来诸多影响,而且到 1990 年,FDA 的雇员总数超过了

① 郭向军:《经济监管机构的法律地位》,中国金融出版社 2013 年版,第 73 页。

② 同上书,第 74 页。

③ 〔美〕菲利普·希尔茨:《保护公众健康:美国食品药品百年监管历程》,姚明威译,中国水利水电出版社 2006 年版,第 70 页。

④ See Paul M. Wax, Elixirs, Diluents, and the Passage of the 1938 Federal, Food, Drug and Cosmetic Act, Annals of Internal Medicine, 1995, Vol. 122.

7800人,这一数字在1962年仅仅为1678人,以至于人们认为这个监管机构现在已经成为"FDA帝国"①。这使得里根政府执政后,很快提出了"放松监管"(Regulatory Relief)的施政理念。② 到20世纪末,美国开始建立覆盖全国的数据库③,提供免费信息热线供消费者使用,设立官网发布权威信息,启动医药观察项目(MedWatch),方便各类不良事件的查处。④

通过对于FDA及美国食品药品监管立法的历史脉络实证考察,可以看出,美国在不同的历史发展阶段,对于商品市场中食品药品的监管也经历了从无到有,从紧到松,从传统监管到综合信息化监管的历史过程。有关政府综合监管,美国一些经济学家认为,正是由于政府监管机构的不断扩大,职权不断延伸,对于市场主体而言,反而"冲淡了声誉的价值。……商人们的声誉被对监管者判断的依赖所代替。……由于没有污点的声誉不再是一个竞争优势,这意味着取得和维持声誉变得不再那么有吸引力"⑤,以此彰显减小政府监管机构,实施综合监管的重要性。

三、我国市场监管体制现状分析

由于历史的原因,自新中国成立后就借鉴苏联模式建立了计划经济体制,经济对口现象严重。改革开放后,我国逐步建立社会主义市场经济体制,计划经济的管理模式在发展中已经不再适应需求。政府主动学习借鉴发达国家监管经验,我国的市场监管体制是从计划经济管理体制中转变而来的一类组织体。⑥按照国家机关类型来区分,我国的市场监管机构可以分为三类:一是国务院组成部门,如国家发改委(执行价格监督检查职能)、环保部等;二是国务院直属机构,如国家工商总局、国家质检总局、国家食品药品监管总局等;三是国务院直属事业单位,如证监会、银监会等。⑦ 从监管对象、手段上区分,我国的市场监管机构可以分为:一是综合性市场监管部门,如工商行政管理局。工商局主要负责市场

① Peter Brimelow, Leslie Spencer, Food and Drugs and Politics, Forbes, 1993, Vol. 152, p. 116.

② 参见李丹阳:《当代中美药品监管比较研究》,人民出版社2013年版,第76页。

③ See Linda F. Golodner, The US Food and Drug Administration Modernization Act of 1997: Impact on Consumers, Clinical Therapeutics, 1998, Vol. 20, Supplement C, p. c25.

④ See Anonymous, Accessing the Food and Drug Administration: Telephone or Internet? Clinical Microbiology Newsletter, 2001, Vol. 23, No. 18, p. 146.

⑤ [美]亚龙·布鲁克、唐·沃特金斯:《自由市场革命》,启蒙编译所译,上海译文出版社2014年版,第231页。

⑥ 参见郭向军:《经济监管机构的法律地位》,中国金融出版社2013年版,第165页。

⑦ 参见《国务院关于机构设置的通知》(国发[2013]14号文)。

监督管理和行政执法的有关工作;负责各类企业、农民专业合作社和从事经营活动的单位、个人以及外国(地区)企业常驻代表机构等市场主体的登记注册并监督管理;承担依法规范和维护各类市场经营秩序的责任;承担监督管理流通领域商品质量和流通环节食品安全的责任;承担查处违法直销和传销案件的责任;负责垄断协议、滥用市场支配地位、滥用行政权力排除限制竞争方面的反垄断执法工作(价格垄断行为除外),依法查处不正当竞争、商业贿赂、走私贩私等经济违法行为等。① 二是专项市场监管部门,如物价局、食品药品监管局、质量监督局等。三是专业市场监管部门,如证监会等。四是兼有市场监督管理职能的其他政府部门。如发改委在行使其他职能的同时,也负责监督检查价格政策的执行情况,依法查处价格违法和价格垄断行为。商务部在履行外资、外贸、外援、经济合作工作的同时,也承担牵头协调整顿和规范市场经济秩序工作的责任,按有关规定对特殊流通行业进行监督管理;承担组织实施重要消费品市场调控和重要生产资料流通管理的责任;负责研究拟订药品流通行业发展的规划、政策和相关标准,推进药品流通行业结构调整,指导药品流通企业改革,推动现代药品流通方式的发展。

我国现有的市场监管体系受到诸多诟病,存在着监管主体多元、职能交叉、信息壁垒、效率低下等诸多方面的问题,如对于市场准入事项的监管,既有涉及商务部门(对于开办市场等事项)的准入监管,又有涉及工商部门的登记监管,还有质检总局的机构代码统一监管。“这种‘九龙治水’的分权架构不仅没有起到互相制衡的作用,反而在一定程度上加大了监管成本,降低了监管效率,同时导致争功诿过、执法责任不明确的法律后果。”②正如有学者所言:“我们经过了60年的艰苦探索,在某种程度上讲还没有完成现代化国家的建设过程。而胸怀全球、立足本土的监管制度建设,正是我们现代国家建设的一个部分。”③

以下着重对商品市场监管现状进行分析。现行商品市场监管体制中的问题主要有:(1) 市场监管法律法规不够健全。从表面上看,有监管市场准入退出的法律,有维护消费者权益的法律等,但是存在着与实际管理工作不相符的特点。从地方立法上看,很多地方性法规还具有一种地方保护主义的倾向。从行政规章上看,有些还具有一定的滞后性。这一切导致市场监管活动的法制化程度不高。(2) 监管机构繁多、规模庞大。由于我国的市场监管机构设置过多、规模庞

---

① 资料来源:国家工商总局网站,http://www.saic.gov.cn/zzjg/zyzz/,2014 年 9 月 10 日访问。

② 卢炯星:《政府职能转变与市场准入监管法存在的问题及对策研究》,载顾功耘主编:《市场监管法律制度的改革与完善》,北京大学出版社 2014 年版,第 25 页。

③ 高世楫:《OECD 国家监管改革历程和启示》,载吴敬琏主编:《比较》(第 35 辑),中信出版社 2008 年版,第 105 页。

大、分工不明、权责不清，其结果必然造成市场监管供给的"过剩"或"稀缺"，导致市场秩序的失衡，而且往往人为地使财政支出增加，进而诱发税收和国债的增加，促使社会资金使用率下降，最终降低了资源配置的效率。这对政府、社会来说都是一种效率的损失。[①] 这主要是由于从计划经济向市场经济转变过程中，因事设岗甚至因人设岗的错误思想指导而产生了诸多的监管部门和机构。再加上我国根深蒂固的"对口"原则，"上级设置什么机构，下级也被要求'对口'设置相应机构。这种'对口'做法仅是从主管部门便于管理的角度出发，而不是从市场需要出发"[②]。(3) 监管机构权责不清、界限不明，相同事项多头管理、职能交叉。如在食品监管领域，就要由农业部、国家质检总局、国家工商总局、卫生部、国家食品药品监管总局以及国家标准化委员会等部门，按照一个环节一个部门负责的原则共同监管。权力的分割固然能使监管职责不断细化和明晰，但却没有解决重复监管和无人监管的问题，同时还可能引发新的监管问题。分权公治模式的根本特点是，权力被分散而无法形成绝对的权威管理。[③] (4) 监管效率不高，行事拖沓。例如，跨国制药企业由于中国市场监管审批效率低下，无法将国际上的创新药品及时推向中国市场。[④] (5) 监管人员专业素养不足，监管专业人员欠缺。"中国目前监管机构的大部分人员来自原有的部委，专业性不足。"[⑤]既存在出现"监管俘获"[⑥]的风险，又会导致监管机构的管理者不具备专业思维，而是"在惯性思维的作用下使用行政管理手段取代专业监管手段，影响监管的整体成效"[⑦]。(6) 监管机构外部的监督机制不健全。处于监管者地位的监管机构由于各种原因，无法总是保持最公正、最有效和最准确的监管。这主要是基于"四个理论假设：第一，监管者不可能什么都知道；第二，监管者不可能任何时候都公正；第三，监管者不可能永远兑现它的承诺；第四，监管者也有很强的利益动机"[⑧]。总之，现有的市场监管机构立法不足、规模庞大、效率不高、人

---

① 参见金明路、李恒年：《论市场监督管理体制改革》，载《商业经济与管理》2002 年第 9 期。

② 王林昌等：《关于市场监督管理体制的建构》，载《武汉大学学报》(人文社会科学版) 2000 年第 5 期，第 681 页。

③ 参见颜海娜：《食品安全监管部门间关系研究——交易费用理论的视角》，中国社会科学出版社 2010 年版，第 137—139 页。

④ 参见萧何：《跨国药企：审批效率低下困扰中国医药市场》，http://finance.qq.com/a/20141111/046231.htm，2014 年 11 月 23 日访问。

⑤ 郭向军：《经济监管机构的法律地位》，中国金融出版社 2013 年版，第 172 页。

⑥ 监管俘获的含义是：政府监管建立初期，机构能独立运用权力公平监管，但在被监管者与监管者长期共存的过程中，监管机构逐渐被被监管对象通过各种手段和方法所俘虏，导致监管机构最终为产业所控制，沦为帮少数利益集团谋求超额利润的工具，结果损害了真正守法者的利益，导致监管行业不公平，降低整体经济效率。

⑦ 郭向军：《经济监管机构的法律地位》，中国金融出版社 2013 年版，第 172—173 页。

⑧ 吴弘、胡伟：《市场监管法论》，北京大学出版社 2006 年版，第 72 页。

手不专、监督不够,有限的机构改革也不能完全克服系统的缺陷,结果会陷入“缩小了又膨胀,压缩了又扩张”的怪圈。

中国的立法者和政策制定者已经开始意识到市场监管体制的这些问题,并正致力于颁布有关综合监管的政策性文件,巩固综合监管的法律基础,为实施市场综合监管提供了诸多的法律和理论依据。2008 年的大部制改革即开始提出综合监管理念,至十八大报告再次提及大部制,要求稳步推进大部制改革,健全部门职责体系。十八届三中全会发布的《中共中央关于全面深化改革若干重大问题的决定》中提到,“改革市场监管体系,实行统一的市场监管”。十八届四中全会发布的《中共中央关于全面推进依法治国若干重大问题的决定》中提出:“推进综合执法,大幅减少市县两级政府执法队伍种类,重点在食品药品安全、工商质检……等领域内推行综合执法,有条件的领域可以推行跨部门综合执法。”2014 年 6 月,国务院又提出“加快县级政府市场监管体制改革,探索综合设置市场监管机构,原则上不另设执法队伍”①。

在一系列综合监管的理论支撑和国家政策文件的支持下,我国开始出现市场综合监管的一系列试点。例如,“将原食品安全办、原食品药品监管部门、工商行政管理部门、质量技术监督部门的食品安全监管和药品管理职能进行整合,组建食品药品监督管理机构,对食品药品实行集中统一监管”②。整合统一的食品药品监管体系是商品市场综合监管的重要一步。在此之后,从 2013 年末开始,全国一些地方在不同层面开始整合工商、质监和食药监的机构和职能,推进统一市场监管体系,其中以深圳、浙江、安徽、天津、上海浦东等省(市、区)为代表。最具典型性的是以深圳、浙江和天津三地为代表的市场监管体制改革模式。

第一,“纺锤型”的深圳模式。深圳市组建市场和质量监督管理委员会,成为纺锤的上尖角,当中设立三个机构,分别是市场监督管理局、食品药品监督管理局和市场监督稽查局,这三个局成为纺锤的中段,而在街道设市场监督管理所作为派出机构,成为纺锤的下尖角。第二,“倒金字塔型”的浙江模式。浙江在县级层面整合工商、质监和食药监组建市场监督管理局,而省级机构设置保持不变,形成基层统一、上层分离的结构。第三,“圆柱型”的天津模式。天津从省级层面到区、街道全部实现三局合一,形成垂直管理的统一市场监管模式。

笔者经过调研发现,市场监管局的成立是实施市场综合监管的有益尝试,但是目前仍然存在一定问题:一是工商局的监管执法队伍对于原本脆弱的质监、食药监的监管力量构成了有力的补充,但是由于在这次改革中实际上是“工商主

---

① 《国务院关于促进市场公平竞争维护市场正常秩序的若干意见》(国发[2014]20 号文)。
② 《国务院关于地方改革完善食品药品监督管理体制的指导意见》(国发[2013]18 号文)。

动,食药监被动,质监静观其动”,原有的工商执法队伍如果沿袭以前的工商监管执法模式,会陷入无从下手、无力穷尽、无效循环的监管无底洞之中。二是由于工商执法队伍对于食药监等领域的专业性知识掌握不足,对于食品药品专业领域监管的现状,用通俗的话来说就是“既要靠党组,又要靠佛祖;平时主要靠党组,关键时刻还得靠佛祖”。

斯蒂格利茨在考察了关于政府作用的思想沿革之后,认为直到20世纪80年代末期,人们才普遍认识到计划与政府干预自身都不可能促进经济的发展。市场是经济增长的引擎,政府只承担极为有限的矫正市场失灵的任务,而目前公共部门在改善其绩效方面仍然大有可为。① 无论国内的一些城市试点最终是成功还是失败,相较于目前的监管体系而言,综合监管还是可以体现如下几方面的优势:

(1) 综合监管模式有利于统一监管目标,统一执法。不同的监管机构在执法过程中有不同的执法利益和执法价值,因此执法过程与执法的把握程度也有所不同,导致执法效果差异。综合监管有利于统一监管目标,进而统一执法程序、执法手段,提高市场主体对于市场行为的结果的确定性,有利于提高市场主体参与交易的积极性,提高经济效益。

(2) 综合监管模式有利于减少机构设置成本,实现规模经济效应。根据市场需求设置监管机关,打破部门对口负责的体制,在生产流通市场和消费品市场建立统一的监管机关。将原来分属于各部门的职权进行整合,减少因设置多个监管部门的人力、财力和物力问题,节约市场监管成本,体现大监管机构的规模效应。

(3) 有利于避免多头监管、重复监管、监管真空问题。有个非常形象的案例,就是“四个部门管不了一棵豆芽”。沈阳、济南等多地曾曝出可以使人致癌的“问题豆芽”。针对“毒豆芽”究竟该如何监管,记者询问了济南市农业、质监、工商、食品药品监督等多个部门。相关负责人表示,由于豆芽属于分段监管食品,断定责任出在哪个环节存在一定困难,因此很难找到明确的监管单位。从监管的领域看,国家的规定比较明确,但实际操作却难以明晰:黄豆在地里的时候由农业部门管;到了加工环节,把黄豆加工成豆芽的时候,由质监部门管;出售到市场上以后,属于工商管;进入餐饮环节以后,属于食品药品监督部门管。如果其中出现责任模糊不清的情况,就需要多个部门综合协调进行监管。②正是这种

---

① 参见〔美〕约瑟夫·斯蒂格利茨:《发展与发展政策》,纪沫等译,中国金融出版社2009年版,第425—436页。

② 参见任志方、马云云:《四个部门管不了一棵豆芽》,http://epaper.qlwb.com.cn/html/2011-05/05/content_122045.htm? div=0,2014年9月10日访问。

“官本位”的思路导致了多头监管体制的存在,而多头监管、分段监管的存在难免导致监管上的真空。许多地方还出现重复监管,一旦出现问题,又找不到相应的责任机构。综合监管有利于解决这些问题。将监管部门的监管职能予以整合,一方面监管部门将难辞其咎;另一方面,部门内的协调较之于部门间的协调更为容易,也更为有效。

(4) 明确监管责任,提高监管效率。逃避、推诿监管责任是多头监管、多部门监管的必然结果,综合监管模式则有利于明确责任。如上海市政府将原上海市工商行政管理局浦东新区分局的职责、原上海市浦东新区质量技术监督局的职责、原上海市食品药品监督管理局浦东新区分局的职责划入新成立的上海市浦东新区市场监督管理局,这种举措就有利于整合监管,同时也有利于明确责任。责任的加强会推动政府部门严格执法、高效执法、透明执法,从而提高监管效率和有效性。

成立上海自贸区是党中央、国务院的重大决策,也是对于党的十八大精神的深刻贯彻,更是新形势下推进经济发展和扩大改革开放的必然要求。监管方式的改革是自贸区改革的重要内容,在自贸区试行综合监管具有重要意义,因为自贸区内关于原先部门利益的争端比较少,只要克服相关制度障碍,便能较为简要地进行体制改革。因此,鉴于市场对于综合监管的需求,有必要在自贸区内试行综合监管工作。

四、上海自贸区内建立综合监管体系的必要性分析

1. 综合监管体系具备三种功能,是解决自贸区市场监管问题的有力武器

综合监管在市场经济体制中发挥着重要作用,具备如下三种功能:一是集成功能。综合监管体制集成了分散监管体制下多个部门机构的监管职能,集成了原有部门机构的资源、力量和规则。自贸区属于相对独立的监管区域,如果依旧拷贝国内其他区域的市场监管格局,势必造成“小区域、大政府”的不利状况,既与当前形势不符,又会带来自贸区市场监管上的困局。二是维护功能。在现有的市场机制环境下,唯有市场综合监管方能改变现有分散监管的多头负责、界限不清、信息不通、各自为政的监管乱象,维护正常的社会主义市场经济秩序。上海自贸区肩负着为市场经济发展提供可复制、可推广经验的重要任务,实施市场综合监管将是自贸区的必然选择。三是发展功能。经济社会是不断变化发展的,市场监管机构也应该有相应的发展变化,才能适应市场经济的发展程度和趋势。在上海自贸区这一先行先试的区域实施市场综合监管,调整工作机制,完善行政架构,改善监管行为和方法,正是行政体制跟随市场经济发展的要求的体

现,同时也是促进综合监管机构和监管人员自身进步完善的重要手段。

2. 在上海自贸区内实施综合监管具有现实意义上的必要性

(1) 实施综合监管是市场在资源配置中起决定性作用的使命召唤。就政府与市场二者之间的关系而言,首先政府的价值目标重公平,市场的价值目标重效率,它们有各自的职能领域。经济学家斯蒂格利茨就认为,发达的市场与强大的政府是不矛盾的。其次,政府与市场之间是一种合作互补型的关系,市场侧重经济发展的微观层面,而政府侧重于宏观层面,二者的作用是相辅相成的。最后,政府与市场这两只手共同构成推动经济发展的两大动力源泉。在这二者之中,市场这只看不见的手所起的作用是决定性的,而政府这只看得见的手是辅助性的。正确处理政府、市场二者关系,现阶段更要求使政府这只有形的手在监管职能上做到偏位的正位,缺位的补位,越位的归位;充分发挥市场的决定性作用,增加市场的自由度,减少政府的监管机构,实施综合监管。

(2) 实施综合监管是改变目前市场各自为政、分散监管的"多龙难治水"现状的需要。现有监管机构普遍存在权责不对称、信息不共享、规划不统一等现状,这一现状与现在通行的国际监管理论格格不入。美国时任总统克林顿、英国时任首相布莱尔等曾提出"less government, more governance",翻译过来是"少一些统治,多一些治理",意即用更少的管理手段和机构,达到更好的治理状态和效果。实施综合监管也是从根本上改变我国目前分散监管的不利现状的重要手段。上海自贸区要有所突破、有所创新,便不能继续墨守成规。

(3) 实施综合监管是降低监管成本、提高监管效率的必然选择。经济学中的"交易成本"理论同样可以用于分析市场综合监管。该理论由诺贝尔经济学奖获得者科斯(Ronald H. Coase)提出①。所谓交易成本(Transaction Cost),就是在一定的社会关系中,人们自愿交往、彼此合作达成交易所支付的成本。按照科斯本人的说法,"实际上,政府就是一个超级企业","政府行政机制本身并非不要成本……它的成本大得惊人"②。"在各自为政决策的前提下,政府管理机制的运行成本和转变成新制度的成本会提高。"③可见政府对于市场的监管同样可以套用"交易成本"理论。根据对政府实施市场监管时搜寻监管对象信息的搜寻成本、取得监管对象信息的信息成本、决定何时采取何种监管动作时的决策成本、监督成本、监管执行成本等的综合分析,完全可以得出实施综合监管方为降低政府监管成本最佳选择的结论。

---

① See Ronald H. Coase, The Nature of the Firm, Economica, 1937, Vol. 4.

② Ronald H. Coase, The Problem of Social Cost, Journal of Law & Economics, 1960, Vol. 3.

③ 〔美〕罗纳德·H. 科斯:《论生产的制度结构》,盛洪等译,上海三联书店 1994 年版,第 190—191 页。

五、上海自贸区综合监管体系建立的基本要求

1. 指导思想

以有效监管为导向,以专业监管为中心环节,以机构整合为基本模式,以形成整体功能为根本要求,突出政府职能转变和行政审批制度改革,科学确定各业务功能模块定位,合理划分监管事权,优化整合管理资源,逐步建立起分工明确、衔接紧密、优势互补、运作协调、有效监管和高效运作有机统一的综合监管体系。

2. 总体原则

(1) 整体性原则。综合监管体系强调的是要从整体上发挥作用,这就必然要求体系内的各种要素保持完整。首先,体系活动的主体构建必须确保完整,既要有高效的指挥协调机关,又要有合理分工的负责执行的职能部门;其次,体系内的各项制度和规章必须完备,没有规矩不成方圆,制度规章是综合监管体系整体运作的重要保障;最后,体系内主体均要具备相同的认知,所有部门心往一处想、力往一处使,如此方能确保综合监管的有效性。

(2) 权威性原则。市场综合监管机构要有足够的条件和手段作出令人信服并必须执行的处理决定。“管理者没有权威,职能就不能到位,管理目标也就难以实现。”①为了保障综合监管得到切实有效的贯彻,必须确保综合监管机构的权威。

(3) 协调性原则。要确保监管机构内体系要素协调和谐、分工明确。突出综合设置和精专管理统一原则,同时以有效监管为导向,沟通上下、联系左右、协调四方、衔接内外,形成有利于监管功能发挥的合力。统筹考虑综合执法队伍、市场监管部门的职责分工,保持专业性强、标准化程度高的专业机构和队伍的相对独立性,原则上市场监管部门承担日常综合性监管执法职责,综合执法队伍承担专业性监管执法职责。

(4) 严密性原则。根据建立市场综合监管体系的要求,熟悉监管体系外围的各种情况,考虑到各种可能存在的风险,组织得当的力量配比和监管模式,尽全力减少监管机构的制度性漏洞。既要借助综合监管机构内部监督机制,同时结合发挥监管机构外部的社会力量作用,在机构运行中,还要能够及时发现并消除体系上存在的不足与问题,始终确保综合监管体制的严密性。

(5) 适应性原则。在市场综合监管体制的外部环境发生变化之后,市场综

---

① 《市场统一监管问题研究》课题组:《市场监督管理体制研究》,http://www.cnki.net,2014 年 10 月 24 日访问。

合监管体系要能及时作出行动,即作出合理的判断和应急处理,准确调整内部力量的配比和安排,确保市场综合监管体系始终处于高效和健康的运行状态。

3. 基本框架

构建综合监管体系的基本框架,总体应包括以下内容:

(1) 确定"有效监管"为市场综合监管体系中各组成部分均应遵守的理念,明确综合监管这一基本模式。建立健全决策指挥系统,对各主体的层次和职能划分进行统一安排,经过整合,力求形成高效、快速、完善、健全的决策和执行机制。

(2) 建立健全满足市场综合监管体系协调运转的保障性机制。加强市场综合监管的信息化程度,充分发挥科技在市场综合监管中的重要作用,打造"智慧监管";完善执法内控和监督体制,促进执法质量的提升,建设内部和外部双重监控的长效机制;建立市场综合监管的绩效评估体制,保障市场综合监管各项制度与措施能够得以有效落实;还要积极构建市场综合监管外部的各种协作机制。

(3) 实现职能整合,努力实现市场准入服务、市场监管执法、公众诉求处置和内部运行机制的一体化。要着力构建"大窗口、大登记、大服务"的窗口工作新格局,整合集成各项网上审批业务、信息公开查询业务等相关窗口模块,最终实现各项服务的一站式办理。同时,需要重新整合原有部门的行政执法资源,实现行政执法办案统一化,将监管与执法、执法与技术支撑紧密配合,以利于法律的有效实施。作为配套,还应该整合构建服务高效的咨询举报申诉平台,归并原有的各类热线电话,共用一个信息平台,统一接收、分派咨询举报申诉等各类公众诉求信息。实现综合监管之后,市场监管局机关、监管执法队伍、基层市场监管所等单位各司其职,局机关承担市场准入和专业性监管职能,执法队伍承担集中执法和专业执法职能,市场监管所承担日常综合监管和执法工作,在最大限度上优化行政运行机制,方便群众和企业办事,提高公共服务效率。

六、上海自贸区综合监管的路径选择

推进综合监管制度的建立健全是上海自贸区试验的重点内容之一。建立市场综合监管制度的核心内容是创新政府监管方式,减少行政的审批事项,将政府管理的重心由事前审批改变为事中、事后审批。市场综合监管制度既是自贸区的各个先行先试事项成功与否的前提,同时也是自贸区可复制、可推广经验的重要组成部分。对于上海自贸区综合监管的路径选择,笔者认为应遵循如下思路:

(1) 树立逐步放松政府市场监管的理念。现代政府市场监管的理念要求逐步放松政府管制,尤其是要放松政府对市场交易的经济管制。[①]“解除经济管制具有政治上的吸引力,就是因为这种做法给予政策制定者一个机会去用一种不涉及通过牺牲来控制通货膨胀的方法。确实,减少经济管制将会削减生产和就业方面的成本和障碍。”[②]

(2) 提倡从法治到善治的公共治理理念。所谓“善治”,就是使公共利益最大化的过程。[③] 善治的本质特征在于,它是政府与公民对社会生活的合作管理,是政治国家与公民社会的一种新型关系,是两者结合的最佳状态。善治的基本特性即人性化和以人为本,在市场监管领域要实现人本化的管理。[④]

(3) 整合市场综合监管法律资源,健全上海自贸区市场综合监管法律体系。市场综合监管法律体系是监管制度最核心的构成要素,它不仅对监管对象设置监管标准和行为底线,也规范着监管者的权力种类、权力大小、权力运用程序。[⑤]要改变目前监管法律体系层级低、部分规范之间存在冲突、存在法律规范盲区等现状。自贸区的市场综合监管体系创新要把全面规范自贸区法律体系作为基础,涵盖人才、生产因素移动、技术等方面的限制和法规的突破,在最短时间内构建成完备的“自贸区法律保障体系”。首先,要透过行政法规来松绑解除各项限制。其次,要提升上海自贸区的法制化建设水平,确立政府放权行为的持续性,逐步建立与自贸区适应的各项管理制度。最后,要结合各监管机构在区域内实行的创新制度和成功监管经验,出台与市场综合监管机构运行相适应的各项规范,如《上海自贸区海关监管条例》等。

(4) 在自贸区内合理建立若干分类统一、权威高效的综合性监管机构。“政府整个来说只是一个手段,手段的适当性必须依赖于它的目的性。”[⑥]理念的具体实现手段,就是建立综合监管体制。在改革中我们更强调非正式的规范和价值的革新,所有公共部门在最终形成共识基础上的制度化,而非单纯行政命令式的组织设计。[⑦] 根据现今的部分综合监管试点,工商、质监、食药监和价格监

---

① 参见李礼:《西方国家市场监管职能变革及其启示》,载《青岛行政学院学报》2009 年第 4 期,第 27 页。

② 〔美〕默里·韦登鲍姆:《全球市场中的企业与政府》,张兆安译,上海人民出版社 2006 年版,第 181 页。

③ 参见平娜等:《市场监管法律制度理论研究综述》,载顾功耘主编:《市场监管法律制度的改革与完善》,北京大学出版社 2014 年版,第 368 页。

④ 参见杨松:《公共治理视野下的市场监管边界和监管方式》,载《商场现代化》2008 年第 11 期。

⑤ 参见吴弘、胡伟:《市场监管法论》,北京大学出版社 2007 年版,第 57 页。

⑥ Perri 6, Joined-Up Government in the Western World in Comparative Perspective: A Preliminary Literature Review and Exploration, Journal of Public Administration Research and Theory, 2004, Vol. 14.

⑦ See Tom Christensen, Per Lægreid, The Whole-of-Government Approach to Public Sector Reform, Public Administration Review, 2007.

督(原发展改革委(物价局)的权限)的合而为一是可取的思路。但是,将所有的监管职能统统装进一个部门里,这种所谓的一体监管、独门监管的思路则是不可取的。混合了所有市场监管职能的独门监管最终导致的必然结果就是一事无成。所以,市场综合监管部门的设置应当按照合理分类的逻辑思路,确定相对符合逻辑的区间来匹配综合监管的权力布局,而不能贪大求快,追求一蹴而就。

(5) 科学合理配比自贸区市场综合监管力量,营建有效的监管机制。目前我国的监管力量配置侧重于现场监管,前期管理和后续管理相对较弱,属于传统的两头轻、中间重的“橄榄型”监管链条。然而,监管的理论和实践都已证明,现代西方国家的两头重、中间轻的“哑铃型”监管链条作为力量配置来说更为贴合实际并合理。“监管艺术的本质在于挑选合适的工具用于工作,知道什么时候将这些工具一起使用,并能够判断这些工具什么时候不足以完成工作而必须开发新的工具。”[①]前期监管中加大法律、法规的建设比重,提升风险管理实体化运行质量,才是上海自贸区的正确选择。

(6) 保持自贸区市场综合监管机构的相对独立性。要从体制、经费、人事保障上确保综合监管机构的相对独立性。“政府监管机构就是独立监管机构的同义语。”[②]要排除综合监管机构受到政治高层及同级政府的影响,防止监管官员可能会因对其政治前途的考虑而放弃独立监管的职责。[③] 对于上海自贸区来说,新型监管区域的建立,对于保证综合监管机构的相对独立,既有优势,又有挑战。优势在于没有固有的多层多级监管体制的限制,而挑战在于上级政府的过多关注,各个部门的目光聚焦,又容易形成保护过度的“溺爱”状态。

(7) 借鉴引入“安全港”理念,推崇“企业自律”的诚信监管体系,实行自贸区企业信用制度。以受监管企业高度自律为核心,以监管者与被监管者的相互信赖为基础,减少被监管主体的守法负担,同时启用信用分级制度,打造诚信为本的分类风险管理机制。具体而言,主要包含以下几个方面:1)建立信用分级制度,成立统一的信用中心,对不同企业的信用度进行评估,对于自律监管不力的企业进行负面事项登记入信誉档案,对于违反监管自律条款的行为实施有效的公示曝光;2) 允许具备一定规模、拥有一定风险管控条件的企业,与监管机构共同签署书面的自律条款,明确被监管企业的自律责任;3) 对于从事高风险业务的企业,要实行担保管理制度,借助第三方担保和保证金等形式实行有效的综合监管。

---

① 〔美〕斯帕罗:《监管的艺术》,周道许译,中国金融出版社2006年版,第11页。

② 马英娟:《政府监管机构研究》,北京大学出版社2007年版,第33页。

③ 参见郭向军:《经济监管机构的法律地位》,中国金融出版社2013年版,第172页。

(8) 在自贸区以信息化和智能化为基本手段,推进市场综合监管的现代化、信息化建设,打造自贸区智慧监管。因为“行政现代化要充分运用信息技术,……电子政务的应用,为这些方面的行政现代化提供了充分的技术保障”①。科学、高效的市场综合监管绝对离不开高度的信息化和智能化的支撑。首先,应该建立自贸区监管信息共享的长效机制。充分利用自贸区是新兴管理区域的后发优势,打通政策障碍,确保分散在各个不同单元的监管对象信息能够及时有效地汇总于市场综合监管部门之中。其次,在自贸区内整合信息系统,整合后的系统内容应涵盖注册备案、行政许可等市场准入事项,正常监管、应急管理、监管执法等日常监管事项,还要包括信用评级等企业信誉公示事项。要建立能够打通工商、质检、物价、海关等各单位的信息共享平台。最后,要建立企业的动态数据库,实时记载被监管主体的企业经营情况,通过公示曝光制度,有效地防止企业违规经营、不法经营。

(9) 注重提高综合监管队伍人员素质,适应不断发展的形势变化需要。要不断提高市场监管人员的专业性和技术性,不断增强专业人员在监管人员中的配比,同时注重将原来的部分监管机构中工作的“专才”培养成精通多项专业技术、具备综合监管执法能力的“通才”,这也是时代发展的必然要求。调研过程中,我们时常会听到这样的抱怨:“我们工商执法队伍怎么会懂得药品监管呢?”“综合监管完全是不考虑人员专业配比实际的拍脑袋决策。”乍一听可能觉得这些抱怨很有道理,可是细细一想,时代在变化,知识结构在发展,如果你永远只是将自己的知识摄取停留在所谓的原有“本职工作”的范畴内,又怎能不被迅速发展的时势所淘汰?“随着时间的变化,多面手的、要求同时具备多项技能的职位已经代替了狭窄的、封闭的、刻板定义的职位……(这个时代)正在用通才取代专才,用职能交叉的工作团队取代在职能单一的孤立的部门工作的个体。”②要严格执行综合监管机构人员的优胜劣汰机制,“往往是在少量行政人员被开除的情况下,公民对行政监管机构的公正性、合理性的信任感就会增强”③。

(10) 以体系内业务制约为辅,以体系外监督为主,健全完善立体型惩治和预防腐败功能。孟德斯鸠说:“一切有权力的人都容易滥用权力,这是万古不易的一条经验,有权力的人们使用权力一直到遇有界限的地方才休止。”④综合监

① Perri 6, Holistic Government, London: Demos, 1997.

② 〔美〕拉塞尔·M. 林登:《无缝隙政府》,汪大海、吴群芳等译,中国人民大学出版社 2014 年版,第 15—16 页。

③ Roger C. Cramton, Judicial Law-making and Administration, Public Administration Review, 1976, Vol. 36.

④ 〔法〕孟德斯鸠:《论法的精神》(上册),张雁深译,商务印书馆 1982 年版,第 156 页。

管体系建设在设计时应当充分考虑到廉政风险，在权力配置时，应防止权力过于集中于某一部门或某一岗位，并使各部门保持互相制约的状态。但权力过于细分的结果，又会带来效率的下降，因此必须在分权与效率之间取得一个平衡点，从而保证业务制约在防止腐败方面的功能最大化。但也必须看到体系内业务制约在防止廉政问题方面的作用是有限的，最有效的防止腐败的手段还是体系外的监管，要逐步完善再监管制度，对监管者实施再次的监管。① 应设法强化预防作用和惩处作用，使体系内外的监督相互结合，形成立体监督，使综合监管行为阳光化和公开化。

（11）发展行业协会参与市场综合监管。发展行业协会这一市场主体参与市场综合监管，可以弥补政府监管的局限性，且行业协会进行市场监管的优越性更是其参与市场综合监管的根本原因。②“要使国家和被管辖者免受主管机关”及其官吏滥用职权的危害，一方面直接有赖于主管机关及其官吏的等级制和责任心，另一方面又有赖于自治团体、同业公会的权能，因为这种权能自然而然地防止官吏在其担负的职权中夹杂主观的任性，并以自下的监督补足自上的监督无法顾及官吏每一细小行为的缺陷。③

（12）公开市场综合监管信息，增加透明度。要完善各项综合监管工作的公开制度，保障人民群众的知情权、监督权。将市场综合监管的政府信息公开，可以让更多的人共同维护市场秩序，降低监管成本，也起到了对于遵守市场秩序的教育作用。

---

① 参见吴弘、胡伟：《市场监管法论》，北京大学出版社 2006 年版，第 72 页。

② 参见罗艳辉：《论行业协会参与市场监管的法律困境与路径选择》，载顾功耘主编：《市场监管法律制度的改革与完善》，北京大学出版社 2014 年版，第 128 页。

③ 参见〔德〕黑格尔：《法哲学原理》，范扬、张企泰译，商务印书馆 1961 年版，第 313 页。

论政府金融监管权之边界

姜　宇*

《中共中央关于全面深化改革若干重大问题的决定》要求“强化权力运行制约和监督体系”,政府金融监管权亦不例外。金融业作为现代经济之核心驱动力,政府公权力介入尤应慎重,对其控制尤显重要;同时,金融市场之健康发展亦有赖于政府之适当监管,故监管权之授予必须充分。那么,立法如何在控权与授权间达至平衡呢?笔者认为,应为政府金融监管权划定边界,以期其可达良好效果而不逾法治之义。

一、政府金融监管权与行政权控制理论

政府金融监管权乃政府依法对金融市场主体及其金融活动进行限制和约束之权力,①属国家公权力之列,进言之,乃为行政权。故,论及政府金融监管权之边界,必涉行政权控制理论。行政权控制一者来自宪法,一者来自行政法。宪法是控制国家公权之法,行政权自不例外,而行政法乃宪法于行政领域之延伸,本质亦为控权法。此正如英国行政法鼻祖威廉·韦德爵士所言:“行政法定义的第一个含义就是它是关于控制政府权力的法。无论如何,这是此学科的核心。”②据行政法理论,政府权力,即行政权须以法律授权为前提,此即法律保留原则。德国行政法教父奥托·迈耶认为行政权不同于司法权,其拥有不依附于法律的“自有力量”,故须以法律保留原则对行政在特定范围内的“自行作用”进

---

* 姜宇,华东政法大学2013级经济法学博士研究生。本文系华东政法大学博士生海外调研项目成果。

① 参见顾功耘主编:《经济法教程》(第三版),上海人民出版社、北京大学出版社2013年版,第716页。

② 〔英〕威廉·韦德:《行政法》,楚建、徐炳译,中国大百科全书出版社1997年版,第5页。

行排除。[①] 虽然奥托·迈耶所谓"特定范围",或言"法律保留原则的范围"限于"干涉行政",但随着行政法的发展,现已扩及"给付行政",也就是说,任何行政行为必须恪守"法无明文授权即禁止"的原则。[②] 奥托·迈耶所论法律保留原则是基于议会民主原则和法治国家原则的衍发,[③]在形式上划清了政府权力的边界,即政府须在议会法律的授权范围内行政,超出则越界。由于议会是各个利益集团博弈之场域,其决议乃为社会各方制衡之结果,故行政权严格行于议会之法律授权范围内方谓正当,此则形成一个看似完美的权力控制链条,即议会通过博弈制衡立法,政府严格执法,司法部门通过救济权利维护此控权链条。以此逻辑继续推论,政府金融监管权作为行政权,其权力边界须经议会立法博弈而划定。

如此,则会引发一个问题:议会应在多大范围内授权?笔者认为,若从严格的议会民主原则和法治国家原则出发,议会的授权范围应尽可能小,授权内容应尽可能细致具体,以最大程度地限缩行政裁量权的范围,如此,议会方可充分控制行政权,或言议会之强力控权。此正如19世纪英国法学家戴雪所言:"广泛之自由裁量权与法治原则相悖。"[④]

但笔者也意识到了19世纪之社会与今时之世界相差迥异,有此论断非为不当。在19世纪或更早以前,受古典自由主义经济学派的影响,政府行为被严格排除于市场之外,当然,以当时之经济水平亦确无政府干预之必要。与此同时,在政治学和社会学领域中,市民社会与政治国家对立之理念兴起并发展。所谓市民社会,是指不同于政治国家而独立存在的社会领域。[⑤] 社会学家克雷格·卡尔霍恩对之一语中的:"市民社会这个概念被用来指称在国家直接控制之外的各种资源,其对集体性生活提供了不同于国家组织的另一种可能性选择。"[⑥]据市民社会理论,政府权力应严格排除在包括经济领域在内的市民社会之外,政府只充当"守夜人"的角色,不得干预市民社会领域内的事务。如此,政府的权力即被限制于狭小范围之内,其所管辖之事务亦无今日之纷繁、复杂和紧迫,议会之强力控权模式虽会降低行政效率,但于社会整体福利影响不大,戴雪所言因情在理。

然而,随着经济发展进入大生产时代后,市场弊端愈加突显,经济危机丛生

① 参见〔德〕奥托·迈耶:《德国行政法》,刘飞译,〔德〕何意志校,商务印书馆2004年版,第72页。

② 同上书,代中文版序第4—5页。

③ 同上书,代中文版序第4页。

④ Dicey, Introduction to the Study of the Law of the Constitution ,Macmillan, 1959, p. 202.

⑤ 参见王新生:《市民社会论》,广西人民出版社2003年版,导言第1页、正文第3页。

⑥ 〔美〕克雷格·卡尔霍恩:《民族主义与市民社会——民主,多样性和自决》,黄平、田禾译,载〔美〕杰弗里·亚历山大、邓正来主编:《国家与市民社会——一种社会理论的研究路径》,上海人民出版社2006年版,第303页。

迭起,要求政府干预市场的呼声越来越强烈。凯恩斯主义在此时应运而生,并逐渐取代古典自由主义成为主流经济学思潮,政府权力进入经济领域似乎在此时获得了正当性。这种在经济学上的正当性亦撼动着市民社会理论,因为市场,或言经济领域正是市民社会之核心。市民社会理论经过葛兰西、哈贝马斯、柯亨、阿拉托、基恩、赛里格曼、阿伦特等先贤的两次论辩高潮,渐与政治国家在经济范畴内达至和解。市民社会的概念逐渐转移至文化批判领域,即建构公共理性和生产公共伦理的社会空间。① 对此,哈贝马斯有着十分深刻的论述:"19 世纪末,采取新干预政策的是这样一种国家:随着具有政治功能的公共领域的机制化,这种国家与市民社会的利益渐趋吻合。因此,公共权力在介入私人交往过程中也把私人领域中间接产生出来的各种冲突调和了起来……社会的国家化与国家的社会化是同步进行的,正是这一辩证关系逐渐破坏了资产阶级公共领域的基础,亦即,国家和社会的分离。从两者之间,同时也从两者内部,产生出一个重新政治化的社会领域,这一领域摆脱了'公'和'私'的区别。它也消解了私人领域中那一特定的部分,即自由主义公共领域,在这里,私人集合成为公众,管理私人交往中的共同事务。"②如此,自 19 世纪后期始,政府须处置的社会事务呈爆炸式增长趋势,其行政裁量权亦亟待膨胀以适应时代之要求。尤其是在面对现代金融业迅猛发展之时,议会的强力控权模式使得政府颇为掣肘,无法应对金融业所带来的种种挑战。即金融事务纷繁复杂,情况瞬息万变,而在议会中,多数议员对金融事务并不专业或熟识,且议会决策周期过长,如此,金融监管机构若无充分裁量之权力,即只得等待议会决策和授权。此极为低效,与金融业发展实为不称,金融监管权即成为从属而不独立之国家权力,不能满足金融监管之需求,行政法治沦为绝对、消极、机械的公法原理。③ 如此,议会在面对现代金融发展之时,其控权程度应作适当退让,即由强力控权模式转变为概括授权模式,换言之,议会授予政府的金融监管权应具一定程度的概括性。

但这又会引发第二个问题:授权范围过大是否会使行政权脱离议会控制?回归戴雪的论断,其意指议会之广泛授权使得政府行政趋于专断而不受控制。笔者认为,广泛授权确予前述之完美控权链条以或多或少的挑战,但基于 19 世纪后期世界所发生的重大变化,控权链条应作革新,而非固守成规。詹宁斯爵士甚至直言批评戴雪对 19 世纪后期议会广泛授权之事实甚少关注:"事实上,戴雪并没有考虑到这些新生的权力。没有证据证明他对这些权力有较多的了解,

① 参见王新生:《市民社会论》,广西人民出版社 2003 年版,第 32 页。
② 〔德〕哈贝马斯:《公共领域的结构转型》,曹卫东等译,学林出版社 1999 年版,第 171 页。
③ 参见城仲模:《行政法之基础理论》,三民书局 1980 年版,第 4 页。

无论如何，他对它们关注极少。”[①]而威廉·韦德更为直接地道出了法治原则与自由裁量权之关系：“法治所要求的并不是消除广泛的自由裁量权，而是法律应当能够控制它。”[②]诚然，法治之要义在于控制权力，而控制权力之方式并非唯有议会强力控权模式一种，既然广泛授权，或言概括授权已为世界趋势，而传统控权链条又被颠覆，那么寻求新的控权模式实当必须。

于是，第三个问题随即产生：以何种模式控权既可满足金融监管之需求，又可有效防范权力之滥用？笔者认为，在回应此问之前须全面检讨立法、司法、行政三部门于控权范畴之作用。前文有论，在传统控权链条中，议会基于民主原则，通过利益博弈机制，得出社会各方皆可接受之决议；同时，议会将其决议通过强力控权模式传递于行政部门，使得行政权力受到议会的事前控制；而司法部门依据议会决议对行政权力进行事后控制。总言之，在传统控权链条中，议会之作用在于决议和事前控权；司法部门之作用在于事后控权；行政部门在议会和司法部门控制之下严格行政。然而，在概括授权模式下，议会将一定决议权让渡于行政部门，而其对行政权的控权作用亦随即减损，决议权让渡愈多，控权作用减损愈多。如此，司法部门的控权作用应相应加强，方可达致平衡。换言之，从强力控权模式向概括授权模式转变的过程，实质上就是议会决议权向行政部门让渡，议会控权权向司法部门让渡的过程，是从议会控权中心主义向司法控权中心主义转变的过程。在此控权模式之下，议会虽然将部分决议权让渡于行政部门，但并非完全无保留，议会亦保留相当决议权以为行政部门确立行政基准，为司法部门确立控权基准，笔者称之为“基准决议权”。议会所确立的基准集中体现了议会对行政之期望，是议会为政府确立的行政理念、原则或规则，亦是议会所保留控权作用之反映。而司法部门亦应据此基准及基准背后的精神对政府行政实施审查，全面防止自由裁量权之滥用。如此，方可成就威廉·韦德所论“法律控制自由裁量权”[③]。

落实于金融监管，政府在面对日新月异的金融产品、发展迅猛的金融产业之时，实当以充分之自由裁量来应对变化多样、专业复杂的金融创新。然为防范金融监管权的滥用，议会须确立相关基准，司法部门须据此基准实施控权，而此基准即所谓政府金融监管权之边界。那么，具体基准，或言边界如何确定？笔者认为，当回溯权力本源，以探寻社会对政府实施金融监管之内在需求。

---

① 〔英〕詹宁斯：《法与宪法》，龚祥瑞、侯建译，贺卫方校，生活·读书·新知三联书店1997年版，第215页。

② 〔英〕威廉·韦德：《行政法》，楚建、徐炳译，中国大百科全书出版社1997年版，第55页。

③ 同上。

二、回归权力的本源:社会契约在金融时代

以社会契约观点视之,权力乃为权利之派生,权利之让渡,是需求之下的衍生。何者需求?三百年前,洛克如此描述:“虽然他在自然状态中享有那种权利,但这种享有是很不稳定的,又不断受别人侵犯的威胁。既然人们都像他一样有王者的气派,人人同他都是平等的,而大部分人又并不严格遵守公道和正义,他在这种状态中对财产的享有就很不安全、很不稳妥。”[①]这种“很不安全、很不稳妥”的状态孕发了建立国家、派生权力的需求,换言之,社会之需求乃为国家及其权力存续之正当性基础,权力源自需求。三百年后,社会发展日新月异,现已然进入以金融为核心驱动力的经济时代,即所谓“金融时代”。授予国家金融监管之权乃是呼应金融时代中社会对国家之需求,此正如国家建立之初,权力对“安全、稳妥”之社会需求的呼应。三百年后,权力仍源自需求,社会契约的内容在新的时代需求下亦已扩张。那么,具体而言,在金融时代中有哪些新的社会需求呢?笔者认为无外乎防范系统性金融风险、保护投资者以及增进效率三类需求。详言如下:

1. 防范系统性金融风险

自有金融起,金融危机与金融稳定即是一个永恒的主题,而且这一主题随着金融时代的发展愈加突显:从1637年的郁金香狂热到1720年南海泡沫的破裂;从1837年和1907年的银行业危机到1929年的股市大崩溃;从1994年的墨西哥金融危机、1997年的亚洲金融危机再到2008年的美国金融危机。纵观上述危机,金融危机的发生及传导可归于两处:金融产品和金融机构。以2008年金融危机为例,2008年金融危机始于美国次贷危机。次贷即次级住房抵押贷款之简称,是三类抵押贷款中质量最差,风险最大,但同时也是利率水平最高的贷款。故在宽松的监管环境和高涨的房地产行市之下,银行为了获取更高的收益,放松了对次级贷款的控制,甚至将之贷予“忍者”[②],如此次级住房抵押贷款即孕藏着巨大风险。同时,银行为了加速资金回流并转嫁风险,将此内含巨大风险的贷款卖给投资银行,而投资银行对之进行了证券化,将次级贷款转化为次级债券(MBS,抵押贷款支持证券),并发售于投资者。如此,次级贷款即由不易流通的资产转变成了可流通的债券,放大了内含于次级贷款的风险。不止于此,在次级债券基础上又不断地衍生出新的金融创新产品,如抵押债务债券(CDO)、信用

① 〔英〕洛克:《政府论》(下篇),叶启芳、瞿菊农译,商务印书馆1996年版,第77页。

② “忍者”英文“NINJA”,是“No Income, No Job, No Assets”的缩写,指无收入、无工作、无财产者。

违约互换(CDS),使更多的金融机构牵连于此,进一步扩大了风险敞口。随着美国房市下滑,其第二大次级抵押贷款机构新世纪金融公司抵押贷款违约率上升,进而导致流动性危机,最终难以为继进入破产保护程序。恐慌蔓延整个次贷市场,债权人相继要求银行清偿债务,2008 年 1 月,美国第一大抵押贷款机构国家金融服务公司被美国银行收购,同年 9 月,美国政府接管房地美、房利美,次贷危机由此爆发,并迅速向资本市场传递。次级债券及其衍生品价格大幅下跌,投资者纷纷抛售,美国国际集团、贝尔斯登、美林集团、雷曼兄弟、华盛顿互惠银行接连发生危机,美国金融业几近崩溃。在此次危机中,金融产品有次级住房抵押贷款、次级债券、抵押债务债券以及信用违约互换;金融机构有贷款银行、投资银行、保险公司。贷款银行、投资银行以及保险公司通过次级债券、抵押债务债券和信用违约互换紧密联系,同时这些金融工具又将次级住房抵押贷款的内在风险不断放大。当次级住房抵押贷款风险暴露后,危机会通过金融产品与金融机构所编织的网络迅速传递并扩大,进而致使系统重要性金融机构发生危机,甚至倒闭,此又进一步放大了市场恐惧并再经金融网络不断传递,各个金融机构如多米诺骨牌般相继失守,最终系统性金融风险转变为金融危机,并进一步放大为经济危机,迅速向世界各国扩散,全球经济一路颓败。如此,金融业颇为特殊:其一,内部体系通过金融产品和机构交互紧密,风险传导迅速,并有迅猛放大之势。其二,金融业作为经济之核心驱动力颇为重要,金融危机常为经济危机之先导。故,金融业应得到政府极大重视和必要关注。关注什么?当为"系统性金融风险"。

所谓系统性金融风险,即指金融业作为金融产品和金融机构交互相联的系统,可能遭受的由系统内某个机构、产品或市场的危机所引发的整个金融业危机的风险。于此概念可得两点:其一,金融危机是系统性金融风险之演化,防范金融危机爆发之要义在于关注并防范系统性金融风险;其二,系统性金融风险往往由非系统性金融风险引起,二者联系紧密,边界模糊,其间差异有时可能仅为程度或范围之别。具体言之,在传统上系统性金融风险主要存于银行业当中,此乃银行业特点所致。在银行业中,由于银行间相互存款、国际支付和清算体系广泛覆盖、跨国金融机构风起云涌,以及恐惧心理下的挤兑倾向,各个银行关联甚密,可谓互为表里。① 如此,当一家银行内含较大风险时,此风险可能会通过银行间的紧密联系迅速传递,此谓从非系统性金融风险到系统性金融风险之转换;而当风险不断暴露,并最终演化成为危机,甚至引起此家银行倒闭之时,危机会基于

① 参见韩龙、彭秀坤、包勇恩:《金融风险防范的法律制度研究——以我国金融业对外开放为重心》,中国政法大学出版社 2012 年版,第 4—7 页。

银行业的系统性蔓延开来,并最终升级为整个银行业甚至金融业的危机。以20世纪80年代美国银行业危机为例,美国大陆伊利诺伊银行持有大量同业存款,当其发生流动性危机时,整个银行业弥漫着恐慌和挤兑情绪,因为同业存款会随其倒闭而大量损失,而这些同业存款损失会减少作为大陆银行债权人的金融机构的资本金,甚至使之亦发生流动性危机并再次、复次,甚至无限次地通过紧密相联的金融系统,将此危机传递于更广泛的金融机构,甚至实体产业。而在传统证券业中,系统性金融风险并非主要问题,这是因为券商与银行存在结构性的差异,其自有资金与投资者资金相分离,也不受制于资产和负债的不对称性,资产具有较强流动性,故一家券商的危机并不会导致其他券商的连锁危机以及投资者挤兑。① 但随着全球金融混业和集中化趋势的发展,券商与银行的关系愈加紧密,风险通过证券业和银行业交织的网络传递并放大,同时券商对金融衍生品和场外交易的广泛参与,亦加剧了系统性金融风险的孕生。② 2008年的金融危机即是从银行贷款到金融衍生品,银行业危机和证券业危机交织而生的最好例证。在其中,次贷市场的内含风险逐渐演化为整个金融业的危机,此即是从非系统性风险到系统性风险再到金融危机的过程。如此,防范金融危机的关键在于关注系统性金融风险,而关注系统性金融风险之要义有二:其一,监控并遏制非系统性金融风险向系统性金融风险之转化;其二,消减已经积聚的系统性金融风险。在此,政府作为公共利益之天然代表,这种关乎金融全局的事项当属其管辖之列,其应通过行使金融监管权达至防范系统性金融风险的目标,而此目标正是金融时代下社会对政府需求所在。

2. 保护投资者

据英国经济学家泰勒所论之"双峰"理论,金融监管之目标不应限于防范系统性金融风险,还应涵纳保护投资者之义。③ 随着监管理论和监管实践的发展,政府和学界已逐渐认识到了保护投资者相较防范系统性金融风险乃为更基本之目标。因为投资者是金融市场之最微观要素,在微观层面上强化投资者保护是防范宏观层面上系统性金融风险衍发和传递之根本;同时,投资者亦为市场发挥作用之关键,保护投资者即是维护市场机制,而良好的市场机制可以自动消减相当程度的金融风险。以1929年大危机为例,资本市场的崩溃正是缘于其中所充满的欺诈、操纵以及内幕交易,正是因投资者权益被忽略而扭曲市场所致。而随

① 参见韩龙、彭秀坤、包勇恩:《金融风险防范的法律制度研究——以我国金融业对外开放为重心》,中国政法大学出版社2012年版,第7—8页。

② 同上书,第8—9页。

③ See Michael Taylor, Twin Peaks, A Regulatory Structure for the New Century, Center for the Study of Financial Innovation, 1995.

后颁行的《1933 年证券法》和《1933 年证券交易法》也正是通过对投资者权益保障来矫正被扭曲的市场机制，进而消减类似风险。如此，从防范系统性金融风险目标到保护投资者目标的过程是一个由表及里的过程，防范系统性金融风险须在保护投资者基础上进行宏观整合。更重要的是，将保护投资者作为金融监管之基础，有利于监管机构将关注重点由金融机构权益转向投资者权益，此即促使金融监管回归保护弱势的自然法正义。

保护投资者滥觞于 20 世纪六七十年代。以美国为例，1968 年颁行《诚实信贷法》，1970 年颁行《公平信贷法》，1975 年颁行《信贷机会公平法》和《住宅贷款信息披露法》，1978 年颁行《金融隐私权法》等。[①] 20 世纪 90 年代，投资者保护理论得到了长足发展，其中以泰勒的"双峰"监管理论最为经典。所谓"双峰"，一峰为审慎监管目标，旨在防范系统性金融风险；另一峰即为保护投资者目标。[②] 受"双峰"监管理论的影响，很多国家纷纷构建起以投资者权利为导向的监管体制，澳大利亚和荷兰堪称典范。澳大利亚于 1997 年设立证券投资委员会，用于投资者权益保护，并通过《2001 年金融改革法案》予以确认；荷兰则通过金融市场管理局实施投资者保护工作。[③] 从 20 世纪 90 年代末到 21 世纪，尤其是到 2008 年金融危机后，投资者保护理念得到了进一步深化并最终达至消费者保护的层次：从英国《2000 年金融服务和市场法》引入"金融消费者"概念，并将保护金融消费者作为金融监管之重要目标，到日本通过《2000 年金融商品销售法》和《2006 年金融服务交易法》对金融消费者权益全方位保护，再到加拿大 2001 年颁行《金融消费者管理局法》，成立金融消费者专门保护机构，最后到后危机时代美国以保护金融消费者为核心的金融监管改革法案，即《多德—弗兰克华尔街改革与消费者保护法》的出台。[④] 这种由"投资者"到"消费者"的用语转变体现了投资者保护理念的嬗变，弥合了金融法与消费者保护法之间的空隙，极大促进了以保护投资者为基础的新金融监管思路的发展。此监管思路直接促发了传统金融法向金融服务法的迈进，即由以培育和保护金融业为中心的行业法走向以构建良好市场机制为基础的竞争法，使投资者中心主义贯穿其始终。

保护投资者作为社会需求缘于市场信息之不对称。市场机制的有效运转基于市场主体的理性，而理性必须建立在充分信息暴露的基础上。在金融业中，金融产品的优劣并不如一般商品直观易视，故金融产品所蕴涵信息的暴露尤显重

---

① 参见杨东：《金融消费者保护统合法论》，法律出版社 2013 年版，第 79—80 页。

② See Michael Taylor, Twin Peaks, A Regulatory Structure for the New Century, Center for the Study of Financial Innovation, 1995.

③ 参见杨东：《金融消费者保护统合法论》，法律出版社 2013 年版，第 80 页。

④ 同上书，第 52—53 页。

要,否则其即如一个个黑箱,投资者不能探知其内容,进而难以判断其优劣,最终无法形成市场理性。如此,投资者权益不仅不能够得到保护,系统性金融风险亦可能由此而生。故公权力应介入其中以矫正金融市场的先天不足,而矫正之主要方式即为强制信息披露,此为美国《1933 年证券法》和《1934 年证券交易法》的精髓。这两部法律的背后逻辑是通过公权力保障投资者的知情权以矫正信息偏在问题,使投资者的投资损益只基于其自身的理性判断,而免遭由欺诈、内幕交易以及操纵市场所带来的利益减损。但《1933 年证券交易法》并非一劳永逸,随着时代发展,金融衍生品的复杂性和专业性、营销手段的多样性以及跨境交易的频繁性,都加剧了金融市场信息不对称的问题,故信息偏在问题仍然存在,于此方面投资者保护仍为此时代的社会需求。

受行为经济学的影响,金融市场中的非理性因素逐渐引起了学界的广泛关注。耶鲁大学的希勒教授以其著作《非理性繁荣》荣膺 2013 年诺贝尔经济学奖,此充分体现了学界对市场非理性研究的肯定。传统经济学的重要假设是理性经济人假设,而希勒教授通过探究金融市场波动的心理根源和其固有不稳定性证实了理性经济人的不可靠性。如此,在非理性、盲目甚至疯狂情绪弥漫金融市场之际,投资者保护即为至关重要之命题。

除此,金融负外部性亦为投资者保护之重要缘由。前文有论,金融市场乃金融机构和金融产品交互相联之系统,风险传导性极大。故,某金融产品或机构的危机不仅会致使其所直接对应的投资者或客户的利益减损,还可能会危及其他投资者,甚至将危机传递至实体经济领域。再观 2008 年金融危机,危机所致损失并不只是由次级贷款、次级债券、抵押债务债券、信用违约互换的投资者承担,而是整个社会在为其买单。从这个意义上讲,防范系统性风险目标与保护投资者目标联系紧密、存在交叉,金融负外部性亦促发了社会对于投资者保护之需求。

最后,金融机构与投资者的地位不对等亦引发了保护投资者的需求。私法保障权利的前提是平等,当投资者和金融机构可以平等议价时,公权力无须介入其中,相信私法自治可以给双方带来各自福利的最大化;但当金融机构明显强于投资者时,仅依靠私法自治无疑会致投资者权益被压榨,于此,公权力应当介入其中,调整二者失衡地位,保障投资者权益,尤其是不可克减之权利。此于金融市场为垄断情形者更甚,故从此意义上讲,金融业引入竞争亦可极大促进投资者保护目标的实现。

3. 增进效率

金融之意义在于有效配置市场资源,故效率乃为金融业之灵魂,无效或低效的金融体系必致整个宏观经济颓败。如此,增进效率似乎亦为金融时代中社会对监管机构之需求,或言金融监管目标。有此观点者不在少数,如邢会强副教授所提出的“三足定理”即将金融效率、金融安全以及消费者保护作为金融监管目标。① 再如,韩龙教授将提高效率作为与防范系统性金融风险和保护投资者相并列的金融监管目标。② 但笔者认为,“效率为金融业之灵魂”并不能推论出“增进效率为金融监管目标”的结论,二者缺乏逻辑上的联系。事实上,金融业的效率并非由政府监管促成,而是自发于市场的机制,辅之以国家宏观调控行为。有时,政府金融监管行为在短期内并不会增进效率,相反可能会减损效率,如美国的《格拉斯—斯蒂格尔法案》在阻隔商业银行与投资银行间风险传递的同时,也阻隔了资本在不同金融市场间的配置,一定程度上减损了金融效率。但从长期看,此法案在当时历史环境之下有效降低了危机的发生,维护了市场效率。因此,金融监管并不能增进效率,至多维护了本由市场孕生的效率;而所谓维护效率也只是金融监管在间接层面上产生的作用,即金融监管机构通过实施防范系统性金融风险和保护投资者的目标监管来维护金融市场的效率。事实上,尽管韩龙教授在其合撰著作《金融风险防范的法律制度研究——以我国金融业对外开放为重心》中将“提高效率”列为金融规制目标,③但具体阐论却与笔者观点相同,如“尽管证券规制在传统上主要是为了保护投资者,但其在提高证券市场效率方面也发挥了重要作用”;“禁止市场操纵和内幕交易也有助于提高效率”;“保护小股东的收购规制和监管同样有助于加强效率”;“这种信心是公共产品,能够提高金融市场跨时空进行资源配置。”④邢会强副教授的“三足定理”也并非是对“双峰”理论的突破,而旨在以消费者保护目标平衡金融效率和金融稳定的关系。因此,将维护效率与防范系统性风险、保护投资者并列为金融监管目标在逻辑上似显不妥,而金融监管应增进效率的观点因混淆市场与政府的作用更谬之千里。当然,金融效率虽非金融监管之直接目标,但却为金融业之核心,故在实施金融监管时,应尽量减少对效率的伤害,即恪守比例原则。

综上所述,社会对政府实施金融监管之内在需求有二:一者为防范系统性金融风险的需求;二者为保护投资者的需求。两大社会需求构成金融监管之“双峰”目标,金融监管之具体立法、执法当限于此,评价金融监管之正当性当基于此,此即为社会契约所划定之金融监管权边界。然此边界尚不完整,其只解决了金融

---

① 参见邢会强:《金融危机治乱循环与金融法的改进路径——金融法中“三足定理”的提出》,载《法学评论》2010 年第 5 期。

② 参见韩龙、彭秀坤、包勇恩:《金融风险防范的法律制度研究——以我国金融业对外开放为重心》,中国政法大学出版社 2012 年版,第 27—28 页。

③ 同上。

④ 同上。

监管权应基于何种需求而生的问题,并未对金融监管权与市场效率之平衡问题作出探讨。而此问不论,政府极易执金融监管之权柄蚕食市场,无助控权,故须深入探究监管目标之下的市场与政府关系,并使政府金融监管权边界趋向完整。

三、监管目标之下的市场与政府关系

论及市场与政府之关系,观点层出不穷:从18世纪重商主义之下的国家中央集权到亚当·斯密发现“无形的手”的神奇力量;从《国富论》中“守夜人”政府到20世纪初大危机时代的凯恩斯主义;从国家干预理论到20世纪70年代滞涨危机之下的货币学派和供给学派;从西方国家在“华盛顿共识”下推行私有化到次贷危机中政府的积极干预。① 虽然这些论争仍在持续,但政府在一定程度上须对市场予以干预的主张现已成为共识。就连新自由主义学派的教父哈耶克也不得不承认政府对于市场的重要意义:“一个功效显著的市场经济,乃是以国家采取某些行动为前提的;有一些政府行动对于增进市场经济的作用而言,极有助益;而且市场经济还能容受更多的政府行动,只要它们是那类符合有效市场的行动。”②如此,市场与政府之关系非为取此去彼,而是有效协调,按哈耶克之言为政府行动需符合有效市场。何谓符合有效市场? 于金融监管层面,乃是政府金融监管行为当限于维护或尽量不减损市场效率。

所谓效率,依经济学理论更能明晰,即“社会能从其稀缺资源中得到最大利益的特征”③。申言之,乃是“资源配置使社会所有成员得到的总剩余最大化的性质”④。此处所谓“社会所有成员”既包括生产者,亦包括消费者。生产者剩余即指生产者出售一种物品得到的量减去其生产成本。⑤ 即供给曲线以上,价格曲线以下的部分。如图1,A点为供给曲线起点,P点表示价格,Q点表示当价格为P时生产者供给的数量,B点是价格曲线与供给曲线之交点,即其在价格轴上与P相等,在数量轴上与Q相等,以坐标表示为(Q,P),供给曲线反映的是市场中各个生产者的成本。设生产者甲的生产成本为A,而市场价格为P,其剩余即为$P-A$,由于$P>A$,故其剩余为正,此于生产者甲而言是合算的,其参与生产符合理性人假设;再设生产者乙的生产成本为C,由于$P<C$,其剩余为负,此于生

① 参见董德兵:《当前金融危机的根源及其应对——基于政府与市场关系视角的考察》,载《中国国际共运史学会2010年会暨学术研讨会论文集》,2010年。

② 〔英〕弗里德里希·冯·哈耶克:《自由秩序原理》(上册),邓正来译,生活·读书·新知三联书店1997年版,第281页。

③ 〔美〕曼昆:《微观经济学原理》(第六版),梁小民、梁砾译,北京大学出版社2012年版,第4页。

④ 同上书,第150页。

⑤ 同上书,第145页。

产者乙而言是不合算的，在此情况下生产者乙或应退出生产，或应降低成本至P(或B)或以下，[①]因为只有如此，其生产者剩余才为正或零，其参与生产才是合算的。在此结论基础上，设任一生产者的生产成本为X，其剩余即为$P-X$，由于理性生产者之生产成本小于等于P，故$X\leqslant P$；由于各个生产者之生产成本反映为向上倾斜的供给曲线，而A为供给曲线之起点，故$A\leqslant X\leqslant P$，如此，任一生产者剩余$P-X$即在$[0,P-A]$区间范围内，此于图1则反映为线段AB上任一点到价格曲线的距离，将这些距离相加即形成了三角形ABP，此即为所有生产者剩余之总和，即所谓"生产者剩余"。

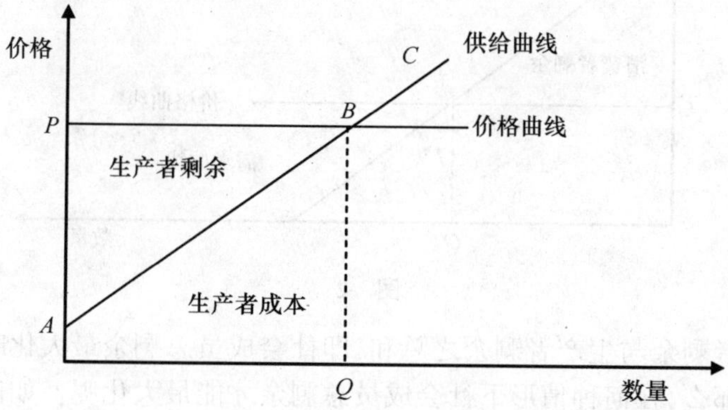

图 1

消费者剩余是指消费者愿意为一种物品支付的量减去其为此实际支付的量。[②] 即需求曲线以下，价格曲线以上的部分。如图2，D点为需求曲线起点，P点表示价格，Q点表示当价格为P时生产者供给的数量，B点是价格曲线与供给曲线之交点，即其在价格轴上与P相等，在数量轴上与Q相等，以坐标表示为(Q,P)，需求曲线反映的是市场中各个消费者的支付意愿。设消费者甲的支付意愿为D，而市场价格为P，其剩余即为$D-P$，由于$D>P$，故其剩余为正，此于消费者甲而言是合算的，其进行消费符合理性人假设；再设消费者乙的支付意愿为E，由于$E<P$，其剩余为负，此于消费者乙而言是不合算的，在此情况下消费者乙应不消费。如此，只有当消费者对物品之支付意愿高于或等于价格，即其剩余为正或零时，其进行消费才是合算的。在此结论基础上，设任一消费者的支付

---

① 在经济学中，所谓成本指机会成本，此不同于会计成本，机会成本除了包含显性成本(即会计成本)外，还包含隐性成本，故当价格与机会成本相等时，会计成本仍小于价格，此于生产者而言仍是合算的。

② 参见〔美〕曼昆：《微观经济学原理》(第六版)，梁小民、梁砾译，北京大学出版社2012年版，第139页。

意愿为 Y,其剩余即为 $Y-P$,由于理性消费者之支付意愿大于等于 P,故 $Y\geqslant P$;由于各个消费者之支付意愿反映为向下倾斜的需求曲线,而 D 为需求曲线之起点,故 $D\geqslant Y\geqslant P$,如此,任一消费者剩余 $Y-P$ 即在$[0,D-P]$区间范围内,此于图 2 则反映为线段 DB 上任一点到价格曲线的距离,将这些距离相加即形成了三角形 DBP,此即为所有消费者剩余之总和,即所谓"消费者剩余"。

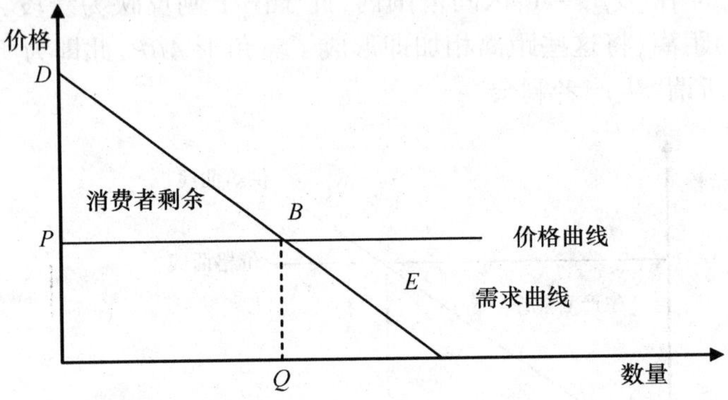

图 2

当消费者剩余与生产者剩余之总和,即社会成员总剩余最大化时,市场方可谓有效率。那么,在何种情形下社会成员总剩余才能最大化呢?如前所述,生产者剩余 = 生产者得到的量 - 生产者成本,消费者剩余 = 消费者支付意愿 - 消费者支付的量,而生产者得到的量 = 消费者支付的量,故总剩余 = 生产者剩余 + 消费者剩余 = 消费者支付意愿 - 生产者成本。如图 3,当市场供给量即生产者产量为 Q_1 时,消费者支付意愿为梯形 OQ_1C_2D,而生产者成本为梯形 OQ_1C_1A,二者相减得总剩余为梯形 AC_1C_2D;当市场供给量为 Q_2 时,消费者支付意愿为梯形 OQ_2E_1D,而生产者成本为梯形 OQ_2E_2A,二者相减得总剩余为三角形 ABD—三角形 E_1BE_2;无论市场供给量为 Q_1 还是 Q_2,都无法使总剩余最大化,故 Q_1 应向右移动,Q_2 向左移动探寻使总剩余最大化的供给数量,当 Q_1、Q_2 移动至 Q 点,即均衡数量时,总剩余达至最大化,表示为三角形 ABD。何谓均衡数量?其指均衡价格下的供给量和需求量。何谓均衡价格?即使供给与需求平衡的价格。① 依据供求定理,物品价格会自发调整至其供给与需求平衡。② 如此,"市场之手"天然可使市场均衡,进而达至社会成员总剩余最大化,即效率源于市场之手。那么,既然"市场之手"如此有效,政府干预之意义何在?此须检视。

① 参见〔美〕曼昆:《微观经济学原理》(第六版),梁小民、梁砾译,北京大学出版社 2012 年版,第 81 页。

② 同上书,第 83 页。

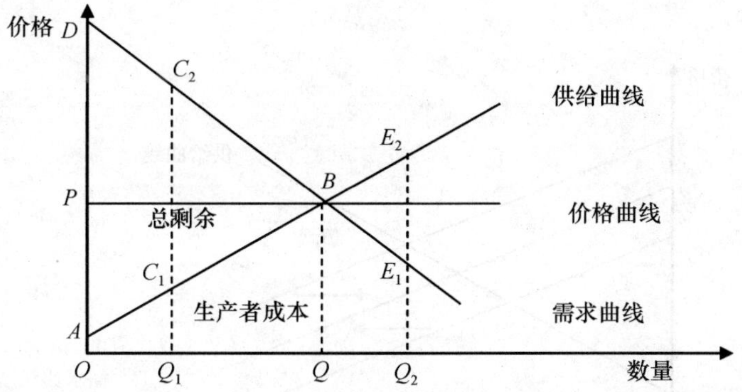

图　3

市场之手的神奇作用有赖于经济学之三大基本假设,即完全理性假设、完全信息假设和完全竞争假设;而且市场之手亦非完美之手,其亦有缺陷,即市场之外部性问题,此皆需引入政府干预。落实于本文,政府金融监管之两大目标——防范系统性金融风险目标和保护投资者目标,即缘于金融市场之风险溢出性、信息不对称性、市场非理性因素以及金融业壁垒或竞争不充分所致的投资者弱势等等。如此,政府金融监管之本质在于矫正市场扭曲和化解风险溢出的市场外部性。

如图4,当金融市场信息不对称时,需求曲线会发生偏离,即由 S_0,或右移至 S_1,或左移至 S_2,即内幕信息利空,需求曲线为 S_1,均衡点为 B_1;内幕信息利多,需求曲线为 S_2,均衡点为 B_2。如此,供求曲线无法于理想均衡点 B 点处形成均衡,市场发生了扭曲。图4还可以反映市场非理性的情形:当市场非理性因素利多时,需求曲线由 S_0 右移至 S_1;而当市场非理性因素利空时,需求曲线由 S_0 左移至 S_2,市场同样发生了扭曲。在这两种情形下,政府干预市场的目的即是使偏离的需求曲线 S_1、S_2 回归至 S_0。而其干预程度应为 S_1 或 S_2 与 S_0 的偏离度,设为 α,若通过政府干预,需求曲线位移明显小于 α,则干预失效。在此引出一个问题:通过政府干预,需求曲线位移是否有可能大于 α? 笔者认为无可能,因为所谓矫正由信息不对称和市场非理性因素带来的需求曲线偏离即是使市场信息和市场理性达至充分,市场信息和市场理性越充分需求曲线离 S_0 愈近;若市场信息和市场理性达至完全,则需求曲线回归 S_0。但在现实中,金融市场的信息和理性永远无法达至完全,即通过政府干预,需求曲线至多可以趋近于理想需求曲线 S_0,即需求曲线位移小于 α,而等于 α 为理想状态,大于 α 则更不可能。如此,政府似乎可以无所顾忌地进行干预,使市场信息和理性尽可能地接近于完全,即在成就市场信息充分和市场理性充分层面上,无须对政府金融监管行为进行限制。

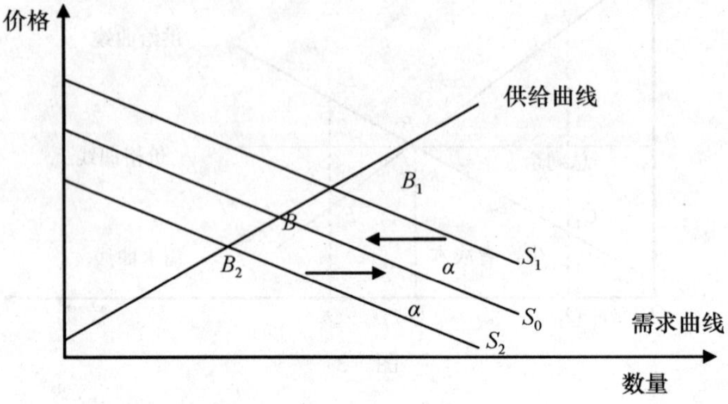

图 4

但事实上,任何权力或权利皆有成本,虽然任何政府干预行为都不会使需求曲线位移大于 α,但其会引起供给曲线的位移。如图 5,当政府对需求曲线进行干预时,干预成本会通过税收或规则转嫁给供给方,从而引起供给曲线左移动。例如,政府强制要求上市公司履行披露信息义务,以增进市场信息之充分,但此义务亦增加上市公司的成本,进而引起供给曲线的左移。再如,投资者教育义务虽会增进市场理性,但同时亦会增进金融机构的供给成本,供给曲线亦会左移。那么,如何在需求曲线回归和扭曲供给曲线之间权衡,即如何平衡成就金融市场信息充分、理性充分与监管成本呢?笔者认为应首先比较二者价值于金融业之优先性:无论是市场信息充分,还是理性充分,此皆为金融业健康运行之基,相较市场效率而言,其具有一定优先性;但这并不意味着其可以恣意增加监管成本,

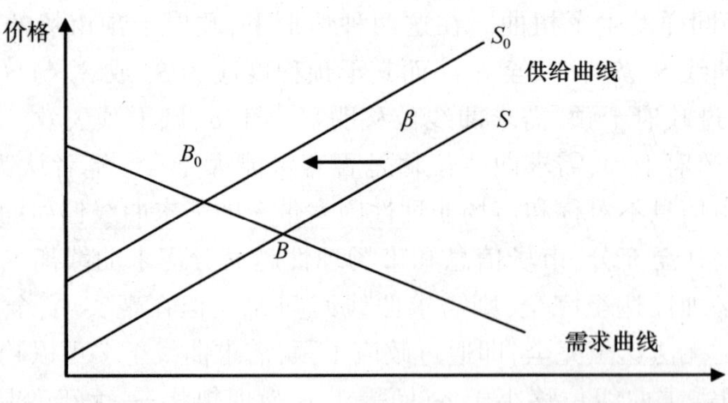

图 5

进而侵蚀效率。故在确立优先关系后，应进一步探究二者之间的比例关系：政府应以构筑金融业之基为度，行使金融监管权，同时尽量不增加监管成本，或言尽量不减损效率。假设依上述比例标准，必要监管成本使供给曲线由 S 左移至 S_0，二者偏离度为 β，那么 β 即为政府行使金融监管权之限度。总之，政府通过监管成就信息充分和理性充分时，应考虑监管成本，而非无所顾忌。

图5还可以反映金融业风险溢出的外部性问题。如前文论，金融风险传导性极大，某金融产品或机构的危机可能会波及整个金融业，甚至实体经济，此即风险溢出；但单个供给者通常不会关注这种“溢出风险”，因为理性经济人只关注利润和自己的风险控制，而金融市场的风险控制是宏观经济管理者的任务。申言之，市场之手存在缺陷，其无法将溢出风险纳入供给者成本，如此，市场虽然处于均衡，但并非理想的均衡状态。如图5，供给曲线 S 与需求曲线均衡于 B 点，此未反映风险溢出的外部性成本；而供给曲线 S_0 与需求曲线均衡于 B_0 才是理想的均衡状态。那么，如何由非理想均衡过渡到理想均衡，即如何让供给者也关注溢出风险呢？学界通常认为“内化外部性”是化解外部性问题的思路。例如，世界范围内一百余国政府在银行业内实施《巴塞尔协议》，本质上即为政府通过课以各个银行以维持资本充足率、控制流动性风险等义务将风险溢出的外部性内化于各个银行，此于图5反映为银行总供给曲线因外部性成本的内化而由 S 左移 β 至 S_0 位置。此 β 同上文矫正需求曲线时所带来的供给扭曲一样，亦是监管成本之体现。如此，政府之金融监管无论是基于防范系统性金融风险之目标，还是基于保护投资者之目标，无论其为矫正市场扭曲，还是化解风险溢出的市场外部性，尽量减少监管成本 β 诚为政府行权之必须考量，是平衡金融监管与市场效率之关键所在。

那么如何减少监管成本呢？哈耶克有论：“合理经济秩序的问题所具有的这种独特性质，完全是由这样一个事实决定的，即我们必须运用的有关各种情势的知识，从来就不是以一种集中的且整合的形式存在，而仅仅是作为彼此独立的个人所掌握的不完全的而且还常常相互矛盾的分散知识而存在的。”[①]如此，政府在行使金融监管权力时，若能充分考虑到哈耶克所言之“情势和知识分散”的市场状态，监管成本即可降低。申言之，再强大的政府亦不可能掌握如此多元、复杂、纷繁的市场信息，更不可能运用这些信息进行事无巨细的监管，故政府作为唯一监管主体的监管思路必然会加剧监管成本，而且其监管效果亦不如意。此正如姚中秋先生所言：“任何以中央当局可以掌握分散于无数个人头脑中的瞬

① 〔英〕弗里德里希·冯·哈耶克：《个人主义与经济秩序》，邓正来译，生活·读书·新知三联书店2003年版，第117页。

息万变的知识为假设的、以国家全面控制社会为特征的社会治理模式,注定了是无法正常运转的。”[①]如此,政府必须放弃权力之自负,应充分利用市场在整合信息方面的天然优势实施金融监管。例如,在证券市场中消弭欺诈最有效的方式是利用市场主体对利益的深切关心和追逐建构反欺诈网,即让各个市场主体紧盯上市公司或金融机构所披露之信息,一旦信息不符证券法真实性、准确性、完整性之要求,各个投资者即可提起民事诉讼,各个媒体即可竞相曝光,甚至浑水公司亦可以此进行做空策略等等。虽然投资者诉讼之直接目的是获取救济,媒体曝光之直接目的是吸引受众,而浑水公司做空之直接目的是追逐利益,但这些行为在客观上皆有利于驱逐虚假信息,从而使市场趋于透明和公正,此为以市场主体之自立心制约上市公司以及金融机构之自立心的自治进路,相较政府穷尽其力对每一上市公司、每一金融机构、每一金融产品,甚至每一次交易时时监管,其成本和效果明显占优。故,在面对防范系统性金融风险目标或保护投资者目标时,立法应首先考虑政府监管与市场自治如何结合更利于监管成本最低化的问题。笔者认为,此问虽因涉于不同情形而应作具体考虑,但总体思路无外乎为能予市场者归市场,市场无法或难以规制者归政府,如内幕交易、操纵市场之稽查,以及宏观审慎等等。

除此之外,高监管成本还与监管措施扭曲市场有关,如具有壁垒性质的金融市场准入。以银行业为例,商业银行的设立须经监管机构许可,如我国《银行法》第11条第1款规定:“设立商业银行,应当经国务院银行业监督管理机构审查批准。”而监管机构在许可商业银行方面具有相当宽松的裁量权,如我国《银行法》第12条第2款规定:“设立商业银行,还应当符合其他审慎性条件。”实践中,监管机构基于如此宽松之准入裁量权构筑起银行业壁垒,如对民营资本的限制,有时这种限制非表现为显性规定,而是以玻璃门、弹簧门等隐性方式体现,如此即形成了我国银行业缺乏竞争的现状。如图6,经济学界普遍认为垄断或缺乏竞争会扭曲市场致使无谓损失(三角形 ABB_0),进而消减市场效率。因此,银行业的准入监管,或言事前监管虽有助于系统性金融风险之控制,但亦有可能扭曲市场,进而加剧监管成本,故监管当以事中监管和事后监管为重心,事前监管亦应尽量去壁垒化,以消减市场扭曲的副作用。

在此应注意的是,金融壁垒不仅会引起无谓损失,消减市场效率,亦与机会平等的正义理念相背离,[②]遏制了商主体从事经营活动的自由,同时还会导致投

---

① 秋风:《立宪的技艺》,北京大学出版社2005年版,第79页。

② 参见〔美〕约翰·罗尔斯:《正义论》,何怀宏、何包钢、廖申白译,中国社会科学出版社1988年版,第56—61页。

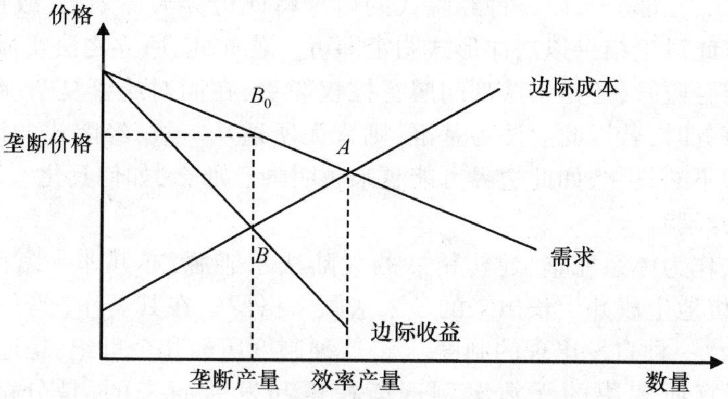

图　6

资者地位极度弱化，与保护投资者之监管目标冲突。故，减少对事前监管的过度依赖一定程度上可以消减上述副作用，让市场回归效率，让商事回归自由，让投资者获得公平对待。

综上所述，在防范系统性金融风险与保护投资者两大监管目标之下，政府金融监管权之行使应维护或尽量不减损市场效率，即理清市场与政府的关系：市场能够做到的，政府不干预；市场失灵时，权力才进入；权力进入时，成本要考量。申言之，乃是市场发生扭曲或产生风险溢出的外部性问题时，政府方可行使金融监管权，而政府行权应基于监管成本最低化的理念而为，充分结合市场力量，并减少监管措施扭曲市场的副作用。但是，我们亦应看到“市场，还是政府”这一命题的复杂性。正如查尔斯·沃尔夫先生所言：“在静态的环境下比较市场和非市场选择，与这种比较相关的复杂性是难以克服的；在动态环境下尝试这种比较则会变得更加复杂。”①在面对不同的具体问题时，政府金融监管权之边界须从经院式的讨论中落地，并不断具化。这一具化的过程须依赖于行政、司法、学术研究与立法的四元互动，即以一种动态的法治观找寻政府金融监管权边界落地的印记并成就可靠的控权制度。

四、动态法治中行政、司法、学术研究与立法的四元互动

前文有论，在概括授权模式下，议会通过基准决议权划定政府金融监管权边

① 〔美〕查尔斯·沃尔夫：《市场，还是政府——不完善的可选事物间的抉择》，陆俊、谢旭译，重庆出版社2007年版，第86页。

界,而本文二、三部分又以一种经院式的讨论将此边界大体划出,故接下来议会似乎只需将此讨论结果以法律形式明定即可。若如此,所立之法实显单薄,无论政府实施金融监管,还是司法部门履行控权职责,在面对纷繁复杂、瞬息多变的具体金融事务时,若以此立法为基准,则皆无所适从。故,经院式的讨论结果必须在实践中不断具化,如此边界方能越来越明晰。那么,如何具化?笔者认为可以历史作为经验。

罗马法作为体系完整、建构精妙的大陆法系雏源,亦并非一蹴而就地被创制,而是有机地生成并生长出来的。朱塞佩·格罗索在其著作《罗马法史》中将罗马法称为“一种自发出现的制度”①。这种制度历经几个世纪,是通过祭司、法学家、裁判官所解决的无数案例逐渐积累和发展而来的,是分散和自发形成的。②

关于祭司和法学家对罗马法的贡献,格罗索如此描述:“早期的祭司与后来的世俗法学家一样,在形式上并不创造规范,因为它不具有制定规范的权力,但是,它是传统的解释者,它揭示规范,它把规范纳入适当的结构,将规范适用于具体的情况之中,也就是说进行解释工作。它不是一种将规范强加于人的意志,而是一种用不同的态度研究、遵循并调整规范的悟性。”③《学说汇纂》将祭司与法学家所示之法即“市民法”定义为“以不成文法形式由法学家创造的法”,即“法学家之法”。④ 除此,罗马法的另一重要来源即“荣誉法”。它是裁判官通过对个案裁决经验概括与总结的“裁判官告示”,“在保证市民法适用的同时,补充市民法和修改市民法”⑤,进而不断地推动着市民法的发展。⑥ 由此,无论是“法学家之法”还是“荣誉法”,皆是对法律精神的发掘,其自发生长、长期磨砺。莱奥尼对这种法律自发生长的方式有着如下经典的描述:“造法的过程,绝不是某个具体的个人、某个集中了一切人的智慧的人、某个时代,或某代人所能完成的。”⑦ 笔者认为此处所言“造法”其实并不准确,毋宁称之为“示法”,即法本身生长于人之交往当中,祭司、法学家和裁判官只是将之揭示而已。

那么,政府金融监管权之边界是否也能如罗马法一般被逐渐揭示呢?此不仅有赖于法学家的研究,更有赖于政府监管实践与司法部门控权实践之积累。而此积累须自控权模式转变始,即从强力控权模式走向概括授权模式。申言之,

---

① 〔意〕朱塞佩·格罗索:《罗马法史》,黄风译,中国政法大学出版社 1994 年版,第 96 页。
② 参见秋风:《立宪的技艺》,北京大学出版社 2005 年版,第 12 页。
③ 〔意〕朱塞佩·格罗索:《罗马法史》,黄风译,中国政法大学出版社 1994 年版,第 103 页。
④ 参见秋风:《立宪的技艺》,北京大学出版社 2005 年版,第 13 页。
⑤ 〔古罗马〕查士丁尼:《法学总论》,张企泰译,商务印书馆 1997 年版,第 10 页。
⑥ 参见秋风:《立宪的技艺》,北京大学出版社 2005 年版,第 13 页。
⑦ 〔意〕莱奥尼:《自由与法律》,秋风译,吉林人民出版社 2004 年版,第 93 页。

乃是政府拥有更大的自由裁量权，司法部门作为控权之中心，此为法律生长之基础。

虽然学术研究和实践积累是沿罗马先贤之道而行，但学说纷纭，案例庞杂，定会极大影响金融监管法律之确定性。此番情形罗马法亦有经历，以“荣誉法”为例，裁判官告示对后任裁判官没有当然约束力，后任裁判官若认为不宜，则可摒弃、修改或提出新的观点。[①] 面对此问题，罗马先贤通过法律编纂活动让模糊、分散的法律走向明确和统一。公元6世纪，罗马皇帝查士丁尼及其继承者主持了大规模、系统化的法典编纂活动，其成果《国法大全》，尤其是其中的《学说汇纂》和《法学阶梯》即是在“自发生长之法”的基础上整理、汇总、删改和提炼而成的。如此，法学家研究、政府监管以及司法部门控权积累即可通过立法活动明确化，此为行政、司法对立法的回馈，而这种回馈是建立在不断变化发展的一个个具体案件基础上的。如此，政府金融监管权边界即由一种静态的经院式理论嬗变为动态的控权基准，此谓行政、司法、学术研究与立法之四元互动。

这种四元互动在近代欧洲大陆法典化运动中亦有体现。这次运动是以法国法典的编纂为先河和代表的。在《拿破仑法典》编纂前，法国像欧洲其他国家一样，其主要的法律渊源是习惯或习惯法。据统计，大革命前法国共有三百多种习惯，纷繁而复杂。[②]《拿破仑法典》和《国法大全》一样，将之明确化、统一化。正如K. 茨威格特和H. 克茨所言，《拿破仑法典》“经过深思熟虑吸收了长期历史发展的成果，并且在很大程度上是深受罗马法影响的南部成文法与以日耳曼、法兰克习惯法为基础的北部习惯法这两种传统制度的巧妙融合物”[③]。

蒂堡深受法国影响，以一篇名为《论统一德国民法典的必要性》的论文掀起了德国法典化浪潮。他主张以《法国民法典》为师，编纂一部《德国民法典》取代繁杂的德意志地方法，并以此奠定德意志国家统一的基础。[④] 但萨维尼对此极力反对，认为编纂《德国民法典》的条件或时机未到。他将法律的发展分为三个阶段：第一阶段，法直接存在于民族的共同意识当中，表现为习惯法或自然法。第二阶段，法表现在法学家的意识当中，出现了学术法。这时的法律具有两重性，它“既是民族生活的一部分，又是法学家手中的一门特殊科学”[⑤]。第三阶段才是法典编纂，将习惯法和学术法统一起来。[⑥]“萨维尼认为当时德国还处于学

---

① 参见秋风：《立宪的技艺》，北京大学出版社2005年版，第13页。

② 参见王林敏、陈瑞红：《历史地认识习惯的法源地位：以法国为例》，载《山东警官学院学报》2011年第2期。

③ 〔德〕K. 茨威格特、H. 克茨：《比较法总论》，潘汉典等译，法律出版社2003年版，第118页。

④ 参见封丽霞：《世界民法典编纂史上的三次论战》，载《法制与社会发展》2002年第4期。

⑤ 王哲：《西方政治法律学说史》，北京大学出版社1998年版，第410页。

⑥ 参见封丽霞：《世界民法典编纂史上的三次论战》，载《法制与社会发展》2002年第4期。

术法阶段,德国法学界在没有对德国法律制度进行广泛研究的情况下,没有能力制定出一部优良的法典。萨维尼认为全德统一民法典必须具有德国的特点,即必须体现德国固有的民族精神。为此,他认为德国法学家当时的主要任务是深入研究德国法发展的历史,研究罗马私法、旧德国法、现存德国法及其历史发展,只有具备了这些方面的知识,才能编纂出一部成功的全德统一法典。"①最终,如萨维尼所愿,《德国民法典》近一个世纪后才在法学家们的不懈探究下得以编纂成功。它并非《法国民法典》的翻版,也非从法国舶来之法,而是真正立足于本民族传统、习惯和精神之法律,故至今生命力仍然旺盛。故,在划定政府金融监管权边界时,应深入挖掘内含于本国之特殊习惯、世界之通行精神,并将之体现于立法当中,如此控权基准方谓可靠。

综上所述,政府金融监管权之边界划定必须建立在不断的学术研究与实践积累之上,如此其方能由静态的经院式理论落地为动态的控权基准,如此其方能内含本国习惯与世界精神,而此皆有赖于行政、司法、学术研究与立法之四元互动。故基于金融业之复杂性和多变性,我们应以一种动态的法治观控制政府之金融监管权。

五、结　　论

政府金融监管权边界之论肇始于行政控权模式之变,即从强力控权模式到概括授权模式。在概括授权模式下,虽然议会决议权部分让渡于行政部门,控权中心由立法转向司法,然议会必须保留相当决议权以为行政和司法确立基准,于本文此基准谓为"政府金融监管权之边界"。此边界可于两处推衍:其一,乃是国家权力背后之社会需求;其二,乃是市场与政府之关系。推衍之下大体划出政府金融监管权之边界,即权力须发自防范系统性金融风险和保护投资者之"双峰"目标,且应维护或尽量不减损市场效率。申言之,政府应于市场不及之处发挥作用,同时应充分结合市场力量,并尽量不增加新的扭曲,以使监管成本最低化。此为政府金融监管权边界之理论探讨,以此控权实显不足,故需借鉴罗马法与近代欧洲大陆法典化运动之经验,通过行政、司法、学术研究与立法的四元互动,将静态抽象的理论边界不断具化为动态具体的控权边界。故从此意义上讲,政府金融监管权边界之论未自本文始,亦不可能至本文息,此论题仍须长期探讨,并应随金融监管、权力控制的理论与实践发展进一步衍进。

① 封丽霞:《世界民法典编纂史上的三次论战》,载《法制与社会发展》2002 年第 4 期。

中国(上海)自由贸易试验区离岸金融监管制度研究

王　立*

十八届三中全会开启的新一轮对外开放,其中一项核心任务是金融开放。通过开放资本项下的人民币可兑换,建立离岸金融市场来促进国内外金融市场的逐渐接轨,推动人民币国际化,是我国进一步提高大国地位、增强国际影响力的必由之路。中国(上海)自由贸易试验区(以下简称"自贸区")作为改革的先行者,承担着一系列使命:促进贸易自由化,应对美欧日倡导的环太平洋经济合作协定(TPP)、跨大西洋贸易与投资伙伴协定(TTIP)挑战;推进金融改革,逐步实现区内利率市场、汇率自由浮动,撬动国内金融改革;加快人民币国际化进程,促进我国进一步融入国际经济体系。这些目标的实现与离岸金融市场建设密不可分。

自贸区建设被认为是我国改革开放,尤其是加入 WTO 后在更加扩大开放方面迈出的重要一步。而其中的离岸金融市场建设将为我国金融改革探索道路,并为未来我国加入高标准国际贸易协定提供经验。在现代市场经济中,单个主体的经济行为的利己理性构成了市场运行的基础,但众多个体负外部性行为的合成与累积会给整个经济体系的健康运行带来灾难。市场经济发展中产生的"市场失灵"即源于此。因此,对具有负外部性的经济行为进行规制和监管,成为现代政府的基本经济职能。监管是否科学合理,是一国或一定区域内经济能否良好运行的关键。① 自贸区的离岸市场建设要想获得良好的运行和发展并起到示范作用,关键还在于科学合理的监管制度设计。

---

* 王立,华东政法大学 2013 级经济法学博士研究生,杭州师范大学钱江学院讲师。

① 参见刘水林:《中国(上海)自由贸易试验区的监管法律制度设计》,载《法学》2013 年第 11 期,第 116 页。

一、离岸金融监管的一般理论

(一)离岸金融市场与自贸区建设

1. 离岸金融市场的概念与历史沿革

离岸金融在很多时候并未拥有一个明确的定义。这部分是由于对欧洲货币的概念,学术界就已经存在争议。另一个原因在于离岸金融的发展过于迅速,尤其是在20世纪80年代前后出现了新的特征,给归纳概念带来了难度。正如麦凯恩指出,离岸金融存在不确定性,它可以被解释为很多事物,圈定其范围几乎是不可能的,故而不存在令人满意的概念。① 对离岸金融的界定,比较有代表性的观点是:离岸金融是指,在高度自由化和国际化金融管理体制和优惠的税收制度下,以自由兑换货币为工具,由非居民参与进行的资金融通。② 离岸金融的概念可以分为两个阶段:传统概念是指,有关货币游离于货币发行国境外所形成的、通常在非居民之间以离岸货币进行的各种金融交易或资金融通;20世纪80年代后受美国国际银行设施(IBF)影响的新概念是指,在货币发行国国内金融循环系统或体系之外,并且通常在非居民之间以离岸货币进行的各种金融交易或资金融通。③

所谓离岸金融市场(Offshore Finance Market),是指主要为非居民提供境外货币借贷或投资、贸易结算、外汇买卖、保险服务及证券交易等金融业务和服务的一种国际金融市场,也称境外金融市场。其特点可概括为:市场交易以非居民为主,基本不受所在国法规和税制限制。联合国认为,自贸区是“某一离岸所在”(an offshore location),与成品的目的地市场存在一定的隔离。④ 自贸区内的金融市场和金融业务必然带有离岸金融的性质和特征。

离岸金融起源于20世纪50年代末从伦敦发展起来的“欧洲美元”存贷业务,并在此基础上形成了“欧洲美元市场”。20世纪70年代,随着布雷顿森林体系的崩溃,各国建立起汇率保护措施,为了保障资本的自由流动,离岸金融作为一种金融创新得到了迅速发展并遍布全球,逐渐在各地形成了离岸金融市场。

传统观点认为,离岸金融市场是指经营非市场所在国国籍的当事人之间的金融交易的平台。离岸金融市场的交易主体是市场所在地的非居民。离岸金融

---

① See Hilton McCann, Offshore Finance, Cambridge University Press, 2006, pp. 11—13.

② 参见连平:《离岸金融研究》,中国金融出版社2002年版,第8页。

③ 参见韩龙:《离岸金融的法律问题研究》,法律出版社2001年版,第5—6页。

④ See UN, Free Trade Zone and Port Hinterland Development, 2005, p. 6.

市场的交易客体是以境外货币表示的货币资金。离岸金融市场的交易活动包括各种形式的境外货币存贷活动以及债券、股票和日益多样的金融工具、衍生产品。离岸金融市场的交易中介是从事离岸业务活动的各类国际金融机构,主要包括商业银行、投资银行、商人银行和其他非银行金融机构,如证券公司、保险公司等。

随着金融一体化和金融自由化的发展,离岸金融市场和在岸金融市场的某些特征出现融合,特别是美国联邦储备局 1981 年实施的《国际银行设施条例》允许美国银行在美国境内吸收非居民美元(所在国货币)或外币存款,并不受美国法定储备和存款保险条款的限制后,使美国纽约成为第一个境内离岸金融市场。日本离岸金融市场(JOM)的建立,又使日元成为东京市场上的主要交易币种,传统的离岸金融市场范畴一步步被突破。

据此,国际货币基金组织(IMF)给离岸金融市场作了最新定义:离岸金融市场是指那些离岸金融活动由银行或其他机构主要对非居民提供的一种金融服务发生的金融市场。从实际操作上看,是指那些拥有大量的金融资产和负债且两方面都发生离岸业务的金融部门,通常指:

第一,具有相当多的主要从事非居民商务金融活动的金融机构。

第二,金融体系中来自非居民的资产和负债,大大高于国内金融中介为国内经济融资的水平。

第三,大多提供较低的单独税率或者零税率、温和的或者较松的金融管制、银行保密或者匿名等有关优惠政策。①

2. *发展离岸金融是自贸区建设的应有之义*

离岸金融市场本身对投资的需求有限,其作用是作为特殊通道,向在岸市场配置资金。研究发现,2008 年印度 44% 的外国直接投资来自离岸金融市场;巴西全部外国直接投资的 1/3 以上来自离岸金融市场。某一离岸金融市场每增加 1 美元,会导致其临近的新兴市场外国直接投资增加 7 美分。② 离岸金融市场的成本优势对其他信贷市场形成竞争压力,包括税收竞争、降低在岸市场融资成本及政府税收;同时由于监管、营运、资金成本更低,离岸金融市场的存款利率更高,为投资者带来财富增值。

离岸金融市场已超出节约成本和避税的狭义范围,不断朝增值功能转变。特别是随着监管的不断加强和办公费用的上升,离岸金融的成本也出现上升。

---

① 参见黄钰等:《上海离岸金融市场法制保障研究》,载《政府法制研究》2010 年第 2 期。

② See Luisa Blanco, Cynthia Rogers, Are Tax Havens Good Neighbors? An LDC Perspective, SSRN, working paper, July 10, 2009.

同时更多非银行金融机构进入该领域,离岸金融的增值功能显得更加重要。富裕阶层的增加和公司交易的多元化,都需要通过离岸金融市场寻求多元化的投资和套期保值,实现资金的高回报。与此同时,新兴市场正成为离岸业务一个新的增长极。离岸金融版图不断被修改,新的离岸中心侵蚀着传统金融中心份额。特别是随着中国的崛起,跨境业务和富裕者阶层的增长以及人民币逐步成为新兴国际货币,客观上需要中国设立离岸金融中心。[①] 上海自贸区的规划蓝图正是符合这样一个趋势。

自贸区离岸金融市场是引进外资的便捷场所。离岸中心是中国外商投资的主要渠道,由于中国偏好于直接投资,对金融资本账户管制较多,西方投资基金在离岸金融市场设立离岸公司,然后对华直接投资,就成为中国引进外国直接投资的主要渠道。例如,对中国投资最大的10个国家或地区是离岸金融市场,它们占了中国全部实际使用外资的80%以上。

这说明离岸金融市场是适合中国外资战略的一种有效形式,中国应该改变完全依赖其他国家离岸金融市场的局面,建立自己的离岸金融市场,使之成为引进外资的渠道。自贸区离岸金融市场是中国金融市场化改革的助推器。离岸金融市场可以为中国利率市场化提供一个价格发现的参照系统,帮助在岸市场确定均衡利率。自贸区离岸金融市场可为流入国内的外汇分流,降低外汇储备对国内市场的压力,加快汇率制度改革。同时,倒逼中国银行和金融业提升国际化水平,降低贷款利率和提升存款利率,以降低实体经济融资成本和提高投资回报率,促进经济增长。自贸区离岸金融市场是支持中资公司海外发展的重要场所。特别是涉及国家战略重要性业务领域的重大并购、投资案中,由中资银行通过离岸金融市场渠道提供金融服务,既具有更大可行性,也有利于国家安全。通过在中国设立离岸金融中心,还可以引导海外华人资金回流到中国的离岸市场。[②]

离岸金融市场经营的货币通常意义上是非本国货币,世界上以伦敦为首的大多数离岸金融市场都以非本国货币为经营对象,虽然后来出现了美国的IBF和日本的JOM等以本国货币为经营对象的离岸金融市场,但仍然区别于本币。以IBF为例,美联储在设计IBF时规定,存放在IBF账户上的美元视同境外美元,与国内美元严格分开,这样的做法是为了防止离岸市场的货币对本国货币体系造成冲击。上海在建立离岸金融市场的初期,应当首先做好主要交易货币的定位。从当前国家政策看,人民币国际化是主流,是长期趋势,而外汇政策的管制、资本项目的不开放又无法回避,如果坚持将各种可自由兑换货币都作为重点

---

① 参见陈静:《打造自贸区离岸金融中心》,载《金融博览》2014年第3期。

② 同上。

发展的交易货币,必然无法回避外汇管制等一系列政策,导致美好的设想付诸东流。因此,必须面对现实,离岸人民币是一个很好的切入点。

(二)离岸金融市场监管的特殊性

1. 离岸金融市场监管需要自由与管制理念的平衡

目前全球离岸金融中心有六十多个,不同的国家以不同的政策优势来吸引跨国金融机构入驻,并将业务转移到本地。其中包括利率、税收、存款准备金制度、存款保险制度等各种政策优惠措施。离岸金融市场往往实行低税率甚至零税率,提供税收优惠是离岸优惠政策最集中的体现,也是现阶段离岸金融市场最显著的特征之一。这是离岸金融市场与传统的金融市场的重要不同之处,而且也是强有力的竞争手段。离岸金融市场一般具有相对独立的利率体系。由于资本国际流动或多或少存在障碍、资金供求者对各市场的熟悉程度不同、各市场的交易成本不同等原因,某一特定货币在其发行国国内金融市场与离岸金融市场上的利率之间仍存在一定差异。一般而言,离岸金融市场能够提供更具有竞争力的利率结构。①

以日本东京为例。为增加东京离岸金融市场的吸引力,日本政府允许东京离岸市场的存款利率不受日本央行的管制,充分自由浮动;与此同时,在存款准备金方面,豁免各离岸账户向日本央行交纳准备金的要求,只有从离岸账户向在岸账户转账时,才需要按照转账总额的一定比例交纳准备金。此外,日本国内规定商业银行存款要参加保险,但离岸账户的存款不必参加保险。最重要的是,东京离岸市场免去了存款利息税,并减免离岸银行的法人税。免征利息税提高了投资收益率,使得各国政府外汇储备、银行和企业的闲置资金都被吸引到该市场。1987 年,国际清算银行成员所做的银行间业务有 2/3 在日本进行,国际清算银行成员在东京离岸市场的国际资产占其国际资产总额的 5%,仅次于纽约国际银行设施,这就是税收优惠的魅力;而减免离岸银行的法人税使离岸金融机构的经营成本下降,跨国银行因此将更多的资金交易选择在东京进行。税收优惠无论对投资者还是跨国金融机构都产生了强大的吸引力。

但是,离岸金融市场面临自由与管制理念的两难选择。离岸金融市场设立的本意是为了通过离岸金融业务的特殊政策配套实现吸引外资、拓宽金融业务、弥补金融服务短板的目的。为了实现上述目标,在离岸金融业务的发展中,必然会通过宽松的制度设计与法律规则,实现有别于在岸金融严格管制特征的金融环境要求,满足资金融通、投资准入、货币兑换与税收安排的特殊需要。这种相

---

① 参见黄钰等:《上海离岸金融市场法制保障研究》,载《政府法制研究》2010 年第 2 期。

对于在岸金融业务更为自由、更为灵活的法律机制设计,是以离岸金融市场的开放与自由为前提的。但是,过度的开放和无约束的放任必然导致监管的缺失,增加离岸金融市场的风险与违法可能性。如果选择对离岸金融中心进行监管,是否会回到国内金融市场监管过严的老路,削减离岸金融市场的功能,是立法者与监管者必须面对的难题。①

事实上,对于多数国家或地区而言,他们一方面虽然试图逐渐加强对离岸金融市场的控制,但另一方面却又不得不竞相采取措施吸引离岸金融业务;而对于少数避税港地区来说,以放弃大部分监管权力的方式来吸引金融机构到本国注册并开办离岸金融业务,更是增加其财政收入的重要手段。② 对于自贸区离岸金融市场的建设,自由的金融市场环境显得尤为重要。但是,现有关于离岸金融市场的法律监管规定模糊了自由与管制的界限,难以形成适度宽松与合理管制的法律监管模式。

2. 离岸金融市场监管的多头性和松散性

金融的本质是服务,离岸金融市场是一种无形市场,除有些买卖债券的离岸金融市场有固定的交易场所外,其他基本上是以运营网络形式存在的无形市场。离岸金融市场用现代化的通讯工具,将遍及全球的境外货币、资金供求者联系起来,其货币流量之大和对国际经济影响之深是任何一国的国内金融市场和其他类型的金融市场无法比拟的。在离岸金融市场中运作的金融机构只受到国家政府的低度约束,也很少受东道国金融法令和法规的管制,所以,从某种角度讲,离岸金融市场是真正意义上的国际金融市场。这表现在以下几个方面:服务对象国际化、货币种类多样化、金融机构的国际化、离岸金融业务的国际化、资金来源和运用的全球化。

与传统的金融市场相比,离岸金融业务受到不止国内一个监管部门的监管。离岸金融市场既要接受货币发行国的管制,也要接受市场所在国(东道国)国内有关金融法规的制约。离岸货币被称为“影子货币”,也被称为账目“准货币”,对其进行记载和反映主要体现在不处于货币发行国的账户与货币发行国在岸金融机构的账户。③ 货币发行国可以通过清算系统和国际协定在一定程度上影响其货币交易的合法有效性。如在离岸交易时,各国和地区都务必遵守货币发行国的相关货币法令,一旦在交易中出现违法现象,将使得货币发行国主动干预并

① 参见范健、朱华友:《南海离岸金融中心构建模式选择与法律监管机制研究》,载《南京大学学报》2014 年第 1 期,第 78 页。

② 参见罗国强:《离岸金融法研究》,法律出版社 2008 年版,第 14 页。

③ 参见宋清华:《金融监管协调机制:国际经验与中国的选择》,载《武汉金融》2007 年第 12 期,第 18—20 页。

导致该交易失败。市场所在国通常对其离岸金融市场进行准入监管和经营监管,当然这些管制区别于其对于国内金融的管制,离岸金融市场具有较高的开放度和自由度。①这种交叉管理有时候相互配合,更多的情况下有可能引起监管冲突。

离岸金融机构所属国也有监管权。巴塞尔委员会对离岸金融机构所在国家赋予了极强的责任。1992年委员会发布了《国际银行监管最低标准》,该规定强调应当由离岸金融机构所属国家行使监管权限。其中,银行跨境设立机构要经所属国监管当局同意,所属国有权收集跨境设立的银行机构的信息,并对其海外金融机构的资本充足率等安全稳健经营标准进行监督、检查和实施。②

行业自律组织对离岸市场,特别是离岸证券市场具有较大的影响。如国际证券市场协会(International Securities Market Association,ISMA)的重要作用在于如何推动离岸市场更加规范化。该组织的金融机构成员达到800个,涉及了包括二级市场在内的所有具有活跃性的机构。该组织的约束力较强,已经得到了许多国家的认可和支持。此外,在英国《金融服务法》中,属于自律组织的证券投资委员会(Securities and Investments Board,SIB)即被授权可以对被承认的投资交易所予以认可。③

另外,1980年离岸银行业监管集团(Off-shore Group of Banking Supervisors,OGBS)成立。成立这个集团的目的在于希望实现统一监管。全球诸多离岸市场加入该集团,成员数量达到19个。为使监管更加严格,尤其是针对跨国银行的监管,OGBS力求实现巴塞尔委员会相关标准的有效实施。巴塞尔委员会设定了较多的协议要求,包括1988年《巴塞尔协议》、1996年《跨境银行的监管》、1977年《核心原则》、1999年《新巴塞尔资本协议》④、2010年《巴塞尔协议Ⅲ》等。

我们可以看到,离岸金融市场受市场所在国、离岸货币发行国及国际组织等多方面的监管。多方监管的交织与混合,是离岸金融市场的一个基本特征。由于多重管辖的存在,监管职权划分必然不明晰,容易形成监管"真空"地带。有关国家监管和管辖冲突也成为离岸金融市场监管的重要障碍。当前的离岸交易对市场所在国和货币发行国等有较大的直接收益,导致离岸市场的管辖并无明确的协议。国际组织也并未形成统一的政策,使得各国监管机构、金融机构、跨

① 参见黄钰等:《上海离岸金融市场法制保障研究》,载《政府法制研究》2010年第2期。

② 参见许明朝:《离岸金融市场监管之特殊性》,载《金融理论与实践》2006年第5期,第40—42页。

③ 参见左连村、王洪良:《国际离岸金融市场理论与实践》,中山大学出版社2002年版,第76—69页。

④ 参见巴曙松、郭云钊:《离岸金融市场发展研究》,北京大学出版社2008年版,第146—148页。

国公司以及其他市场参与主体多方交叉交易,形成了一套极为复杂的国际连锁关系,离岸市场不被任何一方有效控制。

离岸金融业务在监管上容易产生例外和豁免,直接结果是诸多参与者竞相选择各种方法来规避法律监管。离岸金融市场所在国往往采用比金融机构国内金融环境更宽松的政策,直接导致金融机构偏向于到离岸市场开展经营。比如美联储规定,IBF 的交易享受离岸市场的优待,免除使用美国其他金融交易的存款准备金、利率上限、存款保险、利息预提税等的限制和负担。又如在我国台湾地区的离岸市场上,国际金融业务分行(OBU)不受台湾"银行法""中央银行法""利率管理条例""外汇管理条例"的限制,而仅受"国际金融业务条例"及其实施细则的约束。①

(三)我国离岸金融的发展历程及监管

我国离岸金融的启动是需求带动型的。即商业银行有从事离岸业务的需要,然后通过向政府要政策的方式,争取到了政府的支持并获得法律保障。我国的离岸金融业务由招商银行首先取得试点权限,在历经十年后人民银行才出台了相关法规。根据中国人民银行《离岸银行业务管理办法》,我国的"离岸金融业务"是指经国家外汇管理局批准经营外汇业务的中资银行及其分支行,吸收非居民的资金,服务于非居民的金融活动。其服务对象"非居民",是指在境外(含港、澳、台地区)的自然人、法人(含在境外注册的中国境外投资企业)、政府机构、国际组织及其他经济组织,包括中资金融机构的海外分支机构,但不包括境内机构的境外代表机构和办事机构。

我国离岸金融业务自 1989 年国家外汇管理局首先批准招商银行经营以来到现在,按照业务经营情况和发展特点,大体上可分为四个阶段:

1. 离岸金融业务的初创阶段(1989—1994 年)

这一阶段,只有招商银行一家经营离岸金融业务。招商银行本着积极探索、稳健经营的方针,取得了非常好的效果。这个时期完全属于试点阶段,根本没有监管法制配套跟上。

资料显示,1989 年到 1991 年,是招商银行离岸资产业务的起步期,其离岸总资产从 3073 万美元迅速上升到 21 012 万美元,离岸存款、离岸贷款、离岸业务利润等指标都上升较快,离岸金融业务的发展获得了良好的开端。1991 年到 1994 年,招商银行离岸金融业务处于迅速上升时期。1994 年该行的离岸存款达到 32 283 万美元,比 1991 年上升 312.52%,离岸贷款达到 43 766 万美元,比

① 参见罗国强:《离岸金融法研究》,法律出版社 2008 年版,第 14 页。

1991 年上升 222.56%,离岸业务利润达到 1346 万美元,比 1991 年上升 395.88%。离岸业务占全行业务的比重在 10%—15%之间。在这一阶段,离岸业务各种管理规章制度逐步健全起来,业务操作按国际标准进行,资产、负债业务逐步多样化;信贷上,贷差逐步缩小,到 1995 年实现了存差,而且资产质量较好,逾期率在 4%左右。①

2. 离岸金融业务的迅猛增长阶段(1995—1998 年)

1994 年以前,我国主要有招商银行一家经营离岸金融业务。中国工商银行深圳市分行于 1994 年 4 月,中国农业银行深圳市分行于 1994 年 5 月相继获准开办离岸金融业务。1996 年 5 月,深圳发展银行、广东发展银行深圳市分行也获准成为办理离岸金融业务的规范试点银行。至此,共有 5 家银行经中国人民银行和国家外汇管理局批准经营离岸金融业务。深圳 5 家银行在经营前文所述各项离岸国际金融业务时,还可以享受以下优惠条件:第一,对离岸国际金融业务所吸收的境外资金,不提取存款准备金,离岸国际金融业务对境外贷款,不占银行信贷规模;第二,离岸国际金融业务所吸收的外汇存款,可以免除国家外汇管制,允许其自由调拨、自由转移。

离岸金融业务突飞猛进的时期由此到来,离岸资产规模急剧膨胀,形成了以招商银行为主导,工、农、深发、广发急起直追的格局。1997 年我国的离岸总资产、存款、贷款、利润分别为 26.85 亿美元、23.2 亿美元、20.6 亿美元、5747 万美元,其中招商银行的离岸存款、贷款、利润分别为 13.5 亿美元、12.1 亿美元、3999 万美元,分别占全国离岸存款、贷款、利润总额的 58.19%、58.74%、69.58%。值得一提的是工商银行深圳市分行,在 3 年多的时间里,其离岸存款、贷款、利润分别达到 7.17 亿美元、6.15 亿美元、791 万美元,完成了招商银行五六年才达到的规模。1998 年我国的离岸金融业务保持惯性,离岸存款、贷款、利润分别达到 23.21 亿美元、21.32 亿美元、5157 万美元。我国的离岸金融业务粗具规模。

早在 1989 年我国就已经开展了离岸金融业务试点,但是直到 1997 年,中国人民银行第一部关于离岸金融的正式规章《离岸银行业务管理办法》才出台。国家外汇管理局颁布的《离岸银行业务管理办法实施细则》至 1998 年 5 月才正式实施。换句话说,这 10 年来我国的离岸金融业务完全是在“法律真空”状态下进行的,而且这些规则还存在各种无法操作的条款。

3. 离岸金融业务的清理整顿阶段(1999—2002 年 6 月)

1997 年秋亚洲金融危机的爆发,对东南亚地区的经济影响甚大,许多企业

① 参见黄钰等:《上海离岸金融市场法制保障研究》,载《政府法制研究》2010 年第 2 期。

纷纷破产,房地产大幅缩水,经济持续低迷。这对以香港为主要市场的我国离岸金融业务来说,无疑是当头一棒,加之此前一阶段的盲目扩张和管理不善,离岸金融业务的风险立刻暴露出来,离岸资产质量不断恶化。

离岸金融业务在1998年左右陷入难以为继的困境,不良贷款比例大幅度上升,各银行相继出现了大量的呆坏账,招行、工行、农行三家离岸银行账户有1/3成为呆坏账,不良贷款比率远远超过了国际公认的安全标准:一是离岸金融业务发生重大头寸缺口,离岸银行账户不能实现自己的平衡,贷款额大大超过了通过离岸业务吸收的存款额,这个存贷款的巨大差额只能由在岸资金弥补;二是亏损严重,由于各银行都发生大量呆坏账,银行离岸金融业务出现了大面积亏损,仅工行一家的亏损额就超过了几百万美元,各银行的亏损额占离岸存款额的比例几乎都超过了5%。

鉴于亚洲金融危机影响的滞后效应,离岸资产质量的日趋下降,1999年初,中国人民银行不得不宣布暂停新的离岸资产业务,离岸业务进入了清理整顿阶段,离岸业务的发展也步入了停滞和萎缩期。由此,离岸业务进入了步履维艰的3年,各家银行面临着不同程度的逾期贷款清收、头寸不足、完善管理、人员流失等各种问题。经过努力,离岸不良资产总额已经大幅下降,但不良贷款比率仍然非常高。以招商银行为例,其离岸贷款最高峰的1998年达到123 646万美元,到2001年底已经压缩到49 322万美元,下降幅度达到60.11%,但不良贷款比率仍高达93.31%,虽然离岸资产业务的清理整顿取得了较大的进展,但是离岸资产质量问题仍然相当严重。

4. *离岸金融业务在我国的重新开办(2002年6月至今)*

进入21世纪,我国加入了世界贸易组织,金融开放势在必行。同时,在全球金融自由化与国际化浪潮下,国际金融竞争愈加激烈。各国纷纷采取措施吸引国际资本发展本国经济,而离岸金融市场对各国经济、金融发展的积极作用越发明显。因此,在离岸金融被叫停4年后,中国人民银行于2002年6月11日重新开放离岸金融,批准交通银行、招商银行、浦东发展银行、深圳发展银行开办离岸金融业务。总部设在深圳的招商、深发展两家银行1999年被叫停的离岸资产业务由此得以恢复。对上海的两家银行来说,2002年6月则是一个崭新的起点。“离岸金融”的概念被重新纳入我国金融业的范畴,需要银行业在有效控制离岸金融风险的基础上发挥其积极的经济效用。但自央行恢复离岸金融业务以来,由于外汇管制、政策定位不明确、国际化程度不够等多方面原因,这一业务的拓展始终令人有点意兴阑珊,发展非常缓慢。不过,随着监管层对资本项目管制的逐步放松,推动企业“走出去”的力度加大,离岸业务的命运有望随之扭转。

自2002年10月开始,国家外汇管理局陆续批准24个省、自治区、直辖市进行境外投资外汇管理改革试点,2004年5月22日,又将试点扩大到全国各地。截至2004年底,外管局共支持1152个项目在境外投资,中方投资总额51.19亿美元。国家政策已逐步明确,我国银行都看好离岸金融业务,离岸业务具有很大的发展潜力。①

除中资银行外,在我国可为非居民提供服务的金融机构还包括外资银行在华分支机构和部分合资银行(如华商银行、厦门国际银行)。外资银行国内分行大多数以所谓"全球服务"的名义,即"国内接单、境外处理"的方式,通过内部电子系统为非居民提供全方位服务。2004年,我国的离岸存款规模在60亿美元左右。2006年9月,天津获准进行资本项下人民币可兑换的试点,开办离岸金融业务。② 目前我国所有的外资银行都开办了离岸银行业务,它们已经开立的账户当中约有80%—90%是离岸账户。

根据国家外管局的数据,截至2011年底,中资金融机构的非居民存款余额为458.1亿美元,外资金融机构的存款余额为119.26亿美元,合计577.36亿美元;而2002年,中资金融机构的非居民存款余额为4.98亿美元,外资金融机构的存款余额为9.04亿美元,合计约14.02亿美元,10年间非居民和外资金融机构的美元存款总额增长了41.15倍。

二、自贸区离岸金融市场的监管模式

(一)境外主要离岸金融市场的监管模式

离岸金融起源于欧洲美元市场的形成与发展,是指在高度自由化和国际化的金融管理体制和优惠的税收制度下,在一国金融体系之外,由非居民参与的资金融通。③ 离岸金融中心作为新型金融工具,从20世纪60年代起逐渐发展起来。离岸金融中心在成立之初,其主要功能在于由一国境内或某一区域内的金融机构向非本国或非本地区居民提供非本币的存贷款服务。其成立的初衷是以自由兑换货币为交易媒介,以非居民为主要服务对象,提供借贷、资本结算、保险、证券、信托及衍生工具交易等金融服务,并借助其非居民化和非本币性,跳出市场所在国和货币发行国一般金融法规和法律的限制。

随着经济发展对金融服务的要求逐步提高,离岸金融中心的内涵愈加广泛,

① 参见黄钰等:《上海离岸金融市场法制保障研究》,载《政府法制研究》2010年第2期。

② 参见罗国强:《离岸金融法研究》,法律出版社2008年版,第177—182页。

③ 参见梁艳、李爽、杨乾坤:《建立离岸金融中心的影响因素分析——基于大连的视角》,载《北方经济》2012年第6期。

并与传统意义上的在岸金融中心的业务出现融合。在离岸金融中心业务的现代化拓展中,金融机构既可提供非本币金融服务,也可提供本币金融服务。离岸金融机构的资金来源也不再仅限于非居民,居民也可参与到离岸金融业务中来。经过半个多世纪的发展,国际离岸金融市场的形成模式和管理模式呈现出多样化趋势。国际上主要的离岸金融市场模式可以从职能上划分为如下种类:

1. *混合型离岸金融市场*

混合型离岸金融,即内外一体型离岸金融。① 其主要特点是金融机构所从事的业务并不区分非居民业务和居民业务。该类离岸金融中心的形成往往带有自发性质,多是依照经济发展需要由市场因素推动形成,离岸业务无须政府批准。早期的欧洲美元市场多为此种模式。19 世纪 60 年代以来,国际银行设施就用于欧洲市场,特别是伦敦、卢森堡、瑞士和加勒比海地区进行离岸交易。

混合型离岸金融管理模式的特点是,离岸金融业务不设单独的账户,而是与在岸金融业务并账操作。非居民的存贷款业务与居民存贷款业务在同一账户上运作,资金的出入境不受限制。在这种模式下,离岸金融市场与在岸金融市场在制度设计与规则监管上予以一体化管理,并不严格区分两种业务。如混合型离岸金融业务的典型代表我国香港地区,对离岸业务在法律上没有特殊的监管要求。其相关法律规定,居民与非居民在金融业务上地位平等、准入平等、公平参与,居民与非居民都可以参加本地与域外的各种金融活动。实现了离岸金融业务与在岸金融业务的混合。

混合型离岸金融模式在体现便利离岸业务与在岸业务的相互转换,实现两种业务的补充与相互促进时,其弊端也显而易见。在混合型离岸金融模式下,其内在的机构与组织安排决定了在提供金融业务服务时,并不严格区分离岸业务与在岸业务。这种模式极可能造成相关法律对金融机构与业务对象的双重监管缺失:一方面会使得开展离岸金融业务的相关金融机构可以利用两种业务的混合,随意进行两种账目资金的挪用,以逃避金融监管;另一方面也弱化了对服务对象的监管,离岸金融与国内金融体系之间本来基于不同适用主体与适用范围而产生的风险隔离功能被打破了,使得国际金融市场的风险与动荡能够快速传导至国内市场,增加了国内金融体系的不稳定性与不安全性。因此,只有金融市场发达、经济实力雄厚的国家和地区才会采用该类型的离岸金融服务。但同时,这些国家和地区也都采取一系列措施,以最大限度地保证离岸业务和在岸业务的区分。比如英国政府规定,离岸英镑业务不能在伦敦进行,而只能通过英属海峡群岛的离岸金融中心达成;同时尽管该国允许非居民经营在岸业务,但规定必

① 参见黄钰等:《上海离岸金融市场法制保障研究》,载《政府法制研究》2010 年第 2 期。

须缴纳存款准备金和有关税款,而且严格控制“全面业务”执照的发放量。①

2. 分离型离岸金融市场

该类型离岸金融市场的相关金融机构在从事金融业务时,对非居民业务和居民业务加以严格区分,对不同主体实施内外有别的金融管理机制。与混合型离岸金融中心在其产生之初的自发形成不同,该类型金融中心的形成与发展多是得益于政府的推动与支持,是基于现代金融的产业化需求与现代金融国际业务发展的需要而产生,是针对非居民之间的产业化金融现代服务而专门创设的。

在分离型离岸金融市场的制度创设与规则设计中,为了获得更多的境外客户与资金资源,往往通过制定内外有别的金融策略,为非居民间的金融交易提供更多的优惠待遇,对境外资金的流入采取宽松的政策,不实行针对本币的种种金融活动与交易的限制。但是,上述诸多优惠措施与特殊金融机制仅仅针对离岸业务,实施分离性离岸金融业务的各国的金融监管当局通常会要求非居民的金融交易必须与国内账户严格分离,并禁止非居民从事在岸业务。目前,以纽约、东京为代表的国际性金融中心在离岸金融业务的发展上,多倾向采用分离性离岸金融中心模式。究其原因在于,离岸型金融中心的构建既能够保障离岸金融业务的发展,又能够实现离岸金融市场和国内金融市场的风险隔离,有效防范金融风险的产生与放大,加大对开展离岸金融业务的相关机构的监管。1981 年,为了拓展纽约和美国其他金融中心的国际银行业务,作为一种迟到的措施,确立了 IBF。IBF 是一种分离的簿记安排,它使美国的境内银行能够接受来自国外的存款,而不必受制于通常的准备金或利率要求。IBF 基本实现了它应该实现的目标。作为最重要的国际金融中心,华尔街是许多国外银行的聚集地。到了 2001 年初,国外银行在美国设立或控股了 348 家分支机构和 111 个办事处,大部分坐落在纽约。②

在分离型离岸金融中心的发展过程中,为了最大程度地利用外资以及实现国际收支平衡的需要,在此基础上发展出严格型与渗透型离岸金融中心。严格的内外业务分离型市场模式主要为发达国家的离岸金融市场所采用。这一模式要求对离岸账户与在岸账户实施隔离,离岸交易与在岸交易分开,严禁资金在离岸账户与在岸账户间流动。而发展中国家为了更好地吸引和利用本国经济建设所急需的资金,可以也有必要作一些变通。因为对于发展中国家来说,离岸市场本可以成为利用外资的一条很直接的渠道,故而过分严格的内外分离会使创建

① 参见罗国强:《离岸金融监管法制构建中的基本原则与模式》,载《广东金融学院学报》2010 年第 2 期。

② 参见〔英〕理查德·罗伯茨:《解读华尔街》,敦素卫译,中信出版社 2004 年版,第 120 页。

离岸金融市场的意义打折扣。[①] 因此,这些国家又创设出存在一定内外业务渗透的分离型离岸金融市场模式。

在这一模式之下,尽管离岸账户与在岸账户分立,居民交易和非居民交易基本分开运作,但法律允许两个账户之间有一定程度的渗透。很多建立了离岸金融市场的亚洲国家都采取了这一模式,这样既可以避免过大的风险,又可以充分利用资金。比如,新加坡的亚洲货币单位(ACU)已经允许居民参加交易;日本的JOM在后期的发展中也已取消了完全禁止资金从境内流出的限制,只保留了流入境内的限额;印尼雅加达、泰国曼谷、马来西亚纳闽岛的离岸金融市场允许将吸收的非居民存款在本地进行借贷,但禁止资金从境内流出离岸市场。[②]

3. 避税型离岸金融市场

该类离岸金融市场,主要是利用其地理和税收优势发展离岸金融业务。这些离岸业务主要体现为登记地与记账中心功能,在这些地区往往并不开展实际的金融业务,仅是通过设立在离岸中心所在地的账户完成金融交易。通过在市场的账户上进行金融交易,实际上起一个记账中心的作用,提供簿记业务,其主要目的在于避税。

对该类离岸金融中心进行类型化分析,可以发现该类离岸金融中心多集中于海岛或港口型城市,并且具有较为稳定的政治环境和较为宽松的经济环境,通过税收优惠和较宽松的金融监管制度安排,吸引投资者的进入。避税型离岸金融中心在近年发展迅速,其典型代表包括百慕大群岛、巴哈马群岛、维尔京群岛、开曼群岛等海岛。这些离岸金融中心所在国往往缺乏像伦敦、东京那样的金融中心地位,也缺少开展实际离岸金融业务的基本设施与配套服务。但是,为了增加财政收入、创造经济收益,这些地区往往在设立离岸中心后,通过取消外汇管制、降低税率、放宽监管等举措,为其离岸金融业务创造吸引非居民投资者的宽松环境,吸引大量从事离岸金融业务的金融机构在此落户,并进一步带动金融、会计、法律、咨询、信息、旅游、商业等行业的市场需求。对于避税型离岸金融中心而言,在给这些缺少资源优势的岛国带来发展机遇的同时,也满足了其他国家对金融服务的要求,增加了资产跨国流动的可选择性与灵活性。[③] 因此,避税型离岸金融中心对于自然资源匮乏、经济发展滞后的海岛型区域,是非常具有吸引力的。

---

① 参见梁艳、李爽、杨乾坤:《建立离岸金融中心的影响因素分析——基于大连的视角》,载《北方经济》2012年第6期。

② 参见黄钰等:《上海离岸金融市场法制保障研究》,载《政府法制研究》2010年第2期。

③ 参见范健、朱华友:《南海离岸金融中心构建模式选择与法律监管机制研究》,载《南京大学学报》2014年第1期,第72页。

这种类型的离岸金融市场虽然生存至今,但一直备受非议,毕竟这些市场的存在对于正常的金融业务是一种很大的冲击,也不利于世界金融秩序的稳定。在2008年金融危机之后,避税型离岸金融市场再一次成为大家讨论的焦点。

(二)离岸金融市场的模式比较与选择

从世界各地离岸金融市场的分布,可以总结出一定的规律:第一,离岸金融市场一般都不是单一发展的金融市场,离岸金融市场比较发达的城市一般都是一个国家或者地区的金融中心,有较为完整及发达的国内或者地区金融体系;第二,离岸金融市场主要集中在欧美发达国家,世界主要离岸金融市场从事的业务都比较全面,与实体经济的联动作用比较明显,簿记型的避税天堂所占的比重并不大。①

在上海自贸区离岸金融市场模式的选择中,首先必须针对上海自贸区的内涵与特征,对离岸金融中心的模式进行比较研究。在厘清各类型离岸金融市场的特点与适用的基础上,结合上海自贸区的地域特征与经济发展现状,选择最为合适的离岸金融中心模式,并依此进行有效的制度设计与规则制定。

表1　离岸金融市场模式比较分析

类型	交易货币种类	交易主体	准入许可	业务范围
内外混合型	自由兑换货币(原则上不包括本币)	离岸金融机构、非居民、居民	宽松,无严格审批程序	中长期资金借贷、外汇交易
严格分离型	自由兑换货币(包括本币)	离岸金融机构、非居民	离岸金融机构设立须当局批准	中长期资金借贷、外汇交易
渗透分离型	自由兑换货币(包括本币)	离岸金融机构、非居民、居民	离岸金融机构设立须当局批准	中长期资金借贷、外汇交易
避税型	自由兑换货币(不包括本币)	离岸金融机构、非居民	基本无金融管制	只处理账务,无实际交易

通过表1对离岸金融中心模式类型与各自特点的分析,可以发现在离岸金融中心的模式选择上,根本要素在于对离岸金融中心所处地理位置与经济发展状况的综合判断。内外业务混合型的离岸金融中心,由于弱化了在岸与离岸金融业务的严格界限,具有更为广阔的金融业务市场与国际吸引力,能够快速形成巨大的金融积聚效应。但是,其内外业务混同所带来的巨大金融风险,确是很多国家难以承受的。因此,内外混合型金融市场往往是由诸如英国等具有深厚金

① 参见黄钰等:《上海离岸金融市场法制保障研究》,载《政府法制研究》2010年第2期。

融历史发展积淀的国家在长期的金融发展中所自发形成的。

近现代新兴经济大国多采用分离型离岸金融市场模式,究其原因有如下几点:①

首先,分离型离岸金融市场的建立,在很大程度上是由国家基于发展经济、拓展金融服务的愿望而直接推动的。这种政府推动型的金融中心构建模式能够在较短的时间内发挥出离岸金融业务的功能与效果,同时也能够通过政府的决策与政策指引,实现离岸金融业务与现有金融体系和金融规则的协调,降低离岸金融业务对在岸金融业务的冲击。

其次,分离型离岸金融市场模式在其制度设计上,严格区分在岸金融业务与离岸金融业务,通过隔离在岸资金与离岸资金的流动,最大限度地降低内外金融业务混合而导致的风险,最大程度地降低金融风险发生的可能性,起到保护国家金融秩序的作用。

再次,分离型离岸金融市场可以最大程度地减轻金融体制变动和金融法律法规变动造成的政策冲击与市场波动。在分离型离岸金融市场运行中,因为对于离岸业务采取特殊的币种、汇率和市场安排,必然要求特殊的制度设定和规则安排。内外业务分离型离岸金融中心所采用的内外有别的制度设计,有效解决了这一问题。

最后,在分离型离岸金融市场中,可以通过账户管理、资金保证及资金流动的单向性要求等,实现离岸金融业务与在岸金融业务的可控渗透。在实现风险规制的同时,增加离岸金融业务的灵活性,特别是为外资进入提供渠道,实现创设离岸金融中心的根本目的。

从目前看,离岸金融与在岸金融渗透分离、混合型模式,是离岸金融市场未来发展的主流趋势。以离岸金融与在岸金融完全分离型的离岸金融市场为起点,逐渐过渡到离岸金融与在岸金融渗透、混合型的离岸金融中心,这样的发展路径,在早期可以为离岸和在岸市场间建立起一道屏障,减缓离岸市场的利率和汇率波动对在岸市场形成的冲击,有效保护我国国内金融的稳定和银行资金的安全,给予内地金融监管机构学习和发展的缓冲时间。而随着内地金融体系和监管机构的越发完善,又会反过来推动离岸中心的发展,使其平稳安全地过渡到离岸金融与在岸金融渗透分离、混合型模式。

应当明确的是,自贸区离岸金融市场的最终发展方向为综合性国际金融中心,以避免进入避税型离岸金融市场的歧途。单纯的避税型离岸金融市场主要

① 参见范健、朱华友:《南海离岸金融中心构建模式选择与法律监管机制研究》,载《南京大学学报》2014 年第 1 期,第 74 页。

设立于经济规模极小、监管环境较松的小型国家或地区。近年来,随着各国对税收的重视和信息披露要求的加强,避税型离岸金融市场最大的特色——避税的难度也不断加大,业务规模不断萎缩。我国经济规模巨大,对外经济交流频繁,税收制度完善,监管较严。避税型离岸金融市场不符合我国的国情,无法满足我国经济金融迅速发展的需要。[①] 因此,从我国的经济体制、市场结构等各种特点来看,上海自贸区发展离岸金融市场能够采用的只能是内外分离型,并参考其他新兴国家的做法,采用渗透分离型离岸金融模式。

(三)渗透分离型离岸金融市场的监管核心环节

1. 自贸区离岸金融市场与在岸金融的互动机制

离岸市场和在岸市场之间的互动机制是一个核心问题,即"二线"到"一线"的金融防线如何管控。以新加坡和日本离岸金融市场的崛起为例。新加坡的离岸金融中心从1968年开始起步。发展至1998年,外汇业务营业额才达1390亿新元,经过30年时间,新加坡才发展成仅次于伦敦、纽约、东京的全球第四大外汇交易中心。[②] 日本东京的离岸金融市场1986年12月1日才正式开业。1988年底,东京离岸金融中心的资产余额已达到4142亿美元,规模已超过我国香港地区、新加坡、纽约,成为仅次于伦敦的世界第二大离岸市场。同样是内外分离型的离岸金融中心,同样在亚洲,为何两者发展速度的差别如此之大?最重要的原因是,日本经济实力强大,银行资金充裕。作为当时的世界第二大经济体,日本在国际贸易中有举足轻重的地位。常年贸易盈余使其金融实力雄厚,当时全球排名前10的大银行中,有5家是日本的集团企业。深厚的经济腹地和金融腹地是离岸金融中心产生吸引力和影响力的重要基础。

不可否认,JOM在一定程度上推动了日元的国际化,成了一个继伦敦、IBF之后全球第三大提供全能服务的离岸金融中心。但同样是日本,在经历了"失落的二十年"(1987年之后)的宏观时代背景,英国等其他国家和地区离岸金融中心快速发展的情况下,JOM虽然交易总量在上升,但其重要性却在下降。[③] 我们可以看到,离岸金融市场的发展与国内在岸市场的发展几乎完全具有正向关系。

上海自贸区将以什么速度成长,取决于它是种在盆里还是种在地里。如果上海自贸区的金融开放仅仅限于28平方公里内部的企业、居民和资金,那么它

---

① 参见陈静:《打造自贸区离岸金融中心》,载《金融博览》2014年第3期。

② 参见马骏、徐剑刚等:《人民币走出国门之路——离岸市场发展与资本项目开放》,中国经济出版社2012年版,第86—89页。

③ 同上书,第230页。

就是种在盆里的苗,长得再好也不过是一株盆景;反过来,如果上海自贸区的离岸金融是背靠长三角的经济腹地和陆家嘴的在岸金融中心,“一线”和“二线”之间有着非常灵活有机的互动,那么这棵苗就是种在地里,种在长江三角洲的经济腹地和上海陆家嘴的金融腹地上,长成参天大树自是必然。①

换一句话说,深厚的“二线”经济腹地和金融腹地是哺育“一线”市场繁荣的基础。上海企业2012年企业债发行量达到23.32万亿人民币,远高于香港2012年企业债发行量4.6万亿港元。如果它们当中有一定比例可以在自贸区获得融资,考虑到境内外利率的差别,不仅境内企业的融资成本可以大大提高,而且自贸区债券市场的发债规模也有了保障。香港离岸金融业务从2004年开放,8年后也就区区7000亿人民币,主要原因就是回流渠道不畅,离岸人民币缺乏足够的投资渠道,离岸资金和在岸的金融市场之间没有良好的互动机制。上海会变成第二个东京还是第二个香港(甚至还不如香港),关键在于离岸人民币和在岸金融市场之间的互动机制。② 而这个互动机制的核心就在于如何进行“有限渗透”,既保证离岸金融市场的吸引力,又保持对离岸金融业务的风险与金融冲击进行合理监管。

2. 我国渗透型离岸金融模式的尝试与教训

渗透型离岸金融模式的关键,是如何有效地进行在岸市场和离岸市场的“渗透”监管。金融市场不同于贸易市场,开一个口子,如果监管不当,就等于全面放开。在我国金融市场还不成熟的转型时期,金融市场的全面开放无疑是引入洪水猛兽,应慎之又慎。

我国在1989年试办离岸金融业务时采用的是有限渗透的内外分离型模式,即允许银行利用在岸资金在一定限额内弥补离岸账户资金头寸的不足。从管理层的角度看,选择该模式主要是为了降低离岸账户的风险,通过银行内部两个账户的流动,用一定限度内的在岸资金弥补离岸账户头寸的不足,提高离岸账户抵御风险的能力。然而,实际执行的结果则完全背离了管理层的初衷,它不仅没能有效地抵御风险,反而成为扩大金融风险的助推器。

有限渗透的内外分离模式给试点银行提供了一个在它们认为需要时就可以将在岸资金补充离岸头寸的冒险机会,这势必导致离岸贷款迅速膨胀,大大超过离岸存款的资金来源。有关银行将在岸资金渗透到离岸账户中去,一旦离岸贷款不能按时收回,或者离岸市场的存贷款不能自求平衡,就只能冒险继续追加在岸资金,以弥补离岸账户的存贷款缺口,进而打破在岸资金向离岸市场渗透的限

① 参见林采宜:《上海自贸区金融自由化之路》,载《上海证券报》2014年2月12日第A01版。

② 同上。

度。如果在岸资金的补充不能及时到位,离岸业务又势必出现亏损,这是所有商业银行都不愿看到的。在岸资金对离岸市场的注入,在短期内可能会缓解离岸市场的风险,但在长期却会产生相反的效应:离岸市场越来越依赖在岸资金的补充,离岸市场的风险甚至亏损相应的不断传导到在岸市场。

有限渗透模式的另一个问题是,一部分企业利用《境内机构对外担保管理办法》及其实施细则的缺陷,通过离岸业务逃汇套汇。我国一直实行严格的外汇管制,势必造成离岸市场和在岸市场的外汇资金价值差异,渗透模式给企业提供了利用离岸市场赚取这个价值差异的机会,使得它们有可能将境内资金转移到离岸市场,也可能将离岸资金转移到境内市场。例如,境内机构给境外机构提供担保,若境外机构经营失败,境内机构的资金就要划到境外;反过来,境外企业为境内企业提供担保,境内企业的经营失败就会使境外资金进入境内;在没有离岸银行业务的情况下,这种转移要受许多限制,而有了离岸银行业务,这种转移就变得方便多了。不仅如此,由于道德风险的存在,人们还会故意制造经营失败的假象,以实现逃汇套汇的目的,而这又进一步增加了离岸银行业务的呆坏账。可以肯定,如果当初离岸和在岸两个账户完全分离,不能相互渗透,则有关银行只能根据离岸存款发放离岸贷款,就不易造成离岸贷款规模的过于扩张了。尽管短期内有关银行因为不能及时得到资金的补充,离岸业务可能陷入困境,但这会促使银行业形成必要的谨慎和自律,从根本上避免离岸市场的巨额亏损。

渗透分离型离岸金融需要较强的制度保障以及银行自身严格的自律,监管的核心环节是在岸市场与离岸市场的"渗透"。就是在这个环节上,我国在之前的离岸金融试点实践中没有建立有效的监管体制,导致离岸金融业务大起大落,未达到预期目标。

三、自贸区离岸金融市场的离岸账户监管

(一)离岸金融监管的基础:离岸金融账户

离岸金融市场是经营非市场所在国国籍的当事人之间金融交易的平台。这个平台本身是无形的,没有任何柜台设施,也没有任何物理上的交易场所,我们唯一能够确知的可能只是市场所在地而已。1981年美联储批准设立的IBF就是一个典型。就本质而言,IBF是美联储为方便非居民以离岸货币进行金融交易而在境内设立的一种内外分离型的离岸金融市场。IBF并非一个独立于现有金融体系之外的组织机构,而仅仅是一套记录国际银行业务收支状况且与其设立机构相隔离的资产负债账户。这套账户与其设立机构的资产负债表相互隔

离。IBF 改写了离岸金融市场的定义。具体来说:(1) IBF 不允许发行 CDs 等可交换金融工具,并限制只能吸收两天以上的存款,对客户资格也主要体现为非居民性质;(2) 将境外美元和境内美元严格分账,境外美元进入境内需要缴纳欧洲存款准备金①,从而避免 IBF 和国内的活期存款账户相互替代,影响国内货币供给,妨碍国内货币政策工具的使用;(3) 美联储限制离岸资金用途,要求 IBF 所涉及资金用于国际业务,原则上国际业务和国内业务相分离,从而避免了 IBF 对国内金融业务的竞争。② 从这套规则可以看出,美国 IBF 离岸金融市场的建立,有赖于一整套与在岸账户严格分离的离岸账户以及与之相关的严格监管。

日本的 JOM 也没有具体的交易场所,被获准从事离岸业务的银行只是把境外业务另立离岸账户处理。日本的离岸业务通过大藏省批准设立的"特别国际金融账户"进行。离岸账户的资金若想进入国内市场,必须经过日本央行设立的"资金划拨相关账户"。"资金划拨相关账户"是连接日本离岸市场与在岸市场的纽带。一方面,这个账户使得当局可以监控离岸市场资金向在岸市场的转移规模;另一方面,日本央行可以对"资金划拨相关账户"征收准备金。这就给了日本央行一个政策调节工具,使其可以相机抉择,根据离岸市场的交易情况和国内宏观经济基本面,在不同时期征收不同的准备金率。③

首先,离岸金融市场虽然相对独立于传统金融市场,但却是在传统金融市场的基础上衍生出来的,实际上并没有单纯从事离岸金融交易的金融机构。金融机构总是在从事在岸业务的基础上从事离岸业务,这就在同一个场所产生了两个市场,进而使后一个产生的市场显得没有可以依附的实体场所。其次,除了市场的无形外,交易本身的无形化也增强了其虚拟性。信息技术的突飞猛进,使得离岸金融市场可以通过发达的网络系统与世界各地随时相连,离岸金融交易可以不必借助有形方式而在点击中瞬间完成。网上交易方式得到大量采用,从而使离岸金融市场越发成为虚拟空间。再次,离岸金融交易主体的特殊性也导致了交易的网络化。并非任何主体都有能力参与离岸金融交易。据统计,离岸金融市场中,70% 的资金交易以及 90% 的外汇交易都是在银行之间进行的。④ 此外,其他大型跨国金融机构也占据了相当的离岸市场业务份额。这些主体加在一起,几乎垄断了离岸市场上所有的交易。由于银行间或银行与大型跨国金融

① 美联储要求美国银行对其欧洲货币净负债缴纳 3% 的欧洲存款准备金,1990 年 12 月,准备金率由 3% 降为 0。

② 参见马骏、徐剑刚等:《人民币走出国门之路——离岸市场发展与资本项目开放》,中国经济出版社 2012 年版,第 179 页。

③ 同上书,第 229 页。

④ 参见左连村、王洪良:《国际离岸金融市场理论与实践》,中山大学出版社 2002 年版,第 23 页。

机构间原本就具有较为发达的业务网络,故而有关的离岸金融业务往往通过计算机业务网络完成。[①] 这个无形的虚拟网络的核心基础就是离岸账户。

离岸账户是离岸金融市场的微观工具,开展任何离岸金融服务都要以开立账户为前提,所以离岸账户是离岸公司开展业务的必要工具之一。通过对离岸账户的监管,监管当局能够从微观的角度发现离岸金融市场的风险和漏洞,进而采取措施来维护市场秩序,完善监管制度。[②] 解决了离岸账户的监管问题,离岸金融市场的监管问题也就解决了大半。

有学者认为,自贸区金融改革的政策关键是资金的进出问题,也就是建立资金进出的特殊通道制度,即自由贸易账户。我国金融改革开放的第一步应该是尽快实施自贸区自由贸易账户制度,第二步可选择上海的其他地区,并在全国其他地区尽快推广复制自由贸易账户制度,第三步再去研究逐步放松目前在自由贸易账户中的各种限制规定,包括数量总额的规定,而不是鼓励地方政府追求各种形式上的自由贸易区。[③]

(二) 我国对于境外机构账户管理的历史沿革

1. 保税区外汇制度

我国保税区设立后,1991 年 6 月 29 日,国家外汇管理局发布了《保税区外汇管理暂行办法》,初步形成了保税区外汇制度。经过对多年实践经验的总结,2007 年开始实行的《保税监管区域外汇管理办法》(以下简称《办法》)则规定了保税区与区外不同的外汇管理政策。从离岸金融市场的角度看,《办法》主要存在以下两方面的障碍:

第一,计价货币的规定妨碍了外汇间的自由兑换,限制了外汇交易市场的形成。《办法》第 5 条规定,区内与境外之间的经济往来,除另有规定外,应当以外币计价结算。区内与境内保税监管区域外之间货物贸易项下交易,可以以人民币计价结算,也可以以外币计价结算;货物贸易项下从属费用计价结算币种按商业惯例办理;服务贸易项下交易应当以人民币结算。区内机构之间的交易,可以以人民币计价结算,也可以以外币计价结算;区内行政管理机构的各项规费应当以人民币计价结算。上述规定形成了外币和本币的不同计价结算规范,形成了外币计价项、外币本币混合计价项和本币计价项目,割裂了外币和本币兑换

① 参见罗国强:《离岸金融法研究》,法律出版社 2008 年版,第 12、13 页。

② 参见司彧钰:《从离岸账户监管看离岸金融市场的监管问题》,载《云南社会科学》2013 年第 2 期。

③ 参见夏斌:《自贸区自由贸易账户》,http://business.sohu.com/20140915/n404311840.shtml,2014 年 9 月 20 日访问。

互通。

第二,非贸易项目下的外汇收付规定限制了资本项下可自由兑换。《办法》第14条规定,区内企业经常项目外汇收入结汇和服务贸易项下购付汇,按照境内区外相关规定办理。《办法》第15条规定,区内机构资本项目项下外汇交易,按照境内区外相关外汇管理规定办理。外方投资者因区内机构清算所得资产,经外汇局核准后可以汇出境外或者境内再投资;中方投资者所得资产,应当及时调回境内区外按相关规定办理。《办法》第16条规定,银行为区内企业办理购汇或者结汇手续后,应当在外汇登记证明相应栏目中签注并按规定留存有关凭证和商业单据备查。因此,目前我国保税监管区内实行的是有限资金自由,即在真实贸易项目下的资金收付相当宽松;但对于非贸易项目的资金流动,与区外境内一样,仍进行严格的资本项下外汇管制。①

2. 境外机构境内外账户管理

2009年7月,国家外汇管理局出台《关于境外机构境内外汇账户管理有关问题的通知》(以下简称《通知》),允许所有境内中资、外资银行在谨慎经营的前提下,为境外机构开立非居民外汇账户。为了与离岸业务相区别,《通知》明确规定:"所称境外机构境内外汇账户,不包括境外机构境内离岸账户(境外机构按规定在依法取得离岸银行业务经营资格的境内银行离岸业务部开立的账户)。"同时规定:"境内机构和境内个人与境外机构境内外汇账户之间的外汇收支,按照跨境交易进行管理。""境外机构境内外汇账户从境内外收汇、相互之间划转、与离岸账户之间划转或者向境外支付,境内银行可以根据客户指令等直接办理。"据此,可将境外机构境内离岸账户定义为,境外机构按规定在依法取得离岸银行经营资格的境内银行离岸业务部开立的账户。

由于我国长期实行较为严格的外汇管制措施,涉外业务的广度和深度以及开展的形式一直是金融界和企业关注的重点。我国的涉外业务与离岸业务是分别定义的两种业务。

我国的涉外业务主要涉及两个主体、四种货币持有方式。其中,两个主体主要是境内中资银行和境内外资银行;四种货币持有方式分别是居民持有的境内外币、居民持有的境外外币、非居民持有的境内外币和非居民持有的境外外币。在此需要解释何谓境内外币和境外外币,二者主要是以是否纳入国家外汇管理措施为区别的,纳入国家外汇管理的外币是境内外币,不纳入国家外汇管理的外币是境外外币。外币的概念也应当作广义的解释,特别是随着跨境贸易人民币

① 参见顾益民:《自由贸易区离岸金融市场模式选择、制度障碍和实现路径》,载《上海海关学院学报》2013年第5期。

结算的开展,境外人民币的数量日益增加,逐步形成了离岸人民币市场,在此外币应当包含离岸人民币在内。

以上两种主体和四种货币持有方式可以形成各种不同的业务组合,从而纳入不同的法律规范之内。分别是:第一种组合,境内中资银行办理居民持有的境内外币业务;第二种组合,境内中资银行办理居民持有的境外外币业务;第三种组合,境内中资银行办理非居民持有的境内外币业务;第四种组合,境内中资银行办理非居民持有的境外外币业务;第五种组合,境内外资银行办理居民持有的境内外币业务;第六种组合,境内外资银行办理居民持有的境外外币业务;第七种组合,境内外资银行办理非居民持有的境内外币业务;第八种组合,境内外资银行办理非居民持有的境外外币业务。[①]

八种不同的组合对应的管理措施有所不同,结合离岸业务主要是"两头在外"的业务,只有中资或者外资银行办理的居民或者非居民持有的境外外币的业务才符合离岸业务的特点。其他的只要是持有纳入国家外汇管理的境内外币,都不应该属于离岸业务的范畴。通过以上分析可以更清晰地看出,国家外汇管理局《关于境外机构境内外汇账户管理有关问题的通知》所规范的境外机构境内外汇账户,不同于境外机构的离岸账户,因为该通知允许"境内机构和境内个人与境外机构境内外汇账户之间的外汇收支,按照跨境交易进行管理"。而离岸业务不管是完全隔离式还是有限渗透式,一般都不允许按照跨境交易来实现境内和境外的外汇流动。

3. 上海"四个中心"建设背景下的离岸金融账户管理

2009年3月25日,国务院常务会议通过了《关于推进上海加快发展现代服务业和先进制造业,建设国际金融中心和国际航运中心的意见》(以下简称《意见》),其基本目标是到2020年把上海建设成为与我国经济实力和人民币国际地位相适应的国际金融中心,具有全球航运资源配置能力的国际航运中心。《意见》提出了推进上海加快发展现代服务业和先进制造业,率先实现服务业经济为主的产业结构的要求。由此,上海全面建设国际经济中心、国际金融中心、国际航运中心和国际贸易中心的伟大建设战略应运而生。"四个中心"不是彼此孤立的,从逻辑结构看应该是相互联系、互为基础的。国际航运中心和国际金融中心的发展必须要求国内经济、地区经济的强大支持,而经济水平的提高也是国际金融中心形成的标志之一。此外,贸易的发展又是经济领先的关键要素。因此可以说,"四个中心"的建设战略必须同时推进,同时发展,缺一不可。同时,《意见》明确提出,要根据国际航运中心建设的规划,发展与国际航运相关的

① 参见黄钰等:《上海离岸金融市场法制保障研究》,载《政府法制研究》2010年第2期。

离岸金融业务。为此,上海离岸金融市场建设正式提上议事日程,实现了从少数金融机构开展简单的离岸银行业务,向建立完善的国际性的离岸金融市场的质的飞跃。当然,由于上海的航运中心建设尚需要较长的推进过程,建设上海离岸金融市场如果单纯依赖航运中心建设显得势单力薄。鉴于“四个中心”的密切关系以及贸易中心在其中的核心作用,上海离岸金融市场的建设必须以国内贸易的发展为背景,以贸易中心的建设为依托,方能在上海“四个中心”建设的同时,有所突破,前景广阔。

上海自贸区设立后,银监会在 2013 年 9 月 29 日发布了《关于中国(上海)自由贸易试验区银行业监管有关问题的通知》,对中外资银行入区经营发展、区内设立非银行金融公司以及区内开展离岸业务等八项内容作出了原则性规定。

(三) 自贸区自由贸易账户管理

在 2013 年 9 月 18 日国务院发布的《中国(上海)自由贸易试验区总体方案》中,对自贸区“深化金融领域的开放创新”主要提出了两项内容:一是要加快金融制度创新,二是要增强金融服务功能。2013 年 12 月 2 日中国人民银行发布的《关于金融支持中国(上海)自由贸易试验区建设的意见》(以下简称“央行 30 条”)第二部分明确提出,要创新有利于风险管理的账户体系。2014 年 5 月 22 日,中国人民银行上海总部公布《中国(上海)自由贸易试验区分账核算业务实施细则(试行)》(以下简称《分账核算细则》),此细则具有重要的操作意义。至此,自贸区离岸金融账户落地。作为渗透分离型离岸金融账户,分账核算管理下的自由贸易账户从多个纬度落实了上述对上海自贸区金融服务实体经济的改革要求,并进一步创新了风险管理路径。

分账核算管理的核心原则有三个:

1. 建立规则统一的本外币自由贸易账户体系

一直以来,我国在涉外账户体系上实行本外币分隔管理的模式,这既是我国长期以来实行外汇管理的结果,也是人民币尚不具备国际清偿能力的结果。

自 2009 年 7 月启动跨境贸易人民币结算试点以来,人民币跨境结算业务获得了快速增长,在涉外经济领域中的使用范围也不断扩大,人民币的国际清偿能力也得到了国际上的一定认同。但人民币涉外账户体系和外汇账户体系分设并分隔管理的格局未变。由于管理理念、思路的影响,人民币涉外账户体系和外汇账户体系中都存在种类繁多的专用账户。这些专用账户被管理部门用来执行纷繁复杂的管理目标,使得企业的资金被人为地分隔存放在各种政策管制要求不一的专用账户内。这相当于同属于一家企业的资金却被放在了 N 多个口袋中,每个口袋须按规定存放不同金额的资金,使用时也要适用不同的规则。一些企业因此吐槽,说需要配多个财务人员才能搞清楚这些属于自己的钱该怎么用,一不小心就可能触碰了雷区被监管部门处罚。企业在参与国际商务活动时,通常需要针对多个账号签发多道支付指令才能将资金归整后对外支付。这样的账户服务体系严重影响了其资金的使用效率和支付效率。推出本外币规则合一的单一自由贸易账户体系且账户内资金可兑换,则意味着企业只需管理一个多币种的账户就可以实现各类支付,因而可以极大地满足企业参与国际商务活动中对资金管理和账户服务的需求。

自贸区规则统一的本外币自由贸易账户体系还体现在不同服务对象接受统一账户服务的安排上。人民银行发布的“央行 30 条”中明确规定,境外主体开立的自由贸易账户按准入前国民待遇接受相关金融服务。因此,境外主体在区内金融机构开立的自由贸易账户将与现行境内主体的账户一样,接受规则统一的账户服务,而不再是有区别的账户服务。这意味着自贸区在金融账户服务领域率先实施了全面国民待遇标准。此外,自贸区规则统一的自由贸易账户体系还表现在适用于所有金融机构,而非仅限于银行业金融机构。

2. 对跨境(“一线”)资金流动实施宏观审慎原则,对境内(“二线”)资金流动实施“有限渗透 + 严格管理”的原则

世界上成功的自由贸易区监管基本原则可概括为:一线放开,二线管住,区内自由。[①] 而自贸区将实施“一线逐步彻底放开、二线安全高效管住、区内货物自由流动”的创新监管服务模式。所谓“一线”,就是指国境线;“二线”就是指国内市场分界线,亦即自贸区的空间分界线。这种提法一般针对的是货物贸易,在离岸金融市场的监管中也可以类推适用,但有一些核心理念和操作层面的区别。比如,《分账核算细则》第 6 条规定:“中国人民银行上海总部对自由贸易账户与境外账户、境内区外的非居民机构账户,以及自由贸易账户之间的资金流动按宏观审慎原则实施管理;对自由贸易账户与境内(含区内)其他银行结算账户之间的资金流动根据有限渗透加严格管理的原则按跨境业务实施管理。”

就前者而言,对自由贸易账户与境外账户之间资金往来将按宏观审慎原则进行管理。金融机构可按国际通行的展业三原则(了解业务、了解客户和尽职调查)提供相关的结算服务,资金进出相对自由。这样的安排可以在区内企业参与国际市场商务投资活动时,为其提供与国际上齐平的账户金融服务,从而便利区内企业立足自贸区开拓国际市场。对于自由贸易账户与境外账户间的资金往来,人民银行将根据跨境资金流动情况和国内整体货币金融运行情况实施宏

① 参见刘水林:《中国(上海)自由贸易试验区的监管法律制度设计》,载《法学》2013 年第 11 期,第 118 页。

观调控。这就是说,不再逐笔地关注单一支付行为,而是关注账户资金流动的总体情况,并建立相关的非现场监测指标预警体系,针对监测到的情况,分析、判断是否需要发出预警信号。如果人民银行发出风险预警,金融机构则需要对所发出的预警信号推出相应的措施,如延长账户资金存放期限,缴纳特别存款准备金、无息存款准备金等。

就同一企业自由贸易账户与境内非自由贸易账户之间的资金往来而言,则设置了有限渗透的通道。这一安排主要考虑了自贸区企业立足自贸区、深耕境内市场的需求。在具体操作上,区内企业要办理同名账户间的资金划转,需要证明这些划转具有以下真实交易背景:(1)经常项下各类交易的需要;(2)实业投资项下各类交易的需要;(3)偿还自身名下存续期已经超过6个月的上海市银行业金融机构的贷款,且资金必须直接划入贷款银行还款;(4)人民银行上海总部规定的其他跨境交易。对于不同户名的自由贸易账户与境内非自由贸易账户之间的资金往来,则需要金融机构按跨境交易进行相应的审核后办理。在办理资金划转的过程中,必须将自由贸易账户账号前的三位标识符全程跟随到收款金融机构,同时在交易附言中注明资金系自由贸易账户划出。

3. 上海自贸区与上海国际金融中心联动原则

自贸区是实体经济的试验区,金融的角色定位是服务实体经济。为了给自贸区安排最具竞争力的金融服务,使区内主体享受到最优金融服务,自由贸易账户服务并没有给予设立在区内的金融机构垄断地位。

主要考虑有二:其一,鉴于自贸区原先是海关设立的综合保税区,区内以物流相关为主,区内企业大都在区外办公,散布在上海各个区域的现状,让上海市金融机构都可以在分账核算体系下就近为区内企业提供自由贸易账户服务,可以充分体现金融服务的便利化安排。其二,可以充分发挥上海市金融机构云集的优势,为区内企业提供竞争性的金融服务,而不是仅限于在区内设立了机构的金融机构。这也可以避免金融机构层面的重复投资,使得金融机构可以依托现有的网点和人员资源参与自贸区金融服务的提供。此外,依托上海国际金融中心的总体优势,还可以为自贸区提供更为优化的金融服务;这也可使上海国际金融中心在服务自贸区的同时,提升自身的开放度和创新力。①

(四)自由贸易账户的双重任务与风险监管

我国的金融开放既存在和一般转轨国家共同的问题——资本项下开放,同时又面临着与它们不同的特殊问题,即追求本币的国际化。有学者建议当前决

① 参见施琍娅:《分账核算试验》,载《中国外汇》2014年第14期。

策者应当适当加快人民币国际化步伐,在设计和布局资本账户开放的通道上,应该重点加快人民币进出的通道,且在适当加快人民币进出口的通道中,只有重点加快和放大人民币的回流速度和规模,消除境外人士和机构持有人民币的不便,才能有助于加快人民币走出去的步伐,才能有助于进一步放大形成境外人民币离岸市场的规模。[①] 因此,在居民自由贸易账户与境外账户、境内区外的非居民账户、非居民自由贸易账户以及其他居民自由贸易账户之间的"渗透"规则至关重要。

从本币国际化的角度看,东京离岸金融市场的发展是前车之鉴。如前文所述,日本连接离岸市场("特别国际金融账户")与在岸市场的纽带是"资金划拨相关账户"。日本在1984年6月废除了外汇兑换限制:原则上外汇资金可以自由地兑换为日元,且可作为国内资金使用。由于经过"特别国际金融账户"向国内转账需要缴纳准备金,日本外汇银行在逐利动机下,将离岸筹集的资金(主要是外汇)贷给日本外汇银行在中国香港和新加坡的境外分行,境外分行再将这些资金贷给国内金融机构和企业。这些离岸资金以对外负债的形式被自由兑换为日元进入国内市场。日本外汇银行的上述做法在外汇管理法的框架下规避了离岸和在岸隔离的限制,大量外汇流入境内套利。JOM在运行过程中,并没有真正做到内外分离,离岸市场和在岸市场之间上演了一场"再贷款游戏"。[②]

从1996年后日本东京离岸市场的统计数据看,总的情况是资本流入大于流出,且在起初的流入离岸货币中,离岸日元交易远远大于其他外国货币。然而,在2005年的市场交易量跌入"低谷"后,尤其是到2009年之后,流入的离岸日元一路走低,而其他离岸外国货币却一路走高。再从操盘手身份看,这些离岸外国货币业务主要是由非居民拉起的,它们在离岸市场上追捧外币交易,造成2013年东京离岸市场的日元交易进入历史最低位。出入市场的货币交易中,日元都被"边缘化"了,出现了大量外国货币(主要是美元)进入日本离岸证券市场,而作为日元"走出去"的证券投资在漫长十年中一直为零的"一边倒"现象。再从银行同业拆借市场看,也是外币"唱主角",日元一路走低。日本东京离岸市场变成了非居民操作外币的"天堂"。它们在一开始将流入的离岸日元"套"成其他货币后,日元就被边缘化了。

伦敦能成为全球各种货币衍生品交易的最大市场,得益于在离岸市场上的不断改革创新。在伦敦市场上,英镑作为"本币"始终保持着排行榜第一;美元

---

① 参见夏斌:《自贸区自由贸易账户》,http://business.sohu.com/20140915/n404311840.shtml,2014年9月20日访问。

② 参见马骏、徐剑刚等:《人民币走出国门之路——离岸市场发展与资本项目开放》,中国经济出版社2012年版,第228—233页。

虽居于第二,但仍高于其在本土的交易量;日元则被抛在更后面,但日本本土市场进行的日元衍生品交易量同样远远低于伦敦和纽约的规模。而就人民币衍生品交易而言,目前除香港市场之外,最大的规模仍在本土。但倘若不积极采取后续措施,该地位很有可能被替代。自贸区进行离岸市场业务的目的不仅仅是支持实体经济,还要平衡我国国际收支(人民币走出去)。人民币国际化更深刻的内涵就在于我国货币政策的独立性。只有相对独立了才能应对来自外部市场上的金融危机冲击。本币的价格(利率和汇率)应该主要根据本土市场的实体经济的供给和需求来决定。日元汇率和利率不支持其实体经济,与其不独立有关。面对日元与美元汇率的剧烈波动,日本央行却束手无策,因为本土成交量不足以决定其价格。不仅日元国际化受阻,而且实体经济(尤其是进出口企业)也不愿使用日元。鉴于此,保持人民币的相对独立性也是我国核心利益所在。[①] 因此,自由贸易账户既要控制各种可能存在的风险,同时也承担着促进人民币国际化的任务。

分账核算制度下的自由贸易账户可以提供可兑换便利。在具体安排上,一是可兑换的经常项下交易和基本可兑换的直接投资可以通过自由贸易账户实现自由兑换;二是目前尚处于部分可兑换和不可兑换的资本及金融账户交易,可以通过制定相关细则的方式,借自由贸易账户提高其可兑换程度,并最终实现自由兑换;三是对于部分高风险的业务,可以通过制定相关细则加特设子账户的方式来控制其可兑换程度,以控制先行先试所带来的风险溢出效应。因此,自由贸易账户内的货币资金总体上遵循可兑换原则,即账户资金在对境外支付时,可以自由兑换成为企业需要的支付货币;在对境内支付时,则遵循境内禁止外币计价结算原则,兑换成人民币后支付;停留在账户中时,则可以按企业自主选择所需币种保留资金。当然,考虑到自由贸易账户从本币做起的安排,自由贸易账户推出的前六个月中不提供外币账户服务,但可以通过兑换,提供外币收付结算服务。

除了自由贸易账户在实体经济使用层面的各项风险控制措施外,在金融层面还作了防火墙式的内向渗透风险控制安排。具体表现在人民币的内向渗透需要满足“限上存、控波幅、净流出”的资金管理要求。人民币是我国发行的货币,所有的清算都要通过境内完成,因此在具体安排上,金融机构的自贸区分账核算单元需要通过内部系统往来的方式,在其上级机构建立一个人民币清算账户。

“限上存”是指金融机构的自贸区分账核算单元每日上存在清算账户中的人民币资金不得超过当日通过该清算账户净收额的10% ×宏观审慎调节参数,

---

① 参见丁剑平、赵晓菊:《自贸区离岸金融业务亟需的两个“参考”》,载《国际金融》2014年第3期,第78页。

即当日收付轧差后净收额的90%需要通过自贸区分账核算单元间或境外市场摆放出去;“控波幅”是指为防止出现因分账核算单元超过前述每日10%的上存,造成月内累计数额太大,可能导致月末一次性下划而引发流动性波动过大的局面,要求分账核算单元在月内做好相应的控制,即月内日余额累加不超过10亿元,以免月末集中调整造成流动性波动过大;“净流出”则要求自贸区分账核算单元的清算账户上存日余额以月计算时需要满足小于等于0的条件,也就是境内法人机构向自贸区分账核算单元人民币净流出而不是自贸区分账核算单元向其境内法人机构净上存。这些条件约束意味着实体经济层面上可以通过自由贸易账户实现人民币与境外间的自由流动,但金融层面上则必须实现人民币的最终净流出,以避免由于实体经济层面资金大量流入而造成对境外人民币存量的冲击。如果实体经济层面已经出现人民币流出的情况,金融层面就不会出现清算账户的净收额现象,金融层面的流出也就自动下调。

在外币的内向渗透上,也是遵循国际货币清算规律所作的安排。也就是说,既然在国际货币清算规律的作用下,所有的货币都存放在其发行国金融体系内并以在发行国的清算作为终极清算,那么对于自贸区分账核算单元因提供自由贸易账户服务而形成的外币头寸要求其在境外清算也就顺理成章,因为在境内的外币清算也是依托发行国的银行体系完成的。为了防止外币领域的内向渗透造成跨境套汇差的问题,《分账核算细则》中规定了分账核算单元若需要通过境内办理外币清算而将外币资金存放在境内的金融机构时,需要纳入该清算金融机构的外债额度管理。同样,为了防止自由贸易账户可兑换带来的本外币头寸管理冲击境内市场,也作了分账核算单元的本外币头寸要在区内(即分账核算单元间)和境外平盘,不得纳入其境内法人机构的结售汇综合头寸管理,也不得通过其境内法人机构进入银行间市场平盘管理的安排。

综上,在金融层面上通过隔离外币、限制本币内向渗透的规则安排,使得跨境套利几无空间。因此,虽然在规则上给实体经济层面为其开展内外贸一体化经营和境内外统筹经营留下了与境外自由划转和内向渗透的渠道和空间,但这些渗透需要有真实交易为背景;而在金融层面,内向渗透的严格条件约束和控制,则使得即便可以通过自由贸易账户流入套利热钱,也无法通过内向渗透而实现其套利差和套汇差的目的,因为金融机构的分账核算单元业务需要在区内(即分账核算单元间)和境外管理其绝大部分资金和头寸,使得境外热钱通过自由贸易账户跨境套利的目的很难实现。① 自贸区分账核算试验成功与否,我们拭目以待。

---

① 参见施琍娅:《分账核算试验》,载《中国外汇》2014年第14期。

四、自贸区离岸金融市场的监管制度框架

离岸金融监管法主要是调整纵向的经济监督和管理关系的法律规范。离岸金融监管法可以按照不同的标准进行区分。比如按照监管主体的不同,可以将离岸金融监管法分为离岸金融市场所在国的监管法律和离岸金融从业者母国的监管法律,并且离岸金融市场所在国的监管法律制度是核心,离岸金融从业者母国的并表监管法律制度为辅助。离岸金融所在国的监管法律制度又可以区分为离岸金融市场模式监管制度、离岸金融市场准入监管制度、离岸金融业务经营监管制度、离岸金融业务税收征管制度和离岸金融风险监管制度,其中离岸金融风险监管制度尤为重要。

(一)我国离岸金融前期试点与监管制度缺失

如前文所述[①],我国的离岸金融试点在经历了初期的快速发展之后,遭遇到了较为严重的失败,有关业务尽管后来重新开办,但发展极为缓慢。尽管我们不能否认 1997 年东南亚金融危机的影响,但基于我国离岸金融市场的相对封闭性,国际金融危机最多只是一条导火索,而我国在有关法制构建,尤其是风险监管法制构建上的缺陷,才是导致其失败的根本原因。这也就是我们在此需要总结的经验教训:

1. 市场模式的监管设计存在缺陷

我国在 1989 年试办离岸金融业务时,监管当局采用的是有限渗透的内外业务分离型市场模式,即允许银行利用在岸资金在一定限额内弥补离岸账户资金头寸的不足。

有限渗漏的内外分离模式给试点银行提供了一个在它们认为需要时就可以将在岸资金拿过来补充离岸头寸的冒险机会,这势必导致离岸贷款迅速膨胀,大大超过离岸存款的资金来源。有关银行将在岸资金渗透到离岸账户中去,一旦离岸贷款不能按时收回,或者离岸市场的存贷款不能自求平衡,就只能冒险继续追加在岸资金以弥补离岸账户的存贷款缺口,进而打破在岸资金向离岸市场渗透的限度。在岸资金对离岸市场的注入,在短期内可能会缓解离岸市场的风险,但在长期却会形成相反的效应,使得离岸市场越来越依赖在岸资金的补充,离岸市场的风险甚至亏损相应的不断传导到在岸市场。

有限渗透的内外业务分离型市场模式的另一个问题是,一部分企业利用

---

① 参见本文第一部分。

《境内机构对外担保管理办法》及其实施细则的缺陷,通过离岸业务逃汇套汇。由于我国实行严格的外汇管制,势必造成离岸市场和在岸市场的外汇资金价值差异,渗透模式给企业提供了利用离岸市场赚取这个价值差异的机会,使得它们有可能将境内资金转移到离岸市场,也可能将离岸资金转移到境内市场。

对于上述问题,实际上在自贸区的最新分账核算管理试验中已经提出了一整套解决方案。具体的实施和随之暴露出来的问题,需要在实践中逐步凸显和解决。① 随着市场的成熟和法制配套的完善,可以允许逐渐放松双向渗透,但必须加强对离岸账户和在岸账户之间关系的监管。

2. 经营监管制度存在漏洞

从事离岸业务试点的银行缺乏规避利率和汇率风险的工具,因而在经营中很容易遇到风险。离岸金融市场是一个要求利率和汇率完全市场化、对外完全开放的市场,利率受国际市场资金供求的影响;同时,市场上流通的是世界各国的货币,汇率波动为世界市场行情所决定。由于这个市场上的利率和汇率的波动都相当频繁,而我国银行还处于这两者都相对稳定的僵化体制中,对利率和汇率波动造成的风险认识不足,反应不敏感,更缺乏有效的规避措施。

如我国尚未开展利率期货、利率掉期等业务,也没有外汇期货、外汇期权等,更不用说国外成熟的离岸金融市场普遍使用的衍生金融产品的交易,如欧洲美元期货、欧洲日元期货等。正是这些交易产品和工具的缺乏,使得我国离岸账户完全暴露在风险敞口之下。这是导致我国离岸市场业务不成功的又一重要原因。

因此,我们需要从银行业务开始,再向保险、证券、信托、基金业发展,逐步拓宽引进外资的渠道。离岸金融业务包含传统的银行业务,即存款、贷款和国际结算等业务,银行业务是离岸金融市场上量最大、发展时间最长的业务;离岸保险业务主要是指针对跨国企业在海外投资的需要而开展的一项专属保险业务,其发展得益于离岸金融市场上的优惠税收;离岸证券业务主要指离岸股票业务、离岸债券业务和离岸基金业务;离岸信托业务主要存在于避税港型的离岸中心,离岸信托业务是信托财产授予人对受益人的一种缓慢赠与过程;当前,离岸金融业务中占比最大的业务是离岸私人基金,该业务主要为离岸资金提供避税便利。从自贸区的现实情况看,还没有较为成熟的监管手段和能力,只能优先发展基础的离岸银行业务,再以此为平台,逐步增加开办离岸金融业务的种类。②

另外,要加强金融业务的创新。一是通过离岸产品与在岸产品的有效结合

① 参见本文第三部分。
② 参见陈静:《打造自贸区离岸金融中心》,载《金融博览》2014 年第 3 期。

与协调,服务于跨国投资企业的境外公司,满足客户的在岸金融需求与离岸金融需求,使客户实现对海内外资金的集中管理,提高资金的运行效率。二是以人民币离岸产品为主线,以人民币期权和期货产品为突破口,并着力拓展人民币兑外汇的衍生品和基础产品,以吸引全球交易商到自贸区离岸市场上集中交易,特别是吸引对人民币需求旺盛的亚洲经济主体。三是以人民币交易平台为基础,进一步拓展为美元、日元、欧元交易平台,逐步扩大到世界各国所有的金融产品和衍生品入市交易,使自贸区离岸金融中心成为发达的金融中心。①

3. 风险监管制度不到位

试点离岸银行忽视风险盲目扩张,高息揽存、高息放贷、片面追求账面利润,严重忽视风险管理。而监管制度在这方面的缺失,则起到了推波助澜的作用。在利率管理上,各行普遍采取"高进高出"(存、贷款利率均较高)的策略。"高进"会增加银行的经营成本,在利润的压力下,"高出"是"高进"的必然结果。而"高出"又导致银行在选择客户上处于被动地位,素质好的公司不愿承受高利率的负担,素质差的公司则很难保证贷款按期归还,甚至从一开始就未打算还款。

同时,离岸信贷的投向过于集中,地域上集中在港澳地区,行业上集中在房地产、基础设施、服务项目上,客户上集中投向一些大客户,种种因素都造成了经营风险的增加。尤其在贷款客户取向上,偏离了现代商业银行的经营理念,过分倚重政府背景。对在港中资企业贷款较多,对其实际经营状况和财务状况重视不够。资料显示,香港市场的客户数和资金量一度占到当时深圳离岸业务的90%以上。②

市场风险的监管离不开有效的评级建设,而在离岸金融业务试点中,我国缺乏对客户信用等级的评定制度。贷款的发放主要靠信贷委员会的审查评估,这种审查评估的效率低下,权威性也不高。更何况在离岸业务发展比较迅速的情况下,客户多为驻外中资企业或境内外资企业。许多贷款甚至没有经过严格评审就已发放,这是造成大量呆账坏账的重要原因之一。

4. 相关法律制度建设总体滞后

由于离岸业务处于试点状态,管理层对发展离岸业务尚有疑虑,对离岸业务发展的态度不明确,一些法律法规迟迟没有落实。如税收政策、保密制度等都没有明文规定,使离岸金融业务难以体现出对在岸金融应有的优势,且在实际业务中手续比较复杂、环节较多。

---

① 参见陈静:《打造自贸区离岸金融中心》,载《金融博览》2014年第3期。

② 参见罗国强:《论中国离岸金融风险监管法制的构建与完善——从次贷危机的风险失控谈起》,载《学海》2009年第4期,第108页。

法制建设的滞后,使得各银行在开办离岸金融业务期间基本上未接受过相应监督管理部门正规而全面的现场检查。金融监管机构对各银行开办离岸金融业务的真实情况缺乏了解,没有及时地发现有关问题并处理。即便是《离岸银行业务管理办法》,在立法技术上也处于国际落后水平。该规章内容不详细,可操作性较差,且对离岸金融业务的开展几乎完全是一种事后监管,无法充分发挥对离岸金融业务的监督作用。直到自贸区的相关文件(如“央行30条”等)出台,才有了一些可操作的规范性文件。现在的法规体系仍然存在两个问题:上海自贸区的规章法律效力层级较低,而且只适用于自贸区的局部地域,有较大的局限性。

相较而言,世界上主要的离岸金融市场都建立了专门的离岸金融法律制度。比如尽管20世纪90年代中后期东南亚金融危机极大地打击了亚洲各离岸金融市场,但从危机中逐渐恢复过来的市场所在国吸取了教训,加强了监管。如马来西亚为建设纳敏离岸金融市场,于1990年制定了《离岸银行法》《离岸保险法》《离岸公司法》《纳敏信托公司法》,后又于1996—1997年间制定了《纳敏离岸信托法》《纳敏离岸有限合伙法》《纳敏离岸证券业法》等,监管制度逐渐趋于完善。①

在具体的法律创设中,应当通过《离岸银行法》的创设,对离岸金融市场银行存贷款业务、银行信用风险管理、不良贷款管理、准备金管理、内外资金关联交易等行为进行管制;通过《离岸公司法》对离岸金融市场公司设立登记、持续经营、公司托管、公司审计等事项进行管理,特别强调在离岸金融市场设立公司的较低注册资本要求和较低的公司年检与管理费用;通过《离岸金融中心税收管理法》对离岸金融市场主体与营业收入的税收优惠加以系统规定,重点涉及税收减免、避免国际双重征税等问题;通过《离岸保险法》对离岸金融业务保险、离岸保险公司行为指引、保险资金流动等内容加以规范与监督;通过《离岸金融法》对离岸金融市场的信托、基金、融资租赁、货币经纪等金融业务进行管理。②通过以上一系列部门法的制定,形成系统、完备的离岸金融监管法律体系,从法律制度上将渗透分离型离岸金融市场所涉及的业务都纳入法律监管范围,通过法律条文的设定与法律条款的适用,督促离岸金融业务市场主体规范地开展业务活动,通过其依法经营活动获得法律所确立的宽松金融市场环境。

---

① 参见罗国强:《离岸金融法研究》,法律出版社2008年版,第7页。

② 参见范健、朱华友:《南海离岸金融中心构建模式选择与法律监管机制研究》,载《南京大学学报》2014年第1期,第80页。

(二) 自贸区离岸金融市场的风险监管制度

从监管的风险类型来区分,离岸金融风险监管一般包括对资本充足率的监管、对信用风险的监管、对市场风险的监管、对其他风险的监管等问题。无论是为了继续搞好自贸区离岸金融试验,还是为了日后推进全面的离岸金融市场建设,我国都应加强这些方面的监管法制建设。

1. 资本充足率监管

所谓资本充足率,即资本与风险资产的比例。这是巴塞尔委员会制定的衡量跨国银行资本状况以及风险程度的主要指标。根据巴塞尔《有效银行监管核心原则》的要求,银行监管当局必须制定反映银行多种风险的审慎且合适的最低资本充足率规定,并根据吸收损失的能力界定资本的构成。在离岸金融的实践中,多数市场所在国都采取了巴塞尔协议的资本充足率标准,即要求离岸金融机构的资本充足率至少达到8%。同时,还有部分小型离岸金融市场所在国,为了最大限度地防范金融风险,采用了高于巴塞尔协议的资本充足率标准。比如,根据金融服务委员会的要求,在当地离岸金融市场上营业的金融机构需要保持从12%—16%不等的资本充足率,而实际上,当地离岸银行的平均资本充足率已经达到了18.81%。①

尽管在在岸市场上,我国已经贯彻了巴塞尔协议,对内外资银行的资本充足率作出了要求,但在建立离岸金融市场的过程中,仍然应当要求各金融机构在从事离岸金融业务的时候必须维持其资本充足率。当然,对于作为国际惯例的巴塞尔资本充足率要求,我国可以在基本采纳的基础上作一些符合国情的变通,从而达到既保持本国金融机构的活力,又防范金融风险的目的。若要建立离岸金融市场,监管当局就应贯彻国民待遇原则,以同样的资本充足率标准来要求进入本国离岸金融市场的各国跨国银行,而不应再实行差别待遇(无论是超国民待遇还是次国民待遇)。

2. 信用风险监管

在离岸金融市场上,信用风险是一种主要的风险。其特点是涉及信用风险的收益和损失严重不对称,以及有关的离岸货币交易信息的明显不对称。由于离岸金融交易的资金量比较大,一旦发生信用风险,就很容易导致整个市场的剧烈震荡。依据巴塞尔协议,银行监管当局必须满意地看到,银行具备一整套管理信用风险的程序;该程序要考虑到银行的风险状况,涵盖识别、计量、监测和控制

---

① See Mark P. Hampton, Jason P. Abbott, Offshore Finance Centers and Tax Havens, Macmillan, 1999, p. 11.

信用风险(包括交易对手风险)的审慎政策与程序;这应包括发放贷款、开展投资、贷款和投资质量的评估以及对贷款和投资的持续管理。

我国应针对离岸金融信用风险的上述特点,借鉴巴塞尔协议,建立行之有效的信用风险监管法制。目前在在岸市场上,为了防范和避免信用风险,我国要求外商独资银行和中外合资银行的贷款余额与存款余额的比例不得超过75%,对同一借款人的贷款余额与商业银行资本余额的比例不得超过10%。这些规定被证明是符合巴塞尔协议的,是行之有效的。因此,尽管离岸市场与在岸市场不可等同,但在岸市场上防范信用风险行之有效的规定,应当被适当地移植到离岸金融市场上。这也是符合巴塞尔协议精神的。

同时,为了避免信用风险,我国应当建立独立评估离岸金融机构贷款发放、投资以及贷款和投资组合持续管理的政策和程序;银行监管者应确保离岸金融机构建立评估资产质量和贷款损失储备金及贷款损失准备金充足性的政策、做法和程序;银行监管者必须制定审慎限额以限制离岸金融机构对单一借款人或相关借款人群体的风险暴露;为防止关联贷款带来的问题,银行监管者应确保离岸金融机构仅在商业基础上向相关企业和个人提供贷款,并且发放的这部分信贷必须得到有效的监测,必须采取合适的步骤控制或化解这种风险。此外,我国还应建立行之有效的离岸业务信用风险综合评估机制与资产负债综合管理机制。

3. 市场风险监管

离岸金融中的市场风险,是指因离岸金融市场出现波动致使离岸金融交易主体蒙受损失的风险。在离岸金融交易中,一旦利率或者汇率出现波动,或流动性出现不足,或衍生工具投资失败,都会导致市场风险出现。依据巴塞尔协议,监管当局必须有效地评估交易主体的市场风险,要求交易主体严格控制市场风险,并对已经暴露的市场风险采取相应的管制措施。为了有效地评估离岸金融市场的风险,很多国家和地区都采取了综合评估风险、实行资产负债综合管理的做法。美国对其国内银行适用的是“骆驼评级体系”(CAMEL),即对银行的资本充足率(capital adequacy)、资产质量(asset quality)、管理水平(management ability)、盈利状况(earning performance)和流动性(liquidity)五个方面进行评估。很多国家也采用CAMEL评级体系,其中包括进行离岸金融试点的我国。对我国参与离岸金融试点的大型银行,银监会已经自2007年起采用CAMEL予以评级,评级以一年为一期。①

对于离岸金融市场风险,我国必须建立有效的评估机制,要求交易主体严格

① 参见楚秋:《风险与监管:离岸金融的题眼》,载《中国社会科学院报》2008年第9期。

控制市场风险,并对已经暴露的市场风险采取相应的管制措施。在目前的离岸金融试点中,我国规定了防范广义上的市场风险的措施。目前在在岸市场上,为了防范和避免市场风险,我国要求外国银行分行营运资金的30%应当以国务院银行业监督管理机构指定的生息资产形式存在,且其境内本外币资产余额不得低于境内本外币负债余额;为了防范和避免流动性风险,我国要求外商独资银行和中外合资银行的流动性资产余额与流动性负债余额的比例不得低于25%;同样,外国银行分行也被要求确保其资产的流动性,其流动性资产余额与流动性负债余额的比例不得低于25%。可以看到,我国针对离岸市场的特性,规定了高于在岸市场的市场风险监管标准。离岸市场上的有关比率标准尽管较高,但应当得到继续的维持和改进。由于外国银行分行是主要的离岸金融机构准入形式,其所从事的离岸金融业务的市场风险具有更广泛的危害性,故而我国可以在特定时期内再适当地提高有关比率标准。

为避免包括利率风险、汇率风险、流动性风险、衍生工具风险与投资风险在内的广义上的市场风险,我国应确保银行的管理信息系统能使管理者有能力识别其资产的风险集中程度;确保银行制定出各项完善的政策与程序,以便在国际信贷和投资活动中识别、监测和控制国家风险及转移风险,并保持适当的风险准备金;确保银行建立准确计量并充分控制市场风险的体系;监管者有权在必要时针对市场风险暴露制定出具体的限额或具体的资本金要求。① 尽管国际上较为通行的CAMEL评估法已经被我国采用,但我国还应该针对离岸金融市场风险的特点,并根据国际国内形势的变化,进一步完善这一评估机制。

此外,鉴于金融信息的价值越来越受到业内的关注,并且业内普遍认为金融信息的不透明是导致金融垄断,甚至是金融危机的根源。当前,国际上主要金融机构的最新资产负债动态、金融产品情况、金融组织的发展计划等信息,都缺乏统一的、权威的机构去收集和公布,这些信息仅为少数机构的研究部门所掌握,各自采集成本高,信息面不全,容易导致决策失误。如果建立统一的信息收集、公布机制,可以节约大量的信息收集成本,增加国内金融机构参与国际竞争的实力和信心。为此,上海市政府可以联合各方力量,建立统一的金融信息公布机制,即形成特定的与金融相关的信息资料的收集、加工、发布以及合理使用制度。具体而言,由政府部门或者政府部门授权的民间机构等责任主体为金融信息公布主体,通过统一建立的网络平台收集、分析国内外政府部门、金融机构、团体组织公布的关于金融产品、金融动态、金融案例等方面的信息,运用专业的手段进

① 参见罗国强:《论中国离岸金融风险监管法制的构建与完善——从次贷危机的风险失控谈起》,载《学海》2009年第4期,第110页。

行分析、加工,最终形成可供国内金融机构及金融监管部门参考的信息数据,按照一定的规则和途径对外发布,并根据信息的保密程度对信息使用进行合理控制的机制。通过实时向信息需求者提供可靠的信息,可以有效地解决资源浪费、信息不透明问题,有助于金融市场的长远健康发展。①

4. 其他风险监管

这里所指的其他风险,是指广义上的信用风险和市场风险之外的风险,如操作风险、违法风险、声誉风险等等。操作风险一般是指由于不完善或者失灵的内部控制、人为的错误以及外部事件而导致的操作失误或延误,而给金融交易主体带来直接或间接损失的风险。违法风险是指因金融机构工作人员或者其他金融交易主体的金融犯罪行为,而导致金融交易主体蒙受直接或间接损失的风险。其中,洗钱是离岸金融市场上最可能面临的违法风险之一。在离岸业务发达的英国,官方估计每年有25亿英镑的黑钱在此被洗白。② 曾经因大量从事洗钱活动而猖獗一时,一朝东窗事发就轰然倒塌的国际商业信贷银行(BCCI),更是非常典型的滥用离岸金融的例子之一。③ 声誉风险一般是指金融机构因各种原因出现违约致使其声誉受到损失,从而影响其在整个金融业界的发展,乃至影响整个市场秩序的风险。声誉风险对金融机构及金融市场的破坏性往往是长期的和巨大的。④ 对于离岸金融市场上的其他风险,我国应当高度重视并建立综合机制,尤其要注意对违法风险的防范。

2008年初发生的法国兴业银行交易员违规交易案,已经为我国的其他风险监管法制建设敲响了警钟。法国兴业银行交易员违规交易案主要涉及跨国银行风险监管中的违法风险、声誉风险以及内控机制问题。不难发现,我国目前的跨国银行风险监管法制,比较关注于防范和避免信用风险、流动性风险和市场风险,有关的规定也比较具体全面;而对其他风险问题则关注不够,有关的规定过于概括,且仅强调风险管理系统的独立性或统一性问题(对应于不同的跨国银行组织形式),而没有专门就违法风险的管理问题作出规定。可以说,法国兴业银行交易员违规交易案所暴露出来的违法风险、声誉风险监管问题以及内控机

① 参见黄钰等:《上海离岸金融市场法制保障研究》,载《政府法制研究》2010年第2期。

② See Lack of Regulation Turning London into a Haven for Money Launderers, Financial Times, October 29, 2004.

③ See Hilton McCann, Offshore Finance, Cambridge University Press, 2006, p. 337.

④ 比如在20世纪90年代,日本有四家金融机构和两家石油公司接连因金融交易而受损,损失总额达5030亿日元。这种情况严重影响了日本金融机构作为一个整体在世界上的声誉,并导致日本金融机构国际市场份额的下降。又如,2008年法国兴业银行交易员违规交易案发生后,该银行多年在金融衍生工具市场建立起来的声誉毁于一旦。为防止因此导致的挤兑风潮,银行不得不紧急融资55亿欧元,并不得不面临被收购的命运。参见罗国强:《离岸金融法研究》,法律出版社2008年版,第157页。

制建设问题,恰恰是我国跨国银行风险监管法制建设的软肋所在。[1] 因此,我国应高度重视对违法风险的管理,并对此作出一些专门的规定。比如,应当使受监管的跨国银行具备完善的政策和程序,其中包括严格的“了解你的客户”的规定,防止客户有意无意地利用银行从事犯罪活动;为防止银行的欺诈行为或者被卷入欺诈行为,银行的管理层和内部安全或保卫部门应建立专线电话,以便沟通情况;应要求职员向上级或内部安全部门报告可疑或出现问题的行为,而且应要求银行向监管者报告可疑行为和重大的欺诈行为。

除此之外,我国还应关注其他的风险监管问题,并采取一些具体的措施。比如,除了要求跨国银行风险管理系统在设置上与其组织结构相匹配之外,还必须要求银行建立全面的管理程序(包括董事和高级管理层的适当监督),以识别、计量、监测和控制各项重大的风险,并在适当时为此设立资本金;监管者还可通过实施合理的政策和程序来保证获得必要的信息。

① 参见罗国强:《跨国银行风险监管中的法律问题》,载《法学》2008 年第 3 期。

内幕交易行政处罚推定规则适用之实证分析

程茂军*

证明当事人知悉内幕信息是内幕交易案件行政调查和行政处罚的难点。基于此类案件信息传递的隐蔽性和多样性,利用推定规则证明当事人知悉就成为世界主要法域解决此难题的必然选择。推定规则在其他部门法中早有规定且司法实践亦多有适用,但对于证券法律特别是内幕交易查处而言,则是近三四年的事情。中国证监会先是基于执法实践情况,利用事实推定规则处罚了一批内幕交易案件;其后依据相关司法政策规定的推定规则进行了更为积极的执法实践。本文收集了迄今为止中国证监会公布的所有涉及推定规则适用的内幕交易行政处罚案件,通过对这些案件的实证分析,试图归纳揭示出中国证监会在适用推定规则方面进行的积极探索,并对涉及的相关问题予以理论上的回应。

本文首先讨论了中国内幕交易行政处罚推定规则的法律渊源和中国证监会适用推定规则予以内幕交易案件行政处罚的总体情况(第一部分),然后分别讨论了适用推定规则的一般原则(第二部分)、适用推定规则的主要类型(第三部分)、适用推定规则的证明标准(第四部分)、推定知悉情形的法律责任(第五部分),最后是简要的结论和建议(第六部分)。

一、概　　述

在禁止内幕交易立法方面最为先进的美国,1961 年美国证券交易委员会(SEC)适用 10b-5 规则查处了 Cady, Roberts & Co. 内幕交易案,历经 39 年,至 2000 年的 SEC v. Truong 内幕交易案中,始确立了推定当事人知悉的"附加因素"规则。我国从 1994 年第一次查处襄樊上证内幕交易案件,至 2010 年中国证

* 程茂军,华东政法大学 2013 级经济法学博士研究生。

监会查处了被称为第一起采用环境证据推定构成内幕交易的佘鑫麒案,只经过了短短16年;紧随其后,又于2011年、2012年颁布了推定规则适用的司法文件,可以说我国的立法和执法进程是有目共睹的。

(一)推定规则的法律渊源

1998年和2005年《证券法》都有禁止内幕交易的明确规定,而且是从禁止的客观行为种类角度予以界定,并未明确构成内幕交易需具备的主观知悉要件。但在行政处罚实践中,即使当事人属于法定内幕信息知情人,仍然需要证明其真正知悉或者应当知悉内幕信息。[①] 在中国证监会运用经验法则推定当事人知悉内幕信息并予以行政处罚,积累实践经验并积极协调的基础上,司法机关颁布了两个司法政策文件,赋予了推定规则适用的法律空间。

司法文件之一是最高人民法院于2011年7月13日印发的《关于审理证券行政处罚案件证据若干问题的座谈会纪要》(以下简称《纪要》)。《纪要》第6条规定,监管机构提供的证据能够证明五种情形之一,且被处罚人不能作出合理说明或提供证据排除其存在利用内幕信息从事相关证券交易活动的,人民法院可以确认被诉处罚决定认定的内幕交易行为成立。具体而言,这五种情况是:第一,《证券法》第74条规定的证券交易内幕信息知情人,进行了与该内幕信息有关的证券交易活动;第二,《证券法》第74条规定的内幕信息知情人的配偶、父母、子女以及其他有密切关系的人,其证券交易活动与该内幕信息基本吻合;第三,因履行工作职责知悉上述内幕信息并进行了与该信息有关的证券交易活动;第四,非法获取内幕信息,并进行了与该信息有关的证券交易活动;第五,内幕信息公开前与内幕信息知情人或知晓内幕信息的人联络、接触,其证券交易活动与内幕信息高度吻合。根据内幕交易主体的不同,对其主观方面"知悉、利用"作出不同程度的认定。用行为人客观行为与内幕信息等客观证据之间的相互一致性,来印证和认定行为人主观上存在利用内幕信息进行内幕交易的故意。客观交易行为与内幕信息的相互一致性,是指"交易活动与内幕信息有关、基本吻合、高度吻合"。根据案情可以用来判断的情况有资金变化、买卖时点与内幕信息的形成、变化、公开时间基本一致等6项。[②]

司法文件之二是最高人民法院、最高人民检察院于2012年6月1日起施行

---

① 参见彭冰:《内幕交易行政处罚案例初步研究》,载张育军、徐明主编:《证券法苑》(第三卷),法律出版社2010年版,第86页。

② 参见赵大光等:《〈关于审理证券行政处罚案件证据若干问题的座谈会纪要〉解析》,载《人民法院报》2011年8月31日第6版。

的《关于办理内幕交易、泄露内幕信息刑事案件具体应用法律若干问题的解释》(以下简称《司法解释》)。《司法解释》第2条、第3条与其说是对"非法获取证券、期货交易内幕信息人员"的界定,不如说是推定当事人知悉内幕信息并构成内幕交易的规定。其中,第2条规定的"非法获取证券、期货交易内幕信息人员"有三类:一是利用窃取等非法手段获取内幕信息的;二是与内幕信息知情人关系密切,相关交易行为明显异常,且无正当理由或者正当信息来源的;三是在内幕信息敏感期内,与内幕信息知情人员联络、接触,相关交易行为明显异常,且无正当理由或者正当信息来源的。对于"相关交易行为明显异常",第3条规定要综合时间吻合程度、交易背离程度和利益关联程度等3个方面7种情况予以认定。

上述两个司法文件具有如下几个不同点:一是法律效力方面,前者对审判具有指导作用,只能在说理部分作为说理依据;后者具有法律效力,可以直接作为裁判依据引用;二是适用领域方面,前者是完善证券行政处罚案件的证据规则,后者适用于与内幕交易有关的刑事侦察、检察、审判等工作;三是具体规定方面,前者关系密切人员包括"配偶、父母、子女以及其他有密切关系的人",后者则规定为"近亲属或者其他与内幕信息知情人员关系密切的人员"。根据《刑事诉讼法》第106条第6项之规定,"近亲属"除了包括前者规定的范围,还有同胞兄弟姐妹。同时,前者根据与内幕信息知情人关系的不同,分别适用"基本吻合""高度吻合"标准,而后者一体适用"明显异常"标准。另外,在综合判断的情况中,后者多了"买入或者卖出与内幕信息有关的证券、期货合约时间与获悉内幕信息的时间基本一致的"规定。虽然有上述区别,但由于《司法解释》更具可理解性和可操作性,在执法实践中也可以作为行政调查和行政处罚的参考。

(二)证监会推定知悉内幕交易行政处罚案例

截至2014年6月30日,中国证监会利用推定规则一共处罚了43起内幕交易案件(见表1)①。其中,2011年7月13日《纪要》印发之前,中国证监会处罚了3起;《纪要》印发之后,特别是《司法解释》施行之后,案件数量急剧增多。2011、2012、2013年和2014年上半年,分别是2起、7起、24起和7起。

---

① 本文的统计口径是,除有直接客观证据表明当事人知悉内幕信息或当事人承认且一直未予否认知悉内幕信息之情形外,证监会行政处罚决定书涉及推定规则适用的案例均予以统计。从主体角度可以进一步划分为:当事人参与内幕信息所涉事项但否认知悉、当事人具有相应职务但否认知悉以及关系密切型、接触联络型当事人但否认知悉。同时,在同一份处罚决定书中处罚若干主体时,表1仅统计推定知悉的主体。即使推定知悉的多人在同一处罚决定书中公布,亦被计算为一起案件。

表1　证监会推定当事人从事内幕信息的行政处罚案例(截至2014年6月30日)

处罚决定书	信息传递人			被推定的信息受领人		证据类型
	身份特征	实际/推定知悉	本人是否交易	与传递人关系	是否参与内幕信息事项	
〔2010〕2号	上市公司董事和总经理	推定知悉	是	—		间接证据
〔2010〕18号	上市公司董事长	实际知悉	否	亲属(夫妻、姐弟)	否	间接证据
〔2010〕53号	上市公司独立董事	实际知悉	否	亲属(夫妻)	否	间接证据
〔2011〕56号	重组方董秘	实际知悉	否	关系密切	否	间接证据
〔2011〕57号	中介机构人员	实际知悉	否	联络接触	否	间接证据
〔2012〕3号	上市公司总经理、董秘	实际知悉	否	关系密切且联络接触	否	间接证据
〔2012〕23号	上市公司董事长兼总经理	实际知悉	否	亲属(夫妻)	是	直接证据和间接证据
〔2012〕24号	收购方董事长、股东	实际知悉	否	亲属(夫妻)	否	直接证据和间接证据
〔2012〕31号	上市公司副董事长兼副总经理	实际知悉	否	关系密切且联络接触	否	间接证据
〔2012〕37号	其他(上市公司投资合作方总经理)	实际知悉	是	亲属(夫妻)	否	直接证据和间接证据
	上市公司管理层委托人	实际知悉	否	亲属(夫妻)	否	直接证据和间接证据
	章敏芝(第一次信息受领人)	实际知悉	是	亲属(女婿)	否	间接证据
〔2012〕49号	上市公司董事	实际知悉	否	亲属(夫妻)	否	间接证据
〔2012〕52号	其他(为上市公司联络资金)	实际知悉	否	亲属(夫妻)	否	直接证据和间接证据
〔2013〕2号	上市公司重组的委托人	实际知悉	否	亲属(妻妹)	否	直接证据和间接证据
〔2013〕4号	其他(国资委副主任)	实际知悉	否	亲属(夫妻)	否	间接证据
〔2013〕13号	上市公司实际控制人、董事长	实际知悉	否	关系密切且联络接触	否	间接证据
〔2013〕14号	上市公司总会计师	推定知悉	否	—	—	间接证据
				不明(冯振民)	否	直接证据和间接证据
				不明(吴春永)	否	间接证据
〔2013〕16号	上市公司独立董事	实际知悉	否	关系密切且联络接触	否	直接证据和间接证据
〔2013〕18号	其他(上市公司法人股东的实际控制人、董事长的师弟)	实际知悉	否	好朋友	否	直接证据和间接证据

（续表）

处罚决定书	信息传递人			被推定的信息受领人		证据类型
	身份特征	实际/推定知悉	本人是否交易	与传递人关系	是否参与内幕信息事项	
〔2013〕19 号	其他（被收购方董事长顾问）	实际知悉	否	认识并有些交往	否	间接证据
〔2013〕20 号	其他（被收购方董事长顾问）	实际知悉	否	好朋友	否	间接证据
〔2013〕21 号	其他（上市公司法人股东的实际控制人、董事长的师弟）	实际知悉	否	亲属（夫妻）	否	间接证据
〔2013〕29 号	被收购方人员	实际知悉	是	亲属（母女）	否	间接证据
〔2013〕30 号	中介机构人员（收购投资顾问）	实际知悉	是	亲属（夫妻）	否	间接证据
〔2013〕35 号	其他（收购方董事长代理人）	实际知悉	否	朋友且大学校友	否	间接证据
〔2013〕37 号	被收购方人员（负责生产技术）	推定知悉	是	—		直接证据和间接证据
〔2013〕39 号	2 名上市公司董事（5%以股东派驻）	实际知悉	否	关系密切	否	间接证据
				关系密切且联络接触	是	直接证据和间接证据
〔2013〕41 号	上市公司的实际控制人、总经理	实际知悉	否	不明（张庆瑞）	否	间接证据
〔2013〕51 号	其他（上市公司谈判代表）	实际知悉	否	亲属（夫妻）	否	间接证据
〔2013〕57 号	其他（开平市经信局长）	实际知悉	否	亲属（兄弟）	否	间接证据
〔2013〕58 号	上市公司的实际控制人	实际知悉	否	好朋友	否	间接证据
〔2013〕62 号	被收购方人员	实际知悉	是	亲属（侄女及侄女婿）	否	间接证据
〔2013〕63 号	上市公司董事长	实际知悉	否	商业合作	否	间接证据
〔2013〕65 号	上市公司总经理	实际知悉	否	业务关系	否	间接证据
〔2013〕66 号	上市公司人员	实际知悉	否	亲属（父女）	否	间接证据
〔2013〕71 号	上市公司总经理	推定知悉	是	—		间接证据
	上市公司副总经理兼财务总监	推定知悉	是	—		间接证据
〔2013〕79 号	中介机构人员	实际知悉	否	亲属（堂姐夫且关系密切）	否	间接证据

(续表)

处罚决定书	信息传递人			被推定的信息受领人		证据类型
	身份特征	实际/推定知悉	本人是否交易	与传递人关系	是否参与内幕信息事项	
〔2014〕9 号	被收购方副总经理	实际知悉	否	亲属(夫妻)	否	间接证据
	被收购方总工办的主任	实际知悉	否	亲属(夫妻)	否	间接证据
〔2014〕25 号	其他(上市公司实际控制人的私人助理)	实际知悉	否	亲属(女婿)	否	间接证据
〔2014〕28 号	被重组方副总经理	实际知悉	是	亲属(母子)	否	间接证据
	被重组方副总经理	实际知悉	是	亲属(夫妻)	否	间接证据
〔2014〕29 号	上市公司董事兼副总经理	实际知悉	否	关系密切	否	间接证据
〔2014〕36 号	中介机构人员	实际知悉	否	关系密切	否	间接证据
〔2014〕39 号	上市公司财务经理	实际知悉	否	同事(两人座位相邻并共用电话)	否	间接证据
	陆沈良(第一次信息受领人)	推定知悉	否	不明(与金刚有资金往来)	否	间接证据
〔2014〕43 号	上市公司人员	实际知悉	否	关系密切	是	直接证据和间接证据

这 43 起案件中①,从信息传递人的身份看,最多的是上市公司及其实际控制人的董事或/和高管及工作人员,共涉及 19 起案件 21 人次;其次是中介机构或类似中介机构的财务顾问经办人、律师、上市公司委托人,共涉及 6 起案件 6 人次;再次是被重组或被收购方高管和工作人员,共涉及 5 起案件 7 人次;然后是重组或收购方董事或/和其代理人、高管、部门中层,共涉及 2 起案件 3 人次;其他身份包括收购方或被收购方董事长顾问或私人助理或代理人、政府官员、上市公司投资合作方总经理等,涉及 11 起案件 10 人次。值得注意的是,推定信息传递人知悉的有 2 起案件涉及 3 人次,信息传递人本人从事内幕交易的有 6 起案件涉及 7 人次。

从信息受领人的身份看,并无明显规律可循,包括涉案股票的上市公司董事、基金公司投资经理、保荐代表人等涉及 6 家公司 7 人次。

从信息传递人与信息受领人之间的关系看,有亲属关系的共涉及 20 起案件 24 人次,其中是夫妻关系的达 13 起案件,另外则多涉及母子、母女、女婿、兄弟、侄女等;关系密切或/且联络接触的共涉及 9 起案件 10 人次;朋友关系的共涉及

---

① 因有 3 起案例是推定本人知悉并从事内幕交易,并未涉及信息传递问题,分别是《中国证监会行政处罚决定书》(佘鑫麒)〔2010〕2 号、(郭文忠)〔2013〕37 号、(丁国军及潘卫标)〔2013〕71 号。

4起案件5人次;其他的关系则涉及业务合作、同事及关系不明等,共涉及7起案件9人次。

从证明信息受领人知悉使用证据看,有11起案件使用直接证据和间接证据予以证明,其中直接证据包括前期参与(3起)、他人证明(3起)、本人承认(5起)等情形,在有直接证据的情况下,中国证监会坚持主客观一致的原则,再辅以间接证据充分论证;其余21起使用间接证据予以证明。

二、适用推定规则的一般原则

无论是《纪要》还是《司法解释》,都只是概括地规定了用来综合判断的几项指标,对于应当秉承何种原则以及各情形证明力大小等问题则语焉不详。通过对各项指标的实证分析,本文试图归纳出综合判断的一般认定原则。

(一) 各项指标统计情况及其评述

《司法解释》第3条采取列举和概括的方式规定了用来判断"相关交易行为明显异常"的指标,其中明确规定的有7种情形。表2比较直观地列示了43个案例中各项指标应用的数量情况。

表2　各项指标使用情况

综合判断的各种指标	案件数量(件)	"基本一致"量化指标(日)	相关指标具体描述/备注
开户与内幕信息的关联性	4	3.5	关联性具体是指开户日期与当事人第一次内幕交易的时间间隔
资金变化与内幕信息的关联性	11	3	关联性具体是指资金第一笔汇入与当事人第一次内幕交易的时间间隔;其中有2个案例仅简单说明敏感期内有资金汇入
资金进出与知情人的关联性	8	—	—
买入日期与内幕信息形成日的关联性①	40	36.15	若剔除前5项较大数值,则为25.3
买入日期与获悉内幕信息日的关联性	33	8	若剔除前5项较大数值,则为4.4

① 该项指标在43个案例中占比最多,原因在于证监会行政处罚决定中对于内幕信息敏感期几乎都有界定,故较易准确统计,但证监会很少利用该项指标来论证当事人涉嫌内幕交易行为。除此指标之外的其他情形,则多被证监会用来证明当事人涉嫌内幕交易行为。

(续表)

综合判断的各种指标	案件数量(件)	"基本一致"量化指标(日)	相关指标具体描述/备注
卖出日期与内幕信息公开日的关联性	27	32.6	若剔除前5项较大数值,则为10.7
交易习惯不同于平时	14	—	不同于申购新股;之前无大额集中买入单只股票;交易量数额巨大;借用他人账户且转入大额资金且全仓买入;单日买入数量及成交额异常放大;之前申购新股且比较谨慎而现在则非常激进;其他股票通常分散少量买入;操作股票较多且短线为主等
买卖证券行为与公司基本面背离	8	—	—
亏损卖出或卖出其他股票	12	—	—
隐含违法性	8	—	账户开立的解释前后不一;亲属关系好不好、账户控制前后矛盾;当事人的谈话矛盾或者前后不一致;账户操作上前后矛盾;串通买入原因;隐瞒了女儿、女婿情况;账户操作者本人和其夫对资金来源解释彼此矛盾等
敏感期内外交易涉案股票情况	13	—	从未或近1年或近6个月未交易涉案股票;之前交易涉案股票金额不大;敏感期内仅或主要交易涉案股票等
相关交易行为特征	33	—	大体吻合;基本吻合;高度吻合;异常;明显异常;基本吻合且明显异常;高度吻合且异常;高度吻合且明显异常等

鉴于"买入日期与获悉内幕信息日的关联性"的重要性,本文还对43个案例中当事人的获悉方式进行了统计①:交易前电话联系的有15个案例涉及18人次;当事人承认或他人证明的有7个案例涉及9人次;通过文件阅览和前期参与推断知悉的有4个案例涉及5人次;其他17个案例涉及19人次的知悉方式并未明确,通过异常的交易时点推断当事人知悉或者证监会认为信息传递人和

① 43个案例中有明确(推定)获悉途径的为26个,与"买入日期与获悉内幕信息日的关联性"中的33个案例有差异,原因在于(推定)获悉时间可以是个时间点,亦可以是个时间区间,统计差异的7个案例的获悉时间为时间区间。在相应的处罚决定书中并未明确获悉方式,但笔者通过研读案例可以大体判断出买入日期与获悉内幕信息日的间隔。

信息受领人具备传递信息的条件,比如"双方确定债务重组初步方案并制作相关文件"次日买入①,"分配预案董事会表决的当天交易"②,"相关会议后第二天买入"③。

上述指标在案例中出现的次数由高到低分别为:买入日期与内幕信息形成日的关联性(40)→买入日期与获悉内幕信息日的关联性(相关交易行为特征)(33)→卖出日期与内幕信息公开日的关联性(27)→交易习惯不同于平时(14)→敏感期内外交易涉案股票情况(13)→亏损卖出或卖出其他股票(12)→资金变化与内幕信息的关联性(11)→资金进出与知情人的关联性(买卖证券行为与公司基本面背离、隐含违法性)(8)→开户与内幕信息的关联性(4)。

针对上述指标,特作以下评述:

1. "交易行为与公开信息反映的基本面明显背离"实无必要明确地予以列示

对于"交易行为与公开信息反映的基本面明显背离"这一情形,其实并未单独作为一项指标予以分析,一般是作为分析的背景体现出来。如内幕信息涉及资产重组类的,则买入行为与目前公司的基本面明显背离。实际上,此项情形的内在逻辑是假设投资者皆是价值投资者,不会投资于业绩较差的股票,但实际上投资者的投资风格不同④,有的可能就偏向投机于重组概念类股票,因此,"交易行为与公开信息反映的基本面明显背离"作为一项普遍考虑的情形是否具有价值,值得商榷。该问题最为明显地体现在丁国军、潘卫标内幕交易案中,两人知悉向日葵 2012 年上半年净利润预计重大亏损的信息后,在所持限售股解禁当日大额卖出,分别避免损失 89.57 万元、12.09 万元。此案例中,卖出行为与公司基本面未明显背离,但却是构成内幕交易的主要判断因素之一。

2. "获悉时间"既是具体时间点又是时间区间

"买卖时点与获悉时间间隔"中,获悉时间可以是时点,也可以是时间区间,只要能够推断出当事人在交易之前知悉了内幕信息即可。如在李小燕内幕交易案中,李小燕的丈夫苏某等人作为中方谈判代表,于 2012 年 2 月 2 日至 16 日与外方霍尼韦尔就合资事项进行第十轮谈判。2 月 16 日,双方对合资合同的内容达成一致。李小燕 2 月 16 日开始买入涉案股票。此时,判断其知悉时间,只能是个区间。⑤ 在罗明内幕交易案中,2011 年 12 月 26 日至 2012 年 1 月 30 日买

① 参见《中国证监会行政处罚决定书》(党建军、马中文等 4 名责任人)[2010]18 号。

② 参见《中国证监会行政处罚决定书》(费智、黄晓丹)[2012]49 号。

③ 参见《中国证监会行政处罚决定书》(谭淑智)[2013]4 号。

④ See Ralph K. Winter, On"Protecting the Ordinary Investors", 63 Wash. L. Rev. 881(1988).

⑤ 参见《中国证监会行政处罚决定书》(刘绍军、李小燕)[2013]51 号。

入,同期罗明与刘某2011年12月1日至2012年1月30日有多次电话联络,并边转入资金边买入股票,且所动用的资金规模是原有资金规模的数倍,这与其平时交易习惯明显不同。此时,获悉时间亦只能理解为一个区间。①

3. “其他交易行为明显异常情形”的“其他”的外延范围

证监会判断交易行为明显异常的要素除了《司法解释》明确规定的7项外,还结合个案情况运用了诸多指标或要素予以论证。运用比较多的是亏损卖出或卖出其他股票、隐含违法性、敏感期内外交易涉案股票情况,正如表2所示,该3项指标出现了33次。值得注意的是,有的案例还利用了“买入涉案股票金额占买入前资金余额占比”②“涉案股票市值占相应账户总资产的比例”③等指标,但有时分析证明力不强,难免有些牵强附会之意。

4. 相关概念界定不清晰,使用比较随意

一是在不同意义上使用“交易行为”,导致缺乏统一性。“相关交易行为明显异常”是《司法解释》第3条使用的广义概念,应当从时间吻合程度、交易背离程度和利益关联程度三个方面予以综合判断,在此意义上其内涵、外延等同于行政处罚决定书中的“账户交易行为明显异常”。同样见于行政处罚决定书中的还有“股票交易行为明显异常”,应当指证券账户中股票买卖的具体交易行为。这三个概念在处罚决定书中使用比较混乱。如在肖家守、朱莉丽案中,论证其内幕交易特征明显时,首先是其账户开户及交易行为异常。周晓丹本人账户在2009年7月至2010年8月长达一年时间里没有交易过任何股票,宁夏恒力股票停牌前三天突然买入宁夏恒力股票,陈某玲账户被周晓丹借用开户后第二天就买入宁夏恒力股票,并且两账户在涉案期间只交易了宁夏恒力一只股票。然后在列示其账户资金划转行为异常、账户买入宁夏恒力股票时点与重组的最新进展吻合后,得出结论:周晓丹、陈某玲账户“交易宁夏恒力股票行为异常”,并与内幕信息形成过程中关键时点的事件发展高度吻合,足以证明是在利用内幕信息买卖股票。该案例即未明确区分三个概念,行为的描述不准确,导致理解上不清晰。建议狭义上用“股票交易行为异常”,综合判断意义上用“账户交易行为异常”,而非“相关交易行为”。

二是行政处罚决定书对吻合标准、交易异常程度并未作严谨界定。如在肖家守、朱莉丽案中,交易行为或资金划转与内幕信息形成、变化高度吻合,却表述为吻合;交易行为明显异常,表述却是异常。另在包维春等案中,冯振民买卖时

① 参见《中国证监会行政处罚决定书》(罗明)[2013]20号。
② 参见《中国证监会行政处罚决定书》(周和华)[2012]3号。
③ 参见《中国证监会行政处罚决定书》(岳远斌)[2011]57号。

点与获悉时间高度吻合(时隔 2 个交易日)、卖出其他多只股票、之前近 6 个月未交易涉案股票等,表明明显异常,却表述为异常。在杨国章内幕交易案中,杨国章与知情人通话后当日即大额买入涉案股票,可以说获悉时间与买入行为高度吻合,但在决定书中并未见相应明确表述。

(二)各项指标证明力强弱及其评述

《司法解释》明确规定了 7 项指标,涉及 5 个时点,但对这些指标的重要性程度及相互间证明力大小并未予以明确。从内幕交易的时点角度分析,即从内幕信息形成①→推定知悉②→证券买入③→内幕信息公开④→证券卖出⑤这一过程判断,5 个时间点间隔日期越短,越容易认定。

首先是②→③环节的判断,这几乎是所有案例中都予以论证的重中之重。推定知悉的环境证据是客观事实,买入股票行为是客观事实,如果两项事实发生时间也基本一致,此种情形下没有任何主观判断的成分,因此具有很强的说服力,证明力最强。此时,股票交易行为如果再显示出与平时交易习惯不同,或者亏损卖出或卖出其他股票等,则很容易推定构成内幕交易。如在岳远斌内幕交易案中,证监会认为:"从交易行为与其他相关行为和情况的吻合度看,在最后一次通话结束 27 分钟后,岳远斌开始连续买入'三爱富',买入时机与股价走势具有较高的一致性。从交易行为的异常情况看,岳远斌的交易时间、交易量、交易模式均明显异常。"[①]另外,在马国秋内幕交易等 8 个案例中,当事人亦是获悉内幕信息后当日即开始买入涉案股票,成为证监会推定其涉案内幕交易的强有力证据。[②]

其次是④→⑤环节的判断。证券卖出日期是客观事实,内幕信息公开是客观事实,如果两项事实发生时间基本一致,此种情形下没有任何主观判断成分,因此证明力较强。证监会亦会利用此种指标进行论证。在王敏文等人的内幕交易案中,王敏文控制 3 个账户的"海立股份",在 8 月 25 日海立股份复牌后全部卖出,交易行为明显异常。[③] 另外,在秦华内幕交易等 5 个案例中,当事人亦是涉案股票复牌当日即卖出。[④]

最后是①→③环节的判断。内幕信息本身虽是客观的,但在疑难案件中可

---

① 参见《中国证监会行政处罚决定书》(岳远斌)〔2011〕57 号。

② 参见《中国证监会行政处罚决定书》〔2010〕53 号、〔2013〕39 号、〔2013〕62 号、〔2013〕63 号、〔2013〕65 号、〔2013〕79 号、〔2014〕28 号、〔2014〕36 号。

③ 参见《中国证监会行政处罚决定书》(王敏文等 3 名责任人)〔2013〕16 号。

④ 参见《中国证监会行政处罚决定书》〔2010〕2 号、〔2012〕52 号、〔2013〕14 号、〔2013〕51 号、〔2013〕65 号。

能更是主观的,因为不同的人知悉时间可能不一样①。特别是在内幕信息形成、变化的时点认定上更是仁智各见②,所谓“基本一致”,可能会因为时点认定不同而得出不同结论。已有案例中,内幕信息形成日期与当事人从事内幕交易的日期最长时间间隔为155日③,若剔除前5项较大数值,平均时间间隔仍为25.3日。对于讲求时效性的内幕交易来讲,用此项指标来论证,证明力普遍较弱。证监会在用此项指标证明内幕交易时,往往是在获悉时间与买入行为不具有明显关联性,但买入行为却与内幕信息呈现出明显关联性时使用。④

①→②环节其实并未作为一项单独指标予以列示,因为两项指标主观性较强,没有多少说明力。但如果在此环节有新开证券账户⑤、新开资金账户⑥、资金来源于内幕信息知情人⑦等情形,则证明力会明显增强。

(三)综合判断的认定原则

文本意义上,《司法解释》中的“交易行为明显异常”是综合认定的总体结论,用来综合判断的7个要素有6个并未有“明显”这个限定语,用的是“基本一致”“交易行为与平时交易不同”等。因此,得出“交易行为明显异常”的总体结论,综合判断的要素并非一定达到“明显异常”,“基本一致”即可。当然,在证监会行政处罚实践中适用较为谨慎,已有案例显示,认定内幕交易至少需要两个以上要素异常或明显异常。根据上述统计结果,并结合证监会行政处罚决定书中论证说理时的适用情形,推定当事人涉嫌内幕交易行为必须掌握的原则是:

---

① 参见彭冰:《内幕交易行政处罚案例初步研究》,载张育军、徐明主编:《证券法苑》(第三卷),法律出版社2010年版,第86页。

② 《司法解释》第5条第3款规定,“影响内幕信息形成的动议、筹划、决策或者执行人员,其动议、筹划、决策或者执行初始时间,应当认定为内幕信息的形成之时”,其本身即具有相当大的弹性空间。

③ 参见《中国证监会行政处罚决定书》(谭淑智)〔2013〕4号。

④ 参见《中国证监会行政处罚决定书》(罗明)〔2013〕20号(买入“安诺其”的时间与其可能获悉内幕信息的时间基本一致,买入和卖出“安诺其”的时间、资金变化的时间与内幕信息变化、公开时间基本一致);〔2013〕57号(买入时点与内幕信息所涉及事项的进展情况大体一致)。

⑤ 参见《中国证监会行政处罚决定书》〔2011〕56号的光华资产账户、〔2012〕37号的周星夫账户等2个账户开户后次日买入涉案股票;〔2012〕23号的黄某某等5个账户中的2个账户开户后8日买入涉案股票。

⑥ 参见《中国证监会行政处罚决定书》〔2012〕24号(陈某玲账户被周晓丹借用开立资金账户后第二天就买入宁夏恒力股票)。

⑦ 参见《中国证监会行政处罚决定书》(曾国波)〔2012〕23号(曾国波账户的300万元来源于内幕信息知情人庄某智)。

1. 三个核心要件

一是账户交易行为异常或明显异常；二是通过敏感期内有联络接触等途径①，推定当事人知悉内幕信息；三是根据前述两项条件及其他情形界定吻合程度。对于账户交易行为异常或明显异常，从条文表述上看，各7个要素之间没有明确的重要性差别。但裁量案件的实际理解适用上，买卖时点异常、交易习惯改变、交易量大小明显变化等才是重中之重。在此基础上，辅以开销户、资金变化等因素，那么“交易行为明显异常”的结论就比较容易得出。对于推定当事人知悉的判断，敏感期内联络接触是重中之重，次数多少、工作地点抑或私人场合、通话时间长或短、当事人之间的主动发起或被动参与等，都是可以考虑的因素，但最核心的还是看联络接触的时点与具体证券交易时点的吻合程度。对于吻合标准的具体考虑，根据内幕交易主体的不同，分别论证基本吻合、高度吻合等。

2. 秉承要素间“此消彼长、此伏彼起”的关系

在一项或两项因素缺失或较弱时，其他方面因素的证明力就应当增强。②在朱建峰内幕交易案中，朱建峰与姚某峰的联络情况应当说不很异常。姚某峰与朱建峰在2012年1月21日至2月11日期间共计通话10次，其中2月10日和11日双方通话3次，每次通话时间均不足一分钟。但通过资金变化、交易金额放大等予以补强，从总体看达到了交易行为明显异常的标准。在江建华内幕交易案中，郑某、陈某由是娴遐投资派驻到天业通联担任董事，并向娴遐投资的实际控制人江建华汇报天业通联的重大事项。在天业通联股权收购事项中，江建华与知情人并无通话和接触，其知悉并未达确切，可以说证明力较弱，但通过明显异常交易行为得以增强。

3. 个案灵活掌握

投资者经验是否丰富、动用的资金量大小、操作股票的习惯等，都会对认定带来或大或小的影响。目前证监会推定知悉的内幕交易案例都比较典型，至少有两三个要素是本身明显异常的，比如新开户、知悉内幕信息后立即买入、内幕信息公开后立即卖出等等。但也可能存在不是明显异常的情形，比如对一个专业投资者来说，随着内幕信息的形成、变化，可能在敏感期内多次买卖博取差价，资金量比较大的可能分阶段建仓，知悉内幕信息后时隔数日再行买卖等。诸如

---

① 联络接触一般通过电话联系、一起吃饭、共同出差等方式予以证明，但相当多的情况下，并未明确何种方式，只是证明在内幕信息敏感期内双方具有联络接触的条件和可能即可。参见《中国证监会行政处罚决定书》〔2010〕18号（赵金香作为马忠文的妻子与其共同生活，具有获取光明家具债务重组内幕信息的基础和条件。现代信息传递方式多种多样，马忠文、赵金香很方便进行联系）。

② 参见张子学：《浅析“知悉”内幕信息的证明》，载张育军、徐明主编：《证券法苑》（第四卷），法律出版社2011年版，第162页。

上述情形下,更需要结合案情作更精细分析和判断。

三、推定规则适用类型

内幕交易行政处罚的推定大多发生于内幕信息传递的环节,带来的相应疑问即是推定的层次问题;同时,推定信息受领人从信息传递人处获取信息的基础是客观事实,那么如何理解事实推定这一类型就显得尤为重要。

(一) 事实推定

根据推定的性质和依据,可以将推定分为法律推定和事实推定。[①]《司法解释》作为具有法律效力的裁决依据,可以说是对内幕交易作出的法律推定,但实质上是以法律推定之名行事实推定之实。“我国对事实推定应当采取更为谨慎的态度,在实践中应当严格控制,对可以进行推定的事实之间的常态伴生关系应当法律化、定型化,上升为法律推定。这也是《纪要》规定认定特定行为可以采用推定的主要目的,即将特定事实之间的常态伴生关系以司法文件的形式予以法律化和定型化。”[②]

1. 事实推定与推测事实

作为事实推定的“环境证据”,不能仅仅是“环境因素”,或者说是推测事实。比如,不能仅凭一个内幕信息知情人与其朋友曾经交谈过,然后这个朋友买了股票,或者并购重组公司所在地区的账户在停牌前买入股票[③],或者发生重大事项,公司的部门经理买卖本公司股票,就“推测”出存在内幕交易。在确立推定知悉内幕信息“附加因素”规则的 SEC v. Truong 经典案例中,1994 年 3 月初 MDI 公司高级经理在一次会议上被告知公司正经历财务困难。Hahn 是 MDI 公司技术部门的一个普通经理,没有参加该次会议,但在会后 Hahn 卖掉了 MDI 股票。同一时期他的两个兄弟和一个朋友亦卖出了相当数量的 MDI 股票。SEC 据此推断 Hahn 知悉内幕信息。但联邦巡回法院最终未予认定,理由即是接触本身并不构成占有的证据。如果接触本身是充分的,那么开放式立体办公室布局本身就可以推断出能够占有任何信息,而这种占有的证据相当薄弱,需要陪审

---

① 参见蔡小雪:《行政诉讼司法认知和推定的理论及适用》,载《法律适用》2003 年第 4 期。

② 李涛(最高人民法院)于 2011 年 10 月在证监会稽查局和行政处罚委联合主办的第 35 期稽查干部培训班暨《纪要》专题研讨班上的讲课提纲。

③ 原因或许为“收购要约正式公告前两周,在市场预期的推动下股票价格即开始上涨。而正式要约前一交易日收盘前,股票价格就已上涨了全部增值幅度的约 1/2”。See Gregg A. Jarrell ,Annette B. Poulsen, Stock Trading Before the Announcement of Tender Offers: Insider Trading or Market Anticipation? Journal of Law, Economics and Organization, 1989, Vol. 5(2).

团作出推测,比如 Hahn 偷取了藏在高级经理办公室里的文件,或者他根据生产白板上的内容作出了判断。[①] 同样是在工作场所,中国证监会在陆沈良、金刚内幕交易案中却认定陆沈良从陈某荣处获知了内幕信息,依据是“两人办公室座位相距不到 1 米,从陆沈良的位置能很方便地看到陈某荣的电脑屏幕;两人共用一台固定电话,电话机放在两人中间。从位置的距离判断,陆沈良能听到陈某荣打电话。陆沈良称平时陈某荣在办公室打电话他能听得到,陈某荣电脑屏幕打开的文件他想看也能看到”[②]。值得注意的是,证监会基于陆沈良与内幕信息知情人的座位相邻并共用电话,推断陆沈良从知情人处获取了内幕信息,其隐含意思是陆沈良能够通过正常的工作途径就可获知内幕信息,但作为证据的通话记录却是知情人陈某荣的手机通讯记录,而非共用座机的通讯记录,如果知情人在其他地方接听或拨打,则无法就此推断陆沈良通过座位相邻且共用电话获知了内幕信息。此两种事实到底有何区别,需要结合个案具体判断,但从理论角度而言:事实推定之“事实”是一系列环境证据,其内在属性是客观性、真实性、关联性,可以直接推定出待证事实;而推测事实之“事实”,是一种基于常识的经验性猜测,监管实践中更多体现为基于异常交易结果而逆向推断出知悉内幕信息的各种因素。因此,还需要其他情形进一步补充证明才能得出待证事实。

2. 事实推定与“关联性”事实

事实推定之事实作为证据,应当具有“关联性”属性。关联性可以体现为当事人工作职责、特殊身份特征以及谈话内容涉及敏感信息等等。在余鑫麒内幕交易案中,虽然没有直接证据证明其收到了公司年报初稿,但中国证监会通过其作为总经理履职的各种环境证据,认定其作为总经理不可能不了解 2006 年公司的经营情况。[③] 以某人在公司的工作职责来推定其对内幕信息的掌握和知悉程度,有相当的根据和合理性。[④] 类似的情形还发生于丁国军、潘卫标内幕交易案中。2012 年 6 月 16 日,丁国军、潘卫标通过 5 月份的《成本分析报告》知悉上半年毛利率大幅下降的事实,上述两人于 6 月 29 日限售股解禁当日大额卖出。同时,丁国军个人还知悉如下情况:公司原预计在报告期内转让德国 20MW 电站股权的合同不具备生效条件,预期产生的 5 000 万元收益不能计入 2012 年中期报告,无法抵减 2012 年上半年亏损。[⑤] 在沈少玲内幕交易案中,中国证监会认

① See SEC v. Truong, 98 F. Supp. 2d 1086, 1097 (N. D. Cal. 2000).

② 《中国证监会行政处罚决定书》(陆沈良、金刚)〔2014〕39 号。

③ 参见《中国证监会行政处罚决定书》(余鑫麒)〔2010〕2 号。

④ 参见彭冰:《内幕交易行政处罚案例初步研究》,载张育军、徐明主编:《证券法苑》(第三卷),法律出版社 2010 年版,第 119 页。

⑤ 参见《中国证监会行政处罚决定书》(丁国军、潘卫标)〔2013〕71 号。

为沈少玲和陈某某均为彩虹精化的实际控制人,是共同生活的夫妻,一起创业多年,且都在彩虹精化董事会任职。陈某某知悉能够给彩虹精化带来巨大利润的合同事项,作为公司的另一个实际控制人,陈某某的妻子沈少玲应当获悉内幕信息①,十分强调了其特有的身份特征。在王敏文等人的内幕交易案中,王敏文与内幕信息知情人张建伟关系密切,且双方在内幕信息公开前联络,讨论与内幕信息高度相关的事宜,包括了解空调压缩机行业发展情况,讨论上海国资委提高资产证券化率等市场热点及海立股份相关经营情况等。② 类似情形还发生在包维春案中,吴春永给包维春打电话询问有色金属下半年的走势情况,包维春说上半年库存比较大,下半年库存减少后有色金属价格应该会上涨;吴春永还问包维春宏达股份最近有什么动作,包维春说不清楚,但有色金属下半年应该有行情;吴春永在电话中问包维春宏达股份股票是否能买,包维春说买了风险不大。③

(二) 信息传递内幕交易推定层次的类型

不同于"日本法对信息受领人的规制范围限定于从公司关系人或要约收购人处直接获得信息的受领人(第一次受领人)"④,"我国证券法上信息传递和交易推荐规制的主体范围也更广,不仅包括上市公司的有关人员等,也包括从该等人员处直接或间接获得内幕信息的人员"⑤。因此,我国证券法并未限制信息传递的层级,《纪要》及《司法解释》亦解读不出否定多次推定的理由。43 个案例中一次推定的数量最多,是推定的普通类型,本文不作单独论述,而是对于二次推定以及是否存在三次推定、自动推定情形予以探讨。

1. 二次推定

有 5 个案例涉及二次推定,包括两种情形:第一种是推定信息传递人知悉,然后再推定受领人知悉;第二种是信息传递人实际知悉,推定受领人知悉,再推定其他人从受领人处知悉。

信息传递人的知悉是否可以推定?在包维春等人的内幕交易案中,推断信息传递人知悉,原因是包维春作为总会计师知道天仁矿业出产铜和钼,在被告知对一个矿产进行资产价值评估并被告知相关指标和地点后,他凭借对公司业务的熟悉程度,能够判断出评估的内容与天仁矿业生产的矿产有关,该评估所涉及

---

① 参见《中国证监会行政处罚决定书》(沈少玲)〔2012〕23 号。

② 参见《中国证监会行政处罚决定书》(王敏文等 3 名责任人)〔2013〕16 号。

③ 参见《中国证监会行政处罚决定书》(包维春等 3 名责任人)〔2013〕14 号。

④ 段磊:《内幕信息传递和交易推荐的构成要件及违法所得计算的重构》,载黄红元、徐明主编:《证券法苑》(第九卷),法律出版社 2013 年版,第 1045 页。

⑤ 《中国证监会行政处罚决定书》(王敏文等 3 名责任人)〔2013〕16 号,第 1057 页。

的内容对公司股票而言将是重大利好。[①] 在罗永斌内幕交易案中，证监会推断信息传递人徐某知悉，是基于徐某是纪某大学师兄，是安诺其法人股东实际控制人及与纪某有合作关系。徐某通过与纪某的正常沟通，不晚于2012年1月5日知悉了内幕信息。[②]

第二次的信息传递人与信息受领人关系如何？5个案例中，除包维春等人内幕交易案未明确双方关系外，在王敏文内幕交易案以及赵玉春等人的内幕交易案中，信息传递人与信息受领人是配偶关系[③]；在王建辉等6名责任人内幕交易案中，章敏芝与周星夫是岳母与女婿关系[④]；以及前文所述罗永斌内幕交易案中，双方是师兄弟且具有紧密的投资合作关系。对于二次推定，尽管从证据角度分析并不存在法律障碍[⑤]，但无论是从案例数量，还是从信息传递人与信息受领人之间限于关系密切，都可以明显看出中国证监会对该种推定类型持有较为谨慎的态度。

2. 三次推定

尽管理论上并未禁止三次推定，但截至目前并未出现此类案例，可以看出中国证监会对此问题采取了更为严格的态度。唯一值得关注的是姜胜芳等人内幕交易案，证监会认定廖某账户的实际控制人是姜胜芳与陆昇栋。该账户的操作者廖某的丈夫奚某某在内幕信息公开前交易蓉胜超微股票期间，与陆昇栋联系频繁。如果从知悉角度看就是三次推断，因为第一次是推断陆昇栋从其母姜胜芳处获悉；第二次推断是奚某某从陆昇栋处获悉；第三次推断则是廖某从其丈夫处获悉。[⑥] 但由于本案是从姜胜芳、陆昇栋实际控制廖某账户的角度论证，故廖某丈夫是否知悉不影响实际控制的认定，在该行政处罚决定书中亦未明确知悉问题，因此是否为三次推定的案例尚存疑问。

3. 自动推定

自动推定是指在具有近亲属特别是配偶关系且相关交易行为明显异常时，直接认定当事人涉嫌内幕交易，而无须证明信息传递人与信息受领人之间存在内幕信息的直接或间接传递。至少在文义理解上，此种类型似乎符合《司法解

---

① 参见彭冰：《内幕交易行政处罚案例初步研究》，载张育军、徐明主编：《证券法苑》（第三卷），法律出版社2010年版，第119页。

② 参见《中国证监会行政处罚决定书》（罗永斌）〔2013〕18号。

③ 参见《中国证监会行政处罚决定书》（赵玉春等7名责任人）〔2013〕62号。See also Gregg A. Jarrell, Annette B. Poulsen, Stock Trading Before the Announcement of Tender Offers: Insider Trading or Market Anticipation? Journal of Law, Economics and Organization, 1989, Vol. 5(2)。

④ 参见《中国证监会行政处罚决定书》（庄坚毅等7名责任人）〔2012〕37号。

⑤ 根据《最高人民法院关于行政诉讼证据若干问题的规定》第68条，无论是法律推定还是事实推定，推定事实都可以被法庭直接认定。因此，第二次推定的基础事实可以为推定事实。

⑥ 参见《中国证监会行政处罚决定书》（姜胜芳等7名责任人）〔2014〕28号。

释》第2条第2项之规定,因为近亲属特别是配偶之间共同居住且交流方式多种多样,夫妻之间传递信息具有不言自明的天然优势,不予单独证明双方之间信息传递有相当的合理性和根据。但是,基于已有案例,无法得出中国证监会已认可自动推定类型,只能说在行政处罚实践中越来越具有自动推定的适用倾向。在贾华章等人的内幕交易案中,刘荣是知情人贾华章的配偶,直接推定其知悉[①];在蒯雯瑾内幕交易案中,蒯雯瑾控制的账户自2011年5月5日至2012年3月7日,共成交"安诺其"28笔,其中2012年1月10日、1月18日、1月30日分三笔买入"安诺其"3 100股,可以说并无明显异常。但中国证监会认定上述3100股构成内幕交易,理由是蒯雯瑾与徐某系夫妻,共同生活,且分别为安诺其法人股东的名义股东和实际控制人,蒯雯瑾控制的账户在徐某知悉内幕信息后至内幕信息公开前买入安诺其股票。[②] 在黎家燕等人的内幕交易案中,赵东生是提供收购咨询的中介机构人员,且在2011年1月6日至7月26日期间买入涉案股票,其妻控制的账户亦在该期间买入涉案股票,证监会直接认定其内幕交易成立。[③] 在赵玉春等人的内幕交易案中,曲欣欣与其叔叔曲延辉在2012年4月23日至24日间多次通话,而其配偶董雪枫4月24日至25日开始买入涉案股票。与知情人通话的是妻子,而买入涉案股票的是丈夫,中国证监会认定曲欣欣的通话时间与董雪枫交易中捷股份的时间高度吻合,构成共同内幕交易行为。[④]

通过对上述案例推定类型的认真梳理,过去4年以来中国证监会适用推定规则发生了如下变化:由关系密切型(主要为夫妻)向联络接触型转变;信息传递人和受领人为夫妻关系的,呈现出自动推定的倾向;由一次推定向二次推定的尝试;由信息传递人实际知悉向推定信息传递人知悉的转变。随着推定案例的逐渐积累,中国证监会推定规则适用日臻成熟,在现行法律框架允许的范围之内,通过法律技术的灵活运用扩大规制范围,殊值赞同。

四、推定规则与证明标准

证券行政处罚证明标准的主流观点是明显优势证明标准[⑤];《纪要》虽然没有明确将"明显优势"作为证券行政案件的证明标准,但是对内幕交易行为和上

---

① 参见《中国证监会行政处罚决定书》(贾华章、刘荣)〔2010〕53号。

② 参见《中国证监会行政处罚决定书》(蒯雯瑾)〔2013〕21号。

③ 参见《中国证监会行政处罚决定书》(黎家燕等4名责任人)〔2013〕30号。

④ 参见《中国证监会行政处罚决定书》(丁国军、潘卫标)〔2013〕71号。

⑤ 参见滕必焱:《证监会追究当事人行政法律责任的证据问题》,载《人民法院报》2008年5月22日"理论与实践"专版;蔡小雪:《证券行政处罚案件的事实认定及证据规则的运用》,载《人民法院报》2008年5月22日第5版。

市公司信息披露违法责任人的认定，采取了举证责任合理分配和综合判断的方式。这种证明方式实际上是要求法院通过比较当事人双方提供证据的证明力，根据证明力有明显优势的一方当事人提供的证据认定案件事实。① 因此，《纪要》实际上明确了明显优势标准既是执法部门对基础事实的证明要达到的标准，也是对有效反驳（抗辩事由）的证明标准。该标准虽然不能绝对用综合判断指标数量的多少来衡量，但由于这些指标是证监会用来论证说理的依据，因此指标数量的多少在很大程度上反映了证券内幕交易的确信程度。

（一）主体身份特征与证明标准

《司法解释》第2条将推定内幕交易的主体身份划分为非法手段获取型、关系密切型及联络接触型。在43个案例中，属于非法手段获取型的仅有包维春等人内幕交易案一例。在该案中，中国证监会认定"包维春在电话中对于吴春永打听、刺探和印证内幕信息行为未保持足够谨慎，属于过失泄露内幕信息行为"②。但是，从样本数量及处罚案例论证说理的实践出发，本文将主体身份划分为亲属关系、关系密切或/且联络接触以及其他关系三类。

表3　主体身份特征与综合判断指标数量

主体身份特征	亲属关系			关系密切或/且联络接触				其他关系（业务合作、同事等）
	配偶	母子、母女、女婿、兄弟等	平均值	关系密切	关系密切且联络接触	朋友关系	平均值	
综合判断指标数量	3.3	3.4	3.3	3.4	4.4	4.3	4	3.9

从表3可以看出，信息传递人与受领人之间具有亲属关系的，相比于非亲属的，证明标准的程度要求稍低，特别是配偶关系作为说理依据的指标数量最少，亦印证了上文所述"配偶之间显示出自动推定倾向"的结论。非亲属关系中的关系密切与其他关系相比，证明标准的程度要求几近相同，说明所谓关系密切型和联络接触型的划分，在证明当事人涉嫌内幕交易行为中并无实质意义，证监会都是力图从关系密切且联络接触③的角度予以推定。这一实证结果与《司法解

① 参见赵大光等：《〈关于审理证券行政处罚案件证据若干问题的座谈会纪要〉解析》，载《人民法院报》2011年8月31日第6版。

② 彭冰：《内幕交易行政处罚案例初步研究》，载张育军、徐明主编：《证券法苑》（第三卷），法律出版社2010年版，第119页。

③ 非亲属的关系密切一般通过双方间具有同学、同事关系，或有资金往来、业务合作等方面予以证明。

释》第2条类型划分的初衷不相吻合,再次显示出中国证监会在推定规则适用上的谨慎态度。

(二)处罚金额①与证明标准

在坚持明显优势证明标准的前提下,有观点认为:“对个人处以罚款或者没收违法所得30万元以上的应当适用排除合理怀疑标准”②;另有观点虽未明确罚款金额,但认为对行政相对人的财产权益有重大影响时,应当适用排除合理怀疑标准③。通过分析表4相关指标,试图在实践层面对此类观点予以回应。

表4 处罚金额与综合判断指标数量

行政处罚金额(万)	10以下	10—50	50—100	100—150	150以上
综合判断指标数量	2.9	3.4	4.4	4.3	4

通过表4,我们无法得出处罚金额越大,证明标准的程度要求越高的结论;更无法得出对行政相对人的财产权益有重大影响的,适用排除合理怀疑标准的结论。进一步统计的处罚金额150万元以上的7个案例与全部43个案例使用指标的对比情况如下:他人证明或本人承认(3次/7次);新开账户(1次/4次);资金变化与内幕信息具有关联性(3次/11次);资金进出与知情人有关联(1次/8次);买入日期与内幕信息形成日具有关联性(4次/40次);卖出日期与内幕信息公开日具有关联性(5次/27次);买入日期与获悉内幕信息日具有关联性(6次/33次);交易习惯不同于平时(2次/13次);亏损卖出或卖出其他股票(0次/12次);隐含违法性(0次/8次);敏感期内外交易涉案股票(3次/13次)。通过上述判断指标使用情况的对比分析,我们发现处罚金额越大时,虽未见使用判断指标的数量增多,但使用的判断指标证明力普遍较强,对于推定内幕交易有较强的说服力。但是,在此情况下特别是在未有他人证明或本人承认的直接证据情形时,该等证明标准是否已达到排除合理怀疑标准,仍然值得进一步商榷。

(三)抗辩事由与证明标准

对于抗辩事由的证明标准,目前未见专门论述,只是在探讨行政处罚的证明

---

① 计算方式为没收违法所得金额与罚款金额之和。

② 何基生:《证券行政处罚证明标准探讨》,载《证券市场导报》2007年第1期。

③ 参见欧阳振远:《行政处罚证明标准研究》,载黄红元、徐明主编:《证券法苑》(第九卷),法律出版社2013年版,第96页。

标准时有所涉及。有观点认为,考虑到与国家公权力相比,当事人举证能力较弱的客观情况,对其提交的抗辩证据或反证证据,行政处罚中适用“优势证据标准”。[①] 而作为司法文件的《纪要》实际上采用了明显优势标准[②],因为如果采用优势证据标准,当事人提供的证据只能对平常交易行为作出解释,无法解释异常交易行为;如果要解释异常交易行为,就要坚持明显优势标准,即在当时情形下有一些特别理由促使其作出不同于平时的异常交易。

当事人提出陈述申辩或申请听证的有 22 个案例,占全部案例的 52%。抗辩事由主要集中在以下几类:一是明确否认知悉内幕信息,凭借本人专业判断作出投资决策。比如参考媒体报道业绩增长及研究报告;基于公司质地优良及业绩预告信息等;否认与知情人一起讨论重组事宜;时点巧合等。二是否认交易行为明显异常。比如买入股票金额占资产总额的比例较低,未集中买入,不存在卖其他股票;如知道内幕信息则会多买等。三是否认本人的知情人身份特征。比如不是法定内幕人,不是非法获取内幕信息人。四是否认对其固有关系的认定。比如否认关系密切等。五是符合平时交易习惯。比如同期购买其他股票、基金;仅用少量资金;全仓买入过其他股票等。六是针对资金来源进行针对性抗辩。比如借款买房,没定下来,所以买股票;属于夫妻共同财产但并不意味着对妻子炒股知情;由于业务关系经常汇款给其子,并不能就此推断内幕交易;并非炒股直接受益人等。七是其他事由。比如不了解法律且积极配合;构成内幕交易却不自知;没有主观故意;盈利已经上交公司;不知买卖其父所在企业股票违法等。

对于当事人的抗辩事由,中国证监会均进行了积极回应。其内在的论证逻辑是,即使当事人提供的证据是客观事实,但也只能解释惯常的交易行为,而不能解释过于异常的交易行为。在曾国波内幕交易案中,中国证监会认为:“其所述借用资金的目的与资金运作情况不吻合,其所称买入股票的理由不足以解释其巨额集中性买入股票的行为”[③]。在费智、黄晓丹内幕交易案中,认为媒体关于预测龙源技术业绩增长的报道等材料,可以作为股民对龙源技术股票进行理性投资的依据,但黄晓丹买卖龙源技术短线投机套利明显,该交易行为与上述证券报道关联度不紧密。[④] 在张玉屏内幕交易案中,认为“3 月 21 日买入股票的行为不足以解释其 3 月 26 日交易异常的原因”[⑤]。在张庆瑞内幕交易案中,认为

① 参见蔡小雪:《行政诉讼司法认知和推定的理论及适用》,载《法律适用》2003 年第 4 期。

② 参见赵大光等:《〈关于审理证券行政处罚案件证据若干问题的座谈会纪要〉解析》,载《人民法院报》2011 年 8 月 31 日第 6 版。

③ 《中国证监会行政处罚决定书》(曾国波)〔2012〕23 号(曾国波账户的 300 万元来源于内幕信息知情人庄某智)。

④ 参见《中国证监会行政处罚决定书》(费智、黄晓丹)〔2012〕49 号。

⑤ 《中国证监会行政处罚决定书》(张玉屏)〔2013〕66 号。

提供的网页材料不能解释其买入 ST 北人的时点。[①] 同时,针对当事人的具体抗辩事由,中国证监会或者明确予以反驳,或者从固有关系、交易前联络接触、交易行为明显异常等方面充分说理,最终得出辩解不成立的结论。从不予承认当事人抗辩事由的认定结论看,有各种各样的表述。比如,“不足以排除利用内幕信息交易的事实”,“解释不具有说服性”[②];“这些抗辩不足以支持其过于异常的涉案交易行为,提出的辩解理由不足以推翻关于其间接获悉内幕信息的推断”[③];“辩解既缺乏合理依据,也不足以否认其利用内幕信息买卖股票的事实”[④]。这些表述证明标准角度分析是属于优势证明标准,还是明显优势证明标准,是一个值得进一步探讨的问题。

一个值得关注的问题是,针对同一个事实可从不同的角度予以解释,从而得出有利于某一方的结论。比如交易前联络接触,中国证监会可以作为推定知悉的证据;但当事人可以提出其与知情人之间一直联络频繁,在敏感期内并无异常。但是,对于中国证监会而言,对于同一指标应当保持论证思路的同向性。比如,在认定内幕交易行为时一个常用的指标是使用的资金量,隐含的逻辑是由于知悉内幕信息导致交易量异常放大。但在张庆瑞内幕交易案中,证监会回应当事人“购买‘ST 北人’的资金只是其自有资金的很小一部分,如果是因为获知内幕信息进行交易,应该会动用更多的资金”时,认为“资金多少与内幕交易没有直接关系”。如此回应很难说错,但与其他案例中的论证思路则格格不入。

五、推定规则与责任主体

中国证监会对信息传递人或受领人的处罚呈现出不同的样态,具体而言有以下方式:

(一) 对信息传递人单独予以处罚

对信息传递人单独予以处罚的情形包括:(1)信息传递人从事内幕交易时[⑤],此时并不考虑其传递行为;(2) 认定信息传递人存在故意泄露或过失泄露行为时。在中国证监会第一次认定信息传递人存在过失泄露行为并予以处罚的

---

① 参见《中国证监会行政处罚决定书》(张庆瑞)〔2013〕41 号。

② 参见《中国证监会行政处罚决定书》(光华基金会等 3 名责任人)〔2011〕56 号;《中国证监会行政处罚决定书》(周和华)〔2012〕3 号。

③ 《中国证监会行政处罚决定书》(岳远斌)〔2011〕57 号。

④ 《中国证监会行政处罚决定书》(肖家守等 4 名责任人)〔2012〕24 号。

⑤ 参见《中国证监会行政处罚决定书》(王建辉)〔2012〕37 号、(朱敏)〔2013〕29 号、(赵东生)〔2013〕30 号、(曲延辉)〔2013〕62 号。

肖家守内幕交易案中,认定肖家守未尽到保密义务,在重组过程中不谨慎以致泄露相关内幕信息给配偶朱莉丽,属于重大过失行为,罚款 15 万元。[①] 在另外 5 个案例中,证监会基于当事人承认泄露内幕信息或认定当事人泄露内幕信息而作出相应数额的罚款。[②] 对信息传递人单独予以处罚的 7 个案例中,信息传递人有一个共同特点,即是在实际知悉内幕信息后,故意或过失泄露内幕信息。这是否意味着,如果推定信息传递人知悉就不能单独予以处罚?在王敏文内幕交易案中,虽然他人证明徐某和独立董事张建伟知悉但两人并未承认,最后未予以处罚,理由是情节轻微,免予处罚。似乎可以得出这样的结论:推定信息传递人知悉的,不处罚;认定信息传递人直接知悉且当事人承认泄露的,处罚;信息传递人直接知悉但存在过失泄露行为的,有的处罚,有的未处罚[③];除上述情形外的案例,信息传递人虽然直接知悉,但证监会并未予以认定而单独处罚。

(二)对信息传递人与受领人作出共同处罚

对信息传递人与受领人作出共同处罚的情形包括:(1)夫妻双方共同被处罚[④],但未见说理论证。此时,信息传递人既可是实际知悉,也可是推定知悉。但同样是夫妻间传递信息,有 6 个案例中,对其中一方并未予以处罚[⑤]。(2)明确认定双方构成共同内幕交易行为。在姜胜芳等 4 名责任人的内幕交易案中,证监会未单独认定姜胜芳、倪浩泄露内幕信息,尽管两人未实际进行交易行为,但还是认定他们分别与自己的儿子、妻子构成共同内幕交易行为,原因可能是资金主要来源于他们。

---

① 参见《中国证监会行政处罚决定书》(张庆瑞)〔2013〕41 号。

② 参见《中国证监会行政处罚决定书》〔2012〕37 号(邹建平的行为构成泄露内幕信息并建议他人买卖,罚款 10 万元);〔2013〕14 号(包维春在电话中对于吴春永打听、刺探和印证内幕信息行为未保持足够谨慎,属于过失泄露内幕信息行为,罚款 30 万元);〔2013〕57 号(综合考量方振韶买入“春晖股份”的时点与买入量明显异常、交易模式明显异常等,认定方振颖泄露内幕信息,罚款 3 万元);〔2013〕58 号(现有证据不支持当事人关于交易理由的解释等情况,认定江逢灿涉嫌泄露内幕信息,罚款 3 万元);〔2013〕79 号(综合上述因素,足以认定米兴平向冯喜利泄露内幕信息,罚款 3 万元);〔2014〕25 号(曹琏琏与胡海波于涉嫌交易期间频繁、异常的电话联络情况,二人电话联络时点与涉嫌交易时点的高度吻合,以及当事人对于电话联络内容未能作出合理说明、对于交易原因未能作出合理解释等情况,推断曹琏琏将内幕信息泄露给胡海波,罚款 3 万元)。

③ 参见《中国证监会行政处罚决定书》〔2012〕52 号(王某是上市公司定向增发对象,秦华听到过他和刘某谈论天龙股份要重组的事,然后买入股票金额 7 万余元,因此可以认为王某属于过失泄露内幕信息行为,但证监会对王某未予处罚)。

④ 参见《中国证监会行政处罚决定书》(马忠文与赵金香)〔2010〕18 号、(贾华章与刘荣)〔2010〕53 号、(费智和黄晓丹)〔2012〕49 号、(王敏文与刘晓霖)〔2013〕16 号、(曲欣欣与董雪枫)〔2013〕62 号。

⑤ 参见《中国证监会行政处罚决定书》(陈某某)〔2012〕24 号、(王某)〔2012〕52 号、(李某)〔2013〕4 号、(徐某)〔2013〕21 号、(苏某)〔2013〕51 号、(欧阳某光及伍某)〔2014〕9 号。

(三) 对信息受领人单独予以处罚

除上述两种情形外,中国证监会推定信息受领人从信息传递人处获取信息,但未认定信息传递人泄露行为,仅对受领人单独予以处罚,是最为普遍和常见的一种处罚方式。

六、简要结论

本文以中国证监会推定构成内幕交易的43个案例为分析对象,讨论了与推定规则有关的法律适用问题。初步的研究结论和具体建议概括如下:

1. 关于推定规则适用的一般原则

(1) 推定内幕交易成立的三个核心要件:一是证明账户交易行为异常或明显异常。二是通过敏感期内有联络接触等途径,推定当事人知悉内幕信息。三是根据内幕交易主体的身份特征、前述两项要件及其他情形明确界定吻合程度。

(2) 综合判断各种指标的证明力强弱,差异悬殊。"推定知悉→证券买入"环节所用相关指标证明力最强,使用次数亦最多。这些指标包括买入股票时间与获悉内幕信息时间基本一致、资金异常变化、交易习惯异于平时等。有些指标证明力偏弱时,则用证明力强的补位,以总体上达到明显优势证明标准。

(3) "交易行为与公开信息反映的基本面明显背离"指标使用数量少且证明力较弱;"其他交易行为明显异常情形"使用数量较多的指标是亏损卖出或卖出其他股票、隐含违法性、敏感期内外交易涉案股票情况,建议作为例行指标用来作出综合判断。

(4) 行政处罚决定书对交易异常程度、吻合程度应当根据调查的事实作出准确界定;"相关交易行为"若指证券账户的股票买卖行为,建议表述为"股票交易行为";若是在综合判断意义上使用,建议表述为"账户交易行为"。

2. 关于推定规则适用类型

(1)《纪要》及《司法解释》以法律推定之名行事实推定之实。在具体适用时,不能用"推测事实"代替事实推定,建议基于当事人工作职责、特殊身份特征以及谈话内容涉及敏感信息等"关联性"事实作为事实推定的前提基础。

(2) 推定由关系密切型(主要为夫妻)向联络接触型转变;信息传递人和受领人为夫妻关系的,呈现出自动推定的倾向;由一次推定到二次推定的尝试;由信息传递人实际知悉向推定信息传递人知悉的转变。在查证事实既定的情况下,通过推定规则日臻成熟的适用,达到扩大规制范围之目的。

3. 关于推定规则与证明标准

(1) 信息传递人与受领人之间具有亲属关系的,相比于非亲属关系,证明标准的程度要求稍低;非亲属关系中的关系密切型与联络接触型相比,证明标准的程度要求几近相同,此两种类型的划分在证明当事人涉嫌内幕交易行为中并无实质意义。

(2) 无法得出处罚金额越大,证明标准的程度要求越高的结论;但发现处罚金额越大时,越倾向于使用证明力较强的判断指标。在推定情形下,处罚金额较大时,排除合理怀疑标准是否有适用空间值得探讨。

(3) 行政处罚实践中对当事人的抗辩事由适用的是优势证据标准,建议适用明显优势证据标准,因为优势证据标准只能对平常交易行为作出解释,而明显优势证据标准才能解释异常交易行为,即在当时情形下有一些特别理由促使其作出不同于平时的异常交易。

4. 关于推定规则与责任主体

凡是信息传递人实际知悉但存在过失泄露行为的,建议单独处罚信息传递人;凡是推定夫妻间传递信息的,建议对夫妻作出共同处罚;对于推定信息受领人从信息传递人处获取信息的,是否认定信息传递人泄露信息,建议根据双方固有关系、联络接触等情形统一认定标准。

我国期货市场自律监管权与行政监管权配置研究

赵国富*

自2006年以来,随着期货保证金监控中心的成立,期货市场逐渐形成了"五位一体"的监管体系,包括证监会、派出机构、中国期货业协会(以下简称"中期协")、期货交易所、中国期货保证金监控中心(以下简称"监控中心")。上述监管体系在化解2008年金融危机中发挥了重要作用。随着市场化、国际化、法治化方向的改革进一步推进,在简政放权、监管转型的大背景下,为了有效应对期货市场国际化竞争的需要,亟须对期货市场的行政监管权力和自律监管权力的配置进行重新调整。

一、期货市场行政监管与自律监管的主体地位及存在的问题

(一)现状分析

主体性质决定权力来源和权力运作机制。期货市场"五位一体"协作监管机制实际上是"行政监管—协会监管—交易所监管"的三级监管架构体系。就证监会的主体性质而言,根据1998年印发的《国务院办公厅关于印发中国证券监督管理委员会职能配置、内设机构和人员编制规定的通知》(国办发〔1998〕131号),中国证券监督管理委员会是国务院直属事业单位。从行政主体资格取得的依据看,证监会不同于商务部等国务院职权性部门,其对期货市场的监督管理职权来自于《期货交易管理条例》和新修订的《行政诉讼法》的规定。证监会属于授权性行政主体,并非职权性行政主体。虽然人事任命由国务院负责,但是

* 赵国富,华东政法大学2012级经济法学博士研究生。

就行政职权特点看,作为授权性主体的证监会履行的是专项的、单一的、具体的证券期货市场监督管理职责,这与基于宪法和行政组织法设立的行政机关职权的综合性有所区别。[①] 与之相对,期货市场的自律组织主要包括期货交易所和中期协。交易所是不以营利为目的,按照章程规定实行自律管理的法人[②],以其全部财产承担民事责任,组织形式上有会员制和公司制两种。中期协成立于2000年,但是直到2007年修订的《期货交易管理条例》才首次明确了中期协的法律地位,即期货业协会是期货业的自律性组织,是社会团体法人。[③] 此外,对于监控中心而言,《期货交易管理条例》第52条仅规定了监控中心由证监会设立,并未明确其法律性质。从监控中心公司章程看,监控中心是经国务院同意、中国证监会决定设立,由上海期货交易所、郑州商品交易所、大连商品交易所共同出资,于2006年3月16日在国家工商行政管理总局注册登记的非营利性公司制法人。

(二)存在的问题

(1)交易所法律性质不明,财产归属不明。如前文所述,我国期货交易所是非营利性法人。《民法通则》第36条规定,法人分为企业法人、机关法人、事业单位法人和社会团体法人。期货交易所作为非国家机构,不是机关法人;交易所的非营利性也决定了其不是企业法人;交易所的资金来源并非国家注资,因此也不是事业单位[④];会员制交易所的非营利性与会员制特点,与社会团体法人较为相似,但是根据《社会团体登记条例》第6条,社会团体的登记部门应为民政部,而我国四家交易所无一登记在民政部。此外,会员制期货交易所的财产归属一直未有明确规定。反观证券领域,根据《证券法》第105条第2款,"实行会员制的证券交易所的财产积累归会员所有,其权益由会员共同享有,在其存续期间,不得将其财产积累分配给会员"。而《期货交易所管理办法》仅规定会员制交易所注册资本为会员出资认缴,并未对交易所财产所有权以及分配等作出明确规定。

(2)监控中心法律性质不明。《期货交易管理条例》没有明确监控中心的

---

① 参见俞子清:《行政法与行政诉讼法学》,法律出版社2001年版,第78页。

② 《期货交易所管理办法》第3条规定:本办法所称期货交易所是指依照《期货交易管理条例》和本办法规定设立,不以营利为目的,履行《期货交易管理条例》和本办法规定的职责,按照章程和交易规则实行自律管理的法人。

③ 《期货交易管理条例》第44条规定:期货业协会是期货业的自律性组织,是社会团体法人。

④ 《事业单位登记管理暂行条例》第2条第1款规定:本条例所称事业单位,是指国家为了社会公益目的,由国家机关举办或者其他组织利用国有资产举办的,从事教育、科技、文化、卫生等活动的社会服务组织。

法律性质,虽然章程载明了其非营利性公司制法人属性,但从大陆法系法理而言,营利性是公司的本质属性,非营利性公司制法人的表述与其公司身份存在理论冲突。此外,从组织架构看,监控中心没有会员,高级管理人员由证监会任免,运作上受证监会监督、指导和管理,因此,就其性质、治理架构而言,不同于交易所、协会等自律组织。从监控中心的职权和职能看,主要源于行政法规、部门规章、规范性文件的授权,主要职责是从属并服务于证监会,但同时也有辅助期货市场开户、提供信息查询等行业自律功能,兼具公私属性。

(3) 自律组织独立性不强,很大程度上成为行政监管的附庸。从证监会与交易所、中期协的关系看,不仅限于监督,还包括指导和管理。交易所、中期协的高级管理人员都由证监会任免,且主要人选多为证监会厅局级以上监管干部,其中层人员的任免也需要事前报告证监会①,实际业务运营要接受证监会事前指导,重要事项皆需事先备案。这很大程度上导致中期协、交易所成为证监会的附属机关,行政监管主体与自律监管主体缺少有效互动及相关的制度保障。

二、我国期货市场行政监管与自律监管权力配置的现状及问题

(一) 证监会与交易所之间的监管权力配置

如前文所述,证监会与期货交易所是监管与被监管的关系。两者对期货市场的监管权的配置主要体现在对交易品种上市、期货交易、期货公司会员的监管上。两者上述权力的分配主要体现在《期货交易管理条例》《期货交易所管理办法》和《期货公司监督管理办法》等行政法规、部门规章、规范性文件中。

1. 关于期货品种和期货合约上市

长久以来,证监会对交易品种上市、中止、取消或恢复交易品种以及上市、修改或者终止合约具有审批权。国务院近期发布的《关于取消和调整一批行政审批项目等事项的决定》(国发[2015]11 号),取消了证监会对上市、修改、终止合约的审批权。从实际运作看,所有上市品种合约的审批都须向国务院进行事前报备并征求相关部委意见,经国务院主要负责人签署方可上市。证监会再根据国务院的批复,批准交易所上市相关合约。② 而交易所仅负责设计合约,安排合约上市。③

① 参见《期货交易所管理办法》第 35 条规定。
② 参见《期货交易所管理办法》第 93 条规定。
③ 参见《期货交易管理条例》第 10 条规定。

2. 关于期货交易监管权

期货交易所负责提供交易场所、设施和服务,组织并监督交易、结算和交割,制定、修改交易、结算、交割等规则,发布市场信息,对交易活动进行风险控制。出现操纵期货交易价格或者发生不可抗拒的突发事件等异常情况时,期货交易所可以采取紧急措施,包括提高保证金、调整涨跌停板幅度、限制会员或者客户最大持仓量、暂时停止交易等①。其中交易所宣布进入异常交易情况并决定采取紧急措施,制定、修改交易规则等,须事先报告证监会,交易所采取提高保证金标准、限期开仓、强行平仓等的,应当事后报证监会备案②。证监会负责交易场所的设立审批③,对交易所制定或修改章程、交易规则进行审批④,有权根据市场情况调整期货交易所收取保证金的标准,在异常情况下可以决定采取延迟开市、暂停交易、提前闭市等必要的风险处置措施⑤。

在违规交易方面,证监会负责内幕交易、操纵市场等违法违规行为的查处及行政处罚,并对交易所违反行政法规、部门规章的行为进行行政处罚,包括交易所不按照规定公布行情、限制会员实物交割数量等。交易所主要依据自律规则查处对敲、内幕交易等违规行为,并进行纪律惩戒⑥。

3. 关于会员监管权

交易所负责审批、取消会员资格,制定会员管理办法,监督会员遵守交易所交易规则及其实施细则的情况,交易所有权对会员采取临时处置措施和风险警示⑦。期货交易所批准、取消会员的会员资格,应当向证监会报告;证监会及其派出机构负责期货公司的设立、终止审批,核准业务范围,对其违法违规行为进行监督管理,包括监管措施和行政处罚⑧。

(二)证监会与中期协之间的监管权力配置

证监会对中期协具有监督和指导权。两者在监管权力配置方面主要体现在对期货公司会员的监管权上,主要散见于行政法规、部门规章、规范性文件以及自律规则中。

---

① 参见《期货交易管理条例》第10、11、12条规定和《期货交易所管理办法》第85、86、87、88条规定。

② 参见《期货交易所管理办法》第85条规定。

③ 参见《期货交易管理条例》第6条规定。

④ 参见《期货交易所管理办法》第93条规定。

⑤ 参见《期货交易管理条例》第59条规定和《期货交易所管理办法》第89、104条规定。

⑥ 参见《期货交易所管理办法》第8条规定。

⑦ 参见《期货交易所管理办法》第53、54、55、56、57条规定。

⑧ 参见《期货交易管理条例》《期货公司监督管理办法》。

中期协的自律监管权主要来自于《期货交易管理条例》的规定。中期协负责期货从业人员资格认定、管理及撤销工作;制定会员行业自律性规则,监督、检查会员行为,对违反协会章程和自律性规则的,进行纪律处分;受理客户投诉和调解纠纷等,对会员进行教育和培训,督促其遵守期货法律法规和政策①。如前文所述,证监会及其派出机构负责期货公司的设立以及期货业务的核准、日常监管等工作。从实际运作情况看,中期协主要侧重于期货从业人员的管理及创新业务的监管,后者通常是现行法律法规中尚无规定而由行业协会先行先试的内容。近年来,随着期货市场的创新发展和监管转型的推进,中期协还承担了创新业务的监管工作,如核准设立期货风险管理子公司、期货公司资产管理业务等。

(三) 证监会与监控中心之间的监管权力配置

监控中心主要根据行政法规、部门规章和规范性文件的授权,负责保证金监控、预警、统一开户;为投资者提供交易结算、信息查询及其他服务;代管投资者保障基金;参与期货公司风险处置;市场运行系统检测、监控及研究分析等;为监管机构、交易所提供信息服务。上述职责如期货保证金监控、预警,有效防止了挪用期货保证金的风险,属于全球首创,极大地提高了我国期货市场资金运作的安全性。但是,目前最大的问题是,相关法律法规较为滞后。

(四) 存在的主要问题

(1) 从行政监管与自律监管权力配置的方式看,偏重授权型、批准型和压制型监管,缺少自愿型、参与型的监管。我国现行期货市场法律体系是伴随着20世纪末期货市场的清理整顿建立起来的,带有浓厚的政府管制色彩。虽然《期货交易管理条例》在2007年、2012年进行了两次修订,但是法律体系框架和主要内容没有发生根本性变化。无论是对期货公司还是期货交易所而言,各类法律限制较多,期货公司自治和交易所自律空间较小,多采取事前审批的方式进行监管。无论是交易所的成立,还是交易所的运营及会员的自律管理,其自律权限严重受限,主要事项均须报证监会审批,自律监管与行政监管界限不清。

(2) 从权力制衡角度看,自律监管不足与过度并存,行政监管与自律监管缺少必要制衡。正如前文所述,从人员看,无论是交易所还是中期协,其主要管理层人选甚至中层人员都须报经证监会审批。交易所主要负责人与证监会人员经常互调位置,交易所通常作为官员仕途发展的重要经历,由此导致了自律组织实际运作中行政色彩偏浓,服务角色和自律角色较弱。从实际运作情况看,证监会

① 参见《期货交易管理条例》第46条规定。

对交易所存在监管过度与不足并存。“过度”主要表现在对交易所事无巨细的事前审批及备案上,“不足”则主要体现在缺少对交易所的事中、事后监督和检查的机制,多以上级党委巡视方式检查权力运作的规范性,而非监督和检查方式,缺少必要的程序和制衡。总体看,现行法规中缺少必要的组织法和程序法明确证监会的性质及权力运作方式,自律组织独立性较差,两者关系的协调更多依赖于行政命令和指导方式,缺少基于自愿基础上的协商沟通机制。

此外,从权力救济渠道看,当事人不服证监会及其派出机构监管措施、行政处罚的,可以提起行政复议或行政诉讼。但是,对于中期协和交易所自律处罚措施不服的,还没有明确的外部制约、制衡机制,既不能向证监会申请行政复议,也不能向法院提起诉讼。

(3) 自律管理法律层级及效力偏低,法律依据不足。由于我国尚未制定期货法,目前交易所和中期协的自律管理权主要来源于行政法规和部门规章的规定,法律层级较低,效力不高。具体而言,两者的权力来源还有较大区别。根据《期货交易管理条例》第7条,交易所自律管理依据为章程。这对公司制期货交易所形成了较大的困扰,毕竟公司章程只能约束股东、董事、监事和高级管理人员,不会像会员制交易所那样扩大到所有会员。因此,通过《期货交易所管理办法》第3条,将自律管理的依据扩大到了交易规则。相对而言,中期协的自律管理职责在《期货交易管理条例》第46条进行了明确规定,而非如交易所那样的概括授权,并在《期货公司监督管理办法》等中明确规定了期货公司须接受中期协的自律管理。随着简政放权、监管转型的推进,中期协逐渐承担了一些创新业务的监管,但是对个别创新业务的规范尚缺少上位法律依据。如风险管理子公司作为期货公司会员的全资或控股子公司,其经营的业务范围并不属于法定期货业务,因此,以行业协会进行自律管理的合法性依据并不充足。协会的自律权力来源于会员的同意,而会员子公司作为独立之市场主体,协会并没有足够的权力对其进行自律管理。

三、我国期货市场自律监管权与行政监管权运行情况分析

不同监管主体采取的行政监管措施、行政处罚、自律监管措施的情况是反映各方监管权力运行效果和重点的重要维度。下面以2010—2014年期货市场“五位一体”监管各方对期货公司、期货市场投资者采取的各类监管措施为考察对

象[①],统计显示证监会采取行政处罚10起,派出机构采取监管措施74起,合计84起,中期协87起(公司13起、人员74起),四家交易所合计214起(上期所104、大商所42、郑商所55、中金所13)。

(1)各监管主体措施侧重分明,监管措施之间存在一定的联动。统计显示,各监管主体采取的措施侧重各有不同,其中中期协以从业人员的监管为主,针对从业人员的监管措施占其措施总数的85%;派出机构以期货公司和高级管理人员的监管为主;交易所以对敲、操纵等破坏市场交易秩序的处理为主。针对同一违规行为存在分别被采取自律监管措施与行政监管措施的情形。如期货公司和高级管理人员违规会同时被派出机构和中期协采取措施;再如对违反股指期货适当性制度的,也会同时被交易所和派出机构采取措施。

(2)在期货市场内幕交易、价格操纵等处理上,行政处罚案件与交易所自律监管措施数量呈显著反差,自律监管与行政监管措施缺少明确有效的衔接规定。统计显示,有关期货市场交易秩序的监管上,证监会行政处罚案件5起,其中内幕交易2起,价格操纵3起,但同期三家期货交易所就累计处理了201起对敲等合约操纵案。上述累计206起案件中,仅有1起案件是由交易所移送给证监会采取行政处罚和交易所自律监管措施的,其他2起对敲均为证监会独立采取措施,交易所未采取相应措施。无论现行期货法规还是交易所的自律规则中,均未对交易所向证监会移送案件进行明确规定,仅有交易所发现涉嫌犯罪的,移交司法机关的规定。[②]

(3)各交易所自律监管措施数量差异较大,执法依据和尺度不明。一方面,从自律监管措施的数量看,各交易所之间差异明显,其中以上期所最多,共采取了104项自律监管措施,占总数的50%,之后依次为郑商所55起、大商所42起、中金所13起。中金所采取的均是对期货公司会员因执行股指期货适当性制度问题采取的措施。另一方面,各交易所采取纪律措施的名称、种类、标准各异。以客户对敲行为的处理为例,上期所的措施名称为违规案件处理决定书,大商所的措施名称为违规处理决定书,郑商所的措施名称为纪律处分决定书;在处罚措施的内容上也各不相同,如上期所多采取暂停开仓、通报批评等措施,郑商所多采取警告、没收违法所得、记入资本市场诚信档案等措施,而大商所多为暂停开仓及警告。

---

① 参见证监会及各期货交易所、中期协网站相关信息。

② 参见《中国金融期货交易所违规违约处理办法》第3条、《上海期货交易所违规处理办法》第3条。

(4) 从措施执行效率看,各监管主体执行措施效率不一。从监管措施用时看,交易所处理效率最高,从案件发现到处理一般用时 2 个月左右。相比而言,行政处罚时间最长,在证监会 10 起处罚案件中,最长耗时 5 年,最短 3 个月。近年来针对市场内幕交易及市场操纵案件的处理上效率明显提高, 2011 年、2012 年的镇江宝尔胜钢铁案、胶南储备粮案、厦门宝拓案用时 1 年多,2013 年光大证券内幕交易违规处罚仅为 3 个月。[①] 此外,统计显示,中期协很多纪律惩戒措施,尤其是对期货公司及其高管违规的处理措施,多发生在派出机构采取措施之后,措施引用依据中也引用派出机构的措施,反映出此类问题的处理主动性不足。

四、美国期货市场监管权力配置考察及启示

世界各国或地区期货市场的管理模式主要分为两种:一种是政府、行业协会及期货交易所的三级监管模式,以美国、英国、日本为代表;另一种是政府和交易所两级监管模式,新加坡和我国香港地区采取的是这种模式。从期货市场发展实际看,美国期货市场竞争力一直处于领先地位,其期货监管走在世界前列。我国期货市场虽然起步较晚,但无论从监管模式还是未来发展潜力上,与美国最为接近。因此,以下就对美国期货市场监管权力配置进行深入分析。

美国期货监督管理委员会(CFTC)成立于 1974 年,是美国联邦政府的独立机关,委员由总统任命,须经参议院建议并获其同意,承担美国期货市场监管职责,包括各类期货中介机构和交易场所的注册、监管以及违法违规行为的调查和处罚等。美国全国期货业协会(NFA)成立于 1981 年,负责行业自律管理,其会员包括期货公司、咨询顾问、基金经理、结算银行、交易所等,其主要职责包括:审计和监督会员依从协会的财务规定,制定和执行规则及保护客户的标准,与期货相关的仲裁,提醒会员与协会要求保持一致;为会员注册以替代期货管理委员会。[②] 美国期货交易场所包括指定合约市场和衍生品交易执行设施及结算机构,交易场所享有制定、监控并执行市场规则的权力,防止市场操纵、价格扭曲以及交割或现金结算程序的监督、紧急情况处置、争端解决等权力。此外,美国还有一个期货业公会(FIA),属于国际性期货组织,相对于 NFA 而言,它并非一个严格意义的自律机构,没有强制入会权、纪律处分权、仲裁权。美国三级监管体

---

① 参见证监会网站行政处罚信息公示栏。

② 参见上海期货交易所“境外期货法制研究”课题组编著:《美国期货市场法律规范研究》,中国金融出版社 2007 年版,第 75 页。

系的权力配置与我国相比具有如下特点：

(1) 对期货中介机构监管以NFA为主，通过授权方式委托NFA行使对期货中介机构的注册登记、财务监管等大部分行政监管职能。一是期货主体资格注册授权方面，美国《商品交易法》第17节规定，NFA依据CFTC的授权，负责期货经纪商、零售外汇交易商、介绍经纪商、商品交易顾问、商品基金经理人和杠杆交易商及其相关人员的注册，注册主体基本涵盖了除交易场所之外的各类期货中介机构及其人员。二是要求NFA对期货中介机构资本合规性和销售活动进行监管。CFTC要求NFA制定最低资本要求、资金分离要求以及其他财务要求，并由NFA对期货中介机构的资本合规性实施审计和执行计划，制定规范其会员及其会员业务相关人开展销售活动的最低标准，包括电话招揽等的规则。三是通过法律明确CFTC监管规则与自律规则的关系。一方面，CFTC要求NFA制定的资本规则不得低于《商品交易法》及CFTC的要求，并须经CFTC批准方能生效；另一方面，对授权事项加强指导，保留注册事项的审查权和收回注册的权力。CFTC通常通过发布指导等方式，促进NFA恰当地行使权力，并在《商品交易法》明确规定，CFTC在授权的同时保留注册资格审查权，即对任何人的注册作出拒绝、暂停、限定注册条件或者限制的决定权，并规定行使上述权力时的听证、诉讼等救济程序。[①] 此外，CFTC有权对认定为故意不执行NFA规则或者故意滥用权力的NFA任何管理人员或董事免职。[②]

(2) 对交易场所监管以核心监管原则为主，CFTC监管的着力点更侧重于对严重违法违规行为的调查和处理。一是对交易所设立采取核心监管原则的监管方式。《商品交易法》明确了各类交易场所设立的核心监管原则，给予交易场所一定的灵活性，并定期审查其是否遵循核心监管原则。二是对新产品、新规则、规则修正以备案审查为主。审查包括认证和审批两种方式，一般情况下，交易场所通过提供对新合约、新规则、规则修正的自查证明，事先报CFTC进行审查即可。一般10个工作日内CFTC无异议即可生效，如有异议，CFTC可以要求中止审查并征求公众意见，最长中止期限不得超过90日。如果涉及远期交割出售合约、事件合约及互换合约的，需要进行时限审批，CFTC须在90日内作出最终决定，新奇或复杂产品可延长45天。相比而言，我国在品种的审查期限与审查标准上都没有明确规定。三是明确交易场所对交易秩序的监管权力，包括对违反市场规则的进行调查、纪律处分、处罚，限制、暂停或终止会员活动，实施交

---

① 参见中国证券监督管理委员会组织编译：《美国期监会规章》(第一册)，法律出版社2013年版，第465页。

② 参见中国证券监督管理委员会组织编译：《美国商品交易法》，法律出版社2013年版，第419页。

易监控,采取强行平仓等紧急处置措施的权力,提供并公布交易信息以及进行争议裁决。四是 CFTC 在把好准入关和规则、产品审查关的同时,将主要精力放在了查处欺诈、非法场外交易、违规操作、违规交易以及违规登记注册等违法违规行为。CFTC 近年来持续加大执法力度,单是 2014 年度就对 67 起案件提起诉讼,获得了 32.7 亿美元的罚金,使过去两年总的罚金数量超过了 60 亿美元,远远高于过去 10 年罚金的总和。但即便如此,受违法案件复杂程度、跨境管辖、执法成本等因素的影响,CFTC 的监管执法面临愈来愈大的挑战,2014 年立案调查的 244 起案件中仅有 57 起结案。①

(3) 环环相扣的救济程序确保各监管主体权力合规运作。一是针对侵犯投资者合法权益的行为,赋予 CFTC 准司法权。一方面,《商品交易法》规定了 CFTC 对涉嫌违法违规行为可提起诉讼,发布禁令或限制令,并寻求衡平救济(对因该违法违规行为直接遭受损失之人返还不当得利款项、没收违法所得),请求联邦总检察长提起诉讼。另一方面,美国《商品交易法》第 14 条规定,任何受害人可在两年内的任何时候申请 CFTC 签发相关命令,获得因违法违规行为导致的实际损害赔偿金,如果是注册实体故意违法违规的,还可获得不高于上述实际损害赔偿金二倍金额的惩罚性赔偿金。二是赋予 CFTC 对 NFA 和交易场所的纪律处分和注册决定审查权和裁决权。根据《商品交易法》第 17h 条,CFTC 有权对 NFA 的纪律处分、拒绝准入或者其他惩戒措施进行审查,包括当事人主动向 CFTC 提出的申诉和 CFTC 主动进行的审查。根据规定,主动审查应当在交易所措施通知后 180 日内启动,一旦启动审查,将签发命令,允许纪律处分或者拒绝准入的对象有机会提交适当文件,并向交易所提供答复机会。审查完成后,CFTC 可以维持、变更、驳回交易所的全部决定,或者将交易所的决定全部或部分发回重新裁定。② 与之相似,《商品交易法》第 8c 条规定,CFTC 也有权对交易所的纪律处分、暂停或取消会员资格、拒绝准入进行审查,可以维持、变更、撤销或发回重审。三是任何人均可对 CFTC 提出司法审查请求和获得赔偿。《商品交易法》第 17h 条规定,任何因 CFTC 最终命令而权益受侵害的注册申请人,可以向联邦上诉法院提出司法审查的请求。同时,合格个人或实体在 CFTC 主持的裁决程序中胜诉且为私人当事人的,包括就中止或撤销注册或者合约市场的

① See FY 2014 Annual Performance Report and FY 2016 Annual Performance Plan, http://www.cftc.gov/About/CFTCReports/index.htm, visited on 2014-11-24.

② 参见中国证券监督管理委员会组织编译:《美国期监会规章》(第二册),法律出版社 2013 年版,第 61 页。

指定而提出的程序,可以根据《司法公平法》规定获得律师费和其他费用的赔偿。①

(4) 原则监管与规则监管有机结合,注重司法审查和反垄断审查。一是美国期货法律在《商品交易法》这一法律层面强调原则监管,对市场主体、监管各方的权利义务等进行了原则性规定,而CFTC则从部门规章角度制定了详细、严格程序、数量甚至报备表格的要求,形成了严密详尽的规则监管体系。二是行政监管与自律监管的有机结合。通过授权执法和对自律组织的审查监督,确保自律组织在法律和行政监管底线基础上实施更严格的规则监管,充分发挥了自律组织的一线监管优势,也使得CFTC能够从日常监管中抽身,投入到打击违法犯罪、制定法律等核心监管职责中。三是注重权力制衡。由自律组织到行政机构再到司法机关,从规则与行为审查监督到司法审查的介入,充分保证了权力之间的相互制衡。四是反垄断审查全面介入期货监管,维持有竞争力的市场环境。无论是CFTC制定的部门规章,还是审批交易场所及其交易规则、合约品种,美国期货市场都明确了反垄断考量的原则要求。如《商品交易法》第5h(11)条明确规定,互换执行设施不得制定任何不合理限制的规则,或采取对交易造成任何不合理限制的行为;或对交易或结算施加任何阻碍竞争的实质性负担。CFTC一直将维护期货市场的公平竞争秩序作为对期货市场的主要监管目标,可以说正是对竞争秩序的积极维护,有力促进了各监管主体之间的良性互动,激发了市场的活力。

五、对期货市场自律监管权与行政监管权的再认识

(一) 自律监管优劣之辩

从期货市场产生、发展的历史看,期货交易所和行业协会的自律管理是期货市场得以形成、发展的重要基础。自律监管相对于行政监管而言,具有灵活性、专业化、低成本的优势。但是,自律监管也并非没有缺点,随着现代期货市场的高速发展,期货交易所国际竞争日趋激烈,交易所非互助化浪潮的兴起,以及自律组织日益庞大等问题,对其自律管理职责的行使造成了很大的困扰。

一是不断扩张的自律组织成员和自律权力,使得自律组织权力行使发生了

① 参见中国证券监督管理委员会组织编译:《美国期监会规章》(第三册),法律出版社2013年版,第359页。

异化。一方面随着自律会员的不断增加,自律组织往往成为行业主要大型机构的代言人,丧失了广泛代表性,不断提高的会员标准往往会对中小会员形成挤出效应。另一方面,随着自律权力的不断扩张和自律组织工作人员数量的增加,人员素质参差不齐,并缺少类似于行政机关公务员身份的严格制约以及行政机关严谨的组织原则和工作纪律,导致自律监管机构出现了官僚化倾向,出现“二政府”问题。一些权力,如创新资格的备案审批上的不透明、不公正问题较为突出。

二是全球交易所非互助化浪潮,进一步加剧了交易所营利性与自律监管的矛盾。资金、技术、人才是交易所面对竞争尤其是全球化竞争必不可少的要素。21 世纪以来,全球交易所出现了非互助化浪潮,主要交易所纷纷改制为公司制交易所,改变非营利目的为营利导向,并通过上市、兼并重组等方式迅速做大做强。但是,公司制交易所不可避免地会带来如何解决交易所为股东盈利与履行市场自律监管职责之间的矛盾。

三是交易所垄断优势地位对公平公正履行自律监管职责的影响。即便如我国这种非营利性的交易所,各交易所之间基于自身声誉等方面的考虑,都在尽量维持和提升自己的市场份额,同时尽量避免承担市场风险。目前我国 4 家期货交易所基本形成了主要品种上的相对垄断状态。正是基于这种政策性垄断地位,很多交易所存在利用制定交易规则以及头寸审批、强制减仓等方式规避自身承担的风险,损害会员利益,一定程度上丧失了公正性,破坏了市场竞争。

综上,不难看出,自律监管尤其是交易所方面存在诸多问题。在 2008 年金融危机之后,美国一些学者对自律监管提出了质疑。交易所非互助化、全球化竞争等决定了上述交易所自律监管与营利竞争的内在矛盾。考虑到监管成本等问题,是不可能通过建立单一的行政监管机构代替自律监管的。因此,最为重要的是如何对上述问题进行有效的遏制,而非用唯一的行政监管取代自律监管。可通过改革自律组织治理结构,引进更多独立董事,强化交易所内部权力制衡,同时着力培育更多的竞争者,发挥市场竞争的约束作用,促进良性竞争,激发交易所自我发展的原动力。

(二)跨境监管难以协调

期货交易跨市场、跨产品、跨机构、跨国界的特性,进一步加剧了期货市场行政监管与自律监管之间的协调难度。期货及其他衍生品本质上是跨越基础产品、跨越机构、跨市场、跨国界的,尤其在利率、汇率以及大宗商品市场中更是如此。证券市场通常存在“母国效应”,投资者因为文化差异、信息获取成本等原因,倾向于本国证券市场;而期货市场遵循“一价定律”,现货贸易的全球化倾向于形成单极化的价格中心。近些年,期货交易所的国际化并购浪潮,尤其是洲际交易所的飞快发展,更是体现了期货交易国际化的特点。因此,作为一个提供全球24小时交易的期货交易所,面对的投资者、中介机构也必然是全球的。这导致交易所自律管理的范围超出了一国监管权,达到了行政监管所不能覆盖之处。尤其是在2008年金融危机之后,以美国为代表的欧美发达期货市场国家纷纷强化长臂管辖原则,如多要求为本国投资者直接提供接入交易服务的境外交易所或中介机构必须在本国注册。但是,基于跨境监管协调的困难,行政监管边界有限,目前各国仍未就场外衍生品市场集中清算问题达成一致意见。

(三)自律监管与行政监管的内涵及关系

1. 以监管权来源为视角

从监管权来源看,行政监管权源于法律的授权或者是基于行政机关自身的职权属性,更为刚性。自律监管权本质上来源于会员权力的让渡,只不过是随着市场的发展才从自发性的自律发展到诱致性的自律,并最终演变为强制性的自律监管,权力来源也从团体自治发展到法律确认和行政授权。因此,就权力来源看,自律监管更能适应市场的发展变化,更具灵活性和适应性。衍生品的复杂性、高风险性以及参与主体的广泛性,决定了建立市场规则需要平衡多方利益,要尊重市场习惯和非正式安排,减少交易成本,更多体现的是参与型的组织立法,因此,由行业协会或者交易所等自律组织进行先期探索更为合适。期货市场的起源以及互换执行设施等场外衍生品市场发展的历史表明,正是金融机构和交易所不断的创新推动了期货市场的不断发展。行政监管相对于自律监管具有一定的滞后性,法律总是滞后于市场发展的,只有成熟的行业规则才会上升为法律。综上,行政监管权应当保持一种克制,尤其在面对市场创新时,可以先通过自律监管对创新活动先行规范,这也是目前我国证监会改革的主要手段之一。

2. 以监管目标为视角

从监管目标看,行政监管主要是基于市场整体安全和效率的监管。正如国际证监会组织的监管目标所强调的,金融监管更强调的是投资者的保护、市场秩序的维护,以及系统性、区域性风险的防范。自律监管权主要包括两方面,一种是互助性监管,主要是用于建立市场交易、结算、交割的交易秩序,规范的是会员之间的关系;另一种是互惠性监管,主要是用来规范会员与投资者之间的关系,用以提高投资者保护水平,提升市场竞争力和行业吸引力。对于交易所而言,更多是基于互助性的监管,包括对交易秩序的维护。相对于行政监管机构,交易所身处监管一线,是进行实时监控的第一道防线。对于协会而言,更多体现的是互惠性监管。

3. 以监管权力运作为视角

从监管权力运作方式看,自律监管更多依赖于章程和交易规则、最佳实践指南、操作指引等方式,是一种规则导向监管,强调“如何为”。行政监管更多依赖于法律、法规的授权,是一种原则导向监管,强调“不可为”,即底线监管。从权力运作范围看,交易所自律监管所依据的章程和交易规则能够通过集团化运作跨出一国管辖范围,实现投资者、交易合约、交割标的全球化运作,这也是当前国际大期货交易所的典型特征。相对而言,行政监管将面临更多的国际协调问题,容易出现监管真空和监管重叠等问题。例如,在境外期货交易所,普遍允许未注册在本国的金融机构作为交易所的交易会员代理境外投资者从事交易。通常情况下,对于该类会员的监管主要依赖于交易所的自律规则,行政监管较少介入。

(四) 监管能力与监管权力的关系

期货市场行政监管权与自律监管权要发挥实效,离不开相应的监管能力,而监管能力的发挥更离不开市场环境的约束和配合。足够的监管能力是监管权力有效运作的基础。所谓监管能力,即相应监管主体行使监管权力,履行监管义务,承担监管责任的资格,包括权力能力、行为能力、责任能力三方面内容,三者的协调并进对于监管权力的有效行使至关重要。结合前文分析,当前监管能力建设需要关注以下几方面的问题:

一是监管主体的法律属性问题。监管能力取决于监管主体的法理地位,亦即监管主体的法律属性。如前文所述,我国当前自律监管主体存在的诸多问题之一即是监管主体法律属性不明。期货交易所的非营利性法人的法律定位与公司制组织结构存在固有矛盾,与当前世界交易所非互助化趋势相背离;交易所法律属性不清导致交易所财产所有权不明晰,非营利性含义不明,本应确立的会员财产在存续期间不可分配规则也缺乏应有规定。

二是监管主体的独立性问题。监管主体独立是监管能力的重要保障。我国的自律监管组织在高级管理人员任免上主要由证监会负责,导致证监会与交易所、协会之间监管与被监管、指导与被指导的关系,异化为领导与被领导的关系。会员制和公司制交易所确立的治理结构形同虚设,会员权利无法保障,严重影响了自律组织自律监管权的发挥,行政监管事实上取代了自律监管。此外,就证监会而言,作为国务院直属事业单位,其独立性远不如美国证监会、英国金融监管局。后者属于独立规制机构,集立法、行政、司法于一身,直接向国会负责,独立于传统的政府行政体系,美国证监会委员就由总统提名并经参议院同意任命,经费来源于市场而非财政拨款,具有较强的独立性和权威性。

三是监管能力建设不平衡问题,权力运作缺少制约。权力能力、行为能力、责任能力三者协调一致,是保障监管权力规范运作的重要条件。现行权力配置安排侧重于权力能力建设,对行为能力尤其是责任能力重视不够,缺少对权力实现和制衡的机制,导致各监管主体扩权意愿较强,承担责任意识较差。从实际履行情况看,很少发生证监会行政诉讼败诉的情形,期货交易所被诉或者主动承担责任的情形更少,还没有发生司法介入交易所自律和协会自律的案件,权力制衡机制缺失。

四是监管能力培养有赖于健全的市场环境,弥补监管权力自身的不足。资本市场的变迁,是在给定的能力禀赋和能力结构下,由相对能力建设成本的变化和能力需求的增长诱导的。在新兴加转轨的经济条件下,由于支持资本市场健全运作的市场机制和法制规则等社会组织能力的缺失和发育滞后,出现自我约束、竞争约束、行业自律、司法约束和监管约束的巨大空白,导致行政控制作为伸手可及的能力禀赋便捷地成为一种替代和填补这些缺失的约束机制的重要战略选择。随着简政放权和监管转型的推进,为发挥市场在资源配置中的基础性作用,资本市场需要减少政府直接控制的行政管制约束,强化市场参与者的自我约束、基于市场参与者自我选择的市场竞争约束、行业自律约束、通过法院和检察院形成的司法约束、通过监管机构产生的监管约束,清晰界定政府、监管机构以及自律组织、参与者权力的国家治理约束的作用。① 在上述理念下,监管能力的建设必须与其他市场能力建设一并推进,扩大自律组织和市场参与者的自律空间,强化竞争约束和司法介入,从而实现法治化、市场化的改革。

六、完善我国期货市场行政监管权与自律监管权配置的建议

综上,在资本市场市场化、法治化、国际化改革方向下,期货市场监管权力配置可从以下几方面着手进行改革:

(一)监管权配置原则

1. 分层监管原则

证监会回归监管本位,主要负责市场整体规划和监管,主要包括监管政策法规,监督自律组织,打击和查处市场违法违规,以及宏观系统性风险的防范。派出机构主要以检查为主,包括行为监管和审慎监管,打击违法犯罪的稽查执法。

① 参见胡汝银主笔:《中国资本市场的发展与变迁》,格致出版社、上海人民出版社 2008 版,第 9—14 页。

行业协会主要负责期货公司注册登记、从业人员管理以及执业准则等的制定。交易所负责产品上市、交易规则制定和市场交易的一线监管。

2. 权力制衡原则

强化证监会对自律组织的监督,事前审批、人员控制的监管转向以事中、事后为主的监管,加强规则审查和权力执行情况监督。增强证监会和自律组织的独立性,引入司法约束和市场竞争约束,加强反垄断审查,强化外部权力制约。

3. 法治监管原则

以《期货法》制定为契机,加强行业立法,通过法律合理界定监管部门、自律组织、市场参与者各方权力义务,明确各方法律地位,确保权力在法治框架下运行,实现行政监管、自律监管、市场参与主体的良性互动。

(二) 具体建议

1. 强化监管主体的独立性

一是强化证监会的独立性,实现事权与主体性质对等。事业单位属性导致证监会只能依照法律授权行使监管权,监管权威性和监管手段不足。建议借鉴美国、英国以及我国香港地区经验,改变当前证监会的国务院直属事业单位定位,可以将其设定为国务院领导下的法定特设机构,有别于传统行政执法部门。实现人员专业化和经费独立,赋予其准立法权和准司法权,强化行政权的独立性,如品种审批不再需要征询相关行政部门意见,以便能够及时适应期货市场的快速发展变化,在法律授权和部门职责下及时进行立法,对违法违规行为享有追诉权和部分民事赔偿的裁决权,有效维护市场秩序,保护投资者合法权益。二是强化期货交易所的独立性。短期内,进一步完善交易所的法律定位和治理结构,取消人事任免等行政直接控制,使其成为独立的会员制或公司制法人,中长期内,适应交易所国际竞争需要,研究交易所改制方案,实行公司化改造。

2. 关于期货市场交易的监管权配置方面

证监会的监管权包括:(1) 负责制定期货交易监管方面的规章和规范性文件,减少内部监管指引;(2) 行政许可权及备案审查权,主要包括交易所的设立,期货交易品种审批,交易所规章、交易规则的审查;(3) 市场异常交易临时处置权;(4) 调查和处罚权,对违法违规期货交易活动的稽查执法;(5) 准司法权,包括指定违法嫌疑人接受询问权,对违法违规行为提请追诉和对部分民事案件的裁决权。

期货交易所的自律监管权包括:(1) 制定期货交易规则;(2) 上市、取消、中止、终止期货合约权,临时停市、限制交易等组织市场、维护市场运行的权力;(3) 对会员及投资者进行监管的权力;(4) 对交易行为实时监控以及对违反交易规则的行为及时查处的权力;(5) 纠纷调解权,对会员之间以及会员与投资者之间的纠纷进行调解。

3. 关于期货公司等期货市场中介机构的监管权方面

证监会的监管权包括:(1) 规章、规范性文件制定权。对期货公司、期货市场中介机构监管进行立法。(2) 行政许可权。仅保留对期货公司设立和期货业务资格的审批,条件成熟时,可考虑授权中期协进行注册登记,但证监会保留审批权,必要时可收回。(3) 日常监管权。以行为监管和审慎监管为核心,证监会侧重于期货行业宏观系统性风险防范,派出机构侧重于期货中介机构的微观审慎监管,包括现场监管和非现场检查。(4) 调查与处罚权。对期货中介机构及其从业人员的违法违规行为采取监管措施和行政处罚,严重的可提起诉讼。(5) 对中期协、监控中心行使监督权和指导权。

中期协的监管权包括:(1) 制定会员管理规则;(2) 对从业人员资格进行注册登记和组织行业培训;(3) 对会员履行执业准则情况进行监督和检查;(4) 纠纷调解。

监控中心的监管权包括:(1)对期货保证金进行监测监控;(2)代管期货投资者保障基金等。

4. 重视监管外包,发挥独立第三方监管机构的作用

如前文所述,自律监管存在很多优点,也有无法回避的缺点,尤其在当前期货市场竞争日趋激烈的情况下,如何克服自律监管的弊端是非常重要的。一是外包部分监管权。可将自律监管的立法权和执行权相分离,将可能影响交易所公正执法的功能外包给其他独立自律组织或独立第三方监管机构,由协会或者新成立的独立第三方机构进行监管。交易所为了竞争需要,可能会放宽、降低执法标准,尤其在面对多家交易所的竞争时,前述国内 4 家期货交易所执法实施情况即是明证。外包部分监管权有利于克服交易所执法的上述弊端,统一执法尺度,实现公平、公正执法。二是发挥独立第三方监测监控作用。从外包效果看,相对于协会,将自律组织监管权外包给独立第三方更为合适。以监控中心为例,它不同于协会和交易所,一方面它既无会员也不组织交易,能够克服自律组织固有的弊端,实现公平、公正执法;另一方面通过集中采集交易、结算、资金流水信息,实现对交易所、期货公司和银行三方数据比对,充分发挥大数据、集中统一监管的优势。自 2007 年运行以来,监控中心有效防范了期货保证金被挪用的风险。在互联网时代,随着期货市场规模的不断扩大和交易所、中介机构、投资者的增多,成立独立第三方机构,有利于实现数据集中、统一的收集、分析和监测。